金石文獻叢刊

八瓊室金石補正

一

【清】陸增祥 撰

上海古籍出版社

圖書在版編目（CIP）數據

八瓊室金石補正 /（清）陸增祥撰 . — 上海：上海古籍出版社，2020.9
（金石文獻叢刊）
ISBN 978-7-5325-9523-5

Ⅰ . ①八… Ⅱ . ①陸… Ⅲ . ①金石學—中國—清代
Ⅳ . ① K877.24

中國版本圖書館 CIP 數據核字（2020）第 054386 號

金石文獻叢刊
八瓊室金石補正
（全五册）
［清］陸增祥　撰
上海古籍出版社出版發行
（上海瑞金二路 272 號　郵政編碼 200020）
（1）網址：www.guji.com.cn
（2）E-mail：guji1@guji.com.cn
（3）易文網網址：www.ewen.co
江陰金馬印刷有限公司印刷
開本 787×1092　1/16　印張 230.75　插頁 25
2020 年 9 月第 1 版　2020 年 9 月第 1 次印刷
ISBN 978-7 -5325-9523-5
K·2795　定價：980.00 元

出版説明

金文石刻作爲一種特殊的文獻形式，負載着中國古代文明的大量信息，是珍貴的文化遺産，其相關研究具有重要文化價值與傳承意義。金石專門研究興起於宋，而在清代達到鼎盛，名家迭出，先後撰寫了一批高水平的研究專著，其成果對於今天我們的歷史學、文學、文字學、考古學、古文獻學、古器物鑒定學、書法篆刻學等研究具有重要的參考價值。有鑒於此，本社特推出《金石文獻叢刊》，彙聚兩宋以降金石學重要著作，以期助益於相關研究。

本書爲《金石文獻叢刊》之一，收録《八瓊室金石補正》及相關續補校訂之作，分别爲：清陸增祥撰《八瓊室金石補正》一百三十卷、《八瓊室金石札記》四卷、《八瓊室金石祛僞》不分卷、《八瓊室元金石偶存》不分卷，均據民國十四年（一九二五）劉氏希古樓刻本影印；清陸繼煇撰《八瓊室金石補正續編》六十四卷，據上海圖書館藏稿本影印。

上海古籍出版社　二〇二〇年四月

石刻文獻歷代研究述要（代序）

陳尚君

「人生忽如寄，壽無金石固。」古人感到生命短暫，常將重要的事件、著作和死者的生平銘諸金石，形成豐富的金石文獻。一般來説，金銀器上的銘文均較簡短，銅器銘文盛於商周時期，漢以後可資研究的僅有銅鏡銘文等。石刻文獻則興於漢，盛於唐，歷宋、元、明、清而不衰，存世文獻爲數極巨，爲研究古代歷史文化提供了大量記載，也爲研究古典文學者所寶重。

一、古代石刻的分類

古代石刻品類衆多，舉其大端，可分以下幾類：

一、墓志銘。多爲正方形石刻，置於死者墓穴中，記載死者生平事蹟。始於漢，盛於北朝和隋唐時期，宋以後仍相沿成習。南朝禁止埋銘，故甚罕見。近代以來，出土尤多。因深埋地下，所存文字多清晰而完整。

二、墓碑。也稱神道碑，是置於墓道前記載死者生平事蹟的長方形巨大石碑。舊時王公大臣方得立碑記德，故所載多爲歷史上有影響的人物。因其突立於地表，歷經日曬雨淋，人爲破壞，石刻多斷裂殘壞，磨蝕漫漶，不易卒讀。

三、刻經。可分儒、釋兩大類。儒家經典的刊刻多由官方主持，爲士人提供準確可信的經典文本。歷史上有七次大規模的刻經，即東漢熹平間、曹魏正始間、唐開成間、後蜀廣政間、北宋嘉祐間、南宋紹興間、清乾隆間。今僅開成、乾隆石經保存完整，其餘僅存殘石。佛教刻經又可分爲兩類：一類是僧人恐遭逢法難，經籍失傳，因而刻石收存，以備不虞。最著名的是房山石經，始於隋，歷唐、遼、金、元而不衰，現存有一萬五千多石。二是刻經以求福祐，如唐代經幢刻《尊勝陀羅尼經》，爲一時風氣。

四、造像記。佛教最多，道教稍少。受佛教浄土宗佛陀信仰的影響，信佛的士庶僧人多喜造佛像以積功德，大者連山開龕，小者可握於掌間。造像記記載造像緣由，一般均較簡短，僅記時間、像主姓名及所求之福祐庇蔭，文辭多較程式，可藉以瞭解風俗世情，有文學價值的很少。

五、題名。即是古人「到此一游」的記録。多存於山川名勝，多出於名臣、文士之手，雖較簡短，於考事究文，彌足珍貴。如長安慈恩寺題名：「韓愈退之、李翺翔之、孟郊東野、柳宗元子厚、石洪濬川同。」鍾山題名：「乾道乙酉七月四日，笠澤陸務觀，冒大雨，獨游定林。」均至簡，前者可考知韓、柳交游之始，知李翺另一表字，後者可見詩人陸游之風神。

六、詩詞。唐以前僅一二見，以雲峰山鄭道昭詩刻最著名。唐代始盛，宋以後尤多。詩詞刻石以摩崖和詩碑兩種形式爲多見。許多重要作家都有石刻詩詞留存。

七、雜刻。指上述六類以外的各種石刻。凡建橋立廟、興學建祠、勸善頌德、序事記游等，皆可立石以記，所涉範圍至廣。

此外，還有石刻叢帖，爲彙聚名家法書上石，供人觀賞臨習，其文獻價值與上述各種石刻有所不同，兹不贅述。

二、從石刻到拓本、帖本

石刻爲古人當時所刻，所記爲當時事，史料價值很高；所録文章亦得存原貌，不似刊本之迭經傳刻，多魚魯亥豕之誤，故前代學者考史論文，尤重石刻。然而石刻或依山摩崖，遠處荒山僻野，或形制巨大，散在各地，即便最優秀的金石學家，也不可能全部親見原石。學者援據，主要是石刻拓本。

拓本是由拓工將宣紙受濕後，蒙於碑刻之上，加以捶椎，使宣紙呈凹凸狀，再蘸墨拓成。同一石刻之拓本，因傳拓時間之早晚及拓技之精粗，常有很大不同。一般來説，早期拓本因石刻保存完好，文字存留較多，晚近所拓，則因石刻剥蝕，存字較少。如昭陵諸碑，今存碑石存字已無多，遠不及《金石萃編》之録文，而羅振玉《昭陵碑録》據早期精拓録文，録文得增多於《金石萃編》。即使同一時期所拓，也常因拓工之拓技與態度而有所不同。如永州浯溪所存唐李諒《湘中紀行》詩，王昶據書賈售拓録入《金石萃編》，有十餘處缺文訛誤；稍後瞿中溶親至浯溪，督工精拓，乃精好無損（詳《古泉山館金石文編》卷三）。至於帖賈爲牟利而或草率摩拓，或僅拓一部分，甚或竄改文字，以唐宋冒魏晋，則更等而下之了。

拓本均存碑石原狀，大者可長丈餘，寬數尺，鋪展盈屋，不便研習。舊時藏家爲便臨習，將拓本逐行剪開，重加裱帖，裝成册頁，成爲帖本。帖本經剪接重拼，便於閱讀臨摹，已不存原碑形貌。在拼帖時，遇原拓空缺或殘損處，常剪去不取，以致帖本文字常不可卒讀。原石、原拓失傳，僅靠拓本保存至今的石刻文獻，不是太多，較著名的有唐代崔鉉撰文而由柳公權書寫的《神策軍碑》。唐初著名的《信行禪師碑》，因剪棄較多，通篇難以卒讀。

現存最早的石刻拓本，大約是見於敦煌遺書中的唐太宗《温泉銘》和歐陽詢《化度寺碑》。宋以後各種善拓、精拓本，因流布不廣，傳本又少，藏家視同拱璧，書賈索價高昂。近現代影印技術普及，使碑帖得以大批刊布，許多稀見的拓本，得以大批縮印彙編出版，給學者極大方便。影響較大者有《漢魏南北朝墓志集釋》（趙萬里編，科學出版社一九五三年版）、《千唐志齋藏志》（張鈁藏，文物出版社一九八五年版）、《曲石精廬藏唐墓志》（李希泌藏，齊魯書社一九八七年版）、《北京圖書館藏歷代石刻拓本彙編》（中州古籍出版社一九八八年版）、《隋唐五代墓志彙編》（天津古籍書店一九九一年版）。重要的石刻拓本，在上述諸書中均能找到。

三、宋代的石刻研究及重要著作

南北朝至唐代，已有學者注意記載碑刻，據以訂史證文，但有系統地加以搜集研究，使之成爲專學，則始於宋代。首倡者爲北宋文學宗匠歐陽修。

歐陽修自宋仁宗慶曆五年（一〇四五）開始裒聚金石拓本，歷十八年，「集録三代以來遺文一千卷」（《六一居士傳》），編爲《集古録》，其中秦漢至唐五代的石刻約占全書的十之九五。參政之暇，歐陽修爲其中三百八十多篇碑銘寫了跋尾，對石刻文獻的史料價值作了全面的闡釋。其大端爲：一、可見政事之修廢；二、可訂史書之闕失；三、可觀書體之妍醜；四、可見文風之轉變；五、可訂詩文傳本之訛誤；六、可據以輯録遺文。這些見解，可説爲後代金石學的研究奠定了基礎。録一則如下：

右《德州長壽寺舍利碑》，不著書撰人名氏。碑，武德中建，而所述乃隋事也。其事蹟文辭皆無取，獨録其書爾。余屢歎文章至陳、隋不勝其弊，而怪唐家能臻致治之盛，而不能遽革文弊，以謂積習成俗，難於驟變。及讀斯碑有云：「浮雲共嶺松張蓋，明月與巖桂分叢。」乃知王勃云：「落霞與孤鶩齊飛，秋水共長天一色。」當時士無賢愚，以爲警絶，豈非其餘習乎！

《集古録》原書已不傳。歐陽修的題跋編爲《集古録跋尾》十卷，收入其文集，單行本或題《六一題跋》。其子歐陽棐有《集古録目》，爲逐卷撰寫提要，原書久佚，今存清人黄本驥和繆荃蓀的兩種輯本。

北宋末趙明誠輯《金石録》三十卷，沿歐陽修之舊規而有出藍之色。明誠出身顯宦，又得賢妻之助，窮二十年之力，所得達二千卷之富，倍於歐陽修所藏。其書前十卷爲目録，逐篇著録二千卷金石拓本之篇題、撰書者姓名及年月，其中唐以前五百餘品，其餘均爲唐代石刻。後二十卷爲明誠所撰題跋，凡五百零二篇。趙跋不同於歐陽修之好發議論，更注重於考訂史實，糾正前賢和典籍中的誤説，録存重要史料，考訂也更爲細密周詳。

南宋治石刻學者甚衆，如《京兆金石録》《復齋碑録》《天下碑録》《諸道石刻録》等，頗具規模，惜均不存。存世者以下列諸書最爲重要。

洪适《隸釋》二十七卷、《隸續》二十一卷，前者録漢魏碑碣一百八十九種，後者已殘，尚存録一百二十餘品。二書均全録碑碣文字，加以考釋，保存了大量漢代文獻，許多碑文僅賴此二書以存。

陳思《寶刻叢編》二十卷，傳本缺三卷。此書彙録兩宋十餘家石刻專書，分地域著録石刻，附存題跋，保存史料十分豐富。

佚名《寶刻類編》八卷，清人輯自《永樂大典》。此書以時代爲序，以書篆者立目，記録石刻篇名、作者、年代及所在地，間存他書不見之石刻。

另鄭樵《通志》中有《金石略》一卷，王象之《輿地紀勝》於每一州府下均有《碑記》一門，也有大量珍貴的記録。後者明人曾輯出單行，題作《輿地碑記目》。

宋人去唐未遠，搜羅又勤，所得漢唐石刻見於上述各書記載的約有四五千品。歐、趙諸人已有聚之難而散之易之感歎，趙明誠當南奔之際仍盡攜而行，但除漢碑文字因洪适輯録而得保存較多外，唐人石刻存留到後世的僅約十之二三，十之七八已失傳。幸賴上述諸書的記載，使今人能略知其一二，其中有裨文學研究的記載至爲豐富。如唐末詞人温庭筠的卒年，史書不載。《寶刻類編》載有：「《唐國子助教温庭筠墓》，弟庭皓撰，咸通七年。」因可據以論定。再如盛唐文學家李邕，當時極負文名，《全唐文》録其文僅五十餘篇。據上述宋人記載，可考知其所撰文三十餘篇之篇名及梗概，對研究其一生的文學活動十分重要。

四、清代的石刻研究及重要著作

元、明兩代是石刻研究的中衰時期，可稱者僅有三五種：陶宗儀輯《古刻叢鈔》僅録所見，篇幅不大；都穆《金薤琳琅》録存漢唐石刻五十多種；趙崡《石墨鐫華》存二百五十多種石刻題跋，「多歐、趙所未收者」（《四庫提要》）。

清代經史之學發達，石刻研究也盛極一時。清初重要的著作有顧炎武《金石文字記》、葉奕苞《金石録補》、朱彝尊《金石文字跋尾》。三書雖仍沿歐、趙舊規，但所録多前人未經見者，考訂亦時有創獲。至乾隆間，因樸學之興，學者日益重視石刻文獻，史學大家如錢大昕、阮元、畢沅等均有石刻研究專著。全録石刻文字的專著也日見刊布，自乾隆後期至嘉慶初的十多年間，即有翁方綱《兩漢金石記》《粤東金石略》、吴玉搢《金石存》、趙紹祖《金石文鈔》《續鈔》等十餘種專著行世。在這種風氣下，王昶於嘉慶十年（一八〇五）編成堪稱清代金石學集大成的著作《金石萃編》一百六十卷。

王昶自稱有感於洪适、都穆、吴玉搢三書存文太少，「愛博者頗以爲憾」，自弱冠之年起，「前後垂五十年」，始得成編。其書兼載金、石，但録自器銘者僅當全書百之二三，其餘均爲石刻。所録始於周宣王時的《石鼓文》，迄於金代，凡一千五百多種。其中漢代十八卷，魏晋南北朝十五卷，隋代三卷，唐五代八十二卷，宋代三十卷，遼金七卷。各種石刻無論完殘，均照録原文，務求忠實準確。遇有篆、隸字體，或照録原字形。原石殘缺之處，或以方框標識，或備記所缺字數，遇殘字也予保存。又備載「碑制之長短寬博」和「行字之數」，「使讀者一展卷而宛見古物焉」（引文均見《金石萃編序》）。同時，王昶又廣搜宋代以來學者的著録題跋，附載於各石刻録文之次，其本人也逐篇撰寫考按，附於篇末。《金石萃編》搜羅廣博，録文忠實，附存文獻豐富，代表了乾嘉時期石刻研究的最高水平。

王昶以個人力量廣搜石刻，難免有所遺漏，其録文多據得見之拓本，未必盡善。其書刊布後，大受學界歡迎，爲其續補訂正之著，也陸續行世，較重要的有陸耀遹《金石續編》二十一卷、王言《金石萃編補遺》二卷等。至光緒初年，陸增祥撰成《八瓊室金石補正》一百三十卷，規模與學術質量均堪與王書齊駕。陸書體例多沿王書，凡王書已録之石刻，不復重録。王書録文不全或有誤者，陸氏援據善拓，加以補訂，一般僅録補文。這部分份量較大，因陸氏多見善拓，録文精審，對王書的糾訂多可信從。此外，陸書補録王書未收的石刻也多達二千餘通。

清代學者肆力於地方石刻的搜録整理，也有可觀的成績。録一省石刻而爲世所稱者，有阮元《山左金石志》二十四卷（山東）、《兩浙金石志》十八卷（浙江）、謝啓崑《粤西金石略》十五卷（廣西）、胡聘之《山右石刻叢編》四十卷（山西）、劉喜海《金石苑》六卷（四川）等。録一州一縣石刻而重要者有武億《安陽縣金石録》十二卷、沈濤《常山貞石志》二十四卷、陸心源《吴興金石記》十六卷等。

五、近現代的石刻文獻要籍

近代以來，因學術風氣的轉變，漢唐石刻研究不及清代之盛。由於各地大規模的基建工程和現代科學田野考古的實施，地下出土石刻的總數已大大超越清代以前八百年間發現的石刻數量。大批石刻得以彙集出版，給學者以方便。

端方《匋齋藏石記》四十四卷，是清季最有份量的專著。端方其人雖多有爭議，但該書收羅宏富，題跋又多出李詳、繆荃蓀等名家之手，頗多精見。另一位大節可議的學者羅振玉，於古代文獻的搜集刊布尤多建樹。其石刻方面的專著多達二十餘種，《昭陵碑録》和《冢墓遺文》（包括《芒洛》《廣陵》《東都》《山左》《襄陽》等十多種)以録文精確、收羅宏富而爲世所稱。

二十世紀三十年代,由於隴海路的施工,洛陽北邙一帶出土魏、唐墓志尤衆。其大宗石刻分别爲于右任鴛鴦七志齋、張鈁千唐志齋和李根源曲石精廬收存。于氏所收以北魏志石爲主,今存西安碑林,張、李以唐代爲主。其中張氏所得達一千二百多方,原石存其故里河南新安鐵門鎮,民國間曾以拓本售於各高校及研究機構,近年已影印行世。其中對唐代文學研究有關係者頗衆。曲石所得僅九十多方,但多精品,王之涣墓志最爲著名,今存南京博物院。

民國間由於各省組織學者編纂省志,也連帶完成了一批石刻專著。其中曾單獨刊行而流通較廣者,有《江蘇金石志》二十四卷、《陝西金石志》三十二卷、《安徽通志金石古物考稿》十六卷,頗多可觀。

二十世紀五十年代,趙萬里輯《漢魏南北朝墓志集釋》,收漢至隋代墓志六百五十九方,均據善拓影印,又附歷代學者對這些墓志的考釋文字,編纂方法上較前人所著有很大進步,是研究唐前歷史、文學的重要參考書。

二十世紀最後二十年間,學術研究空前繁榮,前述自宋以降的許多著作都曾影印或整理出版。今人纂輯的著作,以下列幾種最爲重要。

《北京圖書館藏歷代石刻拓本彙編》,收録了北圖五十年代以前入藏的所有石刻拓本,全部影印,甚便讀者。不足處是一些大碑拓本縮印後,文字多不易辨識。

陳垣《道家金石略》,收録漢至元代與道教有關的石刻文字,於宋元道教研究尤爲有用。

周紹良主編《唐代墓志彙編》及《續集》,收録一九九九年以前出土或發表的唐代墓志逾五千方,其中四分之三爲《全唐文》等書所失收,可視作唐文的補編。

趙超編《漢魏南北朝墓志彙編》,據前述趙萬里書録文,但不收隋志,補收了一九八六年以前的大量新出石刻。

《隋唐五代墓志彙編》,據出土地區影印墓志拓本約五千方,以洛陽爲最多,約占全書之半,陝西、河南、山西、北京等地次之。其中包括了大批近四十年間新出土的墓志,不見於上述各書者逾一千五百方。

進入新世紀,石刻文獻研究成爲中古文史研究之顯學,更多學者關注石刻之當時書寫與私人書寫之特殊價值，成爲敦煌文獻研究以後有一學術熱點。同時，新見文獻尤以墓志爲大宗，每年的刊布數也以幾百至上千方的數量增長。其中最重要的，一是《新中國出土墓志》，已出版十多輯，爲會聚各地文物部門所藏者爲主；二是《大唐西市博物館藏唐墓志》，所收皆館藏，整理則延請史學界學者；三是《长安高陽原新出土隋唐墓志》，將考古報告與新見墓志結合，最見嚴謹。其他搜輯石刻或拓本的尚有十多家，所得豐富則可提到趙君平的《秦晉豫新發現墓志搜逸》三編，毛陽光的《洛陽新見流散墓志彙編》，以及齊運通洛陽九朝石刻博物館編的幾種專書。還應説到的是，日本學者氣賀澤保規編《唐代墓志所在總合目録》，不到二十年已經出版四版，爲唐代墓志利用提供極大的方便。陝西社科院古籍所編《全唐文補遺》十册，所據主要是石刻，校點尚屬認真。

上海古籍出版社編刊《金石文獻叢刊》，主要收録宋、清兩代有關金石學的基本著作，本文前所介紹諸書，大多得以收録。如王昶《金石萃編》，將清後期的幾種補訂專書彙集在一起，陸增祥《八瓊石金石補正》之正續編合爲一帙，也便於讀者全面瞭解這位傑出金石學家的整體成就。書將付刊，胡文波君囑序於我，是不能辭。然時疫方熾，出行不便，未能通讀全編，率爾操觚，總難塞責。乃思此編爲彙聚宋、清兩代金石學之菁華，爲滿足當代以中古文史學者爲主之石刻文獻研究之急需，或可將二十四年前爲當時還是江蘇古籍出版社的《古典文學知識》所撰小文《石刻文獻述要》稍作潤飾增補，用爲代序，敬請方家諒宥。

目録

八瓊室金石補正卷三十九……六六二

唐十一

八瓊室金石補正卷四十……六八〇

唐十二

八瓊室金石補正卷五十七

唐二十九

八瓊室金石補正卷五十八

唐三十

八瓊室金石補正卷五十九……九八二

八瓊室金石補正卷六十……九九五

八瓊室金石補正卷六十一……一〇一一

八瓊室金石補正卷六十二……一〇二六

八瓊室金石補正卷六十九……一一三六

唐四十一

八瓊室金石補正卷七十……一一五〇

唐四十二

八瓊室金石補正卷七十一……一一六六

唐四十三

八瓊室金石補正卷七十二……一一七九

唐四十四

八瓊室金石補正卷七十三……一一九九

唐四十五

八瓊室金石補正卷七十七……一二六五

唐四十九

八瓊室金石補正卷七十八……一二八二

唐五十

八瓊室金石補正卷一百十一……一八一九

宋三十

八瓊室金石補正卷一百二十……一九六七

宋三十九

八瓊室金石補正卷一百二十一……一九八三

宋四十

八瓊室金石補正卷一百二十五……二〇三九

金三

八瓊室金石補正卷一百二十六……二〇五五

金四

八瓊室金石補正卷一百二十七……二〇八二

金五

八瓊室金石札記

八瓊室金石祛僞

八瓊室元金石偶存

八瓊室金石補正續編

八瓊室金石補正續編卷十二……二二五六三

隋一

八瓊室金石補正續編卷十三……二二五八四

隋二

八瓊室金石補正續編卷三十四……二九七七

唐二十

八瓊室金石補正續編卷三十五……二九九五

唐二十一

八瓊室金石補正續編卷三十六……………三〇一四

唐二十二

八瓊室金石補正續編卷三十七……………三〇三二

唐二十三

八瓊室金石補正續編卷三十八……………三〇五〇

唐二十四

八瓊室金石補正續編卷四十七……三二四〇

宋七

八瓊室金石補正續編卷四十八……三二六〇

宋八

八瓊室金石補正續編卷四十九……三二八二

宋九

八瓊室金石補正續編卷五十…………………三三〇一

宋十

八瓊室金石補正續編卷五十一………………三三一九

宋十一

八瓊室金石補正續編卷六十四……三五七六

金七

八瓊室金石補正

八瓊室金石補正

甲子冬仲長洲章鈺謹署

鈺

吳興劉氏希古樓刊

八瓊室金石補正序

往値史館太倉陸蔚庭前輩適爲提調徵文攷獻相得甚歡嘗出其先德星農丈八瓊室金石補正一編相示蓋以補王蘭泉司寇萃編所作也屬爲校字並弁言簡端予敬諾之然從事典圖汲汲未有以應也時輦下講金石者潘文勤師爲之魁李芍農盛伯熙王廉生繆小珊諸前輩復羽翼之酒邊花下各出所藏相評隲或否或臧辨難蠭起間得一彝器一碑版則翻譯其文字攷索其事實苟有異同離合之見又斷斷以爭卒理順冰釋而後已而皆以星農丈是編爲陶型爲治範此亦京曹閒適之趣也既前輩出守汝甯予亦有鳳陽之役官轍既歧前輩旋謝賓客是編不獲再讀遂孤夙諾然未嘗一日去諸懷也乾坤既毁遁跡淞西每憶春明舊游曠如隔世一日得前輩長君孟孚書謂是編爲吳興劉翰怡京卿借刊將卒業矣復以序請於戲方前輩示予是編時海宇清晏不見兵革之事中朝士大夫掎摭利病審訂存佚視歐陽永叔趙德甫初無媿色今忽忽歲星三終文勤師既騎箕天上李盛王繆諸前輩亦或完大節或化異物史館且爲豺虎窟穴三希法物零落人間甚則流轉東西瀛數萬里外後有嗜古如文勤師若

李盛王繆諸前輩者百年必世斬一見而邈不可得猶幸是編之成得以略識其源流眞贗之故然則孟孚之保存翰怡之流通所繫不綦重哉予隤然一老飾巾待盡復得綴名末簡俯仰身世益令予慼喟於無窮也乙丑中和節八十三叟馮煦

八瓊室金石補正序

自嘉慶初年青浦王蘭泉侍郎刊行金石萃編一百六十卷後海内爲金石學者益夥大都斷代分省或僅著錄其目未足饜讀者之心也南海吳氏筠清館歸安陸氏儀顧堂則沿王氏體例爲之卷帙亦富惜非定本武進陸劭聞續編有定本矣僅二十一卷耳是知一人之身精力有限見聞有限此事審定搜訪事煩程遠安得謂後起者易爲功也太倉陸星農先生少通漢唐義疏之學爲壽陽祁文端公所激賞者有楚詞疑義釋證篆墨通詁諸書以金石文字有裨經史也輯筠清館金石

記目三百塼硯譜而其畢生致力手定清稿則爲八瓊室金石補正一書其書就萃編原書補入後出各刻計二千餘種原書疏誤則據舊本及精本訂正體例差同采校益愼爲卷者凡一百三十蘭泉序文冀有同志者爲之賡續先生此作則功臣諍友兼有之矣文孫孟孚長佑奉稿官江右辛亥九月失於巡警道任所以鉅金贖歸先生及門潘文勤撰寫序文已佚孟孚將摒擋付刻矜愼其事尚未果也吳興劉翰怡京卿自國變以來刊布經籍累數千卷金石一門則有閩中金石記海東金石苑邠州石室錄等若干種聞陸先生此書尚未付

削人也謂著作以流通爲尙家刻借刻昔多並行因介鈺與王君九學部商於孟孚擬錄副開板以慰當世好此學者先覩爲快之心孟孚體祖庭傳古遺意慨然應之翰怡又以君九與鈺同僑津上諉諈校事首尾七年殺青斯竟敬念先生以 廷對第一繼其鄉畢制軍而起出領湘南一道宦績略見德清俞先師所撰墓誌至論其述作之盛則嫥心一志不假人手孜孜數十春秋遂成鉅帙以視制軍開府有年合屬吏幕賓纂有關中中州金石二記者宏博過之精審亦過之彼大興方氏亦嘗以萃編補正爲書名而寥寥數十品方此蔑如賣餠大官抑又不可同年而語矣先生卒光緒壬午凡此編未收與凡新出諸刻公子汝甯太守蔚庭年丈仰纘先業有續補正稿本鈺亦幸得讀之定卷六十有四年丈嘗以渠齋自號是則企宋歐陽氏家風可稱說於天下者承翰怡屬弁先生書首爰述所知以復之不自知其不稱也歲在旃蒙赤奮若季夏之月朔日長洲章鈺

八瓊室金石補正序

金石之學權輿於宋歐陽洪趙世豔稱之嬗及本朝厥風彌扇以金石著錄者凡數十家而以青浦王蘭泉少司寇所著萃編集其成甄采之富考索之精幾幾駕歐陽洪趙而上之太倉陸星農先生雅才碩學於書無不窺而尤篤嗜金石以所居與王氏爲近於萃編致力數十年宦轍所至蒐集宏多有溢出王氏之外者補闕芟蕪刊譌匡陋成補正一書凡百三十卷海內金石家莫不奉若瓌寶謂爲王氏之勞臣諍友顧稿存家弆未及傳世予耳之久而不獲一覩嘗以爲憾己未之冬王君九學部章式之外部爲商之先生孫孟孚觀察始以是書相假予不忍復祕之也乃於天津壽之木並敦君九式之兩君董校讎之役竊見先生之所以補正王氏者厥有數端是書踵萃編而作凡王編所載不復列唯以今墨本校之其文字有完缺隱現則援經典釋文例括句摘字而詳注之此足補正王氏者一也王編所載凡千五百餘通既多漏采書成後出土者亦夥是書就所獲搨本或借之僚友者王編所遺一一錄入此足補正王氏者又一也王編自唐以下悉用正書寫定是書斷自兩晉開有古文篆籀仍摹其體庶讀者知原刻之文

此足補正王氏者又一也溪山巖洞諸題刻王編或類列或分次初未畫一是書本年代先後悉以類從此足補正王氏者又一也王編於諸家題跋偶有未載者是書校正所及因亦采入其標題時代雖無舉正亦行登載如劉梁殘碑之類此足補正王氏者又一也三代彝器王編所載無多是書亦不錄而別爲劄記又王編鏡銘始於唐甎文僅見於金是書擇有建元年月者載之餘亦詳劄記此足補正王氏者又一也碑佑妄託與好事者作僞又附成祛僞一卷此足補正王氏者又一也凡是數端皆先生心力所顓注以眖來學信爲王氏之

勞臣諍友視陸氏劭聞方氏彥聞孫氏淵如趙氏撝叔諸編過之遠矣剞劂既竟爰綴數語於簡末以復孟孚並謝君九式之兩君校讎之勞且諗世之讀是書者乙丑孟秋吳興劉承幹

凡例

一是書踵金石萃編而作原書已錄茲弗復列惟打本有完闕精粗文字隱見互爲多寡今据墨本校正鈌譌援經典釋文之例拈句摘字而詳註之期於原書有一得之助其點畫微差無關文義字體者亦不悉舉

一原書載一千五百餘通漏采既多書成後出土者亦不少自慚隘陋足迹所歷不逮王氏遠甚即資力亦非所能追第就所獲搨本校其已錄之文補其未錄諸刻閒於他處借錄亦必目驗墨本不敢據金石家

書及友人錄寄之文率錄炫博

一碑經重刻即以重刻時代爲斷元明所刻仍從始事之例以原碑年月次之近今鉤摹不盡入錄

一原書自唐以下悉用正書寫定茲編斷自兩晉閒有古文篆籒仍摹其體於例少變

一碑制長短寬博原書以慮俿尺度其分寸茲編自晉以下悉用今工部製造尺爲度於例少變

一原書於謹避字樣本說文解字之例敬注　廟諱　御名乃有用恭代字而未注者有本非應避而誤注者茲仿續古文苑常山貞石志例用恭代

字或半字敬謹加□以識之

一碑文行字或不齊一亦仿金石苑於行末橫曳墨綫庶幾閱者瞭如

一溪山巖洞題刻原書有類列者有分次者有詩詞題名各爲一類者茲編悉數類列仍分時代就年月最先者以類從之

一原書博采諸家題跋偶有未及載者碑有校正因亦采入餘悉置之其有關標題時代者雖無舉正亦行登載如劉梁殘碑之類

一原書録諸家題跋複疊之辭不無刪節前賢所未及始援據故籍益以已見茲仿爲之惟 本朝金石書百餘家所見不逮三之一掛漏極多考證尤滋繆盭限於學識惟博雅匡正焉

一三代彝器原書所載無多茲概不録別爲劄記附後

一原書鏡銘始於唐甎文僅見於金而金石家恆著爲録茲擇有建元年月者載之餘詳劄記

一六朝以後之造像題字佛經諸刻間有無關攷證者抑或鄙俗無文或悖謬數字但非贋鼎悉著於編原書已有病其冗蕪者茲之瑣雜其殆過之冀存古人不敢辭咎

一原書所載兵後亡佚不少茲從趙琴士金石文鈔黃虎癡隋唐石刻拾遺之例別輯原目二卷其未詳所在及遺額誤題并先後失次者各綴按語於下

一碑估妄託所在多有好事文人間亦作僞茲附成祛僞一卷以諗來者

八瓊室金石補正目錄卷一

第四卷

漢三

第五卷

漢四

第六卷

漢五

天紀甎文二種
天紀二年
天紀三年

第九卷

晉

南鄉太守郛休碑并陰 泰始六年正月丙午
任城太守羊夫人孫氏碑 泰始八年十二月十五日 萃編録
太康甎文九種
太康二年太歲在□ 楊氏甎 太康四年
太康五 尹氏甎 太康八年六月
楊氏甎 太康八年 鳳作甎 太康九年七月
太康九年八月□ 湯氏甎 太康九年
太康九年太歲

齊太公呂望表 太康十年三月十九日 萃編録
元康甎文十二種
元康二年七月廿日番□
元康二年十二月
楊欽甎 元康四年七月
諫議甎 元康五年八月
元康五年八月□
元康七年歲在丁巳作
元康七年八月丁丑□
元康八年七□
元康八年七月
元康八年八月□
元康八年八月廿八日
元康八年歲在戊午
驃騎將軍韓壽墓碣 永甯年
是氏甎文 永甯二年七月卅日

太安甎文 太安二年
建武甎文 建武元年九月
永安甎文 永安二年八月
永興甎文四種
永興元年太歲甲 永興二年正月造
永興二年太歲 永興三年八月
永嘉甎文二十一種
永嘉元年七月五日立功
永嘉元年八月十□立功
辟除不祥甎 永嘉五年
陳神甎 永嘉五年
子孫昌皆侯王甎 永嘉五年
子孫千億皆壽萬年甎 永嘉五年
陳仁甎 永嘉五年
永嘉六年七

王氏甎 永加六年八月一日
永嘉六年
宜子保孫甎二種 永嘉六年
富且壽孝甎 永嘉六年
永保子孫甎 永嘉六年
宜公侯王甎 永嘉六年
宜公侯壽百年甎 永嘉六年
永保萬年甎 永嘉六年
子孫百年甎 永嘉六年
永嘉六年□□□作
君子壽孝甎 永嘉七年
子孫君侯甎 永嘉七年
建興甎文九種
皆封侯位甎 建興二年
建興二年太歲在甲戌
建興三年太歲乙亥
建興三年
鄧建興三年
建興三年七月

周行思甎　建興四年八月十五日
建興四年太歲在丙子八月廿一日作
鄧建興□年
太興甎文二種
太興四年八月
太興四年辛巳
魯豐甎文　太甯三年八月
咸和甎文三種
咸和二年歲在丁亥□
咸和四年
咸和四年太歲在己丑五月十一日命□
咸康甎文二種
咸康二年□歲在申
咸康三年八月所建

建元甎文四種
張氏甎　建元二年八月四日
建元二年八
建元甲□
建元二年□□
永和甎文十七種
毛氏甎　永和二年七月二日
永和二年
李作甎　永和二年八月
永和三年
永和四年八月
永和四□
大吉祥宜子孫甎　永和五年
大吉富貴甎　永和六年
宜孫子大吉利甎　永和六年
眞龍編侯墓甎　永和六年
長宜甎　永和七年
永和七年
永和八年八月十一日
永和九年七月十
永和十年太歲在甲□
九龍沙甎　永和十二年
升平甎文二種
潯陽太守甎　升平四年
升平五年七月廿
周遷甎文　隆和元年八月十八日
興甯甎文　興甯二年
泰和甎文四種
泰和三年八月卅日作
泰和五年太歲丙午
泰和五年
泰和□

太元甎文七種
太元二年歲在丁丑七月三日立□
太元四年
朱稚甎　太元五年八月十九日
相虎甎三種　太元九年八月一日
泰元廿一年八月六日造
隆安甎文　隆安元年
楊陽墓碣　隆安三年十月十一日
章祿甎文　元興二年八月
建甯太守爨寶子碑　義熙元年四月上旬
義熙甎文　義熙三年七月廿日
中書賈夜宇闕

大通造象題字 大通元年
南康簡王蕭績二闕 大通三年閏六月
大同甎文三種
梁大同元年 大同元年
梁大同五年作
宮容造象題字 大同二年五月一日
慧影造象記 中大同元年十一月五日
安慶造象題字 大寶元年二月廿八日
建安敏侯蕭正立二闕
新渝寬侯蕭暎西闕
殷氏甎文 癸丑

陳
趙連成造象題字 永定元年十二月一日
馬忠造象題字 天康元年二月廿四日

第十二卷

北魏一
中嶽嵩高靈廟碑并陰 太安二年十二月
天安造象殘字 天安二年三月十九日
王玉山造象題字 太和八年四月十八日
邊定光造象題字 太和十四年八月七日
龍門山造象二十三段
洛州鄉城老人佛碑 太和十七年以前 萃編錄
邱穆陵亮夫人題記 太和十九年十一月
張元祖妻一弗題記 太和廿年
高慧題記 太和廿二年二月十日
比邱慧成題記 太和廿二年九月十四日 萃編錄
北海王元詳題記 太和廿二年九月廿三日
北海王太妃高題記
司馬解伯達題記 太和年
邑師惠口等題名 景明元年
馬慶安題記 景明二年八月二日
鄭長猷題字 景明二年九月三日
比邱惠感題記 景明三年五月
功曹孫秋生等題記 景明三年五月廿七日 萃編錄
邑主高樹等題記 景明三年五月卅日
趙雙哲題記 景明三年五月卅日
廣川王太妃侯爲夫造象記 景明三年八月十八日
馬振拜等題記 景明四年八月五日
廣川王太妃侯自造彌勒象記 景明四年十月七日

國學官令平乾虎題字
國常侍王神秀題字
比邱法生題記 景明四年十二月一日 萃編錄
仇池楊大眼題記
鉅鏕魏靈藏題記 景明年 萃編錄

第十三卷

北魏二
龍門山造象九十八段
清信女高題記 正始元年十一月四日
楊安族題記 正始二年三月二日
王史平吳合曹人題字 正始二年四月十五日
允從僕射爲賞法端造象 正始三年三月十九日
口邱加光題記 正始三年四月十日
孫大光題記 正始三年六月廿日
楊小妃題記 正始三年十二月廿二日
太中大夫安定王元燮題記 正始四年二月

金石補正目錄卷一　十五　吳興劉氏希古樓刊

金石補正目錄卷一　十六　吳興劉氏希古樓刊

元陽暘題字　□道香題名
□備男題名　福花題字
房進機題字
比邱惠題記　比邱尼化題記
安□王爲閭散騎入法造像記

第十四卷

北魏三

孝文弔比干墓文并陰 太和十八年十一月四日　萃編錄
石佛寺閻氏造象題名 太和廿三年三月十五日
韋敬元造象殘石 正始二年
兖州刺史滎陽文公鄭羲下碑 永平四年
附宋秦峴等題名 政和三年十月晦日

中書令祕書監文公鄭羲上碑
雲峰山鄭道昭題刻十七種
論經書詩 永平四年　觀海童詩
左闕題字　山門題字
石坐題字　九仙題字
右闕題字　耿伏奴題字 附東字
石匠兩題　飛仙室詩
蓬萊題字　元蘦題字
丹邱題字　崐崘題字
太室題字　雲峰題額
太基山鄭道昭題刻十五種
仙壇詩　仙壇銘告
青烟寺題字　青烟里題字
朱陽臺題字　元靈宮題字
白雲堂題字三種　通天衕題榜
中明㙜題字　䠶山門題字
壬辰題字　郭靜和題名
天柱山鄭道昭題刻三種
東堪石室銘　游息題字
天柱山題額
白駒谷鄭道昭題刻二種
南梁郡太守司馬景和妻孟氏墓誌 延昌三年正月十二日　萃編錄
四郡太守皇甫驎墓誌 延昌四年四月十八日
松滋公元萇溫泉頌 萃編錄

第十五卷

北魏四

成道敬造像題字 熙平元年四月
孫永安造像記 熙平元年十月十五日

刁遵墓誌并陰 熙平二年十月九日　萃編錄誌無陰
孫寶憘造像記 神龜元年三月廿日
崔懃造像記 神龜二年九月十一日
張猛龍清頌碑并陰 正光三年正月廿三日　萃編錄
鎭遠將軍鄭道忠墓誌 正光三年十二月廿六日
王珍之等造像題名 正光三年□月廿六日
馬鳴寺根法師碑 正光四年二月三日
贈營州刺史懿侯高貞碑 正光四年十一月六日

第十六卷

北魏五

第十八卷

東魏二

第十九卷

東魏三

道俗九十人造像讚碑并兩側 武定元年七月廿七日
勃海太守王偃墓誌 武定元年十月廿八日
□始興造像記 武定元年十二月
僧惠等造天宮像記 武定三年七月十五日
姚保造塔像題字 武定六年
義橋石像碑并陰側 武定七年四月八日 萃編錄
武定殘字 武定七年
源磨耶壙誌 武定八年三月六日
太公呂望表并陰 武定八年四月十二日 萃編錄
橫野將軍侯景等造像題名

浮思郡守等造大石像殘刻

第二十卷

北齊一

王三娘造像記 天保元年正月十八日
王維吉造像題字 天保元年二月四日
張龍伯兄弟造像記 天保元年十月八日
西伯豹碑并陰 天保元年 萃編錄
馬成云造像記 天保二年二月十九日
王正文造像題字 天保二年四月八日
崔氏女張華造像題字 天保三年正月十四日
張成造像題字 天保三年四月廿八日
開府參軍崔頠墓誌 天保四年二月廿九日
李買造像記 天保四年六月廿五日
金門太守桑買妻楊造像記 天保五年正月十五日
張天恩造像題字 天保五年十二月廿一日
李清造報德像碑 天保六年七月二日
趙郡王高歡造像三段 並天保七年閏月十五日
造釋迦像記
造阿閦像記
造无量壽像記
尼如靜造像記 天保七年閏月廿四日
趙郡王高歡修定國寺頌 天保八年四月八日

高歡定國寺塔銘碑 天保八年六月十五日
龍門山造像十段
造釋迦像殘刻 天保八年十一月
比邱法暈題記 天統二年十月廿日
比邱曇山合邑等題記 武平三年九月十二日
趙桃科妻劉題記 武平三年十二月十八日 萃編錄
肇舍合邑廿二人題記 武平六年三月
道興題記並治疾方 武平六年六月朔 萃編錄
遊達摩等題名 武平六年十月十一日
比邱惠𨽻題記 比邱寶演題字
程黑退妻題記

第二十一卷

北齊二

僧靜明等修塔造像碑并兩側 天保八年十一月廿九日

劉碑造像銘 天保八年　萃編未錄下截
延和造像記 天保九年正月六日
宋敬業等造塔頌 天保九年三月六日
房紹興造像記 天保十年四月八日
比邱僧邑義等造像殘碑 乾明元年七月十五日
尼慧承等造像記 乾明元年八月廿五日
鏤石班經記 乾明元年
鄉老舉孝義雋敬碑 皇建元年十二月廿日
馬光云造像題字 皇建二年二月六日
許儁卅人造像記 皇建二年十月卅日

雲門寺法懃塔銘 大寧二年正月五日
法儀百餘造定光像記 河清一年□月二日
王氏道俗百人等造像碑 河清三年二月八日
明空等七人造像記 河清三年三月十八日
光州刺史鄭述祖重登雲峰山題記 河清三年五月廿四日
司徒公婁叡華嚴經碑

第二十二卷

北齊三

光州刺史鄭述祖天柱山銘 天統元年五月十八日
前尚書嚴□順兄弟造四面像記 天統元年五月十□日

司徒鄭述祖雲居館題記 天統元年九月五日
太基山石人題字 天統元年
文公碑題記
紀僧諮造像記 天統三年正月十二日
宋買造像碑 天統三年四月八日　萃編錄
朱道威造丈八大像頌并陰 萃編錄 天保三年五月十五日
黃德造像題字 天統五年二月五日
弟子張造无量壽像殘刻 天統五年九月九日
庚寅殘字

附殘刻十六段

壬午殘字　邑義殘字　王興等殘字　王六等殘字　關猛殘字　郭妃等殘字　王猛殘字　同社殘字
張敉殘字　夏侯豐洛等殘字　覃暈等殘字　王惠妃等殘字　□瘦瑋殘字　趙匡等殘字　趙肅殘字　阿怜殘字

董洪達造像銘并側 武平元年正月廿六日　萃編錄
又碑陰石永興等造像記 武平二年十一月廿七日
□女趙造像題字 武平元年二月十八日
薛匡生造像題字 武平元年
尼靜深造像記 武平元年十一月十五日
徂來山王子椿等經刻

隋一

第二十五卷

隋二

開皇甎文 開皇十三年
張文亮等修塔造像記 開皇十四年二月
慧日道場僧惠雲墓銘 開皇十四年三月十二日
比邱道㤇造像記 開皇十五年二月八日
張洪亮等造像記 開皇十五年四月八日
張正道造像記 開皇十五年六月十五日
周驃騎將軍鞏賓墓誌 開皇十五年十月廿四日
燕孝禮墓誌 開皇十五年十月廿四日
尼脩梵石室銘 開皇十五年十月廿四日
李鍾葵妻馬怜造像記 開皇十六年四月八日

靈州刺史賀若誼碑 開皇十六年八月廿二日 萃編錄

第二十六卷

安喜公李使君碑 開皇十七年二月廿□ 萃編錄
司士行參軍張通妻陶墓誌 開皇十七年三月廿六日
蜀王美人董氏墓誌 開皇十七年十月十二日
王婆羅造像殘碑 開皇十七年
梁州使君陳茂碑 開皇十八年十一月 萃編錄作十四年
孫先造像記 開皇廿年七月廿五日
張峻母桓造像記 開皇廿年十月八日
開府儀同三司龍山公墓誌 開皇廿年十二月四日

豆盧通造彌勒大像殘碑
碑陰僧洪昇等造大像殘記
青州舍利塔銘 仁壽元年十月十五日 萃編錄
京兆舍利塔銘 仁壽元年十月十五日
同州舍利塔題額 仁壽元年十月十五日 萃編錄
信州舍利塔銘 仁壽二年四月八日
郭天敬造像題字 仁壽二年
段市意造像記 仁壽三年三月七日
伏成造像題字 仁壽三年七月七日
仁壽甎文 仁壽三年

唐高祖爲子祈疾疏 大業二年正月八日 萃編錄
宋大娥造像題字 大業二年四月十二日
栖巖道場舍利塔碑 大業三年

第二十七卷

隋四

和彥造像記 大業四年四月卅日
張貳息君卿造像記 大業四年八月十五日
正議大夫甯贙碑 大業五年四月
西山觀造像二種
黃法暾題記 大業六年十二月廿八日
文託生母題記 大業十年正月八日

陳叔毅修夫子廟碑 大業七年七月二日 萃編錄
治平寺主以成題字 大業七年七月二日
李君晉造像記 大業七年九月廿四日
左武衛大將軍尉吳公女李氏墓誌 大業十一年五月十七日
太僕卿元公墓誌銘 大業十一年八月廿四日
太僕卿元夫人姬氏誌 大業十一年八月廿四日
玉泉寺鐵鑊題字 大業十一年十一月十八日

第二十八卷

隋五

龍門山成都募人造像記 大業十二年四月廿五日

左禦衛長史宋永貴墓誌銘 大業十二年十一月廿一日
龍華碑
姑臧太守成公君誌蓋
通議大夫宋君誌蓋
李靖上西嶽文 萃編錄
鎮西大將軍等造像殘字
張遂造像題字
劉珍兼等造經像頌
蓮花洞造像四十六段
沙門貞行題字　圓相圓光題字
尼圓相題字　尼圓口題字
張元雜題字　明德題字
傅年題字　唐士艮題字
田國相題字　僧誕題字
李師題字　尼意尚惠登題字
趙徃念題字　石貴妃題字
李大弁題字　周宏略題字
陳智珉題字　波提尚題字
成石尚題字二段　智愕尚殘刻
崔稱婆題字　鍾玄貴題字
李乾緒題字　妻張題字
宗尼題字　張勝兒題字
尼狄題字　尼真義題字
尼法明題字　尼四主題字
尼四口題字　尼責義題字
尼真際題字　尼陰光題字
尼真週題字　清信女東方題字
傅佰生題字　傅躬傅四題字
僑德充題字　政脩題字
盧義基題字三段　盧基題字二段

楊顯等造象記
李迴進造像殘石
可絲造像題字
比邱法頗等造像題名
屆羅□屆終憘等造像殘石
孫輔賢等造像題名
李沓奴等造像記
文磨提等造像題名

八瓊室金石補正目錄卷一

八瓊室金石補正目錄卷二

第二十九卷

唐一

神通寺造象二十三段

僧沙棟殘刻 武德二年
僧明德題記 貞觀十八年
齊州刺史劉元意題字 顯慶二年九月十五日
青州刺史趙王福題記 顯慶三年
僧明德題字 顯慶三年
趙許妻羅題記 文明元年四月
諸村史同王方□百餘人題記 永淳二年六月
段婆題字
元毛德等題字
李樹生等題字
張直方題字
陵威題字
劉操題字
高道邸題記
上騎都尉劉君操題字
周世軓題記
王元亮題記
崔供養像殘刻
僧慈蔭殘刻
陶迴建題字
□殷妻孫題名
殘字二刻

三臺造像五段

慈母龕記 武德七年九月廿三日
尼妙音題記 武德七年九月廿三日
尼淨明題記 武德八年正月十五日
弟誌□題字
□世越造龕題字 □□八年六月廿八日

駝山造像一百五段

青州總管平桑公題字 武德中
儀同趙亘題字 武德中
羽林郎任元覽題記 長安二年三月廿六日
尹思眞題記 長安二年七月五日
李懷齊題記 長安三年十月十九日
像主張眞妙題字
像主昌忽題字

像主馬摩耶題字
比邱僧解題字
沙門都僧蓋題字
潘叉題字
潘叉妻王題字
僧法韶題字
李訶題字
馬摩耶張眞妙題字
楊遇母曹題字
朱二嬷題名
申鄺題字
申明達題名
藤男題字
雷脩題字
李伏香題字
張昭題字
明觀題字
□羅刹妻題字
甯仕賓題字
許惠徹題字三段
劉石題字二段
梧季儒題字二段
佚名題字
梧仲子題字
梁景題字
益都令唐照明題字
潘僧伽等題字
田□□題字
崔妮崔日業題字
僧法言題字
尼給恰題字
尼阿鹿題字
尼苟仁題字
張小叉題字
叉妻呂題字
董郎□題字
馬子雅題字
馬子雅妻題字
馬子誕題字
馬士世題字
潘世儁題字四段
張伏題字
馬審尼題字
甯匊匊題字
高蒨妃題字
己那延題字
樂端正題字
朱正祖題字
許引弟題字
張妥女題字
王道禮題字二段
張仁姜題字
馬毛郎題字四段
馬太妃題字
曹要等題字
張奈題字
五人題記
楊□題字
馬建題字
孔婉題字
尼惠種題記
尼智解題字
尼明因題字
尼那含題字
尼身摩題字二段
尼閻邱□題字
尼曇雙題字三段
尼阿陵題字
尼銓陵題字
尼法圓題字
尼明通題字
尼明嚾題字二段
尼曇深題字
尼犛田題字
像主曇觀題字
明鞠題字
寶亮題字
靜仰題字
甚恰題字
王侍男題字二段

尼圓□題字　郭僧代殘刻
宗聖觀記　武德九年二月十五日　萃編錄
附碑側宋白舜欽題名　熙甯八年十二月　萃編錄
孔子廟堂碑　武德九年十二月廿九日　萃編錄
慈潤寺靈琛灰身塔銘　貞觀三年四月十五日
幽州昭仁寺碑并陰　貞觀四年十一月　萃編錄
鄭州等慈寺碑并額　貞觀四年　萃編錄作三年閏十二月
臨淄定公房彥謙碑并陰　貞觀五年三月二日　萃編錄

第三十卷

唐二

化度寺塔銘　貞觀五年十一月廿二日　萃編錄
宜君縣子戚纂妻趙氏墓版文　貞觀六年五月廿九日
舍利塔題字　貞觀七年
敖倉粟窖題字　貞觀八年十二月廿日
虞恭公溫彥博碑　貞觀十一年六月　萃編錄
益州司馬裴鏡民碑　貞觀十一年十月廿二日　萃編錄
睦州刺史張琮碑　貞觀十三年二月十一日　萃編錄
龍門山造像三十九段
王吉祥題記　貞觀十三年八月廿五日
淄縣令顏子里題名　貞觀十五年十一月四日
伊闕佛龕碑　貞觀十五年十一月　萃編錄
貞觀殘刻　貞觀十九年八月

張世祖題記　貞觀廿年三月二日
韓文雅題記　貞觀廿年五月四日
嵩陽令慕容題記　貞觀廿一年三月六日
新息令田宏道題記　貞觀廿一年四月七日
思順坊老幼造像碑　貞觀廿二年四月八日　萃編錄
崔貴本題記三段　貞觀廿三年十一月八日
楊君雅題記　貞觀廿三年十二月廿一日
朱玉酬澤造像記　永徽元年正月五日
朱允□記　永徽元年七月十日
佛弟子劉孃夢造像記　永徽元年十月一日
王師德等題記　永徽元年　萃編錄
傅法師弥勒像讚
孟惠果侯客兒題記　永徽二年四月廿六日
樊慶題記　永徽二年九月卅日
王貴和題記　永徽二年
胥和殘刻
陳通妻張題記　永徽三年二月一日
張善同題記　永徽三年三月一日
王賢英妻張題記　永徽三年四月八日

楊行□題記　永徽三年四月
趙善勝題記　永徽三年八月廿七日
三洞弟子題記　永徽四年正月十七日
吏部主事許思言題字　永徽四年四月八日
清信女朱題字　永徽四年五月五日
王師亮題字　永徽四年八月十日
趙甯題記　永徽四年九月三日
郭愛同題字二段　永徽四年十月八日
永徽殘刻　永徽五年二月廿九日
竹奴子題字　永徽五年三月廿三日
清信女韓題字　永徽五年三月
李處房題記　永徽六年三月廿四日
比邱□□爲父母造像題記　永徽六年十月十五日

第三十一卷

唐三

龍門山造像一百十一段

胡處貞題字 調露二年七月十五日
比邱僧仁合門徒道俗等題記
陳七娘題記 調露二年
處貞題記 永隆元年九月卅日
尼光相題字 永隆元年十月口八日
范初題記 永隆元年十一月十九日
杜因果題字 永隆元年十一月廿日
韓文則題記 永隆元年十一月廿日
闞法寺僧大滿題記 永隆元年十二月十五日
日貞口爲陳七娘等造像記 永隆元年十二月卅日
沙門智運題字
崔懷儉題記 永隆二年正月廿日
尼觀法題字 永隆二年三月廿四日
尼眞晤題字 永隆二年三月廿四日
侯元熾題字 永隆二年四月八日
尼智隱題字 永隆二年閏月八日
儀鳳寺尼眞智題字 永隆二年五月八日
公孫神欽等題記 開耀二年二月八日
僧王寶明題記 永淳二年二月廿六日

其城蘇銷省父題記 永淳二年九月八日
蘇銷爲弟造像題字 永淳二年九月八日
覺意寺尼好因題字 永淳二年九月八日
明唐趙奴子題字 文明元年四月八日
佛弟子張題記 文明年
下桂騷思忠題名

第三十二卷

唐四

龍門山造像九十段

張師滿題記二段 垂拱二年二月十日
夏侯口題記 垂拱二年五月五日
龍豐倫題記 垂拱二年五月八日
宋州司士魏莊題記 垂拱二年七月十五日
張行忠題記 垂拱二年十月十六日
薛國公史題字 垂拱二年十二月八日
僧思亮等題記 垂拱三年正月十五日
遲陽蘇伏寶題記 垂拱三年二月十六日

三原戴婆等題記 垂拱三年二月十六日
三原薛福等題記 垂拱三年二月十六日
遲陽宋思忠題記 垂拱三年三月
口孝節題記 垂拱三年四月八日
徐節題記 垂拱三年六月廿五日
禮泉王君意題記二段 垂拱三年七月十三日
台州口口劉志樂像龕 垂拱三年九月廿三日
劉孝光題記 垂拱三年口月八日
秦宏等題記 垂拱四年三月十一日
萬年張元福題記 垂拱四年
安多富題名 永昌元年三月七日
比邱惠口口寂題記 永昌元口口口十五日
張元福再題 載初元年五月一日
曲沃胡元慶題記 載初元年五月十五日
劉大弊妻姚題記 載初元年六月三日
僧元果題記 天授二年二月廿日
張元福三題 天授二年二月卅日
梏義尉楊行前題記 天授二年三月五日
張乾勗妻題記 天授二年三月十二日
柰大娘生存願題記二段 天授二年四月十四日

姜須達等題名 天授二年五月廿八日
考功主事成仁感題記 天授二年口月十五日
周行者題記 天授二年
丁君義題記 如意元年閏五月五日
達笑靜題記 延載元年五月十五日
登封殘刻 萬歲登封元年
孔思義題記 萬歲通天元年五月廿三日
河陽馬神貴題記 聖厤二年正月二十三日
王知口王思凝等題名 聖厤二年
閻門冬題記 大足元年三月八日
兵曹田口忠題記 大足口口
坊思忠題記 長安二年七月十五日
水術都尉口越客題記 長安三年臘月一日
長安殘刻 長安三年十二月十二日
魏懷蘊題記 長安四年二月廿四日
宋婆題記 長安四年二月廿四日
陳暉題記 長安四年二月廿四日
高建昌題記 長安四年二月廿四日
韓寄生題名 長安四年二月廿四日
中山郡王隆業石像銘 長安四年三月廿七日

造弥陁坐藏像殘刻　長安四年□月
芮城陳昌宗題記　長安□年□月廿三日
霍二娘題記
清信女賈題記
甘大娘題記
普光師題記
王仁則題記
慶山姚□題記
太州王思業題記
辛六娘題記　神龍二年三月八日
王才賓浮圖頌并心經　神龍二年
尼思恩題記　神龍三年七月十四日
景龍殘刻　景龍三年九月卅日
王雅藏題記　景龍四年三月
姚夫人殘刻
吐火羅僧寶隆釋迦贊　景雲元年九月一日
張庭之題字　先天二年七月十五日
密縣姜万慈題記
萬年張賓殘刻
段法智題記

雍州司士題名
長安縣弟子劉解脫題記　□□元年正月廿五日
杜潛暉題記　開元二年四月十五日
造地藏像題記　開元二年四月十五日
祕書少監韋利器等弥陁贊　開元三年八月十日
僧眞性題記　開元三年九月
吳藏師題字　開元七年正月二日
裴惟籌題字　開元七年三月
陸渾程奉題名　開元九年
安邑□四海題字
蒲州程禮題字
臨換尉左中字弥陁龕銘
奉先寺像龕記　開元十年十二月十二日　萃編録
虢國公造像銘　萃編録
牛氏像龕碑　萃編録
都景福寺靈覺龕銘　開元廿六□日□□日
内侍省功德碑　萃編録
馬臨殘刻　天寶九年二月二日
戶部侍郎盧徵觀音像銘　貞元七年二月八日

第三十三卷

唐五

龍門山造像一百八十四段

威并妻馬殘刻
常選人題字
侯□殘刻
騫思歸題字
兵曹李德信題名
梁喜王題名
魏二等三題
張七娘王訓題字
程□藏題記
任右藏丞題記
王艮輔妻韋題字
造觀音象題字
王德仁女小娘題記
景福寺尼九娘題記

忠州刺史李素價題名
陽信令元某釋迦像銘
安陽尉王承頌題字
造大勢至像記
騰王和題名
王奇奴題記
楊大两題字
高義基□慶題字
尼德相題記
兵曹參軍王艮輔題字
王倫妻陳女婆題字
任定方題記
永耀寺善相等五人題記
蔡意娘題字

劉大娘題字
侯李五娘題字
周有意題記
清信女劉題記
張大娘等七人題字
尼僧暉題記
清信女張題記
李去泰題記
清信女李殘刻
于牛高思儉題記
麗守一題字
李廣衞迫題名
張師政兄弟題記
李仁慈題記
清信女王題記
障于知道題記
三原史毛等題記
南充縣壯㥁題字
鄭州司功任適題字
許邑令容胡題字

石行果妻王題記
裴羅漢題記
劉金仁題字
李保妻楊題記
杜法力題字五段
宋九娘題字
徫之德題字
孫英仁題記
尼□隆題記
朱義題名
岐山冦仁師題記
沙門知道題字二段
周行立題記
衞功參軍裴沼題記
闞縣殘題記
介休□宏福題記
梁縣任大娘題字
絳州懷智題記
太子典設郎袁仲蔣題記
推官董才等題名

謁者劉子道題名　相里婆題記
張元德殘刻　五日殘刻
徐大娘題記　口惠殘刻
王樹興題記　尼法貴等題記
尼法明題記　尼道進法明題字
李四娘題記　沈舍裕題記
普會題記　口怨持題記
常文才女舍利題記　高善達題記
田文基母李題字　程大娘題字
清信女宮題字　丁瞿曇妻王題字
郭阿九題字　盧永吉題字
口宜利題字　李相口母題字
清信弟子王殘刻　任王二人題字
口二娘爲弟造像題字　李三娘題字
清信女高題字　張慶宗題字
祝三兒題字　李哲題字
楊大娘題字　嚴三娘題字
田婆題字　車万全題字
澤大娘題字　田三娘題字
金文執妻甑題字　上官莫俊史元景題字

高思歸題字　李元哲題字
梁持戒題字　尼惠紅題字
清信女趙題字　郭九娘題字
王福昌題字　荆須牟題字
口如海題字　段六娘題字
夏侯升題字　清信徐題字
張承基題字　韓婆奴題字
呂思敬題字　王威題字
邳五娘題字　銘記殘刻
禱疾題字　韓曳雲司徒端等題字
王懷忠等七人題名　趙大娘等六題
楊二娘等三人題記　王元禮題字
楊婆題字　孫處德題字
陳恒山題名　陳德題名
閻處仲題名　皇甫文罰題名
陳婆好題名　程死名題名
趙伍兒題名　陳荆解題名
何万安題名　口興書題名
吳白允題名　荆小敗題名
趙盤題名　李五德題名

趙元瓌題名　胡僧雜樹殘刻
清信女可敦題名　僧敬殘刻
石作張珂等題名　蔡宏節題名
王大娘題名　張賓等題名
社老李懷璧等題名　王忩兩題名
梁文雄兩題名　尼政懃殘刻
孟二娘等四人題名　朱武政等四人題名
魚洋等四人題名　法惠題名
王智泰題名　道遠題名
趙菩提題名　趙敬福等題名
盧承母崔題名　祁舉兒題名
王乾福題名　楊隱妻題名
阿姜婁題名　李文德妻張題名
嚴景明等二人題名　歌扇題名
孔文昌題名　郢公女妳題名
張大溫題名　房寶子妻題名

第三十四卷

唐六

姜行本紀功碑　貞觀十四年六月廿五日　萃編錄
濮陽令于孝顯碑　貞觀十四年十一月十日
楊州都督裛公段志元碑　貞觀十六年　萃編錄
文州總管陸讓碑錄　貞觀十七年十一月廿六日　萃編
經行寺舍利塔題記　貞觀十八年十月朔
絳溪石佛寺造像七段
比邱明幹題記　貞觀廿一年三月廿八日
口口口妻黃題記　龍泉里口惠男元幹題記
丁公器題記　路榮題字
韋行本題字　比邱行敦題字
晉祠銘碑并陰　貞觀廿一年七月　萃編錄
附宋題名十三段

第三十五卷

唐七

第三十六卷

唐八

第三十七卷

唐九

夫人程氏塔銘 龍朔元年十月五日
代州都督許洛仁碑 龍朔二年十一月十七日 萃編錄
左戎衛大將軍襄公杜君綽碑 龍朔三年二月十八日 萃編錄
道因法師碑 龍朔三年十月十日 萃編錄
智旭造象 龍朔三年十二月
越州都督于德芳殘碑 麟德元年四月八日
孫文才合村等造像碑銘 麟德元年九月廿日
功曹參軍梁夫人成氏墓誌 麟德元年十二月十一日
法行寺僧曇遇造象記 乾封元年四月一日
燕國公于志甯碑 乾封元年十一月廿二日 萃編錄

紀國先妃陸氏碑 乾封元年十二月九日 萃編錄
僧法祥造像二段 乾封二年八月十日 咸亨元年九月十八日
上柱國郭君碑 乾封二年十一月廿八日 萃編錄
南陽張對墓銘 乾封三年正月二十五日
王贊暨姬氏合祔誌 總章元年九月廿八日
蘭州參軍徐羅母薛氏墓版文 總章二年十二月廿五日
淄川公李孝同碑 咸亨元年五月廿四日 萃編錄
內侍將軍張阿難碑 咸亨二年九月廿日 萃編錄
王知敬書金剛經上截 咸亨三年十月三日 萃編僅錄下截
左親衛裴可久墓誌 咸亨四年二月廿九日

韓寶才墓誌 咸亨四年十一月九日

第三十八卷

唐十

紀王造無量壽佛經 上元元年七月六日
祕閣麻生劉守忠墓誌 上元元年八月十三日
文林郎王君夫人柏氏墓誌 上元元年八月廿九日
中書令馬周碑 上元元年十月 萃編錄列永徽二年
成其善造象記 上元二年三月八日
右軍器使陳君暨東海縣君徐氏合祔誌 上元二年五月廿二日
王札等造浮圖銘 上元二年八月十四日

孝敬皇帝叡德記 上元二年八月十九日 萃編錄
薛國公阿史那忠碑 上元二年十月十五日 萃編錄
棲霞寺明徵君碑 上元三年四月廿五日 萃編錄
南溪令孟貞墓銘 上元三年十一月廿日
淮南公杜君誌陰 儀鳳二年五月七日 萃編錄有誌無陰
英貞武公李勣碑并陰 儀鳳二年十月六日 萃編錄
李惠妻孫造像記 儀鳳三年七月卅日
馬君起造石浮圖頌 儀鳳四年三月廿六日
棲霞寺講堂佛鍾經碑 儀鳳四年四月八日
王留墓誌 儀鳳四年五月五日

第四十二卷

唐十四

第四十三卷

唐十五

第四十四卷

唐十六

永泰寺東幢記　天寶九載八月廿九日　萃編錄
曹文玉尊勝幢銘　天寶十一載五月
門徒惠玉等尊勝幢記　天寶十二載二月十五日
永泰寺西幢記　天寶十二載六月
僧志遠造幢記　上元二年二月廿三日　萃編錄
西明寺智明尊勝幢記　大厯十三年三月七日
爲母尼口操造尊勝幢記　貞元十二年八月八日
龍花寺尼韋契義尊勝幢記　元和十三年七月三日
寶厯尊勝幢記　寶厯二年二月廿日
何宥則大悲幢記　寶厯二年十二月一日　萃編錄
田伾等尊勝幢記　大和八年六月廿九日　萃編錄
澤州刺史皇甫曙金經幢記　開成元年五月一日
尼戒香等尊勝幢記　開成元年十一月十一日
傳鳳尊勝幢題名　開成四年十二月十四日
元政尊勝幢讚　開成五年三月三日　萃編錄
葉再榮尊勝幢題名　開成五年三月
戒珠寺尊勝幢殘題名　會昌元年六月廿七日

萃編錄
姚文仲等尊勝幢題名　會昌元年十一月廿八日
僧文鑒尊勝幢記　會昌二年九月八日　萃編錄
陳榮尊勝幢記　會昌三年十月九日
李潛尊勝幢記　會昌四年十二月十九日
范陽湯君尊勝幢銘

第四十八卷

唐二十

經幢三十六種

衙內指揮口張口尊勝幢記　大中元年二月廿一日
于惟則造幢記　大中二年正月一日　萃編錄
施安等造幢題名　大中二年八月廿一日
大中尊勝殘幢　大中六年
侯刺史等經幢題名　大中八年四月八日
宏農楊公尊勝幢讚　大中八年七月十五日
王讜尊勝幢題名　大中十一年四月廿七日

王讜楞嚴幢題名　大中十一年四月廿七日
仰君儒陁羅尼幢記　咸通四年七月一日
王劉尊勝幢題名　咸通四年八月廿一日
吳郡朱氏造幢記　咸通六年四月五日
曹彥詞尊勝大悲幢記　咸通六年八月十五日
黃順儀尊勝幢記　咸通七年六月十八日
悴籌尊勝幢記　咸通九年三月十四日
僧景讓等尊勝幢記　咸通十年五月廿八日
沈仕達等大悲尊勝幢記　咸通十年六月廿二日
趙匡符經幢題名　咸通十一年二月十八日
尼又元造幢記　咸通十二年閏八月八日
曹參軍沈口尊勝大悲幢記　咸通十三年七月十八日
孫氏尊勝幢記　咸通十五年三月十三日
陳宗可等尊勝幢讚　乾符五年八月十五日
乾符尊勝殘幢　乾符六年
卧龍寺陳氏陁羅尼幢題字　乾甯元年　萃編錄
社官郤元諒等尊勝幢記　萃編錄
濳溪寺扶風郡尊勝幢記
常山王尊勝幢記
口郎等造幢記
石索口造幢記

大泉寺尊勝幢
華嚴寺惠敬澄尊勝幢題名
某寺主簿殘幢記
百廿佛幢
最勝金輪三昧呪幢
大自在陁羅尼呪幢
古等造幢殘題
僧如口等殘幢記

第四十九卷

唐二十一

信法寺眞容像碑并兩側　長安三年七月十五日　萃編錄有正碑無側

花塔寺造像四段

王璿造象銘　長安三年七月　萃編錄
韋均造象銘　長安三年九月三日　萃編錄
僧德感造象記
內常侍嗎鳳翼等題名　長安三年九月十五日　萃編錄

常眞甑壙銘　長安三年八月九日

司稼卿楊君妻杜氏墓誌長安三年十月十五日 萃編錄
潤州刺史王美暢妻長孫氏墓誌長安三年
百門陂碑并陰側長安四年九月九日 萃編錄
慶林觀鐘款長安四年十月二日
楊府君誌蓋
清信女宋小兒造金剛經心經碑
涅槃經刻
金剛等經刻
脩行寺尼眞空造浮圖銘神龍元年三月三日
公士安令節墓誌神龍元年三月五日

法琬法師碑景龍叄年五月十日 萃編錄
華陰郡君楊氏合葬誌景龍三年七月十九日
西城令息梁嘉運墓誌景龍三年十月二日
澧州司馬魏體元墓誌景龍三年十月十一日

第五十卷

唐二十二

方輿令上護軍獨孤仁政碑景雲二年二月廿七日 萃編錄
王璥石浮圖銘景雲二年四月八日 萃編錄
涼州衛大雲寺功德碑景雲二年 萃編錄
玉泉寺大通禪師碑

霍宏泰造浮圖銘太極元年二月十三日
田義起石浮圖頌太極元年四月八日 萃編錄
馮本紀孝碑先天元年十一月七日 萃編錄
賀蘭州都督契苾明碑先天元年十二月十六日 萃編錄
秦四娘造象題字先天二年五月五日
周公祠碑開元二年十二月五日 萃編錄
右衛中郎將鄭元杲墓誌開元二年十二月廿九日
嶲州都督姚懿碑開元三年十月十三日
醴泉寺誌公碑開元三年十月十五日 萃編錄
處士胡佺墓誌開元三年十月廿五日 萃編錄

陝州先聖廟堂碑開元四年五月一日
淨域寺法藏塔銘開元四年五月廿七日 萃編錄

第五十一卷

唐二十三

光祿少卿姚彝碑開元五年四月廿七日 萃編錄
沐澗寺碑陰題刻二段
王無競等題名 開元五年三月十二日
無名氏題記
高大娘造像題字開元五年九月十日
宗聖觀主尹尊師碑開元五年十月二日 萃編錄
幽棲寺尼正覺浮圖銘開元六年七月十五日 萃編錄

鬱林觀東巖壁紀 開元七年正月一日
兗州都督于知微碑 開元七年六月三日 萃編錄
京兆功曹韋希損墓誌 開元八年正月八日
開元尊勝呪殘刻 開元八年三月廿二日
本願寺舍利塔并石象碑 開元九年二月既望 萃編錄
北岳府君碑 開元九年三月廿六日 萃編錄
劉元望造石浮圖銘 開元九年四月八日
貝兵參軍張思道墓誌 開元九年十月十日
嶽嶺軍副使王脩福墓誌 開元九年十一月三日
常熟令郭思謨墓誌 開元九年十一月十七日 萃編錄

李文安石浮圖銘 開元十年四月八日 萃編錄
廣元千佛厓石刻十三段
彭景宣造象記 開元十年二月八日
益州長史章抗功德碑 開元十年六月□七日
校書郎段文昌題名 元和二年四月
李景讓題名 大中十一年
職方員外郎鄭愚題名 大中十三年六月三日
劍州刺史李諷題記 咸通十四年二月十五日
內常侍田匡祚等題記 廣明二年六月一日
判官呂延脊等題記 廣明二年六月一日
內府令王繼顒等題記 中和元年十月四日
匡祚劉重玫題名 中和二年閏七月二日
王四娘修畫象題記 中和四年正月廿八日
卯歲殘字 左廂造象題字
萊州刺史唐貞休德政碑 開元十年七月
第五十二卷

唐二十四
孔子顏子讚殘石 開元十一年五月
賢力毗伽公主阿那氏墓誌 開元十一年十月十日
少林寺柏谷塢莊碑 開元十一年十一月四日 萃編錄
折夫人譙郡君曹氏墓誌 開元十一年十一月廿三日
少林寺賜田敕 開元十一年十二月廿一日 萃編錄
襄州刺史靳恆遺愛幢 開元十一年
御史臺精舍碑 開元十一年 萃編錄
開業寺石佛堂碑 開元十二年三月
唐昭女端權殯誌 開元十二年六月廿六日

虢國公楊花臺銘 開元十二年十月八日 萃編錄
香積寺淨業塔銘 開元十二年六月十五日 萃編錄
涼國長公主碑 開元十二年十一月廿七日 萃編錄
第五十三卷
唐二十五
青成山常道觀敕 開元十三年正月十七日
右武衛將軍乙速孤行儼碑 開元十三年二月十六日 萃編錄
東閑居寺元珪紀德幢 開元十三年六月十五日
尙舍直長薛夫人裴氏墓誌 開元十四年二月廿三日
七星巖題刻三種

端州石室記 開元十五年正月廿五日 萃編錄
李紳題名 寶厤元年二月十四日
王化清游石室新記 寶厤元年九月二十日
雲居寺石浮圖銘 開元十五年二月八日 萃編錄
甯施令于士恭墓誌 開元十五年七月十五日
豐義令鄭温球墓誌 開元十五年七月廿七日
安宜令王晉妻劉氏合葬誌 開元十五年十月五日
道安禪師碑銘 開元十五年十月廿日 萃編錄
北嶽恒山祠碑 開元十五年 萃編錄
漢徵君徐穉墓碣 開元十五年
少林寺碑 開元十六年七月十五日 萃編錄

敬節法師塔銘 開元十七年七月十五日
龍角山慶唐觀紀聖銘 開元十七年九月三日

第五十四卷

唐二十六

聖壽寺石壁題字 開元十八年四月十六日
巖張八造浮圖記 開元十八年四月廿八日
龍山寺碑并陰 開元十八年九月十一日 萃編錄
附陰側宋題名九段
米黻題名 元豐三年
程㻋等題名 政和三年四月十一日
曾思等題名 紹興八年三月晦
王仁甫等題名 紹興十年五月望日

沈晦等題名 宣和年
王容等題名 慶元四年十一月廿一日
殘刻三段
東林寺碑記 開元十九年七月十五日 萃編錄
雲門山功德銘 開元十九年八月十五日
開元殘碑 開元廿年五月十五日
康州司馬來慈墓誌 開元廿年
王惟造像記 開元廿一年二月朔日
冠軍大將軍李仁德墓誌 開元廿一年四月廿三日
著作郎張漪墓誌 開元廿一年十月三日
河南參軍張軫墓誌 開元廿一年十月十六日

秀士張點墓誌 開元廿一年十月十六日

第五十五卷

唐二十七

代國長公主碑 開元廿二年十二月三日 萃編錄
華嶽題刻十六段
鄭虔題名 開元廿三年四月廿三日 萃編錄
盧綸等題名 大厤六年二月二日 萃編錄
崔微等題名 大厤七年三月廿日 萃編錄
盧朝徹謁嶽廟文 大厤九年三月 萃編錄
鄭全濟等題名 貞元十三年三月廿四日 萃編錄
容府□□題名殘字 元和十四年正月一日 萃編錄
王璠題名 元和十五年十一月廿六日 萃編錄
裴顥等殘題名 萃編錄

第五十六卷

唐二十八

第五十七卷

唐二十九

兖公之頌 天寶元年四月廿三日 萃編錄
靈巖寺碑頌 天寶元年十一月十五日
寶際寺隆闡碑銘 天寶二年十二月十一日 萃編錄
天寶尊勝等呪 天寶三載二月十五日
宇文琬墓誌 天寶三載十月廿日
大奉國寺守忠龕記 天寶四載九月廿五日
隴關游奕使任令則碑 天寶四載十二月廿八日
王迴山造浮圖頌 天寶六年正月卅日
寶居士碑 天寶六載二月八日 萃編錄
石門房山造象十三段

侍老李思恭題記 □寶六載三月二日
盧大娘題記 天寶六載三月廿九日
□守志題記 天寶六載三月廿□□
孟士□題記 天寶六載五月四日
李□賓妻等題記 天寶六載十二月卅日
沮瓊瑤題記 天寶七載九月
沮瓊瑤祖母傳題字 天寶九載六月
張行廉題記 天寶十載四月
天寶殘刻 郭憙礼題字
李氏等殘刻 □侯子殘刻
小黑題記
河南參軍張軫妻邵氏合祔誌 天寶六載十月十二日
宜祿都尉成君墓誌 天寶六載十月廿八日
子產祠殘碑 天寶七載
第五十八卷

唐三十
丁思礼暨心經碑記 天寶八載誤作大厤五月廿一日 萃編錄
平遙尉王府君墓誌 天寶九載三月十四日
靈運禪師塔銘 天寶九載四月十五日 萃編錄
附 碑側宋辛祕題名 元和十二年閏五月廿九日
陪戎副尉雷詢墓誌 天寶十載正月
淨因寺梁懷貞造象記 天寶十一載二月八日
中岳永泰寺碑 天寶十一載閏三月五日 萃編錄
石燈臺頌 天寶十一載七月十五日
董信古等造石浮圖記 天寶十一載八月十三日

新定太守張胐墓誌 天寶十二載八月廿六日
石經山中臺浮圖諸刻
王晉造石浮圖記 天寶十二載十月廿五日
感恐文
感浮圖詩二首
安祿山題名
李時用德政記
雲門山造象三段
王元恭題記 天寶十二載十一月廿一日
王昕題字
尼世僧圓滿題字
內侍張元忠妻令狐氏墓誌 天寶十二載十二月四日
優婆姨段常省塔銘 天寶十二載

栖巖寺智通塔銘 天寶十三載六月三日
內常侍孫志廉墓誌 天寶十三載六月八日 萃編錄
安鄉郡長史黃撝妻劉氏龕銘 天寶十三載
合暉巖殘刻 天寶十四載四月朔
武部常選韋瓊墓誌 天寶十四載五月十三日
武部常選劉智妻孫氏合葬誌 天寶十五載五月十九日
王日新妻造像殘刻 天寶
羅漢寺造象頌殘碑
心經殘本

第五十九卷

吳興劉氏希古樓刊

唐三十一

西山觀造像四段
三洞弟子文□□題記 至德二年三月八日
文□允題記 □□八年四月八日
任智斌題記
殘刻五行
北峰塔院銘殘碑 至德二載
通微道訣碑 乾元二年六月十五日 萃編錄
忻州司馬柳萛召墓誌 乾元二年十二月廿九日
巴州光福寺額勅 乾元三年四月十三日
巴州光福寺楠木歌
內寺伯劉奉芝墓誌 上元二年正月十一日

鮮于氏離堆記 寶應元年五月十五日
金大娘壙誌并甎文 寶應元年七月十四日
邠州長史焦璀墓誌 寶應元年十二月廿七日
郭敬之家廟碑并陰 廣德二年十一月廿一日 萃編錄
太尉李光弼碑 廣德二年十一月廿七日 萃編錄
九疑山題刻二段
元結無爲洞題字 廣德三年
河南府殘刻
贈太子賓客白道生碑 永泰元年三月廿四日
怡亭銘 永泰元年五月十一日

第六十卷

吳興劉氏希古樓刊

唐三十二

陽華巖銘 永泰二年五月十一日
舜廟置守戶狀 永泰二年五月廿六日
寒亭記 永泰二年夏
成德軍節度使李寶臣碑 永泰二年七月一日 萃編錄
朝陽巖石刻三種
重刻元次山銘 永泰二年八月 萃編錄
重刻柳宗元西亭詩
李當等詩并魏深書事 咸通十四年十一月廿五日
窊尊銘 永泰二年十一月廿日
重刻道州刺史廳壁記

第六十一卷

唐三十三

浯溪題刻十九段

峿臺銘 大厯二年六月 萃編錄

㢈廎銘 大厯三年閏八月九日 萃編錄

浯溪銘 大厯三年

浯溪銘釋文

右堂銘 大厯六年閏三月

韋武題名 建中三年八月廿三日

邱侁等殘題名

修浯溪記 寶厯元年五月廿三日 萃編錄

皇甫湜詩 萃編錄

李諒湘中紀行詩 大和四年十月廿五日 萃編錄

王軒等題名 大和五年五月廿四日

盧鈞赴闕題名 開成五年十二月十一日

盧鈞再題名 開成五年十二月十一日

馬植題名 開成五年十二月廿日

房魯題名 會昌五年十一月六日

李行脩等題名 大中三年四月十一日

韋瓘題記 大中三年十二月七日

銘園二篆文

元家坊三字

第六十二卷

唐三十四

會善寺戒壇碑 大厯二年十一月 萃編錄

贈司空李楷洛碑 大厯三年三月十五日

古衍禪師墓志 大厯三年五月五日

僧義琬墓誌 大厯三年八月十九日 萃編錄

潤州福興寺碑并陰 大厯五年六月一日

第六十三卷

唐三十五

大佛巖造象五段

左驍衛將軍羊買題記 大厯五年七月十五日

□□衛大將軍許志宸題名

盧州參軍李去惑題名

程孝□題名

石嶋虞候王金題名

右武衛將軍臧懷恪碑 萃編錄

左金吾衛將軍臧希晏碑 大厯五年十月十五日 萃編錄

資州刺史叱干公三教道場文 大厯六年四月十五日 萃編錄

少林寺同光塔銘 大厯六年六月廿七日

永仙觀主田尊師碑 大厯六年十月 萃編錄

觀身經銘碑 大厯六年十月 萃編錄

穿澗谷石刻三種

肅文禪房記 大厯七年三月

僧肅然造象記 建中元年二月十日

郭崧藥師像讚 咸通貳載九月十五日

宋璟碑側記 正碑大厯七年九月廿五日立 大厯十三年三月 萃編錄

容州都督元結碑 大厯七年十一月廿六日 萃編錄

文宣王廟新門記 大厯八年十二月一日 萃編錄

重模干祿字書 大厯九年正月 萃編錄

太常丞張銳墓誌 大厯九年三月四日

趙州刺史何公碑陰記 大厤九年七月廿七日

贈兵部尚書王忠嗣碑 大厤十年四月三日 萃編錄

附碑陰宋刻二段

陳繹題名 熙甯二年九月十五日

王臨題名 熙甯庚戌中冬

第六十四卷

唐三十六

尚書右僕射裴遵慶碑 大厤十一年二月廿□日 萃編錄

妒神頌 大厤十一年五月十六日

恆王府典軍王景秀墓誌 大厤十一年八月廿九日

同朔方節度副使王履清碑 大厤十二年二月廿日 萃編錄

內侍監高力士殘碑 大厤十二年五月十一日 萃編錄

鮮于氏里門碑 大厤十二年五月

平蠻頌 大厤十二年□月二十五日

錢唐丞殷履直妻顏氏碑 萃編錄

明覺寺尼心印記 大厤十三年正月廿七日

羅浮洞薛公造阿弥象讃 大厤十三年二月廿一日

無憂王寺寶塔銘 大厤十三年四月廿五日 萃編錄

楊州大都督段行琛碑 大厤十四年閏五月十三日 萃編錄

改修吳季子廟碑 大厤十四年八月廿七日

李陽冰天清墬甯四字

第六十五卷

唐三十七

舜廟碑 建中元年三月二日

獨秀山題刻二段

獨秀山新開石室記 建中元年八月廿八日

孟簡題名 元和元年二月三日

景教流行中國碑 建中二年正月七日 萃編錄

宣城尉李夫人賈氏墓誌 建中二年三月廿三日

張孝忠山亭再葺記 建中二年五月

雲居上寺詩刻誤 建中二年八月 萃編錄次元和四年

附范惟清等題名 元和四年四月八日 萃編錄

涇王妃韋氏墓誌 建中三年二月

慶唐觀李寰謁眞廟題記 建中三年三月十八日

安國寺僧殘碑 建中□年正月十七日

吳嶽祠堂記 興元元年十月十一日 萃編錄

聞喜令楊夫人裴氏墓誌 貞元元年十一月十七日

第六十六卷

唐三十八

欄柯山石橋詩刻 貞元三年正月九日

附宋祝紳等鬭茶題名 熙甯四年孟春九日

劉元佐殘石

第六十七卷

唐三十九

第六十八卷

唐四十

諸葛武侯祠堂碑 元和四年二月廿九日 萃編錄
碑陰記并從事題名
又楊嗣復題記 大和九年九月八日
又楊嗣復祠祭題名并詩 開成二年八月
附碑側及陰宋題名六段
張子定等修祠題紀 慶厤四年十一月十五日
曹頴叔等題名 皇祐二年二月廿六日
立之等題名 皇祐三年九月
吳中復等題名 熙甯四年九月
李審言等題名 熙甯
馬中行等題名 元符三年五月中澣日
李泑高涼泉記 元和四年閏三月十二日
柳子厚三記

始得西山宴游記 元和四年九月二十八日
袁家渴記
石渠記 元和七年十月十九日
晉周孝侯碑 元和六年十一月十五日 萃編錄
天水尹夫人墓誌 元和七年五月廿五日
苻載妻李氏墓誌 元和七年八月七日

第六十九卷

唐四十一

重建石壁寺甘露壇碑 元和八年三月十九日
劉通墓誌 元和八年十月十八日
穀城令張曛墓誌 元和八年十一月廿三日

會善寺大律德惠海塔銘 元和十年三月二日
宣功參軍魏邈墓誌 元和十年四月八日
內侍李輔光墓誌 元和十年四月廿五日 萃編錄
重刻十哲贊碑 元和十年十二月三日
奉禮郎李繼墓誌 元和十年十一月二十九日
龍城石刻 元和十二年 萃編錄
東莞臧夫人周氏墓志 元和十三年三月廿六日
龍花寺尼韋契義墓誌 元和十三年七月三日

第七十卷

唐四十二

宮闈令西門珍墓誌 元和十三年七月廿日
冀王府典軍邵才志墓誌 元和十四年十一月十六日
太子洗馬崔載墓誌 元和十四年十一月十六日
寶聳等殘題名 元和十四年
著作郎韋端元堂誌 元和十五年五月一日
南海神廟碑 元和十五年十月一日 萃編錄
鳳倉參軍司馬宗妻孫氏墓誌 元和十五年十一月廿二日
重立狄梁公祠碑 元和十七年十月五日

第七十一卷

唐四十三

忠武軍監軍使朱孝誠碑 長慶元年二月五日 萃編録
靈巖寺功德龕題字二段
僧法英等題名 長慶元年四月八日
僧神祐等題名 長慶二年十二月八日
盟吐蕃碑 長慶二年五月六日
梁守謙功德銘 長慶二年十二月一日 萃編録
范氏女阿九墓誌 長慶三年四月十三日
顏永墓誌 長慶四年二月廿九日
長沙高士墓誌
隱山李渤等題名 寶曆元年六月十七日
南溪石刻二段

李渤南溪詩 寶曆二年三月七日
李涉元巖銘
皇澤寺造象三段
轉運使崔殘題字
造釋迦象殘碑 修佛閣記 寶曆二年
柏堂寺菩提瑞象頌

第七十二卷

唐四十四

狀嵩高靈勝詩刻 大和二年六月十日 萃編録
附宋王紳題名 熙甯十年季春日 萃編録
東郡懷古詩 大和四年六月一日 萃編録
右內率府兵曹鄭準墓誌 大和四年八月廿五日

洋王府長史吳達墓誌 大和四年十月廿日 萃編録
劉洪澗妻楊珽墓誌 大和四年十月廿九日
李夫人韓氏殘墓誌 大和五年
幽州節度衙前兵馬使王夫人李氏墓 大和六年五月八日
聚慶墓誌 大和六年十月廿六日
大理司直辛幼昌墓誌 大和七年三月廿七日
習空和上塔銘 大和七年八月十五日
同兵參軍杜行方墓誌 大和七年十一月二日
登封令崔蕃墓誌 大和七年十一月八日
安國寺寂照和上碑 大和七年十二月

都水監丞隴西李琮墓誌 大和八年二月十五日
太府寺主簿楊迥墓誌 大和八年八月廿四日
內侍伯朱夫人趙氏合祔誌 大和八年十一月十四日
修龍宮寺碑 大和九年四月廿五日 萃編録
石鼓山題刻三段
衡州刺史裴等題名 大和九年九月十日
東岩二字
西谿二字
裴幹妻京兆杜夫人墓誌 大和九年十一月廿九日
左龍武軍將軍張源墓志 大和十二年十月一日

第七十三卷

唐四十五

王從政暨薛氏合祔志 開成元年三月三日

佛峪金剛會碑 開成二年四月朔

梓州刺史馮宿碑 開成二年五月 萃編錄

鄭覃進石經狀 開成二年十月十三日

黃公記 開成二年十一月二十五日

溪州刺史田英誌銘 開成三年四月廿日

奉禮郎李繼妻博陵崔氏墓誌 開成三年七月旣晦

大泉寺新三門記 開成三年十一月廿六日 萃編錄

義陽郡王苻璘碑 開成三年 萃編錄

大遍覺法師元奘塔銘 開成四年五月十六日 萃編錄

北巖造像八段

魏恩題記 開成四年八月廿三日

資州參軍鄧暗服官題記 咸通十四年二月八日

國子祭酒□□等題名 任亮題名

寇十二娘題名 杜行滿題名

等慈寺題字

爲錢岳夫婦造象記

九品往生社碑 開成五年五月

司徒李光顏碑 開成五年八月十四日 萃編錄

太子賓客趙夫人夏侯氏墓誌 開成五年十一月廿四日

陳少公母蔣氏墓誌 會昌元年二月十三日

趙夫人河內張氏墓誌 會昌三年五月□六日

五大夫新橋記 會昌三年九月廿九日

能禪師石室銘 會昌三年

第七十四卷

唐四十六

米氏女九娘墓誌 會昌四年七月十九日

疊綵山題記 會昌四年七月

四望山題刻二段

四望山題記

四望山題榜

永樂丞韋敏妻李氏墓志 會昌五年正月廿四日

華景洞李珏等題名 會昌五年五月廿六日

金石補正目錄卷二

吳興劉氏希古樓刊

柳氏殤女老師墓誌 會昌五年六月二十一日

宣功參軍魏邈妻趙氏墓誌 會昌五年十一月廿三日

劉擧墓甎誌 大中二年八月廿一日

周公祠靈泉記 大中二年十一月廿日 萃編錄

太子太傅贈司徒劉沔碑 大中二年十一月七日

贈工部尚書張仁憲碑 大中二年

冷泉關河東節度王宰題記 大中三年二月五日

第七十五卷

唐四十七

內侍王守琦墓誌 大中四年正月廿三日

昇仙太子廟詩刻 乾符四年閏二月三日 萃編錄
寶禪院造象記 乾符四年十月二日
右常侍楊發女子書墓誌 乾符五年十月廿八日
上谷成君信墓誌 乾符五年十一月廿九日
李氏殘墓誌 乾符六年四月
北山院圓照造象記 乾符六年十二月十四日
南陵尉張師儒墓誌 廣明元年十月五日
毗沙門天王碑 中和二年正月十八日
國子祭酒敬延祚墓誌 中和三年二月十一日
慈聖寺殘刻 大順二年

孫珦妻清河郡張氏墓誌 景福元年十二月二十日
山居洞杜鵑詩刻 乾寧元年三月廿七日
招提淨院施田記 光化三年二月十五日
閩主作菴池記 天祐二年
王審知德政碑 天祐三年閏十二月一日 萃編錄

第七十八卷

唐五十

太子賓客尒朱逵墓碣 萃編錄
李公夫人殘墓誌
石忠政墓誌

尼清眞塔銘殘刻
陳府君誌蓋
襄陽郡張君誌蓋
宏農郡楊君誌蓋
封生誌蓋
朱君誌蓋
渾都督誌蓋
路府君誌蓋
燕楊府君誌蓋
周君碑額

孫大壽碑額
慈明寺塔記殘碑
淨住寺佛象碑額
淨土寺石仏堂記
太原郡王君浮圖銘殘刻
長明燈臺殘石
法門寺尉遲氏造象殘石
太子中舍人造經殘刻
邑主常元造象殘刻
游公願等造象題名

漣壓象題字

崇明寺造象題名

行志等造經殘刻

雷音洞經刻十四種

妙法蓮華經　金剛經

維摩詰經　百四十願

大方便方廣經　兜率陀天經

温室洗浴衆僧經　无量義經

賢刼經　八戒齋經

教戒經　大王觀世音經

袁敬金剛經　千佛石柱

龍門山殘經刻七段

金剛經三段　殘經二段

心經二段

上杜國趙文會經刻題名

華嚴院額字

鐵葵缸銘

吳道子畫先聖十哲象題字

頂湖山題字

贊皇公詩刻

第七十九卷

後梁

經幢二種

長壽寺宏哲尊勝幢記　開平二年六月十四日

龍興寺鄭義尊勝等經幢記　貞明三年十一月廿六日

崇福侯廟記　開平二年　萃編録作鎮東軍牆隍廟記

會稽鍾公墓誌　開平五年四月十九日

獲嘉李琮造象記　乾化五年六月三日

惠光舍利銘　乾化五年十二月

南溪池亭及九龍廟記并陰側　貞明三年三月二十七日

後唐

中書令王鎔墓誌　天祐十九年

重修法門寺塔廟記并碑側　天祐二十年四月二十九日　萃編作十九年無側

附宋張握題名　嘉祐六年四月十九日

李崧殘字

經幢三種

常庭訓尊勝大悲幢記　天成三年四月五日

淨土寺僧思敬等尊勝幢記　長興三年八月廿三日

樞密使朱宏昭尊勝幢記　應順元年閏正月二十三日

程光遠等造象讚　長興元年十二月二十九

華嚴院神致題字　長興二年六月十九日

潁州開元寺鍾銘　長興三年十一月十日

張希崇華嶽題名　清泰二年十月廿三日　萃編録

第八十卷

後晉
高陽鄉麻浩等造像碑 天福二年七月二日
贈太傅羅周敬墓誌 天福二年十月六日 萃編錄
經幢五種
花敬遷尊勝幢題名 天福三年二月九日
法行寺尊勝幢題字 天福三年四月一日
太原郡小娘子尊勝幢記 天福四年十月廿三日
呂氏爲夫造尊勝大悲幢讚 天福七年三月十二日
東嶽廟尊勝幢記 天福七年三月廿四日
復溪州銅柱記 天福五年十二月廿日 萃編錄
超化寺石香爐讚 天福六年四月八日
閩

烏石山麟次臺題字 通文元年
堅牢塔記 永隆三年十一月 萃編錄
南漢
咸報寺鐘款 乾和十六年閏六月十六日
宴石山記 大寶二年九月二十四日
乾亨寺鐘款 大寶四年九月二十五日
崇福寺鐘款 大寶四年十一月二十四日
大覺寺僧文偃碑 大寶七年四月朔
第八十一卷
後漢

石屋洞秦彥韜造象記 乾祐元年五月三日
龍門山郭張題字 乾祐三年三月廿一日
左武衛中郎將石暎墓誌
後周
廣順題字 廣順二年
晉陽山廣順題字 廣順二年
顯陵守當使侯殷□尊勝幢記 廣順三年四月二十一日
判官堂塑像記幢 廣順三年七月一日
雲門山大雲寺功德記 廣順三年十月十八日
陽城龍泉院記 顯德三年九月七日

吳越
拜郊臺錢鏐題名 梁龍德元年十一月一日
保叔塔甎題字 壬午
辛卯造幢記 寶正六年二月十四日
風山靈德王廟記 寶正六年相月二十三日
吳
龍壽光化大師碑銘 天祚二年七月廿七日 萃編錄
楚
馬賨造金剛經碑記
蜀

羅浮洞石刻三種
造弥勒殿記 武成元年四月十三日
僧□□造象題字 武成元年五月十五日
造三聖龕題記 武成元年□月十五日
慧義寺節度使王宗偘尊勝幢記 武成二年十一月十日
千佛厓四十二娘造象題記 乾德六年七月十五日
後蜀
再興報國院碑記 廣政二十年十一月二十七日
雲安榷鹽使張匡弼題名 廣政二十六年二月十日
南唐
重刊壽州金剛經碑 保大五年十二月廿八日

龍光院元寂塔碑 開寶二年仲夏月

八瓊室金石補正目録卷二

八瓊室金石補正目録卷三

第八十二卷
宋一
經幢二十三種
劉氏爲夫造尊勝幢記 建隆元年四月四日
元氏邑衆尊勝幢讚 建隆四年四月八日
韓進尊勝幢題名 乾德元年正月十四日
李仁遂尊勝幢記 乾德五年二月二十日
王延福等重脩尊勝幢記 開寶三年□□□五日
華州別駕杜承訓尊勝幢記 開寶七年閏十月二十八日
靳氏尊勝幢題字 開寶八年十二月
杜澤里尊勝幢讚 至道元年十月一日
夏家堂尊勝幢殘題 至道二年四月
郭重顒等尊勝大悲幢讚 景德二年十一月初四日

法師義從尊勝幢記 明道二年五月
趙州王德成等尊勝經四幢題名 景祐五年三月十八日
張昭範尊勝幢序 慶曆八年九月二十六日
張師臯大悲尊勝幢銘 嘉祐七年三月十日
興國寺□寶臣尊勝幢記 紹聖三年四月十一日
若濟等尊勝幢題名 熙甯四年十月十三日
報恩寺智清靈骨記幢 元豐七年四月十六日
石佛村尊勝幢殘題記 崇甯四年
政和尊勝幢題字 政和三年八月
寶安寺尊勝幢

第八十三卷
宋二
溫室洗浴衆僧經記 建隆二年二月十一日
龍興寺鑄銅像記 乾德元年五月八日 萃編錄

夢英十八體篆并贈詩及書 乾德五年
李宏等金泉觀詩 開寶二年二月十五日
石魚題刻一百段
申狀題記 開寶四年二月十日
朱昂詩 端拱元年二月十四日
劉忠順等詩 皇祐元年正月十二日
武陶等題名 嘉祐二年正月八日
劉仲立等題名 嘉祐二年仲春
郡從事馮□等題名 治平□□□月二十日
徐莊等題名 熙甯元年正月一十日
韓震等題名 熙甯七年正月二十四日
黃覺等題名 熙甯七年孟春二十九日
鄭顗等題名 元豐九年二月七日
□兆思題名 元祐五年正月十五日
楊嘉言等題名 元祐六年□□望日
姚珏等題名 元祐八年正月中澣前一日
黃庭堅題名 元符三年

孫羲叟等題名 崇甯元年正月廿四日
楊元永等題名 崇甯元年
龐恭孫等題名 大觀元年正月壬辰
王蕃詩 政和二年正旦之明日
蒲蒙亨等題名 政和二年孟春二十三日
蒲蒙亨等再題 政和二年正月二十三日
吳革等題名 宣和四年十二月十五日
毋邱兼孺等題名 宣和七年正月十八日
陳似等題名 建炎三年正月二十一日
史時傑等題名 建炎年
文悅等題名
趙平通等題名 紹興二年正月三日
何夢與等題名 紹興二年正月十四日
王擇仁等題名 紹興二年開歲十四日
劉意等題名 紹興二年季春初六日
李宜仲等題名
張宗憲等題名 紹興二年十二月初八日
賈公哲等題名 紹興二年十二月望日
蔡興宗等題名 紹興五年正月十九日
宋艾等題名 紹興六年正□五日

賈思誠等題名 紹興七年十二月中休日
賈思誠等再題 紹興七年季冬十二日
己未題記 紹興九年正月十□日
孫仁宅等題名 紹興十年首春乙未
張仲通等題名 紹興十年正月丙申
晁公武等題名 紹興十年正月二十日
潘居實等題名 紹興十年正月念三日
張彥中等題名 紹興十年仲春十二日
周詡等題名 紹興十年弍月丙午
李景孚等題名 紹興十三年除前二日
杜肇等題名 紹興十四年正月四日
張琡等題名 紹興甲子六日
李景孚等再題 紹興十四年正月晦
晁公遡題記 紹興十五年正月廿八日
楊諤等題名 紹興十五年仲春上休日
杜與可等題名 紹興十八年中春望日
鄧子華等題名 紹興十八年中春十□日
吳亮舒題名 紹興二十三年書雲日
高祁等題名 紹興二十五年□□□五日
張維題名 紹興二十五年人日

張維等再題 紹興二十五年正月丙辰
盛景獻題記 紹興二十五年正月七日
黃仲武等題名 紹興二十七年元宵後五日
賈振文等題名 乾道三年人日
趙彥珠等題名 乾道三年正月十日
王宏甫題名 乾道三年
盧棠等題名 乾道七年元日
劉師文等題名 淳熙五年正月三日
馮和叔等題名 淳熙五年人日
朱永裔等題名 淳熙六年人日
夏敏彥等題名 淳熙十一年人日
賈煥題記 開禧四年元宵前
曹士中題名 嘉定十三年
李公玉等題名 寶慶二年穀日
李公玉等再題 寶慶二年正月十二日
丙戌殘題 寶慶二年
謝與甫等題名 紹定三年上元後一日
紹定殘刻 紹定□□正月五日
張霽等題名 淳祐三年嘉平既望
王季和等題名 淳祐四年臘月念四日

鄧剛等題名 湻祐八年正月望日
趙汝㢘詩 湻祐十年正月八日
劉濟川等題名 湻祐十一年三月既望
朱子詩
劉叔子詩 寶祐三年正月乙巳
蹇材望詩 寶祐三年人日
江應曉詩
楊名時詩
金國祥詩
徐上昇等詩
何震午等題名 寶祐六年正月戊寅
甲子題記
李可久等題名 戊戌中春七日
趙時僎題名 壬戌仲春
雷瀫題記 乙酉仲春二日
盛芹等題名 丙子上元後二日
蘇幾復等題名 戊辰上元
何憲等詩 戊辰正月二十八日
高應乾詩 楊太守詩
姚昌遇等題名 李襲題名

傅端卿題名 董時彥題名
王漢老題名 駢體殘刻

第八十四卷

宋三

修周康王廟碑 開寶六年二月十五日
會善寺尹輔詩刻 開寶六年二月十六日
修蒼頡祠頌碑并陰 開寶八年十二月十日
附佚名題刻 元祐八年三月六日
吕大防題名 嘉祐四年五月
沈繼宗修金剛經碑 太平興國二年十月八日
十善業道經要略碑 太平興國二年十月八日
法門寺浴室院靈異記 太平興國三年四月

第八十五卷

宋四

廣慈禪院修瑞象記 雍熙二年三月十八日
朝陽巖題刻二十四段
賈黃中送潘若沖詩 雍熙四年中元日
郭昭符詩 雍熙初
陳瞻宣撫記 咸平初
陳嶠詩 咸平初
王羽詩 天禧二年正陽月
高滌等題名 皇祐五年八月二十八日
張子諒等題名 嘉祐四年十一月 萃編錄入潛山巖
朝陽洞題榜 嘉祐五年二月五日
徐大方等題名 嘉祐六年正月十七日 萃編錄入潛山巖
梁安等題名 治平三年季秋二日

鞠拯等題名 治平四年九月
鞠拯再題名 熙寧元年上巳日
蔣僅題名 元豐八年
重刻蔣之奇西亭詩 元祐元年四月二十日
裴彥英等題名 元祐五年七月旦
崔博文等題名 元祐七年季秋庚子日
劉蒙等再題名 元祐八年四月十一日
邢恕題愚溪詩 元祐八年十二月丙辰
邢恕獨遊詩
魏泰詩
黃庭堅題名 崇寧三年三月辛丑
朱彥明等題名 崇寧四年
黃彪題名 乾道七年 萃編錄
王淮題名 慶元六年 萃編錄
崔承業造心經題字 端拱元年閏五月二十六日
重刊上清太平宮鐘記 端拱元年九月七日 萃編錄
龍興寺鑄像修閣碑 端拱二年正月十五日 萃編錄

鄧王錢俶墓誌端拱二年正月十五日

第八十六卷

宋五

善才寺觀音院記淳化元年五月

修北嶽安天王廟碑淳化二年八月九日

延慶寺僧惠廣塔碑銘淳化五年六月十二日

寶意寺修彌勒閣記至道三年九月十五日

眞仙巖題刻十一段

太宗御書至道五年

劉詛等唱和詩元豐六年七月一日

司馬温公書家人卦紹興十九年重午日

張說詩隆興元年九月丁酉

貢遵祖詩淳熙五年中春十五日

先聖先師像贊淳熙十六年六月甲午

易祓巖亭賦嘉定二年十二月丁卯

貢士庫記紹定元年孟春既望

唐容題名端平三年清明日

韓魏公書杜詩嘉熙二年臘月望

老子像贊咸淳八年仲冬吉日

第八十七卷

宋六

偏旁字源目錄及郭忠恕書咸平二年六月十五日

臥龍寺鍾款咸平六年二月二十四日

重眞寺田莊記咸平六年□月□日甲子

華嶽廟題刻五十七段

太常丞殘刻咸平年

龐奎築三籙壇題記景德二年十一月五日萃

編錄

晉國大長公主題記大中祥符二年十一月萃

編錄

李懷□設醮題名大中祥符三年萃編錄

王嚐題名大中祥符七年二月萃編錄作益恭

益昌題名

錢若水等觀稼謁廟殘題萃編錄

段微明設醮記乾興元年二月十五日萃編錄

范雍題名乾興元年四月七日萃編錄

麻温舒題名

劉繼元等題名

劉巨川題名天聖三年四月十三日萃編錄

杜詵等題名萃編錄

杜衍題名景祐四年九月廿五日

陳執中題名景祐四年十月五日萃編錄

工部郎中等殘題慶麻七年仲冬萃編錄作謁

岳廟題名

程琳己丑題名皇祐元年四月十八日萃編錄

蔡挺題名

孫昌等題名庚子萃編錄

嘉祐殘刻嘉祐六年三月四日

內侍省□□設醮題記治平二年正月十二日

萃編錄

史詔題名治平三年十月廿三日萃編錄

呂贊題名熙甯四年五月五日萃編錄

蔡□題名熙甯四年臘月

蔡延慶再題名元豐二年夏萃編錄

薛紹彭題名元豐六年六月十六日萃編錄

游靖等題名

劉承構題名萃編錄

王震題名二段

張重題名紹聖二年八月七日

崇甯殘題崇甯二年□月十五日

梁慶祖題名大觀四年九月二十八日

謝犇等題名政和二年二月初三日

宋達等題名政和二年重五日

楊可世等題名政和四年二月初三日

杜宏等題名政和四年二月五日

宋雲從題名 政和四年
吳□仁殘題名 政和六年
龍圖殘刻 宣和二年
梁撒題名 宣和三年重九二日
梁龕等題名 宣和三年九月十一日
杜開題名 宣和六年□月□日
潘洨謁祠殘題 建炎初□六月三日
強至殘題
張嘉貞題名
宰厲殘題
道宿題名
王汶之題名
希逸等題名
康將題名
劉岳等題名
韓解題名
王惟德題名
財利殘題
太守祈雪殘刻
駱驎題名
呂僑題名

尼審定塔銘 景德二年九月

王稚子闕題名三段

楊□□題記 景德四年孟夏二十四日
馬中行等題名 建中靖國元年十□月十四日
朱昇等題名 崇甯元年□冬廿四日

第八十八卷

宋七

至聖文宣王贊并加號詔碑 大中祥符元年十一月 萃編錄曲阜一碑

甯國寺牒碑并陰 大中祥符四年八月中旬

潁川學究陳日嚴墓誌 大中祥符八年八月七日

龍門山題刻十二段

彭城仲遲等題名 天禧元年三月二日
丁裕題名 天聖四年三月二十六日
王曙詩 天聖五年三月弍十日
常景造像記 元豐二年七月十二日
造人党題記 元豐七年七月卅日
元豐殘刻 元豐七年八月

程公孫題名 紹聖三年
程公孫等題名 元符三年
趙志國等題名 元符四年正月二十四日
何子正等題名
張彥題名 政和七年三月卅
內西頭供奉余祺鑄像記

棲霞洞題刻五段

俞獻可等題名 天禧弍年孟秋月中元
王補之題記 隆興初元七月十七日
范成大碧虛銘 淳熙元年嘉平日
楊絳詩 淳熙七年上元
趙子肅邵伯高題名 端平三年除前八日

增修中嶽廟碑銘 乾興元年六月十六日 萃編錄

七星巖題刻三段

趙勝等題名 乾興元年仲春□三日
榮堙等題名 嘉祐五年正月五日
趙善擇等題名 淳熙十五年上元前五日

華嚴巖題刻十七段

徐陟題名 天聖三年仲秋望日
王文恩題名 康定元年仲秋二十一日
丁謂與正師上人詩 康定元年九月九日 萃編錄
成戩等題名 康定二年八月十四日 萃編錄
潘衢等題名 慶曆七年十一月□□
沙門居一題名 皇祐五年重陽日
吳太元等題名 嘉祐四年八月十五日 萃編錄
沈紳等題名 治平四年正月九日
范敏求等題名 熙甯二年十月七日
許師□題名 元祐六年三月望日
邢恕詩 元祐八年 萃編錄
劉蒙等題名 元祐九年正月丁丑
曹季明題名 紹聖三年三月初九日 萃編錄
亦樂堂記 紹興二十八年八月八日
亦樂堂銘 紹興二十八年冬 萃編錄

第八十九卷

宋八

第九十卷

宋九

第九十一卷

宋十

黄庭堅詩　宣和二年十二月廿日　萃編錄
吳少逸題名　宣和四年十月二十五日
張耒詩
黄仲堪題名　靖康元年十月廿九日
賈時舉等題名　建炎三年二月十七日
潘正夫題名
無相會題字　紹興二年二月十五日　萃編錄
蔡說詩　紹興二年三月旦日
李若虛詩　紹興五年五月二十四日
游何題名　紹興十五年
太學上舍題名碑　紹興廿年三月
李元老題名後跋，紹興廿六年二月既望　萃編
錄未載後跋
李逸題名　紹興三十一年九月二日
秋隱里步詩　隆興元年
劉芮題名　隆興二年六月戊寅
王彥清題名　乾道七年仲秋後十日
李處端題名　乾道八年
陳從古詩　乾道□年□月初十日
陳從古題名

劉學雅題名
浯溪二篆字　慶元五年重陽
趙彥橚題名　嘉泰四年九月二十日　萃編錄
濤須王□達詩　開禧元年仲冬十三日
趙不息中興頌　嘉定二年十月□日
趙善諡詩　嘉定四年暮春五日
嶺表撫刑題名　嘉定四年四月初□□
淩儀趙□詩　嘉定四年□月七日

第九十二卷

宋十一

浯溪題刻三十九段

崇椿張□□詞
藏辛伯詩　嘉定七年五月
趙崇憲題名　嘉定八年四月廿四日
趙崇廾題名　嘉定八年四月二十七日
管湛題名　嘉定八年五月十日
劉用行詩　嘉定八年臘月

林伯成詩　嘉定九年孟秋旦
易祓詩　嘉定九年七月旦
易祓和許玠詩　嘉定九年七月三日
林訪詩　嘉定十年仲夏
留筠詩　嘉定十年臘前
留筠再題詩
方信儒題名　嘉定十年
王柄題名　嘉定十一年十二月望
呂銓題名　嘉定十二年閏三月甲子
許綸等題名　嘉定十三年長至日
曾煥詩　嘉定十三年四月二十三日
趙□□發詞刻　嘉定十三年五月□日
鍾興嗣詩　嘉定十三年秋孟朔旦
徐自明詩　嘉定十三年中秋後四日
董鴻道詩　嘉定十三年臘月五日
臨汾張□□題名　嘉定十四年仲春二十四日
張谿詩　嘉定十四年四月丙戌
趙崇模題名　寶慶二年九月二十五日
趙必愿題名　寶慶三年四月三日　萃編錄
趙崇夏題名　寶慶三年十一月二十一日

王音發刻　紹定三年
李伯堅題名　紹定四年七月既望
衞樵詩　紹定六年元日　萃編錄
趙楷詩　端平三年七月朔
施復等題名　端平三年重陽月二日
徐大忠題名　丙申四月
曾宏正詩　湻祐二年季秋十二日
曹一龍詩　湻祐六年
樂炎發題名　湻祐六年冬
朱天錫題名　戊申孟秋
暘瑾題名　湻祐八年□月上澣
湻祐殘題名　湻祐九年秋
林革詞　湻祐九年十月庚子　萃編錄

第九十三卷

宋十二

浯溪題刻五十段

李曾伯題名 淳祐十年夏五二十四日
淩攀龍題名 淳祐十年十一月六日 萃編錄
淩登龍柯經等題名 淳祐十一年清明
淩登龍題名
張仲題名 淳祐十一年夏至前一日
張仲詩 淳祐十一年十一月初六日
周邵虎小憩亭記 淳祐十一年冬
張知復詩 淳祐十一年嘉平十六日
宜州司錄楊□□題名 淳祐十一年
楊恢題名 寶祐五年南至後三日
于壺詩 寶祐五年仲秋上澣
莊宙節等詩 寶祐五年良月
楊恢再題殘刻 寶祐六年
趙汝謡詩殘刻
俞捩等詩 景定三年仲春
文有年詩 景定三年三月上七日
吳文震詩 景定三年孟夏朔
蔣孝忠詩 景定三年長至日
王鴻孫等題名 景定四年中秋日
趙崇□殘題名 景定四年秋仲望

戴煜詩 景定四年仲冬旦
劉錫詩 景定五年十一月壬辰
文子璋詩 景定五年仲冬壬寅
胡杞華題名 咸淳二年清明節
楊恪題名 咸淳四年元夕後二日
楊履順等題名 咸淳四年八月 萃編錄
李祐孫詩 咸淳五年元旦
江瓊詩 咸淳六年立秋日
繆演祖題名 咸淳六年秋
嚴應卯等題名 咸淳六年九月一日
黃及翁詩 辛未仲夏
文子璋題名 咸淳七年夏
咸淳殘題名 咸淳七年八□
唐復題名 咸淳九年九月九日
趙夾翁題名 壬午中春中澣
方尹等題名 江無□衡嶽詞
張袞題名 社巷黃□□詞
詩跋殘刻 九岩詩刻
盧何滦等題名 姜虎題名
廖應瑞題名 廖應瑞詩

唐亭磴道題字 唐亭銘題字
浯溪銘題字 峿臺題字
石門題字

第九十四卷

宋十三

昭慶寺夢筆橋記 景祐五年十一月既望
左千牛衞將軍衞廷諤妻徐氏墓誌 寶元二年八月十三日
郭氏鐵鑊款識 慶曆二年七月二十一日
王素題名 慶曆五年五月六日
修九子母記 慶曆五年閏五月一日
羣玉山題刻十段

僧懷華題名 慶曆六年三月十二日
解舜卿等題名 治平二年清明前一日
李士變等題名 熙甯八年十二月十一日
魏子師等題名 嘉泰三年孟冬廿五日
趙與詠詩 淳祐五年菊節前一日
文有年詩 景定五年勸農日
王熊等題名 咸淳二年菊節前
趙與袖等題名 咸淳四年閏正月廿九日
羣玉山題字
羣玉亭題字
麓臺山聖俱寺殘碑 慶曆六年五月二十二日
婺州題名碑記 慶曆六年立冬日
資州北巖題刻十三段
國子博士趙立等題名 慶曆六年
成都馮介等題名 熙甯十年人日
三槐王正叔等題名 紹興二十九年仲夏二十八日

劉子式等題名　乾道三年三月中澣
開封李善持等題名　乾道四年中元日
子中殘刻　乾道七年三月旣望
武信馮運之等題名　淳熙五年立秋後四日
張能應題名　淳熙五年
洺國程公垕等君子泉詩　淳熙十四年十一月廿七日
三嵎陳咸等題名　嘉泰二年
法官成煥文題名　嘉泰三年孟冬
滏陽趙少魏等題名　壬戌小春叁日
石溪莊元契四至記

第九十五卷

宋十四

澹山巖題刻四十二段

潘衢等題名　慶麻七年十一月五日　萃編錄
尹賜詩　萃編錄
盧臧三巖詩　嘉祐二年六月六日
俞希孟和詩　嘉祐二年　萃編錄
蔣緯詩　嘉祐六年正月二十四日　萃編錄
馬瑒等題名　嘉祐六年秋　萃編錄
闞洞題名　嘉祐七年正月九日
梁庚等題名　治平二年九月十四日　萃編錄
薛俅等題名　治平二年十一月三日　萃編錄
樂咸詩　治平三年正月十五日　萃編錄
范子明等題名　治平三年十二月　萃編錄
蔣之奇詩　熙甯元年正月　萃編錄
蔣之奇題記　萃編錄
楊巨卿等題名　熙甯七年九月戊戌　萃編錄
柳應辰記　熙甯七年九月十五日
王辟疆詩　熙甯九年正月上旬
柳應辰再題記　熙甯九年十月二十七日
胡奕詩　熙甯九年　萃編錄
趙揚題名　熙甯十年清明前二日　萃編錄
職方外郎趙某殘題名　熙甯年冬至後一日
孫碩等題名　元豐二年四月
王子京題名　元祐二年孟冬十九日

王觀等題名　元祐六年八月十八日　萃編錄
張詢題名　紹聖二年四月初二日
楊公實題名　紹聖二年仲夏十八日
承天思等題名　紹聖二年仲夏十九日
曾孝雍題名　紹聖二年季秋晦
畢君卿禱雨題名　元符二年五月二十一日
重刻蔣緯詩　建中靖國元年二月十五日　萃編錄
李昭輔等題名　崇甯三年仲冬
盖侗題名　大觀二年三月晦　萃編錄
鞏鑒再題名　大觀四年閏中秋
李公彥詩
黃庭堅詩　政和六年　萃編錄
黃郡守題記　宣和四年
襄陽盛□詩
郡守曹中等題名　宣和六年六月十二日
王賁仁等詩　建炎二年十二月五日
尚用之詩　建炎四年正月十三日　萃編錄
善琦跋尚用之詩　建炎四年仲春望日
錢伯言頌并跋　建炎四年五月二日
錢伯言詩　建炎四年仲冬朔

第九十六卷

宋十五

澹山巖題刻五十二段

潘正夫等詩　紹興初　萃編錄
孫仲益題名　紹興四年十月廿九日
董弅題名　紹興五年三月戊寅　萃編錄
張昭遠喜雨詩　紹興八年中秋日
張昭遠祈禳頌
張晁詩　紹興十五年十月□日
趙士圖妻曹氏詰詞　紹興二十七年四月二十四日
呂行中題記　紹興二十九年
黃彥禱晴題名　乾道五年十一月二日
黃槪題名　乾道九年四月
潘畤等題名　淳熙十二年三月

滕瑱題名
張釜詩 紹熙三年中秋廿八日
洪彥華詩 紹熙五年重九前二日
徐商題名 萃編錄
俞徵詩 慶元三年四月二十一日
湙邑二篆字 慶元五年重陽
徐蓁題名 嘉泰三年五月十一日
孫介宗題名 嘉泰四年正月三日
佚名詩
臧辛伯詩殘刻 嘉定七年
易祓詞 嘉定九年六月下澣
留筠詩 嘉定十年十二月八日 萃編錄
呂昭亮跋留筠詩後 嘉定十一年二月初吉
王枅題名 嘉定十二年三月二十六日
董與幾詩 嘉定十二年重九日
住山僧某題名 寶慶二年冬
高惟月詞 寶慶二年九月 萃編錄有跋無詞
盧世甯等題名并袁鎮詩 紹定四年九月中旬
衛樵等題名 紹定五年二月既望
衛樵詩 紹定六年五月既望

郭三聘詩 紹定六年八月 萃編錄
唐可大等題名
王洤題名 嘉熙二年二月十七日 萃編錄
張口之跋曾宏正詩後 湻祐二年艮月既望
趙與詠詩 湻祐五年八月下澣
高不僑題名 湻祐十年季秋望後三日
趙立詩 寶祐二年秋
文有年詩 景定三年四月十五日 萃編錄
陳宗禮詩 景定三年 萃編錄
張遠猷并紹珏詩 景定四年八月二日 萃編錄
文起傳詩
劉錫題名 景定五年十一月乙酉 萃編錄
陳梅所詩 景定五年仲冬初七日
杭一民題名 咸湻元年清和旹
王亞夫等題名 咸湻元年夏閏六日
趙與詘題名 咸湻五年八月廿六日 萃編錄
趙口口詩 咸湻八年九月 萃編錄
由聖元載題名 壬申六月
曹公美等題名 己卯仲夏望日
晉之等題名 己卯仲夏五日

朱正一詩

第九十七卷

宋十六

峴山石幢題刻十一段

襄陽復羊公祠帖 慶厤七年十一月六日
王洙等峴山詩刻
張遵等題名 皇祐五年九月九日 萃編錄
劉元瑜等題名 嘉祐六年十月四日
孫頎等題名 熙甯九年二月十六日 萃編錄
黃堯允等題名 元豐三年仲冬癸巳
賀君傑等飲餞題名 紹興四年二月三日
岑巖起等飲餞題名 元符元年六月十日
吳周卿等題名 元符三年二月六日
范準夫等題名 崇甯元年仲春初三日
王厚之等題名 湻熙十二年孟冬二日

太平宮碑陰 慶厤八年七月一日

附題刻十一段

蘇子瞻等題名 治平元年正月十一日
陳相叔等題名 熙甯二年十二月二十二日
張景先詩 元祐元年九月二十六日
薛紹彭等題名 元祐二年重陽後一日
杜純等題名 元祐五年正月廿六日
李備等題名 元祐六年正月二日
石夷吾等題名 崇甯二年十二月廿八日
蒲澈洪子著等題名 政和元年十二月廿五
日
蒲庭淵等題名 政和二年春
白聖美題名
陳道翺等題名

烏石山題刻十六段

師秉等題名 皇祐二年仲春十日
蔣之奇等題名 熙甯四年六月晦

南潤寺王勝題記 元豐八年季冬十四日
福州社壇銘序 元祐六年三月
參知政事孟庾等題名 紹興二年正月二十一日
潘正夫題名 紹興二年仲春十三日
昭武黃某詩 紹興二十七年中秋月五日
趙子直朱子題名 淳熙十年仲冬丙子
朱子石室題字
鄧漢卿等題名 紹熙元年上巳後三日
郡丞詹乂民題記 嘉定十七年四月上澣
項顒等題名 端平二年四月五日
趙希袞題名 淳祐丁未良月望後九日
趙希瀞等題名 淳祐十年九月
陳淯祖等題名 咸淳三年正月十二日
霹靂巖題膀

第九十八卷

宋十七

嵩陽宮石柱題刻二十二段

侍禁上官士衡等題名 皇祐二年三月廿六日
陳知損題名 皇祐三年七月十八日
蘇舜元題名 皇祐五年孟春
趙士宏等題名 皇祐六年仲春晦日
錢袞等題名 嘉祐四年七月十九日
陳知雄等題名 嘉祐七年仲冬初六日
陳守柔再遊題名 嘉祐八年六月二日
邢恕題名 熙寧五年二月六日
于由等題名 熙寧五年九月十日
祖無擇等題名 熙寧六年孟春二日
焦通祁題名 熙寧六年二月廿六日
陳知儉等題名 熙寧六年清明後一日
東端卿等題名 元豐元年五月廿六日
李孝稱題名 崇寧二年五月
張克蒙等題名 崇寧三年季秋十一日
文及甫題名 崇寧三年三月十□日
夏聖求等題名 大觀元年四月六日
唐通叟等題名 政和元年仲春
邢儔題名 宣和五年八月朔
宗傑宗韓題名 甲辰

何㮚題名 宣和七年三月二十三日
項城丞馬雲夫題名

南海廟韓碑陰題名四段

祖無擇題名 皇祐二年孟秋庚寅
向宗道題名 熙寧五年三月
程公禱雨記 熙寧七年六月辛未
彭鉉題名 端平三年三月

魏夫人祠碑陰題名四段

張吉甫題名 皇祐二年九月朔
張子諒等題名 至咊元年五月廿四日
潘旦等題名 嘉祐二年八月廿三日
修武令張斐等題名 元祐六年元日

陽春巖題刻四段

祖無擇題名 皇祐二年仲冬月十九日
周子題名 熙寧二年正月一日
許彥先再游題詩 熙寧十年孟夏
元芳題瀑布泉三字

皇祐殘刻 皇祐三年四月八日

奉天令文彥若墓誌 皇祐三年十月七日

岱嶽觀李陟題名 皇祐四年五月十一日 萃編錄

平蠻碑 皇祐五年二月

龍隱巖題刻十六段

平蠻三將題名 皇祐五年四月
李師中宋頌 嘉祐七年六月一日
李師中留題詩 嘉祐七年十一月
周應期等題名 熙寧七年六月初八日
梅公瘴說 紹熙元年中秋日
重刻石曼卿書 慶元元年正月吉日
洪邁高州石屏記 慶元九年十月既望
朱希顏再題詩 慶元元年至後二日
張釜七詠 慶元二年正月既望
董世儀等題名 慶元四年正月八日

方信孺三刻詩境題字 嘉定七年正月望
方信孺詩 嘉定七年四月朔
方信孺三詩 嘉定九年秋
葉任道等題名 嘉定十五年夏五廿一日
李與等題記 咸湻十年上巳後十日
鄒圜題字

第九十九卷

宋十八

太常博士周堯卿墓碑 皇祐五年
唐宋加號文宣王詔贊碑 至和元年十二月望日
火星巖題刻十段
柳拱辰尹𤔲聯句詩 至和三年閏三月二十五日
尹𤔲詩
柳應辰題記 熙甯七年
蔣僅題名 元豐八年

程敬叔等題名 元祐七年九月二十日
董居誼記并詩 嘉定十三年十月甲子
鍾子正和詩
董鴻道題記 嘉定十三年十二月
馬德元等題名 咸湻二年仲春
佚名題記殘刻
封濟民侯牒 嘉祐二年三月一日
刻彥脩草書題記 嘉祐三年十月九日
義帝新碑 嘉祐四年十一月
脩善寺張景儉殘詩刻 嘉祐五年三月十六日
嵩陽宮文彥博題名 嘉祐五年三月十八日
太原景昇題名 嘉祐伍年五月十一日

第一百卷

宋十九

九龍巖題刻四十一段
王汾詩 嘉祐五年孟秋二十口日
余靖等題名 嘉祐五年口月十九日
章詷詩
陶弼詩
朱壽昌題名 嘉祐六年四月二十五日
周子題名 治平四年五月七日
蔣忼記 熙甯元年五月五日
陶輔相佛殿基題記 熙甯元年季夏初二日
高秉等題名 熙甯元年十月十七日
關杞題名 熙甯四年二月十三日
孫頎等題名 熙甯六年孟冬日
楊巨卿題名 熙甯八年五月初二日
蒲宗孟題記 熙甯八年六月二十七日
蒲宗孟詩 熙甯八年六月二十八日
田仲方等題名 熙甯八年十月十二日
柳應辰題記 熙甯九年二月十九日

李茂宗題名 熙甯九年六月望日
陶弼詩 熙甯九年七月初五日
陳瑄題名 熙甯九年九月五日
趙揚題名 熙甯十年三月甲子
淵沖子觀磨崖說
曾布題名 元豐三年十月十三日
劉溫詩 元豐三年中口口日
馬默題名 元豐四年九月二十一日
朱彧等題名 元豐五年孟夏六日
齊諶題名 元豐六年三月二日
鄧熿題名 元豐七年端午日
阮之武詩 紹聖元年七月七日
黃朝散詩 宣和五年三月望日
曹省詩 宣和五年三月二十日
錢懷哲詩 宣和五年七月二十五日
黃仲堪題名 靖康元年孟冬戊午日
胡寅等題名 紹興元年十二月初六日
艾淇詩 紹定元年孟冬中澣後七日
張大年題名 淳祐二年十月下澣
劉夢得詩 寶祐四年仲夏念四日

宋穎叔題名 壬子四月初五日
馬玘題名 壬子六月十四日
高至端題名 丙辰十二月初三日
李得之詩 癸亥九月晦日
衡陽陳□□詩
沈文罕修塔題字 嘉祐五年九月

第一百一卷

宋二十

華景洞題刻三段
李師中等題名 嘉祐六年正月十九日
閻紳等題名 熙甯七年孟冬初六日
方孚若題名 嘉定六年十月廿九日
通判潤州劉弈墓碣 嘉祐六年四月十九日

重刊宋立郭忠武王廟碑 嘉祐六年五月二十八日
靈巖寺千佛殿記 嘉祐六年六月望日
靈巖寺題刻五段
知成德軍張揆詩 嘉祐六年七月一日
張揆送義公許公詩 熙甯三年九月十三日
蔡卞書經偈 崇甯元年十一月 蔡編錄
吳栻詩 崇甯五年四月甲戌
仁欽書心經 大觀三年正月
岑公洞題刻四段
朱師道題名 嘉祐六年
鮮于文明等題名 紹興二十七年
裕之殘題名 嘉定十年二月三日
曹濟之題名 嘉熙三年重陽日
二體石經周禮殘碑

重立醉翁亭記 嘉祐七年十月庚寅
重刊唐明濟移丹河記
眾樂亭詩刻
慈氏殿殘碑

第一百二卷

宋二十一

中嶽廟鐵人背題字 治平元年三月十八日
三門洞題刻五段
余藻題名 治平元年季秋下弦
高秉題名 熙甯元年十月十七日
柳應辰題名 熙甯八年十一月二十二日
豐茝題名 寶祐六年七夕
高安劉某題名 景定四年八月廿七日

隱山題刻十二段
質夫等題名 治平元年仲冬十八日
呂愿忠北牖洞詩 紹興二十四年季春十三日
張子題招隱字并記 淳熙五年六月丙戌
詹體仁刻招隱字題記 淳熙五年閏月下澣
黃德琬等題名 淳熙五年仲秋辛亥
王正己題名 淳熙九年六月十四日
劉愈等題名 淳熙十四年孟冬初澣
管定夫等題名 嘉定五年初伏
方信孺題名 嘉定六年孝九日
詩境題字
曾原一等題記 淳祐十二年五月
北牖洞題字
石鼓山題刻七段
薛俅等題名 治平二年中元後一日
劉摯題名 熙甯五年

第一百三卷

宋二十二

第一百四卷

宋二十三

第一百五卷

宋二十四

唐懷素聖母帖 元祐三年仲春
安武軍節度郝質妻朱氏墓誌 元祐三年十一月初七日
度人經變相題字 元祐三年仲冬

第一百六卷

宋二十五

嵤巖題刻二段
張綬詩 元祐四年三月十二日
何揚祖詩 咸淳四年九日

五峯巖題刻十一段
張綬題名 元祐四年四月十八日
黄嘉之等題名 元祐六年重陽日
方蒙題名 元祐八年孟夏廿六日
張茂先詩 紹聖三年秋季

衡陽楊某等題名 元符元年季冬望日
郡模蔣某等題名 元符□年十月十七日
鞏監等題名 大觀三年孟夏九日
任傳道等 紹興十九年春
蔣行忠題名 紹興廿九年□月晦日
魏繼先題名 嘉定十三年臘月十一日
許未玠等題名 癸亥孟冬□日

渾公祠石刻二段
刑李義山詩跋 元祐四年重陽日
仇伯玉等題名 元祐五年仲夏望日

蘇軾懷弟子由詩 元祐五年秋

陽華巖題刻二十六段
練潛夫詩 元祐五年
唐㬉等題名 宣和二年五月十六日
王肇題名 建炎三年季冬壬寅日
蘭仲恭等題名 建炎四年正月廿八日

杜季揚題名 紹興九年九月庚子
游何詩 紹興十六年十月十五日
何麒詩 紹興十八年十二月三日
劉慎修等題名 紹興十九年五月二十二日
蔡周輔等題名 紹興二十年春七十有一日
向源老等題名 紹興二十二年七月廿二日
程遡詩并跋 紹興二十五年十月二十七日
安琫圖并序 紹興二十六年三月中澣日
釋鎣重游殘刻 紹興年
胡邦實等題名 乾道四年孟冬十二日
江朝議并陳邦慶詩 乾道六年十月
呂敦仁題名 乾道七年七月上旬前一日
李長庚詩 乾道二年間
孟坦中詩 淳熙二年春
趙師俠詩并跋 淳熙十五年六月十三日
李長庚後詩 紹熙五年五月十七日
李景莊等題名 嘉泰元年十月七日
楊長孺等題名 開禧元年六月九日
毛方平詩 嘉定五年夏至
俞昌言等題名 嘉定十六年二月丙申

林契題名 淳祐十年中秋朔
黄顒祖題名 戊寅正月四日

第一百七卷

宋二十六

重刻宸奎閣碑銘 元祐六年正月癸亥

焦山題刻五段
米芾題名 元祐六年孟夏
陸務觀等題名 乾道元年二月壬午
吳琚詩 淳熙十一年上元前三日
吳琚書心經殘字
王濬等題名 嘉熙二年十一月晦

唐顏文忠公新廟記 元祐七年四月二十七日

草堂寺題刻八段

李周等雙檜聯句詩 元祐七年八月甲戌 萃編錄
王濟叔等題名 紹聖元年仲夏廿八日 萃編錄
章惇題記 紹聖二年十二月八日 萃編錄
梅澤詩并題記 崇甯元年三月十四日 萃編錄
張壽翁題名 崇甯五年七月十二日 萃編錄
呂湘題名 宣和二年六月四日 萃編錄
王蘋題名 靖康二年四月十日 萃編錄
甘吳二篆字
重修宋立曹娥碑 元祐八年正月 萃編錄
刻懷素帖并題跋贈歌記 元祐八年九月初一日
黃庭堅黔州題名
石塘寺自然屏詩 紹聖二年上巳日
白龍洞題刻四段
盧潛禮等題名 紹聖二年九月中澣
公輔公密題名 政和元年季春旬休日

唐進德題名 政和二年三月二十七日
李景亨等題名 淳熙三年立夏日
坦掌村修堯廟碑 紹聖二年十二月初二日
唐少卿遇仙記 紹聖三年正月甲午
附 遇仙記跋二則 紹興二十二年七月十日
譙國簡夫題名 紹聖三年孟春念五日
光祿卿龍圖張旨碑 紹聖三年八月二十七日
淨土寺惠深碑銘 紹聖三年十二月二十二日
羅適巢父亭詩 紹聖四年二月初六日
趙尚題名 紹聖五年

第一百八卷

宋二十七

象耳山題刻十四段
李時題字 元符元年仲夏
路國文序世等題名 紹興十四年仲冬
閻孝周殘刻 紹興十九年季春
任居實五人題名 紹興十五年
石鄰等題名 紹興二十二年九月
唐秬等題記 隆興元年六月十九日
唐秬等再題名
石申光五人題名 乾道三年
馮允之題記 乾道三年
二江梁仲元等題名 淳熙十二年□月初八日
袁倚等題名并詩 淳熙十六年冬
吳人范若叔等題名 淳□四年六月三日
五律詩刻
唐知郡告示
眞武經碑 元符二年正月廿八日 萃編錄

游嗣立爛柯巖題名 元符二年九月二十日
后土祠殘碑 元符二年
三洲巖東坡題名 元符三年九月廿四日
資福寺羅漢閣記殘碑 元符三年十月望
蘇子瞻歸去來辭集詩并赤壁賦
蘇子瞻詩賦帖石刻
蘇子瞻書如來讚
魯池題刻二段
黃庭堅西山題記 建中靖國元年二月辛酉
閻才元西歸題名 淳熙九年四月五日
黃庭堅詩刻 建中靖國元年三月望□

葆眞觀記碑 大觀三年五月二十□□
黃誥道巖詩碑
崇福宮題刻二段
張杲題名 大觀四年十二月一日
盧園練題名 宣和二年冬至後三日
南嶽觀音贊 政和元年五月初五日
西河普濟寺記 政和元年孟冬初吉
越州新學碑 政和元年十月望日
讀書巖題刻六段
楊書思題名 政和二年九月晦
孫覿題名 紹興四年十月十七日
蔣時題名 乾道八年秋
蔣時雙淸室題額 乾道九年秋

常茶題名 淳熙元年冬
王維則等題名 淳熙十年七月十九日

第一百十一卷

宋三十

贈魏王告詞敕 政和三年五月初十日
陽升觀碑 政和三年十月二十五日
孫漸游驪山詩 政和四年十月 萃編錄
絳溪題刻七段
□劉□題名 政和四年
丁巳殘刻 紹興七年
鄭城詩 紹興二十一年後四月十日
薛公肅題名 淳熙三年□月十九日
趙希淵題名 嘉定十六年下元前□日
殘題名 春初三日

藏眞泉題字
王舜臣題名 政和五年正月念八日
唐李元禮戒殺生文 政和五年二月十五日
肖巖題刻二段
周裕詩 政和五年孟冬二十五日
周裕肖巖二字 政和五年十一月二十五日
董賓卿仙蹟跋二段 政和五年十一月十四日
政和六年四月十八日
李昌孺示初公頌 政和六年孟夏旦日
李昌孺少林寺詩 政和□年
夏鰖孔廟題名 政和六年中秋日
中殤陳寂之墓誌 政和七年四月十二日

宣德郎穆翬墓表
附碑陰穆氏塋舍記 重和元年十二月朔日
蔡卞面壁菴題字
隴西朋甫題名 重和二年孟春念六日
眞相院釋迦舍利塔銘 宣和三年十月
準高僧塔題字 宣和四年正月十五日
資州東巖題刻五段
推淸和尚塔記 宣和四年六月二十日
徐正造像題記
岳陽□□文題名
殘詩刻二段
蔡京面壁塔題字 宣和四年八月

蒲□□光裔題名 宣和四年初冬旦
天慶院顯達塔銘 宣和五年二月十五日
壽聖院泛海觀音記讚 宣和五年二月二十二日
天甯寺蘇過題名 宣和五年九月七日
宋全等施石獻床記 宣和六年六月初三日
大佛寺湯公詩
劍南東川鄉賢堂記

第一百十二卷

宋三十一

金城村功德院記 建炎四年六月庚寅日

獅子巖題刻六段
朱舜元題名 建炎四年中秋後二日
游何題名 紹興十五年夏
何麒詩 紹興十八年十二月三日
程迷等題名 紹興二十五年十月二十六日
重刻蔣之奇銘 端平三年
黃嘉父等題名 己亥
顯甯廟賜額牒碑 紹興元年五月
靈泉寺新殿記 紹興二年四月十七日
岳武穆忠義碑 紹興二年七月初七日
戒石銘 紹興二年七月癸酉
張桓侯廟碑 紹興二年仲秋月旦日
疊采山題刻二段

似煤等題名 紹興五年閏二月初十日
詹儀之題名 淳熙五年春分日
涪州北巖題刻七段
伊川祠記 紹興五年十二月十五日
王庶詩 紹興五年
程遇孫詩 嘉定三年春之七日
智公龕題字 淳祐三年中秋
朱子與周鄉書
黃應□寄姪善帖書 淳祐十年□月重陽日
殘詩刻
大用菴銘 紹興十年九月己未
僧子宜塔記 紹興十一年十月十九日
翠微亭韓世忠題名 紹興十二年三月五日
趙夔遂縣題詩 紹興十四年八月八日

第一百十三卷

宋三十二

六侯事蹟記 紹興十五年中夏二十四日
張浚列秀亭題記 紹興十七年寒食日
大梁張顏叔等題名 紹興十七年八月十四日
坦山巖勸農記 紹興十八年二月二十八日
富順中巖題刻十二段
蔡正叔納涼題名 紹興十八年季夏念八日
張難老等避暑題名 紹興三十二年仲夏晦日
默之等殘題名 隆興元年貳月
呂元錫納涼題名 乾道二年六月十七日
李深甫喜雨題記 乾道二年七月初九日
楊光避暑詩 淳熙十四年初伏

金石補正目錄卷三

吳興劉氏希古樓刊

金石補正目錄卷三

吳興劉氏希古樓刊

般若會善知識祠記 淳熙二年六月
馮運之題名 淳熙三年冬望前二日
廣漢楊安常殘題名 淳熙四年五月
廣濟王像題記 淳熙四年六月
重修宜州學記 淳熙五年六月
月巖題刻三段
趙汝誼禱雨題名 淳熙六年秋戊子
趙廣靈濟祠題記 淳熙九年六月中澣
劉錫詩 景定四年
南龕題刻二段
趙善期題記 淳熙八年七月望日
趙公碩詩

白鹿洞趙昌言等禱雨題名 淳熙九年季夏四日
彈子巖題刻三段
熊飛題名 淳熙九年暮秋初吉
張子書論語問政章 淳熙十一年冬長至日
李滋篆聯 淳熙十二年
準提菴井闌殘字 淳熙十年
廣州贍學田記并陰 淳熙十一年正月
蒙巖題刻五段
曾鑑等題名 淳熙十三年九月
甯濠題名 淳熙十四年九月廿九日
姚逆仲題名 寶慶三年九月念一日
趙希逾平猺題記 紹定六年正月癸巳
蒙泉二字

野石巖題刻三段
仲權詩 淳熙十四年五月丙寅
滕瑱和詩 紹熙二年六月中伏日
野石鋪三字
上虞縣修學記 淳熙十四年六月
贈光祿黃中美碑銘 淳熙十五年正月甲子

第一百十六卷

宋三十五

周子拙賦 淳熙十五年重午日
周子像贊
周子太極圖說

周子愛蓮說
酒官碑 淳熙十六年八月己亥
盧坦對杜黃裳語并銘
石鼓書院記
朱子書上蔡先生語錄
朱子書牧愛堂三字
朱子書仙苑二字
聖傳頌詩 紹熙元年正月十五日
吳下同年會詩 紹熙元年二月望
紹興府修學記 紹熙二年九月癸酉

張提刑德山詩碑 紹熙三年重陽日
王楠龍門題字 紹熙四年四月丁未
山河堰賦 紹熙五年三月甲子
第一百十七卷
宋三十六
鴛鶴峯題名記 慶元元年九月丁亥
元巖題刻二段
陳正仲等題名 慶元元年中冬
王岳等題名 慶元三年立秋後三日
渠度廟賜靈濟額牒 慶元二年六月
程九萬詩并記 慶元三年端午日

南海英護廟額牒 慶元四年五月
銅山令王□□題款 慶元五年正月八日
趙滔野祭題名 慶元五年清明日
龔大雅義并題記 慶元六年十二月丙申
桃花洞題刻三段
趙善恭勸農題記 嘉泰元年二月望日
古雲根三字 景定五年上巳日
桃洞流香四字
柳巖題刻三段
王淮記 嘉泰元年四月朔
王檜柳巖二字
王圀道等題名 嘉泰二年三月廿六日

楊輔等□楚巖題記 嘉泰二年重陽日
崇德廟財帛庫記 嘉泰二年季冬二十日
妙濟眞人敕 嘉泰四年八月二十二日
潼川府修廟學碑 嘉泰四年十一月日
寶方山金剛經偈 開禧三年長至日
法相巖題刻三段
姜柄題記 嘉定四年長至日
樓鑰碧玉簪三字
鄭域詩 嘉定六年至日
第一百十八卷
宋三十七

秀巖題刻九段
米芾秀巖二字 嘉定五年六月望日
趙汝鄰無盡藏三字并跋 寶慶三年良月
徐經孫詩 淳祐六年九月上澣
周梅叟題名 寶祐元年除節前五日
朱瑛詩 寶祐三年五月三日
賈明道題名 寶祐五年仲冬既望
胡純詩 咸淳七年祈農日
涂穎詩
曾晞顏詩 咸淳九年上巳前一日
知肇慶府睦佩墓誌 嘉定五年六月甲申
峋嶁碑側題字 嘉定五年秋
中隱山題刻三段
方信孺詩境二字 嘉定六年三月三日
管定夫等題名 嘉定六年先重陽一日

第一百十九卷

宋三十八

渠渡廟封崇福公告 淳祐十一年三月十日
嘉定縣修學記 淳祐十一年夏五

第一百二十卷

宋三十九

復襄樊紀功銘 寶祐二年正月元日
黔陽縣登科題名碑 寶祐二年登高前一日
劉用父等題名 寶祐三年九月
宜州鐵城記 寶祐三年十一月長至
宜州鐵城頌 寶祐四年三月吉日
錄用勳裔御札碑 寶祐四年十二月

再來石題字 開慶元年夏
重建遯老堂碑并陰 開慶元年七月朔
吳文震元石詩 景定二年秋
封天曹猛將敕 景定四年三月八日
濂溪書院額并表記碑 景定四年七月朔
楊允恭壽祠記 景定四年艮月望日
存志觀鍾款 景定五年正月上元日
杜工部墓門題額 景定五年夏孟
唐鼬殿記并陰

第一百二十一卷

宋四十

崇勝寺雲版款 咸淳元年上元日
米芾書秦少游詞刻 咸淳二年辛卯月
嘉定學重修大成殿記 咸淳二年四月
濂溪大富橋記 咸淳二年七月既望
嘉定縣學田租記 咸淳二年七月既望
濂溪陳夫人墓表 咸淳四年清明
渠渡廟封益靈公告 咸淳五年七月九日
大鑒禪師殿記 咸淳五年十一月初七日
度宗字民銘并謝表 咸淳七年四月

長沙趙滑輿等題名 咸淳八年□月廿□日
待制某造甎文 咸淳九年五月
崇勝寺鐘銘記 咸淳十年四月八日
鈷鉧潭三字并詩 癸酉中冬既望日
大陽喉石刻
舊公墓記
季文題名 戊辰八月初四日
有鄰等題名 戊寅弍月三莛
開府儀同三司殘碑
西銘殘石

毗陵殘碑
十九年殘碑
洪公碣額
焦公誌蓋
長安縣君誌蓋
黃帝鍼經殘刻

第一百二十二卷

遼

經幢三種
薦福大師尊勝幢記 應曆七年六月
雲州刺史李翊等尊勝幢記 統和十八年四月七日

慈智大德尊勝幢記 壽昌五年四月十三日 萃編錄
丁玉造像題字 開泰二年四月八日
藏掩感應舍利記 大康六年四月二十八日
東作使造像記 大康六年八月十六日
易州淨覺寺碑銘 大安二年八月二十三日

西夏

感通塔碑銘 天祐民安五年正月十五日
感通塔番字碑

第一百二十三卷

金一

南懷州修湯王廟記 天會十四年十月二十八日

經幢九種
口壽為父造眞言幢記 天眷二年四月二十一日
靈巖院尊勝幢并淨琛塔銘 大定十四年十月十三日
勝果院尊勝幢并惠澄銘 明昌元年七月望日
唯識院文慧普同幢記 明昌二年六月
東馮村王願等眞言幢題名 明昌二年九月十五日
馬遂舒佑等殘幢記 辛酉承安
陽石村尊勝幢記 泰和五年八月十五日
李彥柔眞言幢并墓記 泰和七年五月二十一日
楊彥均等十天尊勝幢題名 大安叁口口月

靈巖寺祖師聖跡碑 皇統七年孟秋日
重刻明然子詩 天德二年正月初五日
定林院通法塔銘 貞元元年四月二十五日
義井寺崇遠塔銘 貞元三年六月十日

第一百二十四卷

金二

修紫虛元君殿記 正隆二年六月二十五日
少林寺西堂法和塔銘 正隆二年十月一日
龍巖書杜甫古柏行 正隆五年九月三日
壽禪師造象記 大定二年五月十一日
龍泉院額牒 大定叁年正月

龍泉院使帖 大定三年六月
廣濟寺額牒 大定三年十二月
同州聖教序碑陰題刻二段
鄭彥文等題名 大定四年六月既望
權綱題名 泰和七年重九日
蓮峰眞逸題名 大定四年七月二十三日
吉祥院額牒 大定四年
華藏世界海圖碑 大定五年九月
幽棲寺廣初塔銘 大定六年九月初六日
騣山都總官題字 大定七年三月二十二日
新鄉修文宣王廟碑 大定八年四月十九日

洪福院牒并助緣題名 大定十二年九月十八日

第一百二十五卷

金三

清涼院碑 大定十四年五月十五日
大明禪院頌記 大定十六年九月
大智禪師碑陰題刻二段
京兆府錄事馬炟題名 大定十八年九月八日
府判刁璧等題名 貞祐五年春上丁日
華嶽廟題刻二段
李成說和衆題記 大定十九年
左囗題名 承安五年秋三日
慈恩塔題刻二段
許洛題名 大定二十年
虞用康等題名 泰和五年春四十日
幽棲寺重修大殿記碑 大定二十二年十月十五日
又碑陰修聖像記 大定二十四年五月二十五日
重修中岳廟碑 大定二十二年 萃編錄
石淙棲雲題名 大定二十三年
檀特山善寂寺塑像記 大定二十五年四月六日
檀特山建釋迦殿記 大定二十七年十二月望日
龍門山楊言題名 大定年
崇教禪院鐘款 明昌三年七月 萃編錄
樊倫龍山頌碑并碑陰記 明昌三年十月十五日

第一百二十六卷

金四

京兆府提學所帖碑 明昌五年四月初一日
重書精忠廟宋牒并記 明昌五年七月十二日
碧落寺溪堂山堂記碑 明昌五年閏十月三十日
靈巖寺田園記 明昌六年十月二十三日
五祖堂記 明昌六年十二月十二日
許州重遷宣聖廟記 明昌七年五月十三日

第一百二十七卷

金五

文安鏡款 文安年

朝鮮一

高句驪故城石刻二段 己丑 當宋元嘉二十六年

新羅眞興王巡境記 戊子秋八月 當陳光大二年

神行禪師碑 唐元和八年九月九日

白月栖雲塔銘 後梁貞明三年十一月

忠湛大師碑銘 後晉天福五年七月十八日

奉先宏慶寺碣記 遼太平六年四月

法泉寺元妙塔銘 遼咸雍四年十一月九日

又碑陰門徒開座職名記 遼大安元年仲秋月

第一百三十卷

朝鮮二

妙香山普賢寺記 金皇統元年七月十一日

重修龍門寺記 金大定二十五年四月

附三日浦埋香碑并陰側 元至大二年八月

普濟舍利石鐘記并眞堂詩 己未五月十五日當明洪武十二年

神勒寺大藏閣記并陰 明洪武十六年

陟州東海碑并側

越南

昭光寺鐘銘 昌符九年二月下澣當明洪武十八年

日本

重摹佛足石碑墨象 天平勝寶四年當唐天寶年 明和戊子摹當 大清乾隆十三年

八瓊室金石補正目錄卷三終

八瓊室金石補正卷一

太倉陸增祥撰　男　繼煇校録
吳興劉承幹覆校

東周

羽陽宮瓦當文

羽陽千秋

右瓦圜徑周尺六寸五分慮傂尺五寸九分今尺四寸四分舊藏瞿木夫先生中溶家今佚郭寬五分木老題刻其上右曰秦武公宮之瓦左曰瞿萇生保爲研萇生先生自號也案澠水燕談録云秦武公作羽陽宮在鳳翔寶雞縣界歲久不可究知其處元祐六年正月直縣門之東百步居民權氏濬池得古瓦五皆破獨一瓦完面徑四寸四分瓦面隱起四字曰羽陽千歲篆字隨勢爲之不取方正始知即羽陽舊址也武公之初年距今千有七百八十八年矣武功游景叔方總秦鳳刑獄摹刊于石置之岐陽憲臺之瑞豐亭以貽好事者陝西通志云羽陽宮在寶雞縣東陳倉故城內此瓦徑圜正合篆勢亦符惟作千秋爲不同耳仁和趙氏

有重模本孫氏寰宇訪碑録載之

秦

銅權銘

拓本高周尺二寸八分上廣七寸四分下廣九寸八分十五行行六七字不等又末一行三字字徑三四分篆書藏常熟王氏

廿六年皇帝盡幷
兼天下諸侯黔首
大安立號爲皇帝
乃詔丞相狀綰法
度量則不壹歉
疑者皆明壹之
元年制詔丞相斯
去疾法度量盡始
皇帝爲之者有刻
辭焉今襲號而
刻辭不稱始皇帝
其於久遠殹如後
嗣爲之者不稱成
功盛德刻此詔
故刻左使毋疑

平陽斤　平陽斤

右秦度量銘二按顏氏家訓隋開皇二年之推與李德林見長安官庫中所藏秦鐵稱權旁有鑴銘二其文正與此二銘同之推因言司馬遷秦始皇帝本紀書丞相隗林當依此銘作隗狀遂錄二銘載之家訓余之得此二銘也適在祕閣校理文同家同蜀人自言嘗游長安買得此二物其上刻二銘出以示余其一乃銅鍰不知爲何器其上有銘循環刻之乃前一銘也其一乃銅方版可三四寸許所刻乃後一銘也考其文與家訓所載正同然之推所見是鐵稱權而

同所得乃二銅器余意秦時茲二銘刻於器物者非一也及後又於集賢校理陸經家得一銅板所刻與前一銘亦同益知其然也故并錄之云 集古錄跋

考古圖云權各高二寸徑寸有九分容合重六兩銘一百有二字又有三字曰平陽斤王氏同又云秦本紀始皇廿六年平六國號皇帝一法度衡石丈尺丞相綰者王綰也二世元年皇帝曰金石刻云云始言金石刻而卒止言刻石據權之文云故刻左則史記石字當爲左字丞相去疾姓馮　鵬按二銘皆權文無所謂秦斤者薛氏不察以一爲權一爲斤遂啓後人之惑不知斤乃斤兩非斧斤也權形上弇下侈環而刻之故銘字上窄下廣非別有一斤也平陽斤者斤法以平陽爲則耳考古本以平陽斤爲權銘惟銘百字誤以爲百有二字 馮雲鵬馮雲鵷金石索

右秦銅權銘閒有剝蝕存全字七十餘據金石索補注其闕案集古錄有度量銘二未載其文此銘當即所謂銅鍰者也金石索兩載權銘一藏河南李氏一藏河東王氏形製銘詞均與此同而篆體迥異彼用李斯筆法此與鼎彝款識相類尤得古致弟三行號字下似是爯而彼作爲爲不同耳其

據薛氏載入者則即歐公所謂銅板也號下一字與此刻相似而亦釋作爲余蓄此拓本十餘年矣物爲常熟王蓉洲 憲成 所藏曩在史館蓉洲時官比部嘗造訪索觀焉銅質精堅光耀射目愛不忍釋者久之後蓉洲轉侍御遷給諫簡擢巡道未任卒於半塗展紙摹錄曷禁憮然

衞屯瓦當文

衞屯

桉史本紀秦二世元年復作阿房宮盡徵其材士五

萬人爲屯衛則秦時已有衛屯矣西京賦衛尉八屯警夜巡晝蓋漢沿秦制也石索

圓徑七寸五分亦瞿氏故物今佚漢書百官表衛尉秦官掌宮門衛屯兵程氏以衛字瓦屬諸衛尉寺觀此益信秦漢皆有衛尉萃編次衛瓦於秦以顔從之訪碑錄分列衛衛屯於秦漢未審其區别之故

八瓊室金石補正卷一終

八瓊室金石補正卷二

太倉陸增祥撰　男　繼煇校錄
吳興劉承幹覆校

漢一

羣臣上醻刻石

高五尺二寸五分廣六寸一行十五字字徑三寸許篆書在永年

趙廿二年八月丙寅羣臣上醻此石北

右趙刻石在直隸廣平府永年縣西六十里婁山向未箸錄邵武楊兆璜守廣平時訪得之沈西雝交翠軒筆記以爲石虎時所刻非也石勒以太興二年稱趙王後廿二年爲石虎之建武六年石虎篡立自稱建武必不仍冒勒之年數爲紀若當時刻石宜書建武六年未必概書趙廿二年虎伐燕不克由襄國至鄴在是年之冬而此題八月丙寅亦與史不合容案史記趙世家趙自武靈始稱王其廿一年攻中山合軍曲陽攻取丹邱華陽鴟之塞王軍取鄗石邑封龍東垣中山獻四邑和王許之罷兵二十三年又攻中山不書廿二年事者當是兩年中直貫下耳以術法推之武靈王廿二年當周赧王之十一年赧王元年丁未爲中元九十八章之首是年正月朔當爲癸未

又推至十一年八月得辛亥則丙寅乃八月十六日
也趙都邯鄲去婁山甚近或當時得中山四邑羣臣
上壽此山因而刻石亦紀功之意董仲舒春秋繁露
故壽之爲言猶讎也此刻作上醻尤足考見古義篆
書古勁與秦刻石相埒西雖以爲隸書亦誤張德容二銘艸堂金石聚
趙摀叔之謙補寰宇訪碑錄以此爲漢石之冠云
大興劉位坦攷爲西漢文帝後元六年左側有口
口判官郁久閭明達題名乃北魏人書之謙按此
漢祖刻疑爲石趙者非祥按沈劉二說未見攷趙

幽王友以孝惠元年王趙趙廿二年當文帝七年
通鑑目錄是年七月辛丑朔九月庚子朔則八月
不得有丙寅友在趙十四年呂后召置邸館遂幽
死亦無廿二年孝文即位立幽王子遂爲趙王其
廿二年爲文帝後元六年是年八月癸卯朔廿四
日直丙寅劉氏所言蓋趙王遂之廿二年也以五
鳳石刻魯卅四年例之書法正同又攷趙肅侯語
元年當周顯王之廿年凡廿四年而卒子武靈王
立武靈王雍元年當周顯王之四十四年其廿二
年當赧王之十一年張松坪以此爲武靈王之廿
二年亦無不合惟以筆勢審之似與秦篆差異丙
寅二字轉筆方折全是隸意仍從劉氏定爲西漢
時物甲戌夏從松坪借錄左側題字未見

元鳳塼文

長八寸四分厚一寸四分分書反文在陽湖呂氏

元鳳二年七月

鮑宅山鳳皇畫象題字

拓本三紙一高八寸八分廣四寸五分二字字徑一寸六七分一高二尺三寸五分廣二尺畫麟鳳各一相向左上方題字一行五字字徑寸餘再左又題一行亦五字字徑四寸許一高二尺六寸廣二尺二寸一畫一鳳大倍於前左方題二字一徑四寸一徑二寸均分書在蘭山

元□
二月七日鳳
東安王欽元
鳳皇

右鮑宅山鳳皇畫象題字在蘭山摩厓工人省紙
分拓高廣位置均不得詳姑就所見錄之趙摀叔
補訪碑錄作元康張松坪太守以爲元狩審視拓
本似是鳳字二月七日下一字不可識疑是成或
即鳳字案漢書昭帝紀始元三年冬十月鳳皇集
東海遣使者祠其處七年八月改元元鳳應劭曰

三年中鳳皇比下東海海西樂鄉於是以冠元焉畫像之作其在斯時歟

揚量買山刻石

高一尺九寸三分廣二尺五行行五字六字字徑三四寸不等分書在平湖吳氏

地節二年□月巴州民揚量買山直錢千百作業□子孫永保其毋替

右揚量買山刻石在巴縣出土後歸吳辛仲重光家業下一字辛仲釋作守審之不似也壬申夏從松坪借錄

五鳳甎文

高六寸七分下斜斷廣一寸七分强外有直綫二重左止一綫分書字徑一寸三四分在海鹽

五鳳三年

右甎文載潛研堂金石文字目錄云在海鹽縣此即是也案寶慶府志載有吳五鳳甎在新化石屋曾氏民舍上未載其文殆未之見也吳侯官侯改元五鳳止有二年此係三年所刻必是漢宣帝之五鳳西京石刻最罕亟補錄之咸豐丁巳子裴舅氏以此見詒忽忽一紀舅氏已悲宿草矣錄竟慨然 補寰宇訪碑錄載有五鳳甎文云篆書五鳳二年十月廿二日在浙江海甯蒸又一刻也又案兩浙金石志載有五鳳甎亦在海鹽文曰五鳳五年四字跋云錢宗伯釋爲三年翁學士定爲五年謂上五字中間二畫直交用隸勢下五字中間彎交用篆勢審之果然此本三字中畫並無交形則亦別一刻也

黃龍甎文

長存四寸七分厚一寸二分字徑七八分分書

黃龍元年建

硯側有篆書八字云阮伯元校十三經研下端有分書六字曰阮氏八塼之一上方及硯背下方均

有題識拓本晻昧不具錄

永光弩機款

形制尺寸未詳款三行行七字字徑二分

永光元年七月廿日右尚方造工成忠第

八百十

壬申九月從碑估袁裕文購得金石文字冊爲楊石卿藏本錐拓精妙錄此及永元鴈足鐙大通開皇仁壽造象各一種餘無紀號年月石卿名鐸商城人

建昭鴈足鐙款

高七寸三分槃圍一尺二寸款
四十二字分書在太倉錢氏

建昭元年考工輔爲內者造銅鴈足鐙重五斤三兩護建佐博嗇夫福掾
光主右丞宮令相省中宮內者第三

建昭元年考工輔爲內者造銅鴈足鐙重五斤三兩護
建佐博嗇夫福掾光主右丞宮令相省　中宮內者第
三　故家

右建昭鴈足鐙漢陽葉氏故物也甲戌秋吾甥錢
伊臣溯者得於京邸以拓本遠寄錄之款四十四
字與蘭泉先生藏鐙槃下題款相同唯造於元年
考工下不重工字重五斤三兩次第三及刻於槃

側爲異耳

桂宮鴈足鐙款

高六寸槃圍一尺四寸二分彊
款兩行四十四字分書在長安出土

桂宮銅鴈足鐙高六寸重三斤十二兩竟甯元年考工輔爲內者造護建
佐博嗇夫福掾光主右丞宮令相省第卅

桂宮銅鴈足鐙高六寸重三斤十二兩竟甯元年考工
輔爲內者造護建佐傅嗇夫福掾光主右丞宮令相省
第卅□

右桂宮鴈足鐙以漢尺度之高六寸槃圓徑四寸
七分圍一尺四寸二分彊款識四十四字微有剝
蝕而均尙可識竟下是甯字竟甯元年漢元帝之
十六年也末一字似是五字姑仍闕之案三輔黃
圖云桂宮漢武帝造周回十餘里又云桂宮有走
狗臺又云北宮在長安城中近桂宮俱在未央宮
北又云北宮有前殿廣五十步珠簾玉戶如桂宮
元和志云桂宮在長安故城中西京雜記云武帝
爲七寶牀雜寶案厠寶屏風列寶帳設於桂宮時
人謂爲四寶宮水經注云未央宮北卽桂宮也西
都賦云自未央而連桂宮北彌明光而亙長樂西
京賦云屬長樂與明光徑北通乎桂宮關輔記云

桂宮中有明光殿土山複道從宮中西上城西至
建章宮神明臺蓬萊山三秦記云未央宮漸臺西
有桂宮中有明光殿漢書元后傳注云明光在城
內近桂宮成帝本紀云成帝爲太子居桂宮哀帝
本紀云建平三年正月帝太太后所居桂宮正殿
火五行志云桂宮鴻甯殿災雍錄云滄池下流向
東而往逕石渠天祿閣桂宮北宮長樂宮是桂宮
在未央之北建章之東長樂之西中有明光殿有
走狗臺成帝時太子居之哀帝時帝祖母傅太后
居之桂宮之可攷者如此云桂宮銅鴈足鐙者鐙

供桂宮所用也云第卌口者卌即四十識所供鐙之數也餘與萃編所載建昭鐙略同諸家攷證綦詳不煩贅述據諸家跋語邗江馬半槎藏有竟甯元年造者重與此埒翁閣學糾厲樊榭釋三爲三之譌今此鐙亦竟甯元年所造云重三斤十二兩益信翁氏之辨精當不磨矣武授堂釋建爲律亦可以此證其非馮氏金索漏載工字重文此則本無之也此鐙近自長安出土爲人攜至都中不知落誰氏手已已冬瞿經孳以拓本遠惠西京故物存世無多亟錄之經孳名樹鎬木夫先生之少子

潛研之外孫也於余爲中表舅氏有同嗜焉　又阮氏積古齋及徐同柏建昭鐙跋萃編所未及採有足與此相印證者并節錄於後積古齋鐘鼎彝器款識跋云建昭三年西漢元帝即位之十三年漢書百官公卿表少府屬官有考工室武帝太初元年更名考工室爲考工臣瓚曰冬官爲考工主作器械也內者內者令也右丞宮令守宮令之丞也皆屬少府護建佐官名漢表無攷輔傅福光士相皆人名徐同柏跋云後漢書百官志考工令一人左右丞各一人是銘首曰考工下曰主右丞曰

令令即考工令右丞即考工之右丞曰主者大官壺有主太僕監湯官壺有主守右丞同元康鐎斗有主令長平杜陵東園壺有主守左丞博蓋典令之謂考工〻重文與元康鐎斗同蓋工徒之謂百官志左校令掌左工徒文帝十六年公主家鬲有左工〻之文（鬲銘云十六年樂左工〻賀咸五升公主家鬲重二斤三兩凡廿字篆書張讓木上舍兆楙藏器）左工〻即左工徒可與考工〻互證銘中曰護曰佐曰嗇夫曰掾並考工之屬百官表嗇夫見縣令長條下掾見將作少府注餘無明文百官志佐嗇夫散見各條下及注引漢官惟護無

明文今以漢器證之湯官壺有護級杜陵東園壺有護昌元康鐎斗有護萬年上林鼎有佐李負芻齊安宮盧有佐□□甘泉上林宮行鐙有嗇夫山齊安宮盧有曲宮嗇夫忠元康鐎斗有繕作府嗇夫建陽泉使者舍熏爐有傳舍嗇夫充孝成鼎有掾譚大官壺有掾倉湯官壺有掾臨承安宮鼎有掾祿杜陵東園壺有掾通當時作器具載此職故知爲考工之屬也末省字與孝成鼎大官壺湯官壺元康鐎斗杜陵東園壺同蓋監工之謂凡曰輔曰建曰博曰福曰光曰宮曰相並人名器爲輔所

造故特著曰輔省則建以下六人所司序職由賤及貴比他器更爲謹嚴又百官表少府屬官有內者百官志內者掌中布張諸衣物是銘內者即其職以其職掌中宮故又稱中宮內者猶甘泉鐙內者又稱甘泉內者也宣帝紀內謁者令郭穰師古曰百官表云內者署屬少府續漢志云掌宮中布張諸褻物案內謁者當是中宮謁者屬大長秋師古合爲一恐非

瑯邪太守朱博殘碑

殘石不整高存六寸至一尺三寸不等廣三尺二寸十行行三四五字字徑三寸餘分書在諸城尹氏

惟漢河　惟漢河
尉朱博　尉朱博
曹史諸佐　曹史諸佐
布治□史　布治□史
賞過必誅　賞過必誅
姑莫縣捕　姑莫縣捕
卿奉檄□　卿奉檄□
漸除豪強伏　漸除豪強伏
畏周郎邪民　畏周郎邪民
頌萬世　頌萬世

丙子夏潘伯寅以此寄貽拓本右方有尹氏印章云漢朱博殘碣光緒元年春出自青州之東武故城今藏尹彭壽家廿五字案朱博前漢書有傳字子元杜陵人碑出青州非墓碣可知朱博飲鴆事在建平元年以誣罔故自殺國除歿後未必立碑此蓋博爲瑯邪太守時有惠政吏民感戴因以頌之按博自王鳳秉政後由櫟陽雲陽平陵長安令遷冀州刺史徙并州乃遷瑯邪太守約計在河平年閒首行河下當是平字弟二行朱博上見一尉字傳云徙爲并州刺史護漕都尉遷瑯邪太守是

尉即護漕都尉之尉也弟三行存曹史諸佐四字傳所云召見諸曹史書佐及縣大吏選視其可用者出教置之也弟五行存賞過必誅四字傳所云盡力有效必加厚賞懷詐不稱誅罰輒行也弟六行存姑莫縣捕四字弟七行存卿奉檄三字傳所云姑幕縣羣輩八人報仇廷中皆不得博口占檄文王卿得敕惶怖捕得五人卿即王卿之卿也莫古通幕漢書李廣傳莫府省文書注云莫府者以軍幕爲義古字通朱博傳除莫府屬亦作莫史記張馮傳上功莫府索隱云莫當爲幕廉藺傳皆輸

入莫府字亦作莫釋名煮繭曰莫莫幕也弟九行有郎邪字郎古通琅本傳作琅邪左氏昭十八年傳注今琅邪開陽縣釋文云琅本或作郎西漢琅邪郡在今諸城縣東境

元延尺文

當今工部尺七寸二分弱廣七分弱篆書十八字如式摹之

長安銅尺卅枚第廿元延二秊八月十八日造

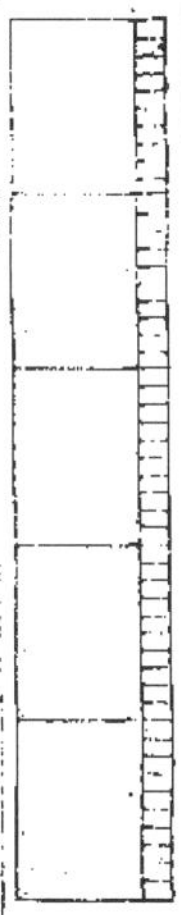

長安銅尺卅枚第廿元延二秊八月十八日造

右元延銅尺道光乙巳得此拓本於都中不知出於何時何地亦不知藏於何人案萃編所載慮俿銅尺在衍聖公府孔東塘民部尙任云建初銅尺與周尺同當古尺一尺三寸六分當漢末尺八寸與唐開元尺同當宋省尺七寸五分當浙尺八寸四分當明部定官尺七寸五分弱當今工匠尺七寸四分當今裁尺六寸七分當今量地官尺六寸六分當今河北大布尺四寸七分今此尺較建初尺短一分較漢錢尺短二分彊較四朝尺之漢尺短四分卽梁章鉅所仿造比周尺長一寸一分卽沈彤所用者比晉前尺微弱卽與劉歆尺建武尺同者比宋三司布帛尺短一寸五分卽所謂宋省尺者當今工部尺七寸二分弱係乾隆十二年所校定者摹其五寸倍之可得其度矣

陶陵通款

形製詳跋語器藏道州何氏

鑿匡共　鑿匡共

陶陵　陶陵

通具重　通具重

四尺□　四斤□

兩鑄工　兩鑄工

李常　李常

右器前平後軒背半上削柄末也中空口闊漢尺一尺八分面廣五寸邊右高六分長二寸四分左高七分長二寸三分自邊後角至末斜鋭長三寸五分內寬中有脊微偏于右前高一寸二分長四寸亦微寬後高一寸七分彊背廣四寸八分弱前平長一寸六分後斜削至鋭末長二寸五分彊款識十六字蝕其一隸法古勁制作精良洵漢器也

漢書禮器秘器無名通者隋書音樂志言梁武帝制定禮樂又立四器名之爲通通受聲廣九寸宣聲長九尺臨岳高一寸二分每通皆施三絃一曰元英通二曰青陽通三曰朱明通四曰白藏通因以通聲轉推月氣悉無差違而還相得中據此知通乃樂器也是器前高一寸二分與志所言脗合又知其名岳矣通之名漢已有之非剏始於梁武長孫氏故云素善鍾律詳悉舊事焉盩厔漢縣屬右扶風此作盩形似而譌攷正字通云山曲曰盩水曲曰厔因以名縣說文盩引擊也無曲義盩下

也疑縣名大作盩取卑下之意與盩江同厔从至凡从至之字皆有下義縣地隘下故以盩厔名之盩變爲盩今以爲盩字之譌又誤爲盩耳然諸書無作盩厔者別無佗證未可武斷陶陵定陶共王之陵也與陶陵鼎銘同封定陶共王爲共皇帝改置陵寢事在哀帝二年此器當造於是時具者物全謂之一具也齊安宮熏鑪上林鼎皆以具言與此正同李常名見羊鐙銘宣帝黃龍至哀帝建平初相距四十餘年此鑄工李常或即其人歟器藏何子貞前輩處云得自長安同治六年假觀三日因審釋而攷證之

始建國注水匜款

拓本長五寸一分高未詳圓徑三寸五分鋬長一寸六分款在腹底五行行五字字徑二分篆書左行在太倉錢氏

律斤衡蘭注水匜容一升始建國元年正月癸酉朔日制

律斤衡蘭注水匜容一升始建國元年正月癸酉朔日制

右注水匜款與薛氏款識所載相同阮氏款識新莽銅權跋云薛氏云漢新室當孺子嬰初始元年戊辰十二月改爲建國此言元年正月則是明年

已巳歲制此器也考漢書王莽傳云以十二月朔癸酉爲始建國元年正月之朔莽以十二月爲歲首則此銘正月朔即初始元年之十二月朔也律石衡當是官名蘭當是人名石與斤皆權也匜舊藏漢陽葉氏今爲吾甥錢伊臣所得

始建國銅器蓋款

縱徑一寸八分橫徑二寸三分弱款二行字徑二分篆書藏予家

始建國元年正月癸酉朔日制

始建國元年正月癸酉朔日制

右器形橢圓而微扁上大於下約二分許面大於

背亦如之面鐫二龍相對狀陽文凸起此器蓋也
疑亦注水匜之類乙亥夏煇兒自京攜來云購之
秦人者制作古雅篆刻亦極精可愛也

莱子侯贍族戒石

去邊紋高漢尺一尺五寸三分廣二尺二寸七分七行行五字字徑二寸五分界以直格分書在鄒縣孟廟

始建國天鳳三年二月十三日莱子侯爲
支人爲封使偖子食等用百余人後子孫
毋壞敗

嘉慶丁丑秋滕七四老人顏逢甲同鄒孫生容王輔

仲諸山得此於卧虎山前蓋封田贍族勒石戒子孫
者近二千年未泐亦無知者可异也逢甲記生容書

此刻在碑右邊紋之外

嶧山西南廿餘里曰卧虎山山陽皆土一石直南北
卧山足地勢高平儼然堂基此其西南隅附土者也
形方長上微弓中斷爲二色純青而堅西側近南處
瑩如碧玉之璞面正平不加追琢刻字其上以周尺
度之斷以南餘三寸許方二尺八寸隸七行行五字
字徑二寸五分界以豎格四線圍之外刻粗斜文二
寸作邊則石盡矣其辭曰始建國天鳳三年二月十
三日莱疑萊子國在今萊州府去此太遠檢漢書亦不得蓋莽之世官封地名更易紛然當時或不盡知史不因事不盡見也抑或是他字子侯爲支人爲封使偖李岫仙云其字作偖釋儋字疑子食等用百宗二字疑岫仙云碑作余非宗字古字用半旁故餘省作余
人後子孫毋壞敗計三十五字疑者四與曲阜五鳳
二年刻永平郜君磨厓是一家眷屬蓋八字未分隸
初體也獨念地非幽僻從古地志金石諸家均未箸
錄且久歷雨淋日炙敲火礪角之刼而巋然煥然待
時而顯何與殆天以人理滅絶至莽已極尙有此好
義敢睦之士足以扶道教而立人紀故愛護閟惜不
使埋沒歟余旣刻誌歲月緣起於石側復詳爲之跋

得石後三月顏逢甲書

漢天鳳石刻始建國天鳳三年二月十三日莱子侯
爲支人爲封使偖子良等用百余人後子孫毋壞敗
偖疑儲子之省余卽餘字　此石在鄒縣南卧虎山
下幾二千季無人知者嘉慶廿二年犪曰士人孫生
容王輔仲見之與滕縣孝廉顏君逢甲送入孟廟考
始建國天鳳三年係新王莽僭位之八年其稱天鳳
而冠以始建國猶隸續載王莽候鉦云始建國地皇
上戊也其稱爲封者蓋封樹之封猶禮稱三軒板而
巳封及史載建武祀泰山使奉車子侯爲封封高一

丈二尺之類顏君以爲封田贍族者非也百余人者
用百餘人工築此封顏君釋爲宗人亦非惟莱子侯
不可考或以萊州爲古萊子國或以爲萊子侯萊字
之泐俱無所據王莽時封侯甚濫有貧而爲傭者史
固不勝載而碑字又怳惚難憑闕之可耳其偖字亦
不甚了了總之此石雖非後人僞刻亦係當時野制
無深長意趣因近時漸出故縮刻於西漢之末馮雲鵬雲
鵷金石索

右石刻以建初尺度之高尺許廣二尺一寸八分書
七行行五字行間有粗豎文作界字徑二寸許嘉慶

庚辰秋四明沈栗仲明府道寬來官湘南以搨本贈
予云近出濟甯州土中栗仲時館州城因得椎搨數
本攷周禮冢人以爵等爲邱封之度鄭注別尊卑也
王公曰邱諸臣曰封禮記檀弓於是封之崇四尺鄭
注聚土曰封又我見封之若堂者矣鄭注封築土爲
壟形四方而高又樂記封比干之墓鄭注積土爲封
又案儀禮既夕禮乃窆鄭注云窆下棺也今文窆爲
封禮記檀弓縣棺而封鄭康成注封當爲窆窆下棺
也說文堋下云禮記謂之封周官謂之窆易繫詞葬
之中野不封不樹虞翻注穿土稱封封古窆字也廣

雅封冢也又案莱乃萊之隸變禹貢萊夷作牧孔傳
萊夷地名春秋襄公二年左氏傳齊侯使諸姜宗婦
來送葬召萊子不會故晏弱城東陽以偪之杜氏注
東陽齊竟上邑正義云世族譜不知萊國之姓齊侯
召萊子者不爲其姓姜也以其比鄰蔑之故召又宣
公七年穀梁傳公會齊侯伐萊范甯注萊國名國語
齊語萊莒韋昭注萊今東萊又案孟子若伊尹萊朱
趙岐章句萊朱湯賢臣卽仲虺也春秋文公二年左
氏傳晉與秦戰於殽萊駒爲右又哀公廿四年傳有
萊章杜注萊章齊大夫是萊爲古姓本國名而正在

齊地乃以國爲氏也此刻所云萊子侯當是萊姓名
子侯其下一字當是爲支人之支據許氏說文丈字
當从十从又作支支字當从巾从又作攴然隸書變
支爲丈變攴爲支此刻支字不當讀爲丈人下一字
乃象之變體漢郭公碑豫字作豫其右旁正與此刻
形相似玉篇作象以爲古文象字蓋支乃其人之姓
人象則其名也莊子有支離益廣韻支下云漢複姓
又晉時有高僧支遁後趙錄有司空支雄何氏姓苑
云支氏瑯邪人偖子食當亦是人姓名偖疑儲之省
文廣韻云儲姓後漢有儲太伯予攷後漢書鮑永傳

光武卽位遣諫議大夫儲太伯持節徵永章懷注引風俗通曰儲姓齊大夫儲子之後也而漢書王莽傳有上谷儲夏正在其時然則此記蓋萊子矦使偖子食等用百余人爲支人象封其冢而刻石以戒其子孫者也餘古皆作余周禮地官委人凡其余聚以待頒賜漢吳仲山碑父有余財皆以余爲餘攷漢書王莽傳莽於居攝三年十一月改初始元年簒位改定有天下號曰新以十二月朔癸酉爲建國元年正月之朔至五年又改明年爲天鳳元年以改元更號而論既稱天鳳不當復稱始建國然莽傳前言莽先建

元初始後改元建國不云始建國而於後言建國元年正月上仍係以始字則於始建國六年所謂改元天鳳者當是增天鳳二字於始建國之下故此刻稱始建國天鳳三年耳據此可以證史家紀載之失實葉石林避暑錄話云韓丞相玉汝家藏銅科銘稱始建國天鳳上戊六年據漢書莽改始建國六年爲天鳳元年而不言其因今天鳳上猶冒始建國蓋通爲一稱未嘗去舊號上戊莽所作厤名也又洪氏隸釋跋蜀郡太守何君閣道碑有建武中元二年之文云紹興中郭浩知金州田夫耕得一鉦其銘云新始建國地皇上戊二年今此刻但無上戊二字正可與葉洪二君所言互相證明此刻結體秀勁古茂在上谷府卿祝其卿二墳壇石刻之上尙是西漢文字可寶也瞿中溶古泉山館金石文編

萊子侯刻石文云始建國天鳳三年二月十三日萊子矦爲支人爲封使偖子食等用百余人後子孫毋壞敗凡三十五字漢書王子侯表孝武曰諸侯王量土過制或替差失軌而子弟爲匹夫輕重不相準詔諸侯王欲推私恩分子弟邑者令各條上定其號名自是支庶畢侯師古曰侯所食邑皆書其郡縣于

下其有不書者史失之此萊子侯乃王子侯之食邑於萊者足補班史所闕但未審其次繫爲何王之後耳又後漢陽城恭王傳莽簒立劉氏爲侯者皆降稱子子侯之稱或卽莽制歟莽以初始元年十二月爲始建國元年五年改元天鳳天鳳六年改元地皇此稱始建國天鳳三年者洪氏隸釋云莽漢之際習俗相尙以卽位初元冠于新厤之上所載銅科銘云新始建國天鳳上戊六年侯鉦銘云新始建國地皇上戊二年與此相類如光武建元建武改元中元而蜀郡太守何君閣道碑及范書祭祀志東夷傳皆有建

武中元之文亦此例也支人言族人也聚土曰封周禮大司徒制其地域而溝封之註封起土界也土在溝上謂之封偖子疑卽諸子食其名余與餘同吳仲山碑父有余財亦作余江藩釋美作美偖作者後作役洪頤煊釋偖作儲皆未審陸耀遹金石續編

顏東田孝廉逢甲滕人篤諭好古丁丑秋攜友道卧虎山下踞石小憩石端整似經匠手苔蘚縱橫仿佛文字遂汲泉洗濯搨以故紙點畫畢見時先君子司鐸其縣顏以初搨本見貽且手跋其尾辨論甚精余見近人金石索一書縮刻西漢之末本來面目十無

一二矣而其跋識鄙爲野制無深長意趣不知原刻正以朴拙倍見古情今人無事不勝古人惟朴拙蓋不可及而以爲議何歟又案所云爲封與史載建武祀泰山使奉車子侯同義未審何由目爲野制循環首尾玩其文義封田瞻族說無可疑石索以封爲封禪之封季氏旅泰山孔子歎之子侯人臣何敢妄議封禪且章章勒石邪封土樹石非大工動衆不用百餘人百餘人連下成文卽上所云支人也言凡我本支百餘人其後嗣子孫庶幾永保此所封之田毋壞敗也卽古鍾鼎彝器子孫永寶用之類也文義明白若此猶復疑百出異哉道光丙戌初秋題王金策跋

兩漢隸法傳於世者以五鳳甎刻爲最古五鳳甎在曲阜孔林此刻今已移置鄒縣孟子廟斷圭零壁數百千年後得託聖賢林廟以永其傳亦盛事也薛尚功鍾鼎款識載有漢注水匜阮芸臺尚書積古齋鍾鼎彝器款識載有新莽銅權二皆作於始建國元年薛以始建國爲初始改元之明年阮謂卽初始元年之十二月此刻稱天鳳三年則在莽卽位之八年矣不應復以舊號冠首竊疑莽自立時尚未建年號姑以始建國紀年故改元後時人猶以此加於年號之

上非重紀也顏跋所釋萊字攷漢書各表雖無萊子侯之封而其文則爲萊字無疑也惟封使下一字顏釋偹字岫仙疑之其字當是貸之省文漢至北朝人書貳作貮亦省貝爲日漢吳仲山碑書貸作僟亦增代爲伐可證其云貸子食等用者謂以所得封田貸於族衆也百余人之余岫仙以爲餘字省文其說是矣黄本驥跋

隸法古勁嗜古者各自爲說瞿氏攷證封字最爲典贍而於下支人云云求之不得其說乃以支人象偖子食爲人姓名苦無根據顏氏以封爲封田

則爲封二字語尙未了然於支人偖子後子孫等語均協其說較長惟以使下一字爲偷不若陸氏釋偖爲諸之異文也陸氏以食爲名亦屬肊斷竊意偖子食等用百余人者謂足供諸子之食平等用之可及百餘人也史記屈原賈生傳餘何畏懼索隱曰楚辭餘並作余亦餘省爲余之一證等說文齊簡也从竹从寺寺官曹之等平也是其義諸家皆連上讀之耳至以菓爲葉爲美以偖爲者爲貸以食爲艮以後爲役審之不的自鄃以下矣又石刻敗字右旁作攴又似作尺他碑未見諸家亦

未衆及漢碑从欠从艮之字往往混用靈臺碑服之延壽史晨奏銘款稱爲效白石神君碑或祈或欶皆變艮爲欠唐扶頌𨽻君之美黔首歡康又變欠爲艮

八瓊室金石補正卷二終

八瓊室金石補正卷三

太倉陸增祥撰　男　繼輝校錄
吳興劉承幹覆校

漢二

五銖泉範

斷折存長八寸二分強廣四寸四分範背題字一行計十四字字徑三分分書在太倉錢氏

建武十六年考工令史䨽工周勳□

右五銖泉範葉氏平安館故物也範分兩格格列泉三行斷折存五銖泉十四枚又半泉四枚漢制有考工令考工丞又有令史令史最卑盧郎令史

之名以建武紀元者凡六惟東漢光武有十六年光武中興復鑄五銖泉正合

三老諱字忌日記

高三尺七寸廣一尺七寸五分右方四截行字不一左方三行行三十字字徑寸許分書在餘姚

三老諱通字小父庚午忌日
祖母失諱字宗君癸未忌日（以上第一截四行行七字字徑八分）
掾諱忽字子儀建武十七年歲在辛丑四
月五日辛卯忌日母諱捐字□君建武廿
八年歲在壬子五月十日甲戌忌日（以上第二截六行行字不一字徑九分）

伯子玄曰大孫　次子但曰仲城　次子紆曰
子淵　次子提餘曰伯老　次子持侯曰仲雍
次子盈曰少河　以上弟三截六行行六字七字字徑寸餘
次子卯曰子甯　次子士曰无土　次子富曰
少元　子女曰无名　次女反曰君明　以上弟四截五行行五字六字字徑寸餘
三老德業赤烈克命先己汁稽履化難名
乎而右九孫日月虧代猶元風力射卯及
所識祖諱欽顯後嗣蓋春秋義言不及尊
翼上也念高祖至九子未遠所諱不列言
事觸忌貴所出歎及焉敬曉末孫亭副祖
德焉

右三老諱字忌日記在餘姚客星山三老有諱無姓不可攷矣補訪碑錄以記中忌日皆在建武年附建武末今從之甯當即南字文云汁稽履化以汁爲叶即協字與史晨奏銘樊敏碑同說見樊敏碑跋以稻爲蹈蹈與道可通荀子禮論道及士大夫注道行神也史記道作蹈列子黃帝向吾見子道之注道當作蹈釋名道蹈也蹈道也二字互訓此道蹈相通之證也左氏襄五年經會吳于善道公羊穀梁皆作善稻此以稻爲蹈并借爲道之證也又春秋說題辭稻太陰精稻亦蹈之通借原注訓爲包裹恐非古微書引春秋說題辭曰稻之爲言藉也史記武安侯傳人皆藉吾弟注云藉蹈也漢書灌夫傳集注後漢明帝紀注並同匈奴傳集注云藉猶蹈也廉范傳注云藉猶蹈藉文紀帝集注云藉謂蹈藉左氏昭十八年傳注藉蹈蓋履行之疏云藉猶蹈又云藉踐履行之義以稻爲蹈故可以藉釋之仁作化與臧伯著碑同副祖德上當是冀字

永平甎文

長存四寸五分厚一寸六分字徑七分分書反文文原本失錄

永字半蝕漢明帝晉惠帝北魏宣武帝南安王余隋李密前蜀王建皆有永平之號惟明帝有十六年

大吉買山地記

拓本高四尺五分廣五尺五寸五行行四字額二字字徑七寸至尺餘不等分書在會稽

昆弟六人
共買山地
大吉　建初元年

迣巴豖地

直三萬錢

阮元兩浙金石志云右刻近爲山陰杜氏所獲蓋當時買地券文也迣是造字省口冡是冢字　春生案是刻在會稽跳山郡城東南五十里萬厤紹興府志云土人傳爲錢武肅王微時販鹽遇官兵跳避此山壁上書大吉字故山名不見於嘉泰會稽志明人輒采委巷之談據以入志至大吉下尚有題字則不知也其書傳爲武肅者豈當時亦嘗有見錢字者而傳會歟癸未仲夏余偕兄尺莊覓先世葬地偶憩茲山

其石高不及二尋迤邐圍十餘丈色黝然而黑土人云有字在石趾剔除苔蘚諦視乃東漢人題記成李特後秦姚萇西涼李暠皆以建初紀年與越中無涉爲自來金石家箸錄所未及者喜踰望外詢知其地屬村氓以萬錢購得之時南海吳荷屋夫子廉訪浙江蒞政餘閒按羅古刻方以兩浙無漢碑爲歎及見拓本歎未曾有遂手書題名屬勒其旁夫茲刻埋沒荒山已逾千載無過而問焉者今且爭先快覩求取幾無虛日物之顯晦固自有時哉記文五句凡三用韻古人先韻諸字多讀入真故年錢與人爲韻也石右五尺許又有退思二字正書徑七八寸不詳何代所刻當亦非唐以後者杜春生越中金石記

按石刻凡廿二字文曰昆弟六人共買山地建初元年迣此冡地直三萬錢又于上方題大吉二字建初元年後漢章帝嗣位之始年也迄今道光三年凡千七百四十八年縣人杜孝廉煦偕弟春生訪得之予與南海吳布政榮光仁和趙明經魏題名山下其地土名跳山即烏石山也迣此之迣趙杜釋作佳錢唐何元錫釋作作臨海洪州判頤煊釋作迣云迣即造字省口予合數搨本辨之迣字甚顯洪釋無疑冡地

之冡趙釋作眾亦誤冡作冢與隸續所載延熹五年真道冡地碑正同杜春生字禾子集會稽山陰金石作越中金石記云是刻土人傳爲錢武肅王微時販鹽官軍捕之逃避此山而免因於石壁書大吉字明人據入邑志不知大吉下尚有二十字也予親剔苔蘚寸許其文始見金石家從未箸錄即嘉泰以來纂郡邑志者亦所未覩乃知大吉二字爲冢地吉後人偶有見錢字者因誤爲武肅矣洪頤煊平津讀碑記云漢人造作必記其所直之數如武氏石闕銘造此石闕直錢十五萬作師子直四萬蓋其風俗然也金石

續編

建初殘刻

拓本兩紙各高三尺五寸廣九寸各一行一十二字一約十字字徑四寸餘分書在文登

歲建初六季五月十二日成

□□□通司□□□將□ 右旁從門似是潤字

庚辰四月煇兒自都郵寄云在文登海島繆小山編修荃孫謂是翻本夫云翻本必先有原本不見於前人記載何所據也審其筆勢亦非憑空臆造者存以備考

南武陽闕畫象題字

拓本三紙高廣行字詳各段後分書在蘭山

南武陽平邑皇聖卿家之大門卿以元和

元年十二月廿日己卯殤

缺約五六字 五元和三年八月 後不可辨

右西闕拓本高一尺二分廣七寸存字四行行字不一字徑寸有直界格

故南武陽功曹卿嗇夫府文學掾平邑君

缺約二字 郎之闕卿 何苦天下相

賊□ 缺約二字 □□仟 觀朝廷

明君 直任人 二 來 德 道以

為國 三老 章和元年二月十六

日 子文計 后五 鄉

壹 伯 廷 直 四萬

五千 此下空

此上□□□□□□ 以下無字

右南闕拓本高一尺三寸廣一尺四分九行行字不一字徑九分

鵧子

信夫

冂士

右東闕拓本高一尺六分廣一尺六寸三分畫三人各題一榜字徑五分弱前一孺子肩荷一物似畢中一人作持弓張滿之狀前有一短柱柱項加亭然

右漢南武陽功曹墓闕銘云南武陽功曹鄉嗇夫又云以爲國三老又云章和元年其宅族系名字皆摩滅不可考究墓在今沂州有兩闕其一元和中立文字尤殘闕難讀金石錄

右南武陽闕畫象題字南闕四面畫象各四層南面弟四層左方有題字九行西面弟一層有一榜題孺子二字未見西闕南面畫象五層題字亦在弟四層左方可辨者四行餘俱磨泐東闕畫象四面各四層西面弟一層有題字三榜壬申五月從張松坪借得拓本就所見錄之嗣得南闕曼患已

極矣

永元鴈足鐙款

高廣寸尺未詳款一行廿字字徑三分分書

永元二年中尚方造銅鴈足鐙重九斤工宋次等作

王氏藏建昭鐙及近出桂宮鐙皆重三斤餘葉氏藏建昭鐙重五斤餘兩余嘗疑之此鐙重至九斤相懸尤甚然非衡以今權合諸漢權不可妄疑其僞鐙爲楊石卿所收石卿當有鑒別也

永元瓶文

長一尺四寸厚一寸八分分書在陽湖呂氏

永元十年

右瓶中作彎飾上下各列一泉上泉之上題永元二字下泉之下題十年二字攷漢和帝齊東昏侯前涼張茂皆號永元惟和帝有十年

廣漢鏡銘

圓徑三寸八分弱內層銘九字外層銘六十七字字徑一分分書

元興元年五月丙午日天大赦廣漢造作尚方明竟幽湅三商周得無疆世得光明長樂未英富且昌宜侯王師命長生如石

位至三公壽如東王父西王母仙人立至公侯

□□□□□□□三□□

元反文興元年二字反文五月丙午日天反文大赦廣漢造作尚方明反文竟幽湅三商周傳無彊反文世傳光明二字反文長樂未英字即央富且昌宜侯王師命長生如石二字反文位至三公壽如二字反文東王父西王母仙人二字反文立至公侯

吾作明竟幽湅三商兮

漢元興鏡銘六十七字內輪九字生平所見漢鏡銘文無如此之多者丙申九月見此鏡於吳趨市適有新安劉子秢兆椿袖詩稿來質余嘉其好學待以弟子禮遂購此鏡奉余爲摯云瞿中溶識

木老定爲漢和帝時物蓋與正史合考晉安帝亦號元興可決其非錢繹識

攷通鑑目錄漢和帝元興元年五月癸丑朔晉安帝元興元年五月戊辰朔均不得有丙午日又孫吳歸命侯亦號元興其年四月庚寅朔則丙午是四月十七日亦非五月然則五月丙午者特取重火離明之意不必果值是日未可執此以疑其僞也阮氏丙午鉤跋云造銅器必於丙午日取幹支皆屬火據此鏡則并未必果值是日造鉤當亦同之耳錢十蘭浣花拜石軒鏡名集錄亦載此鏡圓徑同文字同三神三獸同惟外邊有花紋爲小異

内層銘云吾作明竟幽湅三商ㄎ字均明顯此近平漫僅辨一三字是又一鏡也錢云三商者三時也今謂之刻古謂之商其義同耳道光壬寅以此與袁氏鏡君宜高官鏡合裝成幀越三十年同治壬申重付裝池光緒乙亥始錄而箸之

延平甎文 方二寸四分厚一寸字徑七分分書

延平元年

甎出四明山中吳江劉氏得之延字半缺硯端有書農銘云祖遺我研我不及守友贈我研我若罔

有我不能書愧非真手我以作田藉資餬口小子育湖能如邁否學蘇東坡銘礪我後甎紋與赤烏甎相似題字在右偏花紋之中

元初甎文 廣五寸五分厚二寸七分分書在陽湖呂氏 文原本失錄

題字兩行左作圓橦形與泰山石闕相似右方甎泐

祀三公山碑 元初四年 萃編載卷第六

𢍆并 并誤作我 敬貟 缺敬字 吉士 士誤作与 國界 界作界微誤

顏哹 浮誤作嘆故不可識也

右碑宋以來金石家皆未之見至乾隆甲午元氏縣令關西王君搜得此石於縣城外野坡於是海內金石家爭爲攷釋此碑遂傳於世三公山在今元氏縣西七十里漢白石神君碑所云縣界有六名山此其一也後漢書郡國志常山郡元氏劉昭注引晉地道記云有三公塞元納新河朔訪古記云三公神廟在元氏縣西北三十里封龍山下牓曰天台三公之廟廟有漢三公山碑一通此即是也碑立於□初四年初上字殘泐翁覃溪閣部兩漢金石記定爲元初今

據揭本辨之初上一字其下半從几當是元字知翁氏之言爲不謬蝗旱鬲并諸家皆釋鬲我惟黄小松司馬釋鬲并案碑并字甚明不知諸家何以誤作我字後漢書陳忠傳隔并屢臻章懷太子注云隔并謂水旱不節也并音必姓反又郎顗傳則歲無隔并太平可待乃來道叟叟字或釋作叟以黄氏釋要爲確攷隸續斥彰長田君斷碑有屆道叟漢書司馬相如傳子虛賦謁叟褱又地理志北地郡有大叟縣師古注曰叟即古要字本下一字是祖字兩漢金石記釋作視吉下一字是土字金石記釋作与皆誤東下一

字是就字金石記脱常山相隴西馮君其名無攷長史顔浮五官掾閻祐戶曹史紀受將作掾王篩元氏令茅匡丞吳音廷掾郭洪戶曹史翟福工宋高等九人皆無攷案續漢書郡國志常山國有元氏縣劉昭注常山國高帝置建武十三年省真定國以其縣來屬又百官志云皇子封王其郡爲國每置傅一人相一人皆二千石相如太守有長史如郡丞又郡國皆置諸曹掾史略如公府曹有五官掾署功曹及諸曹事又凡縣萬戶以上爲令丞各一人匡即匡字諸家釋作匡誤沈濤常山貞石志

隸釋有光和四年三公山碑常山相東陽馮巡字季祖所立此碑元初中立馮君則隴西人也顧亭林所見字最少翁覃谿黃小松所見闕六字王蘭泉所見缺四字此帙僅缺碑首一元字耳元明間所搨也乃來道要要字金石萃編作道叟案漢書要作㚇此搨尚分明或云如不詞何余謂道叟亦不詞也卜擇吉下一字萃編作与今觀泐勢似是圭字碑言遭離羌寇事在永初五年此政元初後追述之耳諸城有延光殘石篆與此類意風氣如是乎郭尚先跋

三公碑倣惟字黃秋盦作衆惟禹我字黃作禹并自是字黃作由是此由字甚明顯作自殊不可解道要字吉圭字黃同閻祐黃作閻格翁蘇齋作閻袼今以兩藏本同此本審視確是示旁道要金石萃編作道叟殊謬萃編成於述菴司寇幕客之手謬誤甚多不僅此碑也祁彥聞跋

萃編載卷弟六據白氏本補正如右此精搨本舊爲姚伯昂所藏今歸蘭嵒前輩恩佑後有郭蘭石尚先金書跋語並釋碑文於每葉之前又有壽陽祁彥聞一跋郭釋由是爲自是祁氏已言其誤禹并仍作禹我亦非惟敬奠不行之敬確然無疑王

沈諸家皆闕如焉翁作上半林字殊誤其敬惟之敬頗不相類黃氏以爲衆亦似是而實非道叟之叟王氏模寫不誤誤在釋文吉圭之圭與衡方碑白石神君碑同王氏於碑文則闕之於釋文則旁注与字蓋沿翁氏之誤而刊刻者又改爲與夫人而知其非矣東下就字趙釋作龍非是特不知所謂衡山者何指疑是以衡爲橫而苦無確證國界之界王作界沈作界顔浮之浮王作㳘翁作𣳣皆搨本模餬所致閻祐之祐黃作格翁作袼均誤茅匡之匡翁作佳誤沈釋作匡以匡爲誤審視之王

字中直連貫上下不知何由決爲非匡也龔見常
山貞石志攷證爲并極爲精當吉玉閣浮亦與王
氏有異而檢覩所蓄之本不甚明顯未遑勘萃編
之譌今見是冊確有足據不特王氏之書於以校
正卽翁沈諸家亦可相爲印證矣碑以鬲爲隔攷
漢書五行志鬲閉門戶師古注曰鬲與隔同又溝
洫志鬲津楊王孫傳厚葬以鬲眞曹參傳收著漯
陰平原鬲盧戾太子傳鬲塞而不通薛宣傳則陰
陽否鬲西川鬲絶欲以鬲塞聰明郭解傳軹人楊
季主子爲縣掾鬲之南粵王傳鬲絶器物王莽傳

其以平原漯陰鬲重邱凡戸萬所注皆然地理志
平原郡鬲云敝傳非莽鬲絶衞氏注亦並云讀與
隔同又爾雅釋水鬲津李注孫注均云可隔以爲
津荀子大略鬲如也注云鬲謂隔絶於上又楊君
石門頌垓鬲尤艱隸釋云鬲卽隔字翁氏云以領
爲嶺案古只作領說文無嶺字大徐新附始有之
漢書嚴助傳輿轎而隃領注引項昭曰領山嶺也
又云以禮爲醴案儀禮士昏禮賓人受如初禮注
云古文禮爲醴聘禮明日賓拜禮於朝禮玉聘禮
記禮不拜至士冠禮禮於阼注並云今文禮作醴

詩采蘋傳必先禮之於宗室疏云定本禮作醴又
儀禮士冠禮請醴賓若不醴則醮用酒士昏禮贊
醴婦出請醴賓注並云醴當爲禮禮記內則宰醴
負之昏義贊醴婦注亦並云當作禮是禮醴二字
互相通借之證也又云以熹爲喜案說文喜樂也
憙說也熹炙也憙喜通用春秋元命苞云心喜者
爲憙漢書郊祀志而天子心獨憙賈誼傳羣臣自
憙注並云憙讀曰喜史記周本紀無不欣憙亦卽
喜字爾雅釋蟲注釋文憙本作喜急就章勉力務
之必有喜皇象碑本作憙漢書地理志後漢書郡

國志聞喜劉寬碑陰韓仁銘並作聞憙而喜之作
熹他處未見惟殺阬碑田禧卽禧字可爲喜作熹
之證熹可借爲嬉熙喜亦可借爲熙膠東令王君
斷碑庶績咸喜喜與嬉亦可通借易家人釋文嘻
嘻陸本作喜喜張本作嬉嬉因遂借熹爲喜耳

嵩嶽太室石闕銘 元初五年四月 萃編載卷弟六

垂顯□異缺異字掾陽缺陽字臨之之誤少

幽州刺史馮煥闕

搨本高漢尺九尺六寸寬九寸一行廿字字長徑三四寸不等分書在渠縣

故尚書侍郎河南京令豫州幽州刺史馮

使君神道

右漢馮使君墓闕銘云故尚書侍郎河南京令豫州幽州刺史馮使君神道案後漢書馮緄傳緄父煥安帝時爲幽州刺史而緄碑亦云幽州君之元子此字在宕渠緄墓前雙石闕上知其爲煥也金石錄

右幽州刺史馮煥神道今在渠州馮緄傳云父煥安帝時爲幽州刺史建光元年卒隸釋有元初六年賜豫州刺史馮煥詔煥之殘碑有郎中尚書侍五字惟京令無所見也隸釋

右馮煥闕在渠縣案隸釋馮煥殘碑末有永甯二

年四字永甯二年卽建光元年安帝卽位之十五年也此闕當在同時隸釋云建光之元卽永甯二年是歲七月改元煥以四月終故碑尙用舊年也安帝紀建光元年正月幽州刺史馮煥率十二郡太守討高句驪穢貊不克馮緄傳父煥安帝時爲幽州刺史疾忌姦惡建光元年怨者詐作璽書譴責賜以歐刀煥欲自殺疑詔文有異上書自訟會病死獄中帝愍之賜錢十萬是煥之卒實永甯二年四月也京屬河南尹卽鄭共叔所居之京城碑刻廿字字原隸釋云十九字者脫使字也

延光弩機款

郭高一寸五分廣二寸六分四行行四字字徑二分弱篆書

延光元年四月中承□僕監掾訓至　林

右延光弩機文曰延光元年四月中承太僕監掾訓至凡十四字在郭左戊字在郭底其郭端及耳左右皆有題字剝蝕不能摹錄惟內工二字較清搨本有煦堂鑑藏印章

開母廟石闕銘延光二年萃編載卷第六

小□陽下層首行存行末三字全闕陽上似高字𩊚防字闕郭林淋誤作

依翁氏所釋下層十一行前尙有一行有字隱隱可辨祀聖母虖山隅後上下層脫一行所未釋字尙多蓋所得搨本有優劣也太守朱寵以下題名共十一人與少室闕同者八人佐郞廟佐隨作隣胥作胥伯鯀作栢鯀逍遙作消搖九山刋旅作九山甄旅皆異文平津讀碑記

芬茲楙于圃疇舊釋本作楙萃編獨以爲淋細審之左旁實从木中間矛字上半亦尙清晰決非淋字茲楙卽滋茂之異文洪氏所謂上下層俱脫一行者僅有一二處筆蹤可辨非舊搨精本不能定

其字矣

延光甎文長存五寸三分厚二寸字徑寸許分書反文

延光三年

呂尚之大令得自沐中琢爲研

太室潁川太守銘高一尺五寸五分廣五尺三寸七分四十三行行寬小二分行約十字九字字長徑一寸四五分不等篆書帶隸筆在發抒

此行全泐

□□

□□下一字似交洪以爲三

□存下半十字洪以爲十非是□似是支字洪以爲三非

□存半王字

至□上一字似到下一字洪以爲孝延

光四季三月

孔子大聖首一字洪以爲公

潁川太守楊□

陽□

□□海相海上洪以爲北

□□□

□□廟第一字似室翁氏以爲宮屬左旁似从目洪以爲屬非

□

□

□縣

□□□

中懷□□

□□上一字似聿又似筆

辭白

二中嶽□似雙

□□□恩

□□□光被

□□□

□孝顯乎□□

然□庭京雒□翁氏以爲索字似非淵

□□□

□

□洪以爲是

王命

□□上一字洪以爲親

此行全泐

□見下半小字
□似胥
□
此行全泐
置□
甬
于子
于
所于可不
于

字

右約四十餘行有直界紋其行視太室闕前銘稍狹而字長篆中帶隸剝泐已甚不能多辨矣其文亦前敘後頌太室闕額正當此文中間之上方其額後空處畫數數 此文從來不見於著錄牛氏圖亦無之先是黃小松札來云見此搨本略摹數字見寄未之詳也逾月畢秋帆中丞於中州搨寄此本連上方之額乃知是太室闕之後銘而小松處搨本適亦寄來二本互對纔辨四十七字耳 此段與前銘同勒於太室闕閒卽以歲月亦居前銘之後則題曰太室闕後銘亦自可通抑或目曰延光四年穎川太守銘亦可通也翁方綱兩漢金石記

依翁閣學所釋其末舉者後銘首脫四行二行有地字四行有三字五行有十字三字七行有孝字九行孔子上是公字十一行有陽字十二行有北海相字十四行有屬字十七行有縣字祥案翁有之廿二行有雙字廿六行籟上是存字三十行有是字三十二行有親字四十行有置字平津讀碑記

右太室穎川太守銘潛研堂目作穎州字雖半蝕其爲川字無疑時未有穎州之稱也光被翁閣學

作衣被審之實非衣字廿二行恩字廿五行字字廿七行置字可補兩漢金石記之闕剝泐殆甚凡有筆畫可見者以□識之字涉疑似或僅成半旁悉行記注於下

少室東闕題名

高一尺四寸五分廣九寸四行行六字字徑一寸七分許分書二字界格在登封

江孟李陽梠仲
潘除鄭孟梠盛
潘陽□文令常
紓□□重令容

高女谷□□□

右隸書四行行六字每二字爲一界格在少室神道闕之東鼞象之下牛氏金石圖謂之少室東闕題名云高一尺闊六寸刻文寖下前人皆未及見見而表之者雒陽董金甌相函也東闕刻文皆北向　牛氏凡闕五字予以搨本諦審其首行弟一字尙露其半當是迓字弟四行首一字全具是紓字其不可辨者三字尒然以漢人題名之例必先書郡縣而後及其姓名字此刻則似每二字爲一姓名不得以地名泥之矣其隸法則是東漢人筆無疑也柦或是查紓字當闕以俟攷兩漢金石記

右少室東闕題名十二人令常令容史記孝文本紀中大夫令勉顏游秦以令是姓風俗通令姓令尹子文之後柤師查字平津讀碑記

四行分格十二格中列十二名蓋亦漢時人所題記其柤字之姓未見覃谿先生疑是查字愚疑佀祖字之剝蝕者其紓字係孫字反書漢竟每有之金石索

細審柤字似是木旁馮氏疑爲祖字恐或不誤細審紓字右半似从子一鉤適在直界格也末一行諸家皆未及見僅一高字可辨弟二字似安弟三字似御此後似尙有一行

朱[木是]洗款 連口高七寸七分圜徑一尺五寸八分字徑二寸篆書藏予家

永建四季朱[木是]造　永建四季朱[木是]造

右洗色黝而綠高六寸九分內圜徑一尺三寸二分字在腹底底圜徑八寸六分侈口斜直寬一寸二分彊外腹作帶紋左右獸首銜環環已陊矣出土未詳何年胡氏宦蜀時得之丙子冬歸予處案積古齋款識兩載永建朱[木是]洗均元年所造一有雙魚形藏慈谿鄭徵君處此洗造於四年無雙魚篆法與阮所見同兩漢書朱[木是]屬犍爲今敘州府宜賓縣西南是其地也提音時食貨志註云北方人名匕曰提據說文提訓挈匙訓匕是作提者匙之古文叚借也玉篇[木是]匕名集韻匙或作[木是]段氏玉裁云[木是]本作匙元應曰方言作[木是]是[木是]者匙之異文非手旁木旁之相亂矣

永建食堂畫象題字 二石一畫象無字高一尺八寸廣一尺五分畫一人箕踞而坐一高一尺四寸廣六寸七分題字五行行字不齊字徑八分至一寸不等分書在濟甯州學

永建五年大歲在庚午二月廿

三日　立　食堂
居　意
學　何意被天灾蚤離父
母　泣　五行

道光十九年魚臺馬鐵橋星垣訪得此石於兩城王鳳林移至魯橋藏於家廿一年四月徐樹人刺史移置州學與孔子見老子畫象膠東令王君廟門殘碑朱君長諸石並列謹案朱君長本得自兩城此石更有年月可稽彌足珍已商城楊鐸記

永建五年太歲在庚午二月廿三日□□□□似仰□
□立此食堂當□似留□□□□居□意□似服□學
□□似陽禮　何意被天灾蚤離父母□□□□□五
干□□□　右文五行可辨者三字疑不能定者五字行款疏密不均無以知其所闕字數石經斧損而秊月日具存如有鬼神呵護弟二行有立此食堂語證以馬鐵橋蘩所得建康元秊叔陽食堂刻蓋同類也日照許瀚釋并識

弟三行首二字似直萬弟四行學上似立字未敢遽定補訪碑錄題爲孝堂山畫象與楊跋所言得自兩城者不同

陽嘉殘碑并陰

存高一尺六寸五分廣二尺十二行行存七字至十字不等字徑一寸半分書

少仕州郡以約儉爲資□
郎□□樂□辶□自□□
□殀十□□汝□□□業
□□□綱□民之天□
六十一陽嘉二年卒黎庶
□冤蓋□□瞻不及仰立
□
□夙孜是力功成匪解□

□儆保此□光永永無
□朔廿五日戊寅□□
□有德分損奉禄

碑陰

存三列上列七行中列十三行下列十一行行字不一字徑寸許上列較大

□
□　故吏肙
育二百　故吏集蒙　故
又百　故吏王姺　故
馬瑗百　故吏后巽　故□

百　右十二人八百五十　故吏
百五十　處士車琅　故吏□
故吏劉穆　故吏□
故吏劉紓　故吏劉
故吏滈于選　故吏□
故吏劉生　故吏劉
故吏車毓　故吏魏
故吏趙訪　故吏謝

殘缺不見姓氏未審何碑事蹟僅見少仕州郡治尚儉約次行有一郎字當是官稱三行有茂才字年六十一卒于陽嘉二年耳末云分損奉祿碑陰列故吏出錢數姓氏全者十一人一爲處士蓋感戴長官德政各分奉金立碑以頌之也後有廿五日戊寅字當是建碑之日疑永和元年三月是月甲寅朔干支正合三年禮閣銘德表揚也惟上文缺佚仍以卒年標系之丙子八月兒子繼德秋試白門購此拓本郵遞五溪亟錄而識之碑新出土惜不得其地焉

八瓊室金石補正卷三終

八瓊室金石補正卷四

太倉陸增祥撰　男繼煇校錄
吳興劉承幹覆校

漢三

沙南侯獲碑

高五尺七寸廣二尺九寸三行行字無攷字徑四寸許分書在鎮西

惟漢永和五年六月十五日伊
馬雲中沙南侯獲字伯
存

南皮張孝達釋文

惟漢永和五年六月十五日伊吾司
馬雲中沙南侯獲字祖奮
孝廉菑邱烏埒張掖長

附後三行

君父字伷緒借諸爲之　羽林監
次兄字仲德　議郎
并陘安國

碑在鎮西廳舊爲府治宜禾縣今改鎮西直隸廳今鎮西古伊吾故知爲伊吾司馬也蒦奮皆狀鳥說文萑部卽蒙奮字下蒦卽萑部首一字古人名字相應故知當字奮也孝廉獲出

身也蒼邸彭城縣烏鄔同太原縣埒雁門縣張掖武威縣四縣長獲所歷官也何以知其爲長不爲令此數縣皆不能滿萬戶故不得爲令也（吳氏精拓本長字微有橫畫長波可辨）除蒼邸外皆邊地獲沙南人產於北邊習於邊塞戎虜之事故數爲塞下官吏也獲名不見范書袁記東觀記之屬此當是吏民爲之刻石頌德其下文不具或碑漫漶失之或文郎止此但著歷官不詳治行古人文字所略不能明也　弟二行奮字上似伯字特通後碑繹之其兄字仲ム弟不得稱伯矣故定從祖字　末行最模黏難見非向明凝視幾不能得

其一二也海豐吳氏所藏一背本椎搨稍精始略有形模可想他本埒字掖字皆不可尋矣讀者不見吳氏本將毋謂之洞爲饞言乎　後碑文亦三行可辨者止十四字可推而知者二字褚字無義當由與緒形近通假後書三國志有孔伷字公緒例此可知也後書百官志有羽林左右監屬光祿勳此碑林字僅存右半羽字以推測爲之郎字上字偏旁似言形或是議郎邪未能灼知姑從蓋闕井陘縣名屬常山國安國屬中山國其兄蓋先爲郎而出爲兩縣長者侯氏家世邊徼殆以材武著偁故父爲環衛而兄亦爲

邊官邪爲獲立碑述及父兄者若夏承侯成碑例也字而不名蓋爲子弟作碑不欲名其所尊也與前碑事一而文不屬者亦如李翕西狹頌前別書五瑞圖提行更書君昔在黽池云云也弟一行末字髣髴是熙字或其伯兄之字邪　讀此碑後十日見吳君釋文所識弟二行德字弟三行井陘字是也當定從之王君謂中閒本沒字非漫漶可信至釋次兄作次元目爲分行題名誤請設四證以明之次非姓氏一也（詳案次氏出次非之後漢有次公此說未確）若兩字並是其名則東漢禁二名二也既字仲德可爲次兄之證三也使爲門生

故吏題名弟一行君父作何詮釋邪四也（詳案君氏亦見姓書）（未可決其必作姓氏碑敘先世罕見冠以君字者此說亦未協）至安下一字細審當是國字右畔匡郭尚存戈形口形隱隱可見安國縣名屬中山國亦近邊且與常山毗鄰故知其次兄爲此兩縣令長也（張之洞識）

弟二行仲字下右偏是德字左偏下半亦隱約可辨其爲德字無疑弟三行井陘二字不甚漫漶下一字是安字風俗通漢太守安成安爲人姓非地名也（吳大澂識）

石在今鎮西直隸廳煥采溝道旁前後文六行每行

字數不等前三行可辨識者弟一行十二字弟二行九字弟三行三半字三行下隱隱似有一行字太剝蝕中閒一段是空石無字後三行可辨識者弟一行三字弟二行三字又模胡四半字弟三行三字餘俱剝蝕文首行題漢永和五年六月十五日道光閒長白薩迎阿訪出披翟氏隸篇海豐吳氏攈古錄著錄均名沙南侯碑所据搨本都止前三行同治壬申秋鄭盦得此石足本更多後三行並前三行下亦似又一行爲向來著錄家所未見据本文定爲侯獲刻石一正翟氏吳氏稱名之誤翟吳舊釋互異未盡諦當

今以此本審之除前弟一行外二行雲中沙南侯五字下是獲字長白薩氏崇氏道州何氏釋狗字誤三行首二字僅存其半是孝廉二字此二字榮與張釋同後弟一行可識者止君字褚字二行次元字仲四字三行安字上從吳釋井陘二字餘不敢鑿釋榮据拓本諦視石理字蹟與今陝西褒城漢永平建和永壽熹平摩崖四刻同中閒剝蝕是無字處疑是漢人分行題名原文不必相屬一事且非碑屬也（王懿榮識）

右沙南侯獲刻石足本蔭所見凡五本惟此本最多石始見於徐氏西域水道記翟氏隸篇道光閒劉燕庭方伯吳子苾閣學皆得之惟所見俱止前三行無所攷證此石世無精搨本近且日益泐後三行又向未著錄茲屬吳清卿編修鉤摹付梓並以同人攷釋附焉諸家釋文言人人殊非得精搨末由定也（潘祖蔭攀）

古閣漢石紀存

丙子夏從潘伯寅寄到此拓剝泐已甚就所見摹錄之僻遠西陲艱爲羅致得之爲喜也惜後三行不得見耳弟二行字下是伯張香濤太史以意斷爲祖字殆非補訪碑錄載此云永和五年六月十五日甲辰通鑑目錄是年五月庚申朔以此推之

六月庚寅朔十五日甲辰並無不合惟据拓本審之日下確是伊字辰乃馬之譌耳

北海相景君碑并陰（漢安二年八月 萃編載卷七作三年）

二（二誤作三）丰弥（作弥）躬伯（伯誤作）恩（恩誤作息）彌海代（缺字）代夕僊（力誤多）

碑云北海部城十九續漢志北海國十八城樂安國益壽光二縣皆故屬北海此時當尚有一縣未改屬

碑陰有故午六人續漢志里有里魁民有什伍什主什家伍主五家以相檢察午即伍也隸釋以午爲斡字之省非是（平津讀碑記）

馬氏錄文云爾字洪氏釋亂省然古文辭字亦省作
𤔔不加辛或即辭字辭省辛見周牧敦又云漢安順
帝年號二年歲次癸未丙午八月五日也詳係仲秋下山東通
志作三月濟州金石志作四日金石索從之此又作丙午其實石全泐矣又云碑首云漢
安二年末云三載已究乃著遺辭則碑當立在沖帝
永嘉時舊云漢安二年刻石者據碑首耳濟州金石志
流惠元城萃編作流惠恐誤然石已泐矣幽穸下
兩漢金石記有表至二字石亦已泐金石索作表
至德分山東通志載此只缺八字而存字時與碑
異不足爲信濟州金石志及金石索亦無甚缺而

馮氏以翔議郎之翔爲拜字石本不爾也碑陰文
不可勝志載文作悲當不誤石亦已泐

文叔陽食堂畫象題字

高一尺四寸廣一尺五寸弱左方題字六行行十三字至十五字不等字徑六分分書有直界格在魚臺

建康元年八月己丑朔十九日丁未壽貴
里文叔陽食堂叔陽故曹史行亭市掾鄉
嗇夫廷掾功曹府文學掾有立子三人女
寧男弟叔明女弟思叔明蚤失春秋長子
道士□立□□直錢萬七故曹史市掾

右文叔陽畫象題字魚臺馬星垣得之象畫二人
對踞拱手相向形上列一飛鳥題字在其左

三公山神碑

高漢尺五尺五寸廣四尺三寸十九行行字參差不一分書篆額失拓在直隸元氏封龍山南蘇村

□初元年二月丁己朔八日甲子大常臣
□丞臣□頓首上下空
尚書約闕三字暘約闕四字男□劉仲自言元氏三
公神主薄使仲自言當比□山北約闕十三四字
餘□下空上闕不知幾字造問禱三公御語山當□
□上黨界中縣祭塞言無輒告縣上闕不知幾字
三公山在西八廿里豫闕不知幾字自□邊有

堅石如闕狀有上闕不知幾字祀幽約闕五字造二丈
餘下闕約九字上闕不知幾字偏□祠像□民起巾兩
關門間有上闕不知幾字餘功約闕三字北上□主約闕
三字珪□魚□大山四負名□東□石□出
中空□□呂北約闕三字爲廿約闕五字山北入西去
地百餘里□□國追□□守□□中空□輒
蒙報應博問自毛段王安段孫王達等皆
曰永乎□五□三月中空甲申□咢□中部
問禱三公御語山象□光□遣戶曹史孫
□上闕不知幾字掾約闕三字三公山別狀□□等以

山亟約闕四字通道往来用功□上闕不知幾字物故
到　建初四丰約闕四字間知三公山神之上闕不知
幾字甲申□律□□山雀往掾□□具酒脯
詣山請雨計得雨上闕不知幾字圭壁命□□祠
之後於縣愁苦囯成上闕不知幾字奉□典日後
氵令胄上闕不知幾字融□山約闕幾字山靁神言□
通道上闕不知幾字公山□䆮頌與吏士俱通利
故道𤸫上闕不知幾字竂約闕餘字十積壓後相馮韉
以

碑陰

十四行行字不等頗失拓
□□□尉高吏臣闕不知幾字祠闕不知幾字山下
去縣廿五里上闕約三字雀吏闕不知幾字郡縣轉
相□上闕約四五字遣行事闕不知幾字吏闕不知幾字奉
祠山䏰𦔻上闕不知幾字日山川闕不知幾字潤百里
者□上闕不知幾字壽闕不知幾字豪珪璧犧牲四時
祠上闕不知幾字萬六千以王家經錢給亶增設
□□□𦐄給珪璧臣愚以為□山□臣許
臣昉頓首上□書𦐄二月十七日癸酉尚
書令臣頁奏雒陽宮空上闕不知幾字祠祀闕不知幾

字縣蒙上闕不知幾字丁己朔十□日癸酉尚書
令頁下闕不知幾字□弟十一行全泐常山志有山川二字弟十二行全泐常山志有酉大二字并兩半字——上闕常山志有到言二字佐進上闕
不知幾字書闕不知幾字掾琦□國書

右碑兩面刻文有額碑陽額已全泐惟隱隱見筆踪知其爲篆書而已碑陰額字可辨者中間三行一行有常山二字二行見三公石三字三行見曰字字之大小與碑文無異疑書碑者因碑文稍長遂跨額書之耳有穿在碑文中碑爲自來著錄家所未見海豐吳子苾太守式芬始訪得之其文磨滅不可讀而字勢長短欹斜錯落古勁是兼篆之古隸也首行弟一字剝蝕不可辨弟二字是初字下稱元年二月丁已朔八日甲子太常臣某云云其文式與隸釋所載無極山碑大略相同案無極山碑常山蓋高上黨范遷詣太常爲元氏縣三公神請法食本初元年二月癸酉光和二年二月戊子詔書出其縣錢給四時祠具云云此碑陰有云二月十七日癸酉尚書令臣□奏雒陽宮據此則碑首行弟一字當是本字本初元年爲漢質帝即位之二年通鑑目錄質帝本初元年正月係丁亥朔則二月朔是丁巳十七日正癸酉又後

漢書質帝本紀是年二月有庚辰是二十四日並與碑符又攷質帝紀以永嘉元年正月丁巳卽位是年五月甲午因大旱詔郡國有名山大澤能興雲雨者二千石長吏各絜齋請禱竭誠盡禮碑載太常以本初元年二月上尚書爲元氏三公山求法食正以上年有詔命郡國長吏禱祀名山元氏吏民奉承詔書請雨獲應故有此請也又碑陽有永平□五□三月又有建初四年云云案後漢書明帝本紀永平十八年夏四月己未因時雨不降宿麥傷旱詔郡界有名山大川能興雲雨者長吏各絜齊禱請冀蒙嘉澍又

章帝紀建初五年春二月甲申因去秋雨澤不適今時復旱詔禱五嶽四瀆及名山能興雲致雨者務加肅敬碑卽敘此兩年中奉詔禱請獲驗之事又碑有通利故道及後相馮龔名又似因求法食而兼紀開道之績者馮龔之名後漢書不載又碑有三公山御語與元初四年祀三公山碑同元初碑有起堂立壇雙闕夾門此碑亦有豎石如闕諸語當卽追敘元初中事又碑陽末行末一字从字文尚未完當與碑陰相接而碑陰之字大於碑陽隸勢亦稍異首行上數字又漫漶不可辨未知與碑陽末行文理相屬否又碑陰末行有云掾琦□國書疑琦卽書碑人名然漢刻有書碑人名者絕少惟李翕西狹頌有從史位下辨仇靖字漢德書文武班碑有臨菑嚴祺字伯魯書此碑又析里橋郙閣頌有從史位□□□□字漢德爲此頌故吏下辨□□□子長書此頌則又將揮翰遣詞之人而並書之矣沈濤常山貞石志

右三公山神碑并陰在元氏縣封龍山南蘇村出土不久歐趙洪以來未見著錄沈匏廬輯常山貞石志始錄其文而攷之定爲本初元年所刻跋語詳矣碑磨滅不能成讀此本椎搨不精曼患尤甚

不可辨者據常山志補之顧有足補其闕者弟五行里下爲豫字邊上有口形而中不可辨口上爲自字弟六行祀下爲幽字二丈上爲造字弟七行有偏字弟八行有玉圭魚三字十二行以山下有道字十四行酒上爲具字十五行国下爲成字十九行有寮字沈氏皆未審出也至弟一行仲下是自沈誤作白弟六行三丈作二蓋以造字末筆加於二上故誤爲三十一行山下右旁象字尚明決非時字沈誤作時又光字誤作米光上祇有一字光下尚有一字沈於米上空二格亦誤十二行別

誤作𠛬其沈所載之所行八丙行十七求行十九三字及碑陰九行之曰十一行之山川十二行之酉大十三行之到言等字俱無形模可見矣

王氏瓴文

長存八寸許寬存六寸均不齊厚二寸六分字徑一寸三分篆書反文

王氏和平一年

瓴文六字云王氏和平□年平下是元字已缺年字亦缺半筆王氏蓋人姓也同治癸酉二月劉心葵通守得自長沙城外瓦礫中以贈莊心嘉余以南齊桓氏瓴易之

右扶風丞李君通閣道記

摩崖拓本高漢尺二尺六寸廣一尺七寸五分七行行十字至十三字不等分書在陝西褒城縣石門西壁

右扶風丞楗爲武陽李君諱禹字季士以
永壽元年中始斜大臺政由其興安平之
處萬民懽喜行人蒙福君故掾益州從事
再舉孝廉尚符璽郎巴郡朐忍令換漢中
成固令遷宜禾都尉

右永壽石門殘刻存六行零三字餘不可曉每行字數不等剝落殊甚故雖同在褒谷而歐趙洪婁諸家俱未採錄鵬味其語意解大臺由卑下賈民懽喜行人蒙福蓋亦去險就夷以便於民故爲之刻石紀功如開通褒斜橋格及石門頌之類不可沒也乃倆佛臨摹存其大概李君字季士諱霄霄不可識必有闕誤處有以爲禹字者殊不相似未敢定也政字𢔰字亦不可辨姑存之宜禾都尉之名它處亦未見金石萃

案後漢右扶風丞李君摩崖記刻石門西壁石門二大字之南自來金石家皆未箸錄嘉慶中安康縣知縣諸城王君森文搜剔得之拓以寄示海內流傳始此嘗以王氏拓本與仁和趙氏魏元和顧氏千里南

海吳氏榮光藏本參之可辨者七十二字惟末行都尉下漫漶不能卒讀而李君姓名爵里固已粲然其稱永壽元年者追紀李君歷官之年非即刻石之年也漢書百官公卿表右扶風治內史右地與左馮翊京兆尹爲三輔皆有兩丞右扶風二千石丞六百石後漢百官志中興都雒陽河南郡爲尹以三輔陵廟所在不改其號但減其秩又少府屬有尚符璽郎中四人書作璽石刻作璽與張納功德敘璽書封都亭侯同郡國志武陽屬犍爲郡書作犍石刻作楗與楊君石門頌馮緄碑並同朐忍屬巴郡成固屬漢中郡

宜禾都尉屬敦煌郡廣至縣治昆崙障西域傳明帝永平十六年征匈奴取伊吾盧地置宜禾都尉以屯田遂通西域此記刻於桓帝永壽之後置宜禾都尉已八十餘年李君歷官巴益漢中蓋嘗修治孔道故云行人蒙福紀其治績足以媲美鄐陽王君愛古表章漢刻亦晏南鄭之流也金石續編

右李君通閣道記行字參差字體亦偏斜不整石索縮摹此本本來面目失其過半矣諸家所釋多異李君之名或以爲喬或以爲壽均非陸氏以爲禹當即禹从之而其字之末隱約尚有一横故馮

氏作雷然上半實係兩横並不作二下半门中實作厶並非一横馮氏審亦未的末筆一横當是石泐耳永壽之壽或誤釋建餅疑船之别字馮氏釋爲解兩存之政字馮氏作啟則誤以石之斑點加於左旁正上而又連其一横遂成啟字其實非也或又釋作改更誤與字安字馮釋作卑下平字下并鍬之字萬作賈審拓本俱尚清晰馮氏殊誤故下一字或以爲久頗相似然不可解且久之上左均已殘泐則亦非久字陸氏釋爲援所見本當尚可識據以補注於旁馮氏缺援益州三字益州二

字尚顯苻璽二字僅存苻字下半付字而馮氏誤釋苻爲書并缺璽郎二字審拓本郎字俱存苻字亦尚存下半則顧氏以爲苻璽郎者可信宜陸氏從之也換馮釋作捬蓋遺右旁奐字之上ク下六耳中下固上馮氏無字審拓本中固之間尚有寸許陸氏作成固下二字馮氏均缺審之令字俱存遷字則不可見姑從陸氏補註成遷二字於旁

犍爲作楗載於隸辨者楊孟文石門頌馮緄碑也此外如楊統柳敏李昭諸碑亦作楗關中金石記云以犍爲楗用古字說文無犍字錢先生跋李昭

碑云楗爲之楗从木與何君閣道碑文同說文無犍字大徐新附有之不足據也洪氏隸釋云漢碑書犍爲之犍皆作楗婁氏字原亦云犍爲皆作楗嘉定瞿氏云曾見漢銅印亦作楗爲是犍古作楗確然無疑而兩漢金石記謂未知二字孰爲訟訛木字篆勢與牛之上半相似當存之以資考異祥案說文楗限門也史記河渠書下淇園之竹以爲楗如湻注曰樹竹塞水決之口稍稍布插接樹之水稍弱補令密謂之楗以草塞其裏乃以土填之有石以石爲之竊意楗爲命名蓋取諸此就地形

言之也抑或取關楗二字老子見之意凡从建之字均
有鞏固義若犍牛之犍於義似無可取朐忍今俗
作朐䏰說文無朐䏰字新附有之案漢書地理志
續漢書郡國志漢張納功德敘西嶽華山亭碑雍
勸闕曹全碑並作朐忍能改齋漫錄云朐䏰當作
朐忍養新錄云朐忍縣師古音朐爲劬而廣韻謂
漢朐䏰縣名在巴東郡地下溼多朐䏰蟲音蠢閏
徐氏校說文亦取其說於肉部附朐䏰二字此碑
出於後漢文云高祖父敏巴郡朐忍令字畫分明
朐䏰蟲亦不載於爾雅則知無稽之談不可信矣

曲阜桂未谷馥跋曹全碑亦辨之甚詳金石萃編
載焉又案璽下从土亦見於北海相景君銘說文
从土籀文从玉今則璽行而从土之璽非攷古者
不識矣

封龍山頌

高漢尺六尺七寸四分廣三尺八寸五分十六行行二十六字有界格字徑二寸餘分書在元氏

元氏封龍山之頌
惟封龍山者北岳之英援三條之別神分
體異䖒在於邦內磥硌吐名與天同燿能
烝雲興雨與三公靈山協德齊勳國舊秩
而祭之以爲三望□亡新之際失其典祀
延熹七年歲貞執涂月紀冢皐常山相汝
南富波蔡㬎長史甘陵廣川沐乘敬天之
休虔恭明祀上陳德潤加於百姓宜蒙珪
璧七牲法食□□□□
聖朝克明靡神不舉戊寅詔書應時聽許
允勑大吏郎巽等與義民脩繕故祠遂采
嘉石造立觀闕粢稷既馨犧牲博碩神歆
感射三靈合化品物流形農寔嘉穀粟至
三錢天應王燭於是紀功刊勒以炤令問

其辭曰
天作高山寔惟封龍平地特起靈亮上通
嵯峨𡾰峻高麗無雙神燿赫赫理物含光
贊天休命德合無疆惠此邦域以綏四方
國富年豐穡民用章刻石紀銘令德不忘
下空
上闕四格不知幾字□元氏郎□平棘李音史九門
張瑋靈壽趙穎縣令南陽上闕八格不知幾字韓木
感年縱王石□□文遣仲張儿絳伯王李
上闕十三格不知幾字□□□□□□□

右封龍山頌碑在元氏沈鲍廬輯常山貞石志未載此碑則出土在道光末矣歐趙諸書未見著錄碑頗完美磨泐祇十餘字可寶也封龍山在元氏縣西北五十里志云舊名飛龍唐改今名據碑乃漢之舊稱志誤矣碑云三條之別神與祀三公山碑同白石神君碑亦云參三條之壹金石錄云三條莫曉何語隸釋謂即禹貢之三條云殽阬碑云中條之山者蓋華嶽之體南通商雒以屬熊耳其文與正義合金石後錄云無極三公封龍諸山在嵩華之閒二碑皆從太華立說謂九山廟碑殽阬神碑而有

據嵩嶽通商雒之語是即三條注脚也而兩漢金石記乃云三條者當是茲山之實事今莫可攷此亦恍惚無憑耳至有以爲崇飾之辭者尤非碑又云與三公靈山協德齊勳三公山在縣西北七十里靈山在縣西三十里白石碑云三公封龍靈山先得法食光和年三公山碑額列封龍君靈山君各一行可互證也碑又云國舊秩而祭之以爲三望國常山國也舊秩無攷案漢高祖二年詔山川諸神當祠者各以其時禮祠之如故文帝十三年始名山大川在諸侯諸侯祝各自奉祠十五年修

名山大川嘗祀而絶者有司以歲時致禮武帝建元元年令祠官修山川之祠成帝初匡衡張譚奏長安廚官縣官給祠郡國候神方士使者所祠凡六百八十三所其二百八所應禮及疑無明文可奉祠如故其餘四百七十五所不應禮或復重請皆罷奏可本雍舊祠二百三所唯山川諸星十五所爲應禮云據此則名山能興雲致雨者皆有常祀封龍亦所應禮也碑又有亡新之際失其典祀及脩繕故祠等語案章帝建初五年令二千石分禱名山元和二年以山川百神應典禮者尚未盡

秩議增修羣祀宜享祀者順帝即位復修奉常祀蓋自中興以來修復舊祀朝廷屢有明詔常山相蔡羆等所由上陳德潤爲封龍求法食也太歲在辰曰執徐延熹七年值甲辰故云歲次執徐孟春之月日在營室謂之豕韋正月日躔娵訾之次娵訾之口爲營室娵訾亦謂之豕韋碑云月紀豕韋蓋正月也桓帝紀是年正月有甲寅碑後云戊寅詔書應時聽許戊寅後甲寅二十四日尚是正月故不復冠之以月富波侯國永元中復隸汝南郡廣川屬清和國故屬信都建和二年改清和爲甘

陵碑立於攺後故云甘陵廣川元氏平棘九門靈
壽俱隸常山國南陽郡名俱與郡國志合磥硌卽
磊落之異文山海經上申之上多硌石注硌磊硌
大石皃也古借落爲之朱龜碑磥落煥炳爲峻碑
磥落彰較皆作落爲卽爚之異文从火从日詎可
相通字書所無可據碑補之邦作郏與鄭固楊震
碑同乇作七與曹全碑同黍作乘與孔宙碑脩華
嶽碑費鳳別碑同棘作𣗥與梁休碑同蔡爲沐乘
郎巽李音張瑋趙穎等名俱無攷

禹陵窆石殘字萃編載卷十一未錄文

□□□似甘字王氏以爲日字□□□□□王石
□□字似東乇阮氏審爲乾字象羿而文日王氏以爲
晦今字似於□□□真□□黃□□

附宋題名一行十二字字徑寸五分分書

會稽令趙與陞來遊男𨱇拴侍

右窆石在會稽禹陵廟中高六尺周廣四尺頂上有
穿狀如秤錘篆文今存三行行十六字字徑二寸每
行首一字下有斷裂痕隱隱辨玉石乾象并天文真
黃等字嘉泰會稽志云此石有古隸不可讀則其壞
已久予按其篆文極似天璽紀功碑後檢太平寰宇
記會稽縣引輿地記云禹廟側有石船長一丈云禹
所乘也孫皓刻其背以述功焉後人以皓無功可記
乃覆船刻它字其船中折據此爲三國孫氏刻審矣
嘉泰志稱直寶文閣王順伯復齋定爲漢刻未之得
也徐勉之保越錄云元至正末兵變石爲胡大海所
仆兩浙金石志

按與陞嘉興人寶慶二年進士孟握紹定二年進士
俱見嘉興府志攷宋史宗室世系表與陞燕王德昭
九世孫也越中金石記

金石錄目云永建元年五月兩浙金石志訪碑錄

列吳茲仍原次萃編以爲永康元年列延熹之後
未知所據姑存其舊阮氏云行存十六字此本上
方失拓

衛尉卿衡方碑陰

拓本高一尺三寸廣四尺四寸五分存二十六行行字不一字徑一寸二分許分書

缺□□□□□甯□□□□□□□□
北海太守南郡□□□□缺
□北相□□□□字缺
□□□□□□□北平□□□□□
□□□□□□□北平□□東安□

□□□□□□七簡□□□京兆□□□
故吏郡中郎□從□□□□　□□□
故吏□□□□仲□□□□
故吏京兆長安劉紀字□□
故民東平中尉潁川□甫□□□□
故民河東□□□石□□□□
門生安陽□□□□□□□□□□□
門生□□□□□□□
門生□□□□□□□
門生北海□□□□□□

門生北海□□□□□
門生北□□□
門生任□□□□□□□
門生平□□□□□□
□生京□上官□□□
□□□□郭□字□□□
門□□□□□
門生□□□□
門生□□□□
門生□□□□

門□□□□

右漢衛尉卿衡方碑陰僅存一列萃編及翁氏阮氏均未著錄此本剝泐已甚右幅約略尚有三行無一字可辨可辨者廿六行亦多不備故吏三行故民二行門生十四行其官職可見者北海太守□北相郡中郎東平中尉也地名可見者南郡東安京兆長安穎川河東女陽北海任□平□也女讀作汝任下當是城平下似是原姓名可見者劉紀一人

重刻高陽令楊著碑建甯元年十月廿八日　萃編載卷十二

十三行行廿八字篆額三行

畏爲畏作異如鬍鬍作鬍醳醳作醳未基基作基惟傷惟作催

在陝府碑不載名字按震碑次子讓讓子著高陽令則知其爲著也碑又無年號其中云遭從兄沛相憂去官繼之以不惠憖遺之語沛相以建甯元年卒考之長厤必建甯元年也漢隸字原是碑拓本獨大內建甯元三字洪氏所未著者然洪隸所見皆缺此拓本何由而增多建甯元三字乎似是據舊錄之文增入者矣又此拓本月上一字似六

似七考通鑑目錄是年十月二十八日正是壬寅非
六月七月也賢上微辨似是親字羅舊二字在銘內
文字之上洪云闕催字在縉紳下隸釋是催字此說
其餘如窮還詔笛爲愛甚暇禱紳勳等字皆與洪婁
二書不合（兩漢金石記）
此與王氏所稱宋拓者皆翻刻本也是五字與隸
釋合因舉以校訂之又此本柔作柔樹作樹王本
並同勎作勳紳作紳皆與洪本不合所已上脫皆
字節儉下只缺三字（洪缺十一字）譽下無缺泐痕則皆
重刻之譌也年十月上有二字亦似三字案建甯

二年十月廿八日是丙申三年十月廿八日非庚
寅卽辛卯皆與壬寅不符醳榮榮字殘泐諦審之
字作嶶此謬之尤著者也又七行所空三格在拜
思之下八行所空三格在名顯之下亦與王本不
合當是王本之誤所空在穿開本無字也是碑舊
有三本一爲黃小松所得翁氏載入兩漢金石記
年字上有建甯元三字末行文上有羅舊二字一
爲王氏所得摹入萃編一爲雙鉤本有晉府收藏
印字蹟各殊今得此未剪截者舊爲馮晏海所得
碑尾有其印章是有四本矣雙鉤本柔樹勎紳四

字並同此本年十月上亦有二字爲作爲所已上
有皆字節儉下空九字又與此本不同
重刻夏承碑（建甯三年六月　萃編載卷十三）
旬月化行（化作兆）積德勤約（約作絡）
是碑原本十四行行廿七字唐曬重刻本十三行
行三十字卽萃編所錄者此又一本也十五行行
廿六字上無額後無書人一行不知何人摹刻較
唐本爲善字蹟與萃編殊者甚多撮其尤異者校
之銘詞垂後不歾歾朽古今字古石琅玕乃云列
子歾其肉而棄之洪容齋曰歾音寡此碑用歾字

乃反其意非朽字也案列子釋文歾本作咼咼卽
說文之冎今之剮字用以證此碑不亦紕繆乎
夏承以建甯三年六月癸巳卒案通鑑目錄是年
七月乙未朔則癸巳是廿九日如六月小盡則廿
八日也

沇州刺史楊叔恭殘碑并側
存高一尺五寸一分廣一尺七寸五分十二行行存字不一字徑一寸三四分側廣八寸四行行字大小均不一俱分書在魚臺馬氏

□□害□
適主□野□

□四郡㭊紐十城□
甄功者也於是從□
□知陳留韓公□假□
㤿秦山縣□□万□平
彰盛德亦□□其辭曰
城宣仁播威賞恭糾慢
情開聰四聽招賢與程
奮旅揚旌殄威醜類
飭刿煥爾聿用作詩
七月六日甲子造

碑側

□禪伯友
□佐陳留圉范緒廸祖
書佐濟北茬平□訥
洋公雅

石舊在鉅野之昌邑聚土人棄置道旁弟邦舉見之以告因往購之攷昌邑聚即漢昌邑國沇州刺史治所水經濟水注菏水又東逕昌邑縣故城北地理志曰縣故梁也漢景帝中六年分梁為山陽國武帝天漢四年更為昌邑國以封昌邑王髆賀廢國除以為山陽郡王莽之鉅野郡也後更為高平郡大城東北有金城城內有沇州刺史河東薛季像碑次西有沇州刺史茂陵楊叔恭碑從事孫光等以建甯四年立西北有東太山成人班孟堅碑案茲石末書七月六日甲子造後漢書靈帝紀建甯四年三月辛酉朔日有食之續漢書五行志亦同劉昭注引潛潭巴曰辰辛酉之說由三月辛酉朔閱兩小建則七月己未朔六日當得甲子又武都太守李翕西狹頌末書建甯四年六月十三日壬寅造由壬寅後歷一小建七月六日得甲子是碑即建甯四年從事孫光等為沇州

刺史茂陵楊叔恭立者也韓詩外傳曰牧者所以開四目通四聰續漢志劉昭注刺史職引之茲碑開聰四聽乃刺史職漢書黃霸傳馬不適士顏師古注馬少士多不相補滿茲碑有適士字碑言數紐十城據續漢郡國志山陽郡十城昌邑鉅野湖陵方與悉屬焉今魚臺即湖陵方與地碑側題稱陳留圉濟北茬平圉改屬陳留自光武時茬更名茬平自和帝時則是碑之立於漢季無疑矣其碑陰之字漫漶殊甚祇存書佐元威叔舉十餘字耳馬邦玉跋

單縣廣文馬寄圃得此石於鉅野縣之昌邑聚審為

建甯四年沇州刺史楊叔恭碑案隸釋之二十引水經注云昌邑縣有沇州刺史薛季像碑熹平四年立又有沇州刺史茂陵楊叔恭碑從事孫光等以建甯四年立則當日此碑惟酈道元見之至洪景伯亦未之見故不載全文也玆雖殘缺其中有於是從三字其下必事字正合從事孫光之語定爲楊碑信不誣也碑側題名字欵斜縱迻大小不一與碑文非一手書猶禮器碑之碑陰碑側合七人所書也金石索

案馬氏之說繁徵博引確而可據李翕西狹頌亦屬的證第洪氏隸釋引曾子固跋云西狹頌有二其一刻於建甯四年六月十三日壬寅其一爲是年六月三十日刻然則建甯四年六月既有三十日並非小建是七月爲庚申朔五日爲甲子六日爲乙丑矣姑附一說以備考濟州金石志

碑陰失拓紬十城上馬跋以爲數字濟州金石志錄作根石本已泐矣泰山縣下諸家作球審之作娱未知何字之殘者從公二字亦已泐据濟州志金石索補之又据濟州志補假字万濟州志作方碑側茬平下濟州志作貝審之是左旁貝字右半全泐

八瓊室金石補正卷四終

金石補正卷四
吳興劉氏希古樓刊

八瓊室金石補正卷五

太倉陸增祥撰　男　繼煇校錄
吳興劉承幹覆校

漢四

重刻成陽靈臺碑

高六尺二寸廣二尺九寸五分十八行年月一
行行四十四字字徑寸三分篆額未見石久亡

惟帝堯母昔者慶都兆舍穹精氏姓曰伊
體蘭石之操履規矩之度則乾川之象通
三光之曜游觀河濱感赤龍交如生堯厥
後堯來祖統慶都告以河龍堯歷三河有

龍援圖躬行聖政以育苗萌火陽之盛先
闕後明遂以侯伯遂踐帝宮慶都傳沒盖
塟于茲欲人莫知名曰靈臺上立黃屋堯
所奉祠下當以水神龍所𤋮靈龜隱形汾
踊波深比目魼魚濯鱗通泉元礫蕙䕭生
道臺涯貫長歷久崇如□□三代改易荒
廢不循五運精還漢受濡期興威繼絕如
堯爲之承祠基峯魼魚復生故有靈臺啚
夫魚陫衛仕驛憲魼魚服之延壽□□之
際道小襄阻遂遺亡新禮祠絕矣於是故

廷尉仲定深惟大漢盛德被四表大平未
至靈瑞未卜四夷數侵軍甲數擾匪皇啓
居日不稷夏案經孝典河洛秘與漢感赤
龍堯之苗胄當循堯祠追遠復舊復治黃
屋推原聖意究生變見天以譴告前後奏
上陳叙大義招祥塞咎爲漢来祐朝廷克
省帝納其謀歲以春秋奉大牢祠時廷尉
洗位連白表奏詣英嘉命遂見聽□□爲
大中大夫歸治黃壁令月吉日圖立規營
興業會工廄蒙夷平上合天意下應□形

□□鼓餝五色華精立闕通天戶嚮少陽
前設大壁侯神之堂地踐石墠其下清涼
可舞八詠以奏大章時濟陰大守魏郡審
晃成陽令博陵管遵各遣大掾輔助伸君
經之營之不日成之神靈精柔依怙於人
廢之則亡存之則神願帥羣宗貧富相均
共慕市碑著立功訓□勤后銘中門之表
卜擇元日尚草精誠先㦖毛血謹慎犧牲
祈祠獲福神享其靈甘雨時降百穀孰成
幽荒幸服徐方来庭萬國蒙祉犁元賴榮

莫不祋德咸歌頌聲其辭曰
於赫慶都德彌大兮承神積燿統赤裔兮
爰生聖堯名蓋世兮其受符命迹帝制兮
廣彼之恩深荒外兮歷紀盈千垂遺愛兮
陵廟復崇享大祭兮上來多怙降福沛兮
萬國禧甯孰不賴兮先宣美勛永未蔽兮
垂視罔極億萬歲兮
濟陰大守魏郡陰安審君諱晃字元讓從
公車來成陽令博陵蠡□吾管君諱遵字
君臺從東明門司馬來丞潁川新汲尹茂

字伯舉遷下邳尉潁川襄城楊調字君舉
仲許伯海從右中郎將遷鉅鹿大守仲球
伯儀從大尉掾遷呂長仲選孟高辟司徒
府遷從不絕皆興治大聖黃屋之力
建□□年　五月造
地理志曰成陽有堯冢靈臺今成陽城西二里有陵
陵南一里有堯母慶都陵於城爲西南稱曰靈臺鄉
緣生述征記述堯妃見漢建甯四年五月成陽令管
遵所立碑文云 水經注
右漢堯母碑建甯五年造其文略曰堯母慶都感赤
龍而生堯遂以侯伯恢踐帝 祥案拓本帝下有宮字 慶都僊歿
蓋葬於茲欲人莫知名曰靈臺上立黃屋堯所奉祠
三代改易荒廢不修漢受濡期興滅繼絕如堯爲之
遂遭亾新禮祠絕矣故廷尉 姓名摩滅不可讀矣 深惟大漢堯
之苗胄當修堯祠追遠復舊前後奏上帝納其謀歲
以春秋奉太牢祠時濟陰太守魏郡審晃成陽令博
陵管遵各遣大掾輔助□君經之營之不日成之此
其大槩也按皇覽云堯冢在濟陰城陽呂氏春秋云
堯葬穀林皇甫謐云穀林即城陽然自史記地志及
水經諸書無堯母葬處惟見於此碑蓋亦葬城陽也

而諸書俗本多爲城陽獨此碑爲成陽當以碑爲正
碑後列當時人名氏又云審晃字元讓管遵字君臺
又云漢受濡期莫曉其義也 集古錄
堯母慶都葬於城陽立黃屋其上謂之靈臺歷代常
奉祠之至王莽而絕後漢故廷尉 碑缺姓名 請於朝復立
其廟及濟陰太守審晃修營之以建甯五年立此碑
在曹州濟陰 集古錄目
右漢成陽靈臺碑成陽屬今雷澤碑略云堯母慶都
僊歿蓋葬於茲欲人不知 祥案拓本是莫知 名曰靈臺集古
錄謂自史記地志及水經諸書皆無堯母葬處余案

班固西漢劉昭東漢地理志皆云成陽有堯冢靈臺而東漢志章帝元和二年東巡守將至泰山道使使者奉一太牢祠帝堯於濟陰成陽靈臺與章帝紀所載正同帝紀章懷太子注引郭緣生述征記云成陽縣東南有堯母慶都墓上有祠廟堯母陵俗亦名靈臺文母水經注今成陽城西二里有堯陵陵南一里有堯母慶都陵於城爲西南稱曰靈臺蓋兩漢史所載似以靈臺爲堯冢唯此碑與述征記水經乃直指爲堯母冢爾然水經云在成陽西南而述征記云在東南未知孰是余爲淄州同官李堯衢澤人云冢正在城西南蓋述征記誤也又集古錄云諸書俗本多作城陽獨此碑爲成陽余嘗考之成陽縣名屬濟陰郡城陽乃王國名漢文帝二年以封齊悼惠王子章者漢志所載各異未嘗差誤也碑有廷尉某歐陽公以爲姓名摩滅不可讀今驗其缺處姓下隱隱有定字知其名定而其後云濟陰太守審晃成陽令管遵各遣大掾輔助仲君知其姓仲仲氏世爲成陽人定有墓在雷澤碑尙存其額題漢故廷尉仲君碑有云表祠唐堯爲漢祈福又云爲廷尉卿託病乞歸脩堯靈臺黃屋三十餘上聽拜太中大夫云金石錄

右成陽靈臺碑篆額建甯五年立與堯廟二碑在成陽皆有陰堯葬慶都於成陽名曰靈臺上立黃屋爲奉祠之所漢綴其祀至亡新而絕於是廷尉仲定奏請與治郡守審晃縣令管遵各遣大掾助成之案兩漢地志濟陰成陽有堯冢靈臺不明言靈臺爲堯母冢也章帝紀元和二年使使者祠唐堯於成陽靈臺註引郭緣生述征記曰成陽有堯陵陵南一里有堯母慶都陵稱曰靈臺據此則與碑合靈臺非堯冢明矣淮南子墬形訓載海外三十六國西北方有無繼民硥魚在其南註云硥魚如鯉魚有神靈者乘行九野硥讀如蚌字書蚌或作鮮硥無鯱字也所謂鯱魚疑卽此爾碑稱漢代脩祠之後鯱魚復生故有靈臺嗇夫魚師衛仕驛憲鯱魚服之延壽疑仕當讀爲士憲當讀爲獻也碑以不夏爲不暇刑爲形咸爲臧基爲朞犂爲黎德彼廣彼爲被遼卽恢字蹉卽延字廌卽薦字隸釋

字原云在濮州雷澤濮州今屬東昌府雷澤縣今廢有故城在濮州東南一百里集古錄目云在曹州濟陰曹州今屬兖州府濟陰縣卽今曹縣後漢書郡國志成陽屬濟陰郡叔弼蓋誤以漢之濟陰郡爲宋之

濟陰縣也祥案天下碑錄亦云在濟陰其誤正同廷尉仲定奏治黃
屋濟陰太守審晃成陽令管遵輔助成之故立此碑
水經注以爲管遵一人所立非也祥案此所引述征記之文非酈說也
記言堯妃與堯母不同碑立於建甯四年與五年亦不合此語殊誤集古錄作堯母碑
隸辨
右成陽靈臺重刻本字逕寸許與倉頡廟碑字形大
小相近彼參差無格而此皆畫一但重刻本或未具
界紋耳褾冊雖多逐行翦截然其中如乾巛之象二
行紙仍相連祥案拓本至赤龍交爲一行雨時降以下三行紙亦
相連咸歌頌聲以下三行紙亦相連則褾工雖巧亦

終莫能泯其重刻之迹也其與洪本異者連白表奏
白洪作自當是洪刻之訛立闕通天立洪作上則二
字皆可通存以俟考可也下應下洪闕五字今諦審
似是哀平二字而此重刻本平字之下半微訛耳崇
如下洪闕二字今諦審似是不穨二字穨與涯爲韻
也大章上一字是奏字以奏上是詠字此三處凡八
字並足以補訂隸釋者也崇如之如與前感赤龍交
如生堯句之如字皆卽而字古而如通用堯廟碑又
曰高如不危滿如不溢可以互證也可舞八詠以奏
大章八詠蓋亦葛天氏八闋之類歟又洪氏於前碑

已釋云柜卽矩字婁氏字原乃於語韻別出柜字非
也莫不被德洪本作被然是碑被字皆書作彼則此
未必是被字今審此拓本與木旁相近右與包字相
近恐是抱字此亦當存考者也至於案經考典案字
此拓本下半作桒上受符命上字此拓作其皆翻本
之誤也其最誤者則銘內云歷紀盈千盈卽盈字洪
婁二書所同盈千云者統以千計之詞耳今見此拓
本乃作四千案帝堯一百載癸未歲至東漢靈帝建
甯五年是年五月十六日改元熹平是碑末云建甯五年五月造不著其日壬子歲凡
二千四百三十年何以云四千也蓋是搨本剜泐盈

字上半已失遂止據其下半皿字形近四字而致誤
耳然就一字驗之則此刻字形大小已有改動吾不
能信其他字之亦有改作否矣末一行年月年字垂
筆下逾二格漢隸惟見五鳳二年石刻暨益州刺史
李君碑與此而三矣蓋漢隸中每有此體婁氏字原
已言之　裔字據此搨本獨與洪婁所錄不同此雖
重刻自有的據况筆法渾勁必非僞作也然其中亦
恐原石既泐泐痕與筆勢界在銖黍未可膠柱鼓瑟
者也愚第就其與洪婁所錄與洪氏滂喜一章足相
證者摹存於篋以資考核而如圖之爲圖神之加點

雖出洪婁所錄亦未敢處處傅會恐涉於近日顧南原之所爲也（兩漢金石記）

翁蘇齋據褾冊纂入兩漢金石記云此雖重刻自有的據況筆法渾勁必非僞作也此本整紙具見碑式較爲難得馮晏海摹入金石索者卽此本碑空處見其圖章而字畫頗有改動矣碑尾又有覃谿鑑藏一印或兩漢金石記刊行後所得或後人所託均未可知要亦據舊搨摹刻之本也廷尉仲定仲字歐本磨滅趙氏以輔助仲君句知其爲仲此本半泐僅存人旁而隸釋有之疑洪氏據趙補

入也今仍補註於旁數擾擾字案經案字爲漢爲字君舉舉字雖均泐蝕形模尙存亦據洪補註之其與洪異者靈瑞未卜卜洪作下（翁同）連白表奏（翁同）白洪作自詔莢嘉命（翁同）莢卽莢字洪乃作英皆洪本寫刊之誤立闕通天立洪作上其受苻命其洪作上龜作龜致作致獲作獲歷紀盈千盈卽盈字與城塡雄桀兩碑同洪作盈疑亦洪本之誤其餘點畫微殊者十五六字不具舉矣下應□刑□□茲餝洪缺刑茲二字（翁云刑卽形馮云卽型字蓋下應典型也未可信翁本亦無茲字）可舞八詠以奏大章洪闕詠奏二字八字又

誤作几永未蔣兮洪缺未字馮氏云蔣卽做遂相聽下洪闕二字諦審似是容拜可補洪氏之闕莫不秡德蓋秡字之殘損者秡卽被與洪正同示旁禾旁漢碑往往互溷（翁云恐是抱字非馮作祓亦非諦審之實是禾旁）至輔助伸君伸本作仲（馮云翁本伸案翁不作伸）君公車下脫令字蠡下衍一字（泐已）則皆重刻之謬也三代政易易本作易當亦重刻之訛建甯五年甯五二字全泐洪所見時當尙具存仲定有碑金石錄載之云碑載官閥甚詳又云定漢史無傳惟風俗通元和姓纂具載姓名官爵云呂長仲選碑陰署稱司徒掾

呂長官名碑陰又有呂長仲球定亦嘗爲彭城呂長呂蓋令之旅字

太尉楊震碑（萃編載卷十五列熹平初 十八行行廿八字）

降祉（祉作祉） 群英（群作郡） 襄城（城作成） 三邦（邦作邪）
黎萌（黎作黎） 孔昭（昭作照） 乃佃（他作伸） 嘉祉（祉作祉）
冏極（冏作囧）

右楊震碑首題云漢故太尉楊公神道碑銘文字殘缺首尾不完其可見而僅成文者云聖漢龍興神祇降祉乃生于公又云窮神知變與聖同符鴻漸衡門群英雲集又云貽我三魚以彰懿德又云大將軍辟

舉茂才除襄城令遷荆州刺史東萊涿郡太守又云
司徒太尉立朝正色恪勤竭忠其餘字存者多而不
復成文矣集古錄
震安帝時位至太尉碑在陝府閿鄉縣集古錄目
王氏從裦本錄入萃編者贋本也此整紙本亦是
翻刻攝其與隸釋合者校勘之神祇降祉祉歐作
祉蓋形近刊刻之訛然可證其字之不作祚也烇
郎旌字　又洪本楊憙王本同此本作喜與後漢書
同洪本又明尚書歐陽王本同此本作歐陽尚書洪
本公功乃伸此本作宏功王本同或重刊時所改動

或洪本之誤不可執一論也至此本易世不替隸
釋作替王本同翁氏云字原及宋本隸韵竝作替陳
熾此本作陳隸釋作陳王本同翁氏云洪氏急就章
作陳恐是據書改動未必隸釋之訛若額題碑銘
此作之碑伯起下洪缺廿二字此缺七字錫下洪
缺四字此缺二字則其據以翻刻者亦非原本可
知世又有雙鉤本者有晉府圖書印額亦作神道
之碑伯起下缺十二字錫下亦缺二字尚書歐陽
亦作歐陽尚書嫉作嫉構作搆公功亦作宏功不
替亦作替陳亦作陳其本莫知所由來亦未可指

爲原石歐公已云文字殘缺此碑宜無善本獨怪
世以燕石爲寶者輒自矜爲奇遇也王氏且猶不
免故錄而說之

司隸校尉魯峻碑陰熹平二年四月廿二日萃編載卷十五
內黃黃誤漢尹稜稜誤徒
峻爲司空王暘所舉靈帝紀建甯元年四月長樂衛
尉王暢爲司空八月司空王暢免碑敘在延熹七年
以前何也碑陰河內夏萅懿夯遠千河內無夏縣此
與楊孟文石門頌鼉漢彊同爲東漢二名之證平原
西平昌續漢志平原九城今本八城西平昌三字脫

在樂安國註中河閒阜城續漢志阜城屬安平國此
時猶屬河閒河東蒲坂作反魏郡黎陽作犂皆與續
漢志異平津續碑記
隸釋碑陽峻字仲嚴萃編嚴作巖以搨本校之字
已剝蝕就形模審之左旁似不能容姑識於此峻
葬於熹平二年四月庚子是月已卯朔庚子爲廿
二日

成都太守耿勳表熹平三年四月廿日萃編載卷十五
篆額題漢故武都太守耿君表九字
威不戮仁威威誤感熹平三年熹誤喜

此碑重鑿舛誤翁氏言之極詳此威字喜字不言今石作感喜諦審搨本威字實改作感王氏未辨正翁氏未注明熹字下實有灬形也

堂谿典嵩高請雨銘

高九寸五分前八行略高分許中有界道廣五尺四寸存十七行行五字字徑二寸許分書在登封開母石闕銘之下一層

□寺□五官中郎將隃陵堂谿典伯并熹
平四年來請雨嵩高廟　典大君諱協字季
度自為郡主簿作闕銘文後舉孝廉西鄂
長早終敘曰於惟我君明允廣淵學兼游

夏德配臧文殁而不朽實有立言其言惟
何□□□□　後有二行平曼

右漢堂谿典嵩高山石闕銘云中郎將堂谿典伯并熹平四年來請雨嵩高廟案後漢書靈帝紀熹平五年復崇高山名為嵩高山章懷太子注引前漢書武帝祀中嶽改嵩高為崇高東觀記曰使中郎將堂谿典請雨因上言改崇高復為嵩高今此銘乃熹平四年可以正漢史之誤又蔡邕傳注引先賢行狀云典字子度而延篤傳注又作季度今此碑乃云字伯并亦當以碑為正　金石錄

李雲龍云季度石闕即在啟母石闕下半刻銘處高七寸五分闊二尺三寸字徑一寸五分十一行行五字余案漢書蔡邕傳注先賢行狀堂谿典字子度潁川人為西鄂長官階相同似是典銘但首行諱雖糢糊並非典字延篤傳注或即指此為典字季度耶此銘志錄不載說嵩幾於無徵不搜迺於此獨遺何也　黃叔璥中州金石攷

右八分書十七行從來著錄皆所不載惟牛空山金石圖載其文自典大君諱協句起云刻於開母銘下南向謂之季度銘者是也予初得搨本亦止有後十

行既而讀趙氏金石錄堂谿典嵩高山石闕銘云云今見此搨本計文十六行者其前云□寺□五官中郎將□陵□□□□□熹平四□來請雨□高廟此五行之文髣髴可辨者正與趙氏金石錄相合然此搨本後十二行內明云字季度趙氏既引延篤傳注作季度而以此碑伯并為是則於碑後字季度之文何以默無一語以此而推則恐趙氏所見搨本止有前五行耶趙氏只見前五行而題曰堂谿典猶之牛氏止見後十二行而題曰季度銘耳然後十二行實承前文一貫觀其字季度上一行曰典大君諱協而

大君二字殆未能解若此二字明白則前後文皆明矣攷之後漢書延篤傳曰少從潁川唐谿典受左氏傳注先賢行狀曰典字季度爲西鄂長風俗通曰吳夫槩王奔楚封唐谿因以爲氏典爲五官中郎將唐與堂同也郡國志潁川郡有定陵隱陵今驗搨本陵上一字微露左直似是隱陵也郡國志潁川郡陽城有嵩高山劉昭注山海經謂爲太室之山帝王世紀曰陽城有啟母冢以此核之則碑所謂郡主簿者卽潁川郡主簿也潁川既與陽城合季度又與西鄂長合似乎此季度者卽是堂谿典矣然是銘請雨嵩高

及蔡邕傳與五官中郎將堂谿典等奏正定六經文字二事相合並在熹平四年而延篤終於永康元年其受業於典乃在少時且在其受業馬融之前況以此季度者自爲郡主簿時作闕銘文此開母闕銘造於延光二年下距熹平四年相去五十三歲之久且五官中郎將秩比二千石而先賢行狀及此銘皆僅言爲西鄂長不當舍其大官而專舉其微者合此數說則字季度爲西鄂長之一人恐未必是熹平書石經請雨嵩高之一人矣友人張石公欲讀大爲太謂典之先人諱協字季度此則於情事時代俱可通然

且無論先人無太君之稱而卽以後漢書注明引先賢行述典字季度又爲西鄂長又爲五官中郎將則又似非二人者此條實應闕疑者矣牛氏金石圖止稱季度銘者專就所見後段言之今既全得前文知其與趙氏所見無二雖典與季度名字尙待詳攷而是銘之爲堂谿典請雨嵩高時所勒則無疑者也故仍依趙氏題爲堂谿典嵩高山石闕銘云爾　牛氏摹本以典爲興以鄂爲鄂以早爲卑皆訛又景日昣說嵩云嵩山三石闕一題中嶽太室一題開母廟一題少室神道無題嵩高山者此祈雨銘詞或卽在廟

前石闕而封於苔蘚無可摹識歟抑別有闕石而時久隤敝歟景氏於嵩少石刻親爲手剔考之最詳而其言如此然則此刻見者信罕矣　趙氏金石錄云後漢書靈帝紀云云方綱案堂谿請雨嵩高雖在四年然必其降敕改號之儀成於五年故史書於五年耳安得據碑以駁史哉　詳味銘詞諱協字季度者爲郡主簿在舉孝廉之前及其舉孝廉爲西鄂長而早終則未嘗官中郎將無疑此必非堂谿典矣大君二字雖未詳其出處然此諱協字季度者必當是堂谿典之先人也又案鄭固碑云大男孟子有楊烏之

才年七歲而夭大君夫人所共哀也據此文以大君與夫人並言正是父母之稱當是漢時有此語耳顧不知後漢書延篤傳注何以有堂谿典字季度爲西鄂長之語若至熹平禱雨其人尚在則已在其門徒延篤歿後八九年矣又安得謂爲早終乎此亦當入兩漢刊誤補遺之一條也兩漢金石記

右堂谿典嵩高山石闕銘在登封縣開母廟石闕銘下趙明誠金石錄云中郎將堂谿典伯并熹平四年來請雨嵩高廟此銘前數行已泐尚隱隱可辨如趙之言典大君諱協字季度爲郡主簿作闕銘文後舉

孝廉西鄂長早終熹平四年典來請雨嵩高廟重泐此銘後漢書延篤傳注引先賢行狀典字季度爲西鄂長以協爲典恐由唐人徵引之誤靈帝紀熹平五年復崇高山爲嵩高山注東觀記曰使中郎將堂谿典請雨因上言改之典請雨在四年改名在五年平津讀碑記

後漢書延篤傳注引先賢行狀云堂谿典字季度爲西鄂長其字與官皆與銘同則此似爲典銘然竊考之傳記證以銘辭而知此不得爲堂谿典銘也何也趙明誠金石錄載堂谿典嵩高山石闕銘云中郎將堂谿典伯并則典自字伯并不爲季度世人容有二字然伯仲叔季乃人之行既爲伯必不得爲季一也東觀記熹平五年使中郎將堂谿典祈雨嵩高與明誠所載官同事同惟銘作四年爲小異蔡邕傳亦云與五官中郎將堂谿典等奏求正定六經則典曾官中郎將不得獨云西鄂長二也延篤傳少從堂谿典受左氏傳後從馬融受業計典能教授年當及壯而馬融之死在延熹九年其年黨事起篤坐禁錮自是又二十年爲光和六年而石經告成典得列名其後典於是時雖最少當已六十餘矣不得如此銘所云

之早終三也今案此銘首云典大君而諱字下闕則此人姓典亡其名而字季度非堂谿典明矣然則堂谿典既字伯并而先賢行狀何以云典字季度爲西鄂長也竊疑著先賢行述者亦知典有石闕在嵩高而此銘適出其地又首有典字遂不之察而誤以爲典銘因取之以箸書章懷不知又引以注史訛以傳訛謬乃甚爾非得此銘與趙氏之所載又何以辨其疑惑哉越縵金石文鈔

銘刻前後剝落舊搨本可辨者十六行今存銘文以下至其言惟凡八行共四十字明晰可辨前八行則

就吳玉搢金石存錄入伯并二字本趙氏金石錄足之非全文也後漢靈帝紀熹平五年四月復崇高山名爲嵩高山注前書武帝祠中岳改嵩高爲崇高東觀記曰使中郎將堂谿典請雨因上言改之名爲嵩高山改名在五年請雨在四年故尙稱崇高廟也典大君諱協字季度爲郡主簿作闕銘文後舉孝廉西鄂長早終熹平四年典來請雨重勒此銘後漢延篤傳云云以典與季度合爲一人乃先賢行述之誤季度名協爲西鄂長典字伯并爲五官中郎將是刻可證也西鄂後漢屬荆州南陽郡漢書地里志傿陵後

漢郡國志作隱陵並潁川郡風俗通本春秋左氏傳作堂谿應氏引作唐谿亦作棠谿姓纂十一唐引左傳吳王闔閭弟夫槩王奔楚爲棠谿氏漢書棠谿惠治公羊又五官中郎將棠谿典皆作棠今本左傳作棠漢書作唐不知姓纂何本也金石續編

隱陵左氏傳作鄢釋文引字林作隱漢書地理志作傿鄢正字傿借字隱通用字從邑從阜古多互淆史記魏世家倉唐漢書古今人表作堂淮南子唐牙莫之鼓也註云唐猶堂也此皆堂與唐通之證廣韻棠字註引風俗通棠楚邑大夫五尙爲之其後氏焉五尙卽昭二十年左傳之棠君尙也楚辭棠谿注利劍也廣雅作堂谿管子堂巫史記齊世家索隱引作棠詩有紀有堂白帖引作有杞有棠此皆堂與棠通之證廣韻棠字注吳王闔閭弟夫槩奔楚爲棠谿氏作棠者不獨姓纂也余初錄本僅後八行曩校金石續編彥聞云舊本可辨者十六行竊意前八行久無存矣因據石索所摹補自爲何三字癸酉夏有攜此新拓全本來者搨雖不精而官伯并熹典大君協字季度爲郡主作十五字尙是瞭然假使洗刷淨盡加工精搨之所見

當不止此正不必舊搨也首行以前畫象無字末行以後尙有三行僅一二筆蹤可辨爲郡主上右半似辛字頗疑是辟而箸錄家皆作自石本不顯仍以自字錄之請雨下石索及續編均作崇蓋以靈帝紀五年復嵩高名以意作崇俾與後漢書脗合耳然金石錄明載作嵩假使是崇德甫何由指漢史之誤邪先賢行述以典爲季度之誤諸家已言之趙琴士未見前五行亦未識協字并不推求大君二字之義乃謂典非堂谿典此人姓典亡其名而字季度武斷已甚且謂著先賢行述者亦知

典有石闕在嵩高而此銘適出其地又首有典字遂不之察而誤以爲典噫何其謬也著先賢行述者惟未見此銘故致舛誤假使見之則知典之爲伯并矣知季度爲典之大君而諱協矣唐人所見較諸趙氏所見自當明晰即僅見前五行或僅見典大君以下數行亦必不致以伯并季度爲一人也石索所摹與原石異并允二字尤爲顯著

劉梁殘碑萃編載卷十九

此銘云國之裔兮是劉姓也後漢書文苑傳劉梁字曼山一名岑文士傳作一名恭東平甯陽人也傳載梁所著

文皆本春秋經傳爲之又云除北新城長大作講舍延聚生徒數百人朝夕自往勸誡身執經卷儒化大行特召入拜尚書郎累遷後爲野王令未行光和中病卒孫楨亦以文才知名據此碑有云春秋博覽又云常百人合銘詞國之裔兮攷之知是劉梁碑也魏志註引文士傳云劉楨父梁以文學貴終野王令此父字蓋祖字之誤也其云終野王令與後漢書相合則此碑側云歲在辛酉是光和四年辛酉也嘉慶三年夏四月廿五日此碑出土其秋七月渭川秋盦往復札訂九月朔書此翁方綱識

案前跋既據國裔定爲劉君又依歲辛酉當屬安帝建光元年或靈帝光和四年據後漢書劉梁本傳梁字曼山一名岑文士傳作一名恭東平甯陽人也梁宗室子孫而少孤貧賣書於市以自資常疾世多利交以邪曲相黨迺著破羣論時之覽者以爲仲尼作春秋亂臣知懼今此論之作俗士豈不愧心其文不存又著辯和同之論其辭大略引春秋以諷世桓帝時舉孝廉除北新城長告縣人曰昔文翁在蜀道著巴漢庚桑瑣隷風移碨磥吾雖小宰猶有社稷苟赴期會理文墨豈本志乎迺更大作講舍延聚生徒數百人朝

夕自往勸誡身執經卷試策殿最儒化大行此邑至後猶稱其教焉特召入拜尚書郎累遷爲野王令未行光和中病卒孫楨亦以文才知名楨字公幹與北海孔融山陽王粲北海徐幹廣陵陳琳陳留阮瑀汝南應瑒齊名號鄴中七子魏志文帝爲五官將及平原侯植皆好文學故七人並見友善幹爲司空軍謀祭酒掾屬五官將文學後以不敬被刑刑竟署吏幹琳瑒楨二十二年卒碑中所載類似梁事梁於光和中病卒其梁之遺碑歟安陽金石志

此即劉君殘碑二石也萃編未攷人名時代今據

翁氏跋移次光和四年碑於嘉慶初出土兩漢金
石記刊於乾隆五十四年未及收錄是跋從墨蹟
錄之尚有七古一篇嘉慶六年題款二行皆爲渭
川作也

三公之碑

高五尺八寸廣三尺四寸廿四行行四十字字徑一寸二三分額高一尺七寸五分廣一尺四寸七分一行陽文題三公之碑四字字徑四寸六分左旁題封龍君三字右旁題靈山君三字字徑二寸五分並分書在元氏縣城角兒村

□□分氣建立(乾)川乾爲物父川爲物母
運生六子(八)卦爲至昆主爲山□造風雨

天有九郡地有八(埊)
才天地通精神明列
序州有九山北曰成主北嶽之山連井陘
阻上爲(衛)首舍(寺)陰寶南鄰三公厥(曲)體
嵩厚峻極于天泉足(帝)□二郡宗祀之奉
□神
月公嘉佑□無形兆觸石(出)雲不崇而雨
除民氛厲莫不禎祉德配五岳王公所緒
(四)時珪璧月醮酒脯明公降靈惟德□輔
士宦得志列爲羣后或在王室輔(翼)聖主
(颶)雨時降和其寒暑年豐歲稔不我稷黍

倉(府)既(盈)以穀士女匪傷得進陳其泉俎
黃龍白(虎)伏在山所禽獸碩(大)億兩爲耦
草木暢茂巨仞不數而民知禁順時而取
皆受德化非性能者顧
明公垂恩网極保(我)國君羣黎百姓永受
元恩
光和四年歲在辛酉四月□(亥)朔二日甲
子元氏左尉上郡白土樊瑋字子(義)瑋以
(要)荒戎陵側陋出從幽谷遷于喬木得在
中州尸素食祿當以弱劣歸于邦族

明(公)(穿中)□謹得以□足(姦)耶進(竄)道無拾
遺消扞□難路無怨(薦)得應廉選貢(名)王
室靈(祗)福祉施之典(穿中)(冊)於是感恩□□
立銘勒石乃作頌曰
(嚴)(穿中)儼明公民所(瞻)于山谷窮窕石巖巖
于高倉□□侯羣神于興雲致雨除民患
于(長)吏肅恭得(穿中)(權)之于四時奉祀黍稷
(陳)于犧用握尺見具(全)于百姓家(給)國富
殷于仁愛下下民(附)親于遐邇攜負來若
雲于或有薪采投輻檀于或有□鬼阻出

□兮或有□□□□秐兮或有隱遁辟語
言兮或有恬惔養晧然兮或有呼吸求長
存兮跂行喙息皆□恩兮□佑樊瑋出苦
還兮封食邑傳子孫兮刻石紀德示後
昆兮永永不幣億載年兮
舉將南陽冠軍君姓馮諱巡字季祖受脩
六經之要析民離□出陋受命北征爲民
父母攘去寇殆戎用无□姦宄越竟民移
俗改恭肅神祇敬而不怠皇靈□佑風雨
時節農夫執耜或耘或芓童妾壺饁敬而

賓之稼穡穰穰穀至兩錢籿粟如火咸褒
仁心　君姿前哲喬札季文馬廄糧秀不
爲苛煩隱俗陵遲訓咨□□山無隱士藪
無逸民褱遠以德慕化如雲百姓歐歌得
我惠君功參周邵受祿于天長履景福子
子孫孫
時長史甘陵甘陵夏方字伯陽　令京兆
新豐王翊字元輔　丞河南陽武李部字
公興
石師劉元存

碑側四行行七字分書
處士旂子孟□狠
處士□□耿君舉
處士河□□元士
□□□□□□□

右漢北嶽碑文字殘滅尤甚莫詳其所載何事第其隱隱可見者有光和四年以此知爲漢碑爾其文斷續不可次敘蓋多言圭幣牲酒黍稷豐穰等事似是禱賽之文其後有二人姓名偶可見云南陽冠軍馮巡字季祖甘陵夏方字伯陽其餘則莫可考矣集古錄跋尾

漢北嶽碑隸書不著書撰人名字文字磨滅不可悉考其中有稱光和四年元氏左尉上郡瑋者其意若被選舉而立此銘以報神貺集古錄目

右漢三公碑歐陽公集古錄有北嶽碑云文字殘闕尤甚其可見者曰光和四年以此知爲漢碑爾其文多言圭幣牲酒黍稷豐穰等事其後二人姓名偶可見云南陽冠軍馮巡字季祖甘陵夏方字伯陽余嘗託人於北嶽訪求前代刻石幾盡獨無漢碑今此碑所書事及二人姓名與集古錄所載皆同又光和四

年立惟其額題云三公之碑而集古錄以爲北嶽碑豈歐陽公未嘗見其額乎三公者山名其事亦載於白石神君與無極山碑三山皆在真定元氏云金石錄

右三公之碑隸額兩旁又有封龍君靈山君六隸字頗大郡國志常山國元氏註云有石塞三公塞所謂三公塞即此山也石塞即白石山也白石碑云縣界有六名山三公封龍靈山先得法食无極山碑載光和詔書出元氏縣錢給三公山四時祠具又云三公山與龍靈山無極山共興雲雨蓋封龍與靈山是兩山之名揭其神於額之旁者即是配食三公之祠故

碑中有鼎足之文也頌云儼儼明公民所瞻分碑云願明公垂恩罔極保我國君蓋以明公稱山之神而謂國相爲國君也此碑光和四年左尉樊子義立頌末有樊君徵福之句而讚美舉將馮巡幾二百言馮君乃常山相也頃者先公太師以使事爲北方所留紹興癸亥年政地王次翁使至燕先公高垣墉與驛中人語爲覘者所得賴副留守高吉祥之力脫縲紲而歸予之出疆也高之子嗣先相廷勞以先世之故並轡殊從容嘗諉其訪尋中原古刻云北人所不好市无粥碑者及道過真定顧瞻名山三歎而已碑以仞爲牣犂爲黎叔爲菽秀爲莠遅爲遲歐爲謳鼎即鼎字桼即黍字殈即凶字芓即秄字壷即壺字褱即懷字隸釋

集古錄目云在定州金石錄云在真定元氏定州與元氏今屬真定府定州漢爲中山國集古誤也隸辨

右碑有碑額及側額一行四字陽文右旁有封龍君三字左旁有靈山君三字並陰文有穿在碑文十一十二十三十四行首一字下第五格上故近穿之字半多漫漶惟十三行多空一格蓋以儼字筆畫較多近穿之格迫狹難容故也碑在元氏縣城角兒村八

都神壇河朔訪古記云元氏縣西故城西門外八都神壇亦有三公山碑一通漢光和四年常山相馮巡所立案碑爲樊瑋所立此云馮巡立誤此碑是也陳思寶刻叢編有漢八都神壇廟碑引訪碑錄云在元氏縣西北二十里廟壇上光和四年立今八都神壇碑不可見而此碑巍然獨存丁酉之夏予始訪得此碑於神壇故址遺工椎搨以歸釋其文則與洪氏隸釋所載光和三公碑無異其碑側又爲歐趙洪諸公所未見洵至寶也蓋此碑自洪氏著錄後六百數十年間金石家不復著錄以爲久絕人間乃一旦得之荒村窮谷之中

字跡完好如故不爲風雨所剝蝕樵牧所磨礪殆有鬼神呵護而然者乎抑以文字精靈與嗜古者心營目想之苦志感會而使然與因以隸釋與搨本校之始知洪氏所據之本尙非精搨而畢伯所釋亦多舛誤如運生六子下乃八卦爲圭四字八卦圭三字尙隱隱可辨而洪註爲缺又艮圭爲山圭字筆畫甚明而洪釋爲土風上一字乃是造字而洪註爲缺又天有九部地有八柱乃用河圖括地象及淮南墬形訓天有九部八紀地有九州八柱語而洪釋柱爲極今柱字右旁雖泐諦視之知非極字且柱與雨字序字

皆韻極字則不諧矣又天地通精神明列序洪精字缺而釋列爲別誤二語亦本河圖初學記地部引通精作精通蓋傳寫之誤也又北□成土洪釋北爲邱案河圖括地象後漢書張衡傳註引北方元州曰成土碑正用此語北字下所泐之字非爲郎曰耳且與土下北字筆畫無異其非邱字可知又北嶽之山連井陘阻洪嶽字連字陘字皆缺而釋井爲井蓋恆山爲北嶽井陘爲太行八陘之一此言恆山連井陘耳下文南號三公亦謂三公山在恆山之南也又鼎足下乃而字洪釋帝字明公嘉祐洪缺明字觸石出雲洪缺出字

除民氛厲洪釋除爲陰釋厲爲廓又缺民字皆誤又莫不下洪缺二字今諦視之第二字是祉字第一字似是禎字又明公降靈洪缺明字此句下洪缺六字今諦視之第二是德字第四是輔字第一字尙存惟字之半則第三當是是字蓋言惟德是輔也第五是士字第六是宦字士宦卽仕宦列爲羣后洪缺爲字或在王室洪誤作王庭又士女下洪缺二字乃髦儁二字甚明禽獸下洪缺二字蓋碩大也又而民知禁洪釋而爲下永受元恩洪缺永字瑋□要荒洪缺荒字又僊於喬本古僊遷通字三老袁君碑僊脩城之

鄉義作遷見漢隸字源洪竟作遷字誤當以弱劣歸於邦族當劣邦三字洪皆缺又族下無缺字而洪註曰缺明下乃公字當穿故僅存其半譙上一字不可辨洪云明下譙上共缺一字誤也又得以□足洪缺得字□耶迸竄洪缺迸竄二字又誤釋耶爲聽耶上一字已泐微辨之左旁下半見一女字當是姦字洪誤釋爲觀字姦邪迸竄則道無拾遺可以文義求之也又施之典冊洪缺典字山谷窈窕洪缺谷字得懽心兮洪缺得懽二字黍稷陳兮洪缺陳字犧用握尺洪缺犧握尺三字或有恬惔蓋假惔爲淡而字實從

心不從水洪竟作淡字誤永永不幣洪缺幣字析□□□之下一字洪釋作歷此字左旁從阝此不敢遽定爲某字而決非歷字又農夫執耜洪缺夫字穀至兩錢洪缺兩字馬餼稂秀洪缺餼字而誤釋馬爲篤秀即莠字魯語馬餼不過稂莠碑正用此訓咨□□洪缺訓字且以爲咨上缺二字咨下缺一字皆誤褭遠以德洪誤釋遠爲道下句當是慕化如雲諦視尙可辨洪釋化爲此又缺二字皆誤河南陽武李邵洪缺南陽邵三字案碑南字稍泐陽字尙可辨邵字右旁阝字分明白石神君碑相馮巡令王翊左尉樊瑋

丞李邵皆與此碑相同則此爲邵字無疑凡此皆足以補洪氏所未見糾隸釋之訛者也其洪氏本有而今已缺泐者則據隸釋補之三公山即續漢郡國志之三公塞已見前碑跋又封龍山在縣西北五十里靈山在縣西三十里即白石神君碑所云縣界六名山之三洪氏謂揭其神於額之旁者即是配食三公之祠碑云光和四年歲在辛酉四月□亥朔二日甲子案後漢書孝靈本紀云光和四年夏四月庚子大赦天下通鑑同如四月內有庚子則二日不得爲甲子攷通鑑目錄是年三月癸巳朔則四月朔是癸亥與碑正合范書通鑑之作庚子當是庚午之誤碑云元氏左尉上郡白土樊瑋案續漢書百官志云尉大縣二人小縣一人劉昭引應劭漢官云大縣丞左右尉所謂命卿三人又云雒陽令秩千石丞三人四百石孝廉左尉四百石孝廉右尉四百石蓋元氏爲常山相治倚郭大縣故置左右尉瑋又馮君所舉孝廉故得爲孝廉左尉也白土爲上郡屬縣亦見郡國志碑以仅爲奴黎爲犁叔爲菽泥爲遲歐爲謳皆見隸釋又以嵩厚爲崇厚晧然爲浩然訓咨爲疇咨則洪氏所未舉者嵩卽崇之假借字漢碑每以嵩爲崇後

人分爲二字誤矣厥體嵩厚四字爲句而厥字之下體字之上旁書一小曲字不解其故蓋當時書碑者書一體字未成復書一體字耳始悟張遷表爰既且於君以暨字分爲二字殊無足怪亭林顧氏疑爲好事者摹刻錢少詹又解爲後有興者且於君非暨字之誤皆不知古人書丹每多誤筆故爲此膠柱之論亖逢銘勒華山乃令郭香察書有以哉　碑側題名可辨者十五字所子乃常山屬縣第三行處士下似河字後漢郡邑有河南河內河陽河閒未知孰是東漢禁二名□卿君舉元士蓋皆其人之字耳常山貞石志

右三公之碑常山貞石志摹錄其文并以隸釋對勘而詳述之顧譌闕尚不乏也艮土爲山洪氏不誤土作亦與下成亦白亦字同沈乃釋爲主字殊誤地有八下沈以爲柱石已泐闕之此行末空一格不書漢碑下恆有之北曰成土沈缺曰字諦審之形模具在鼎足下一字洪作帝沈作而今此字上半泐存一畫下半兩字則甚明顯似非而字竊疑是蕭卽策字然未敢定也仍從洪氏補注之之奉□神沈缺神字□無形兆沈釋無作爲士宦摹作宦億兩摹作億均誤見具全分具下當是牷字

或有□鬼鬼字尚可辨析瓦離□之陋第二字似甄離陋二字尚分明姦下當是宄上半宀頭具在沈氏皆未審出樊瑋以得應選舉歸功神佑鄙矣漢俗醕樸迺亦有是陋習名位可邀決無是理然如瑋者亦衆矣碑以仞爲牣隸辨云孟子於牣魚躍孫奭音義云牣丁本作仞史記殷本紀充仞宮室司馬相如傳充仞其中者不可勝紀牣皆作仞又史記司馬相如傳虛宮觀而勿仞正義云仞滿也文選上林賦郭註同蓋亦牣字犂爲黎案陳球劉寬碑衡峻張表碑陰黎陽靈臺碑造橋碑犂元

修華嶽碑犂民皆卽黎字隸辨云書泰誓播棄犂老左傳犂爲祝融黎皆作犂又案左傳犂彌史記作黎鉏左傳郳犂來公羊穀梁皆作黎亦犂黎可通之證叔爲菽隸辨云詩豳風七月亨葵及菽釋文云本亦作叔禮檀弓啜菽飲水釋文云或作叔漢書昭帝紀得以叔粟當賦師古云叔豆也又案詩采菽序釋文云本亦作叔詩生民荏菽禮檀弓啜菽左傳定元年殺菽釋文本俱作叔云或作菽莊子列禦寇食以芻叔釋文云叔大豆也菽本作尗伯叔字亦當用尗尗粟作叔與伯尗作叔正同

秀爲莠詩出其東門箋荼茅秀也釋文云秀本作莠是莠秀可通也迡爲遲隸辨云說文遲或從𡰥玉篇𡰥古文夷字𡰥與迡相似因譌從尼書盤庚遲任有言曰古文尚書作迡任李翊碑棲迡不就遲亦作迡芓卽秄字隸辨云漢書食貨志或芸或芓詩小雅作耔周禮甸師註王一耕而使庶人芸芓耔亦作芓案說文作秄褱卽懷字案北海相景君銘驚慟傷褱曹全碑人褱不安漢書許后傳褱誠秉忠字皆作褱一切經音義引三蒼云褱孕古文懷孕字漢書外戚傳集註云褱古懷字此洪氏

所已舉者以僊爲遷沈氏以袁良碑證之案隸辨云釋名仙遷也漢書王莽傳立安爲新遷王服虔曰遷音仙師古曰遷猶仙耳不勞假借仙與遷音義相通仙本作僊故以僊爲遷魏元丕碑僊去仕晉尹宙碑支判汖僊皆同以惔爲淡案老子恬澹爲上釋文澹本作惔列子註以恬惔爲上者釋文惔本作淡文選長楊賦澹泊爲德註澹泊與憺怕同子虛賦憺乎自持盧子諒時興詩澹乎至人心註並云憺與澹同憺惔澹淡音義皆同耳此沈氏所舉者晧然卽浩然字原云義作浩隸辨云史記河渠書晧晧旰旰兮閭殫爲河晧與浩同不幣卽不獘案孔宙碑□□彫幣隸釋云以幣爲獘隸辨云幣古通獘急就章帗獘囊橐不直錢王應麟曰獘碑本作幣又莊子則陽搏弊而扶翼釋文云弊郭作幣姿義作資釋名姿資也資取也音義可通郜卽喆古哲字喬札卽僑字議郎元賓碑有喬宰鄭隸釋云卽國僑也與此正同又後漢陳寵傳呂覽下賢註公孫僑皆作喬　碑側搨本遺失據常山貞石志補之

八瓊室金石補正卷五終

八瓊室金石補正卷六

太倉陸增祥撰　男　繼煇校錄
吳興劉承幹覆校

漢五

溧陽長潘乾校官碑光和四年十月廿一日萃編載卷十七

有天𤽄德字闕從位既重重誤作里孔武赳著著誤作萶

碑云□此龜艾遂尹三梁龜謂印紐艾謂青綬續漢志進賢冠公侯三梁中二千石以下至博士兩梁故此碑以三梁爲頌禱之祠靈帝紀光和四年九月庚寅朔碑云十月已丑朔是年閏九月小故十月已丑朔兩漢金石記謂是閏十月已丑朔者誤也有天□德之絶操諦視天下是從字翁王亦未舉平津讀碑記天從以從爲縱此字不甚明顯而形模具在洪筠軒所言不誤既重赳著與隸釋同萃編書重作里郎里字諠不可通書著作著字不可識然石有勠文却似里萶矣又其誄之畀下從丌今書作廾則成畀子之畀不賁自畢之賁上未出頭或刋刻之誤也又南霍之禋萃編蓋據畢禧釋文定之翁氏易禋爲神諦審之禋字雖未的確然決非神字十月已丑朔翁以爲閏十月洪氏非之案通鑑目

錄是年閏十月巳丑朔翁似不誤然靈帝紀於九
月庚寅朔之後書閏月辛酉書冬十月是辛酉爲
閏九月二日也若十月置閏不得有辛酉矣翁殆
承溫公之誤耳

涼州刺史魏元丕碑

連額高七尺三寸文十六行行存廿八字字徑一寸五六分題名四行行四截行字不一篆額二行在穿上題漢故涼州刺史魏君之碑十字陽文石久亡

君諱□字元丕古北□牙者尉之下缺四字十
有畢萬者僕去仕晉建勛封魏秦缺八字逝
下缺六字良爰暨于君稟乾坤之純懿履轥奚

之缺五字豐類□聖喆下缺三字苙宮允執叜恭
其仕州郡也躬素忠謇犯而勿欺兼綜寬
法通識百典□察孝廉除郎中尚書侍
郎右丞遭泰夫人憂服闋還臺拜尚書侍
郎東總廷祔續特拜左丞安在選舉遜
讓匪石鑽前忽後遂祂思舊章尋徹貫□
樞衡匡弼九年而內衛西羌放動餘類
未輯詶咨羣寮惟德是與拜涼州流呂
遙邪志樂季文粟帛之介公儀徹織庖園
之節崇文德呂來遠斑□下蘇戊實服

干戈戢藏施舍弗券求善不猒舉不先選
官不易方百工惟有優洋洋矣乎若德
光燿冠乎諸牧臺四時之序功成則還君
屢辭以疾無窮而爰式度不可革幣帛
其繼而眉耆不往祖疾來升春秋六十先
和民失慈父四海之內莫匪摧傷於是
故吏茂才雲中大守漢陽□曹從事威
牧炎等不逮萬里斷制禳裳感恩齊哀乃
與門生平原督鉥□□山□
於獻使君既膺淑德貢蹋帝宇入參文昌

出化西土仁義充衍澤洽□□德世記
其軌辭疾輕居棄榮潛處不卒彬宿究是
台輔三方失□不□黯祖落不留歸禹
二書之應臻于巳丑辰五盈虧猶有代序
□□88后土光缺空一行後
尚書令宏農宜陽周嘉英
故并州刺史伯柳無高
故豫州刺史朱虛良袁公遷
故東華大守梁國碭陳缺右上截
樂浪大守勉驚述元十

議郎河南鞏王遷元允
海陽令逢牧□左伯
□□令沛國公邱㒼龍𢓊興右弟二列
薄令劉皇循恭義
縢東令東萊黄李
上闕不知幾字仲真□□
上闕不知幾字齊右弟三列
尚書郎番禺軌上
故廣宗長渻于孫典禮
故孝廉劉徵□景右弟四列後行闕

右漢涼州刺史魏君碑文字殘闕族系名字皆不可考其粗可見者察孝廉除郎中尚書侍郎右丞卒於光和四年而其額題涼州刺史魏君碑云金石錄

右漢故涼州刺史魏君之碑篆額碑損其名有其字曰元丕在朝爲郎中尚書侍郎左右丞出刺涼州以靈帝光和四年卒故吏雲中守門生曹君共立此碑碑有京兆牙都尉五字而缺其一蓋安帝所置虎牙都尉也范蔚宗避其父諱後漢書無泰字郭林宗鄭公業之名皆易之漢人書廟號如太宗官名如太尉太常太守太中地名如太原太陽之類皆作大泰山亦作大此碑載魏君之母卻作泰夫人其用字故相反如此其閒弗倦作弗券夷戎作彝戎它碑所未嘗用者又以訓咨羣寮爲疇咨羣寮齊芾其縱爲蔽芾其蹤𧧼印彝字隸釋

魏元丕碑篆額二行文十六行石已斷剝所存者行三十一字題名四行行四人直行者有線道隸續

涼州刺史魏元丕碑光和四年立在濰州漢隸字原

右漢故涼州刺史魏君之碑𥽄冊凡九葉存四百九十六字以較洪氏隸釋所錄者少其二十五字多其八字尋徽貫下洪氏有能字拜涼下有州刺史三字百工下有惟時二字君屢辭吕下有疾三二字

光下有和四二字替𡙇下有等字山下有石字光下有爓字鷟下有迷字涫于下有孫典禮三字㒼嚴下有景故部司河南張脩八字又今見揭本内泰下逝字輶奚之下𡻕類二字百典下察字三方失下不字二書下之字春秋下六字番一尋下軌字皆洪錄所無又洪所錄眉耇不往下作溫一本旁注溫字今驗石本是徂字從事威下洪作較今驗石本是敢凡補洪氏所無者八字又改正二字也𥽄冊藏歷城郭敏磐家云得於泰安趙相國家者額陰俱完而紙墨漫漶模糊字字在雲霧中矣先是曲阜桂未谷於歷城見此本寓書告予云其家不肯輕出示人既而未谷就其家抄寫搨文寄予審定又踰月而孔葒谷書來云黄小松寄是冊屬予作跋旣幸獲覩舊搨并釋定其文如右　未谷跋云碑云僊去仕晉僊郎

遷字平原曹鮇鮇卽說文稈字也碑云西羌放動餘類未輯拜涼州刺史又云蠢戎賓服干戈戢臧案後漢書桓帝紀延熹四年先零沈氐羌與諸種羌寇并涼二州又段熲傳熲被徵下獄朝廷知爲涼州刺史郭閎所誣詔問其狀事屬延熹四年碑言訓咨羣寮惟德是與蓋元丕繼閎爲刺史當在延熹四年以後後乃辭疾家居卒於光和四年也　鮇卽穆字非鮇也隸釋板本訛作鮇耳券勞也從力卷省聲鄭康成曰券今倦字漢碑皆以券爲倦至於契券券從刀與此不同也券爲怠倦之倦乃其本字無煩釋訓　隸

續云題名四行行四人洪不言陰是題名卽在正面非碑陰也今搨本略可見者十三人又微露一二筆如糸旁者洪所未及耳周龍幼興下一齊字當亦另是一人　孫退谷庚子銷夏記載是碑作涼州刺史魏純碑云從故內得之斷闕已甚案金石錄云族系名字皆不可攷退谷旣云斷闕已甚不知何從而得其名曰純也祥案隸釋亦云碑損其名　張石公舍人跋云覃谿所釋外子又補釋者春秋□十是六字究分台輔是分字不是字周嘉彥英下接樂浪太守非并州刺史並未翦斷可辨也予案春秋六十確是六字已補

寫入所核字數內矣至于究是台輔確是是字舍人誤看耳若周嘉彥英下其紙直連樂浪太守蓋洪氏所書題名皆是案原石橫列書之先上列而後次列可據以爲著錄之定式而非舍人之言亦莫吾發也

是碑朴實蒼勁微似張遷碑而加之流逸又間出以參差錯落之致漢隸能品也後題名四行則有類韓勑碑而又有開唐隸處兩漢金石記

隸續云行卌一字此本行存廿六字以隸釋較之洪本元丕下有京兆牙都四字此本紙已破損不存京都二字亦僅存半矣君諱諱字通識百典典

字除郎中尚書侍郎除侍郎三字服闋還臺臺字秉緦緦字每在選舉選字遜讓匪石讓字涼州州字蠢戎賓服蠢戎服三字蠢上下字百工下惟字優上有字屢辭下吕疾二字光下和字漢陽下□胄從事三字曹鮇下等字澤洽澤字不□黯黯字已丑已字題名內鸞迷迷字恭下義字滔于下孫典禮三字彪嚴嚴字嚴下景字均經泐蝕據洪補注之凡卌五字洪所闕者弟二行逝字秦下九字弟三行謚字轄奚之下弟六字弟四行孝廉上察字金石錄有弟十六行工書下之字題名弟二列沛國下公邸二

字弟三列黃下李字弟四列沓尋下軌字凡補八字又建勛封魏建字上半剝泐翁釋爲建是也隸釋作逢祔績科字隸釋作禾旁徂疾徂字隸釋作温威牧牧字隸釋作較曹鉌鉌字隸釋作鉌三方失□隸釋失作共皆寫刊之譌題名內齊字在弟三列弟四行末隸釋系於弟二列幼興之下翁所見標本亦卽依洪本次之蓋誤也所當訂正至弟三行錙類類字十一行六十六字此本已泐則據翁本補注之若洪錄弟六行末能字七行末刺史二字九行末時字十行末三字十一行末四字十二行末石字十六行末燿字則皆在廿六字之下題名末故部司河南張循七字當在弟四列末行今已全闕不復補注又遜讓匪石諦審之似是后字較勝於石姑從洪本作石仍附識之以備考核　庚辰三月從書賈購得漢碑整本五紙此及魏元丕夏承楊著楊震惟此可貴餘均翻本翁蘇齋據錄入兩漢金石記者卽黃小松所稱宋搨者也翁云漫漶模糊字字在雲霧中而此本精采完足確是原石無疑黃本裝潢成冊而此本未經翦截更爲難得公卽二字及黃李李字皆翁所未見也碑文闕處有覃谿鑑藏一印

蓋金石記刊行後所得耳文云履鞧奚之□□鞧奚未解趙氏洪氏均未言及翁氏亦不言之公卽屬沛見兩漢地志餘類未輯輯卽輯字乃阮氏經籍纂詁引作餘類不輯云䩻作輯朱氏說文通訓定聲遂謂輯卽鞧字借鞧爲揖何歧異也恐審未的耳

楊㦿甎文

搨本高四寸五分廣三寸三分二行行四字字徑一寸四分篆書

光和四年故民楊㦿

文曰光和四年故民楊㦿楊字作反文㦿與格同漢靈帝時物藏子家錢繹識

白石神君碑陰

額上四行下兩列皆分書又後人附刻一列正書行字不一

務城神君錢二萬　李女神義錢三萬

礁石神君義錢二萬　辟神君義錢一萬

以上額陰

主簿□□晉術道　主簿郝幼幼高　主

薄郝尚文休　主薄寇淵孔先　主簿王

合元先　主簿阝丕文業　祭酒□礼孝

仁　祭酒范日孔周　祭酒張廣德林

祭酒郭稚子碧　祭酒郭挈仲業　都督
趙略孔達以上第一列十二行　主簿郝明孔休　主簿
主簿杜斐元達　主簿馬靖文□　主簿李斐
韓南儒伯　主簿□觀泰宏　主簿郜志元恪
裕宗　主簿□當季元
　主簿張斐休武　祭酒陳光長林　主
簿□由季儒以上第二列十一行
　重修都翁記
都惟張郁絡　賈吉張信　穢進穢表
任方　吳方　裴順　劉讓

張文男張用叉一貫爲都三伯　共計一十口
李方　劉演　栁榮　康誠
　王吉　王吉　董秀　李甯
杜旦　史秘　李新　安榮
么羣　么斌　么璘　么隆　么言
　□□　孫顯　李玉　張清
趙征　□□　張能　李謙　任鐸此後空一行
左村蘇家庄都唯郍頭蘇琮男蘇誠蘇隆
孫五人婆婦伍个并長敘共十八口此後空二行
　廣化寺主

□僧惠具叉伍伯
唯郍頭張志　穢王　穢正
　馮踌　安秀　穢順　穢則此後空三行許
東庄此二字較大　李元成政　成諫　李能
李元　成和　么隆　麻新　李巳
李海　李潤　成昌以上第三列十九行
真定府石匠谷亮并檀鄉記此行在碑末提行真字與第一列趙字齊
　碑陰正文十二行行二列其首行止上列無下列碑
陰上方別起四行爲一列也其下半別有楷書人名
則後人所題其云都者河朔訪古記云縣西有八都

神壇八都者總望八山而祭于此當即此都字之義
而其書則廟令之徒爲之爾務城磃石蓋皆地名務
疑即嵍字巏嵍山名音權髦在栢鄉縣南兩漢金石記
右題名有務城神君李女神磃石神君璧神君名號
翁氏兩漢金石記謂務城磃石皆地名非也此皆山
名稱神君猶白石山之稱白石神君葉九來金石錄
補謂連類而及者是也務城翁氏謂疑即嵍字巏嵍
山名音權髦在栢鄉縣南攷權嵍山即今唐山縣西
北八里之宣務山一名巏嵍山此務城疑即元氏山
名當與巏嵍無涉李女磃石璧皆無攷案元氏縣志

縣西北三十里有九女山山九峰排列故名李女未
知即九女之一否磚集韻同碝說文碝石次玉者从
石耎聲漢書司馬相如傳碝石碔砆注云石白者如
冰半有赤色山名磚石當因所產得名至其所在則
不可攷矣弟二截題名末一人列銜署都督攷續書
百官志郡縣屬吏無都督之職此可補漢制之缺末
截題名無年月左方有一行提寫真定府石匠云云
攷恒州之改爲真定府始於唐建中三年王武俊之
僭號爲王踰年而復革府名至後唐建北都於恒州
升州爲真定府晉爲恒州漢曰鎮州復爲真定府周
又爲鎮州宋曰真定府金因之元曰真定路據此則
此段題名當是唐以後人手筆弟一行題重修都翁
記四行有張又男張用錢一貫爲都三伯都翁及都
三伯皆不可解翁氏據河朔訪古記八都者總望八
都而祭於此謂即此都字之義恐亦未確又弟二行
都惟張郁緒當是都惟郁張緒張郁二字倒寫此外
又有稱都唯郁頭唯郁頭魏書釋老志若爲三寶巡
民教化者在外齋州鎮維那文移在臺者齋都維那
等印牒然後聽行違者加罪翻譯名義集維是剛維
華言也那是梵語譯爲知事又隋書百官志後齊制

昭元寺掌諸佛教置大統一人統一人都維那三人
唐六典每寺皆置都維那一人綱統衆事即今之僧
官然北朝唐宋諸石刻稱都維那維那者不盡僧人
大都里中豪右倡率鄉愚修造祠廟者爲之左村蘇
家庄兩漢金石記誤作左付案元氏縣志城西北王
村社有北左村南左社有南左村齊范社有蘇莊三
社皆犬牙相錯所云左村蘇家莊即此又題名中有
幺姓者六人元和姓纂通志氏族畧皆無此姓可補
姓氏書之缺常山貞石志
正碑載萃編卷十七遺其陰補錄之兩漢金石記
所載末截題名有闕譌常山貞石志補正之其真
定府石匠云云一行翁氏所未見而又誤蘇亥之
亥爲吉蘇家庄之庄爲圭則沈氏未舉及也至成
和之和字甚明顯翁沈均未審出或搨本偶模糊
耳欲見篇海云音閤會合也併也集也此云長欲
莫曉何謂欲疑腳字之俗如今所稱長工腳夫者
要亦俚俗之語蜉篇海云與躳同身端也又云音
譜人名字彙補音淨人名宋有劉蜉案疑即竫之
俗幺氏見萬姓統譜云見姓苑幺謙湯陰人幺桓
真定府定州人是真定舊有幺姓無著名於世之

八故姓氏書漏之至明代始列諱桓名也又沈氏謂郡縣屬吏無都督之職此可補漢制之缺案都督之名不見於官志不特郡縣屬吏無是職也亦不獨後書無是名也沈約宋書云持節都督無定員前漢遣使始有持節光武建武初始權置督軍御史事竟罷然則此所謂都督者當卽是督軍之稱趙略曾爲此職故以都督署銜未必是郡縣屬官也杜氏通典云建安中魏武爲相始遣大將軍督之而袁紹分沮授所統爲三都督都督之名肇始於此後光和六年且二十餘載何以有是稱也

碑陰字題與前碑無二又非後代續刻者殊不可解識之以俟博聞上第一列弟四行丞當是基以字文業故知之然已漫滅矣

尉氏令鄭季宣碑 中平二年四月 萃編載卷十七

神人協 缺神人二字

此碑宋時已殘缺隸續所錄僅二百六十八字碑陰二百九十二字兩漢金石記舊搨本可見者四十八字碑陰九十一字此本可見者三十一字碑陰七十七字協上神人二字甚明金石萃編摹本反闕之翁氏又不著協字何也 平津讀碑記

近數十年此碑每不搨全殘泐亦復更甚余先後收得六七本惟一本稍舊可見者止廿餘字而神人二字御極顯露協字則半泐矣又萃編亐斯之亐作弓賊雲會之賊作賦興旄之旄作施皆以形似而譌五典之典作典石本已泐未知誤否

小黃門譙敏碑

裝本高廣行字無攷字徑二寸餘分書額未見

君諱敏字漢達鄱君之中子童君之弟郎中君之昆也其先故國師譙贛深明典隩讖錄圖緯能精微天意傳道與京君明君

丞厥後不黍其美纫而好學才略聰叡詩書是綜言合雅謨慮中聖權既仕在公忠允篤誠𠇍亶佐主帥下惟納肅將王命振之亐外羣寮有司各敬爾儀君爾時虔世引已倍權守靜徹究韜光韞玉𠇍遠悔咎恥與鄰人羼竝枱驅識眞之本謂君爲銛左笞甯武當亨南山難者之禱昊天不惠降𦿇殉疾年五十有七𠇍中平二年三月九日戊寅卒嗚嘑哀哉國喪良佐家隕棟梁遐邇啚悼士女哀懷寮友親燃莫不失

贊泣涕雙流於是立表寫憤斯銘傳于罔
極其辭曰於穆使君盛德炤明爰惟鬱葉
師由舊章文武彬或柔而能剛屈道從政
令名顯揚臣多醜直是用遜讓且呂毓姿
優遊呈京曷儒譴羅景命不長屋棟廎覆
君其喪亡如何如何吁嗟昊蒼身沒名存
永世遺芳

中平四年七月十八日癸卯造

右漢小黃門譙君碑云君諱敏字漢達年五十七中
平二年卒其文不甚摩滅而官閥無所稱述惟云肅

將王命守靜韜光以遠悔吝而已後漢宦者用事靈
帝時尤盛敏卒之歲張讓等十二人封侯於斯時能
守靜遠悔是亦可佳然敏以一小黃門而立碑稱頌
於此可見宦官之盛也集古錄跋尾

右漢故小黃門譙君之碑篆額在冀州譙君名敏靈
帝中平二年卒又二年立此碑歐陽公云其文不甚
摩滅而予之所得惟三字不能辨碑中並無爵秩所
謂鄭君章君郎中君又不類宦者官稱非題額則不
知敏之爲黃門也其文盛稱敏倍權守靜韜光韞玉
雖銘墓之言不可盡信方中官用事之際敏不附麗
同類年垂耳順而宦簿不進恐特然不羣者又云耻
與鄭人羼竝棆驅說文羼音剗羊相厠也一云傍入
曰羼棆音洽劒柙也此句蓋是不與羣閹冠劍並驅
之意漢人書姓雖亦借用如橋喬伍五之類甚多此
碑以焦贛爲譙所謂京君明即京房也左傳楚師伐
陳取焦夷注謂今譙縣若是則焦譙可以通用漢碑
多借意作億此云曷億遘羅卻是借億作意也亭讀曰享

隸釋

隸釋云在冀州東觀餘論云在棗强縣北十七里冀
州棗强今俱屬真定府 額題云漢故小黃門譙君

之碑九篆字集古錄云其文不甚磨滅隸釋云予所
得者惟三字不能辨東觀餘論云近世有信安何籀
者以隸書知名目是碑爲蔡中郎書未知何據自謂
學此法清勁有古意與梁孟皇行筆正相反予謂漢
世隸法至魏大變不必梁蔡勢自爾也此碑意象古
雅借非中郎自可師法隸辨

右小黃門譙敏碑并額重刻本紙墨亦舊以校隸釋
皆同惟銘內洪闕二字今諦審之優遊下似是氏字
蓋借作京邸之邸也又以京字押於下爲韻耳喪亾
上似是乃字末云中平四年七月十八日癸卯造隸

釋作廿八日今驗此搨本確是十字是年七月丙戌
朔癸卯是十八日無疑當據此以正隸釋之誤兩漢金石
記
黃小松司馬云此本與隸釋悉合惟儀作儀喆作話
幸作丰小有不同石索
右重刻譙敏碑未詳所在紙墨頗舊爲横雲山人
藏本有其名印又有徐氏子仁及吳越王孫等章
六七十年前物也又有衡山方章則近今所僞託耳以兩漢金石
記及石索勘之君乃喪亾此本作君其喪亾餘亦
有微異之處通體完好剝蝕處無損於文字蓋又

一刻本非郎翁氏馮氏所見也冊尾有大唐貞觀
元年四月二十刻小正書一行想碑估割取宅碑
羼入欺世耳原碑何時毀佚何時橅刻雖無從攷
證而決非唐初人所爲

建安殘石

高二尺三寸五分廣二尺八寸八行行字不齊字徑二寸許分書在四川提學署

建安六年八月乙丑朔廿二
伏守護嚴　子男
威爲
設

設　畜
門平　州七易
灾致祀　和
色　永刂于今稱爲

吹角壩摩崖建安六年二月丁丑朔廿二日石歸遵
義鄭珍辨爲建安七年盧豐碑今審搨本石係斷缺
且首行明是六年次行有嚴季男名六行有以灾致
祀字必非盧碑仍依王象之輿地碑目書此補訪碑錄
按吹角壩題字摩崖石爲之安得攜歸遵義且輿
地碑目云惟辨其一二曰建安其他不可辨今碑

六年八月乙丑朔字均極明顯千餘年前反不可
辨恐無是理此非吹角壩題字明矣至所謂建安
七年盧豐碑者紀年不同亦別一石耳碑在綦江
出土張香濤之洞編修督學四川移置公廨亦不
在遵義也季男季字及以灾致祀以字亦未甚確
灾致祀三字在弟七行並非六行碑書八月乙丑
朔通鑑目錄是年六月乙丑朔九月甲午朔則八
月朔直乙丑是月小盡正合補訪碑錄作二月丁
丑朔其書殊不足信汪硯山金石過眼錄知爲八
月仍作丁丑抑又何故平上作官灾上作川是行

末錄一分字均非是且亦以碑爲七行甚矣著錄之不容率爾也碑已剝㓕搨亦不精諦審再四辨得廿八字又次行護上似守字三行有爲字爲上似成四行行首一字似路五行行末一字似奮七行行末一字似程八行永下似到今下似稱安得精本一校勘之

巴郡太守樊敏碑

連額高一丈五尺碑文高六尺二寸六分廣五尺二寸四分廿二行行廿九字分書額高四尺二寸四分二行行六字題漢故領校巴郡太守樊府君碑篆書在蘆山南十里

君諱敏字升達肇祖宓戲遺苗后稷爲堯

種樹舍潛于岐天顧亶甫乃萌昌發周室衰微霸伯匡弼晉爲韓魏魯分爲揚充曜封邑厥土河東楙漢之際或居于楙或集于梁君纘其緒華南西疆濱近聖禹飲汶茹汸總角好學治春秋嚴氏經貫究道度無文不賭於是國君備禮招請濯冕題𠕁傑立忠謇有夷史之直卓密之風鄉黨見歸察孝除郎永昌長史遷宕渠令布化三載遭離母憂五五斷仁大將軍辟光和之末京師擾攘雄狐綏綏冠履同囊投核長

驅畢志枕丘國復重察辭病不就再奉朝娉十辟外臺常爲治中諸部從事舉直錯枉譚思舊制彈饕糾貪務鉏民穢患苦政俗喜怒作律案罪殺人不顧倡傚告子屬孫敢若此者不入墓門州里僉然號曰吏師季世不祥米巫㓙瘧續蠢青羌姦狡並起陷附者眾君執一心賴無洿恥復辟司徒道隔不往牧伯劉公二𠀤欽重表授巴郡後漢中秋老乞身以助義都尉養疾閭里又行褒義校尉君仕不爲人祿不爲己

桓桓大度體蹈箕首當窮台緄松僑協軌八十有四歲在汁洽紀驗期臻奄忽臧形凡百咸痛士女涕泠臣子褒述刊石勒銘其辭曰

於穆與考經德炳明勞謙損益耽古儉清立朝正色能無撓廟威恩御下持滿億盈所歷見慕遺歌景形書載俊艾股肱幹楨有物有則模楷後生宜參鼎鉉稽建皇靈王路阪險鬼方不庭恆戢節足輕寵賤榮故□天選而捐陪臣晏嬰即殿留侯距齊

非辭福也乃辟積兮下空此後并空一行
亂曰渾元番像岳瀆〻仁兮金精火佐寔
生賢兮□欲救民德彌大兮遭偶陽九百
六會兮當□遐季令遂逝兮歔嘘懷哉魂
神往兮下空此後并空一行
建安十季三月上旬造石工劉盛息懆
書
碑陰題記
在碑中間四邊皆界線紋廣漢尺二尺七寸上截離穿四寸高二尺十四行行十字分書下截高二尺八寸十四行行十二字正書

書雅州盧山縣樊侯碑陰世傳魏受禪碑爲絶古而此
乃建安十年所立又在黃初之前雖暴露山埜而字法
奇古其文尙可讀更非所同僻遠而人無知者□然而
千餘歲間霖雨之所□威陽之所曝有歎巳倒有闕已
摧唯此碑將仆是可恨也余因扶其既倒植其將仆又
爲屋以庇之庶幾永其傳也崇甯壬午三月既望承議
郎□□□眉山邸常題以上上截
皇上勵精更化以揚
祖宗之大烈屬當西京父老流涕大息思欲復見漢官
威儀之時而僕仕於盧山天下幾□甦迺得建安十季

巴郡太守樊君故碑於荒山榛莽間亟作大屋覆其上
表而出之目其顏曰復見是爲
聖天子恢復中原之㐸觀者宜有取焉嗚呼碑陰所記
崇甯壬午距今五十八季而令斯邑者晉吾鄉人扶倒
植仆偶相似然豈物之廢興固自有數耶紹興巳夘秋
九月眉山程勤懋傅書以上下截
右漢巴郡太守樊君碑云君諱敏字昇祥案碑伯升卿肇
祖宓戲遺苗后稷爲堯種樹舍潛于岐天顧亶甫乃
萌昌發周室衰微霸碑作伯佐匡弼晉爲韓魏魯分爲
揚碑作楊从木充曜封邑厥土河東楚漢之際或居于楚

或集于梁君纘其緒華南西疆又云總角好學治嚴
氏經碑治下有春秋二字貫穿碑作究道度無文不覩於是國君
備禮招請濯冕題冠碑作罰即剛字傑立忠謇碑作謇漢人多用謇有
夷史之直卓密之風鄉黨見歸察孝除郎永昌長史
遷碑作宕蕩渠令大將軍辟光和之末京師擾攘碑作擾穰
雄狐綏綏冠履同囊投核長驅畢志枕邱國復重察
辭病不就再奉朝聘碑作娉七碑作十辟外臺常爲治中
諸部從事又云季世不祥米巫殛虐碑作瘧姦狡並起
諂碑作謟附者衆君執一心賴無污碑作洿即汚字恥復辟司
徒道隔不往牧伯劉公表授巴郡以助義都尉養疾

閭里又行褒義校尉年八十有四歲在汁洽紀驗期臻奄忽藏碑作留藏形最後題建安十年二碑作三月上旬造他漢碑類多刓缺而此碑獨首尾完好故載其大略於此所謂米巫凶虐者謂張角也金石錄

右漢故領校巴郡太守樊府君碑篆額今在黎州樊君名敏屢爲公府所辟有甯武之智肥遯不出嘗表巴郡以褒義校尉養疾閭里碑云八十有四歲在汁洽蓋獻帝建安八年癸未歲也卒後二年立此碑碑云牧伯劉公二世欽重表授巴郡後漢中其額以領校巴郡太守稱之者朝無成命也後漢中者亦嘗再

表此郡也二劉謂焉與璋也强藩擅命智者見幾而作所謂捐陪臣者不食二劉之粟也帝紀中平元年春鉅鹿人張角反其秋巴郡妖巫張脩反注云脩療病愈者出米五斗號爲五斗米師劉焉傳張陵作符書以惑百姓受道者出米五斗謂之米賊陵傳子衡衡傳子魯魯與張脩掩殺漢中守雄於巴漢注引典略云張脩爲太平道張角爲五斗米道數說雖小異同蓋諸張皆有妖術總是米巫惟張角不曾犯蜀此云米巫殉虐姦狡並起謂脩魯也中平五年益州黃巾馬相攻破州郡自稱天子是時蜀人必有淪於僞命者此云君執一心賴無洿恥謂此也碑云遭離毋憂五五斷仁與費鳳碑菲五五同義謂二十五月也投核長驅者以核爲劾也京師擾攘雄狐綏綏謂中官用事也助義都尉褒義校尉史策未之見劉焉到蜀以張魯爲督義司馬可見助義褒義皆劉焉率爾創置者爾雅西漢淮南子歲在未皆作協洽史記天官書作叶洽厤書亦作協洽又作汁洽史晨碑云汁光之精即黑帝叶光紀也此作汁洽其音與協同碑以頊穰爲擾攘朝娉爲朝聘譚思爲覃思倡假爲猖獗褒術爲褒述題瑚爲題綱頋即顧字禹即禹字殺郎豥字欸哼即烏呼字隸釋

右樊敏碑兩獸蟠其上就爲圭首若今所謂贔屭者其一有鱗猶龍然篆額兩行偏其右文在穿下凡十八行行三十九字空一行刻亂曰二行又空一行低十三字刻歲月及書造人姓名其云石工劉盛息懆書者劉刻其石而厥子落筆也陳球碑陰書其二故吏之子亦曰息漢刻惟此碑及武斑與羊竇道碑有書人姓名隸續

輿地碑目云在雅州墨寶云在盧山縣雅州今隸四川盧山縣屬焉隸釋云在黎州非是　額題云漢故領校巴郡太守樊府君碑十二篆字爲二行碑圖云

云崇甯壬午知縣邱常題其碑陰云此碑相傳爲魏受禪碑而此乃建安十年所立又在黄初之前雖暴露中野而字畫蒨古文尚可讀余因扶其既倒植其將仆原作立誤又爲屋以庇之庶幾永其傳也紹興己卯眉山程勤又題云僕仕於蘆山迺得樊君碑於荒山榛莽間亟作大屋覆其上表而出之碑陰所記崇甯壬午距今五十八年而任斯邑者皆吾鄉人扶倒植仆偶相似然全蜀藝文志又載李一本跋云此碑舊於道周幾千餘歲在宋以前訛爲魏受禪碑一統志謂其文字漫滅不可攷以故惑於聞見者不爲注目

宏治乙未偶憩其下因東條爲帚拂之僕見字畫隱隱而出亟爲磨洗搨得墨本然其模糊不可讀者亦過半矣金石文字云重刻本字甚拙惡隸辨碑中歆汝洪作歆汝光和之末末作中刊石勒銘脫石字故□天選天作大赮作禍渾元垂像渾作瀆缺像字岳濆下所缺上一字存水旁下一字顯然是仁洪只缺一字火佐作大佐往芳缺往字皆與洪書不符岳濆下只應有一字顧亭林以爲重刻或因重刻所致未必盡洪氏之誤天選上所缺三巴耆古志作敕石本已缺碑二十二行行二十

九字碑圖云三十九字當是寫刻之誤額題云巴郡太守案志初平六年趙頴分巴爲二郡欲得巴舊名故以墊江爲治安漢以下爲永甯郡建安六年劉璋分巴以永甯爲巴東郡以墊江爲巴西郡此云巴郡太守則在建安六年以前故雖立碑在十年言巴郡不別東西也碑云晉爲韓魏隸辨於韓下引之復於晉下引之云金石文字記云晉爲析之異其釋爲晉者雖沿顧氏之誤然兩引之而未加辨正亦疏矣碑又云歆汝茹汸案山海經云箕尾之山汸水出焉南流注於淯集韻云汸與滂

同水名碑所云殆卽指此碑又云治春秋嚴氏經攷樊儵刪定公羊嚴氏春秋章句世號樊侯學敏蓋承其家學者碑又云續蠢青羌案紀中平年北地降羌先零種因黄巾大亂乃與漢中羌義从胡北宮伯玉反西羌傳湟中月氏胡數百戸在張掖號从胡中平年與北宮伯玉反碑所稱青羌當卽指此或以板楯蠻屢寇巴益當之南方曰蠻西方曰羌蠻不可稱羌也碑又云秋老乞身以助義都尉養疾閭里又行褒義校尉隸辨於乞下引此云乞身以助句讀誤矣歲在汁洽以汁爲叶與協同

周禮鄉士汁日刑殺釋文汁本作協文選吳都賦
皆謠俗汁協注云汁猶叶也西京賦五緯相汁五
臣本作叶方言斟協汁也自關而東曰協關西曰
汁禮月令注大傳注叶光紀釋文並云叶本作汁
周禮太史讀禮書而協事故書協作叶杜子春云
書亦或爲汁大行人協辭命故書協作叶鄭司農
云叶當作汁五經文字云協古文作叶而緯書有
樂汁徵圖此皆汁叶協相通之證也又碑書伏羲
作宓戲隸辨云漢書百官公卿表易敘宓羲神農
黃帝師古曰宓音伏字本作虙轉寫者訛謬耳案

漢書古今人表作宓羲律厤志亦作宓羲藝文志
作宓戲注並云讀與伏同宓子十六篇注亦然禮
明堂位注承宓羲者釋文云本又作虙易繫辭包
犧氏書序庖犧氏釋文並云本作戲易釋文及管
子釋文並引孟京易俱作戲書釋文引字詁云羲
古字戲今字禮月令注左僖公廿一年傳注伏戲
釋文並云本作羲莊子伏戲九遷之所行終釋文
云崔本作羲荀子文武之道同伏戲注云與羲同
又漢書司馬相如傳詩陳譜俱作虙戲武祠石室
畫象題字作伏戲魏受禪表韓勑碑孫叔敖碑皇

戲字均以戲爲羲書楚作椘蓋卽楚之變體字原
云義作楚非是書疆作畺案畺本字疆或字見說
文一切經音義云古文壃畺二形今作疆同爾雅
壃界邊衞圉釋文云字又作畺經典作疆假借字
周禮肆師與祝侯禳於畺載師以大都之田任畺
地周語畺有寓望廣雅畺竟也字俱作畺漢書王
子侯表畺土過制師古曰畺亦壃字書召誥無疆
惟休古文尙書作畺詩疆場有瓜周禮載師疏引
作畺孝經注列土封疆釋文云字又作畺張公神
碑畺界家靜朱龜碑綏我士畺白石神君碑萬壽

無畺均以畺爲疆書總作緫葱卽蔥字碑蓋變悤
从蔥也無極山碑楙林蔥青卽此碑緫旁之葱字
書究作究九久古通碑蓋變九从久也又濯冕題
剮隸釋云以題剛爲題綱然則當是以題爲提也
隸辨云題署也濯冕題剮者濯冕招仕題其爲剛
也碑所載敏之歷官皆以剛用事隸釋云以題剮
爲提綱非是桉濯冕題剮當言其冠冕羣僚提挈
綱領也濯或卽擢之借字京師損穰以損穰爲擾
擾與李翊碑蒔쉁部損穰同依字當作擾孃周公
禮殿記會直損亂亦作損省變爲夏又變夏爲夏

也投核隸釋云以核爲劾案周禮鄉士注如今劾矣疏云劾實也故可借核爲之再奉朝娉隸釋云以娉爲聘案說文娉問也玉篇娉娶也妻婦娉嫁齎賸僮王應麟音義云皇象書娉作聘蓋古通用譚思舊制隸釋云以譚思爲覃思案詩碩人譚公惟私白虎通引作覃生民實覃實訏釋文云本或作譚是譚覃可互借也患苦敂俗敂古之施字用爲弛古弛字皆作施見於史記衛綰傳漢書光武紀周禮遂人遂師遂大夫小司徒小宰諸注者甚多敂俗猶言穨風故云患苦自來金石家皆誤審

作政書凶虐作殉瘧案詩思齊箋其將有無殉禍釋文云本作凶漢書藝文志星事殉旱師古曰讀與凶同廣韻殉古文凶字冀州從事郭君碑降此殉菑三公山碑攘去寇殉譙敏碑降茲殉疾皆作殉字原於三公山碑釋爲訩殆非書陷作陥與陳君閣道碑穿陥壞絕同書污作洿案洿古之污字說文洿濁水不清也一曰窳下也左氏文六年傳治舊洿釋文云本作污漢書貢禹傳污朝之臣外戚傳洿穢不修注並云與洿同禮表記注污澤也尒疋釋邱注頂上污下者釋文並云本作洿文選

西征賦宗祧汚而爲沼注云汚與洿古字通書衮作緄案魯峻碑當□緄職隸釋云以緄爲衮衡方碑將授緄職高頤碑當登緄職皆與此同書松喬作松僑案班固西都賦庶松喬之善類李善注松赤松子喬王子喬也碑作僑者喬僑古通左氏文十一年傳長狄僑如釋文云本又作喬漢書五行志作喬如穀梁成二年傳叔孫僑如釋文云本亦作喬鄭公孫僑漢書陳寵傳呂覽下賢注並作喬漢書劉向傳與王褒張子僑等並進對注云僑或作喬議郎元賓碑有喬宰鄭隸釋云郎國僑也喬

僑古蓋通用書忽作曶左傳鄭太子忽說文作曶論語仲忽漢書古今人表作中曶師古曰曶與忽同漢書楊雄傳鑋曶如神翕赫曶霍於是人皆曶之文選羽獵賦鑋曶如神舞賦雲轉飄曶注並云與忽同士女涕泠金石文字記云泠者零之異案李翊夫人碑頫頟悲兮涕隕泠冀州從事郭君碑同僚涕泠張公神碑天時和兮甘露泠皆以泠爲零臣子喪術術古述字禮祭義結諸心形諸色而術省之注云術當爲述漢書賈山傳術追厥功注云術亦作述儀禮士喪禮不述命注云古文述皆

作術詩日月報我不述韓詩作術釋文云本亦作術燕燕釋文同修堯廟碑歌術功稱韓勑後碑共術韓君德政張表碑方伯術職靈臺碑陰州里稱術皆與此同能無撓廎以廎爲傾與楊君石門頌廎寫輸淵同乃辟禍兮以義論之禍當作禍寔變从宂范鎮碑寔能紀陰陽之理與此同歍嘑悢哉以歍呼爲嗚呼以悢爲哀案太元經不濯釜而烹則歐歍疾至注云歍與嗚同淮南子歍唈流涕文選拜中軍記室辭隋王牋或以歍唈字皆作歍北海相景君碑仲秋下旬碑劉曜碑亦皆作歍呼通

作嘑碑復變虍从雨孟子嘑爾而與之注云嘑爾猶呼爾書洪範嗚呼漢書五行志作烏嘑周禮雞人大嘑旦以嘂百官釋文云本又作呼廣雅嘑嗚也集韻呼通作虖嘑其變从雨者與仲秋下旬碑歎字同从口从欠不同虖作雽無異也柳敏碑嗚呼悢哉益州太守碑同仲秋下旬碑歍歎悢哉平與令薛君碑悢悢士雋李翊碑悢松柏而憔荆字皆作悢　碑陰世傳魏受禪碑爲絕古隸辨所錄作此碑相傳爲魏受禪碑殆因明人李一本之言而未及細審碑文邪三巴漢石紀存絕古作絕出亦誤餘不悉記

八瓊室金石補正卷六終

八瓊室金石補正卷七

太倉陸增祥撰　男　繼煇校錄

吳興劉承幹覆校

漢六

益州太守高頤碑

高一丈一尺四寸廣五尺三寸十八行行二十一字字徑二寸有穿額高三尺五寸二行行五字題漢故益州太守高君之□十字均分書在雅安

君諱頤字貫方其先出自帝顓頊之苗裔
乎逢伯陵者殷湯受命陵有功食采齊□
樂邑世爲正卿氏采建姓至高□爲桓公

將南陽之師而成爲□美於春秋詩漢□
有四城□□□□□□□□關外家□□
□道至君立□□□□□親仁樂善游心
無籍無□□□翔□□□□□□□□仕部
辟州請卷之□不淪時□舉孝廉□□□
□□□□□□州表蜀郡北部府丞武□
命□阿鄭之□□賦晏□之□性試守廣
漢屬國都尉猶宓子之在密邔李牧之鎮
代試守益州太守□□□之□罰膺求由
之政事斑芳聲於國織理高滿之危溢當

登紀職綏□時雝運□未濟天降□殃害
□貞良建安十四年八月於官卒臣吏播
舉而悲叫梨庶踊泣而忉怛追思念義緫
經墳側固作頌曰
穆穆我君帝顓之胄生輔齊桓□無其偶
苗裔流衍□彼梁州惟君立節卓爾絕殊
學□從政□無茹柔寧城子牧惠澤沾僾
剖苻典郡威德□□示民敬讓闕斷苞組
宜享漢輔□德將舒乾流□戾後見隕徂
凡百悽愴痛乎何辜祚爾後嗣子孫之模

右漢故益州太守高君之碑隸額今在雅州高君名頤文有兩闕偏舉其官一云益州太守陰平都尉武陽令北府丞一云益州太守武陰令上計史舉孝廉諸郡從事此碑磨滅不見察廉宰邑之文惟北部府丞之下若有一武字當是武陰或武陽也碑云廣漢都尉而闕作陰平者廣漢有陰平道也碑云蜀郡北部府丞而闕作北府丞者省文也銘有闕斷苞組之句下文以舒徂辜模協韻知其以組爲苴明矣輔齊侯者謂高傒也碑亦以緄爲袞梨爲黎隸釋

右高頤碑兩螭蟠其首文在穿下凡十八行行二十

一字題額則隸字二行隸續碑圖

隸釋云在雅州輿地碑目云在嚴道縣東二十里嚴道縣今廢省其地入雅州隸辨

益州太守高頤雙闕

裴木高廣不計每闕四行行六字字徑四五寸不等分書在雅安

漢故益州太守武陰令上計史舉孝廉諸部從事高頤字貫方

漢故益州太守陰平都尉武陽令北府丞舉孝廉高君字貫方

右益州太守高頤二闕今在雅州高頤字貫方有墓碑載其歷北部府丞廣漢屬國都尉益州太守以獻帝建安十四年卒碑石淪碎官不盡見此兩闕一有高君名字一不稱名而字闕其一予所見六十年前石刻貫字之旁刻云缺一字近世所見乃有以光字補之者此一闕雖無頤之名而陰平北府皆見之碑誌可據則兩者皆高頤之闕也漢志緣邊屬國無陰平惟廣漢有陰平道前書注陰平云北部都尉治墓闕所以書廣漢爲陰平者指其理所也隸釋

高孝廉墓碑在嚴道縣東二十里高君兄弟皆孝廉有二大闕其一曰漢故益州太守武陰令上計史舉

孝廉諸部從事高頤字貫方其一曰漢故益州太守陰平都尉武陽令北府丞舉孝廉高君實字貫光輿地碑目

輿地碑目以高府君爲高君實貫下有光字云高君兄弟皆孝廉非是隸辨

余得此拓已裝爲屏幅每闕四行行六字隸釋所載第二闕末爲高府君字貫缺一字隸辨因之今所見拓本高下君上並無缺字疑洪氏書傳刻之誤至輿地碑目所載無府而又多一實字更不可解劉燕亭三巴孴古志載此碑式每闕作四格實不容有府字其宋人所補光字在貫字之下左旁亦得有拓本

子游殘碑無年月萃編載卷十九

子游游作斿

弟六行末有永初二字允當是安帝時人敢郎輔字平津讀碑記

萃編及諸家所錄皆作子斿以此本審之左旁有水字蹟明顯殊不可解豈灰沙填結歷久乃得淨盡當時尚未呈露抑係後人增鑿姑就所見錄之敢我之敢武氏謂卽補字蓋據集韻定之洪氏以

爲輔字補輔古可通用秦策神農伐補遂後語作
輔是也竊意敞卽敞之蝤文耳或云金石叢廣稱
爲李亢碑漢末人曾與黨錮之禍者未審其詳

光祿勳劉曜殘碑

存高三尺四寸廣三尺五寸十二行行存十六字字徑一寸六分許分書在東平州

齋□也祖考□陽□□
開□□事守長早□□□
大官令畢毋服闕復□郎□司□
詰之□都尉□□□
□震怖□□旬月

□□叺
□□正衞□
□瞰□□□
七□庚年世
陽安□冂□□

□統

右漢劉曜碑在今鄆州界中文字摩滅僅有存者云
諱曜字季尼年七十三其餘爵里官閥卒葬歲月皆
不可見字爲漢隸亦不甚工惟其銘云天臨大漢錫
以明哲碑首題云漢故光祿勳東平無鹽劉府君之
碑以此知爲漢碑也治平元年四月一日書集古錄

右漢光祿勳劉曜碑集古錄云君諱曜字季尼年七
十三其餘爵里官閥卒葬歲月皆不可見今此碑雖
殘闕然尚有可考處蓋孝文之裔又嘗爲太官令郎
中居延都尉太守正衞尉卿遂爲光祿勳至於卒葬
年月則斷續不可攷矣金石錄

右漢故光祿勳東平無鹽劉府君碑篆額在鄆州有
陰劉君名曜漢之公族也歷郎中謁者太官令朱爵
司馬居延都尉議郎河內太守長水校尉宗正衞尉

光祿勳七十三而卒故吏門生立此碑其石碎裂失
其所終之年漢人銘墓以郡邑題其首者所見惟此
一碑碑以秝爲歷基爲碁隸釋

天下碑錄云在鄆州須城縣鄆州卽今東平州須城
縣今廢省其地入東平　額題云漢故光祿勳東平
無鹽劉府君之碑十四篆字隸釋云漢人銘墓以郡
邑題其首者所見惟此一碑集古錄云文字磨滅僅
有存者卒葬年月皆不可見按歐洪兩家皆云有陰
而其書不載隸辨

右漢無鹽太守劉曜碑殘石得於東平蘆泉山陽土

皁中以隸釋攷之僅存孝事中長早大官令服闋郎都尉震怖十餘字餘多不可辨識按是碑歐趙洪皆著於錄自董廣川後無見者蓋軼久矣又更數百年乃出於世雖剝落可不惜哉爰移立學宮明倫堂下同治庚午夏六月署知府長洲宋祖駿記右刻在碑後上方

石牆郈殘刻

去邊高漢尺一尺一寸一分廣一尺九寸七分十一行字數莫辨界有直格在鄒縣孟廟

上闕六寸分許得其一上闕五寸正孝信上闕五寸

五分許及□隱上闕四寸者藩昌上闕五分許上闕三寸

者得其炎上闕六分許上闕三寸見□□□傷上闕

二寸故時伐言上闕二寸六七分圓堂□謂之大

上闕四寸蕑圓者石五上闕六寸君于中郎

□子中闕五寸五分餘君□

道光十四年季春古郯徐庭贊偕弟庭仰謹識於石牆郈戊戌歲小陽望日移入亞聖孟子廟之致嚴堂

孟廣均謹觀　曲阜孔繼壎題此刻在石左方

右石在鄒縣石牆郈出上時道光甲午歲也越四年移置孟廟大小形製與萊子矦戒石相仿字體亦在篆隸之間曼漶難辨可識者卅二字分行錄之藩昌字以藩爲蕃古字通書微子之命以蕃王室禮記禮器注蕃服之國穀梁序北蕃迴軫釋文並云本作藩周禮大司徒九曰蕃樂注杜子春讀爲藩蔽云蕃者是蕃育之字左氏昭九年傳以蕃屏周亦即藩字又詩東方未明傳樊藩也韓奕箋今之藩也禮記明堂位藩服釋文並云本作蕃皆左證也

沇府君雙闕

高五尺五寸二分廣二尺二寸三分居中一行十五字字直徑二寸五分分書在渠縣

漢新豐令交阯都尉沈府君神道

漢謁者北屯司馬左都候沈府君神道

右交阯都尉沇君二神道今在梁山軍其上各刻朱雀其形相向知此蓋是一人猶王稚子闕盡書其所歷官也其下又刻寵蛇虎首所畫甚工此字及馮煥王稚子闕皆是八分書張懷瓘所謂作威投戟騰氣揚波也隸釋

右沇府君二神道其上皆刻朱鳥其下則右刻元武左刻一獸之首若虎而角環在口已闕其爪據之隸續

雙石闕在大竹縣北一里其一鐫漢謁者云云其一

鐫漢新豐令云云其闕上各鐫出屋宇禽獸飛走之像又有單石闕二相去雙石闕一里其中鐫雕物像與此同（輿地碑目）

輿地碑目云在大竹縣北一里隸釋云在梁山軍大竹縣今屬四川順慶府梁山縣罕郎今夔州府梁山縣也　字原云沇字左字道字豐字發筆皆長過三四寸許令字交字兩筆君字中筆亦長（隸辨）

沇君左闕文十三字上刻朱鳥下刻一獸之首若虎形而角環在口缺其爪與隸續所圖正合闕中有界畫長準建初慮俿尺三尺九寸五分廣三寸五分字

發筆皆溢於界外數寸不等雙闕旁皆有畫象一段上刻璧形下刻龍形隸圖所未及載也　右闕文十五字在渠縣洪氏隸釋云今在梁山軍者誤隸續有圖并云上刻朱鳥下刻元武今下刻已全泐沇君名無攷後漢書百官表宮掖門每門司馬一人比千石注曰北屯司馬主北門又左右都尉各一人比百六石沇字道字發筆皆長洪氏云張璀所謂作威投戟騰氣揚波者也洵非溢美（三巴孴古志）

益州太守楊宗闕

（高廣未考二行行八字字徑九寸分書在四川夾江）

漢故益州太守楊府君諱宗字德仲墓闕

右漢楊宗墓闕銘在蜀中凡十六大字云漢故益州太守楊府君諱宗字德仲墓闕汶陽李長茂爲蜀使者罷歸以此本見遺長茂字公年東州善士以畫山水著稱者（金石錄）

右益州太守楊宗墓道十六大字今在西州（隸釋）

漢二楊墓碑墓在夾江縣東二十里墓前兩闕其左隸書漢故益州太守楊府君諱宗字德仲墓道右隸書漢故令楊府君諱暘字仲普墓道（輿地碑目）

楊宗墓道字原云在嘉州輿地碑目云在夾江縣東

十里嘉州卽今四川嘉定州夾江縣屬之金石錄作楊宗墓闕銘（隸辨）

右楊宗闕在夾江東十里此本分拓四紙廣漢尺各一尺二寸五分上截兩紙各高二尺八寸下截兩紙各高二尺六寸中殘闕不相綴屬豈石已中斷邪第二紙有劉燕庭西蜀得碑記及丁未二字篆章各一方碑陰刻宋人題詩未得拓本其詞曰府君闕二右識亡溝齧厥趾左復卬肇漢迄宋淳熙皇屠維作噩主歲陽昏七星中朏夜央軒轅震掉吁獨僵奔神泣幽原慘荒後七旬浹晦一藏倒

流座壙居墓旁乃據斷□屹兩行刋畫勒故居祠
方令其裔末□□揚伸修德闕臨邛鄉彷彿君子
咸無疆似碑經重刊故有刋畫勒故之句州楊諱
字四字均有殘損德闕二字據趙氏補注之益州
下諸家作太守上一字未見下一字存兩筆疑是
史字三巴耆古志作益州□校疑重刊之誤末一
字趙作闕洪王作道今已不存未知孰是

侍御史李業闕

高漢尺二尺三寸六分廣一尺八寸一分二行行四字字徑五寸許分書在梓潼

漢侍御史李公之闕

按一統志漢議郎李業墓在梓潼縣西五里則此爲
業墓明矣然其石闕乃題曰漢侍御史而不書議郎
豈光武表閭之際而改贈此官耶予既展謁復記此
以俟君子訂之正德己卯九月望劍州知州廣西武
緣李璧識

右石闕在梓潼歐趙均未著錄王象之輿地碑目有
之按李業見後漢書獨行傳李業字巨游廣漢梓潼
人少有志操元始中舉明經除爲郎王莽時舉方正
爲酒士不之官公孫述僭號徵爲博士不起述使尹
融持毒酒劫業業欲毒死蜀平光武表其閭益部紀
載其高節圖畫形象此闕當是表閭時立侍御史亦
其時所贈官也闕旁明李璧跋附錄以備參攷劉喜海三巴孴古志

上庸長闕

拓本高三尺八寸五分廣一尺九寸二分存三字字徑五寸許分書又畫象二紙在羅江

故上庸長𠃌　馬君孟臺神道

右上庸長司馬孟臺神道石文皺剝而字札甚精漢
人所作墓闕神道者弟欲表封陌限樵牧爾非若鐫
過實之辭有意乎欺誑來世也隸釋

漢上庸長闕文在德陽縣靈龕鎮天下碑錄

字原云在漢川今爲漢州屬成都府復齋碑目作上
庸長闕隸辨

蜀碑記補漢上庸長闕文在德陽縣靈龕鎮按鎮在
羅江縣西二十里舊德陽屬也今誤爲林坎四川通志

碑載隸釋久湮復顯今存三字半矣上庸縣古之
庸國也卽尙書庸蜀羌髳之庸兩漢隸漢中郡今
鄖陽府竹山縣境碑在羅江出土隸辨以爲成都
者誤以德陽爲郡耳畫象爲洪氏所未及惜紙不
聯綴莫定其在上在下一作兩角觽首皆後顧一
作虎躍旁一人舉器欲擊之兩虎左右相向顛之

倒之頗涉奇異

武梁祠石室畫象題字

高二尺九寸二分廣二尺二寸九分畫象二層題字六榜字徑五六分分書在濟甯

孔子

何饋

何𠤷枚人養性守真子路從後問見夫子

凵口動體絜雞為秉仲由拱立無辭□吾

以上上層

柳惠

程嬰杵臼趙朔家臣下宮之難趙武始娠

屠顏購孫詆抱他人臼與并殪嬰輔武李

杵臼

右武梁祠石室畫象題字辛未出土楊海琴得之轉以見惠不禁狂喜石存畫象二層上有棗核形上層畫一室屋角各一異獸室中置架懸編磬九枚一人右坐持槌擊之榜題曰孔子室外一人荷一物榜題曰何饋此孔子擊磬故事一人立左柱外回首內向當是應門之童孔子因以聞荷蕢之言者也柱右一人作拱立狀者子路也室中並坐者子路與丈人食時也俯伏者丈人之見二子也此子路遇丈人故事也古人畫象簡質合二事於一圖理或然歟何饋蓋即荷蕢負荷字古只作何饋與蕢同音假借左又有題字兩行畫象已佚首曰何𠤷枚人蓋即荷蓧丈人也蓧說文作莜云艸田器从艸條省聲論語曰以杖荷莜徐氏云今作蓧玉篇亦作莜論語釋文云蓧本又作條又作莜廣韻莜亦作𥁕論語皇本作篠又案說文𠤷田器也从匚攸聲廣韻𠤷畚也集韻𠤷或作𥁕又艸田器集韻又有𠥋字云同莜或作蓧亦作𠤷𥁕莜本字𠤷假借字蓧不省字條即蓧之省文𥁕即莜𠤷

之異文𠥋即𠤷之變體篠則蓧之誤字史記孔子世家注引包氏曰蓧艸器名漢書蕭望之傳注亦云蓧艸器今本包注作竹器皇氏并云籮簏之屬蓋誤朱氏說文通訓定聲云莜假借為𠤷論語以杖荷篠包注竹器名也以蓨為之蓋沿今本之誤朱於莜字下仍作艸器也朱又云尒疋釋艸蓧蓨又苗蓨案字亦作蓧又云莜即蓨字之或體假借為𠤷案說文苗莜蓨三字並收玉篇以三字轉訓莜蓧實只一字條脩雖古通不可謂莜即蓨字也段氏又以蓧蓨之蓧謂即苗字說文莜下云从條

省聲則蓧即莜之不省字明矣杖丈古通丈作攵見於漢碑此刻一撇偏右幾杖字下層右方畫一人仰臥於地又有一人伏而按之榜題柳惠二字右旁橫木木上有物似衣裳然事見史記詩巷伯傳云柳惠嫗不逮門之女徐幹中論云展季覆寒女此正畫其覆衣之狀仰臥者即寒女也惟史記云坐女子於懷與此小異左畫一異艸上集一鳥又有一物獸首人身左方畫一室屋內有禽室外一人左向左一榜題杵臼二字室內一人亦左向手抱一孩右有一榜末題字蓋即程嬰嬰所抱

者即趙武也畫象之右題程嬰杵臼云云三十二字事亦詳史記屠顏者漢書古今人表作屠顏賈師古曰即屠岸賈也顏岸一聲之轉⿰子介即⿰子介集韻⿰子介與孩同

又高二尺七寸廣三尺二寸二分題字二行行字不齊字徑五分又題榜存七人

楚將

王陵母

漢使者三榜在上截

門亭長

莛贖二榜在右方

宣孟簪卿餔輒翳桒靈公憑怒伏甲嗾獒

車右提明趨大絕頰靈輒乘盾爰發甲中

靈公

靈闕

趙宣孟

右石左右俱有斜損上作棗核形四又二半分兩層上層畫一人乘車一車一馬榜題漢使者三字一人隨其後一人持節前導其右一婦人持利刃向前榜題王陵母三字一人牽其裾其右又有一人並執兵仗榜題楚將二字事見漢書此蓋使者

至楚軍陵母私送時情狀也下層題字二行左畫一室兩柱一人坐其中榜題靈公二字兩手作嗾犬狀公羊所謂呼而屬之也柱右一人即所伏之甲士也一犬疾馳跳踊公羊謂之周狗一人闌之一足躝犬手作欲搏之勢蓋即提明也提明之後畫一異鳥垂尾其左畫象殘缺有榜二一存靈字可辨靈下所缺當是輒字一題趙宣孟三字事詳左傳文云車右提明趨犬絕頸提明左傳作提彌明公羊作祁彌明史記作示眯明提祁示皆同聲字單言之曰提絫言之曰提彌曰祁彌曰示眯一

也史記曰桑下餓人示眯明左傳則餓人爲靈輒車右爲提彌明此從左氏趙即趨字讀如促頓說文亢或字亢吭古今字今用亢爲抗扞字用頓爲頡頏字截然區分而亢頏之本義遂廢廣雅頏項也古義僅存矣趨犬絕頏公羊傳所謂逆而踆之絕其頷是也或釋趨作趫云以趫爲屠非是文又云靈輒乘盾宴發甲中公羊傳所謂有起于甲中者抱趙盾而乘之是也右方又畫一室一人向左行榜題范睢二字右一人亦左行回首反顧榜題門亭長三字范睢義士見左石室畫象此有門亭

長一題或別一故事與武祠畫象自黃小松築室聚集後辛未搜得一石閱十年又得此石可見埋沒尚多也或謂語不諧韻恐是僞作則疑非所疑矣不獨分隸精妙刻畫車馬人物亦斷非後人所能彷彿即以韻言之桑頏隸陽唐爲十部夔隸蕭宵肴豪爲二部中隸東冬鍾江爲九部夔讀如昂此雙聲之轉也古人九部十部之字通轉甚多詩烈文以皇與邦崇功合韻逸周書武寤以宗公與疆響合韻鄭保以凶與傷合韻禹塗山歌以龐與王昌行合韻屈原卜居以通與長合韻老子檢欲

以聾與盲爽狂合韻三寶以勇與廣長合韻苦思益謙並以功與彰長合韻莊子天地以聰與頹爽揚合韻管子七臣以東與鄉合韻七臣七主以棟攻與賞上合韻文子道原以同與强亡皇合韻上德以叢與鄉翔行上合韻以工與額堂芳合韻以虹與藏合韻下德以同與常祥强光合韻以功與檀合韻精誠以通與光霜合韻以功與景彰讓合韻九守以聰與創揚合韻以蟲與陽合韻微明以功與陽剛强合韻韓非子道篇以功與强常合韻呂氏春秋執一以鴻與章當昌合韻樂成以公與

旁梁合韻權動以宗窮終與行望合韻貴信以降與當合韻淮南時則以窮與忘亡匡合韻東方朔七諫以豐同降功等字與傷忘彰殃等字合韻莊忌哀時命以桐通容忠等字與揚梁翔徉等字合韻此聲近之轉也此以中與桑頏合韻正足以取證古音夫何疑焉又桉古謂籠爲簹謂筩爲箱是二部九部亦可通轉矣詩車攻以同與調韻離騷東方朔七諫韓非揚權皆用之潘岳藉田賦以農與茅韻束晳勸農賦以農與曹韻說文穠或從豊聲作穠史記衛青傳銅離一作稠離急就篇華洞

樂皇象碑洞作隤周矛曹賣諸聲並隸尤幽爲三部是九部三部通轉之例古人二部三部不甚區分可與三部合音因即與二部合音此又可以旁求得之者也

兩城山畫象題字

二石石各二榜榜各三字字徑寸許分書在濟甯

二侍郎

王夫人

右一石

孔伯英

周文王

右一石

右兩城山畫象題字道光二十九年出土凡二石一高二尺五寸五分廣三尺四寸五分右下角微斜弟一層七人五人向左二人向右弟二層一亭一橋亭內二人向左而坐循橋而上者五人弟二者榜題王夫人三字亭檻外立一人向右微俯似相迎之狀五人之上又有二人鞠躬前行二侍郎三字題在其前亭角立一鳥又有二鳥向之而飛亭下二鳥亦左飛亭左有水草草下三魚向上有喋咳之意一石高三尺五寸五分左斜上廣二尺五寸五分下廣八寸五分弟一層畫一重臺臺左一人向左臺右三人以次向右最左一人題字曰周文王中一人題字曰孔伯英右一人之右似亦有題字損泐僅存一筆矣臺角四鳥其右又有一大鳥似孔雀鳳凰之類掉尾鼓翼向左而行弟二層四人左一人向右右兩人向左其一人則仰首彎背兩手向後齊舉不知何義三層亦四人右一人向右中兩人向左左一人向右兩袖向前而舉似捧一物四層五人兩兩相對右一人僅存半身

白楊邨畫象題字

高二尺五寸廣二尺六寸五分題款一行四字字徑二寸分書在鄒縣白楊村關廟

食藥祠園

右高二尺廣二尺二寸餘一人正立平頂方額兩目猙獰短衣束要右手執物如刀劒右腋旁題八分書食藥祠園四字徑寸五分嘉慶丙辰仲春黃小松司馬自濟甯搨寄祠園或即寢園之類筆意極似六朝人姑附漢末以俟考焉山左金石志

嚴陽殘刻

搨本二紙各高一尺二寸廣一尺三寸五分各三字字徑六寸許分書

嚴陽门
昌陽嚴

瓦當文字八種

漢并天下

圓徑七寸四分上郭殘缺壬申夏得於陝人

此漢初并天下時宮殿之瓦在漢瓦爲最先向未經人道見素圃所藏桂未谷搨本亦未知瓦所從得桉史本紀高祖五年正月卽皇帝位於氾水之陽天下大定疑此瓦爲居櫟陽時作也石索

延年反文

圓徑五寸八分

葉子東卿云咸陽畊地得之延年二字反文古瓦中僅見者桉未央宮正在咸陽其中有延年殿此瓦當是延年殿所用者石索

萬歲

葉子東卿云此黃左田大司農所藏瓦萬歲二字中一畫相交此瓦中僅見者桉瓦字較巨當是萬歲宮瓦金石契亦有萬歲甎石索

瓦厚而色黑圓徑六寸七分質亦堅致壬申夏袁裕文自陝攜來沈訴蓀司馬翰得之

千秋萬歲與地毋極

此瓦前人未見圓徑七寸一分無內郭篆體銳勁具見古籀遺法粵東某氏所藏搨本有松生所貽得者寶之方章名姓所未詳也桉坤主地道文言與地毋極當是后宮長秋殿瓦長秋猶言長壽千秋猶言千年意亦脗合以是證之則以萬物咸成瓦屬諸長秋殿者未確矣殿名長秋未必取力穡

有秋之意不得以萬物成熟傅會其說焉與作輿者古與輿可通也左氏傳成十一年且與伯與爭政昭十四年展與釋文並云本作輿周禮大司樂注在東井輿鬼之外左氏傳襄二年使正輿子賂夙沙衞十五年王叔陳生與伯輿爭政三十一年生去疾及展輿定五年囚闔輿罷莊子逍遙遊吾聞言於接輿大宗師子祀子輿釋文並云本作與史記孔子弟子傳曾參字子輿家語作子與

億年無疆

黃小松云億年無疆或謂是王莽妻億年陵瓦瓦無內郭與它制殊字亦直書非隨勢為之者桉長安城西出南頭弟門曰章門王莽改曰萬秋門億年亭此瓦為億年陵億年亭俱可要皆莽時制也石索

壬申夏得此瓦於袁裕文以慮俿尺度之內圓徑五寸六分輪郭寬八分僅存三之一石索載有兩種弟二種同此又嘗得一搨本與其弟一種同不具錄

轉嬰柞舍

轉字柞字反書嬰疑即鸚字轉疑即囀字轉嬰柞舍疑即甘泉五柞宮之瓦黃圖五柞宮漢之離宮在扶風盩厔宮中有五柞宮因以為名五柞皆連抱上枝覆蔭數畝石索

乙己春得此搨本於廠肆圓徑五寸九分訪碑錄以為嬰桃轉舍馮氏讀為轉嬰柞舍是矣惟以轉嬰為囀鸚恐未必然離宮制瓦何獨取於鸚聲竊謂轉嬰猶言還童黃庭經所謂迴老反嬰也武帝好尚神仙故有是語耳漢書武帝本紀後元二年幸盩厔作五柞宮雍勝略五柞宮在盩厔縣東南三十八里漢武帝起

甘林

甘林二字無攷或即甘泉上林之渻石索

圓徑七寸强孟康郊祀志注云甘泉一名林光師古曰漢於秦林光旁起甘泉宮非一名也此瓦題甘林或即林光之林歟

揜依中庭

未審所用其曰揜依亦有毋忘之義曰中庭知有別

於宮殿矣　右瓦見何夢華搨本未有疏釋疑為未央宮中後宮瓦也黃圖云成帝趙皇后居昭陽殿其女弟俱為婕妤貴傾後宮昭陽舍蘭房椒壁其中庭彤朱而庭上髹漆切皆銅沓黃金塗白玉階壁帶往往為黃金釭函藍田璧明珠翠羽飾之自後宮未嘗有焉據此則中庭之盛可知其為揜依可想矣又司馬相如長門賦望中庭之藹藹亦可為中庭之一證石索

漢書郊祀志建章宮西則商中數十里如淯注曰商中商庭也師古曰商金也於序在秋故謂西方

之庭爲商庭疑所謂中庭者卽此長門賦望中庭之藹藹兮若季秋之降霜是中庭卽商庭渾言之曰中庭析言之曰商庭簡言之曰商中也又桉詩中唐有甓傳中中庭也唐堂塗也逸周書作雒隄唐山廧孔晁注唐中庭道也後漢班彪傳前唐中而後太液如淳注唐庭也文選注引之商中史記封禪書作唐中索隱曰詩云中唐有甓鄭元曰唐堂庭也班彪傳注引前書商中亦作唐中是商中卽唐中唐中卽中唐甓瓴甋也此瓦卽詩所云中唐之甓也庭字上广反書瓦圓徑七寸二分亦王

申所得者

萃編載漢瓦三十二種未載而見於訪碑錄者尚有二十二種乾嘉以來僞造者不知凡幾十不一真絕無土鏽者無論已兹擇其可信者錄得八種僞者無譏揜依中庭兩瓦尚不能無疑姑存之

八瓊室金石補正卷七終

八瓊室金石補正卷八

太倉陸增祥撰　男　繼煇校錄
吳興劉承幹覆校

蜀漢

建興甎文

搨本長六寸五分厚一寸八分篆書在仁和余氏

建興十三年

以建興紀元者惟蜀後主有十三年也丁丑冬余子韓粥太史搨贈蓋其封公所藏者

侍中楊公闕

搨本高漢尺二尺三寸八分廣一尺七寸七分二行行四字字徑四五寸不等分書在梓潼

蜀故侍中〃公之闕

蜀侍中楊公闕見於牛運震金石圖云在梓潼縣隸體頗似漢人予謂是褚峻僞作蓋昭烈父子建號成都稱漢不稱蜀卽李氏據蜀前稱成後稱漢亦未以蜀爲國號唯唐末王建孟知祥始自稱蜀耳此闕既不似唐以後款式何得有蜀之名乎作僞心勞自露破綻不必論書法之工拙也錢大昕十駕齋養新錄

右楊公闕隸書八字分二行牛氏金石圖云在梓潼縣北一里許太道旁東數十步西向高一丈六尺闊

四尺五寸厚三尺字徑三寸五分近人亦頗有疑此刻非真者然方綱兩見搨本蜀字楊字頂皆微泐中字闕字之頂亦有橫泐文與牛氏所摹正同牛氏圖闕上作四層疊石之狀其下左右各一方此文在其右方而左方則空無字恐未必是僞造其疑之者過也（翁方綱兩漢金石記）

漢楊氏有兩顯族震宏農之楊也雄蜀郡之楊也後漢書載伯起之裔四爲侍中楊之蜀郡而侍中者無聞焉鵬按此闕當在蜀漢時若在兩漢閒則宜曰漢故侍中不宜曰蜀故侍中考蜀志楊氏入列傳者三

一楊儀建安中爲荆州刺史一楊洪爲蜀郡太守皆不在梓潼惟楊戲字文然犍爲武陽人爲尚書右選部郎又爲治中從事遷中郎參軍領梓潼太守入爲射聲校尉志稱所在清約不煩此闕正在梓潼豈即其人歟志言治中中郎未言侍中或曾爲侍中而略之耳隸書八字二行在闕之右其左尚有楷字數行不分眉目隱約有楊化濟楊化一等名疑後人題記者金石圖金石記皆未之見也（金石索）

萃編不載此碑者未得搨本與疑其僞而置之均未可定錢先生謂不應稱蜀誠不可解然翁閣學信之近劉燕庭輯三巴䆃古志亦載是闕竊疑不書漢而書蜀者蜀亡之後追表其墓始立是闕而系以蜀也然不可攷矣隸法與賈夜宇闕相似又案馮氏疑爲楊戲之闕姑勿論其曾否爲侍中莊無可證凡誌銘碑碣統書其人最後之職與夫追贈之官楊戲以梓潼太守入爲射聲校尉則當以校尉題之即謂未任校尉而卒於梓潼亦當以梓潼太守題之不應以曾爲侍中遂書侍中也魯峻馮緄孔彪諸碑之用前官別自有說未可執彼以例此

魏

大將軍曹真殘碑并陰

高不計廣漢尺四尺一寸上下殘缺存二十行行字不等字徑一寸九分分書在陝西長安

闕□之後陳氏有齊國當愍王時亻宋并

與□闕下　爲基長以清慎爲限文以覲仁

爲巳仕以忠勤闕下　帛騎共佀閒豫侍坐

公子將穌同生使少長有闕下　光公使持

節鎮西將軍遂牧我州張抶張進□闕下

羌胡詸之妓遣公張羅設穽陷之坈冈

止闕下　亠公不敢於是徵公拜巳軍大將

軍攤□闕下　𣪊節鉞如故空下　□蜀□諸
葛亮稱兵巴郡公拜大將軍援□闕下　□
援於賊公斬與造意顯有忠義原與脅闕下
　日約五化眾嘉百姓特戴豐印陽春洙
闕下　□發霜於陸議舊靁霆於朱然屠□
賊於闕下　丁績家有注記豈我未臣所賊
脩載□闕下　夫如何勿旌一命而俯宋孔
之敬闕下　□從俗以往遷不忘丘以違憲
寬闕下　嗟悼羣寮哀酸賻賵之贈禭闕下
眞令趙讓大尉掾嚴武雖州闕下　丗登舉

弒鑽元石示後嗣□闕下　之為周輔東平
峨峨佐漢□闕下　毛秋鉞牧我陝西威同
霜□闕下　孚發立碑佐頌萬載不刊闕下
碑陰存題名兩列列三十行行字不等
定皇甫□□忠
□孚泰東
翊山泰伯謀
□季超
珍仲儉
未詳元衡

集安定梁瑋稚十
郎北地梁幾彦章
隴西彭紈士蒲
安定皇甫聲季雅
尉北地謝述祖然
□代公時
□竺誼公達
□地傅均休平
騎都尉西鄉集京北張緝敬仲
司馬馮翊李異國祐

司 農丞北地傅信子思
空茂村北地傅芬蘭石
將軍司馬安定席覲仲歷
尉 主簿中郎天水姜北元龜
□將軍馮翊李先彦進
督廣武亭集南安龐孚山奉
尉參戰事郎中京北韓汜德脩
領 司金丞扶風皐昺豆文
崩典冀令安定王嘉公惠
民京令京北趙審安偉

民臨濟令扶風士孫秋卿伯
民鄗令隴西李溫士恭
民永平令安定皇甫肇易載
民中郎扶風士孫□□以上上列
州民中郎扶風馬
州民中郎北地郗普
州民中郎京兆郭允
州民中郎安定胡牧
州民中郎隴西辛纘
州民秦國長史馮翊

州民護羌長史安定□
州民西郡長史安定郭
州民下辨長天水趙□
州民廣至長安定胡□
州民循武長京兆郭清
州民武安長京兆趙歆
州民王門長京兆宗悏
州民小平農都尉安定
州民曲沃農都尉京兆□
州民郎中扶風姜潛公隱

州民郎中安定皇甫隆始
州民郎中馮翊王濟文雄
州民郎中京兆尹夏休和
州民郎中天水尹輦樹猷
州民郎中安定胡廣宣褞
州民郎中安定楊宗初伯
州民王門候京兆鄒靖易□
州民騎副督天水古成凱伯
州民雍州部從事天水龔甾
州民雍州部從事安定皇甫

州民雍州部從事安定梁馥□
州民雍州從事天水孫承季□
州民雍州從事京兆蕭儀公
州民雍州書佐安定卩

右大將軍曹真殘碑在西安出土僅存中段碑敘真官爵可見者鎮西將軍上軍大將軍及大將軍而已攷三國志曹真傳字子丹太祖族子太祖時為征蜀護軍文帝即位以真為鎮西將軍假節都督雍涼州諸軍事錄前後功進封東鄉侯黃初三年以真為上軍大將軍都督中外諸軍事假節鉞

轉拜中軍大將軍加給事中明帝卽位進封邵陵
侯還大將軍四年遷大司馬賜劍履上殿入朝不
趨碑與傳合惟拜中軍大將軍遷大司馬及先後
封東鄉邵陵侯不見於碑或在闕處或所未載均
不可知碑云遂牧我州又云牧我陝西而紀傳皆
不言其爲雍州牧志之漏也傳云太祖哀眞少孤
養與諸子同使與文帝共止卽碑所謂侍坐公子
將餘同生也碑有張掖張進字其下已闕傳云張
進等反於酒泉眞遣費耀討破之斬進等卽其事
也而文帝紀云酒泉黃華張掖張進等各執太守

以叛金城太守蘇則討進斬之華降則與傳及碑
皆不符傳云諸葛亮圍祁山南安天水安定三郡
反應亮帝遣眞督諸軍軍郿遣郃擊亮將馬謖大
破之紀云太和二年正月蜀大將諸葛亮寇邊天
水南安安定三郡吏民叛應亮遣大將軍曹眞都
督關右並進兵右將軍張郃擊亮於街亭大破之
此卽碑所述稱兵上邽之事傳云安定民楊條等
略吏民保月支城眞進軍圍之條謂其衆曰大將
軍自來吾願早降耳遂自縛出三郡皆平碑所謂
斬其造意原其脅闕者蓋卽指此碑云奮雷霆於

朱然校朱然傳然字義封魏遣曹眞等攻江陵中
外斷絕城中兵堪戰者裁五千人眞等起土山鑿
地道立樓櫓臨城弓矢雨注將士皆失色然晏如
而無恐意碑所稱當卽其事惟江陵之役圍攻六
月不克而還則所謂奮雷霆者亦作者約略之詞
耳又校述征記云曹眞祠碑在北邙山刻石旣精
書亦甚工此於長安出土當別是一碑蓋眞嘗有
功於陝雍州吏民思其德而立碑以頌之也眞卒
於太和五年三月此碑之立當在其時碑以卬爲
仰與韓勑孔宙孔羨諸碑同靁卽雷字從籀文而

變之寬卽寬字與衡方祝睦楊統諸碑同窴卽寘
字與魯峻碑同□毛秋鉞以毛爲旄禹貢羽毛齒
革史記夏本紀漢書地理志俱作旄國語晉語亦
作旄孟子見羽旄之美文選注引作毛皆毛旄古
通之證爰上一字殘缺向見兩子蓋卽潺湲字也
說文無湲字新附考疑當用洹得此碑則作爰爲
有據矣潺當用孱朱氏說文通訓定聲云當用洊
說文洊水也見僝字下水經注作潺然說文無洊
字惜碑已殘缺　碑陰吏民五十餘人史俱無傳
侯二人一封西鄉一封廣武亭令五人典虞當卽

水衡之屬京屬河南尹濟屬青州樂國郿屬右扶風郡汧平縣東漢無之當在涼州長史三人長五人下辨屬涼州武都郡廣至屬涼州敦煌郡脩武屬司隸河內郡武安屬冀州魏郡玉門屬涼州酒泉郡農都尉二人一曰小平一曰曲沃小平未詳有參戰事郎中一人有司金司農丞各一人餘多司馬中郎郎中從事之類銜姓一人漢有衛謹卿嘗爲長平令士孫二人漢有士孫瑞與王允同謀誅卓此其族裔歟

許州叢冢甎文四種

河間孔鑑冢記 高六寸廣四寸六分三行行字不一字徑寸餘分書

軍帥河間孔鑑年廿七二年四月六日

陽平尹尚冢記 高八寸六分廣四寸六分三行行字不一字徑寸餘分書

故將息陽平尹尚年廿二二年七月六日亡

魏郡趙柱冢記 高七寸五分廣四寸二分三行行字不一字徑寸餘分書

□晉魏郡趙柱年廿三二年八月八日

上黨許緣冢記 高七寸五分廣四寸五分三行行字不一字徑寸許分書左行

□□□□上上黨許緣年廿七晉

右四甎藏陽湖呂氏帥卽師晉疑是晉字許緣甎末一字不可解疑是四月二字案北魏以後無以陽平名郡縣者北魏無魏郡則在北魏以前可知趙氏補訪碑錄載許州甎五種惟濟陰陳祚冢中記有青龍二年字餘則二年四月九日二年六月廿一日二年八月九日八月三日俱有年月而無建元此四甎正與之同蓋叢冢也呂愼伯云道光丙午許州浚井得之時愼伯在州牧汪君甥館也有建元可攷者僅一耳

景元甎文三種

一長一尺二寸七分廣六寸五分四行行八字字徑六分陽文分書方界格

魏景元元年使持節護烏丸校尉幽州刺

史左將軍安樂鄉侯清河張普先君之墓

一長廣同前二行行四字字徑一寸七八分陽文分書方界格

張使君兄墓同年造

一長存七寸八分廣六寸四分三行行存四字字徑一寸一分陽文分書方界格今藏予家

幽州刺史　張氏兄墓　□年造立

第一種僅得下截行存三字末行曼滅弟二種行首各少一字此據賀氏兩截本錄之弟三種未見全本葉東卿故物也

吳

赤烏甎文三種

一長存六寸五分寬五寸厚左側一寸
右側一寸三分分書反文在子家

赤烏五年造 下斷

甎出烏程文在左側封字下尚有不敗二字此已
斷缺

一長存六寸六分寬四寸
三分厚一寸七分分書

赤烏七年造作吳 家吉翔位全公卿

甎側作下一字泐餘斷缺拓本得之陽湖呂氏補
訪碑錄載赤烏甎二種一二年三月一六年俱未
之得 壬午春据陸剛甫千甓亭拓本補八字其
磚與呂氏所藏同模也

一長存五寸六分寬五寸厚
一寸八分分書在子家

赤烏七年造作吳家吉 翔位全公卿

丁丑夏得於吳門或謂浙中鈕氏故物也 亦据
千甓亭補五字

太平甎文

廣六寸厚二
寸二分分書

太平元年

吳侯官侯晉趙厥北燕焉跋梁敬帝隋林士宏宋
李婆備遼聖宗均號太平以隸法審之當是吳物
一端作魚形制作亦樸茂背紋未見

永安甎文

長存七寸一分厚一寸
字徑四分篆書反文

永安二年十月

安作⿱穴女漢人从宀从穴之字往往溷淆永安吳景
帝年號晉惠帝亦號永安七月而改建武元魏莊
帝亦號永安而字體不似六朝蓋三國時物也搨
本有松生手搨印章又有端谿何子瓊玉號蘧
盦過眼經藉金石書畫印記一章仁和趙氏藏有
永安甎文曰永安二年許五字八分書見訪碑錄
及兩浙金石志

九真太守谷朗碑

高漢尺四尺六寸五分廣三尺四寸八分十九行行
二十四字字徑寸許額搨本高二尺一寸八分廣未
全一行題吳故九真太守谷府君之碑十一字字
徑一寸四五分並分書在湖南耒陽北杜公祠

府君諱朗字義先桂陽耒陽人豫章府君
之曾孫公府君之孫郎中君之子也其先
出自顓頊益為舜虞賜姓嬴氏至于扉子
封於秦谷因而氏焉君承洪原之清流稟
弈世之高素履道思順德行純備三歲喪
母十一亡父獨與弟居承奉繼親和顏悅
色孝友溫恭曾閔之操君其蹈焉弱冠仕

郡歷右職守陽安長淋問宣㳂遂外王府
除郎中尚書令史郡中正遷長沙劉陽令
播渥惠以育物垂仁恩以布化莅政未期
徵拜立忠都尉尚書郎靖密樞機名冠衆
僚遷部廣州督軍校尉正身率下不畏彊
禦㳂清蕩濁萬里肅齊功成辭退拜五官
郎中遷大中正平衡清格甄倫攸敘于旹
交州竊邑叛國戎車婁駕干戈未戢帝思
俾乂詶咨羣司僉以君任部南州威恩素
著遷九眞太守君稟明德所歷垂勳宜延

遐紀光讚皇家如何不永春秋三十有四
鳳皇元年四月乙未寢疾而卒嗚呼哀我
凡百君子莫不嗟痛乃立碑作頌以顯行
績其詞曰
於鑠府君稟性元通積行閨閾九族睦雍
羽儀上京德與雲騰入蹈冊墀夙夜靖恭
出撫梨民風移俗興名梟豹產勳齊往縱
當永黃耇翼佐帝庸昊天不弔哲人其終
濟濟縉紳靡瞻靡宗勒兹元石永光無窮
右谷朗者事吳爲九眞太守碑無書撰人名氏其序
云府君諱朗字義先桂陽耒陽人豫章府君之曾孫
公府君之孫郎中君之子也其先出自顓頊益爲舜
虞賜姓嬴氏至於厓子封於秦谷因而氏焉谷氏在
吳不顯史傳無所見所謂豫章府君而下三世皆莫
知其名字案秦本紀非子邑於秦而此與朗子永甯
侯相碑皆爲厓子莫詳其義也集古錄跋
吳谷朗碑隸書不著書撰人名氏朗字義先桂陽耒
陽人仕至九眞太守歸命侯鳳皇元年四月卒年三
十四碑在耒陽縣集古錄目
右吳九眞太守谷朗碑在湖南耒陽縣其文十八行

行二十四字隸書以愼爲順从心旁邑爲色劉陽爲瀏
陽禦爲禦詶咨爲疇咨顯爲顯梨爲黎縱爲蹤蓋猶
沿漢碑之遺其字遒勁亦有漢分隸法　是碑罕見
於著錄惟歐趙二書有之趙有目無跋歐陽公云碑
無書撰人名氏案秦本紀非子邑於秦而此與朗子
永甯侯相碑皆爲厓子莫詳其義也近日崑山葉九
來奕苞金石錄補題曰吳秦朗碑云按吳志建衡三
年陶璜破交阯禽殺晉所置守將九眞日南皆還屬
朗必以是年守九眞明年改元鳳皇而卒史不立傳
其三世皆仕吳爲牧守而志亦無攷也愚按葉氏引

吳志是矣但以爲秦朗者乃誤讀碑內賜姓嬴氏後封秦谷之句而致訛耳不特歐趙二書皆作谷朗爲可據而今所見搨本之末有興業鄉大義鄉嗣孫谷起鳳谷尚志諸姓名皆谷氏之後裔其爲谷朗愈無可疑矣兩漢金石記

碑云公府君之孫公府君當是三公府之屬官他碑未見此稱朗弱冠歷右職守陽安長其守陽安長非授陽安長也故升王府除郎中尚書令史郡中正遷長沙劉陽令與調任之制異矣遷部廣州督軍校尉吳志黃武五年分交州置廣州俄復舊永安五年復

置廣州此爲廣州督軍校尉當在永安以後碑云獨與弟居翁氏釋居作展誤平津讀碑記

右九真太守谷朗碑首見歐公集古錄跋趙氏金石錄有目而無跋耒陽漢縣屬桂陽郡攷鳳皇元年乃歸命侯孫皓在位之九年也九真太守置自漢武帝元鼎六年後漢隸交州刺史部吳仍之碑云于旹交州竊邑叛國戎車婁駕干戈未戢帝思俾乂訓咨羣司僉以君任部南州威恩素著遷九真太守攷吳志孫亮永安六年五月交阯郡吏呂興等反殺太守孫諝遣使如魏請太守及兵七年分交州置廣州孫皓元興元年魏置交阯太守之郡寶鼎元年遣交阯刺史劉俊前部督修則等入擊交阯爲晉將毛炅等所破皆死兵散還合浦建衡元年十一月遣監軍虞汜等就合浦擊交阯三年禽殺晉所置守將九真日南皆還屬朗爲九真太守當在是時即鳳皇元年之前一年也碑敘其先出自顓頊益爲舜虞賜姓嬴氏與史記秦本紀略同惟云扉子封於秦谷因而氏焉本紀並無其文攷漢書地理志非子爲周孝王養馬汧渭之間孝王曰昔伯益知禽獸子孫不絕迺封爲附庸邑之於秦今隴西秦亭秦谷是也又鄭康成毛詩

譜與地理志略同皆不云以谷爲氏惟秦本紀云大費生子二人一曰大廉實鳥谷氏一曰若木實費氏蓋或即鳥谷氏之後按秦本紀太廉尙在非子之前與碑亦不合而漢書谷永傳言長安人碑又未及其入益爲舜虞見虞書而漢書古今人表地理志及列子皆作伯益秦本紀毛詩譜皆作柏翳小司馬索隱作伯翳云尙書謂之伯益伯柏古字通翳益聲之轉耳扉子班馬二史並作非子惟路史後紀注與碑同扉從非得聲古書可通用也劉陽今作瀏陽攷吳分臨湘縣置劉陽三國志濬傳及晉書地理志俱與

碑同可知水旁爲後人所加疇咨之疇作訓攷說文
引虞書作𠷎而言部有訓字訓譸也漢魏元丕碑劉
寬碑鄭烈碑俱用此字碑銘詞有云名臯豹產者豹
謂西門豹產謂鄭子產也漢人習用此語劉寬碑云
□踰產豹魯峻碑云比蹤豹產與此意同臯字說文
訓鳥羣鳴也从品在木上後人又加口旁作噪非是
碑以往縱爲往蹤與夏承郭仲奇趙圉令魯峻高彪
諸碑同攷說文無蹤字古人皆用縱也又流作㳅見
公羊傳黎作梨屨見漢碑皆隸變通用字此碑文詞
古雅隸體端勁有法去東京未遠尚多漢人遺意當

與漢碑同爲墨林寶藏自歐公以來諸家罕有攷跋
予曩於外舅潛研堂見舊搨本手錄其文內有數字
殘缺比來湘南徧託友朋訪搨未獲昨徐星伯學使
按試衡郡回以副本見詒重爲校錄一過并題其後
以識之　又桉碑舊在縣東五里又五里爲谷府君
祠即祀朗者今在縣北杜工部祠內不知何人所移
碑文凡十八行行二十四字八分書張應星縣志載
其文脫譌甚多賴碑尙在可據以補正之又攷通志
略秦氏注云蜚廉生二子一曰惡來其後爲秦二曰
季勝其後爲趙惡來之後五世曰非子初封於秦谷

爲秦氏秦谷故隴西秦亭是也後徙封平陽復遷岐
豐之間又遷於犬邱又遷於雍及櫟陽咸陽皆本於
秦谷故號秦焉鄭漁仲所述大略本之漢書地理志
但以秦谷爲秦氏得姓之始而不知谷氏亦出於此
廣韻一書於姓氏郡望載之最詳獨於谷下亦未及
此此可據以補氏族書之遺者也　又案谷朗碑僻
在楚南下邑搨本頗難得予在長沙先承學使徐星
伯太史見惠嗣修通志撰金石志二十卷據以錄入
逮志書刊成復有友人搨一本以相餉始見有額一
行直書吳故九真太守谷府君之碑十一字亦隸書

與碑文字體大小相同其式近似漢碑第不作篆書
大字耳乃知趙德甫金石錄目稱此碑爲吳九真太
守谷府君碑者據其題額書之也碑銘文末下有小
正書約五行文皆漫滅僅存數字可見恐是近代人
筆或記其遷碑始末耳古泉山館金石文編

　碑經後人所剜精采殊損惟額字尙仍其舊比校
之顯然也錢氏所藏殘缺數字今搨本僅一齊字
不可辨集古錄目云年三十四今搨本頗似五字
出自顓頊之出非證以集古錄跋幾誤讀爲世羽
儀上京之京下加一乚幾與亰字相混皆剜鑿之

明證也湖南通志載此文三十作五十閭闕作閭闔往縱作往蹤均誤續修者當據石正之　谷朗之名見於廣西通志云耒陽人事繼母以孝聞建武中仕至大中大夫值交阯叛遣朗征之經番禺牂牁威聲大著事平遷九真太守案碑有承奉繼親和顏悅色等語與志言以孝聞者合建武蓋建衡之誤大中大夫蓋大中正之誤時代迥別官位亦異上下相距且二百四十年方志之書錯謬若是非得此碑何由刊誤纂志乘者可不廣搜金石耶　嗣見兩漢金石記云碑上方有後人所刻重

修字然或碑是重立耳非重修碑刻也因復檢搨本審之重修二字在十四十五行之上僅一重字可辨於以知前言之不謬而嘆前此審視之莽矣翁氏謂非重修碑刻者未見碑額耳翁又云末有興業鄉大義鄉嗣孫谷起鳳谷尚志諸姓名復合先後所得五搨本審之漫滅殆盡惟稍舊之一本尚見谷起二字又一谷字一達字不相連屬餘無可辨非親至碑下洗濯而諦視之不得其全矣至瞿氏謂五行者約略之詞碑末餘地不足相容也翁氏所載獨與弟居居作展功成辭退辭作辭三十有四三作五名梟豹產梟作梟均誤餘則點畫微差耳　公府君者公或是爵洪氏以為三公府屬官恐未必然陽安長當是亭長東漢隸豫州汝南郡

施氏甎文

長九寸六分廣五寸厚一寸二分分書藏予家

鳳皇三年施氏作隱 在側　圖書 在上端

右施氏甎合三由乃得全文下端亦有二字不可識甎出湖州

天紀甎文二種

一 廣七寸二分厚二寸分書

天紀二年

一 廣七寸六分厚二寸六分分書

天紀三年

明年四月吳亡矣

八瓊室金石補正卷八終

八瓊室金石補正卷九

太倉陸增祥撰　男　繼煇校錄

吳興劉承幹覆校

晉

南鄉太守郛休碑并陰

高七尺廣二尺八寸十九行行四十五字又年月一行字徑八分分書篆額題晉故明威將軍南鄉太守郛府君侯之碑十六字在掖縣宋氏

君諱休字公彥東萊曲成人也其先出自黃軒后稷之
裔□□之□有務□者以德建國命氏為郛□□務□
平□顯緒歷載綿邈逮君之身含海岱之英靈纂□祖

之洪流偉□□□□聰達地于自然孝友著乎□日
仁□立於當時夫其抗節亮直□□弘毅岳峙淵渟威
而不猛仁愛足以□□格足以正世初志羣藝遊心
博□□□□令聞宣布□其天材□為事□方舟季
之多略超張趙之逸蹤弱冠□□上計□州辟部郎治
中別□□□□克昭茂績察孝秀才並以不就再辟
公府為相國掾寶隆鼎棟光輔和味□□巴蜀未賓□
□王路厄我周行□賢精帥朝推其能命君為使持節
征蜀將軍司馬遂遷鄴督軍糧治書侍御史□□□
二公府在典司郎□□□□君明□多□達于治體

損益時務闓塞世教讜言嘉謨屢抗其謀淸商遺於□
□□□□於冀野朝廷□□□子□騎都尉□□□□
□州□宣惠□□素樸□四術正雅俗□五□以訓民
明□□□□□晨風於北林縶白駒於空谷□公□
之處鄭文翁之在蜀也於是政行化成上下交和□□
□□□□作□□□□劓劉已東之□□君乃震
威龍驤虎奮□□□□斬將搴旗積尸如京封豕遠遁
三巴用康天府嘉勳□□于臺加明威將軍賜子男爵
□□侯又遷江夏太守旌蓋未□迪臨我邦追姬文之
遺風匡二南以誕化崇為政□以德帥大禮則與讓故

能期月績□宣□仁恩馳於區域重□□於遐荒□函
稷之勳□□信臣之惠蹤□□□以□□□稼穡以豐
國吳□□□□□陽□□神□順風□□□□□七
千擢犬羊三萬陸抗奔北於南□續輿尸於□□□□
□元功是揚率土稱慶江□□□甯方將亢宇崇□翼亮
天顯致皇□平隆□□□於□□旻天不惠降年□
永春秋六十有三泰始五年八□庚辰薨于位天子閔
悼羣□□□者弔祠□□故吏□□謝旅等追慕遺
化永□□□僉以為先民即世□器勒勳歿而不朽賴
以斯文乃相與刊石立銘□□□□俾□□□有所囑

仰其辭曰
皇皇太極芒芒建元含英吐□篤生□□□矣君侯欽
此□□□海□□品藻如春內宏九德六行外宣應期
作□命世立言龍躍鴻漸□□□□□巽三□□光□
展賦政于□□暢□□□□不顯至教入神將登紫庭
皇極是銓遭命□□□□論爰勒金石永昭後昆
泰始六年正月丙午造
碑陰
下截未拓上列廿五行行十字九字下列十五行行字不一字徑寸許分書
故吏南鄉□□字子明　□主順陽王□字宣□

故吏南鄉謝旅字長□　義民順陽郭貞字仕艮
故吏陰張述字□國　義民順陽呂崇字脩文
故吏順陽郭伏字壯宏　義民武當文定字長淵
故吏筑陽粱習字代伯
故吏陰張友字景仲
故吏順陽郭瑜字世元
故吏筑陽鄭承字獻之　司馬順陽黃根字巨原
故吏南鄉馮和字建龍　義武猛掾武當華吳
故吏武當陳襲字偉祖
故吏順陽宋柳字建之

故吏順陽楊晧字子顔
故吏武當李他字文子
故吏陰張觀字伯之
故吏鄧董寶字子玉　郡領縣八戶萬七千
故吏南鄉鄭岱字永先　百卅
故吏順陽張造字長周　織散吏三百廿人
故吏順陽黃成字季仕　兵三千人
故吏順陽黃謙字欽第　騎三百匹
故吏順陽馮禮字芝齊　叅戰二人
故吏武當楊興字元壯　騎督一人

故吏武當張建字仕烈　部曲督八人
故吏丹水李真字長恭　部曲將卅四人
故吏順陽王華字道英
故吏鄧張獲字長護
右南鄉太守郛休碑并陰乙亥五月汪硯山鍌寄
貽云在掖縣宋氏案姓譜諸書不載郛氏據碑則
爲務□之後以國爲氏與務氏同源可補姓氏書
之闕務郛同音易注孚猶務躁也務郛猶郛號也
務下所缺疑是成字休爲東萊曲成人官至南鄉
太守曲成晉書作曲城屬東萊國兩漢書作曲成

成城古通晉書地理志建安十三年魏武盡得荆州之地分南陽西界立南鄉郡又云南陽襄陽南鄉三郡爲魏又云南陽江夏襄陽南鄉魏興新城上庸七郡屬魏之荆州及武帝平吳改南鄉爲順陽郡平吳在太康初年順陽郡置於太康中年郛休領郡尙在未改之前故稱南鄉因魏郡舊名也郡領縣八見於碑陰者七其一則爲析縣戸萬七千百卌晉書地理志順陽郡戸二萬一百是十餘年來戸口增至三千晉書職官志郡萬戸以上職吏六十九人散吏三十九人縣戸不滿三百以下

職吏十八人散吏四人三百以上職吏二十八人散吏六人五百以上職吏四十人散吏八人千以上職吏五十三人散吏十二人千五百以上職吏六十八人散吏一十八人三千以上職吏八十八人散吏二十六人此云職散吏三百廿八蓋統一郡八縣計之兵騎以下史所不詳据此碑可得其大略官志所載部從事諸職碑皆不及惟武猛掾見於列銜武猛掾卽武猛從事也立此碑者或皆將佐之類故於文職不書鄭穎稱郛府君侯當是封爵碑文男爵下見一侯字進爵爲侯也碑立於

六年正月丙午攷通鑑目錄是年二月丙辰朔丙午前丙辰十日非廿一卽二十日補訪碑錄作二月二月不得有丙午趙氏益誤姬作姫穡作嗇見於漢碑者甚多碑陽皸裂錯紋交午初讀之幾難句讀竭三日之目力心思乃辨識此六百餘字郛君事蹟始無闕遺不敢謂一字無譌舛要亦什得八九錢潛研云嗜古者審核爲尤難祥於此益惴惴焉

任城太守羊夫人孫氏碑 泰始八年十二月十五日 萃編載卷廿五作泰始六年

又以加焉字脫焉 文帝詔報之字缺報

碑末云□□八年□月庚寅□十二月甲申□八年上當是泰始二字庚寅下當是薨字十二月甲申是其嗣子立碑之日錢辛楣少詹謂碑有庚寅十二月甲申以干支求之當是泰始六年不知碑作八字甚分明庚寅上有月字是紀日非紀年錢氏說誤 平津讀碑記

碑不見紀元惟八年□月庚寅□十二月甲申字可見著錄家皆以爲泰始六年案庚寅上有月字則非太歲之次可知碑文八字甚分明武授堂謂六字殘其上者强爲之說也通鑑目錄泰始六年

十一月壬午朔則十二月朔非壬子卽辛亥是月不得有甲申日□月庚寅爲卒日十二月甲申爲葬日混而爲一終不得當耳朱文藻云泰始八年十二月庚午朔十五日爲甲申碑當是泰始八年斯爲精覈矣晉書武帝紀是年十月辛未朔中有一小盡十二月適值庚午朔與史亦合實曰□姬姬上似是列字躪趾作止猶見古字

太康甎文九種

一長一尺六分厚一寸四分分書反文在陽湖呂氏

太康二年太歲在□

又長五寸四分上廣三寸五分下廣四寸六分厚一寸五分分書

大康四年鄭楊□□□造

□瞿留 反文

又長存五寸許廣五寸厚寸五分正書藏予家

太康五

五字半泐乙亥五月婦弟徐星甫蔭溥自襄陽寄貽襄陽民舍牆壁間率多古甎而有文字者甚少有建元年月者尤罕覯

又長一尺一寸四分寬四寸二分厚一寸二分正書藏予家

大康八年六月尹氏作

甲戌夏長沙出土甎已酥脫拓不得全顯就甎審錄之於桐軒學琴施礪卿在鈺皆有是甎取以互證乃得全文下端有彎飾

又長一尺七分厚一寸七分分書反文在丹徒於氏

大康八季楊氏造

又長九寸廣五寸厚一寸二分兩側皆有題字一顛一倒分書藏予家

大康八年八月三日胡明堂

泰歲戊申□七□五日鳳作

此卽補訪碑錄所載鳳作甎也吕愼伯懋恆所贈趙撝叔僅見一側故所錄未全泰歲戊申乃大康

九年蓋用舊模爲之前已有太康字故此處但書戊申不書紀元古人文不複沓卽此可見吕氏所藏永初甎側有延平元年字趙氏所藏咸平甎側有升平五年四月字皆用舊模改製者余近獲元嘉廿年甎其一側題太歲辛未字與此正相類泰太一字太歲作泰僅見於此明堂者墓之別稱如元堂之類禮記檀弓明器神明之也郊特牲明酌也注云明者神明之也釋名送死曰明器神明之器異於人也淮南兵略篇設明衣注云明衣喪衣也在於闇冥故曰明墓稱明堂與明器明衣正同

言堂者寬平之義即詩有紀有堂之堂兩面席紋
似赤烏甎背紋中列大泉五十二枚一己平曼

又長八寸四分厚一寸一分强分書反文在陽湖呂氏

大康九年八月□

又長一尺七分廣五寸二分厚一寸二分分書在陽湖呂氏

大康九年湯□作

上下各作直線上九下七湯下題字不可識甎紋
與赤烏甎相似字在席紋之中

又長存四寸三分厚一寸二分分書在陽湖呂氏

大康九年大歲

齊太公呂望表太康十年三月十九日萃編載卷廿五

□失其□失誤天受命吳字缺吳發冢而得脫一字据金石錄補而服
元禳曰唯爲望以得見也望卒叅考以上皆据金石錄補
言名計偕鐫□勒表言鐫表三字缺上帝既命既字缺無隕茲令
子隕缺

碑經斷裂臥弃府廨汲縣訓導李元遲請置學宮用
備金石家捜錄時嘉慶四年秋月也馮敏并鐫

震按今郡城西北三里太公祠有魏武定八年碑列
此表於前茲其初刻也尤宜寶惜因從季父移置學
署清嘉慶四年八月朔容邑李震跋以上二條刊碑尾

石晉太公碑其略云太公望者至八十六歲今以晉
書武帝紀考之云咸甯五年汲郡人不準掘魏襄王
冢得竹簡小篆古書十餘萬言藏於祕府與此碑年
月不同碑當時所立又荀勖校穆天子傳其敘亦云
太康二年與碑合可以正晉史之誤其曰小篆書亦
謬也且其書既在秦坑儒八十六歲之前是時安得
有小篆乎碑又云其周志曰至以爲卿士而史記太
公世家曰西伯將出獵卜之云云於是西伯獵果遇
太公於渭之陽與語大說曰自吾太公望子久矣故
號之曰太公望載與俱歸二說殊不合而王逸注楚

詞亦載文王夢太公事與碑所書略同方逸爲注時
此書未出逸必別有所據又云其紀年曰至一十餘
歲而史記亦不載按前世所傳汲冢諸書獨有紀年
穆天子傳師春等不載所謂周志者不知爲何書而
杜預左氏傳後序云汲冢書凡七十五卷皆藏祕府
預親見之以此知不特十餘萬言史之所記蓋不能
盡其亡逸見於今者絕少也太公碑汲縣令盧無忌
立後題太康十年三月云金石錄

右太公呂望表晉太康中汲令盧无忌所立石已斷
裂每行僅存十一二字无忌名與題識年月皆不可

得見矣予初意此碑不當在汲縣城疑即東魏碑裝潢者析而爲二後見范氏天一閣有此碑始知其石尚存深悔向時持論之失頃黃小松郡丞以搨本見詒讀之又知表後有韻語六行爲魏碑所未錄磻谿之磻作般亦勝於魏碑碑陰題名曼患已甚尚有功曹主簿等字可辨字畫頗古雅不似東魏之率易然以魏碑校其文存者雖無甚異同而以所闕字數驗之頗有多寡不合且既錄其文何又去其韻語或好事者假託爲之未可知也劉青藜亦以此碑爲後人重刻潛研堂跋尾

右太公呂望表在汲縣太公廟凡廿行行卅字有直行界線中段已有斷痕碑云太康二年至八十六歲荀勖穆天子傳序所得紀年蓋魏成王子今王之冢自今王二十一年至秦始皇燔書之歲八十六年蓋壽百一十餘歲史記齊太公世家亦云太公之卒百有餘年其所述皆與此碑同平津讀碑記

據碑尾跋語碑在汲縣學宫王氏洪氏俱以爲在太公廟中州金石攷謂在太公泉殆據水經注言之特不知碑於何時移城何時斷裂以致臥弃府廨也碑無標題王氏以額字當之與全書體例不合然書中如此者甚多

元康甎文十二種

一長存八寸七分厚一寸七分分書反文

元康二年七月廿日沓□

一長存四寸八分厚一寸二分分書存陽湖呂氏

元康二年十二月

一長一尺七分廣四寸八分厚一寸六分分書反文

元康四年七月廿日楊欽作

一長一尺五分厚一寸四分分書在陽湖呂氏

元康五年八月諫議□□□造作

一廣四寸八分厚一寸四分字在甎端在陽湖呂氏

元康五年八月□

末一字似作

一長存六寸七分厚一寸分書

元康七年歲在丁巳作

甎端有三錢形漢宣帝晉惠帝皆號元康宣帝僅四年而改神爵仁和趙氏藏元康七年塼二種一爲元康七年七月一爲元康七年太歲在丁巳十月十日均與此異

一長一尺四分廣五寸二分厚一寸五分分書

晉元康七年八月丁丑□

丁丑是月朔通鑑目錄是年七丁未九丙午故知之

一 長存三寸三分厚一寸二分分書在陽湖呂氏

元康八年七□

陽湖孫氏嘗於定遠旅店得元康八年甎又補訪碑錄載呂氏所藏黃平甎亦系元康八年皆不言七月非即此種

一 長存四寸六分厚一寸二分分書舊藏嘉定錢氏

元康八年七月

一字界一橫線元月二字各損其半甎端作八面形

一 廣三寸五分厚一寸三分字在甎端分書在陽湖呂氏

元康八年八月□

一 廣五寸三分左右厚薄不整字在甎端分書

元康八年八月廿八日丁卯

通鑑目錄是年月朔七辛未九庚午此云八月廿八日丁卯正合蓋七月小盡八月庚子朔也

一 長存六寸六分厚一寸二分字徑寸許正書

元康八年歲在戊午

錢十蘭先生得自關中今佚矣桐城吳氏嘗得傳家甎系元康八年戊午八月十日十字未見拓本

驃騎將軍韓壽墓碣

高一尺五寸寬一尺四行行五字分書左右兩行半缺在洛陽存古閣

□故散騎常侍驃騎將軍南陽堵陽韓府君墓神道

右驃騎將軍韓府君神道闕在洛陽近年始出於古井中兩旁字半泐弟一字不可辨晉書地理志堵陽縣屬南陽國魏赭陽屬建城郡訪碑錄列於晉末今從之 平津讀碑記

右韓壽墓碣道光廿餘年間馬恕宰洛陽搜集古刻得石六十八種就東門外千祥寺隙地建屋三楹置之名曰存古閣并為文以記其事閣中所列此為最古焉馬氏定為韓壽碣按韓壽於賈后被廢時伏誅見惠賈皇后傳賈后被廢事在永康元年是時未必立碣其在永甯元年惠帝反正之時邪

是氏甎文

長一尺一寸七分廣五寸七分厚一寸四分正書反文

永甯二年太歲在壬戌七月廿日立功君姓是

甎分兩截截各九字中間一泉四出兩端同之是

年十一月改元太安甎造於七月正合

太安甎文

長五寸二分厚一寸七分字徑一寸二分分書

太安二年

此亦晉塼也文曰太安二年乙未九月製爲硯錢繹識舊藏嘉定錢氏已燬於兵火矣晉惠帝北魏文成帝前秦苻丕後涼呂光皆號太安外從祖小廬先生定爲晉物

建武甎文

長四寸六分厚一寸五分字徑寸許分書

建武元年九月左

漢光武晉惠帝元帝成都王穎後趙石虎前燕慕容忠齊明帝北魏北海王顥皆號建武此乃晉人所爲必託之東漢則誣矣是年十二月改元永興

永安甎文

長存七寸厚一寸五分分書反文

永安二年歳在乙丑八月

按晉惠帝永安元年歳次甲子二年正直乙丑惟元年七月改建武十一月復永安十二月又改永興至乙丑八月尚書永安殊不可解至吳景帝永安二年己卯北魏莊帝永安二年己酉北涼沮渠蒙遜永安二年壬寅更不相符

永興甎文四種

一 長存五寸四分厚一寸一分强分書在陽湖呂氏

永興元年太歳甲

按是年甲子十二月改元永興造甎當在十二月也漢桓帝永興元年癸巳北魏明元帝永興元年己酉苻堅永興元年丁巳冉閔永興元年庚戌皆不直甲

一 長七寸厚一寸五分字徑一寸分書

永興二年正月造

此甎頗似漢物茲列於晉

一 長五寸七分厚一寸六分字徑一寸分書

永興二年太歳

永字半缺以筆勢審之殆晉人所造

一 長存七寸六分厚一寸四分强分書在陽湖呂氏

永興三年八月□

永嘉甎文廿一種

一 長一尺厚一寸五分正書

永加元年七月五日立功

嘉作加與趙晉齋所得永加六年甎同

一長一尺一分廣四寸七分厚一寸五分分書

永嘉元年八月十日立功

嘉作嘉異文元字反書

一長一尺七分厚一寸六分正書

永嘉五年歲在辛未辟除不祥

辟作辟拓本二種一本上四字不甚明顯尚可辨識

一長一尺厚一寸一分分書

永嘉五年陳神所造

仲作神拓本共三種剥泐處小異

一長一尺厚一寸七分分書

永嘉五年辛未子孫昌皆侯王

一長一尺一寸一分寬五寸五分右厚一寸一分左厚一寸六分分書

永嘉五年在甎端　子孫千億皆壽萬年在右側　陳仁在左側

此甎凡九種嘉慶七年番禺蔡長青得於廣州聚龍岡者二十餘由余近得七種道光庚戌冬記東卿刻右在甎背

甎藏長沙勞氏皆年二字微缺億仁二字皆从亻旁東卿名志詵漢陽人生平收弆金石甲於一時近已散佚淨盡難聚易散可慨已

一長廣厚薄字大小俱同前

永嘉五年在甎端　陳仁在側

疑拓本遺失一紙其一側是否與前甎相同不可知矣

一長存五寸二分厚一寸五分分書在陽湖呂氏

永加六年七

一廣四寸六分厚一寸三分字在甎端分書在陽湖呂氏

永加六年八月一日王氏

一長存五寸六分厚一寸四分分書在陽湖呂氏

永嘉六年

一長一尺一寸一分厚一寸五分分書

永嘉六年壬申宜子保

一長一尺二寸厚一寸七分分書

永嘉六年壬申宜子保孫在右側　陳在左側

文字與前甎同題字分兩截以界線五重間之前甎上下各五字此甎上截六字下截四字爲不同也黃小松司馬嘗得保子宜孫甎文曰光和六年保子宜孫此蓋襲漢人語而微變之此甎拓本共

得九種文字皆同而剥泐處各異兹錄其二　乙亥夏余亦得一甴孫字已缺甎經烈火焦黑者半赤坼者半葉氏故物也左側有陳字知前所見者未全

一長一尺五分厚一寸七分分書

□嘉六年壬申富且壽考

嘉上所缺是永字漢之鴻嘉陽嘉永嘉元嘉前趙劉聰麟嘉宋劉子勛義嘉梁劉龕升神嘉陳天嘉皆無六年宋文帝元嘉及後涼呂光麟嘉六年皆不直壬申蓋晉懷帝時物也

一長一尺一寸七分厚一寸八分分書

永嘉六年壬申永保子孫

拓本二種一缺下三字一缺上三字

一長一尺一寸厚一寸六分分書

永嘉六年壬申宜公侯王

一長一尺一寸三分厚一寸七分分書

永嘉六年宜公侯壽百年

拓本五種文字完好者二本

一長一尺一寸厚一寸七分分書

永嘉六年壬申永保萬年在甎側公侯　陳悟在下端

甎字分兩截上下各五字中作界線平列公侯二字以間之制作奇異拓本有五種一陳悟二字左行餘皆右行

一長一尺一寸三分厚一寸六分分書

永嘉六年丙申子孫百年

壬作丙拓本有十五種文字皆同剝泐微異耳南潯沈氏藏子孫百年甎亦永嘉六年所造見補訪碑錄不言有壬申字未知即此否

一長一尺一寸五分厚一寸六分分書

永嘉六年方□□作

一長一尺二分厚九分分書

永嘉七年癸酉君子壽考

此甎拓本得十三種長短微有參差文字亦或剝泐錄其完好者足矣永嘉無七年是年四月愍帝即位改元建興造甎在四月前也

一長一尺四分厚九分分書

永嘉七年癸酉子孫君侯

建興甎文九種

一長一尺二寸厚九分分書

建興二年甲戌皆封□□

建興二年甲戌昔□侯位
補訪碑錄載南匯沈氏所藏皆封侯位甎注云建
興二年甲戌此即是也蜀後主吳侯官侯晉愍帝
前涼張元靚後燕慕容垂後蜀李雄皆有建興年
號以干支核之知爲晉人所造
一長存六寸三分廣五寸五分厚一寸五分分書反文
建興二年　太歲在甲戌
一長一尺一寸二分厚一寸四分分書
建興三年太歲乙亥
仁和趙氏藏有建興三年甎有八月字無太歲四

字非即此種
一長五寸三分厚一寸四分正書在陽湖呂氏
建興三年
一長五寸廣存三寸八分厚一寸三分分書藏予家
鄧　建興三丰
上作一泉形四出鄧字右旁反書間一橫線下題
記年丁丑夏得於吳門
一長存六寸五分厚一寸四分分書反文在陽湖呂氏
建興三年七月
一長一尺九分厚一寸二分正書在陽湖呂氏

建興四年八月十五日鄧周行思明堂造作
一長一尺七分厚一寸四分分書
建興四丰太歲在丙子八月廿一日作
作字反書
一長存五寸一分厚一寸三分正書在陽湖呂氏
鄧　建興□年
甎分兩截中以一線界之上截只一鄧字上作一
泉郭內四出下截四字
太興甎文二種
一存長六寸七分厚一寸五分字徑一寸一分分書

大興四丰八月下缺
一長存四寸五分厚一寸六分分書藏予家
大興四丰鉊
丁丑夏得於吳門年字引筆特長旁題紀年左辛
右己己下一字泐蓋東晉元帝之五年也其一側
作直線六柱下作方勝
曾豐甎文
長一尺九寸厚一寸三分字大小不一正書在新城楊氏
太甯三年八月□日曾豐□
甎在永州出土不詳時地楊海琴前輩得之末一

字不可辨識攷晉明帝北齊武成帝均以太甯紀
元武成只二年永州亦非高齊所有其爲晉甎無
疑至後趙石虎亦號太甯尤可決其非

咸和甎文三種

一長存五寸二分厚一寸二分字徑一寸分書

咸和二年歲在丁亥□

右甎元所藏文曰咸和二年歲在丁亥□凡九字案
東晉成帝以丙戌卽位二年是丁亥也何氏元錫得
此甎於臨安山中以贈予因琢爲研其質堅剛若鐵
故能歷久如新隸體亦古勁可愛兩浙金石志

末一字似建舊藏揚州阮氏今亾矣南滙沈氏亦
有咸和二年甎無歲在字

一長五寸四分厚一寸六分字徑寸許分書

咸和四年

訪碑錄載義臺甎文云咸和四年句容張氏藏不
審卽此種否秀水錢氏所藏咸和四年甎下有八
月字

一長一尺一寸厚一寸五分分書反文

咸和四年太歲在己丑五月十一日命□

咸康甎文二種

一長一尺六分厚一寸二分分書反文在陽湖呂氏

咸康二年□歲在申

一長一尺二分厚一寸四分強分書反文在陽湖呂氏

咸康三年八月廿日所建

字閒一線制作工致

建元甎文四種

一長一尺二分厚一寸五分字徑九分正書首二字反文

建元二年八月四日張氏

首字殘缺要爲建字無疑漢武帝晉康帝齊高祖
前趙劉聰前秦苻堅皆以建元紀年此爲晉刻

一長五寸六分厚一寸六分字徑一寸分書

建元二年八

隸法縱恣頗似漢人茲列於晉以其與後甎相肖
也

一長五寸四分厚二寸一分字徑一寸七分分書反文

建元甲□

晉康帝二年甲辰此甎甲下辰字僅存一二筆矣
漢武帝四年亦直甲辰不欲高語西漢也

一廣五寸五分厚一寸五分分書

建元二年□□

永和甎文十七種

一長一尺七分厚一寸五分正書反文

□和二年七月二日毛氏造

首字殘缺審之似永拓本有松生所得金石松生手拓及端溪何瑗玉圖章兩浙金石志載泰和甎文曰泰和四年七月毛氏作皆反書此本係二年且多二日兩字非即趙氏所得於皋亭山中者

一長一尺四分廣五寸厚一寸五分正書藏予家

永和二年

上中下各一泉幕郭內四出中作兩方勝題字在

勝兩端界線之中乙亥出土

一長一尺厚一寸六分分書反文在陽湖呂氏

永和三年八月李作太歲在未

是年丁未

一長存三寸五分廣三寸二分厚一寸二分分書藏予家

□和二年

丁丑夏得於叚門文多剝落年上似三字背作席紋極精上端橫列三泉文不可辨

一長一尺四分厚一寸五分分書

永和四年八月

一長存四寸四分寬四寸三分厚一寸九分分書藏予家

永和四年

同治九年冬在長沙對岸出土琢為研堅緻異常借下截斷缺矣同時所出有題長壽字者有題陽字者余未得之

一長存四寸二分厚一寸三分分書藏予家

永和五年　大吉詳宜子孫

此亦丁丑夏自蘇購得者吉祥作詳聲同假借易視履考祥釋文本亦作詳大壯不詳也王肅本作祥荀子脩身篇則可謂不詳少者注當為祥成相

篇慎墨百家之說誠不詳注或為祥孟子申詳禮檀弓作祥左氏成十六年傳德刑詳義禮信疏詳者祥也古字同耳逸周書皇門篇作威不詳孔注善也亦祥之借

一長一尺一寸二分廣五寸二分厚一寸八分篆書反文藏予家

永和六年側在左　大吉端在上　富貴端在下

一長一尺一寸一分廣五寸三分厚二寸正書反文藏予家

永和六年立　宜孫子端在上　大吉利端在下

和立二字半泐利字缺右刀變文言宜孫子見於漢鏡者甚多上二種皆出長沙歲在癸酉

一長存八寸三分厚一寸五分分書在新城楊氏

年大歲庚戌莫龍編侯之墓

石墓在蒼梧縣多賢鄉鳳皇山乾隆庚子山陷有隧道如狹巷居民循之入道盡得堂堂之前有石案案上置銅鏡一銅器一器類盥漱者堂列三門甎封之甎有文云永和六年太歲庚戌莫龍編侯之墓居民知爲古塚遽揜之其鏡與器皆爲人得聞有藏其墓甎者甎徑尺許字在其側按漢晉皆有永和之號庚戌則東晉穆帝六年也是時林邑人范文攻日南九真交趾用兵莫氏當以戰功得侯然名字事蹟於史

無所攷龍編漢縣隸交阯郡吳士燮爲交阯太守後封龍編侯晉義熙七年杜慧度亦以交州刺史侯龍編子宏文襲爵莫氏前後百餘年間封龍編者蓋三人矣士氏之先避地交州慧度交阯朱鳶人蒼梧志載士燮墓無莫氏墓故人知有士燮而已謝啓昆粵西金石略

癸酉海琴遊桂林得此斷甎拓以見貽龍編侯莫攷其名宋開寶中南丹州莫洪㬢表求內附太祖給印領州世襲爲刺史其裔莫公晟紹興中會爲廣南經略使至今世司其地洪㬢當卽龍編之苗裔莫氏雄長一方肇基於晉矣

一長一尺三分寬五寸五分厚一寸九分分書反文甎端有篆書二字藏予家

永和乇年在側 長宜在下端

和旁作曰七作乇與鮑宅山鳳皇畫象題字同甎側年字之下作日月形亦如泉幕又有重暈各半相背與潘氏甎相似余得此甎七凶一七字已泐一年字已泐一永和二字均缺左半一斷缺存永和七三字一存永和二字不具錄

一同前

永和七年

甎端無字與前甎不同餘無少異

一長四寸三分厚一寸四分分書

永和八年八月十一日

一長五寸四分厚一寸五分分書反文在陽湖呂氏

永和九年七月十

筆勢縱恣

一長一尺一寸六分厚一寸四分正書在陽湖呂氏

永和十年太歲在甲□

是年甲寅末一字似郚

一長一尺一寸七分厚一寸四分分書

永和十年太歲在甲寅

一 長存下截四寸五分 厚一寸三分分書

十二年

甎琢為研左仲明刺史楨所藏存十二年三字字在左側右側有晉永龢甎四分書道光乙巳十月次閑所題上端有九龍沙墨妙五篆書署款半聾下端亦有題款云道光乙巳小春於白下九龍沙土中得此晉甎質文古朴卬之清靜攜歸製硯以取沃田之形象云甎文不見建元而趙次閑題為永和必其同出之整甎有永和字可證也錄之

升平甎文

長存四寸九分寬四寸三分五 行行存五字字徑四分分書

晉升平四年缺學博士陳□缺鄉周墟里同缺造壽陽太守缺之字茂長□缺

甎已殘斷拓本有研君手拓印文內有造字不知所造何物或是塔類

一 長存四寸四分廣四寸九分 厚一寸四分正書藏予家

升平五年七月廿下泐

甲戌正月呂尚之懋賞所贈側紋作泉幕郭內四出下作直線八柱案升平五年晉穆帝在位之十七年是年五月帝已崩於顯陽殿年甫十九皇太后令以成帝長子嗣統以明年為隆和元年故七月仍稱升平也

周暹甎文

一 長一尺厚一寸四分 分書在陽湖呂氏

晉故隆和元季八月十八日鄮縣周暹造

鄮縣晉屬揚州會稽郡今鄞縣地

興甯甎文

長一尺二分厚一寸五 分分書在陽湖呂氏

興甯二年甲子歲造

泰和甎文四種

一 長一尺二分厚一寸三 分分書在陽湖呂氏

泰和三年八月廿日作

一 長五寸六分厚 一寸三分正書

泰和五年太歲丙午

桉晉海西公太和五年歲直庚午此作丙午蓋誤也金章宗泰和五年乙丑後魏孝文帝太和五年辛酉後趙石勒太和五年壬辰吳楊溥太和五年癸巳並無一字相符曹魏明帝亦號太和甎係正書決非三國時物且其五年直辛亥亦非丙午後蜀李勢太和無五年

一長二寸八分厚一寸五分字徑六分正書反文

泰和五年

甎製爲硯硯側題字云甬上所出泰和五年甎已亥四月吳廷康贈老木記凡二十字葢藏嘉定瞿氏今佚矣案泰和係金章宗年號而甬上非金地葢卽晉之太和也太泰古通錢唐何夢華於皋亭山所得毛氏甎及嘉興張兆楠所藏泰和甎字皆作泰阮文達定爲晉物又徐氏澄嘗得泰元九年甎歷代無以泰元紀年者卽晉之太元可見建號亦得用古通字古人初不拘拘也魏明帝北魏孝文帝後趙石勒吳楊溥皆號太和可決其非

一長存四寸二分厚一寸六分

泰和□

太元甎文七種

一長一尺六分厚一寸二分正書

太元二年歲在丁丑七月三日立□

一長四寸厚一寸分書

晉太元四年

吳縣袁廷檮藏有太元四年甎錢塘何夢華元錫所贈云得自皋亭山中佛寺者疑卽此種仁和趙坦亦藏有太元四年甎下有杜氏立三字

一長一尺廣五寸一分厚一寸四分分書藏予家

太元五年八月十九日作者朱稚（在右側） 二（在左側） 吉

三□（在上耑） 朱（在下耑）

太書作大左側當是二字以篆文言之則古下字也上耑吉下當是古文四字下一字殘泐或釋爲平非光緒丙子正月廿二日蘇州胥門外十餘里黃山崩中有隧道既寬且深甎鐫太元年號字余得此及九年三種耳有題太元七年命大者有題太元九年歲在甲□者皆未之見壙今封閉以土石塡塞之不可得矣黃山舊名牛山俗呼橫山石堅而細可作碓磨土人於此取材焉

相虎甎三種（一長一尺五寸廣五寸厚一寸五分分書反文藏予家）

太元九年八月一日作（在右側） 相需（在左側） 錢十（在下耑左行）

九字泐末筆伊臣所得錢十二字右行與此微異

一尺寸同前藏予家

太元九年八月一日作

與前甎同出一笵左側兩端無字爲小異耳甎已斷折黏合之仍無損也

一長一尺六分廣四寸八分厚
一寸五分分書反文藏予家

太元九年八月一日作側在右　相霈側在左　□年□在下
耑

下耑字多殘損弟一字或釋爲吳未確末一字祇
存三畫

一長存五寸四分廣四寸
八分厚一寸四分分書

泰元廿一年八月六日造　缺　子孫

甎背席紋中列三泉泉有文存五千大三篆書大
泰同字古無區別

隆安甎文

半截長存四寸廣
五寸五分分書

隆安元丰　在甎端

背亦作席紋與泰元甎相似有二泉幕四出無文
字

楊陽墓碣

高一尺一寸半廣一尺三寸七分七行行
七字字徑一寸二分分書在歸安姚氏

晉故巴郡察孝騎都尉枳楊府君之神道
君諱陽字世明涪陵太守之曾孫
隆安三年歲在己亥十月十一日立

右碣四川重慶出土姚彥侍觀察得之楊陽枳人
當在今涪州境上涪陵太守侯考

章祿甎文

一長一尺五分厚
一寸三分分書

元興二年八月□日章祿所造

晉安帝元興改元大亨次年仍稱元興二年漢和
帝吳歸命侯亦號元興以制作審之晉物也元字
稍泐

建甯太守爨寶子碑

高五尺四寸廣一尺八寸三分十三行行三十字不
徑一寸額題晉故振威將軍建甯太守爨府君之墓
十五字下方列屬吏姓名十三
行行四字俱分書在雲南南甯

君諱寶子字寶子建甯同樂人也君少稟瓌偉之質長
挺高邈之操通曠清恪發自天然冰絜簡靜道□行韋
淵粹之德戎晉歸仁九皋唱扵名響束帛集扵閭庭抽
簪□驁朝野詠歌州主簿治中別駕舉秀才本郡太守
甯撫氓庶物物得所春秋廿五寢疾喪官莫不嗟痛人
百其躬情慟發中相与銘誄休揚令終永顯勿翦其辭
曰
山嶽吐精海誕陼光穆穆君侯震響鏘鏘弱冠稱仁詠
歌朝鄉在陰嘉和處淵流芳宮宇歎刃湣得其墉馨隨
風烈耀与雲揚鴻漸羽儀龍騰鳳翔鵷鶵淩霄將賓乎

王鳴鸑鷟闖濯綫滄浪厥民子來縶維同翺𣶒遊絆馬烏飪故放位才之緒遂居卒邦志鄭方熙道隆黄裳當保南岳不騫不崩亭年不永一遺始倡如何不弔殲我貞良回抱聖姿影命不長自非金石榮枯有常幽潛元穹携手顏張至人無想江湖相忘於穆不已肅雍顯相永惟平素感慟𢤱悽林宗没矣令名遐彰爰銘斯誄厥存甘棠嗚呼哀哉

太亨四年歲在乙巳四月上恂立

主簿揚𠰻　録事孟愼　西曹陳勃　都督文祀　都督董徹　省事陳奴　省事揚賢　書佐李仂　書佐劉兒　軒吏任丱　軒吏毛祀　小吏揚利　威儀王□

碑在郡南七十里揚旗田乾隆戊戌已出土新通志載而不詳近重脩南甯縣志搜輯金石遺文始獲焉遂移置城中武侯祠孝晉安帝元興元年壬寅改元大亨次年仍稱元興二年乙巳改義熙碑稱太亨四年殆不知大亨年號未行故仍遵用之耳儀徵阮文達師見爨龍顏碑訂爲滇中弟一石此碑先出數十年而不爲師所見惜哉抑物之顯晦固有時歟晉碑存世者已鮮兹則字畫尤完好願與邑之人共寶貴

之咸豐二年秋七月金陵鄧爾恒識

據補訪碑錄所載碑尚有陰碑尾鄧跋顧氏謂在碑側俱非所謂碑陰者即下方屬吏姓氏也碑書皐作皋顯作顯振響作震響仞作刃陰作陰隨作隨散作散業作鄴殲作殲遐作遐旬作恂董作董幹作軒冰絜蔄靜蔄郎蔄也海誕睹光誕睹誤倒睹郎渚字九皋唱於名翺縶維同翺以翺爲鄉言其爲本郡太守也餘不具舉

義熙甎文

長一尺厚一寸二分正書在陽湖呂氏

義熙三年七月廿日泐下

中書賈夜宇闕

高九寸五分廣一尺九寸五分二行行存三字字徑四五寸分書後跋五行行存字不等字徑七分正書在梓潼

司中書　大公出

缺十六國春秋云賈夜宇缺李雄聞其名拜行西將

缺部尚書墓在縣東缺路東皇宋乹道六缺□□□

[ ]尉尚□缺

右賈夜宇闕在梓潼石已斷缺後有宋人題字亦復不全所述十六國春秋語今本無之李雄僭即

帝位改元晏平在晉光熙元年建國曰大成華陽國志作國號太武晉載記作改年曰太武後改號漢而此刻首題曰蜀其在成李滅亡後邪或即宋人所題補訪碑錄附東晉末從之

八瓊室金石補正卷九終

八瓊室金石補正卷十

太倉陸增祥撰　男　繼煇校錄
吳興劉承幹覆校

前秦

鄭能邈修鄧太尉祠碑

高三尺三寸廣二尺文八行半行廿九字後題名兩截上截上列九行下列七行下截十一行行字不一字徑寸許分書在蒲城

大秦苻氏建元三年歲在丁卯馮翊護軍建威將軍奉車都尉城安縣侯華山鄭能□字宏道聖世鎮南參軍水衡都尉石安令治書侍御史南軍督都水使者被除為護軍甘露四年十二月廿五日到官以北接元朔給兵三百人軍而吏屬一百五十人統和寧戎鄜城洛川定陽五部領屠各上郡夫施黑羌白羌高涼西羌盧水白虜支胡粟特苦水雜戶七千夷類十二種兼統夏陽治在職六載進無異才履性忠孝事上恪懃夙延匪解以太尉鄧公祠張馮翊所造歲久頹朽因舊修飾故記之以其年六月左降為尚書庫部郎護軍司馬奉車都尉關內侯始平解虔安臣文聖世水衡令蒲子北掘令安邊將軍司馬都水參軍被除為司馬軍參事北地靈武孟□完廣

軍叅事和戎鉗耳□□龍
軍門下督和戎鉗耳□世㠻
軍功曹和戎鉗耳巨當世興
軍主薄河西臨晉楊萬世和
軍主薄和戎雷夫龍道䒞
軍主薄河西重泉范高延思
軍主薄和戎雷道子安
軍主薄和戎雷儿玉光 右上截弟一列
軍主薄和戎雷永景文
軍主薄和戎西羌騎世龍

軍録事和戎雷頗道□
軍録事和戎甞隆道𨚗
軍録事和戎雋蒙琿予諒
功曹書佐和戎雷陵道進
功曹書佐和戎雋棠龍彦詳 第二列
軍叅事北地富平楊洗少論
軍門下督馮翊朱進趙石
軍功曹甯戎甯周彦容
軍主薄甯戎郝子星永文
軍主薄甯戎屈男童道詵

軍主薄甯戎甞共永萇
軍主薄甯戎雷樹進㜷
軍録事馮翊呂𩦺幁䓊
軍録事甯戎甞掇欽詳
軍功曹書佐甯戎利非闔永蓮
治下部大鉗耳丁比 以上下截字蹟較大首行即在文尾下方

右修鄧太尉祠碑首題大秦苻氏建元三年歲在丁卯攷建元之號漢武帝晉康帝劉聰皆嘗稱之此加苻氏於建元之上意欲別於前代而失紀事之體蓋武臣不學者所為也碑為馮翊護軍鄭能進修祠而

作先云以甘露四年到官又云在職六載末云以其年六月左降為尚書庫部郎自甘露四年壬戌至建元三年丁卯恰是六載吾友吳白夫撰金石存列此碑於曹魏之世而未見全文但以甘露紀年意之不知其為苻秦之甘露非魏甘露也碑書屬施為夫施北屈為北掘皆以音同假借而題名軍主簿數人字皆從艸則以去漢未遠間存古法也鄧太尉即魏之鄧艾水經注濮陽城南有魏使持節征西將軍太尉方城侯鄧艾廟尚有艾碑秦建元十二年廣武將軍兖州刺史關內侯安定彭超立此別是一碑亦見艾

之威德及人久而不忘也艾從乂聲今人讀艾乂爲
兩音實則一聲之轉古人無甚區別如儱錯之錯不
妨去入兩讀矣魏志艾始封方城亭侯進封方城鄉
侯又進封鄧侯而水經注但稱方城侯豈以封號與
姓相涉舉舊封以示別歟抑史有誤文歟潛研堂跋尾
碑磨蝕事蹟多不屬其文有馮翊護軍建威將軍奉
車都尉城安縣侯字下名氏不可見又云鄭能進字
宏道聖世鎮南參軍水衡都尉石安令治書侍御史
降南軍督都水使者缺除爲護軍甘露四年十二月
廿五日到官以北接元朔給兵三百又屠刀百五十

八統和甯戎鄜城洛川定陽五部領居各上郡夫施
缺白羌高德西羌盧水白虜支胡粟缺沓水雜戶七
千夷類十二種後言以太尉鄧公祠頹朽因舊修飾
遂以其年左降爲尚書庫部郎至祠成之歲不可攷
矣水經注濮陽城南有魏使持節征西將軍太尉方
城侯鄧艾廟廟尚有艾碑秦建元十二年廣武將軍
兖州刺史關內侯安定彭超立後秦去魏未遠人感
鄧侯風烈爲之置祠宇如余所收甘露四年殘碑又
其一也衛從稱屠刀百五十人亦當時遺制世蓋罕
從聞焉授堂金石續跋

右苻秦脩鄧太尉祠記但自敘其所歷官而脩祠祇
以數語了之較之言不能文而刺刺不休者可謂直
捷爽快矣碑隸書前半頗有法度後半自軍參事題
名以下極醜惡似出兩人所書以苻秦碑刻甚少而
此又稍完故錄之趙紹祖金石文鈔
苻秦石刻傳於今者惟陝西宜君縣之建元四年廣
武將軍□產碑及此耳□產碑王侍郎金石萃編已
載之其首行有建元四年歲在丙辰字武虛谷大令
授堂金石跋據此以駁紀元彙攷作戊辰之非今刻
在其前一年而稱歲在丁卯則□產碑丙字乃戊字

之誤明矣□產碑有碑陰其題諸官姓名有所謂酋
大王酋大及某部大王某部大者今此碑之末亦有
治下部大之稱蓋皆其所置官屬之名也又其複姓
有儁蒙者二攷廣韻去聲儁下云西羌複姓有儁蒙
氏又其複姓有鉗耳者三見周保定四年聖母寺像
碑宋刻汝帖亦收有隋鉗耳君碑又有一人稱利非
□永遠者亦似複姓攷聖母寺碑有複姓荔非者三
人又新唐書李光弼傳有裨將荔非元禮蓋荔非即
利非皆羌酋之複姓也趙氏金石錄有方城侯鄧艾
碑不著年代亦不言在何地其跋下注晉時立亦不

言何入此文中則云太尉鄧公祠張馮翊所造碑在今陝西蒲城縣山陽吳氏金石存既不知碑之所在又因文中有甘露四年而未審出前之建元三年誤作三國時魏碑所錄全文又多脫誤外舅瞀研堂金石文跋尾弟四集有此碑之跋攷之甚詳大略本趙德甫之言（古泉山館金石文編）

癸酉夏有攜此舊拓本求售者前秦石刻極少萃編載有廣武將軍□產碑此外僅有斯耳亟購存之據云此碑及□產碑均已不存果爾則尤宜珍惜矣曩校金石續編未見拓本原書有目無文僅

據蒍清館錄補今以墨本斠之知尚有舛錯也趙琴士所錄亦多譌脫武授堂亦不能無誤給兵三百人軍而吏屬一百五十八人武氏釋八為又并脫三字又釋屬一為屠刀且為之說曰衛從稱屠刀亦當時遺制一誤再誤矣夷類之類疑是類字或即類字而武氏釋作類亦非至所謂甘露四年殘碑者未知何碑疑即此碑殘本武氏未之對斠也題名數行隸法略涉放縱仍不失漢人矩矱趙氏遂以醜惡詆之非余所知焉題名內有複姓屈男者按元和姓纂有屈南云屈原裔孫仕後魏重複姓以自南來乃加南字或作屈男據此刻則後魏之前已有此姓南來加字之說恐非確實或屈男與屈南異系後人以音近合併為一姓亦未可知昨和拔祖造象碑亦有是姓利非亦作麗飛魏書官氏志云與荔菲同承鉗耳元和姓纂作箝耳石刻均作鉗耳修祠者鄭能邈見承安年段繼昌碑當時石或未泐可據以定之諸家或釋作進或釋作達皆非

立界山石祠碑并陰（建元四年十月一日　萃編載卷廿五作廣武將軍□產碑）

（額題立界山石祠五字）

撫夷護軍（缺夷字）宗撈□□□穀特挺（缺宗字穀字撈作拱特誤持）綏

懷□聚（缺聚字）屋□蕭張（缺屋張二字）順序（缺順字）而至（缺至字）導

□□万（缺万字万上似我字）威暢入賓（缺賓字）旹道□□（旹作旹）

碑陰

兵曹董耆（缺耆字）兵曹秦烏（缺烏字）功曹董陷（陷作石）□□生

□□犀□□幹□□深□□聿□（末行全缺）

右廣武將軍□產碑在宜君縣碑已殘泐前敘其先世次敘其政績末有官名疆界似是紀功立界之碑碑首維大秦建元四年歲在丙辰秦苻堅以晉哀帝興甯三年改元建元其四年當晉廢帝太和三年歲

當在戊辰而碑云丙辰是撰文人誤記碑末有銘不書銘曰亦變例也碑陰有夫蒙頭夫蒙彭□部夫蒙護部夫蒙大毛部夫蒙傷大部夫蒙大祁部夫蒙進部夫蒙犂部當是所屬部落名新唐書突厥傳有夫蒙靈詧當即其遺種元和姓纂夫蒙今同蒲二州多此姓（平津讀碑記）

此拓爲東武劉氏故物從張松坪借校之潛研堂目據額題立界山祠碑較爲確實從之其以四年爲二年則誤也關中金石記訪碑錄亦作二年皆非纍紀卽累紀異文八賓卽八濱省借

後秦

遼東太守呂憲墓表

（高一尺二寸廣九寸五分六行行六字字徑一寸二分方界格橫額題墓表二字俱分書）

宏始四年十二月乙未朔廿七日辛酉秦故遼東太守略陽呂憲葬於常安北陵去城廿里

右呂憲墓表在西安後秦姚興宏始四年當東晉元興元年卽安帝隆安六年也通鑑目錄是年十二月乙未朔與此正合案呂憲後涼人十六國春秋呂氏略陽氐人呂憲纂之從叔也爲建節將軍遼東太守與碑所稱合惟碑不言建節將軍耳宏始四年當呂隆神鼎二年後涼未滅而憲之署銜系於秦者隆以神鼎元年降秦秦拜隆爲使持節鎭西大將軍都督河西諸軍事涼州刺史建康公隆遣母弟愛子文武舊臣慕容筑楊頴史難閻松等五十餘家入秦爲質呂憲蓋在五十餘家之內故系於秦而葬於常安也常安卽長安常長古通

宋

永初甎文

（長一尺四分厚一寸五分字徑七分分書）

永初元年七月□□□□

漢安帝宋武帝皆號永初字體不似漢人蓋劉宋

時物也

元嘉甎文七種

一（長一尺八分廣五寸五分厚一寸四分正書藏予家）

宋元嘉十七年五月作

甎爲土蝕字不甚顯左上角缺損宋字半存

一（長一尺一寸寬五寸三分上厚一寸一分下厚二寸二分正書藏予家）

宋元嘉十八年

一（並同前）

宋元嘉十八年（在端）　徐（在側）

甎雜土礫爲之質脃易裂余收得十餘由徐字明
顯者僅一耳
一長一尺一寸二分廣五寸厚一寸六分正書藏予家
太歲桒未李作在右側
宋元嘉廿年李作在左側
辛作桒桉弔比干墓文碑般辛字作桒此作桒幾
與古文㯹字無別矣元嘉廿年歲直癸未辛未乃
八年也右側題字蓋用舊模爲之相距已十二年
一長一尺二寸廣厚一寸七分分書在予家
元嘉二年太歲乙酉六月戊子朔壬辰立

丁丑十一月於桐軒寄贈亦仁和垸所出者似隸
似篆其一側㸚飾同大明甎六月戊子朔與通鑑
目錄合
一長一尺二寸三分廣六寸四分厚一寸九分正書藏予家
宋元嘉廿六年
一並同前
宋元嘉廿六年在側　虞在端
余得是甎六由有虞字者僅此虞卽虞字少一筆
癸酉出甎此爲最巨

甯州刺史爨龍顏碑并陰

高一丈五寸廣四尺一寸廿四行行四十五字字徑寸額高二尺八寸中穿徑五寸六分穿上六行行四字題宋故龍驤將軍護鎮蠻校尉甯州刺史邛都縣侯爨使君之碑廿四字並正書在陸涼州東南二十里貞元堡

君諱龍顏字仕德建甯同樂縣人其先世則少昊顓頊
之元冑才子祝融之眇胄也淸源流而不滯深根固而
不傾夏后之盛敷陳五教勳隆九土純化洽于千古仁
功播於万祀故乃耀輝西岳霸王郢楚子文銘德於春
秋斑朗絡縱於季葉陽九運否蟬蛻河東逍遙中原斑
彪刪定漢記班固述脩道訓爰曁漢末菜邑於爨因氏
族焉姻婭媾於公族振纓蕃乎王室迺祖肅魏尚書僕

射河南尹位均九例舒翮中朝遷運庸蜀流薄南人樹
安九世千柯繁茂万葉雲興鄉望標於四姓邈冠顯於
上京瑛豪繼軆於兹而美祖晉甯建甯二郡太守龍驤
將軍甯州刺史孝龍驤輔國將軍八郡監軍晉甯建甯
二郡太守追謚甯州刺史邛都縣侯金紫累跡朱紱充
庭君承尙書之元孫監軍之令子也容貌瑋於時倫貞
操超於門友温良冲挹在家必聞本州礼命主簿不就
三辟别駕從事史正式當朝靖拱端右仁篤顯於朝野
淸名扇於遐迩舉義熙十年秀才除郎中相征西鎮運
南蠻府行參軍除試守建甯太守剖符本邦衣錦晝遊

民歌其德士詠其風枀是貫伍鄉朝本州司馬長史而
君素懐慷慨志存遠御万里歸闕除散騎侍郎進無怨
容退無愠色忠誠簡於帝心芳風宣於天邑除龍驤將
軍試守晉甯太守軺車越斧金章紫綬棨戟幢旄襲封
邛都縣侯歲在壬申百六遘釁州土擾亂東西二境凶
豎狠暴緬成寇場君收合精銳五千之衆身伉矢石摧
碎千計肅清邉隅君南中磐石人情歸望遷本号龍驤
將軍護鎮蠻校尉甯州刺史邛都縣侯君姿瑛碓之高
略敦紀謐之宏度獨步南境卓尔不羣雖子產之在鄭
箴以加為是以蘭聲既暢福隆後嗣者矣自非愷悌君

子孰能若斯也莪旻天不吊寢疾弥篤享年六十一歲
在丙戌十二月上旬薨梨□痛悼宋夷傷懷天朝遠感
追贈中牢之饋也故吏建甯趙吹之巴郡杜長子萇仰
哀□德永慕元澤刊石樹碑褒尚休烈其頌曰
巍巍靈山峻高迫灉彧躍在淵龍飛紫闥邈邈君侯天
姿瑛哲縉紳踵門揚名四外束帛戔戔禮聘交會優遊
南境恩沾華夷撫伺方岳滕殘去慝悠哉明后德重道
融綢繆七經騫騫涯躬鳳翔京邑會閔比蹤如何不吊
遇此繁霜𧺆木摧枯光暉潛藏在三感慕孝友哀傷銘
迹元石千載垂功

祖已薨背孝志存銘記𧺆顧不遂奄然身終嗣孫碩子
萇友乎哀感仰尋彝訓永慕高蹤揩勒在三仲秋七月
登山采石樹立元碑表殊勳於當世流芳風於千代故
記之
甯州長子驍宏早終次弟驍紹次弟驍暄次弟驍崇萇
建樹此碑
太明二年歲在戊戌九月上旬壬子蕭嗣孫碩□□□
碩□碩萬碩思碩□碩羅碩闔碩俗萇立
近碑府主薄益州杜萇子
文建甯爨道慶作

碑陰

左右各三列每列行字不等

府長史建甯爨道文　鎮蠻長史建甯爨世明
司馬建甯爨德民　司馬建甯爨順靖
錄事參軍武昌郡劉覬　錄事參軍建甯毛瑋子
功曹參軍建甯孟遠倫　功曹參軍朱提爨融之
倉曹參軍建甯爨□登　倉曹參軍牂柯謝國子
戶曹參軍建甯周賢　戶曹參軍南廣楊道育
中兵參軍鴈門郡王令□　中兵參軍建甯爨孫記
府功曹建甯爨□　蠻府功曹建甯李延祖

主薄建甯趙道才以上右方弟一列　主薄建甯孟令孫
主薄建甯孟順德以上右方弟二列
錄事孟林　別駕建甯爨敬祖
西曹劉道善　治中晉甯趙世裬
戶曹尹仲常　主薄建甯爨德融
記室張𣑱熬　主薄建甯孟𣑱明
朝直張世保　西曹建甯楊琼
麾下都督王道盈　西曹晉甯駱碓以上左方弟一列
□□尹頭
□□□文

□□康以上右方弟三列
門下建甯爨連　門下張尋
錄事弋陽郡舒征　錄事萬敬
西曹建甯周令活　西曹尹開
戶曹建甯陳世敬　戶曹來𣑱子
省事安上輿稚圭　省事李道學
書佐建甯孟羅　書佐單仲
幹張孫明以上左方弟二列　幹盛庚子以上左方弟三列
此碑文體書法皆漢晉正傳求之北地亦不可多得
乃雲南弟一古石其永寶護之總督阮元分書

道光七年知州□□建亭此二則刻碑末二行下尚有知州邱均恩一跋不錄
右宋故龍驤將軍護鎮蠻校尉甯州刺史邛都縣侯
爨使君之碑在雲南陸涼州蔡家堡爨君墓前碑高
丈餘有穿有陰額在穿上大明二年故吏趙吹之杜
萇子等所立文爲爨道慶作正書兼用隸法饒有樸
拙之趣爨君名龍顏字仕德建甯同樂縣人祖肅
仕魏爲尚書僕射河南尹君於晉義熙十年舉秀才
除郎中遷南蠻府參軍試守建甯太守歸闕除散騎
侍郎試守晉甯太守還本號龍驤將軍護鎮蠻校尉
甯州刺史邛都縣侯卒於丙戌案爨本蠻夷唐書所

稱東爨烏蠻西爨白蠻是也碑敘世系遠舉楚之子
文漢之斑固風俗通云斑姓楚令尹鬭斑之後案斑
爲子文之子左傳作般猶公輸般一作斑碑雖傅會
亦有典據爨氏見於載記者華陽國志昌甯大姓有
爨習蜀志建甯大姓有交州刺史爨琛梁武帝以爨
瓚爲甯州刺史有二字曰震曰翫隋開皇十七年翫
反史萬歲討降明年入朝被戮其子宏達唐武德中
爲昆州刺史又垂拱中昆州刺史爨乾福見唐書張柬之傳
南詔碑有南甯州都督爨歸王昆州刺史爨日進梨
州刺史爨祺螺山大鬼主爨彥昌南甯州大鬼主爨

崇道至後晉有爨判借與段思平兵以敗楊干貞是爨氏自魏歷十數代未衰也碑中多假借及別體字如紹蹤作紹縱鉞斧作越斧簪纓作振纓九列作九例采石作菜石幢蓋作幢艦班作斑耀作燿匪作匪匠作近淵作淵驎作騏爨作爨兩顯字並作顯集古錄云漢綏民校尉熊君碑其書顯字皆爲顯莫曉其義馥案濕水禹貢孟子漢書地理志並作漯字蓋隸變爲爲累也謚從益不從盆與喬峻碑同戴侗謂唐本說文有謚無謚是從謚爲正體可證徐本說文之誤碑陰幹卽幹字漢碑陰亦有洪氏隸續言之詳矣

其頌以闔哲殺與遝外會夔爲韻案㕓韻殺所界切禮不豐不殺卽此音曹黃帝贊以哲韻制王粲誄以闔韻乂是也又以霜藏傷與融躬蹤功爲韻案東方朔七諫以當韻功陳琳大荒賦以還韻躬陸雲府君誄以章韻蹤可爲比照也桂馥跋

碑在曲靖府陸涼州東南二十里貞元堡立於荒阜之上以今尺度之高九尺廣四尺五寸厚八寸有額刻有穿穿之左右又如穿陽文盤螭二條下作正書六行每行四字共二十四字爲額字大與碑文同再下正中又作陽文盤螭形碑之正文二十四行行四十五字字體方正在楷隸之間畢肖北魏各碑北派書法碑文體制古茂得漢碑遺法非唐宋人所及此乃滇中最古之石極可寶貴漫漶處僅十餘字較唐南詔碑完善多矣滇繫內釋文誤者二十一字逸者九十九字今正之補之案爨姓氏書不多見戰國策有魏爨襄鄭樵通志爨氏望出晉昌後漢河南尹爨肅見謝承後漢書今碑爨龍顏於史無考建甯同樂當是同樂縣人碑云試守建甯晉甯二郡太守及護鎮蠻校尉甯州刺史案三國漢建興二年改益州郡置建甯郡晉置甯州建甯郡及同樂縣劉宋因之當

卽今曲靖府等地也同樂縣當卽今陸涼州也晉甯郡當卽今晉甯州雲南府地也唐書兩爨蠻傳自曲州靖州西南昆川曲軛晉甯喻獻安甯距龍和城通謂之西爨白蠻自彌鹿升麻二州南至步頭謂之東爨烏蠻案曲州靖州等處今已在雲南省治之東唐時謂之西爨然則東爨當在今貴州興義府普安州等地卽碑所云東西二境今曲靖白黑猓玀皆二爨之苗裔也碑云卽楚子文及斑朗斑彪斑固蓋言是楚令尹子文之後爲斑姓漢末改爲爨氏有仕於魏晉者有分支入滇據地爲豪傑者故華陽國志載諸

葛武侯南征收其俊傑建甯爨習官至領軍也又云迺祖肅魏尚書僕射河南尹君尚書之元孫與鄭樵通志合謝承書雖亡而通志可據惟肅之仕曹魏與習之仕蜀漢同時今龍顏爲肅元孫習自是肅之孫龍顏之祖爲晉所命來滇爲晉甯建甯二郡太守而龍顏襲之者也又云龍顏初爲本州命主薄不就又三辟別駕從事史至義熙十年舉秀才除郎中除建甯太守剖符本邦蓋以建甯人爲本郡太守又爲本州司馬長史歸闕後又爲晉甯太守又云歲在壬申百六遘亹州土擾亂東西二境君收合精銳五千之

衆身伉矢石肅靖邊隅云云壬申爲宋文帝元嘉九年宋本紀是年九月妖賊趙廣寇益州陷沒郡縣州府討平之當卽此事也又云龍顏享年六十一歲在丙戌十二月上旬薨是爲宋文帝元嘉二十三年上距生年在晉孝武帝甯康十一年也義熙十年舉秀才時二十九歲壬申歲靖邊隅封邛縣侯則四十七歲也龍顏有四子長子驎宏早終碑爲驎紹驎暄驎崇三人所建孫九人碩子碩□碩□碩萬碩思碩□碩羅碩闕碩俗其襲官者當卽碩子也匠碑益州杜萇子自是監造碑刻之人非刻碑匠也杜萇子當卽是碑中所云故吏巴郡杜長子也文爲同姓人建甯爨道慶所作碑立於太明二年歲在戊戌九月上旬壬子朔太明宋書作大明蓋孝武帝時之大明讀者皆如太也碑文辭藻頗富用易蹇蹇匪躬作騫騫自是彼時文字俗異非周易有此異文碑中如以班爲斑以瑛爲英以顯爲顯皆與北魏碑字體相同嘗歎劉宋蕭齊八十年間宇內竟無片石偉哉此碑遠立邊裔至今巋然爲趙宋以來錄碑諸家所未見卽乾隆間王司寇昶在滇搜訪金石亦未之見今得此搨本摩挲考釋亦幸甚也阮福跋

按爨龍顏建甯同樂縣人祖父以來世爲晉甯建甯二郡太守甯州刺史宋書地理志甯州刺史今領建甯晉甯牂牁平蠻夜郎朱提南廣建都西平西河東河陽雲南興甯興古梁水十五郡建甯太守漢益州郡滇王國劉氏更名晉書蜀置領縣十三同樂令晉武帝立晉甯太守晉惠帝永安太安之誤二年分建甯西七縣爲益州郡懷帝更名晉書永嘉二年改益州郡日晉甯合攷三國志晉書華陽國志南中志大同志通鑑諸書蜀漢建興三年諸葛亮南征改益州爲建甯以李恢爲太守移南中勁卒爲五部分配大姓焦雍婁爨孟量毛李爲

部曲號五子故南人言四姓五子門碑所云鄉望標於四姓收其
俊傑建甯爨習爲官屬習官至領軍魏咸熙初建甯
爨谷爲交趾太守爨谷卒爨能等將兵晉武帝泰始
七年分益州之建甯興古雲南交州之永昌合四郡
爲甯州太康中罷甯州置南夷校尉統五十八部夷
族惠帝太安初南夷校尉李毅行部永昌從事孫辨
上南中形勢七郡斗絕晉弱夷强應復甯州以相鎭
尉詔復置甯州增統牂牁益州朱提合七郡爲刺史
加龍驤將軍成都縣侯後南夷屢叛李雄稱帝建甯
大姓爨量爨深附之通鑑晉永興二年建甯爨彊歸李雄南中盡爲李

氏所有乃分甯州置交州以爨深爲交州刺史此劉
宋以前甯州建置分合之大略爨氏之所由强也爨
本邑名因爲氏族戰國時巴甯爨襄見魏策此爨氏
之最先者碑云迺祖肅魏尙書僕射河南尹元和姓
纂河南尹爨肅見謝承後漢書龍顏爲肅元孫其祖
父皆書爵不名晉書穆帝紀永和元年李勢將爨頠
來奔姓纂有甯州刺史爨頠或卽龍顏之祖又引蜀
志交趾刺史爨琛當是交州刺史爨琛之誤晉書王
遜傳遜使爨琛距李驤戰於堂狼深爲蜀漢時人琛
爲東晉時人相去六十餘年諸書往往誤合爨氏之

盛始於漢晉閒乘中國擾亂雄長羣蠻分統其地隋
唐以來西爨白蠻東爨烏蠻屢徙復振朝貢通款史
不絕書此爨之著姓分土碑所謂南中磐石人情歸
望者也宋書文帝紀元嘉九年九月妖賊趙廣寇益
州陷沒郡縣州府討平之碑云歲在壬申州境擾亂
君收合精銳肅清邊隅卽指平趙廣之亂也還甯州
刺史在討平趙廣之後考元嘉十八年十二月晉甯
太守爨松子叛甯州刺史徐循討平之十九年十月
以晉甯太守周萬歲爲甯州刺史皆與龍顏同時終
宋之世甯州刺史之見於正史者前有應襲周籍之

後有桓閎尹懷順杜叔文符仲子費景緒費伯宏諸
人而不及龍顏豈當時聲教旣遠朝廷任官不能入
於其地龍顏獨步南境爲衆所推襲封遷秩或不待
命與史稱梁時南甯州士民爨瓚竊據一方國家遙
授刺史後其子爨震恃遠不服爨翫降而復叛以碑
證史則甯州爲爨氏所據不始於梁因竊據而遙授
之龍顏固瓚震之先與歲在丙戌爲宋文帝元嘉
二十三年龍顏年六十有一則其生在東晉孝武太
元十一年丙戌安帝義熙十年擧秀才時年二十有
九碑立於宋武帝大明二年距龍顏歿時十二年矣

甯州刺史加邛都縣侯南中志作成都誤碑額左右刻日月古所未見志稱諸葛亮爲夷作圖先繪天地日月殆蠻俗遵之以弁石刻歟此碑足冠六朝諸碑著錄家所未見者予於嘉慶中得此碑拓本亟爲錄跋金石續編

碑云祝融之眇眉眇即秒字秒即今之渺字猶言遠裔也容貌作狠狠乃額之訛以瑛爲英古通漢綏民校尉熊君碑攬瑛雄之迹分平都相蔣君碑□濟清瑛郭仲奇碑翼翼瑛彥皆作瑛說文瑛訓玉光語可相通也享年作亨古字杜蒉子前作長後作蒉亦古通論語公冶長史記索隱引家語作蒉可證也碑版中亦數見之抗作伉古通餘如魏作魏敬作嶶嗣作嗣蔑作蔑夷作夷褒作褒歌作哥或作或皆當時俗體諸家所未舉者華蘤華字磨去改刻　辛未九月對墨本錄此較續編所錄又校正八字末題云九月上旬壬子蒲蒲當即滿字諸家皆讀爲朔恐非若係朔日不煩言上旬通鑑目錄是年八月壬申朔則九月朔日非壬寅即辛丑壬子非朔日矣惟壬寅朔則壬子是十一日辛丑朔則壬子是十二日不在上旬之內殊不可解又案爨龍顏見於萬姓統譜云同樂縣人仕宋累官龍驤將軍鎮蠻校尉甯州刺史封邛都縣侯有碑在故納河縣西三十里是此碑早經出土再晦又再顯也統譜又載爨深興古郡人仕晉爲本郡太守今南甯縣南十餘里有興古太守爨府君碑爨雲建甯郡人仕魏累官驃騎大將軍開府儀同三司南甯州刺史封同樂郡侯有碑在陸涼州南三十里據此則爨氏尚有兩碑特無人搜訪之耳爨深仕晉當是爨琛統譜又載爨琛爲交州刺史則是爨深彼此互譌矣統譜又載三國時有爨亮爲梁州刺史

大明甎文六種

虞氏甎長一尺一寸六分廣五寸八分厚一寸七分强正書藏予家

宋大明五年太歲辛丑七月□以上在側　虞在上端

字小而淺平曼者居多此尚清晰虞字較大

又長存三寸許寬五寸四分厚一寸七分正書

賁　宋大

此虞字少一筆側存宋大二字與前甎非一範亦同時所造別有虞作賁者作虞者字皆長二寸八分又有虞字小不及寸者同出一壙側皆無題字

斷闕不完不具錄

又上截長四寸七分下截長五寸五分廣五寸二分厚一寸六分正書藏予家

宋大明五年缺辛丑七月　虞氏墓

得此兩截合之知爲一甎辛字半泐辛丑上當是

太歲二字

茹氏甎長一尺一寸八分寬四寸八分厚一寸六分正書在湘陰郭氏

□明七年太歲癸夘六月八日茹氏造

右甎爲郭筠仙所藏首一字缺要爲大明無疑建

明昇明永明禎明承明景明乾明聖明天明開明

文明廣明貞明下一字以明紀元者七年皆不直

癸卯也癸字半蝕形模具存卯字左旁尚顯側紋

與桂氏甎同兩端均有一錢幕形邪內四出

桂氏甎長一尺一寸五分寬四寸八分厚一寸八分正書藏予家

大明七年六月甲辰朔廿一□桂氏作

癸酉三月郭筠仙前輩所貽題字在右側六月甲

辰朔與通鑑目錄合左側作三錢幕形以雙綫四

出繫之

又長一尺一寸寬五寸厚一寸七分正書在湘陰郭氏

大明七年六□□□□□氏

亦郭筠仙所藏下半曼威側紋與前一甎同上端

作魚藻形極有古致以上三甎皆出湘陰之仁和

垸同治辛未冬垸民取土培堤獲甎十數出文字

雩飾各殊非墟墓中物也湖南通志載湘陰劉宋

故城在今縣西北五十里今仁和垸在縣南恐志

有誤郭筠仙以爲黄華故城甎云垸堤東北稍高

如阜土人名爲黄華嶺卽城之遺址也案宋元徽

二年始分益陽羅湘西置湘陰縣大明間尚未立

縣今垸或是羅故城邪

何氏甎文

長一尺三分廣五寸三分厚一寸七分正書藏予家

何氏墓在甎端　泰始六年立在甎側

又長一尺四分廣五寸二分厚一寸六分正書藏予家

何氏墓　泰始六季立

文同前甎惟年作季爲異耳下端有一泉幕郭內

四出桉晉武帝宋明帝均以泰始紀元晉書杜預

傳太康元年正月進逼江陵吳督將伍延僞降而

列兵登陴預攻克之既平上流於是沅湘以南至

於交廣吳之州郡皆望風歸命是武帝初年長沙

尚未屬晉此蓋宋明帝之泰始也至宋氏帥趙廣

前蜀陳道養亦號泰始可決其非漢武帝及僞漢

侯景建號太始太泰可通用而皆無六年

南齊

永明甎文三種

桓氏甎長一尺八分寬五寸四分厚一寸七分正書藏予家

齊永明三年在甎端　桓幽州八世孫之墓在側

一長廣同前上厚二寸五分下厚一寸二分正書藏予家

齊永明三年在下端

甎題桓幽州八世孫而不詳何人蓋陪葬於先代之塋者官階卑末以先世顯秩標之志銘中恆有此例漢桓榮墓在首山之陽不在長沙晉書桓彝

傳云漢五更榮之九世孫也父顥官至郎中元和郡縣志唐書宰相世系表皆云榮八世孫彝與傳歧異總之彝為晉明帝時人時代遼隔彝之族亦無官幽州者則非榮之苗裔矣魏桓階吳桓彝晉桓陵桓雄皆籍長沙徧檢諸傳無任幽州其人或係贈官而史不及詳歟惟桓階傳云祖超父勝皆歷典州郡此所謂桓幽州者或即階之祖若父然不可考矣甎出長沙石馬坡羅家冲余收得三十餘由桓幽州云云或在左側或右側紀年五字或在上端或下端或左行或右行但題紀年者尚有

一種字較小

一長存五寸廣六寸許厚寸五分正書反文藏予家

齊永明十一年

題字在甎端長沙得甎此最後琢為研次一百五

十二

維衛尊佛背題字

拓本高一尺廣六寸三行行七字字徑七分正書在山陰妙相寺

齊永明六年太歲

戊辰於吳郡敬造

維衛尊佛

石佛妙相寺唐大和九年造號南崇寺會昌廢晉天福中僧行欽於廢寺前水中得石佛遂重建石佛高才二尺背有銘凡十八字筆法亦工案會稽未嘗號吳郡此石佛既得之水中又一人可負之而趨者安知非吳郡所造而遷徙在會稽耶嘉泰會稽志

嘉泰會稽志載此佛作像云齊石佛像銘十八字云云案元和郡縣志云後漢順帝時分浙江以西為吳郡以東為會稽郡自晉至陳又於此置東揚州隋改吳州又為越州此南齊石刻而稱吳郡則當時亦有改作之事為諸書所未載歟兩浙金石志

按三寶感通錄西晉愍帝建興元年吳郡吳縣松江滬瀆口漁者遥見海中有二人現浮遊水上有奉佛居士吳縣華里朱膺聞之乃潔齋至瀆口稽首迎之二人隨潮入浦漸近漸明乃知石像便舁還通元寺看像背銘一名維衛二名迦葉莫測時代而書迹分明舉高七尺是則維衛像本在吳郡通元寺好事者因就其地模造迎歸供養耳越中金石記

按杜氏引感通錄所載之石像既云莫測時代則模造者何獨取於齊永明也其說恐非確實

建武甎文 長六寸厚一寸一分正書

建武二年太歲乙亥九月

紀元稱建武者不下七八以干支核之乃齊明帝明物也南齊金石絕少流傳妙相寺佛象題字外記載闕如往歲得永明甎喜備一代典故丙子夏煇兒在京都厰肆得此搨本寄來又多一種矣制作頗精極似兩晉惜不知出土時地與夫收弆之家也

會稽王甎文 長一尺一寸二分廣四寸厚一寸四分正書反文藏予家

缺 元二二丰太歲庚辰會稽王墓

齊永元二□□□□辰會稽□墓

一甎斷缺一甎半蝕合而審之乃得其全永元東昏侯年號會稽王不知何許疑是蕭氏宗支上端有蚪龍形丙子出長沙丁丑得之

八瓊室金石補正卷十終

八瓊室金石補正卷十一

太倉陸增祥撰　男　繼煇校錄
吳興劉承幹覆校

梁

太祖建陵二闕

各高二尺三寸廣四尺一寸五分四行行二字字徑七分餘分書在丹陽

太祖文白帝之神道 此西闕

太祖文王帝之神道 此東闕反文

梁太祖文皇帝神道碑在丹徒縣之三城港文帝陵下鎮江志云歐公集古錄以為宋文帝碑非是蓋宋文帝自葬蔣山見於沈約宋書明甚第見此八字與宋文帝謚號偶同遂指以為宋帝而不知其為梁武帝之父追尊之號亦同 輿地碑記目

此梁武帝父順之陵闕也其正刻一石見歐陽集古錄而誤屬宋文帝王象之已爲舉正宋以後遂逸此反刻一石昔人未有言者同治八年春獨山莫友芝始并訪獲猶逸正刻太祖皇三字婁揚葆光乃蒐出合之九年秋九月辛卯友芝來觀題記 此刻在東闕右上角

右建陵二闕在丹陽石旁鐫梁建陵西闕梁建陵東闕字并莫友芝題記四行案梁武帝以天監元

年追尊父為文皇帝廟曰太祖

王世成造象記

高廣不計記刻佛座十四行行字不一字徑二分正書

天監五年歲次丙戌正月廿八日弟子王世成為亡父母敬造玉象一軀

右象不知所在梁武帝以壬午四月稱皇帝號天監天監五年當北魏正始三年

天監甎文五種

一 長四寸三分厚一寸七分正書在陽湖呂氏

天監七年丙午

一 長一尺廣五寸四分厚一寸六分正書藏予家

天監八年虞氏

一 長一尺一寸四分廣五寸一分厚一寸七分正書藏予家

梁天監八年虞

一 長一尺一寸六分廣五寸五分厚一寸六分正書藏予家

梁天監八年虞氏

右三甎同出一壙虞氏世葬歷宋至梁未易其地甲戌夏出長沙

一 廣五寸三分厚一寸七分正書

梁天監十年

鄱陽王蕭恢題名
高一尺六寸廣一尺四行行字不一字徑二寸許正書在四川雲陽

天監十三年十二月鄱陽王任益州軍府五万人從此過故記之

梁書鄱陽王恢字宏達太祖第九子天監元年封鄱陽郡王十三年遷散騎常侍都督益甯南北秦沙七州諸軍事鎮西將軍益州刺史使持節如故此題名正其之鎮時也十七年去蜀普通七年薨於荆州贈侍中司徒謚忠烈戊寅十一月繆筱山太史自蜀寄貽

附 田某題名 廣三寸二行行字不一字徑寸許正書在左

元祐八年十二月廿七日田□□遊此記之

田某名下一字似璧

附 鄭子思等題名 高同前廣七寸四行行十字字徑一寸七分分書在兩刻之間

嘉定九季花朝前七日同郡鄭子思爲拂塵於六百九十八年之後同游王成巽趙錦夫侍行德顯夫麟

趙錦夫宋宗室也侍行德顯夫麟蓋德麟顯夫之誤亦宗室

安成康王蕭秀東碑額
高一尺四寸五分廣一尺八寸四分五行行三字字徑三寸許分書在上元縣

梁故散騎常侍司空安成康王之□

是碑兩面俱漫剝無字僅題額可識 莫友芝識

安成康王蕭秀西碑額并陰 高廣行字與前碑同

梁故散□常侍司空安成康王□碑

碑陰 高八尺三寸八分廣四尺二寸廿一列列六十四行行字不等字徑五分正書 萃編載卷二十六

□條使持節□□□徐兗二州諸軍事缺條持節三字□史宗夬全缺第二行此□□參軍馬□師缺參軍馬三字□□□軍沈崇蔚缺軍崇二字忱誤作蔚□曺參軍虞列全缺西曺參軍王晅缺下四字行參軍□□三字全缺主薄□□之三字全缺主薄□□□□二字全缺別□□事吏劉慧□五字全缺別駕□□吏臧朱䫏別駕吏三字缺

西曺□□□山摽西曺山三字缺議曺從事□宏□議誤作西劉茂昌缺劉字上第一列　以西曺脩行徐雲□缺雲字水□□□延之缺下二字戸曺□□建宗缺上二字刑□□□□□缺刑字此第十行西曺吏表□念衣誤秦湯靈季缺季字西曺吏□令□缺令字西曺吏徐道度缺下二字以上第二列西曺吏時□洪缺時洪二字此十一行□曺吏□□□　□曺吏□□□□此十二行十三行俱缺曺字西曺吏葛□□此十四行缺葛字西曺吏□道□此十五行缺道字西曺吏王榮真此十七行缺下三字西曺吏唐慧明缺唐慧二字劉道茂缺茂字余逵之余誤作桼□韶明韶誤作聰方□之方誤作才西曺吏□道珎缺下二字□□吏□文□缺文字上第三列　以梅令先缺令字西曺吏

□□全缺此十二行西曺吏□文豪缺下二字西曺吏朱道□缺下二字
□玫合缺玫字朱玫龍缺上二字周彥先缺彥字□捷公缺捷字以上
弟四列吏吳□道缺吳道二字在董景□之前吏黃恩仁缺下二字吏朱□
之缺之字以上弟五列吏□僧達缺下二字吏□□孫缺孫字其弟二字佀加
吏荀□風缺荀字吏王僧缺僧字潘公鈞缺鈞字董道虬虬誤作純
吏□□臻缺臻字以上弟六列吏徐□缺徐字在吏張之前吏孫□缺孫字在
吏張之後吏陳榮宗缺宗字吏儲桃將缺將字吏鄉令□缺令字吏
劉□盛缺劉字吏闞道德缺道字吏□□祖缺祖字在吏闞道德後二行
以上弟七列吏□道念缺下二字在吏□靈祚之後吏周□□缺周字以上弟八
列吏朱□之缺之字在余文達後吏陳文陽缺下三字在陳文展後以上弟九列

吏□猛猛誤恤上弟十列以吏趙曇□缺曇字在陳天乞前吏葛慶孫缺葛
字吏章□□缺章字在吳遵緒後吏盛觀缺盛字以上弟十一列吏□僧勇
缺僧字吏袁曇智缺曇字吏劉雙兕缺兕字吏庄□□缺庄字在陳景
平前吏陳與□缺與字以上弟十二列吏胡玫度缺度字吏火法季缺下
二字吏張引之缺引字吏魏法琴缺琴字吏□文梗缺便字吏費
馬羊缺馬字吏何道規缺規字吏□文思缺下二字吏□敎明缺敎
字□吏傅仁慧缺傅字吏徐功□缺下二字在末弟二行以上弟十三列吏
□前缺前字在吏□□光之前吏劉道□全缺吏悄國龍缺下三字吏從係
舟缺從字係誤孫吏陸曇之曇誤雲吏□景之缺景字吏□煩之缺煩
字吏錢牟子缺牟字吏朱□□缺朱字吏鞠僧□缺下二字吏陳

休缺休字吏張□□缺張字在虞道降前以上弟十四行吏王天恩缺恩字天
誤大吏邢孝孫缺邢字吏陳靈宰缺靈字吏宋申缺申字□□□
興缺□□惠□缺此二行在宋申後以上弟十五列吏□□濟缺濟字在吏□
道季後吏□道頤全缺在吏朱□□前七行吏王道舉缺舉字吏張靈期
缺期字吏邢樹兕缺下三字吏尤僧□缺僧字吏王僧□缺僧字以上
弟十六列吏王門缺門字吏周□生周誤同吏朱國民缺民字吏蔣
羽粃缺粃字吏談宏龍缺談龍二字吏朱元祚缺祚字吏武道□
缺武字以上弟十七列黃門泰缺門字泰誤尒湯憑全缺在王靈袖前吏陳天重
缺天字吏夏季缺季字吏楊缺楊字在魏門棱之後四行吏潘携缺潘字吏
夏□先缺夏先二字在殷休祖前殷休祖缺殷字以上弟十八列吏□僧度缺僧

字吏庄僧僧缺下僧字吏張龍鎮缺鎮字吏范鄉□缺鄉字□慧
珎缺慧字吏□捷祖缺捷字殷□缺殷字在□部後吏曺令□缺令字
□□當□缺當字□慶祖缺慶祖二字此二行在曺令□後以上弟十九列吏姚
文成缺下二字吏黃□生缺黃生二字吏孫令宗缺宗字吏黃石席
缺席字吏郭後之缺之字吏范延之缺之字吏淺元□缺元字吏
周天與缺周字與字吏黃□□缺黃字在宏道輝後吏武起缺武字吏徐
□全缺梁和缺梁字此二行在武起後弟二三行吏□文祭缺祭字吏□□休
缺休字吏任泰伯缺下二字以上弟二十列□□緇□吏陳道
吏錢□顯此後一行全泐□□道賜吏周道欣吏黃仁
□吏陳道産吏趙景寅吏袁法务吏高文起

吏劉琳　吏韓珎之　吏舉文休　吏梅師寶　吏
吳顯公　吏陳牧之　吏華天叙　吏陶□盛　吏代
朱　□□係世　□□□之　吏王□□（此後一行全泐）吏（下泐）
（此後三行全泐）吏（下泐）吏□□之　□□余　□□文巷　吏
區作□　吏（下泐此後一行全泐）□□文木　□□景苻　□
□道合　□□□道　□□□琳　吏楊珎□　□許
霏之　吏邱霏（此後十四行全泐）吏（下泐在廿行陳伯林下）吏（下泐）吏□
□体　吏（下泐）□　吏（下泐）吏（下泐）吏（下泐以上弟廿一列全缺）

安成康王碑文已摩滅獨其額存正書在上元縣碑陰正書（潛研堂金石文字目錄）

上元黃城村東北甘家巷有二碑屹立田中其一全泐一額云梁贈侍中司空安成王之碑文爲風雨摧殘剝落已盡喜其中隱約有孝綽數字可辨蓋即王厚之復齋碑錄所載故州民前廷尉彭城劉孝綽撰吳興貝義淵正書之碑也按王名秀字彥達太祖第七子與始興王同母以孝弟聞於時官中衛將軍都督郢司霍三州軍事尋遷雍梁南北秦四州軍事多惠政天監十七年薨於竟陵謚曰康歸葬京師故吏夏侯亶表請立碑詔許之于是名士遊王門者王僧孺陸倕劉孝綽裴子野各製其文欲擇用之而咸稱實錄遂四碑並建從古所未有也然王陸等作金石家未見論及豈其剝蝕尚在此碑之前歟　碑陰正書分六列紀故吏八名今止三十九人姓氏可辨者中多希姓亦可資博雅之小助云（江甯金石志）

傳天監元年封安成郡王十七年薨贈侍中司空謚曰康此碑額書散騎常侍而不書侍中與始興忠武王碑額異（平津讀碑記）

是碑六朝事迹謂劉孝綽文貝義淵書者今文已漫剝盡唯額與陰略可讀（莫友芝識）

萃編載卷二十六以此爲始興忠武王碑陰誤矣

碑凡廿一列萃編遺其末列餘亦多所闕據石正之江甯金石志載此碑陰所見者僅六列顧亦有今所已泐者夏令孫上爲西曹脩行四字朱□與中爲政字洗之上爲潘字虞玫下爲緒字附識之其所記額字與今本不同何邪希姓如宏悄絆皆不見於姓氏書宏當即洪悄疑即稍絆疑即牟或絺之譌

樂記室甎文

長一尺一寸寬五寸一分厚一寸六分字徑一寸正書反文藏予家

梁普通元年

普字缺一畫側有孿飾
又同前正書與前甎相間成壙
梁記室蔡
墓字少一畫側作虬龍紋四爪皆具
又長廣同前上厚二寸五分下厚一寸二分字徑寸許正書反文
梁普通元年在下端
此甎通字中畫貫穿側無孿飾甎凡三種出長沙
圭塘北沖月亮坡王氏民居之後歲久水衝墓圮
上人爭取售值每種各得十餘由色赤質堅琢為
硯細潤可愛案蕭業以天監二年襲爵長沙郡王

墓中人蓋業之屬官為記室參軍者
始興忠武王蕭憺碑普通三年十一月八日萃編載卷二十六
第一行全泐當是標題
公諱憺字僧達南徐州蘭陵郡蘭陵縣都鄉中都里人
下泐宮格以意度之當有以上第二行□祖文□□之少子　今上之
季弟□□□□□□光□□盛□□□□□□於
□□河海而為浚抗□闔而同隆天乙降元鳥天字以上
全缺又缺乙字微子駕白馬而君宋缺上下各三字爰初啓姓缺爰姓二字
宴帷建國寔誤是缺建國二字文終德冠羣后少傳儒雅一時積
業德下十二字全缺以上第三行□□□□□□□□□□□

□□命世□□□□並□□功齊祚之初□□□叅□之
書天府書字以上全缺又缺天字仁義為基缺仁義基三字厥後斯大缺厥斯大
三字爰集寶命缺爰寶二字興我□家缺上三字盛德之風缺盛德風
三字於斯乎在缺上三字公稟五緯之純嘏資三才之□靈□
高明之□儀□資三明之四字外全缺以上第四行□□□□□□□□
英□厚□□□□□□□□□□□□□之歲早有令
德□□之□□□聰敏率由孝友友字外全缺回心敬讓缺讓
字時年數歲年字外均缺所生吳太妃缺所妃二字公衣不解帶
累日□□逮乎□□毀瘠過禮慕蕪樂正裒甚顧□多
恭□即閑衣不解帶四字外全缺以上第五行□□□□□□□

□□□□□同□□之□□□台輔之量及□□□□
□□功倍衡經問道匪扶自直室迩入遐室迩入二字外全缺始
登冠禮旋膺府命府字外全缺□任法曺俄遷外兵優遊戎
佐談詠而巳齊德將督入□衆遊戎佐詠齊五字外全缺以上第六行□
□聖□□□□□念拯生民□□□□□□□□□□與
第八兄南平□□□□□所歸□□□□從興風雲之會
風雲之會外僅載念字餘俱缺乘天地之符□□□□將□□□□臣
十亂之□□□□八之雄縱橫上略缺符將亂之四字八之雄以下七字
以上第七行州制命荊陝以公為冠軍將軍缺制命荊陝為冠軍七字西
中郎諮議相國□事中郎缺西相國事四字□王權興運旗面

士義師□動䪸行天罰公與南平王留守雍部南平守部四字外全缺于時四海宅心八百骨會缺時四海八四字又骨誤作脊而廌惡之缺廌惡二字以上弟八行□□天□□化□□□服猶昏猶字外俱缺梗我王路王字外俱缺公弼諧□□鎮撫關河公字外全缺影勢南平缺上二字頵僧都缺僧字裴師仁□□□郡缺裴字郡字公毗贊訏謨公誤作必以上弟九行二賊鳥竄及蕭瓚魯休烈缺上四字又瓚魯二字來寢上明缺下二字內外恇然缺恇字以公式遏有方□□□寄缺有方寄三字爰下壐棐缺爰壐二字棐即策字誤作棨以上弟十行□□□□□□□□□□□裕□□□何除侍中右將軍行荆州事公運以英規以英二字外全缺七州底定缺州字以上

弟十一行荆州刺史□□□□□□□□□□□承天革命□□□建承字外全缺又革誤作業維城大啓缺下二字公勳蕪望黃親惟魯衛缺公字覿字胙宇南服缺胙字江漢之紀寔惟南國缺紀字寔作寘贄𨑓𨑓誤延巴巫巫作巫以上弟十二行□□□□□□□□□□□□列鎮□□捴替之任寔曰允諧捴替二字外全缺以上弟十三行□□弗□□□□□□□□□□□□□屺嶁巇嬰城固守巇誤拔守誤命餘全缺無俟兵卒之勞缺無字以上弟十四行□□以□□齊相□□□□□□□之□□騶乘以古方今毀能及此振仁風乎□水以古方今毀五字外全缺又水誤作外祓茂澤缺澤字垂堂堂作堂以上弟十五行親版築之勞吏民憂□□□

□□□□色方□□□□城購□□金所活甚眾□及□□□境歎服歎服二字外全缺德之彼戚缺感字縮髮缺縮字以上弟十六行蔿□貞□□□閑□□□□七年丁慈母陳太妃憂水蘖自憂字以上全缺扶而後起中旨慰喻扶旨喻三字外全缺宜藎綬輯頻表自陳反复苦次缺輯頻反三字毀痛踰□缺痛字以上弟十七行年十二月以本號還朝改授平北將軍護軍將軍領石頭戍事又詔都督北討眾軍自又字以上全缺又缺軍字八年□□中書令缺八年二字續領衛尉卿公趍事縈居缺續領超居四字絲綸惟序矜帶以清缺惟序清三字八七題識缺七字千攄攄作盧以上弟十八行都督南兗南北徐青兗五州徐五州三字外全缺南

兗州刺史兗南字以太妃憂服未闋固辭□□北括□□南□楊楚荆縈訟擾以服二字外全缺公登車攬轡缺登攬轡三字餞迩迩作邇垂蔭垂誤乘以上弟十九行井絡金誠乘傳述□□□其選傳述二字外全缺西□□滿北指秦川缺西滿二字川誤州邑奠万缺邑奠二字以上弟二十行□□□千□□□□□□□□□□□□□□□□□□□□□將□□□□□百□□□□司公命旅授師弉無遺棨戒途匪日□□□道過□□□□□不闕□子□於谷口百道過不於五字外全缺以上弟廿一行□□□□□□□□□□□□□□□□□□□□□□□□□□□□□□□命□□子□□侯□□□諸生率先

胄子擁經受業□□□□□乃□□□□□□□□□
□□□□道則□夫咲之則字外全缺以上弟廿二行侍都督荆湘
□□□□南北□八州□□□□□□□□□□□□
□□之□□□□□之跡□□□之日舉賢□□□□
□□□□□□□□□□□□□□□□□□□□易
□之規□□□□莫不改過明□□校肆習生侍莫不改過五
字外全缺以上弟廿三行徒琢□荆山□□□水□□□□□□
□□□□□□□□□□□□□□之□□□師□□
□□□□□□□□□□□□□□□不□□□□□
□□□□□□□□十七年第七兄司空安成康王薨

公同胞異體安成康王異體六字外全缺以上弟廿四行愛尤闕□慟□
□□□□□□□□□□□□□□□□□□□□□
□□侍中中撫將軍石泐四字三司領軍將軍□□□□□
□□□□□□□□□□□□□□□□□□□□中
□□貴而思降以上在仄夜匪懈之上全缺無怠缺無字以上弟廿五行宏濟
于艱難宣力□□□方□□五□□□□代□□□□
□□□□□□□□□□□□□□石泐三字□□□□□
□□□□□□□華夷永□□□□普通三年十一
月八日月字之上全缺以上弟廿六行慮貶神和□不稱劉缺貶和劉三字
□呼衣帶□然□歸□□□□□□□□□□□□□

□□不□□□□□□□□中□□□□□□□□□
□□□□□□□□□□□□□□□□□□□□□
□□勞□佐運始以上全缺以上弟廿七行劬勞蕃寄缺蕃字方匚
位論道宏□□闕缺論宏闕三字飾終□□□惟□□□□□
□□□□□可贈侍中司徒驃騎將軍□如故給班劒
卅八羽葆鼓吹一部謚曰謚曰二字外全缺公梄心梄作棲以上弟廿
八行機神妙極斧藻英華缺機英華三字此下石泐八字終存勿擾缺終擾二
字化行江漢功宣其利鹽□其朗缺江漢功宣利鹽朗七字以上弟廿九
行鹽梅缺鹽字苦空苦誤若道俗影附缺下二字譽穆愔吏自□
□潛光鹿苑轞駕譽穆愔三字外全缺以上弟三十行灑泣無寄缺無字

以上弟卅一行葶山岳而無尉岳誤川尉誤酧以上弟卅二行道藹閒平缺閒
字若恂掾兵缺掾字以上弟卅三行雲雷利建缺建字車服以庸以誤
有宏闡聖化缺闡字以上弟卅四行賓御□罔缺御字式雕元此下
原脫一字萃編作一□以上弟卅六行宣惠將軍缺惠字吳郡張□明監作
缺郡明監三字丹楊□賢明刻字缺丹楊賢三字吳興郜元明石郜誤部缺
石字以上弟卅八行後空一行其弟卅七行亦空無字

右始興忠武王碑文漫漶失其大半諦審之倘有千
三百餘字其額云梁故侍中司徒驃騎將軍始興忠
武王之碑凡十七字獨完好梁時定官品爲十八班
班多者爲貴司徒十九班侍中十二班而結銜侍中

在司徒之上蓋其時以侍中爲親要之任出入帷幄與參大政儼然居三司右矣潛研堂金石文跋續編

右碑在上元花林之東黄城村侍中尚書右僕射宣惠將軍東海徐勉造吳興貝義淵正書按王名憺字僧達太祖第十子居母喪過禮哀感旁人聞兄安成成王薨哭泣不飲食者數日傾財産賻送天下稱其悌史稱王有佐命之元勳利民之厚德故其還朝也民歌曰始興王民之爹赴民急如水火何時復來哺乳我薨于普通三年十一月謚曰忠武碑文與史傳大略相同惟封始興郡王食邑三千戶碑作二千戶

耳金陵承六代之餘然其時碑碣流傳者絕少獨此與安成王碑蕭景石闕未與寒烟野草共銷滅于三山二水閒若非神物護持未必得傳於今也碑中包含作苞含黎垠作棃垠式閭作軾廬圖形作啚刑儀型作儀刑麟作驎同國策而異他經又隟作隟暴作㬥堂作堂瘠作瘠皀即身字偳即儒字亻从彳广从疒肙古胥字銘中原落一字竟未補註觀見古刻每有落字或註于旁或竟不補蓋當時書丹于石者多故時有此誤耳嚴觀江甯金石記

碑約三千餘字金石萃編僅辨十之三此拓本視王氏多百餘字銘詞式雕元下無殘泐痕似書碑者脫一字平津讀碑記

梁蕭憺東碑其陰無刻字蓋其西碑亡久矣金石萃編乃以秀西碑陰誤爲此碑陰莫友芝識

萃編闕漏甚多茲據石刻參以李氏校本計格補錄並正其脫譌如右又萃編以蕭景碑額爲此碑之額以此碑額爲碑之首行而復刪載蕭景碑額於後且以蕭秀西碑陰爲此碑之陰而所引復齋碑錄南史二條又皆係蕭秀碑跋何舛謬若是邪江甯金石志錄此文較萃編更少錯誤亦多哀瘠在□嚴氏作皀謂皀即身字今碑巳缺泐王氏作皇皇字固恐非是身之作皀亦未見於它碑闕疑可耳

臨川靖惠王蕭宏二闕

拓本西柱高二尺五寸三分廣三尺五行行五字字徑三寸五分東柱高二尺五寸六分廣三尺四分行字同左行俱正書在上元

梁故假黄鉞侍中大将軍楊州牧臨川靖惠王之神道西闕

梁故假黄鉞侍中大將軍楊州牧臨川靖惠王之神道東闕左行

右二柱在上元縣東北北城鄉張庫村去朝陽太平兩門各二十五里而近宋以來未有著錄同治戊辰八月始訪得之莫友芝識

此蕭宏闕也梁書有傳宏字宣達太祖弟六子天監元年封臨川郡王普通七年四月薨年五十四贈侍中大將軍揚州牧假黃鉞王如故謚曰靖惠此闕當立於普通七年也靖與靜同梁書宏傳前作靜後作靖又案江甯金石待訪目有此二闕云在江甯北城鄉目見復齋碑錄莫子偲謂未有著錄者殆未見其書耳至補訪碑錄謂宏卒以普通

四年七月贈官謚則四七二字互譌矣武帝本紀普通七年四月乙酉太尉臨川王宏薨與傳同通鑑目錄是年四月己巳朔則乙酉是十七日

大通造像題記

象高二寸二分題字在圓光之背兩行行四字徑二分餘正書

大通元年造像一鋪

南康簡王蕭績二闕

各高二尺一寸廣一尺三行行七字字徑一寸五分正書東闕左行在句容

梁故侍中中軍將軍開府儀同三司南康簡王之神道

西闕

梁故侍中中軍將軍開府儀同三司南康簡王之神道

東闕左行

此蕭績闕也績字世謹高祖弟四子天監八年封南康郡王出爲輕車將軍領石頭戍軍事遷使持節都督南徐州諸軍事南徐州刺史進號仁威將軍徵爲宣毅將軍領石頭戍軍事出爲使持節都督南北兗徐青冀五州諸軍事南兗州刺史徵還曹嘉樂等乞留之進號北中郎將尋徵爲侍中雲麾將軍領石頭戍軍事出爲使持節都督江州諸軍事江州刺史丁董淑儀憂攝州任固求解職徵

授安右將軍領石頭戍軍事尋加護軍大通三年薨年二十五贈侍中中軍將軍開府儀同三司給鼓吹一部謚曰節此闕所題蓋贈官也闕當立於大通三年大通三年即中大通元年武帝本紀是年閏六月己未安右將軍護軍南康王績薨改元在十月故傳稱大通三年通鑑目錄是年六月辛巳朔七月庚辰朔己未非閏月九日即十日也江甯金石待訪目有南康簡王蕭績碑云在上元神泉鄉目見古金石攷續蓋績之譌

大同甎文三種

一廣三寸七分厚一寸七分字在甎端正書在陽湖呂氏

梁大同元年

一廣五寸厚一寸六分字在甎端正書

大同元年

遼太宗亦號大同以字勢審之其爲蕭梁時物無疑

一長存四寸三分廣五寸三分厚一寸七分字在甎端正書藏予家

梁大同五年作

甲戌夏兒子繼德購於吳市已琢爲硯面有小圜居士長物六字在側雩飾下鐫思無邪齋詩硯六字均篆書上端橢圓題分書六行銘云質如石色如鐵范亏骨鞕徐勉風節追之琢之匪翫物是道周閑自□

宮容造象題字

象高三寸五分座高一寸二分字在座背蓮瓣上六行行二字字徑三分許正書在太倉錢氏

大同二年五月一日宮容敬造

右象舊藏漢陽葉氏今爲吾甥錢伊臣溯耆所得凡十四區此爲最古其姚呈祥楊紀兩造象無建元年月字亦不古不錄并識之

慧影造象記

蓮座高一尺六分題字在象背七行行字不一字徑五分正書

梁中大同元年太歲丙寅十一月五日比邱釋慧影奉

爲亡父亡母并及七世久遠　出家師僧并及自身廣

及六道四生一切眷屬咸同斯福

乙亥十月得此拓本下方有石門李嘉福鐫題分書云同治七年得於吳門

安慶造象題字

高連座三寸五分字在蓮座上平面環列十九字字徑二分餘正書在太倉錢氏

大寶元年二月廿八日安慶為亡父母敬造一區

建安敏侯蕭正立二闕

各高一尺四寸五分廣一尺四寸四行行四字字徑二寸許正書一左行在句容

□□侍中□□□□□□□侯之神道

梁故侍中左衛將軍建安敏侯之神道此闕左行

右蕭正立二闕同治戊辰冬在句容訪得之西闕曼患殆甚賴東闕尚存猶可辨識原籤題云蕭正立闕案梁書正立臨川王蕭宏之弟五子也初封羅平侯立爲世子宏薨正立表讓正義爲嗣改封建安侯附見宏傳者只此數語而已南史所載較詳云正立字公山後位丹陽尹薨謚曰敏餘與梁書同其爲侍中左衛將軍史所不載亦不詳其卒

年江甯金石待訪目云梁故侍中左衛將軍建安敏侯神道二石柱正書在湛化鎮目見復齋碑錄

新渝寬侯蕭暎西闕

高一尺七寸廣一尺三寸三行行五字字徑二寸正書左行在句容

梁故侍中仁威將軍新渝寬侯□□□

東闕已佚同治十年始訪得於茅山攷南史暎始興忠武王蕭憺之子也暎字文明普通三年封廣信縣侯嗣改封新渝縣侯為吳興太守又為北徐州刺史後歷給事黃門侍郎衛尉卿廣州刺史卒謚曰寬此稱侍中仁威將軍當是贈官史未及詳

江甯金石待訪目云仁威將軍新渝寬侯神道目見復齋碑錄石所缺當是之神道三字

殷氏甎文

長一尺一寸三分寬五寸四分厚一寸七分正書

大梁太歲癸丑殷氏墓

題字書干支不書建元案蕭梁五十六年惟中大通五年歲直癸丑其時並無事故不應不書建元後梁三十三年不直癸丑癸丑為隋開皇十三年後主蕭琮已亡六載矣以意度之蓋梁人之歿於隋者幽都府路縣令邊敏墓志蓋題曰唐而志文卒書丙戌不書天顯元年葬書庚申不書建隆元年左武衛中郎將石暎墓志蓋題大漢而志文於卒年缺其干支於葬書甲子不書乾德二年此甎正與之同梁亡而仍系以梁示非隋臣之意惜其名不可攷矣或以屬之中大通五年亦無不合惟時無他故何以不書建元六朝尚少此習甎出長沙圭塘質脆理疏收弆七八凷多破損不全完善者僅此耳

陳

趙連成造象題字

背座高三寸四分題字在蓮座背八行行三四字字徑二分餘正書在新城楊氏

永定元年歲次丁丑十二月二日弟子趙連成為母敬造佛像一區

永定元年陳武帝即位之初年梁敬帝太平二年十月禪位於陳十月以前尚是蕭梁像造於十二月一日陳建國號未周兩月也是年正月西魏亦亡宇文周代之九月明帝即位在北齊為天保八年在後梁為大定三年

馬忠造象題字

連座高三寸四分題字在蓮座背十行行三字末二字字徑二分餘正書在新城楊氏

天康元年二月廿四日仏弟子馬忠為亡父母敬造象
一區眷屬八口供養

天康元年文帝在位之七年是年四月帝崩子伯宗立其明年改元光大像造於二月尚在文帝時也陳金石世無流傳趙撝叔謂閩有得臨春閣專文為至德四年今詢入無知者則亦儻怳之詞也余乃得見此造象二種足備一小朝遺文矣

八瓊室金石補正卷十一終

八瓊室金石補正卷十二

太倉陸增祥撰　男　繼煇校錄
吳興劉承幹覆校

北魏一

中嶽嵩高靈廟碑

高六尺四寸廣三尺廿三行行五十字字徑六分至寸二分不等分書篆額題中岳嵩高靈廟之碑八字陽文方界格在登封

太極剖判兩儀既分四節代序五行播宜是故天有五
緯主奉陽施地有五岳主承陰□□□統協□□□□合
之至用光濟乾巛覆載之大德於是造化之功建而三
材之道顯然後天人之際粲然著明可得而□羲皇□
創觀□共□□□父天母地仰宗三辰俯宗山川夫中
岳者蓋地理土官之宮府而上靈之所遊集四通五達
之都會也□應懸象鎮星□酉□宿值軒轅璣玉衡
以齊七政其山也則崇峻而神奧原隰也則顯敞而□
□南泝淮汝北□□□□□□圖□□夏禹錫龜書
□後乃天道所以除偽餚真而聖哲通靈受命之處所
是以觳藪集神□□□□道太□□□□□□□幽
顯元通故其威儀㬎㬎昂昂不嚴而自肅少昊之季九
黎亂德民瀆齊明嘉生不潔於是□□□□□俗□

□□□□□□□□□□□□□五載巡狩□祀□靈
三代□循隨時損益有十二秊巡祀之義謂之令典脩
□□□□□□□□□□□□□□□□□□□□□
□□圖之徵武□□五靈觀德之祥欵應之哲若□□
之隨形殼故禋祀之□□□□□□□□□□□□□
□□□□□□□□□□邦屢豐秊其斯之謂也周室
既衰□□微弱巡祀之禮不復行扵方岳□□□□□□
□□□□□□□□□□□□□□□□□□□□□
秦及漢丕遵古始莫能興□□旻祀俶宗从勒壹羡下
歷魏晉□□□□□□□□□□□□□□□□□□

□□□□□□□□雜錯邪偽紛然謡俗之或淫□□
對祭非祀典□□民叛是□□□□□□□□□□□
□□□□□□□州□□□□秊間生民塗炭殆將殲
盡大代龍□□□□□□間□醕無為而治□□以□
□□□□□□□□□洪□□□□□□□□□□甯
□神和會有繼天師寇君名謙□□□高□□志隱
叓中岳卅餘秊岳□□□□□□□□□□□□□□
□□□□□□是□□降臨授以九州真師理治人□
□□□國□□轄蕅真君成太平之化□□□□□□
□□□□□□□□□□□□□□□□莫真遂案

循科條安立壇治□□□之靜□□□□之降儀及□
家□□□□□□□□□□□□□□□之□□□□
□聖□□惟古烈雯夏之隆殷周之盛□□□近鑒
𡊮□秦漢之替劉□□劣□□□□□□□□□
□□□□□□□□□士脩諸岳祠奉玉帛之禮春祈
秋報有□□□焉以藝祠敦壞奏遺道士楊龍子更造
新□□□□□□□□□□□□□□□紳之□好
古之士莫不欣遺大明之丗□□□德之事慨然相與
議曰運㮣反真乳窮則□是以□□□□□□□□
□□□□□特□□□宜刊載金石垂之來丗乃作銘

曰
巖巖嵩岳作鎮后土配天承化㴐統四捄誕命聖明萬
象荒主河圖授義洛□□□□惟建彝倫攸序降神
育賢生申及甫惟申及甫翼治作輔萬國咸甯獲茲福
祐禾□皇義仰觀俯察爰制祀典民和神忄□□□□
□□前烈慭慭後王或隆或替爰脩刻興愓濁玆咸煌
煌大代應期憲章除偽甯真洪業剋昌師君宏道人神
對揚明泰□□□五常宗□□□降福穰穰宜君宜
民永丗安康
碑陰

兩截上截二列弟一列廿二行弟二列存十五行字
徑寸許行字不一下截五列列行字均不一字徑六
分正書
內者令中常侍羽□仁□　㐌北大將軍侍中□
將軍領皇□大䢀秋使　[大□□□□]
持□侍中安南將軍□　城□王恒□
守洛州刺史扶風公尉
遲勑眞被
詔洛豫二州造立廣熈碑
爾誌竟
洛州行職王吐久万

□□□義將軍渭南□楊　□州□□步
龍子監典洛豫二州營　大汗羿□眞
造指授模□□　州典作憧將
甯遠將軍廷尉寺洛州別　□□阿鄉□
駕安陵男吳□　□□□□
陵江將軍洛州治□渚陽　歹□□
男烏洛蘭意力以建　□用銅鋌二
明威將軍洛州目□莫公　千□百斤
孫瑾□
臺遣蠶匠高□典□□□　□

臺遣石匠田平城典□州　石□
臺遣材匠像万□典□州　□州典作□□爰
州典作統武烈將軍作□　細肘紇賀□
□陳南洛扶　爰□千
右上截一列　右二列
東□□□安平　□　威將軍襄城　上
刺史池□□咄□　縣令□
□□□　□　□
□州行□　□督□　□陽
遼將軍尚□□　□　守

□　□□□□別　□州
□□郡洛陽縣王　□□□
烈將軍豫州
□汗　□
明威
司馬豫州□　冠　□□□□郡長
□□□□　丁□
□　□□　□諫郡承常山郡　□
業□　□南□□滄水　綏遠將軍陽□□□□
□皮縣侯□　□邱□高

建威將軍汝南 車 □州□万真□
子 □郡軵 □
建威將軍汝□ □
子中山郡魏昌□□□
安南□從事□□陽
太□汲郡杜道□ □
□遂將□□山□守□ 宣□縣 □
郡九門□□□
□□□陽三縣令□遂將軍 威
魏郡太守□□郡平鄉縣 陽

通
遂將軍陳□太守上□
□□ 山
明威將軍□□郡太守□
□陽
右下截一列 右二列
□□ 上黨郡 □ 令□休
□□□□ □□ □明 西
□□□ □□ 新 □
□軍奉車都 汝陽 □李 □陰

□令□□□□ □山 □
□ □ 南□郡 □□□
山郡□ □□郡 □□ □□
□城郡□□□□平□令□齊
山魏昌 □南郡通事□□鮦陽令□緺
□郡通事李
□州都相 潁陰令 □
□□杜 □
□□□ □令木
□陽陵 內黃令張

□□□ □ 池陽令張宗
軍□翟□ 扶溝令劉像
郡□□劉度 □夏令王會
軍奉車 □平令穢肩
上谷郡 武陽令綦客
□ 陽阿令吳
許昌令 高都令李□
□侯□ 汝□令張清
□蕩陰令 □陽令□□
西安□龍 令□□

□邱令　　令□

□亮　　上蔡令賈同

□單黎陽令　　予令劉闓

安城令韓靖

□仲　　□□令連准

□　　□陽令□□

令　　□□令□□

右下截三列　右四列　右五列

金石文字記魏太武因道士寇謙之奏請更造嵩嶽新廟立碑紀事碑中直稱謙之爲天師爲師君以太

武奉道親受符籙故云然字體近拙而多古意中段剝蝕首尾俱全碑陰復多題字嵩山碑刻自漢二石闕銘外無古於此者中州金石攷

中岳嵩高靈廟碑正書文有大代字而不見年月中多述寇謙之事當立於太武時也潛研堂金石文字目錄

碑剝泐其文特存首尾據通志金石略云後魏中嶽碑太安二年有碑陰今碑陰字可識亦不復成文有內者令中常侍大長秋侍中安南將軍州刺史扶風公尉以上凡四行列官尙顯惟漫滅不能成文另行有建初被詔洛豫二州造立廟碑又州行職王八萬又將軍渭南又龍典洛豫二州營又陵江將軍海州等字下層列郡令等官如三陽令張宗官名俱全又劉豫王會僅存名而已然則當日被詔營建其事始末可攷如是後覽嵩嶽廟記乃誤爲唐碑又証以碑右側大周聖神皇帝及所造數僞字遂決爲無疑其莽鹵固已自誤而記且云篆額下鑿圓孔取義不可曉此殆與盲瞽何異檀弓鄭註豐碑斵大木爲之形如石碑于椁前後四角樹之穿中於間爲鹿盧下棺以綍繞自是垂及于漢其制猶不泯故余凡所見漢碑額皆鑿一大孔今此碑蓋亦仍守古法而記乃視爲不可曉何與記本淺率無庸爲之置議然予猶區區如此者以近爲府志收入慮吾鄉人之陋者益踵其謬故漫爲書此額題云中岳嵩高靈廟正碑數篆字是以碑陽爲正碑也額題亦古武授堂金石跋

右後魏中嶽碑凡二十三行行五十字中間殘缺無年月可攷然有大代龍□字又有繼天師寇君名謙□字其爲拓拔氏遺刻無疑金石錄有後魏中嶽碑太安二年立雖有錄無說疑即此碑也案魏書敘寇謙之獻書魏主起天師道場于平城東南此太武初年事此碑立于高宗太安二年已閱三十餘年因舊

廟毀壞奏遣道士楊龍子更造新廟故立是碑也文雖不屬猶可捫索得之（吳玉搢金石存）

右中嶽嵩高靈廟碑殘泐大半存五百八十餘字又隱約可辨之字及據吳氏金石存補錄者悉偏注於旁案趙氏金石錄載後魏中嶽碑及陰太安二年十二月立有目無跋金石存謂即此碑末有確證魏書釋老傳世祖時道士寇謙之字輔真南雍州刺史讚之弟卒於太平真君九年下距太安二年且八載不能無疑據王氏中州金石攷於太安碑條下引金石文字記云云則又似即此碑當

從之至中州金石攷復列中嶽嵩高靈廟碑一則云文內稱中嶽地理土官之宮應鎮星值軒轅是亦即此碑也而云碑末□□三□歲次壬辰□月丁丑□五日辛丑大周聖神皇帝遣金臺觀主馬元貞作功德□□□於中嶽武后僭號大周其爲唐碑無疑前系諸魏後系諸唐複疊舛錯不自覺矣馬元貞題記今未之見或即在此碑之側故致此誤也畢氏中州金石記失採文內顯作顯漢碑多有之毄然作祭竟似祭字與宅碑作祭祭者小異靈作靈旋作旋奧作奧隰作隰亂作亂嘉牲作

生報作報契作契屢作屢能作能板作板導道作導道垂作垂或作或　碑陰曼患巳極就可辨者錄之其無字蹟可尋者并不復作□也武氏金石跋所載僅上截第一列十行下截第二列三行亦復脫落錯誤殆碑至乾隆時剝蝕更甚故所見止此寰宇訪碑錄於後魏太安二年列此及碑陰又於西魏末列洛豫二州造立廣殿碑關題名一碑兩錄矣碑無撰人名孫氏以爲寇謙之撰亦誤題名姓氏之全者尉遲勑眞王吐久楊龍子公孫瑾南洛扶劉度張宗劉像王會蘇允張渭賈同劉闡

韓靖連淮十五人官職可見者中常侍領皇□大長秋使持□侍中安南將軍洛州刺史洛州行職廷尉洛州別駕洛州治□安南□從事魏郡太守□南郡通事征北大將軍□諫郡承奉車都□甯遠陵江明威武烈建威綏遠諸將軍幢將許昌蕩陰潁陰內黃池陽扶溝武陽陽阿高都上蔡安城鮦陽諸令其封爵有扶風公□皮縣侯安陵男渚陽男地名有洛州豫州渭南汝南洛陽魏昌九門平鄉陽陵及汲郡中山常山上谷上黨諸郡魏書王世弼傳子會汝陽太守當在世宗肅宗之間蓋

別一王會也官氏志高祖以前中常侍第三品上
大長秋卿從第二品上皇下所缺當是后字蓋即
長学侍中高祖以前所無疑即中侍中第二品上
廷尉品同洛州刺史即司州刺史第二品中時未
改洛爲司洛州別駕不見於志世宗以後司州別
駕從第四品上階然則第四品中有司馬別駕疑
即司州之誤洛州行職志所不載洛州治□治下
所缺當是中字世宗以後從第四品而前此未見
當即從第四品中之司州功曹都官也魏郡太守
即魏尹時未改尹也天賜二年郡置三太守用七

品者上有刺史下有令長雖置而未臨民安南□
從事安南縣屬襄州南安郡而縣無從事又無安
南郡名未詳□南郡通事代郡通事第七品上而
不詳它郡其亞一等歟□諫郡承承疑即丞字而
下一字以諫名者志無此郡未詳奉車都尉從第
四品上都下所缺是尉字四征從第一品中加大
者次衞將軍征北大將軍第一品下安南將軍第
二品下建威將軍第四品中甯遠陵江將軍第五
品上明威將軍第六品上武烈將軍第六品下綏
遠將軍第七品上幢將從七品上令第四品中散

公從第一品散侯從第二品散男從第五品許昌
縣有四一屬鄭州許昌郡許昌郡天平元年分潁
川置屬潁川許昌縣晉屬豫州潁川郡一屬北揚
州汝陰郡北揚州天平二年置汝陰郡晉武帝置
屬豫州一屬潁州北陳留潁川二郡二郡武定七
年改陳州置潁州孝昌四年置許昌縣梁武帝置
一屬揚州潁川郡景明中改豫州爲揚州碑立于
太安年其時當屬豫州扶溝屬鄭州許昌郡潁陰
屬鄭州潁川郡眞君七年併臨潁元象二年復碑
立于太安年尙有潁陰縣名疑是併臨潁入潁陰

也蕩陰內黃不見於地形志或是前代舊名抑後
經省改志未及詳歟池陽有二一屬雍州咸陽郡
一屬荆州新野郡太延五年置荆州於洛此不知
所屬疑屬荆州武陽有三一屬北徐州東泰山郡
州置于永安二年郡置于皇興三年一屬司州陽
平郡司州天興四年置相州一屬豫州襄城郡皇
興中改司州爲豫州此當屬襄城郡時隸司州鯛
陽有五一屬豫州新蔡郡豫州於皇興中改名一
屬東豫州東新蔡郡州置于太和十九年縣置于
太和廿三年一屬潁州新蔡南陳留二郡州置于

孝昌四年郡縣置于梁武帝一屬南朔州新蔡郡一屬霍州陳郡二州皆梁武帝所置此屬新蔡郡時亦隸司州陽阿高都皆屬建州高都郡建州慕容永分上黨置建興郡真君九年省和平五年復永安中罷郡置州高都郡永安中置陽阿縣漢屬上黨晉罷後復屬高都縣晉屬上黨後屬立碑時二縣當屬并州上黨郡也扶風郡名郡公也一屬霍州一屬雍州霍州置於梁武帝扶風郡於真君年併始平郡屬雍州皮上所缺當是南字南皮縣一屬冀州渤海郡郡於太武帝初改爲滄水太和

廿一年復一屬青州河間郡州郡皆劉宋所置時未屬魏蓋滄水郡所屬也安陵亦屬冀州渤海郡時亦屬滄水渚陽當即赭陽屬襄州建城郡州置於孝昌郡置於太和立碑時未詳所屬疑即晉之堵陽縣也汝南縣有四一屬潁州清河南陽二郡潁州孝昌四年置二郡梁武帝置一屬廣州汝南郡州郡皆永安年置縣太和年置一屬豫州廣陵郡宋太祖置司州皇興中改名豫州郡縣皆興和中置一屬南定州弋陽郡南定州梁武帝置皆非太安時所有碑所稱汝南當是郡名洛陽縣有二一屬洛州洛陽郡洛州太宗置洛陽縣天平初置一屬楚州彭沛二郡楚州梁武帝置此所稱洛陽當亦郡名魏昌屬定州中山郡九門屬定州常山郡定州皇始二年置安州天興三年改平鄉有二一屬殷州南趙郡殷州孝昌二年置平鄉晉屬後罷景明二年復一屬北楊州南頓郡北揚州天平二年置此屬何州未詳渭南陽陵皆不見於志扶即扶字爰即鍰字

天安造象殘字

刻佛座高二寸七分廣九寸二分 十四行行四字字徑五分正書

大□天安二年三月十九日佛□子□□奉□□□
□□□□先□父母眷屬敬造□□薩□□□
一□□□□□□□□□□□

右造象曼患特甚再四諦審始辨此廿二字而姓氏卒不可見天安魏獻文帝紀號無二年稱二年者是年八月始改皇興也晉桓謙後涼呂光亦號天安殆非

王玉山造像題字

蓮座高三寸題字在象背佛座十二行 行二字徑二字分許正書在新城楊氏

太和八年四月十八日弟子王玉山为亡父母敬造佛

像一區

右造象自後魏迄隋凡九區常山李寶臺爲余訪得於京師城內外古寺中乃番僧從西域攜來前此金石家所未箸錄銅質黝黑間有金塗文義既古簡字蹟亦圓渾允推造象希有之品爰裝成冊永充供養尚得西魏大統二年方艮臣造象東魏天平二年宋天福造象唐高祖神堯皇帝八年造象景福元年王計造象後梁開平二年周玉元造象各一區大小不同造作又異則分置他龕焉道光庚子四月八日平湖韓韻海季卿氏書

乙亥十一月於海琴齋中見造象一櫝云是故人韓季卿舊物近自浙中寄來皆六朝人所爲櫝蓋有季卿鐫題惜佚其一矣亟假歸搨視之凡魏三此及吳德田安祥所造也北齊北周各一區造者爲王正文王五娘陳二區造者爲趙連成馬忠隋一區造者伏成乃案時代編錄之而統記於此其已佚之象則張成所造也文云天保三年四月廿八日弟子張成爲亡父母敬造觀音象一區合家大小八口人等供養吉祥如意凡三十八字并附識焉季卿酷嗜金石收弆亦富今盡亡佚矣難聚易散自有數邪季卿嘗著海東金石記存攷書未付手民墨本不知所在無由一見爲憾此造象猶得與寓目焉亦幸矣

邊定光造象題字

高一尺二寸廣一尺六分上截十一行行字不一字徑七分下題名六行字徑寸許正書在陽湖呂氏

太和十四年歲洨庚午八月丁夘
日七日癸酉清信士
邉定光
敬造石象一軀願七世父母昨
生父母因緣眷
蜀願上生天
上諸佛佑右下□八中庚王□者着墮三
塗速得鮮
脫袯宣徹意果願
如是
子孫相承□長不絕
□子□□□□□□□□清信

士王漢
息女要資　息女阿□　息迴服　息天迴　息迴
香　息天𤰞

右邊定光造象陽湖呂氏所藏尙之搨以見遺箸錄家所未見亟錄之文云八月丁卯日日乃朔字之誤攷通鑑目錄是歲月朔六月丁卯八月丙寅是八爲六字之誤也碑書邊作邉所作昨屬作蜀解作鮮變角有爲魚猶鮌俗作舷鮦俗作鯛變魚有爲角也徹疑即微字𤰞即勖字

龍門山造象二十三段在洛陽

洛州鄉城老人佛碑（太和十七年以前　萃編載卷二十七額題洛州鄉城老人佛）

（碑八字四行行二字字徑九分王氏失載）

吉万歲（万作萬）趙奴□（缺奴字）子□鄉沈士逹（缺子士逹三字）任讚之（任誤汪）王孝養（王誤汪）故入□有典（缺典字）䔲煩無救（缺䔲字）今吉万歲（万作萬）□霑靈識（缺霑字）葢物為先（缺葢物二字）蜜園功起（缺蜜功二字）万代流□（万作萬）

中州金石攷云碑末有大齊□□年正月廿一日字予所得無齊字而有十□年字疑是貞觀中刻（潛研堂金石文字目錄）

右洛州鄉城老人造象記在洛陽賓暘洞末有年月

一行中州金石記謂碑有大齊字諦視大下字已全泐金石萃編謂在太和十七年洛州未改司州以前亦未敢信今姑附于魏末（平津讀碑記）

王氏謂是孝文帝十七年改司州以前所立黃玉圃據金石志以為齊刻潛研堂目亦錄入齊齊代五帝九建元皆不及十年非齊可知劉燕庭（喜海）輯龍門造象錄以為唐刻并補一唐字於大下審其筆意雖似唐人而大字之下石泐無一筆可辨仍存其舊而補正之

邱穆陵亮夫人題記（高二尺五寸廣一尺五分七行行十六字字徑寸餘正書）

太和（泐）九年十一月使持節司空公長樂王邱穆陵亮夫人尉遲為亡息牛橛請工鏤石造此弥勒像一區願牛橛捨於分段之鄉騰遊无礙之境若存託生生於天上諸佛之所若生世界妙樂自在之處若有苦累即令解脫三塗惡道永絕因趣一切衆生咸蒙斯福

此魏穆亮為亡息牛橛造像記也攷史穆亮尙中山長公主封趙郡王徙封長樂王後遷司空參議律令例降爵為公其文在陳顯達攻陷醴陽之後文明太后馮氏崩之前史云穆亮而碑云邱穆陵亮者魏攷邱穆陵氏為穆氏見官氏志而猶書其本姓不忘本

也但亮既以尙主封王不應云夫人尉遲又亮擊走陳顯達事在太和十二年時猶為長樂王而亮為司空在十三年太皇太后馮氏崩在十四年議律令在十五年然則亮之降爵為公當在此數年之中而太和十九年其官銜又不應云司空公長樂王也然史但云例降爵為公文與上下不蒙竟不知以何事史之誤與或已降爵而猶竊其號以自銜與是皆不可知矣（趙紹祖金石文鈔）

按邱穆陵亮見孝文弔比干文碑陰彼書穆作目金石錄據以疑魏書官氏志後改穆氏之誤今此正作

穆書穆爲目或字通借非誤 補訪碑錄

九上所缺當是十字案孝文弔比干文碑陰有邱目陵亮署官侍中其字作目金石錄跋尾云後魏書官氏志邱穆陵氏後改爲穆氏今此碑自侍中邱目陵亮以下同姓者有三人字皆作目而元和姓纂所書與此碑正同又碑自穆崇至亮皆姓邱目陵氏姓纂亦云後改爲穆而史但云姓穆者皆有闕誤今此刻正作穆則史文非譌彼書作目者同音假借耳通志氏族略變夷者邱穆陵之爲穆氏變於夷者陰氏之爲邱目陵氏邱穆陵邱目陵

雖其系不同而目穆通用亦可見也陰氏改姓在後周魏孝文時不得先有變於夷之邱目陵也錢先生金石文跋尾云譯字小有異同如邱目陵之目作穆万忸于之万作勿吐難之吐作土莫耐婁之耐作那是也

張元祖妻一弗題記 高三寸五分廣一尺十行行三字字徑寸許正書方界格

太和廿年步轝郎張元祖不幸喪亡妻一弗爲造像一區願令亡夫直生佛國

步轝郎不見於魏書官氏志

張洛□賈伯法

此兩題在前刻上方即附於此洛下所缺似都字

高慧題記 高四寸五分廣存七寸三分十一行行字不一字徑六七分正書

太和廿二年二月十日淸信士佛弟子高慧爲七世父母生死眷屬造弥勒佛一區願現在者安隱亡者諸佛齊□常在□□□處一切衆生□同斯願　□□高□造□ 後二行泐

比邱慧成題記 太和廿二年九月十四日萃編載卷廿七題始平公造像記

□玄照則万□斯明 缺玄斯明三字 若悟洛人間 洛作落 五有羣生 缺有字

碑云父使持節光□大夫洛州刺史始平公魏書地形志洛州太宗置太和十七年改爲司州此碑立于太和廿二年其爲洛州刺史當在十七年以前又魏置始平郡眞君年併入扶風郡在太和前廿餘年此所封當是扶風郡之始平縣惜不箸其姓氏 平津讀碑記

此比邱慧成爲國造石窟并爲亡父始平公造象額題始平公像者造始平公之供養象非始平公所造之佛象也諸家皆以始平公造象題之增一造字失實矣弟一行末似是字王作方旁二行眞下似顔字并識之金石遺文潛研堂目皆作太和

十二年拓本泐蝕難辨仍存其舊

北海王元詳題記高二尺四寸廣一尺三寸八行行十八字末行廿四字字徑寸餘正書

維太和之十八年十二月十一日　皇帝親御六旌南伐蕭逆軍國二容別於洛汭行留兩音兮於闕外　太妃以聖善之規戎途戎接弟子以資孝之心戈言泰淚其日太妃還家伊川立願母子平安造弥勒像一區以置於此至廿二年九月廿三日法容剋就回即造齋鑿石表心奉申前志永願母子長滄化年眷屬內外終始榮期一切群生咸同其福

維大魏太和廿二年九月持節侍中護軍將軍北海王元詳造

文云南伐蕭逆案魏書太和十八年七月蕭鸞殺其主蕭昭業立昭業弟昭文十月蕭鸞廢殺其主蕭昭文而僭立十一月己丑車駕至洛陽十二月辛丑朔遣行征南將軍薛真度督四將出襄陽大將軍劉昶出義陽徐州刺史元衍出鍾離平南將軍劉藻出南鄭蕭鸞傳同下云車駕南伐此即記所謂南伐蕭逆也北海王傳云字季豫太和九年封加侍中征北大將軍後拜光祿大夫解侍中將軍又兼侍中從高祖南伐爲散騎常侍高祖自洛北巡遷侍中轉祕書監車駕南伐行中領軍留守趙郡王幹薨行司州牧除護軍將軍兼尚書左僕射此題云持節侍中護軍將軍則其行司州牧時仍兼侍中如故史所不詳趙郡王卒於廿二年四月此刻在九月故自署護軍將軍不言司州牧尚書左僕射者略之歟抑在九月以後史家敘次未晰列司州牧於護軍將軍之前歟

北海王太妃高題記高一尺二寸三分廣八寸五行行十字末行十二字字徑寸許正書

孫保□鄉播越□□□□歷載終始□悉□及免之不幸早死今爲保像一區使永脫百苦

魏北海王國太妃高爲孫保造

高太妃北海王元詳之母也無年月附前刻後

司馬解伯達題記高三寸八分廣一尺六分十四行行五字六七八三行三字字徑六分正書

都綰闕口遊激校尉司馬解伯達造弥勒像一軀願皇道赫寧九荒沾洎父母康延智登十地仕達日運眷屬道場聲求嚮和斯福必就六趣群生咸同此願太和年造

司馬解造彌勒像記正書在龍門闕口即伊闕魏嘗
於此設官故有都綰闕口游激司馬解名魏官氏志
未及當以其流品卑故也別體字徼作激書年號而
不記年亦與他記異 授堂金石續跋
闕口即伊闕括地志云在洛州南十九里激徼之
通借說文徼循也後漢書臧宮傳少爲亭長游徼
註曰每鄉有游徼掌循禁姦盜也五代時有游徼
軍將衛尉之屬也韻會曰邏卒曰游徼嚮用作響
古通造象者解伯達授堂以解字屬上讀弁以司
馬解造象題之誤矣高樹造象內有解伯都解伯

勍中岳嵩高靈廟碑有解叔寶
邑師惠□等題名 除額高四寸五分廣六寸五行行存二三字字徑八分正書額題邑像二字在弟四行上方
景明元□邑師惠□壽靈□□成敬方 缺 白
補訪碑錄作惠壽盧成□造象非成下一字龍門
錄作敬
馬慶安題記 高四寸五分廣七寸五分二行行字不一字徑寸許末一行八字字徑六分正書
清信士佛弟子馬慶安為身造像一區恒 缺
□明二年八月二日

明上所缺諦審之是景字尚有筆蹤可尋非承亦
非乾
鄭長猷題字 高一尺五寸七分廣一尺一寸八行行十二字字徑一寸二分正書
前□□太守護軍長史雲陽伯□長猷為亡父敬造弥
勒像一 一軀鄭長猷為母皇甫敬造弥勒像一軀
一軀鄭長猷為亡兒士龍敬造弥勒像一軀 一軀鄭
南陽妾陳玉女為亡母俆敬造弥勒像一軀
景明二年九月三日訖
長猷鄭演子魏書附劉芳傳起家拜甯遠將軍東
平太守轉沛郡入為南主客郎中太尉襲爵雲陽

伯拜南陽太守徵護軍長史世宗初兼給事黃門
侍郎持節宣慰官至通直散騎常侍永平五年卒
謚貞侯此署銜與史合不言給事黃門侍郎者在
景明二年後也首行所缺當是南陽二字長猷有
子三人而士能無名早卒故也俆當即徐字誠用
作成
比邱惠感題記 高五寸一分廣一尺一寸三分十二行行五字六七行行四字上刻佛象字徑八分正書
景明三年五月□日比邱惠感為亡父母敬造弥勒像
一區願國祚永隆三寶弥顯□曠劫師僧父母眷屬与

三塗永汞福鍾覽集三有群生咸同此願

趙阿歡造象下截首列邑師惠感其即此人與廣

當即曠移日於上也齊郡王祐造象記用作廣汞

字字書所無屢見於造象諸刻畢氏中州金石記

讀爲求

功曹孫秋生等題記景明三年五月廿七日萃編載卷二十七

大代代誤魏賈念超□□高□高後□缺高高後三字張龍□董

共□王醜缺龍董共王醜五字王馬生和龍度邉伯熾諸□□德

缺馬邉伯熾德五字賈万壽缺万壽二字山國趙道榮缺國榮二字孫老胡

老胡誤志相高文紹紹誤照張花缺花高念孫榮缺念榮魏靈助助誤

功董万度度誤遮李文檀缺文朱法興朱誤米衛僧顯缺僧顯王

龍起龍誤龕缺起字并來祖香來誤朱邑主中散大夫主誤子此以下在額

左右王氏系於碑尾滎陽太守缺滎字潁川太守穎作潁安城令衛白

犢缺令衛

碑上截爲孫秋生造象記下截爲維那程道起等題

名首稱太和七年末題景明三年歲在壬午五月戊

子朔廿七日造訖其相距已二十年魏書世宗紀是

年閏四月丁己司空穆亮薨若以五月戊子朔推之

閏四月不得有丁己日知史誤也平津讀碑記

五月戊子朔與通鑑目錄合通鑑目錄是年梁閏

六月魏閏五月史蓋誤五爲四也黄氏中州金石

攷作孫狄生誤

邑主高樹等題記高一尺二寸五分廣八寸四分十行行十四字第二行十五字字徑

八分正書

景明三年五月卅日邑主高樹維那解佰都卅二人等

造石像一區願元世父母及現世眷屬来身神騰九空

迹登十地三有同願　高買奴高惡子王僧寶夏侯林

宗高當祖魏洪度高乙德高文成左芝高安都高楚之

高郎胡司馬保解佰勛高文紹高天保秦英芝盖宅之王

張宅光高南伍高曇保高剏高洛㳽楊洪佰高思順鄧

通生高㳽保孫山起薛文達高天生

劉氏燕庭乙作乞秉作業高文紹高天保高㳽保

三人亦見前刻

趙雙哲題記高四寸二分廣七寸存八行行六字字徑六分正書

景明三年五月卅日佛弟子趙雙栝□母輔恒敬□□

像一區□□父母及□□□□□身□□□□□登□

□□□□生缺

廣川王太妃侯爲夫造象高一尺六寸五分廣一尺一寸五行行十字字徑一

寸五分正書

景明三年八月十八日廣川王祖母太妃侯為亡夫侍

中使持節征北大將軍廣川王賀蘭汗造弥勒像頌令
永絕苦因速成正覺

案史文成弟三子廣川王略延興二年封位中都大官太和四年薨子諧襲十九年薨子靈道襲此刻在景明三年時襲廣川王爵者當是靈道侯太妃之夫當即是略也賀蘭汗不見於史或即是略史言略位中都大官諧及靈道皆未敘及官爵此稱侍中使持節征北大將軍者疑是歿贈之官史家所畧

馬振拜等題記高一尺九寸五分廣一尺九分十行行十五字字徑七分額題邑子像三字俱正書

景明四年八月五日邑主馬振拜維那張□成維那許
興稚世四人為皇帝造石像一區張引興劉苟生陳野
帚孟遊天陳元起陳興稚張伏俱陳顯光陳神歡袁世
標路天副路買吳永洛馬常興張天生張文安董定之貴
董道歡路子高羅始龍馬勾郎董神扶梁歸憘陽成遵
敬□□任買德陳迟達張歡憘楊宗勝孟缺七字稚□董
□□陳樂歡

廣川王太妃侯自造彌勒象記高八寸廣二尺五寸五分廿二行行六字字徑寸許正書

景明四年十月七日廣川王祖母太妃侯自以流癧弥
劫於法喻遠嘱遇像教身乖達士雖奉聯紫暉早頃片
體孤育幼孫以紹藩國冰薄之心唯歸真寂今造弥勒
像一區願此微因資潤神識現身永康明悟旨覺遠除
曠世無明惚業又延未來空宗妙果又願孫息延年神
志遠就脩嗣繁昌慶光万世帝祚永隆宏宣妙法暦愚
未悟咸敬菩提
像一區

國學官令平乾虎題字高三寸廣六寸四分七行行三四字字徑六分正書

國學官令臣平乾虎為　太妃廣川王敬造釋迦牟尼

國常侍王神秀題字高四寸廣七寸六行行字不一字徑七八分正書

國常侍臣王神秀為太妃廣川王敬造釋迦牟尼仏

右二刻無年月以其為太妃廣川王造即附於太妃造象之後魏書官氏志有皇子學官令而無國學官令亦無國常侍史之漏也

比邱法生題記景明四年十二月一日萃編載卷二十七

法生□始缺始字夙霄締□脫霄締二字

右比邱法生造象記在洛陽是時孝文帝薨五年矣魏書北海王詳獻文帝子太和九年封母高太妃是時並存洛陽伽藍記追聖寺北海王所立也平津讀碑記

霄宵之同音假借字夕也夙霄猶言夙昔夕昔古
通綌下似是緣字
仇池楊大眼題記 景明年萃編跋卷二十八
九字咸駭 缺咸駭 因不備列 缺不字
右楊大眼爲孝文皇帝造像記首稱邑主仇池楊大
眼云云而額云邑子像殊不可解魏書本傳云封安
成縣開國子北史作安城此記作安戎安戎縣隸略
陽郡於仇池爲近當據此以正史文之誤其爲梁州
大中正則史所不載也記無年月以大眼所署官推
之當在世宗景明初矣云掃雲鰳于天路鰳即鯨字

云震𪪺歸闕字書無𪪺字音義未詳 潛研堂跋尾
彰王衛於三紛何超晉書音義彰與靜同 平津讀碑記
震𪪺即振旅字逕即經字
鉅鹿魏靈藏題記 附景明年萃編載卷二十八
乾祚興返 返誤退
碑異字遷作遷亦作夊兜作兕罄作磬葩作葩擧作
擊諸家皆未舉 平津讀碑記

八瓊室金石補正卷十二終

八瓊室金石補正卷十三

太倉陸增祥撰　男　繼燀校錄

吳興劉承幹覆校

北魏二

龍門山造像九十八段

清信女高題記 高四寸廣一尺一寸五分十一行行字不一字徑一寸許正書
正始元年十一月四日清信女高□□為亡子□四□
辶
□□妾楊保勝為亾者造釋迦文像一區願使亾者上
生天上值遇弥勒佛

釋迦文像當是釋迦文殊像遇作遇
楊安族題記 高八寸廣二寸二行行十六字字徑六分正書
正始二年正月卅日造釋迦像一區願所生父□合門
大小普同斯福楊安族敬造
三月二日 此四字較小介兩行之間當是記畢功之日也
訪碑錄作五年劉氏作元年
王史平吳合曹人題字 高二尺六寸八分廣二寸四分前一行四十五字徑六分後一行十三字徑九分並正書
正始二年四月十五日像主齋師蕩寇將軍殿中將軍
領鈎楯令王史平吳共合曺人與願為今王上造弥勒

像一區

橫野将軍鈎楯署洪池丞權六頌 横野二字與前行軍殿中三字齊

蕩通盪盪冦将軍從弟七品上殿中將軍弟八品上橫野將軍弟九品上楯即楯之俗譌鈎楯令盝左右近侍之職王史當是王府之史匜即區丞即丞洪池任城王傳高祖至北邙遂幸洪池即此地權氏見韻會云楚鬭緡尹權後因爲氏

冗從僕射等題記 高八寸七分廣一尺六寸十五行行八字字徑八分正書

夫靈光祕影緬盈雲度留眷先容實顕時顯清信女佛
弟子宫內作大監賞法端不幸邁終其以生資集侯神

畧是以冗從僕射長秋丞祀允為造釋迦像一區并二
菩薩顛端值生妙樂國土又頴
皇化層隆大魏弥歷利祐千碁福鍾万代雖大代正始
三年歲次丙戌三月丙寅朔十九日訖

補訪碑錄有賞法端生資造象即此刻也冗從僕射弟六品長秋丞弟八品上北魏官名冗從猶今言散秩承丞通層與曾增通益也祐即今之祚字

如光題記 高六寸八分廣二寸八分三行行字不一字徑七分正書

□邱如光為亡父母巳身□造像一區以此微福普及
舍生正始三年四月十日

舍生舍生之譌

孫大光題記 高三寸廣四寸四行行字不一字徑七分正書

大代正始三年六月廿日佛子孫大光為七世父母所
生父母造釋迦□一區

楊小妃題記 高四寸廣不齊五行行字不一字徑五六分正書

大代正始三年十二月廿二日佛弟楊小妃為亡造釋
加□□像一區願亡父上生天上弥勒長唱

加迦之省為亡下有脫字當是父

太中大夫安定王元燮題記 高九寸中廣一尺二寸前後各鐫象并侍從數人皆向中中刻記文十三行行九字字徑八分正書

魏聖朝太中大夫安定王 石泐空五格 王元燮造
仰為
亡祖親太妃
亡考太傅靜王　亡妃蔣妃及見存眷屬敬就靜窟造
釋迦之容并其立侍衆綵圓飾雲仩曕然願亡存居眷
永離穢趣昇超遐迩常值諸佛龍華為會又願一切羣
生咸同斯福
正始四年二月中訖

洪筠軒跋仩和寺造象云仩即企字

護軍府吏魯衆題記 高八寸六分廣二寸五分二行又年月一行行字不一字徑六

分正書

護軍府吏𤕤衆敬為所生父母合門大小造石像一區
供養從心　正始四年四月
𤕤衆造象記正書在龍門魏書官氏志護軍弟二品
中其開府置吏則見於此記也授堂金石續跋
授堂錄此文供養誤作供奉年月二行在養字之
左正字近泐据武氏劉氏補之護軍府有長史司
馬功曹主簿錄事此稱吏則在錄事下矣

比邱法轉題記高　廣　三行行字不一字徑　正書
弥勒像一區比邱法轉仰為亡父母因緣眷屬及一切

衆生敬造　大魏正始四年歲次丁亥六月一日

比邱惠合題記高八寸廣二寸五分四行行字不一字徑六分正書左行
正始五年八月十五日比邱惠合為清信女□法景造
粺迦佛并菩薩二區願七世父母所父生母因緣卷屬
一切衆生一時成佛
父生二字誤倒卷屬即眷屬漢書樊噲傳誅諸呂
嬃屬作嬃卷嬃嬃之省也女□筠清館作母尼

又高不盈廣二寸八分五行行字不一字徑五分正書左行
□□五□八月十五日比邱惠合為忘□客造迦釋一
區願諸生西方面奉諸若阡闕今觧脫七世父母所闕
□屬一切衆生□闕
迦釋二字誤倒若阡即菩薩字此在前刻下方雖
號年缺泐其為一時所刻無疑忘即亡字古通客
上所缺劉氏作孫

□泉寺道衆題記高四寸五分廣七寸九行行字不一字徑六分正書
大魏永平元年歲在戊子清州□泉寺道衆自佊□存
處蒙三寶之皈依鉢□造弥勒像一區并七佛二菩薩
衆容相具以此徵福普及一切含生同見弥勒悟无生
界願〻從心
清州即青州泉上一字不可識劉氏作柳

尼法文法隆等題記高三寸五分廣六寸十二行行七字字徑四分有直界格正書
永平二年歲次己丑四月廿五日比邱尼法文法隆等
覺非常世深㪅誠願割捐私財各為己身敬造弥□像
一軀願使過見者普沾法雨之潤礼拜者同无上之樂
龍華三唱願在流□一切衆生普同斯福
禮拜句脫一字劉氏所錄後有崔百紓三字

尼法行題記永平三年四月四日萃編載卷二十七
法行作法衍誤儆心敬造儆誤作敬并脫敬字二菩薩缺薩字永離煩惱缺煩惱二字　現在師徒並□共福缺徒字並誤亦
萃編作法衍造象記細審之中無〻痕豈已磨滅

邪謎字字書所無不可識

道人惠感題記 高七寸廣二寸三行行字不一字徑三分餘正書左行

為皇帝造像為七世父母所生父母敬造世加文弗一
區願四大布福永平三年　五月十日道人惠感

世加文弗即釋迦文佛世以音近而誤加弗皆省
文惠感劉氏作惠廣

尼法慶題記 高三寸七分廣六寸七分十一行行字不等字徑五分正書

永平三年九月四日比邱尼法慶為七世父母所生因
緣敬造弥勒像一軀願使來世託生西方妙樂國土下
生人間公王長□遠離煩惱又願已身□□□与弥勒

俱生蓮華樹下三會說法一切衆生永離三塗

末行据劉氏補劉氏所錄前有斯善所願如是六
字別一刻也疑即曹連造象

尼惠智題記 高八寸廣二寸六分五行行字不等字徑五分正書

永平三年十一月廿九日比邱尼惠智為七世父母所
生父母造釋加像一軀願使託生西方妙樂國土下生
人間為公王長者永離三塗又願身平安遇□弥勒俱
生蓮華樹下三會說法一切衆生普同斯願

惠智劉氏作惠晢

領太官令曹連題記 高一尺六分廣二寸二分三行行字不等字徑五分正書

永平四年歲次在辛卯八月甲子朔廿石泐信士佛弟子
殿中將軍領太官令曹連敬造釋迦牟尼像石泐歷劫以
來所作衆罪消垢雲除万善慶集七世父母有□含生
普蒙斯善所願如是

太官令與大官令有別大官主饔膳太官為內侍
也

比邱法興題記 高五寸八分廣三寸五分六行前三行十六至十八字不等後三行在象下一行十一字一行十字末行四字下方三字字徑四分正書

永平四年歲次在卯九月一日甲午朔比邱□法興敬
造弥勒像一軀上為皇家師僧父母有識含生普乘欲

善龍華三會俱得齊上又願皇祚永隆三寶暈延法輪
長唱所生父母託生紫禾蓮昇兜率面奉慈氏足步虛
空悟菝大觧所願如是

嫗區之借率即率紫下所缺劉氏作袖

仳和寺尼題記 永平四年十月七日萃編載卷二十七

並同斯願 普並誤

右仳和寺造象記仳即企字洛陽伽藍記無此寺當
在一千三百六十七所之列 平津讀碑記

仳字不見於字書正始年安定王造象內有雲仳
曖然句亦用此洪氏以為企字未敢信說文穩新

附字徐鉉曰古通用安隱晉書音義隱本或作穩
郙閣頌即便來隱楊子方言隱定也玉篇隱安也
皆即穩字阿含經於是世尊所患即除而得安隱
隱穩古今字

華州刺史安定王題記 永平四年十月十六日 萃編載卷二十七

□趣六通明矚無㝵 缺趣明無㝵四字矚作囑 又願居眷□□ 缺願眷
永祚 祚誤作 福□万世 缺福万 普同斯願 缺斯字
弟子伏寶　弟子多寶　法嵩王　法威王　法訓王
比邱法智師 失載此六行在記文前佛象上方

安定王燮魏書有傳亡祖親太妃景穆皇帝孟椒房

也椒房位尊故不著姓其父安定靜王名休以太傅
領大司馬詔書皆稱大司馬此稱太傅者以三公銜
尊在大司馬上 平津讀碑記

萃編所載前有華州刺史安定王造石窟像記十
二字余所見本皆無之蓋誤以籤題為碑文也照
下所缺劉氏作看疑是著字此刻之後又有像一
小區題尼□法進四字附識於此

尹伯成妻題記 高二寸五分廣三寸六分七行行五字至十字不等字徑四分正書

永平四年十二月十二日清信女尹伯成妻□為亡夫
伯成造觀世音像一軀願使時佛文法永離三途一切
衆生普同斯

時佛文法即侍佛聞法也後失拓

劉洛真題記 高二寸廣五寸八行行四字五字字徑四分正書

延昌元年歲次壬辰□一月丁亥朔□子劉洛真為亡
兄惠寶敬造釋迦像一區敬造巷

巷疑是共養二字之併省

劉洛真兄弟題記 延昌元年十一月四日 萃編載卷二十七

叒願 叒誤还 益笲 笲作笄 法鮮相生 缺鮮相 一時誠佛 缺誠 所願
如是 所誤成

叒古友字用作又誠用作成

尼法興再題記 高八寸廣二寸四分四行行十三至十九字不等字徑五分正書

延昌二年八月二日比邱尼法興回患發願造釋迦像
一軀願使此身厄惡雲消戒行清絜羿感元宗明悟不
二逯及七世父母生身父母一切衆生咸同此福

此即永平年造象之法興也有年月可系仍分次
之潔作絜用古字逯即逮之變體劉氏所錄法興
造象尚有延昌元年八月十九日一刻未得拓本

張□伯十四人題記 高不齊廣五寸五分五行行字不一字徑六分餘正書

延昌三年八月二日張□伯張道夷子女和陳天治臨
道匝形歡□臨景衛車道問胡道遷□宝州康□穮景

問魯国王義王如合十四人等回石窟東崖造弥勒像
一區願十四人等現世安隱受命延長若以命衆以後
□至三塗

此刻率劣偽字字書所無受用為壽命即命延即
延衆用為終塗即塗此後疑尚有一行

清信女劉題記高四寸廣未計九行行字不一字徑七分正書

延昌三年□月廿二日清信女劉□兒為亡□造定光
佛像一區□□□□□□□□□□□□父母□□□

白肪生題記高三寸八分廣二寸二分五行行字不一字徑四分正書

延昌四年二月二日佛弟子白肪生姉□晉念造釋加

弁尼佛并二音薩願〻從心為一此衆生□□成佛

牟誤弁菩誤音切誤此

尹顯房題記高一寸三分廣四寸四分九行行字不一字徑三分正書

延昌四年八月廿四日清信士佛弟子尹顯房仰為父
母一切衆造多保□一區

奉朝請題記高二寸七分廣五寸五分八行行字不一字徑五分正書

延昌□□二月一日佛弟子奉朝請□□□敬造□□
音像一堰願此下曼患不可辨

堰即堰奉朝請第七品

□妙姬題記高不齊廣未計五行行字不一如式錄之字徑六分正書

延昌　仏弟子□妙姬上為亡
零託生西方淨樂國土□
命□□得解脫□□□□□
願一切衆生咸同斯
佛弟子

妙姬上似是孫字零用作靈古通此本拓未全据
劉氏補延昌字命字願一切字及末行三字

比邱惠榮題記高三寸廣八寸五分九行行字不一字徑五分正書

肥平二年四月十五日比邱惠榮仰為皇帝陛下
七世父母所生父母敬造弥勒像一區讌籍缺僚崇聖

缺合生同登歸□

熙作肥庶作讌

比邱惠珍題記高二寸八分廣四寸六行行字不一字徑四分正書

熙平二年五月廿四日比邱惠珎仰為父母眷屬及以
已身敬造釋迦像一區并七佛願所願隨心

齊郡王祐銘記熙平二年七月廿日萃編載卷二十八

跡遠於塵鬧塵誤鹿達成實之通塗實作貴超觀淨境超誤臨
□絕塵封缺塵封□□三空福周有慶缺三空二字周誤田

諸碑結銜皆題使持節都督某州諸軍事或題使持
節督某州諸軍事此碑稱持節督涇州諸軍事皆省

文碑異字希作㣐儀作儀逸作逰極作㮇廣作廣跡
遠於塵開金石萃編塵誤作鹿碑末年月釋亦不全
平津讀碑記
案即閻字余所得此記有兩本一本每行十六字
齊郡王名作祐不作祐即王氏所見者不知何以
錄作祐也一本每行十三字石多剝泐僅見五行
至刺史齊而止疑不全者為原刻全者為重摹故
有訛脫也錢潛研所見作祐或是原刻

杜遷等廿三人題記 高七寸一分廣一尺六寸十六行行字不一字徑六分正書

邑師□暢

比邱道周　馬惠初
杜安遷　李方進
潘祖悅　石伯康
劉景林　潘子緒
劉花達　賈顏歸
藍世祖　潘思遠
張元興　潘遵遠
劉思敬　傅沖子
展祖暉　孟龍達
張榮先　賈璽珎

張榮宗　范思紹
下空三行許

神龜元年六月十五日杜遷等廿三人敬造釋迦像一
區各為七世父母師僧眷□□切衆生俱登正覺

劉氏缺暢伯遵遠孟五字

邑主孫念堂等殘刻 高廣未計如式錄之字徑五分正書

神龜二年三月十五日建
邑師惠感
邑主孫念堂吳
都維那吳
維那張
維那□
僧□
□□

趙阿歡造象首列邑師惠感次及趙阿歡此刻款
式與之同故以孫念堂標題焉惠感當即其八年
月失拓據劉氏補之劉氏兩錄此刻一作惠咸一
作惠感作咸者誤

杜永安題記 高三寸廣一尺五寸前後十六行行字不一字徑五分正書

杜永安士佛時
祖母姚姬士佛時
夫妙景雖□□
道幽

隱自非真□胡可超尋淺世凡夫□受罪積来世古初
恐今無福輒割□産造旡量壽佛斯傾天下一切含生
有刑之類速縢知識□及七世父母所生父母曰属知
識常与善過弥勒三唱恒登先首
神龜二年四月廿五日清信士佛弟子杜永安造
永安永字已涉曼患據潛研堂目定之士疑用為
侍騰作滕形作刑劉氏所錄此後别有造象一行
半存為父母造觀世音像一區十字可辨
羅煇題字 高四寸廣三寸五分如式錄之字徑五分有方界格正書
神龜二年四月

日　河間王
羅煇為父
勒像一
□□
北魏封河間王者有二一為道武之子修一為文
成之子若此刻在孝明朝其時襲河間王者當是
若之子琛也劉氏所錄有河間王造象丅　丁一刻
或與此同時
楊善常李伏及題字 高廣各二寸六分六行行字不等字徑三分正書
神龜二年七月三日佛弟子楊善常為七世□母所生
父母造□□像一區神□□□七月三日佛子李伏及
為七世父母所生父母造像一區
比邱知因題字 高三寸八分廣八寸七行行四字至六字不一字徑六分正書
神龜三年三月廿五日比邱知因為一切衆生敬造弥
勒像一軀仰為佛法常轉所願如是
顛字添注
尼慈香慧政題記 高一尺二寸廣一尺一寸六分十行行十字十一字字徑寸許正書
大魏神龜三年三月廿□日比邱尼慈香慧政造窟一
區記〻夫零覺宏虚非體真邃其跡道建崇則表常軌
無乃樹美幽宗是以仰漹法津應像營微福形且遣生
託煩躬顛體无㝵之境逮及□□舍閏法界□□澤掘
石成真□□□□及三從敢同斯福
神龜無三年是年七月改正光造象時未改也字
畫隨意增減非必當時有是體惟靈作零往作遣
頗合於古而零上作宗遣上作厶亦已變矣閏用
為潤㝵碍之省楊孟文石門頌遷㝵弗前即碍字
韻會云南史引浮屠書作㝵掘字字書所無
趙阿歡世五人題 神龜三年六月九日萃編載卷二十八
闕口 闕作闕口誤□ 知身浮雲衆如霜露 身誤是余誤今并缺露字 故合竭
家財 合誤各 藉回此福 回誤同 晉外增 缺音字 三年六月九 三誤

二并缺九字賈婆羅門婆訛勝邑老孟萇命邑作邑老誤主張同□
顛主□　俽係□此三行在弟五列全缺
訪碑錄邑師惠感造彌勒像記即此闕口太平寰宇記左氏傳使女寬守闕塞杜預注洛陽西南伊闕口也俗名龍門區作匠張相隊造像記僧資造像記又作區皆異文平津讀碑記
去流用作留古通粢粲之俗萇即長古通

滎陽郡從事劉顯明題記高二寸廣五寸五分九行行三四字字徑四分正書

正光元年九月廿日前部滎陽郡從事劉顯明酬昔□
令□造釋迦像一區

滎不作滎尚用古字魏書地形志滎陽郡屬北豫州北豫州太和十九年罷天平初改復造象時在正光當屬司州

比邱慧榮題記高四寸三分廣一尺二寸十六行行六字字徑五分有方界格正書

夫真□妙絕□像以宣至理□□弄教而□□影現丈
六隨物□闡唱說三乘□枨視聽皆化並□□□沾千
載□□比邱慧榮□□去流□□□□竭巳俞資□亡
□□卞□□□□□□顛帝□□延亡尼尅祏□及姊
妹一切含生□登彼□同證巨覺　正光二年正月七日

前三行失拓據筠清館補之劉氏亦未見

田黑女題記高三寸二分廣三寸八分四行行八字字徑六分正書

巨光二年七月十日佛弟子田黑女造石像一區顛亡
夫亡女三侖五昔速令解□

劉氏所錄後有一切群生局之詭疑咸同斯顛八字與此不聯屬或中間有刻象耳田黑女又有是年七月十五日一刻亦在此刻之左皆未見也繼煇謹按七月十五日有□黑奴一刻疑即此種

比邱慧榮再題字高三寸廣六寸六分十行行四字字徑五分有方界格正書

巨光二年八月廿日比邱慧榮造釋迦像一區顛帝祚
永延榮及姊妹一切含生普登彼岸同證巨覺

王永安題字高二寸一分廣二寸六分五行行四字字徑四分正書

巨光二年八月廿日清信佛弟子王永安供養佛時
在前刻之左

又高四寸廣二寸四分三行行六字字徑五分正書

佛弟子王永安造觀世音像一區為父母
在大統寺慧榮造象之右

王仲和題記方二寸三分五行行字不一字徑三分許正書

觀世音像為貴中子顛託生安樂處　巨光二年九
月四日王仲和敬造

候□和題字高四寸廣二寸三行行字不一字徑五分正書

匜光二年十月廿二日清信士佛弟子候□和為亡祖
母造像一區

大統寺慧榮題記 高四寸廣七寸九行行五字第七行六字字徑六分正書

匜光三年七月十七日大統寺大比邱慧榮造像一頭
國祚永當上延亡二親榮及姊妹一切含生速到𡊮同
證匜覺

此即前造象之慧榮也仍按年月編次而加大統
寺以別之速到岸句當有奪字大統寺見洛陽伽
藍記

比邱慧暢題記 正光三年九月九日 萃編載卷二十九

仰為皇帝太后 缺帝后二字

此刻上方有李易二字其右有平字可辨其左亦
有字蹟亦古刻也附識之

尼法陰題記 高三寸二分廣九寸六分十四行行字不一字徑四分許正書

夫聖覺潛暈紀於形相幽宗弥邈攀尋莫曉自非影像
遺訓安可崇哉是以比邱尼法陰感慶往因得育天緘
故敎單誠為女安樂郡君于氏□賑脊難地造釋迦像
一區願女躰任□康衆惣永息□裝遐紀亡零加助匜
光四年匜月廿六日

寰宇訪碑錄有此刻趙氏補之復列于氏造象一
種年月日俱同誤一為二矣彼疑即威宇敎敢之
古文單即殫任即姙零用作靈皆古字劉氏所錄
譌闕甚多陰字不顯頗似險字

王伯集題名 高四寸廣二寸六分四行行字不一字徑五分正書

匜光四年三月廿二日清信男佛弟子王伯集供養佛
時

沙門惠榮題記 高四寸二分廣六寸四分八行行字不一字徑五分餘正書

比邱惠榮供養時

大代正光四年三月廿三日沙門惠榮敬造釋迦牟尼
像一傴為師僧父母□世因緣親善知識一切含生一

時成佛

軀又變作傴

陽景元題記 高四寸廣二寸七分四行行字不一字徑五分正書

匜光四年三月廿三日清信男佛弟子陽景元供養觀
世音佛時

在前刻之左紀年殘泐据劉氏補正光二字

尼法照題記 高二寸六分廣九寸十行行四字字徑四分正書

大魏匜光四年歲次癸卯九月甲申朔九日比邱尼法
照仰為□母師僧十方衆生敬造弥勒尊像

九月甲申朔與通鑑目錄合

優婆夷李題記 高三寸四分廣一尺九行行四五字字徑七分正書

正光四年九月十五日清信優婆夷李為亡女楊氏王
神英敬造无量壽像一堪願亡者離苦得樂普津法界
神英劉氏作福英

王□□妻田題字 高三寸二分廣九寸三分九行行四五字字徑六分正書

正光四年□月十六日□□□校尉□□□主王□□
□妻田□□夫敬造□世音像□堪

趙某道俗廿七人題記 高不齊廣一尺十三行行字不等字徑五分正書

正光五年十一月廿五日道
俗廿七人共造像一區上

為皇□□下皇太后下　趙□□
為法界倉生離苦得　高□□
匠般保願　朱□奴
□思顯　張清頭　□□昆
□□景和　張魯　宗□洛
顯寶　徐曇世　吉忠□
□崇猷　郭景□　□遺和
固顯菓　上官敬超　孫天震
□趙洪始　劉豐洛　孫文和
邑子史興宗　徐貧□　韓伏榮

張匡　董伏□　向元熾

蘇胡仁十九人等題記 高一尺廣一尺一寸十三行行字不一字徑五分正書

正光六年歲次乙巳□月廿五日像主蘇胡仁合邑十
九人等造釋加一區□為　皇帝陛□□邑子善復凡
七世父母所生父母因緣眷屬一時成仏
像主蘇胡仁　邑子劉先□　邑先劉雒祭　邑子劉
歡□　邑先□□曜　邑子蘭噉鬼　邑先□□生
邑子王阿明　邑子□□□　邑子張苟仁　邑子□
覓奴　邑子載歡欣　邑子蘇羅得　邑子劉貴洛
邑子郭阿興　邑子樂魏保　邑子郭白鼎　邑子劉

阿肆郎

正光無六年是年六月改孝昌此刻月上一字已泐當在六月前也陛作陸願作顛凡老作先祭作祭皆俗字眷屬作券屬蓋卷屬之誤覓當即覓字

比丘尼僧□題記 高三寸五分廣一尺七寸廿一行行字不一字徑五分正書

孝昌元年七月廿七日比丘尼僧□割己衣□之餘仰
為皇帝下師僧父母四輩像主敬造弥勒像一堪觀音
藥師今已就達願从此善慶鍾皇家師僧父母己身眷
屬□□无窮□□傾四氣行禁積暈思悟三寶地獄捨
刑□□離苦祖存願如是

皇帝之下疑有脫字从即比實即寳祖字不可識

尼僧逹題記 高六寸七分廣五寸五行行十二三字字徑七分正書

孝昌元年八月八日比邱尼僧逹爲亡息夊殊造釋迦像願亡者生天面奉弥勒諸受法言悟无生忍現在眷常与善居七世父母三有四生普同此福

逹劉氏作逹非

周天蓋題記 高四寸五分廣一尺九行行五六字字徑七分正書

孝昌二年四月八日周天蓋仰爲父母師僧一切衆生敬造无量壽像一軀願□□𡈼尹鄉三有爾眇同津法澤普登叵覺

至當即至鄉疑鄉之譌眇用爲妙

校書郎滘于道等殘刻 高六寸三分廣五寸一分七行字不一字徑五分分許正書

□□□龍□善

□是回

昌二年歲次丙午四

十五日刊

書省挍書郎滘于道

文司州門下晳劉綽

□汝陰王國侍郎□惡

昌上巳缺以歲次丙午攷之是孝昌二年也司州即洛州太和十七年改校書郎從弟六品汝陰王景穆帝子天賜所封爵

清信欲會題記 高二寸七分廣九寸五分九行行四五字字徑六分正書

孝昌二年五月十五日清信欲會爲亡女比邱尼法明一切晗識敬造觀世音像一軀願登紫極永与苦別

含作晗

尼法琛題記 高三寸五分廣八寸七分八行行五字字徑六分正書

孝昌二年五月廿三比邱尼法琛仰爲師僧父母同學緣眷十方衆生敬造釋迦像願普津法澤

琛即琛之俗字五月劉氏作六月

乾靈寺尼智空題記 高三寸廣八寸七分八行字不一字徑六分正書

孝昌二年五月廿三乾靈寺比邱尼智空爲自身小患願得壯明諸灾□弥十方含識□津□□願缺

乾靈劉氏作願靈審未的也

黃法僧題記 高四寸四分廣七寸五分九行行八字至十字不一字徑四分正書

夫三寶益潤沾及存亡是以清信女佛弟子黃法僧爲亡妣敬造无□壽像一區願亡者生天捨苦淂樂居家現□恒与善會後願脩福日進□念無退含生有識同歸斯澤

孝昌三年巳月十五日

宋景妣題記高四寸五分廣一尺四寸十七行行七八字字徑六分正書
大魏孝三年歲次癸未四月癸巳朔八日庚子清信女
宋景妣自惟先因果薄福緣淺漏生於闇浮受女人形
賴亡□母慈育恩深得長輕軀是以仰尋勗養之勞無
以援報今且自割釵帶之金仰為亡孝比敬造釋加像
一區藉此敬功願令亡孝比託生西方妙樂國土值佛
聞法見弥世勒一切有形皆同斯□
文云大魏孝三年歲次癸未攷孝昌紀年不值癸未
然字畫古勁似非僞託潛研堂目
孝下脱昌字是歲丁未此作癸未殆涉下癸巳而

誤也弥世世下作レ形蓋以二字傎到故乙之
丁辟耶題記高三寸廣七寸八分八行行字不一字徑五分正書
孝昌二年五月廿三日丁辟耶為自身夫妻□眷大小
法界衆生敬造无量壽供養
沙門惠詮等題記高七寸廣五寸五分七行行十字至十二字不等字徑六分正書
至覺沖湛要尋光儀以曉真蹤沙門惠詮弟李興為亡
父母造弥勒一區願福運亡零恒生淨境龍花會首承
斬悟聖又使現在眷屬□齋二宜給隆昌吉善願從□
建義元年七月十五日刊錺訖
建義孝莊帝年號是年九月即改永安矣楊衒當

嘗僞稱建義可決其非西秦乞伏國仁及南齊時
雍道晞亦號建義均不在洛詮即詮運即運帆即
範錺即飾
張歡題記高三寸六分廣四寸五分八行行字不一字徑五分正書
大魏永安二年三月十一日父張歡□亡女芍孜造觀
□音仏一區因緣眷屬□使妄者生天從□□成仏
妄息全□　妄息永年　清信女佛弟子渺下
亡與忘通諸刻多有作忘者此作妄誤也
尼法光題記高二寸二分廣八寸十一行行五字字徑四分正書
比丘尼法光為弟劉桃扶北徂願平安還造□世音像

一區友為忘父母造釋加像一區願見在眷屬一切衆
生共同斯福
普泰二年四月八日造記
以友爲又以忘爲亡
路僧妙題記普泰二年四月廿四日萃編載卷二十九
福鍾善美缺福字善作善曇辯比丘僧惠亡者蔡□□像曇惠亡蔡三字
蔡下萃編作文石本已泐含門當即沙門之異文
亡者蔡□□或即其夫之名
樊道德題記高三寸廣五寸一分七行行字不一字徑五分正書

普泰二年六月七日清信上佛弟子樊道德為亡父母
造釋加像一區願現在眷常生冨樂并及有形共同斯
福

又 高三寸五分廣五寸五分九行行字不一字徑五分正書

永熙二年七月十日□信士佛弟子陽烈將軍羽林監
大官丞樊道德為亡妻張造釋加像一區友願志者神
生靜柱值遇諸佛現在眷屬常与善居願く從心

魏書官氏志有揚烈將軍而無羽林監大官丞闕於
紀錄當依此記補之 按堂金石續跋
此即前刻之樊道德也首二字泐据武氏作永熙

監誤作鑒淨土作靜杜揚烈將軍弟五品上階揚
作陽武氏錄此杜誤作社常誤作掌

元□□廿餘人題記 高一尺七寸廣一尺二寸五分十四行行廿字字徑五六分正書

夫水盡則影亡□□綱威□羅現邸首之期頁杖蔎□
頹之歎物分□□理趣無爽故憂填戀道鑄□金□□
露□目連□□刻稱檀而圖瞿像□□儵忽尚□□斯
況元□□□於冥く之中生於千載之下進□□鬱嶺
物□□遏龍華寶□而不像□□回□□祈向何以
□□□壇遠邀□會樹回善提者必資□□善友入□
□□者無□導於□□故世主之□□□□而曉□□
之□俊門神而悟由此而言自□□以還未有□□□
而氏者也於此□相狎動異心□附法儀之□遂至廿
餘八力竭己家珎并勸一切□為皇帝□□法界有形
敬□石像一區藉此微因□□□□□□入智海學窮
首楞究竟常果大菩□□□□□□□□方淨覺見為
我證

永熙二年八月廿日造記

文云況元□□□於冥冥之中生於千載之下是
造象者姓元而名泐矣補訪碑錄作法義廿餘人

造象据文內法儀之□作儀不作義也旃檀作稱
檀華作華俗繆甚矣優填作憂填合於古

陵江將軍政桃樹等題記 高三寸五分廣六寸八行行字不一字徑五分正書

永熙二年九月十日佛弟子陵江將軍政桃樹□敬造
无量壽仏像一區父母□□眷屬一切衆生脫□離苦
得佑值遇龍□諸佛 下泐

桃姚氏中州金石目作机非訪碑錄作機尤非劉
氏作三年亦非魏書官氏志陵江將軍弟五品上

孫姬題記 高四寸五分廣七寸五分八行行字不一字徑六七分許正書

惟大魏永熙三年五月七日清信女孫姬為亡息敬造

釋加像二區一心共養

潛研堂目有永熙三年五月清信女□□姬造釋迦像記當即此刻惟誦審拓本姬上實非兩字也供作共古通

清河王妃胡殘刻十行行字不計字徑八分正書

年七月十
信女佛弟
王妃胡智
造
迦像一區願國
無疆四海安甯
常樂
元善見侍佛
元敬愻侍佛
仲華侍佛

東魏孝靜帝名善見清河王亶之子母曰胡如此所稱王妃蓋清河王妃也善愻皆用古字紀年缺泐當在正光以後

郴龍姬題字高一寸八分廣三寸五分五行行字不一字徑三分許正書

清信女佛弟子郴龍姬為亡父母造像一區

在景明年鄭長猷造象左上方亦北魏時刻

比邱法甯題字高五寸五分廣一寸三分二行行字不一字徑六分正書

比邱法甯為巳□□□□造石像一區

在景明年惠感造象之左字蹟無二

王江奴題記高廣各二寸三分五行行字不一字徑四分正書

清信弟子王江奴敬造釋加牟尼像一塩所願從心

在延昌二年法興造象上方字蹟相類

楊道蔭題字二段高四寸廣二寸六分三行行四字字徑六分正書

清信佛弟子楊道蔭供養佛時

又高三寸廣二寸三行行四字字徑四分正書

清信佛弟子楊道蔭侍佛時

前刻在正光三年慧榮造象之左此刻在正光二年蓋榮再造象之右蓋與慧榮王永安同時造者以無年月別錄於此

劉汝海題記高下不齊廣三寸五分五行行字不一字徑四分正書

清信□劉汝海□失脚敬造釋迦□一區願早還鄉報慈恩願〻從心

汝海劉氏作世海

尼妙暈題記高三寸三分廣二寸八分六行行字不一字徑六分行書

三月十三日比邱尼妙暈為父母記身造像一區以此

徼福倉眷並沾比邱尼侍佛時
此二刻在正始年魯眾造象上方記用作己蒼生
眷屬併省為倉眷二字
黃妙素題字高二寸廣一寸二行行字不齊字徑四分行書
黃妙素為身己□造觀世音佛
元陽賜題字高四寸四分廣一寸五分三行行字不齊字徑五分正書
元陽賜為亡母敬造觀世音佛願亡□□離成佛
元陽劉氏作元勝末二字僅存數筆據劉氏補之
以上二段在正始年惠合造象右上方
□道香題名高二寸八分廣一寸二行字徑二分餘正書

清信士佛弟子□道香
□備男題名高下不齊廣二寸六分四行行字不一字徑五分正書
清信士三門佛弟子□脩男
福花題字高三寸二分廣一寸二行行字不齊字徑二分餘正書
清信女佛弟子福花為忘父母造像一區
右三段在永平年法文法隆造象之後劉氏所錄
尚有清信士佛弟子奚莫苟仁十字在末行下
房進機題字高五寸八分廣一寸二分一行十一字字徑五分許正書
房進機為忘父母造佛一區
右刻在永平年道人惠感造象之左上方此下尚

有暈□為身造佛一行未見
比邱尼化題記高二寸廣八寸十三行行三四字字徑五分正書
比邱尼化造□加牟尼像壹堰□身所造上為七世父
母所生父母兄弟姊妹五等眷屬回緣知識若聖三惡
道者皆得解脫
右刻在熙平二年惠珎造象之左劉氏所錄尚有
兩行唯一力字可辨
比邱惠題名高四寸廣一寸二分二行行八字三字字徑五分許正書
比邱惠造觀世音一區供養
在前刻之右併列於此觀字特大

安□王為閭散騎入法題記高下不齊廣六寸三分十行行字不一字徑五分正書
安□王為女夫閭散騎□故入法敬造觀世音像二軀
聖教暐真相景薇妙極天□含生仰化願使閭散騎緣
此入法之功當令永離塵軀即真無导開朗元門常為
龍華唱首又願緣眷万善歸祐吉祥徵集一切羣生咸
同茲願
安下所缺似是定字聖教暐句有脫字徵即徵案
魏書外戚傳閭氏官散騎常侍者二人一閭英自
肥如令超爲散騎常侍鎮軍大將軍賜爵遼西公

一閭伯夫散騎常侍選部尚書後爲洛州刺史以
贓汙欺妄徵斬於京師此所稱閭散騎者疑是伯
夫故有□故入法之語筠清館所錄後有周知敬
造四字是別一刻也

八瓊室金石補正卷十三終

八瓊室金石補正卷十四

太倉陸增祥撰　男　繼煇校錄

吳興劉承幹覆校

北魏三

孝文弔比干墓文太和十八年十一月四日萃編載卷二十七

蕬作蕬寘樹丫英風寘誤寘寘疑卽寘䰟作魂万作萬与作與紐蕙芷紐誤
紉桒作桑帶作帶稯作稯閪作闘揔作總䁯作魄

萃編載此多與原碑字體參錯擇其尤異者校正
之碑無標題以額字當之碑陰題記爲宋人所撰
而以爲元均非也鵕當卽鵬字金石文字記誤以

爲雛椑當卽稗字䮔當卽騡字紐蕙芷以爲裳卽
離騷紉秋蘭之紉字離騷本有作紐者詳余所著
楚辭疑異釋證

碑陰

守蘭陵令臣高平郡徐舟守蘭字缺舟誤丹

附吳處厚題記註中元吳處厚元係宋字之誤

奇迹奇誤音

石佛寺閻氏造像題名

高一尺九寸廣二尺六寸十一行行字不一字徑寸至寸五分不等正書在昌平

太和廿三年三月十五日□缺

闞□□七灦四字約太□烒右□□缺
毘邱僧闞道䢵造像人闞異
造像人闞夌造像人闞夜造像人闞□
造像人闞黃俘造像人闞長户
造像人闞□造像人𨵦□兵造像人闞□
造像人闞保　造像人闞□
造像人闞僕造像人闞文造像人闞缺
造像人闞孫
造像人闞猷
造像人闞並時

右造像在昌平西南五十里石佛寺光緒庚辰潞河張翼所訪得者石頗漫漶如式錄之字用分隸法闞郎闞夌郎愛僕當郎僕猷郎嚴貴不可識疑郎貴字毘邱郎比邱

韋敬元等造象殘石

高廣不齊最高處存九寸四分最廣處存一尺一寸六分記存五行行存字不一下截題名存十行字徑六分許正書藏予家

正始二年歲次乙酉有蕤□蒙望韋敬元出自高遠榮
置豐厚䏻栖心三寶寄□□□倡率鄉缺　以上在象龕左
□缺　陽缺　李缺　徐伯缺　王天□　李文□
毛伋□　韋迴　杜洪　韋缺　□缺　以上在下方前八行之上

有象十龕龕列象二區上三龕僅存半截記文上方亦有象一龕亦存半截

右韋敬元造象殘石舊在西安城外古廟荒圃內癸酉夏袁裕文自陝攜來購藏之正始二年宣武帝即位之六年魏齊王芳後燕高雲亦號正始其二年不直乙酉也蒙郎豪豪望之稱宅碑未見寶寄字皆从㔾卒作卒均俗

兖州刺史滎陽文公鄭羲下碑

拓本高六尺三寸廣一丈八寸五分前後五十一行行字不一字徑二寸許額題滎陽鄭文公之碑七字均正書在掖縣寒同山

魏故中書令秘書監使持節督兖州諸軍事安東將軍
兖州刺史南陽文公鄭君之碑草
公諱羲字幼驎司州滎陽開封人也肇洪源於有周胙
母弟以命氏桓以親賢司徒武以善職並歌緇衣之作
誦乎矣世降逮于漢鄭君當時播節讓以振高風大夫
司農創解詁以開經義迹刊畐史美灼二書德音雲齓
碩響長烈揚州以十策匡時司空豫州以勳德著稱高
祖略恢亮儒素味道居真州府招辟莫之能致值有晉
弗競君道陵夷聰曜㝉劉避地冀方隱括求全靜居自
逸屬石氏勃興撥乱𣉻匡徵給事黃門侍郎遷侍中尚

書聽揚州刺史會祖谿以明哲佐世後燕中山尹太常
卿濟南貞公祖温道協儲端燕太子瞻事父煜仁結義
徒績著甯邊拜建威将軍汝陰太守綿榮千載聯光百
世自非積德累仁慶㕊無窮其孰能傳輝踵美致如此
之遠莪可謂身没而名不朽者也公稟三靈之淑氣應
五百之恒期秉和載誕文明冠世篤信樂道據德依仁
孝弟端雅寡言愍行六藉孔精百氏備究八素九邱靡
不貽達至乎人倫禮式陰陽律麻尤所留心然高直沉
黙恥爲傾側之行不与俗和絕於趣向之情常慕晏平
仲東里子產之爲人自以爲博物不如也藴斯文於衡

泌延德聲乎州閭和平中舉秀才荅策高第擢補中書
博士弥以方正自居雖才望稱官而乃麻載不遷任清
務簡遂秉閑述作注諸經論撰話林數弓莫不元契聖
理超異恒儒又作孔顔誄靈巖頌及諸賦詠詺榮辞清
雅博皆行於世也以才望見眦遷中書侍郎又假員外
散騎常侍陽武子南使宋國宋主客郎孔道均就邸設
會酒行樂作均謂公曰樂其何如公荅曰哀楚有餘而
雅正不足其細已甚矣而能久乎均嘿然而罷移年而
蕭氏滅宋雖延陵之觀昔詩鄭公之聽宋樂其若神明
矣朝廷以公使協皇華原隰斯光遷給事中中書令撿

司文史敷奏惟允國之律令是所議定公長子懿邕容
和令器望甚資早綜繼衡能聲徽著毅詩悅礼尤精易
理季子道昭博學明儁才冠祕頴研畐注篆逆侍紫幄
公行於前吏部祕書隨其後凡麻庶寮莫不欽其人也
於時有識比之三陳後年不盈紀懿給事黃門侍郎太
常卿使持節督齊州諸軍事平東將軍齊州刺史道昭
祕書丞中書侍郎司徒諮議通直散騎常侍國子祭酒
祕書監司州大中正使持節督空一格光州諸軍事平東
將軍光州刺史父官子寵才德相承海內敬其榮也先
空二格時假公太常卿熒陽侯詣長安拜燕宣王廟還解

太常其給事中中書空五格令侯如故縱容鳳闕動斯可
則冠婚喪祭之禮書疏報問之式空六格比之制矣民胥
行矣雖位未槐棘而仁重有餘太和初除使持節空七格
安東將軍空一格督兗州諸軍事兗州刺史南陽公德政
寬明化空七格先仁惠不嚴之治穆如清風而棄有敬讓
之高朝市無鞭撻之刑空九格郎道之美不專於魯矣太
和中徵祕書監春秋六十有七空六格寢疾薨於位空二格
凡百君子莫不悲國秀之永沉哀道宗之長沒
皇上振悼痛百常往遺空下使賵禭榮贈有加謚曰文祭
以太牢以太和十七年四月廿空下四日歸塋乎熒陽石

門東南十三里三皇山之陽於是故吏（下空）主薄東郡程
天賜等六十八人仰道墳之緬邈悲鴻休之未刊（下空）乃相
與欽述景行銘之元石以揚非世之美而作頌曰
爰鑒往紀稽覽前徽有賢有聖靡弗應時繇實𢍰姒旦
亦協（下空）姬於穆鄭公誕啟應期伊昔桓武並美司徒恭
惟我君世監（下空）祕書三墳剋闡五典允敷文爲辭首學
實宗儒德秀時哲望（下空）高世祑灼灼獨明亭亭孤邈或
眘三雍鄙風再燭作岳河（下空）宛澤移草木慶靈長發繼
葉傳光君既挺發膺亦含章文（下空）義襲軌朱紱相望刊
石銘德与日永揚

永平四年歲在辛卯刊上碑在直南卌里天柱山之
陽此下碑也以石好故於此刊之

附秦峴等題名（高二尺廣九寸四行行字不一字徑二寸正書首行在前末句之字下方）

高郵秦峴西洛馮維袓同遊神山讀魏鄭文公磨崖碑
因刻其後
政和三年十月晦日（此行字較小）

右後魏鄭羲碑魏史列傳與此碑皆云羲滎陽開封
人碑又云歸葬於滎陽石門東十三里三皇山之陽
而碑乃在今萊州南山上磨厓刻之蓋道昭嘗爲光
州刺史即今萊州也故刻其父碑於茲山余守是州
嘗與僚屬登山徘徊碑下久之傳云羲卒尚書奏謚
曰宣詔以羲雖宿有文業而治闕廉清改謚爲文靈
今碑首題云滎陽鄭文公之碑其末又云加謚曰文
傳載賜謚詔書甚詳不應差誤而碑當時所立必不
敢諱其一字皆莫可知也已（金石錄）

右中書令鄭羲碑魏書本傳父曄不仕而碑云拜建
威將軍汝陰太守當從碑爲是羲之使於宋也宋主
客郎孔道均就邸設會酒行樂作均問樂其何如答
曰哀楚有餘而雅正不足其細已甚矣而能久乎均
嘿然移年而蕭氏滅宋此事可補本傳之闕羲謚文

靈碑祇稱文公者猶諸葛孔明謚忠武而後人止稱
武侯舉其美者言之也羲字幼驎碑及魏書皆同北
史唐書世系表俱作麟蓋二字可通用矣（潛研堂金石文跋尾）

右鄭羲下碑連標題年月凡五十一行千三百餘字
字徑二寸後有宋人題名四行云高郵秦峴西洛馮
維袓同遊神山讀魏鄭文公摩崖碑因刻其後政和
三年十月晦日凡三十三字亦正書徑二寸上碑在
平度州東北五十里天柱山絕頂其山竦立如柱昔
有人訪之未及幾墜下碑在掖縣城南十五里雲峯
山之東（元）嘗親至崖間摩挲一過其崖黃石堅緻筆

晝深勁惟後幅七八行有石理坌起處自石斜向左石工祇就平正處刻之其文仍聯屬也案魏書鄭義傳文煜不仕碑云拜建威將軍汝陰太守又云義奉使宋國與孔道均論樂傳俱不載可據此以補其闕也碑多別體字如寫彳爲亻亻爲彳宄作窕稟作稾穎作頴牢作窂學作學式作戓皆是以縱容爲從容以瞻事爲詹事此亦寫者好異故增益其偏旁耳惟八索作八素尚存古意左氏昭十二年傳八索九邱陸德明釋文云索所白反本或作素又文選閒居賦傲墳素之場圃李善注引賈逵曰八索素王之法是

左傳古本作八索也周禮栗氏時文思索詩定之方中正義亦引作素蘊斯文於衡泌薀字或以爲蘊之別體非是案說文艸部無蘊字有薀字云積也从艸溫聲春秋傳曰昭十年薀利生孽又案隱公三年傳蘋蘩薀藻之菜六年傳芟夷薀崇之絶其本根皆不作蘊可知蘊字爲後人所增故廣韻以爲俗字隰作隰乃省文猶漢人濕陰作㬎陰若所著經論賦詠及語林數卷今皆無傳是又稽古者所宜知也山左金石志

右中書令鄭義碑在掖縣寒同山義字幼驎魏書有傳以此碑考之義使宋宋主客郎孔道均就邸設會酒行樂作均問樂其何如答曰哀楚有餘而雅正不足其細已甚矣而能久乎均嘿然移年而蕭氏滅又稱義注諸經論撰話林數弓又作孔顏誄靈巖頌及諸賦詠詔策行於世皆可補史之闕本傳稱義政以賄成性又嗇吝民有禮餉者皆不與杯酒臠肉西門受羊酒東門酤賣之太和十六年卒詔曰義雖宿有文業而治闕廉清案史作清稽古之効未光於朝策昧貨之談已形於民聽可贈以本官加謚文靈此碑稱謚曰文鄭述祖天柱山銘稱文貞公皆諱之也平津讀碑記

山左金石志載此碑文碩響長烈烈誤作列有晉

弗竟竟誤作竟高亘沈默用尚書高明正直沈潛之誼直作真遺使賵襚賵誤作贈石門東南十三里誤脫東字又㦗劉之㦗作虔熟能之熟作孰孔顏誄之誄作謠歸窆之窆作葬皆當校正之東南十三里金石錄跋脫南字或傳寫之誤碑敘義及其子官爵均見於史碑不如史之詳道昭爲司州大中正魏書作滎陽邑中正此則與史異也縉作縉虔作㦗亂作乱眷作弓繇作謡寘作寘寬作寛族作族皆別體字其習見者不述焉至詹事作瞻事案詩六日不詹傳云詹瞻也是二字可通惟用

儋爲贍見於經史者甚多用贍爲儋殊不經見右
半儋字又變作㢋尤爲罕覯孰作熟敏作慜雍容
之雍作邕皆通假字而能久于可爲古人乎于通
用之證皇上振悼振爲震之借字繇實拜姒即咎
繇字當讀爲陶又標題云碑草僅見於此殆以上
碑爲正本此碑爲草本邪自來金石家皆未言及

中書令秘書監文公鄭羲上碑

高八尺四寸廣三尺四寸六分十九行行卅七字字徑一寸四分許正書在平度州天柱山文與下碑大同小異錄其異者於左

魏故中書令秘書監鄭文公之碑較下碑少廿一字

公諱空一格義字幼麐公字不提行騶作麐逷鄭君當時無降于撰三字揚
州淵湛多淵湛二字此上無迹刊蓋史四句豫州司空司空在豫州下趙石之興
徽給事黃門此上無州郡以下卅四字石氏勃興作趙石之興下少四字修載千作修
干世百作千此下無自非以下卅三字純氣淋作純陰陽此上無八素以下十四字此下
無然高直以下廿一字常慕平仲子產之爲人也此句少十字舉秀才
此上無和平中三字補中書博士此下少十七字話林及諸文賦詔策石泐
空四字辭淸雅博遷中書侍郎林下少廿字賦詠作文賦博下少十字假貢
外此上無又字常侍此下無陽武子三字哀石泐空四格楚已甚下無矣字久
乎于作乎朝廷石泐空二格以公朝字提行詮衡銓作詮此下石泐空二格明雋
作經書研注蒿史文侍紫幄每在朝堂公行才冠秘穎作作經書

三字研蒿注篆作研注蒿史文五字又無超字多每在朝堂四字凡厰此下石泐空一格于時
於作于持節平東節下少六字道昭中書侍郎中上少三字郎下少四字國
石泐空一格子祭酒通直散騎常侍二句互倒持節平東節下少六字
太和初除公使持石泐空二格節安東將軍太上少七十字除下多公字軍
下少六字太和中此上少廿三字春秋年六十有七秋下多年字皇上上空
一格不提行坙乎此上少十二字此下石泐空三格石門此下石泐空二格相与與作
与
奚此下石泐空二格歷覽暨作歷此下石泐空一格誕叡叡作叡允此下石泐空二格
辭首辤作辭傅此下石泐空二格

右鄭羲上碑初予爲萊州得羲碑於州之南山其末

有云上碑在直南二十里天柱山之陽此下碑也因
遣人訪求在膠水縣界中遂摹得之羲卒葬滎陽其
子道昭永平中爲光州刺史爲其父磨崖石刻二碑
焉桉地里書後魏皇興四年分靑州置光州領東萊
郡隋文帝時罷郡仍改光州爲萊州云金石錄

碑在天柱山最高處峭拔險峻椎拓極艱乾嘉諸
先達均以不得見爲憾甲戌六月偶見於長沙市
上亟購而藏之聞數年前有大力者不惜巨貲縋
崖結架募壯膽者拺立施工此本當即爾時所拓
也快甚快甚往嘗詢友人之嗜金石者謂文與下

碑悉同字體較小今得拓本審讀之較為簡約知耳食者多非目擊手摩愈不敢纂錄矣据下碑碑末所題則先鐫上碑宜列下碑於後而此碑無年月并無葬日得之在後第校其不同者錄而識之

雲峯山鄭道昭題刻十七種（在掖縣）

論經書詩（高一丈三寸廣一丈二尺二十行行字不一字徑四寸正書）

詩五言与道俗□人出萊城東南九里登雲峯山論經書一首魏中書侍郎通直散騎常侍國子祭酒祕書監司州大中正出為使持節督光州諸軍事光州刺史司州滎陽鄭道昭作

靖覽鏡□肆浮生厭人職（辟）志訪□遊雲峙期登陟拂衣出（州）□綏步入煙域若替□逕□巃嵸星路逼霞（木）□□左鳳駕綵蜃纮披衿接九賢合盖高嶺標崢嶸非一□林巒迭嶢嶮雙闕承漢開絕巘虹縈劫澗岨禽跡迷寶（狹）鳥過忝層亢通月之飛岫陵地億迴首眄京闕連昢□未郎還濟河漸□□来塵玉食蔵名隱仙邱帝言養神宜依微姑射（蹤）□□朱亳日尔　時春嶺朋松沙若點殖攀石坐危□□□栖傾側　談對珠巘賓𤸎賞妙無色啚外表三元經中精十力道音動齊泉義風光韶棘此會當百齡斯觀甯心識目海淺毛流肩崖暫鴻翼相翔㝵終身誰辨瑤与□万象自云云焉用挂情憶槃桓竟何為雲峯聊可息

魏永平四年歲在辛卯刊

右刻在掖縣雲峯山陰首標題三行銜名四行詩二十五韻凡十二行末紀年一行字徑四寸所敘官階較大基山詩刻為詳核之魏書本傳皆合惟司州大中正傳稱滎陽邑中正案滎陽邑屬滎陽郡為司州所轄道昭滎陽人碑舉其郡而傳舉其邑也道昭卒於熙平元年距此僅五年耳（山左金石志）

魏書地形志光州治掖城皇興四年分青州置以鄭

述祖天柱山銘證之道昭以永平三年為光州刺史此刻於永平四年在到官後一年（平津讀碑記）

觀海童詩（高三尺九寸廣五尺六寸十三行詩每行八字字徑四寸許正書在掖縣雲峯山西峯）

詩五言登雲峯山觀海童（鄭）道昭（作）

山遊悅遙賞觀滄眺白沙（雲）路沉仙駕靈童飛玉車金軒接日綵紫盖通月華騰龍蔼星水翻鳳暎煙家往来風雲道出入朱明霞霧帳芳宵起蓬臺攝漢邪流精麗旻部促翠曜天萉此瞩甯獨好斯見理如麻秦皇非徒駕漢武豈空嗟

右五言詩九韻十二行字徑四寸首標題一行字較小右角上微闕筆畫嚴整有力詩多道家語迺鄭公與道俗紀遊之作也芲卽花字文選琴賦若衆芲敷榮曜春風李善注引郭璞曰芲爲古花字是也山左金石志

蓬壺下疑是插字山左金石志作植恐非

左闕題字 高二尺廣一尺五寸五分二行行四字三字字徑四寸許正書

雲峯山之左闕也

山門題字 高一尺五寸五分廣一尺二寸四行行字不一字徑四寸許正書

滎陽鄭道昭之山門也於此遊止

鄭述祖重登雲峯山題記曰久之方昇於此此處名曰山門左闕此二刻是也

石坐題字 高二尺四寸廣二尺五寸五分三行行字不一字徑六寸許正書

鄭公之所當門石坐也

九仙題字 高一尺五寸五分廣一尺六寸五分三行行三字字徑三寸餘正書

此山上有九仙之名

右闕題字 高二尺三寸廣三尺五行行字不一字徑五寸許正書

雲峯山之右闕也栖息於此鄭公字孚書

耿伏奴題字 高一尺二寸廣一尺六寸一東字徑三寸後二行字徑二寸三分正書

東

耿伏奴從駕

于石匠兩題 一高一尺四寸廣二寸七分一行字徑二寸 一高二尺一寸廣九寸一行四字字徑五寸許均正書

石匠于仙人

□匠于仙

右刻一題左闕七字在東峯面西一題山門十三字在東峯面北一題石坐九字亦在東峯面北一題九仙七字在中峯面西一題右闕七字在西峯面東一題耿伏奴五字一題石工于仙四字一題石丕于仙八五字一題東字在雲峯山之陰皆桂未谷馥攝掖

縣教諭時親登山巔跡得之黃小松以爲道昭所題耿伏奴當是鄭公從遊者石工于仙疑卽爲道昭刻石者山左金石志

山左金石志所載右闕少九字見未全也東字卽在耿伏奴之右匠匠當卽匠字阮作丕作工非史稱道昭字僖伯此題字孚殆其小字

飛仙室詩 高一尺五寸五分廣一尺六寸五分五行行五字字徑二寸正書

詠飛仙室 巖堂隱星霄 遥檐駕雲飛 鄭公乘日至 道士披霞歸

蓬萊題字 高一尺五寸廣一尺二寸四行行二三字字徑二寸餘正書

安期子駕龍棲蓬萊之山

元萠題字 高二尺廣一尺五寸五分三行行三四字字徑四寸正書

赤松子駕月棲玄圃之山

丹邱題字 高一尺七寸廣一尺五寸三行行四字末行二字字徑三寸五分正書

浮邱子駕鴻棲丹邱之山

崐崘題字 高一尺三寸六分廣二尺四寸四分五行行二字字徑四寸正書

羨門子駕日棲崐崘之山

太室題字 高一尺三寸廣二尺二寸五行行二三字字徑三寸許正書

周王子晉駕鳳棲太室之山

雲峯四字 高一尺九寸廣六寸一行字徑四寸正書

雲峯之山

蓬萊五題盖即所謂九仙之名者當尙有四刻未捜及也圖作萠鄭述祖題記云因南眺諸嶺指雲峯山曰此山是先君所名此即其命名所題

太基山鄭道昭題刻十五種 在掖縣東廿里

仙壇詩 高七尺九寸廣五尺八寸十三行行字不一字徑三寸許正書

詩五言於萊城東十里与諸門徒登青陽嶺太基山上四面及中嶺掃石置仙壇一首魏祕書監司州大中正平東將軍光州刺史熒陽鄭道昭作

尋日愛邱素陵月開靖埸東峯靑烟寺西嶺白雲堂朱陽臺望遠元靈崖色光高壇周四嶺中明起前岨神居杳漢眇接景拂霓裳□徹三四子披霞度仙房瀟〻步林石嶔〻歌道章空谷和鳴磬風岫吐浮香泠〻悲虛唱鬱〻𨓜松梁伊余莅東國杖節牧 齊壃秉務惜暫暇遊此無事方依巖論孝老斟泉語經荘退文聽遠義門徒森山行 疋遠念歲迹幽衿燭扶桒栖盤 時自我豈云踊行蔵

右刻首標題及銜名四行詩十五韻九行字徑三寸桉縣志不載青陽嶺意即大基山支峰也碑寫頂作嶺置作置臺作臺皆別體 山左金石志

仙壇銘告 高二尺八寸廣二尺六寸五行行字不一字徑寸六分正書

此太基山內中明崗及四面嚴嶺上嵩岳先生熒陽鄭道昭掃石置五處仙壇其松林草木有能循奉者世貴吉昌愼勿侵犯銘告令知也

右刻五行字多別體中明崗五仙壇今皆不傳案魏書道昭傳載其官國子祭酒時三上表請廣人才置博士生員意在崇儒興學無一語及好道棲真事今案此刻明是乘暇來遊爲憩息棲止之所慮道俗有毀棄者故爲此告誡之詞耳大作太崗作峒頂作嶺置作置貴作貴从亻作彳皆書者隨意增損不足爲

訓也山左金石志

靑烟寺題字高一尺九寸廣一尺五寸三行行五字字徑三寸五分正書

中岳先生熒陽鄭道昭靑烟之寺也

靑烟里題字高一尺六寸廣一尺五寸三行行四字字徑三寸正書

其居所号曰白雲鄉靑烟里也

朱陽臺題字高二尺一寸五分廣一尺五寸二行行六字字徑三寸正書

中岳先生熒陽鄭道昭朱陽之臺也

元靈宮題字高一尺六寸七分廣一尺三寸五分三行行五字字徑三寸正書

中岳先生

熒陽鄭道昭玄靈之宮也

白雲堂題字二種一高一尺九寸廣一尺五分三行行六字字徑三寸一高二尺廣二尺五寸

廣一尺一寸行二字字徑七寸許俱正書

中岳先生熒陽鄭道昭白雲之堂也

白雲堂

北史鄭述祖傳云初述祖父爲兗州於鄭城南小山起齋亭刻石爲記述祖時年九歲及爲刺史往尋舊迹得一破石有銘云中岳先生鄭道昭之白雲堂述祖對之嗚咽悲動羣僚此即是也惟字句稍有不同史家約略言之耳題榜三字或是後人所爲姑附於此

又題字一高廣各九寸四行行四字字徑一寸五分至二寸不等正書

熒陽鄭道

昭白雲堂中解易

老也

繼煇續得搨本即山左志所謂今不見者謹類次之第二第四行行首石有損蝕故各空一字

又題榜一高八寸廣四寸字徑二寸五分正書

通天洞

亦繼煇續得

中明壇題字高一尺七寸廣一尺二寸三行行五字字徑二寸餘正書

中岳先生熒陽鄭道昭中明之壇也

北山門題字高一尺八寸廣一尺五寸二行行四字字徑四寸餘正書

此仙壇北山門也

南山門題字高一尺五寸廣一尺二行行四字字徑二寸三分正書

此仙壇南山門也

壬辰題字高一尺六寸六分廣一尺五寸二行行三字二字字徑四五寸正書

歲在壬辰建

當是延昌元年

郭靜和題字高一尺五寸五分廣一尺五寸三行行三字字徑四寸許正書

洛京道士太原郭靜和

天柱山鄭道昭題刻三種

東堪石室銘高五尺二寸廣四尺二寸十行行字不一字徑三寸餘正書

天柱山上東堪石室銘魏祕書監司州大中正平東將

軍光州刺史滎陽鄭道昭作其辭曰
孤峯秀峙高冠霄星寔曰天柱鎮帶萊城懸崖万刃峻
極霞亭接日開月靈景流精朝暉巖室夕曜松清九仙
儀綵余用栖形龍遊鳳集斯處斯甯淵绵言想照燭空
溟道暢時乘業光幽明雲門烟石登之長生

遊息題字高二尺二寸廣二尺三寸四行行字不一字徑五寸許正書

滎陽鄭道昭上遊天柱下息雲峯

天柱山題額高一尺七寸五分廣一尺六寸三分首行三字次行二字字徑七寸許正書

此天柱之山

右天柱山石刻三種末一種亦道昭所題不見年月當在永平閒仍作刃古借霞作霞绵當即綿字第九弟十行高出二字遊作遊之山上空一格鄭述祖重登雲峯山題記云此山正南卌里有天柱山者亦是先君所号此即所以名之也又云東堪石室亦有銘焉

白駒谷鄭道昭題刻二種

一高七尺二寸廣二尺六寸三行行五字字徑尺餘一高四尺廣一尺四寸一行四字字徑尺餘俱正書在益都北峯山北

中岳先生滎陽鄭道昭遊槃之山谷也

此白駒谷

右刻在益都縣西南北峯山之北白駒谷內筆意極蒼老段赤亭益都金石記云案魏書道昭字僖伯少而好學綜覽羣言初爲中書學生遷祕書郎累官至祕書監滎陽邑中丞出爲光州刺史轉青州刺史熙平元年卒謚文恭又謂其好詩賦凡數十篇其在二州政務寬厚不任威刑爲吏民所愛此谷乃青州冰簾堂表海亭之遺愛矣山上有康熙時馬介石等遊記謂公有題名在洞中稱爲白雲堂中解易老今不見疑爲洞門所掩白雲堂在萊州天柱山即古之光州北齊書鄭述祖傳謂在兗州誤山左金石志

右題名字徑尺餘文云此白駒谷中岳先生滎陽鄭道昭遊槃之山谷也魏書北史道昭俱有傳稱其歷光青二州刺史今此題無年月按道昭以魏永平中爲光州刺史及轉爲青州則又後於永平矣是其題名當在此時也北史道昭子述祖傳云父爲兗州於鄭城南小山起齋亭刻石爲記述祖時年九歲及爲刺史往尋舊迹得一破石有銘云中岳先生鄭道昭之白雲堂蓋道昭所在題記皆自署號如此然白雲堂刻字當齊天保中已殘毀而此獨巋然存焉豈有神物相之邪兗州即光州之訛授堂金石續跋

右二段武氏併爲一刻非遊作遊別體白雲堂題刻字今尚具在大基山字句微異近始搜出阮武兩家不及見也

南梁郡太守司馬景和妻孟氏墓誌延昌三年正月十二日　萃編載卷二十八

三宗廣矩矩作姫性寡妬媢妬作妒与善徒言与作與

碑首題魏代揚州長史南梁郡太守以司馬景和誌攷之景和從龍驤府上佐遷揚州車騎大將軍府長史帶梁郡太守魏書地形志南梁郡屬譙州梁郡屬揚州梁郡揚州治故景和爲揚州長史帶梁郡太守此碑夫人薨於壽春壽春亦屬揚州碑首結銜作南梁郡太守似誤平津讀碑記

此誌別體極多萃編所錄多與石本差異擇其尤甚者校之矩作矩寬作寬躬儉作躬撿武氏未舉

四郡太守皇甫驎墓誌

高三尺四寸五分廣二尺廿三行行四十字字徑一寸六分正書方界格

水武始四郡太守皇甫君墓誌銘

魏故涇雍二州別駕安西平西二府長史新平安定之倩君諱驎字真駒安定之朝那人也鄉士之笛冑渡瓆之璲肖荊州刺史之孫辟主薄州部屬士之元子金紫扶疎冠冠今古風節朝略載在史籍君冑籍深華性自奇拔是以早延休譽夙播高門刺史王公𠀋簡高梁澄練涇土尒日搜揚無先君者辟君為州都君詮才舉弟稱允群望平直之選歌聲滿路刺史嘉君忠篤即拜為主薄君輕賤儒術意巍經讀哭賞之情自然孤解即年中復貢秀才君仁恕寬洽接賑深到共事之處無不樂仰延興中涇土夷民一万餘人家詣京中訴請為統酋然戎華理隔夲不相豫朝議不可　聖上以此諸民丹情難奪中　旨特許太和廿年中仇地不彭扇逼涇隴君望著西垂勘能殲䏲　旨𠀋為中書博士加議郎馳驛慰

勞陳示禍福兇頑盡悟面縛歸降動有數万刺史任城王嘉其遠量表為長史君籌謀深元聲震朝廷復除為清水太守領帶軍鎮景明元年中　旨格初斑簡選臺資窮盡州望除君為別駕而君佐弼有方民士悅樂從景明三年至四年衔護新平安定之二郡事匹始元年中河州刺史梁公以開塞地嶮非賢不御而君矛猛互張善能綏撫復表為武始太守匹始三年秦涇叛逆大軍徂討都督楊公以君擁略多端深達軍要表君為都長史特稟高笇君雖冑籍安定墳丼在雍匹始四年中還鄉刺史元王以君量勘執物復表為別駕君辞以夕年

沖讓不許王重加厚禮頻命乃就凡所佐莅必心奉公
惟直是斷雖伯奐之無私楊振之䁥賄方之於君未足
嘉也厤名窀垂登方岳意氣肅條猶若凡素毋欽想四
公僉懷音洛焉是以逸問遠流聲蓋四海視斥義如邱
山散千金若草土朝野榮賤望風送欵方應進登台鼎
永棄高試昊天不弔春秋七十有五遘疾不損薨于家
以延昌四年歲次乙未四月癸酉朔十八日庚寅空於
鄠縣中鄉洪勞里萬山美木誰不□仗名賢背世孰不
痛戀前雍州主薄𢷏水令辛對与君姻蕙臨棺悲慟弥
增哀切遂尋君平志刊記金石其辭曰

三才啓曜五氣流暉名川峻舁靈感特徵誕生君侯獨
稟元資綽矣高度佈世間出金鏘河右飛聲挺逸賞不
擇讎誅不辟昵惟理是從渾之若一深量難惻沖識孤
融矛能撫衆武尓折衝丹磨不異鑽仰弥崇形羈浮俗
志味通仙如雲開月如松出烟瓊敳頹峄至韻輓元親
舊悼惋痛惜绢绢亩記金石式揚名賢
妻安定梁氏州主薄郡功曹洪敬女
妻鉅鹿魏氏鎮西將軍內都大官黃龍鎮將趙興公苗
孫女

右皇甫驎墓志辛對撰當在鄠縣出土未見著錄史無驎傳志敘先世但云荆州刺史之孫辟主薄州部處士之元子不詳其祖若父名無從攷證矣碑首題云安西平西二府長史安西府屬幽州又云新平安定清水武始四郡太守地形志新平安定屬涇州武始屬河州無清水郡而有清水縣殆先嘗置郡後經省改耳文云安定朝那人安定屬涇州又云延興中涇土夷民請爲統酋戎華理隔中旨特許桉帝紀延興三年吐谷渾部內羌民鍾豈渴干等二千三百戶內附志所述者當卽其時事也又有太和廿年仇地不彰云云桉帝紀太和

廿年不載此事魏書北史同任城王澄傳云氐羌反叛除都督梁益荆三州諸軍事征南大將軍梁州刺史澄至州量彼風俗誘導懷附表送婆羅授仲顯循城鎮副將楊卜廣業太守叱槃固道鎮副將自餘首帥各隨才而用之款附者賞違命加誅於是仇池帖然西南款順志所稱馳驛慰勞陳示禍福兇頑盡悟面縛歸降者卽其事蓋驎在任城軍中任城遣往諭導著有功績也志稱任城王者爲澄刺史爲梁州刺史也任城王嘉其遠量表爲長史當卽碑題之長史又有正始三年秦涇叛逆

云云桉帝紀正始三年正月秦州民王智等聚衆二千自號王公尋推秦州主簿呂苟兒爲主年號建明二月詔右衛將軍元麗等討呂苟兒五月以秦隴未平詔征西將軍于勁節度諸軍六月安西將軍元麗大破秦賊斬賊帥王智五人梟首六千七月元麗大破秦賊降呂苟兒及其王公三十餘人秦涇二州平又元麗傳云時秦州屠各王法智推州主簿呂苟兒爲主號建明元年置立百官攻逼州郡涇州人陳瞻亦聚衆自稱王號聖明元年詔以麗爲使持節都督秦州刺史與別駕楊椿討

之又楊椿傳云秦州羌呂苟兒涇州屠各陳贍等聚衆反詔椿爲別將隸安西將軍元麗討之志所述者卽此事都督楊公者當卽椿也惟椿非都督與傳不合麗傳稱別駕椿傳稱別將亦不相符又紀稱王智傳稱王法智麗傳稱陳瞻椿傳稱陳贍又復互異表爲都長史都長史不見於官氏志此所云長史當卽碑題之安西長史抑或是都督長史脫一督字邪至所稱刺史王公河州刺史梁公刺史元王者皆不詳其名不知何許中書博士加議官氏志所不載可補其闕偶閱北周書趙肅傳

云曾祖武始歸於魏祖興中書博士其餘諸史傳中當更有之然亦無加議之稱辭以夕年夕年猶暮年也橫水令辛對与君纒篤尋君平志刊記金石是此誌爲辛對所撰也橫水屬岐州平秦郡辛對無攷驎妻父梁洪敬魏留孫亦無攷趙興郡屬幽州蓋郡公也碑多別體字駒作駒挪作郱冕冠作寃搜揚作揚詮作詮嘉作嘉茂作薧解作觧夷作夷酋作酋丹作冄仇作仇策作策臺作臺或卽高字猛作猛接作緌算作筭雖作雖血作血直作直斷作斷蕭條作蕭樤企作企葬作塟鄭作鄭鄉

作鄉高作髙對作對纏作纒哀作哀尋作尋希作希巖作巖崿作峄綿作綿圖作圗餘不勝舉渡濟卽度遼後漢皇甫規徵拜度遼將軍也瓊疑卽瓊字莘卽華字而深華不可曉高梁之梁疑是頁之通借或卽膏梁賕當卽賫字勘能㦸服勘當卽堪字下暈勘同㦸疑是徹字柜疑卽棺字矛猛互張矛能撫衆矛乃柔之誤至舉弟卽舉第不彰卽不靖西番卽西隣皆合於古寬作寬癒作痛屢見於漢碑鉅鹿作鉅鏕屢見於金石史籍昔人言之詳矣

松滋公元萇温泉頌世宗末萃編載卷廿八
千城万國千誤刊干遂館來風館作館濟世之醫醫作醫手孛白
犬缺孛白二字孛郎奉俀我于堂而俀作俀缺于字俀削俟
魏書孝文紀太和十九年六月丙辰詔遷洛之民死葬河南不得還北於是代人南遷者悉爲河南洛陽人二十年正月詔改姓爲元氏此稱河南元萇葢在太和二十年後萇爲高涼王孤之曾孫碑云孤發軫咸池當時之不避諱如此平津讀碑記
萃編以篆額爲標題又瀚作瀚曰作因德作德

八瓊室金石補正卷十四終

八瓊室金石補正卷十五

太倉陸增祥撰　男　繼煇校錄
吳興劉承幹覆校

北魏四

成道敬造像題字

象高四寸七分記刻佛背圓光上五行行字不一字徑二分正書

熙平元年四月□日成道敬□□造像一區□養一心
供養佛　侍

孫永安造像記

高六寸六分廣八寸九行行八字字徑七分正書在洛陽存古閣

大魏熙平元年十月十五日息孫永安奉爲亡母造像
誌表記靈緣云尓

夫塵俗易祛依法□影經念神跡顯□妙真傳界表白
託信□故道俗與悲業慎□愛者矣

才遵墓誌熙平二年十月九日萃編載卷廿八有志無陰

司空義陽缺義字松門永閟不誤作朩
碑云姓氏之興錄於帝圖又云攸攸縣胄帝僵之肖驛代貞賢自唐暨晉才氏受姓當在堯時帝圖疑讖緯書名平津讀碑記

碑陰附列上列十四行行十四字下列存廿二行行十五字字徑六分正書

長兄纂奉宗　早亡　妻河內司馬氏
父楚之魏使持節侍中鎮西大□□
啓府儀同三司楊州刺史瑯邪□□
第三弟紹奉□　饒安易二縣□□
妻河內司馬氏　□□□槍□□
第四弟獻奉□　□□□□州□□
妻燕郡□氏　□□□書□
第五弟融□□　□□太守
妻同郡□□　□□□中中書監司
缺

第六弟肅奉誠　中□博□　早亡
妻清河□□　□□□□□令貝□
子缺
第七弟缺　以上上列
世子楷□□　舉秀才　早亡
妻□□□氏　父相□宋散騎侍郎
第二子□賝　本州□□事□□
□□□氏　父提□□□侍中□
□大將軍□□□□□□王
第三子懃□□　□□□□□□騎

常侍右缺
妻同郡高□　□□□□□□參軍
清河□□□□□□□□文公
第四子振□□　□□□□□□□將
缺
□同郡李氏缺
□□□宣季達　□□□□□□郎太尉
□□□軍□□□□□□□僕射中
散大夫□□□□□□汝陰太守
妻河南□□　□□侍中尙缺

司徒□□□缺
第六子□景□□缺
第七子□□□缺
□□□缺
第□子□□缺
□□缺

誌末云夫人同郡高氏父允侍中中書監司空咸陽文公錢潛研以爲墓誌之變例未見碑陰也案高允魏書北史均有傳字伯恭勃海蓨人漢太傅裒之後封咸陽公官至鎭軍大將軍領中書監卒

贈侍中司空公冀州刺史謚曰文志不言大將軍冀州刺史者略之耳高氏亦見於史北史刁沖傳云其祖母司空高允女聰明婦人也誌陰上列載遵之兄弟見魏書刁雍傳纂魏書作纂云字奉宗中書侍郎早卒誌不詳其官紹字奉世武騎侍郎汝陰王天賜涼州征西府司馬奉下所闕是世字誌言饒安易二縣□□與史互異獻字奉章祕書郎奉下所闕是章字誌敘其官職見一州字史所不詳融字奉業汝陰太守是融下所缺爲奉業二字太守上爲汝陰二字肅字奉誠中書博士是誌

所闕爲書士也弟七弟誌闕史亦不載纂之妻父司馬楚之魏書北史亦均有傳字德秀晉宣帝弟太常馗之八世孫封琅邪王官至假節侍中鎮西大將軍開府儀同三司雲中鎮大將朔州刺史卒贈征南大將軍領護西戎校尉揚州刺史謚曰貞誌所闕爲將軍貞王四字不言雲中鎮大將朔州刺史征南大將軍領護西戎校尉者略之也史稱假節誌稱持節爲小異其稱開府爲啓府未詳其故漢諱啓稱開不聞諱開稱啓或係刁氏家諱歟下列載遵之子息見魏書云長子楷字景伯州舉秀才早卒是誌所闕爲景伯二字楷弟尙字景勝本州治中早卒是勝上所闕爲尙景本州下所闕爲治中餘不可考尙弟整字景智景明中除給事中領本州中正尋除尙書左中兵郎中正始中除員外散騎常侍仍除郎中延昌三年拜右軍將軍仍除郎中尋轉驍騎將軍未幾丁父憂是整下所闕爲景智二字騎常侍上所闕爲員外散三字再上當敘郎中官職右下所闕爲軍將軍三字再下當是驍騎將軍未可定也整之妻父疑是高允之子高懷任東陽王諮議參軍又北史刁柔傳云整

弟宣字季遊以功封高城縣侯歷位都官尙書衞大將軍滄州刺史卒贈太尉公謚曰武誌已闕泐所可見者僕射中散大夫及汝陰太守等銜皆史所未詳魏書云遂整與弟宣及子恭等幽繫之蓋誤宣爲宜也宣之妻亦見於史魏書云整弟婦即熙姊又云略姊饒安公主刁宣妻也北史同是宣之妻爲元氏其父爲元英也弟四弟六弟七子均不見於史

孫寶憘造像記

高七寸五分廣二尺七寸七分十一行行字不一字徑七分正書

大魏神龜元年歲次戊戌三月丙辰朔廿日乙亥青州
高陽郡安次縣人孫寶憘敬造尊像一軀仰資父母又
顯居家眷屬現世安吉一切群生同歸彼岸像主孫寶
憘恭敬供養佛時
清信女佛弟子房令妃供養佛時

右孫寶憘造像記中列蓮臺一佛趺坐其下如彌陀者右刻一男子象跪而向左題字在其兩旁及上方蓋即孫寶憘也左刻一女子像跪而向右後刻蓮花高出於頂題字在象右蓋即房令妃也再左再右各列一獅蹲而內向鐫刻頗精寶作寶歸作歸異文餘恆見

崔懃造像記

高一尺一寸廣一尺七寸五分十八行行字不一字徑五六分下一層側五行行字不一字徑三四五分不一正書在濰縣陳氏

魏員外散騎常侍中堅將軍三公郎中中散大夫高陽
王右司徒府右長史　崔鴻　平西府益州長流參
軍盪寇將軍齊州別駕司徒府城局參軍□東中郎九
州二郡賈板臺□使徐州倉曹參軍崔鸛　齊州錄事
參軍廣川太守　崔鷃
唯大魏神龜二年歲次己亥九月戊寅朔十一日辛巳
齊州東清河郡俞縣人崔懃削減身資造石像一軀二
侍菩薩上為皇帝陛下三公主司後為居家眷屬咸同
斯福
像主崔懃用錢九千□

碑側

法儀兄弟廿五人各錢一百裁佛金色陳安生
賀孟奴馬文智隹伯奴史晏貞皇甫佻猛略
佻僧利王曇玉徐敬忄侯巨富孫文徐愛
翟敵魏継林王智通佻迷佻強榮文敬賀僧德
□主崔懃法儀□賀神達史僧度王永王文展次楨

右崔懃造象記當在山左出土陳簠齋購藏之前人未見著錄上鐫兩獅對蹲狀度其上當有佛象獅下橫界邊線上尚有題字僅見半截惟大象二字尚可意會下方題字十八行前十行列崔鴻崔鸛崔鷃銜名次七行為造象記末行題像主崔懃云云蓋鴻鸛鷃皆崔懃之族也核崔鴻魏書有傳所敘官職與史悉合惟傳於三公郎中後云遷領侍中其後加中堅將軍云領郎如故遷中散大夫云仍領郎中而碑言三公郎中不言領郎中為不同其正光後所歷之官非造象時所應有也鷃名

不見於史鵾名僅見於子元傳中云爲其叔鵾所殺耳懃名亦不見於史史有名覲者爲鴻之族弟官至衛遼將軍羽林監疑即其人而碑不署官懃覲異字未可妄斷崔鶼署銜稱城局參軍局郎局之俗□東中郎當是征東鎮東平東之類開府從事中郎也九州二郡賈板臺□使臺郎臺字官氏志所不載俞縣史作鄃碑蓋省文耳碑云九月戊寅朔十一日辛巳按朔日戊寅則辛巳是四日十一日辛巳則朔日當直辛卯碑誤矣通鑑目錄是年月朔七戊寅九丁丑與碑所題者亦不合

張猛龍淸頌碑正光三年正月廿三日萃編載卷廿九

蕣龔於帝皇之始缺蕣字不辭採運之懃辭作辭缺運字復詠於洙中缺中字至乃辭金缺至字煥作㷜體承帝徽缺徽字義主宋□□缺宋字正光光誤元

碑陰

徽武□徽作敬孔□恩缺恩字戶曹掾董榮祚缺戶字曹作曹餘同不悉

錄卜徵化化作禮夏衆貴衆誤榮西曹佐薛文會在星桃村後此行全

脫□廣由由誤吉成頵之頵誤順張顥和顥作顯田阿清阿誤河

雷乞德乞誤乙

碑辭云何以舅憘唐盧正道淸德碑公下舅爲舅郎皃字之俗皃憘猶皃藻碑陰有魯汝陽鄉陽平弁新陽縣令皆魯郡屬縣魏書地形志魯郡領縣五無弁當是其後省也平津讀碑記

萃編以碑額爲標題所載有脫誤補錄如左又□官王珍度之官字審之未的其餘如羗皆作羌莫作英鄭作鄭虒皆作虎金皆作金苻皆作符傳隽作儁儁景作景伏德作伏德男作男以及點畫微訛者不具載又辛伯仁後空一行孫文儁後二行若奉伯後一行亦未敘明案金石後錄云星條若雋四姓公乘常耶二姓爲姓之異致晉有星重見

羊氏家傳南陽太守羊續娶其女濟北人條氏見左氏傳殷七族之一也晉有條冉司空條枚見姓苑漢有若章下邳相見正字通宋有若濤咸淳進士見萬姓統譜雋即雋漢有雋不疑北齊有雋敬見鄉老舉雋敬碑碑中下兩截題名列雋氏廿六人萬姓統譜於十六銑列雋復於十一軫列雋云雋音允見直音殆誤也雋敬碑敘述先世推本不疑可證也公乘古爵也後因爲氏統譜所載漢有公乘時慶公乘陽慶皆淯于意之師公乘翻更始中郎將左府都尉公乘昕上黨人中常侍唐有公

乘億咸通宏詞進士見藝文略又有公乘武公乘
舜宋有公乘㫐弼相州人嘉祐登科公乘博文東
平人建炎登科常邱氏廣韻云見姓苑張湖姓氏
尋源云常邱郎商邱

鎮遠將軍鄭道忠墓誌
高一尺八寸八分廣一尺九寸七分
廿三行行廿三字字徑五分正書

□魏正光三年歲次壬寅十二月巳未朔廿六日壬申
故鎮遠將軍後軍將軍□□墓誌□
君諱道忠字周子滎陽開封人周文王之褭鄭桓公之
後魏將作大匠渾之十世孫也本枝碩茂跗萼重暉冠

冕相仍風流繼及　祖以清靜爲治化洽枌榆　考以
德礼鑄民愛留海曲君尅膺純粹載挺圭璋美行著於
弱年嘉譽盛於冠日太和在運江海斯歸理翰来儀擇
木以履始爲高陽王國常侍所奉之主即承相其人雖
義在策名而遇同置醴邀循任重載職惟才轉衞尉丞
加明威將軍抑而爲之非所好也會五營有缺俄意在
爲事等嗣宗聊以寄息從步兵校尉本邑中正遷鎮遠
將軍後軍將軍君氣韻恬和姿望溫雅不以臧否滑心
榮辱改慮俳佪周孔之門放暢老莊之域澹然簡退弗
競當塗天道茫茫仁壽無證春秋卌有七以正光三年

十月十七日卒於洛陽之安豊里宅知時識順臨化靡
傷啓予在言素儉爲令古之君子何以尚茲越十二月
廿六日窆於滎陽山𨓜石澗北乃銘石泉陰式昭不朽
其辭曰
河潁之鄉史伯稱祥聿来胥宇大啓封壃國風巳細家
業嗣昌或潛或躍令問令望於穆不巳實生夫子皎皎
百鍊昂昂千里捿息典經馳騖文史潤彼璠璵馥茲蘭
芷閒平出世玉帛求人薄言委質義等師臣帝居崇秘
警衞推賢既參開鍵仍奉鈎陳雖則鈎陳亦孔之賤我
有一尊心無兩戰風催夜燭弦駈曉箭奄就北京遂同

南面荒茫宿草森沉窀木迴絶人群朋嚾羽族形歸泉
壤聲留簡牘靡畏樵蘇豈悲陵谷

是誌近日出土爲金石家所未見滎陽之鄭在北魏
已爲望族所謂將作大匠渾者見三國魏志墓誌標
題以朝號及年月日冠於銜名之上蓋創見也誌中
滎作熒裔作褭策作筞貳作貮缺作缼徘徊作俳佪
莊作庄胥作骨關作開驅作駈簡作蕳溯鄭氏先世
遠及周文而乃近遺祖父之諱曰爲治曰鑄民其祖
父亦非無爵位可書者古誌石華

右鄭道忠墓誌據補訪碑錄謂在洛陽攷道忠魏

書作忠無道字附鄭羲傳云字周子右軍將軍鎮遠將軍卒贈平東將軍徐州刺史誌作後軍將軍與傳不同傳之誤也誌不書贈官者略之也誌不書其祖若父名以傳證之祖名叔夜父名伯夏伯夏官司徒諮議東萊太守卒贈冠軍將軍青州刺史誌故有愛留海曲之語叔夜官職史所不載誌云化洽枌榆蓋本州之職度非顯要故史不及之叔夜爲羲之兄見北史羲傳羲傳云魏將作大匠渾之八世孫此誌云十世孫正合渾爲將作大匠唐書宰相世系表作少府大匠元和姓纂作少府

蓋少府之屬也高陽王范雍也碑以承相爲丞相以邀循爲徼循以姿望爲資望以滑心爲汨心滑即滑字以百練爲百鍊餘如冕作冤翰作韓嗣作嗣蘇作蘓者尙多皆黃氏所未舉黃氏錄此文後軍作統軍戚否作盛否惟賓作惟寅豈悲作甯悲俱誤又首行葬日石華作十六日壬申補訪碑錄作廿六日甲申審之拓本廿壬二字極爲明顯六字已涉曼患以誌文證之六字不誤通鑑目錄是年十一月巳丑朔是十二月朔正直巳未廿六日當直甲申碑蓋誤甲爲壬也黃氏作十六日固非趙氏遽改爲甲亦非

王珍之等造象　二紙一高六尺八寸廣三尺四寸畫大象右題名一行字徑五分一高三尺二寸廣同前共八十一行行字多寡大小均不一分書在平度州

□□當□本縣令王珎之

正光三年□月廿六日光

山民广阝□利□維那主

蘓柏□□□□□蘓慶伯

□□□□

比邱尼道遷　比□□□□　蘓□王世宗　王万歳

比邱尼僧□　比□□僧由　□□□□　張□

比邱尼惠□　比□□□□　王令張樹生　張□□

比邱尼僧□　比□□保銀　張伯周到伯孫王貴

比邱尼道□　比□□法蒙　□□□魯　王□

比邱尼明量　□□尼惠申　□服到中民　韓珎保

比邱尼□敵　□□尼僧賵　□□趙本　蘓奐

比邱尼□□　比□尼僧隆　張王趙高　蘓廣

比邱尼□□　比□尼僧就　□□□□　蘓進

比邱尼□□　比□□僧□　魯□王守同　蘓兇

右第一列　比□□僧□　□言張　趙□

右弟二列

王傶段民一　王達

囗囗王万之　王桃棒

孫愔王囗之　僧交

王囗囗囗囗　囗囗依

稴囗王貴囗　稴伯支

徐雙丁囗囗　囗囗囗

右弟三列　右弟四列

隨囗　徐囗

張囗　囗囗

王囗之　囗囗

張囗醜　張保滕

隨容囗　花旻口

囗囗民　李昜

比邱僧惠及　囗囗

比邱僧惠和

右弟六列

比邱僧惠囗

隨道連

王樹之

隨慕之

隨靄和

隨道安

右弟五列

比邱足道遷此行在佛象右方

碑極曼患行次參差審核修理首列王珍之一行次列年月八名三行有半後又有題名六列八十餘人魏書地形志郡縣無光山之名碑所稱或是山名也隨氏出晉大夫隨武子之後花氏見姓苑望出東平余先得佛象旁道遷題字一行拓本不盈一尺今乃獲覩其全相距廿餘年矣

馬鳴寺根法師碑

通高四尺九寸廣二尺七寸廿二行行卌字字徑一寸額存魏故根法師之六字陽文上又題馬鳴寺三字均正書

師諱囗囗囗囗囗囗子之孫也法師囗囗囗之ミ囗禀五緯囗囗囗囗囗囗生知囗囗囗扵髫歲潔行與白雪爭光温穆與鮮雲競潤爰自弱年英聲早集孝敬天然曾閔無以喻其性敏囗冠時願舟罕得比其高堯昂孤上如長林之出層雲婉順囗衿若清泉之入囗湛ミ然涇渭不能渾其津灼ミ乎遅逢莫能囗其輝囗圻崇峻可闚而不可見器韻堅廣可鑽而不入故使行逾素德逾深志弥著業弥遠於是鸞舉拔俗偕處法山之

頂風轉去塵綈誠滅影之域識火搆之弗康□化城之
怀ㄈ之能□□三乘撰御十地夫夏閑居授講後生四
方慕義雲會如至雖鳩公之在灞□未得方其輻湊朗
上之在汝北曷以加其歸市若夫入關之夜立論之際
法師淵□後裴風撰獨遠判沖微於百氏之中裁䋣滯
於一攬之內理與妙其長辞與玄同遠興雖則衆席喪
氣復問則道俗雷解音清調逸雅有義宗至如課己退
真造次弗㚘禪念求道終生莫輟割寶營福捨物如遺
造經數千帋滿緒素刊建　聖顔抽珎裁餝祇洹妙窣
摩不瓌㞩雖漢明寤寐金人巍以過茲工也方當歷器

以導迷途憑福以敷釋典嘗不慭遺□爲物化春秋五
十五以巨光四年歲次癸卯二月戊午朔三日庚申殂
於寺□ㄑ道□莫不悲悼豈唯痛結師徒而已哉卑𡨴
日窆於含霞山之陰法師弟子□□□等並聰慧一時
道器斯蔚退匠誨之□極痛寒泉之方遠缀徽音□□
□□□於墳□其辞曰
□□嵕緒□濤長瀾繽紛組帶蟬聯纓冠或智或愚能
危能安ㄑ其掊入去舉叶□智靈仰□彔緯府藉華涇淵
糾其志雲鵠其聲在素玉潤處黙金貞去此火宅歸彼
□□□詞必討妙理斯伾育育用曉無無是磬易和難

泶載沖載盈ㄑ其晧ㄑ積□□ㄑ深冰□諸法器自何能
稱識非塵幕悟是梵乘餝相莊譯珎雕□□□□□□
□□道徵□□□□□□□□憑刊茲茂跡不朽不淩
石馬鳴寺根法師碑斷裂爲三首尾亦損師名闕
佚賴額字具存可据以標題之碑未詳所在文云
府藉華涇當在關內也駢文樸茂書法端厲李北
海盡得其妙是北碑之傑出者婉順下似迎字可
鑽而不可入脫一可字怀即伾此用爲丕撮未詳
爽作㚘緇作緒字作窣寤寐變爿旁爲忄峻緒上
似帍藏二字俯作府藉作藉

贈營州刺史懿侯高貞碑
高六尺二寸廣二尺一寸五分廿四行行四十六字字徑八分正書有界格篆額陽文題魏故營州刺史懿侯高君之碑十二字在德州學宮
魏故驪驤將軍營州刺史高使君懿侯碑銘
君諱貞字羽真勃海脩人也其先蓋帝炎氏之苗裔昔
在黃唐是爲四嶽爰逮伯夷受命于虞舜曰典朕□□
□□□□暨呂尙佐周克殷有大功於天下位爲太師
俾侯齊國世世勿絕表乎東海其公族有高于者即其
氏爲自茲已降冠冕繼及世濟其德不實其名祖左光
祿大夫勃海敬公秕蝦所鍾或誕

文昭皇太后是爲世宗武皇帝之外祖考安東將軍青
州刺史莊公有行有祁克荷克攜郎
文昭皇太后之弟二兄也君稟岐嶷之姿挺珪璋之質
清暈誕於載卉秀悟□乎齠齓黃中通理之名卓尔不
羣之目固已殊異公族見稱於匠者至於孝以事親則
白華不能比其潔友于兄弟則常棣無以方其盛敬讓
著自閨閫信義行於邦黨若夫秉心塞淵砥礪名教伏
膺文武不肅而成則綴軌於前脩同頫於先達者矣雖
綺襦紈袴英華於王許龍馬流車陸離於陰鄧而不以
富貴驕人必以識歷業已是故夷門識慕蹇步知歸我

德如風物應如響弱冠以外戚令望除祕書郎儀驛閤
而来儀贍石渠而戎践於是縱容按文之職翩翩飛鵷鷺
之間容止可觀清風茲爲已穆既而 重離載朗東
朝始建杞梓備陳瑤金必剖衆求其可帝曰尔諧遷太
子洗馬夙夜惟寅媚茲儲后仰敷四德之美式揚三 善
之功同禁聽坊亡有出其右也于時六宮□□百姓未
繁□□大邦冈踰華似以君姊有神表淵問拜爲皇后
君戚愈重□□沖寵日益撝日損由是有少君退讓之
風無□淵嫣薈之患故莘莘之望具瞻允集損斡之期
匪朝伊暮而不幸短命 春秋廿有六以延昌三年歲次

甲午四月巳卯朔廿六日乙巳遘疾卒於京師二宮悲
慟九族悼傷同位駭奔遐邇必至
天子迺詔有司曰故太子洗馬高貞器業始茂方加榮
級而秀穎未實奄彫夏彩今宅兆有期宜蒙追陟可特
贈龍驤將軍營州刺史以旌戚儁其墓□所須悉仰本
州營辦臨塟又特給東園龍轜加謚曰懿凡我僚舊爰
及邦人咸以君生而玉質至美也幼若老成至慧也孝
友因心至行也□□□□至謙也君以此終尒以此始
烏可癈而不録使来 者無聞爲迺相與採石名山樹碑
墓道其詞曰

氶緒皇□□□□□堯咨四嶽□□□望惟高□國世
□龍光自茲亻氏不賈其芳於鑠光祿饗茲戩穀莘矣
安東紆組斯屬或女或妹匪娥伊僕彼 昭陽光我邦
族山川降祉餘慶不巳敬公之孫莊公之子如琰如 瑩
爲山伊始人知其進莫見其止古人有言膏粱難正於
乎我君終和且令牧巳謙謙與物無競孝友因心能久
能敬爰始来儀濯纓鱗沼翻羽儲扃其容皎皎方搏九
霄載飛載鳩天道如何是□是天生榮死哀禮有加數
昌用寵終英英祈輅其人雖往其風可慕元石一刊清
徽永鑄

大代正光四年歲次癸夘□管黃鍾六月□
□□□□□□□

嘉慶丙寅歲王孝廉保訓告我德州衞河第三屯出魏高貞碑與知州原遜志庫大使沈志水移置學宮山東督糧道孫星衍記

右營州刺史高貞碑在德州學宮貞魏書無傳碑云貞字羽真勃海脩人也祖左光祿大夫勃海敬公式誕文昭皇太后是爲世宗武皇帝之外祖考安東將軍青州刺史莊公即文昭皇太后之第二兄也魏書外戚傳高肇父颺高祖納颺女是爲文昭皇后生世

宗颺卒景明初贈左光祿大夫賜爵渤海公謚曰敬肇長兄琨琨弟偃太和十年卒正始中贈安東將軍都督青州刺史謚曰莊是貞爲高颺之孫高偃之子偃爲文昭皇后第二兄皇后傳以偃爲文昭皇后弟者誤也碑云君姊有神表淑問拜爲皇后偃傳景明四年世宗納其女爲貴嬪永平二年立爲皇后即貞姊貞弱冠以外戚除秘書郎遷太子洗馬延昌三年卒贈驪驤將軍營州刺史謚曰懿魏書道武紀天興元年羣臣言國家萬世相承啓基雲代應以爲號帝下詔宜仍先號以爲魏此碑末稱大代正光四年亦變例也平津讀碑記

右碑文正書二十四行行四十六字有篆額攷漢益州太守高頤碑敘其先出顓頊裔孫逢伯陵佐殷湯有功食采齊□樂邑世爲正卿氏食采建姓至高爲桓公將南陽之師而成魯美於春秋予攷樂邑上所闕當是高字至爲桓公將師成魯者乃高傒其語本春秋閔公二年公羊傳而通志氏族畧及通鑑魏紀注路史國名紀皆引風俗通高堂氏齊卿高敬仲食采於高因氏焉廣韻謂高姓齊太公六世孫文公赤生公子高孫傒爲齊上卿與管仲合諸侯有功桓公

命傒以王父字爲氏食采於盧謚曰敬仲與高頤碑廣韻等書不合惟云出太公之後與廣韻合此碑所云高子即高傒其言爲呂尙公族與廣韻史表言齊太公之後同而又謂太公爲炎帝之裔四嶽伯夷之後則又與高頤碑異尙書舜典有能典朕三禮僉曰伯夷孔傳云伯夷臣名姜姓正義引鄭語云姜伯夷之後也然此碑以呂尙出伯夷之後與孔傳合矣惟攷史記齊太公世家云其先祖嘗爲四嶽佐禹平水土甚有功虞夏之際封於呂本姓姜氏從其封姓又說文云昔太嶽爲禹心呂之臣故封呂侯皆不言伯

爽又碑云渤海脩人廣韻言高有五望一曰渤海也其云祖左光祿大夫渤海敬公者高颺也考安東將軍靑州刺史者高偃也並見魏書外戚高肇傳然史言偃之謚爲莊侯而非公自當以碑爲正碑又云以君姊有神表淑問拜爲皇后者卽世宗之宣武皇后也世宗初納爲貴人後拜爲后肅宗卽位又尊爲皇太后尋爲尼於瑤光寺神龜元年暴崩於寺殯葬皆以尼禮此碑立於正光四年已在神龜元年之後四年而碑但言其皇后不及其尊號爲太后者或以貞之卒尚在世宗延昌三年故也然碑於前已稱世宗

武皇帝則撰碑之時自當據正光時爲稱而碑乃不及者豈以其終於爲尼欲爲肅宗諱之耶古泉山館金石文編

校北魏太子洗馬特贈龍驤將軍營州刺史謚懿侯高貞碑貞卒於宣武延昌三年甲午建碑於孝明正光四年癸卯碑題稱魏後稱大代者魏書崔浩傳以始封代土後稱爲魏故代魏兼用猶彼殷商集古錄金石錄並有太延五年大代修華嶽廟碑又太和二年始公平造象記云暨於大代延昌三年司馬景和妻墓志銘首題魏代蓋皆不忘本始之意可與史傳相證也壬辰歲十月魏改元延昌立皇子詡爲太子

貞遷洗馬當卽其時唐書宰相世系表後漢渤海太守高洪居渤海蓨縣肇卽其後故貞爲渤海脩人元和郡縣志河北道德州蓨縣本漢條縣卽條侯國屬信都後漢屬渤海郡晉改條爲脩隋廢渤海郡改脩爲蓨屬觀州唐貞觀中觀州廢改屬德州此碑與高植高湛二誌皆出於德州衞河第三屯卽高氏墓所案漢書地理志勃海郡有脩市縣侯國應劭讀脩爲條又信都國有脩縣顏氏亦音條周亞夫封條侯功臣表作脩侯續漢書郡國志勃海郡有脩縣屬信都而無脩市疑併入脩縣矣宋書州郡志始以脩爲蓨

魏書州郡志仍作脩與此碑正合而高湖高聰高肇等傳皆書渤海蓨人蓋脩蓨通用已久非改於隋此碑勃海脩人高植志勃海條人高湛志勃海滌人脩蓨滌條古皆通用北朝碑刻偏旁亻多作彳碑中勃作勃脩作循龍作䮾裔作褎冕作冤暉作暈高湛碑同與飛歸叶韻戚作慼麟作驎備作俻寅作賓美作羙聯作聰寵作寵短作拒旋作旂厥作厥縠作槃旂作旂並異文從容作縱容驕奢作嬌奢通借字也卞別體作卡與弁通載卡卽載弁孝文太和十八年弔比干文執乘盜而談卡亦卽下字通辨或釋卡爲美非頫卽規

字本從頁從矢因譌作頖魏書世祖紀始光二年造新字千餘頒下遠近永爲楷式豈即當時新字歟金石續編

碑云巳卯朔廿六日乙巳案乙巳是廿七日云廿六日猶言越廿六日也宅碑亦間有之伏膺即服膺古通式作式脊梁作梁別體纍訂續編不舛闕譌兹舉拓本對勘而錄之

八瓊室金石補正卷十五終

八瓊室金石補正卷十六

太倉陸增祥撰　男　繼輝校錄
吳興劉承幹覆校

北魏五

黃石崖造象五段俱正書在歷城

法義兄弟姊妹等題記高一尺廣二尺五寸十七行行字不一字徑寸許

大魏正光四年七月廿九日法義兄弟石泐姊妹等敬造
石窟像廿四軀巻以成就悉名提記
釋伏守同心勸
維那主劉愛女
維那主沐盆姬　賈薩　劉法香　王寶姬　劉阿香
劉阿思　劉脒玉　胡阿嬪　王梨姜　吁延伏姬
賈阿妃　劉桃姬　王足　孫敬嬪　趙妃姜　張
賤界　張英仁　紀姜女　□骨子　徐清玄　維那
主張牛女　維那主　吁延摩香白斉姜　石桃
女趙義姜　張道女

題作提助作鋤嬪即姿或即資吁即呼徐即徐此刻近始拶出未見箸錄左上方有喬伏香題刻別錄於後

帝主元氏法義卅五人題記高一尺二寸廣一尺三寸十三行行字不一字

徑七分許

大魏孝昌二年九月丁酉朔八日甲辰　帝主元氏法義世五人敬造弥勒像一軀普爲四恩三有法界衆生願值弥勒　都維那比邱静志　都維那楊𢈔子

都維那賈道順　都維那趙伏念　比邱道雲　比邱洪㑣　馮道葙　鄧恭伯　張惠銀　張皇思　張祉生　馬僧智　皇外龍　劉歡　劉市奴　陳宜德

王難生　維那劉阿母女　維那趙豚姜　崔令姿

魚小姬　白舍姬　趙安姬　薛男生　張金姿

王肆豚　張女珠　劉齊　劉豚　郭男　西門清姜

趙迎男　賈娥　張外姿　貟三英　張豚姜　王伏姬　趙勾男　趙豚姿　劉明豚　趙桃女　趙祖憘

八日濟南金石志誤刊八月

法義兄弟百餘人題記 高九寸廣九寸四分十一行行字不一字徑五分餘

大魏孝昌三年七月十日法義兄弟一百餘人各抽家財於歷山之陰敬造石窟彫刊靈像上爲帝主法堺群生師僧父母居家眷屬咸蒙福慶所願如是　都維那張神龍　都維那□雒□　楊泥　比邱僧利　比邱洪㑣　比邱僧玞　比邱明越　比邱僧𢪔　宛敬賢

趙方興　梁思善　梁僧長　雷乘龍　燕延興

楊伯憘

界作堺集韻云堺同界兗姓見韻會預作頹補訪碑錄兩列此刻一題張神龍等百餘人造象一題法義百餘人造象誤矣

王僧歡題記 高九寸廣四寸五分五行行十六十七字字徑四分

維大魏建義元年五月□日淸信上仏弟子雍州長安人王僧歡敬造尊像一軀上願皇祚永隆歷劫師僧七世父母兄弟姊妹妻子女等及善友知識邊地衆生常生佛國弥勒出世龍華三會願登初首

濟南金石志雍州長安作齊州泰安僧歡作增啓願登初首作共登施堂均誤

喬伏香題記 高五寸五分廣四寸七分三行行字不一字徑寸餘

喬伏香敬造釋迦像一軀敬心共養

供作共在法義兄弟姊妹造象之後

魏氏造象碑并側 正光五年六月二十日萃編載卷三十二末見碑側附西魏末

乜主李雛　門陌節□□ 以上弟一截　□□□□□　□

宜魏道□ 弟二截　平湟□毛玉　□□魏阿淸 弟三截

但宜魏阿□　平□□□□ 弟四截 四截俱失載　以上化主魏宗

□ 缺字　侍者□□□　侍者□□□　但亠魏豊国 侍缺

者者但国五字化主魏道甫　之子□頌□　之子魏紫玉
之子魏□□　之子魏先生缺魏道甫字魏紫□字魏字先生字脫之子□頒□魏
一行又之皆作邑魏道洛缺魏字魏益先先誤先之子□□□　乙
子魏道歡缺上之子二字魏養宜缺養字□補葙缺葙字録主缺録字
録主魏□容缺録容二字之子□□與缺與字魏酉歆缺歆字魏
清受缺清受二字魏紫洛缺紫字魏上容缺上字魏晃引晃誤男缺引字
魏□国缺国字録主魏歡憙缺録字
碑側高五尺八寸八分厚八寸五分上截二行行五字中截五行行六字下截七行行三十五字字徑八
分正書
之胄魏豐□　之主魏始郎以上上截

正光五年歲次甲辰六月庚辰朔□十日己亥合之□
□□□□□□□□緣以上中截
□念彼□□非□□无□□其元□□□□非□□□□
□造其極□巳如□損身命□□□□已求□□之□□
七珍九僕元□之寶大願既成巳要无上之道位□悲
巳瓶家識之額□□□□□□□□□六□不□□□
□□是□□三會永麦二重沉淪苦海覓若所趣唯憑
□□□□□□眞□□□□□□□世□共□道□捨
七珍遂取名石逅及陌匠造像一區運□□□□□
頋若□□□□□□主□□遼□□国土清大頋弟

子等捨身受身值佛□□□□□□□□□□□□至
成佛復顛亡□所生歷劫師徒現存眷屬□□□□□□
□□□□□□□□□六道倉生□佛□□□□□□
□□□所願□□是缺渺以上下截
按此因魏氏造象而記于碑側時爲北魏孝明帝正
光五年萃編以造象碑附西魏大統之後未見碑側
所題歲月也六月下所缺以通鑑目錄考之當是庚
辰二字金石續編
石碑高五尺八寸八分上列佛象一龕龕旁皆供
養象凡三截每截題字兩行分列左右龕下中刻

蓮臺兩旁亦有供養象題字各一行皆王氏所未
見者此下六截亦皆供養象象旁均有題字弟五
截六行餘均八行王氏謂有七行者脫一行耳其
所錄亦多譌缺續編錄此碑側亦有未審出者茲
據拓本校補之碑極曼患不能得其全也

新城成買等造像題名

高一尺五寸廣二尺九寸文五行前後題名廿六行行字不一字徑六分正書直界格

大魏正光五年歲次甲辰八月巳卯朔十一日己丑青
州高陽郡新城縣成買寺主道充縱化剎邑道俗法義
兄弟姊妹一百人敬造弥勒尊像一軀一切群生咸同

福慶
□福寺　比邱慧興（在前二行）　□邱道充　比邱慧靜
比邱元明　比邱惠叙　比邱法當　比邱道臧　比
邱道寘　比邱暈侯　比邱道暢　比邱僧濟　比邱
道惠　比邱惠暈　比邱僧撖　比邱道般　王□興
趙□之　里伏慶　成公僧志　□安生　成公道
慶　趙世和　成公僧和　□文慶　成公惠伈　李
珎寶　程孫陁　成公曇慶　成公雙之　成公世敬
翟興兵　成公保儼　成公萬受　成念　賈孝𡰪
王伏奴　成公悕　翟僧護　成公訓　□零之

成公黑　成公客生　成公僧廣　□□祖　成公文
慶　□道還　趙奉　□憘　宋萬　程洛周　趙道
明　□安之　粱日兒　程鍾葵　翟零社　□天慶
成公僧敬　李法承　趙念　□禹　成公庱世
程民　□文敬　成公道長　扈識郎　張保憘　張
道憐　程零猷　成公榮果　王曇娟　□伯生　成
歡　程客生　成公市買　榮泉樹　成公□連　扈
保僧　王曇見　徐天德　張𢗊　乙奈登　韓練姜
□帝姫　鄭眚　孟妙　申進之　孫围䳜　□□
成公令妃　徐永男　李□

围字字書所無憐即憐

懷令李超墓誌（正光六年正月十六日萃編載卷二十九列永安二年）

憲臺（臺作臺）　沓炳字（鉄沓）　泉房寒遠（泉作泉寒作塞）

越六年正月丙午朔案此謂正光六年也其六月始改元孝昌則正月必尚紀正光矣碑書正月丙午朔證之通鑑目錄劉義叟長秝此年梁正丙午朔魏同決無可疑而偃師金石遺文乃誤以爲在卒後經年凡六於是王氏萃編遂列爲永安二年不知彼年長秝魏正癸丑朔與碑所書絶不可通也又考司馬景和妻墓誌銘上書以延昌二年夏六月甲申朔廿日

癸卯下書粤三年正月庚戌朔十二日辛酉以其朔求長秝則所謂粤三年者亦謂延昌三年與此碑書年之法正同又一確證也（孫星衍續古文苑注）

李超正光五年卒時年六十一魏書地形志洛州太和十七年改爲司州時超年三十即於是年舉秀才亦不得稱弱冠疑舉在其前稱司州者從後追書之

碑狄作狄劾作劾日作⊙族作族總條作檢循貫作貿變作䜌皆異文（平津讀碑記）

書臺作臺泉作泉寒即寒字王氏釋爲塞孫氏釋爲寒䜌孫氏釋爲彎皆非條脩古通脩即脩字洪

氏以爲條之異文亦非陰賓當即陰冥王孫兩家皆以本字讀之恐誤其餘別體甚多不具舉

陸希道誌蓋

方一尺九寸三分四行行四字字徑二寸八分篆書陽文方界格在孟縣學忠義祠

魏故涇州太守淮陽男陸府君墓誌之銘

此後魏陸希道墓誌蓋石自孟縣西三十四里孟張河出土陸君傳附見魏書祖俟傳乾隆己酉入志欽州馮敏昌題記分書二行在石左邊萃編僅載銘側袁翻題字不及誌銘篆蓋據孟縣志誌銘僅存首行及次行鉅鹿郡開國公之子也

九字餘行上下或一二字已

崇□達爲父造象記

高九寸廣八寸三分十行行十字字徑五分正書在洛陽存古閣

□魏正□□□□月己酉朔廿一日辛酉故□□□局

永崇任康□□□□□內郡□□□□□曇□□福□

具□□□□七□南十□東□□□□□□十五步□

地□□

弟子崇□達仰爲亡父造像一區願亡父託生西方妙

樂國土恒与　善居

前云故□□□局永崇任康從有十□東及十五步□地等字末三行題崇□達爲亡父造像一區云云蓋崇□達因葬其父遂造像以資冥福也十東十五步地等字蓋記塋兆之四至也紀年缺下一字不知其爲正始正光姑附正光末文云□月己酉朔廿一日辛酉以己酉朔推之則廿一日值己未不值辛酉辛酉是十三日以廿一日辛酉推之則當是辛巳朔碑誤矣

吳高黎墓誌

高九寸廣一尺十三行行十二字字徑六分許正書末一行無字上截刻佛象在洛陽

魏故士吳君之墓誌　君諱高黎俆州琅琊郡治下里

人也宋世驃騎府録事參江夏太守之孫員外散騎侍

郎梁郡太守之子聖世兗州城局參督護高平郡事資

洪源於胄漢稟神光於峻岳摧蘭桂之萁微發之妙翻

才器忿恵庫若天知正始元年冬十月十五日卒於洛

陽妻高陽許樂女樂爲江夏王常侍以正光五年十二

月六日亡於弟孝昌二年正月丙午十三日癸丑權殯

於北芒刊石立記

右吳高黎墓志在洛陽其上截刻佛象志文在下截疑非埋諸土中者高黎之祖父皆不書名誌書資洪源於胄漢於字添注於旁以俆爲徐以胄爲

齊以忩惠為聰慧以弟為第以塤為殯以北芒為
北邙餘不悉記後云孝昌二年正月丙午十三日
癸丑案孝昌二年歲值丙午丙午二字蓋在正月
之上書者誤置於下也午非月建十三日癸丑則
丙午亦非朔日也通鑑目錄是年二月庚午朔以
此逆推之正月小盡十三日正直癸丑朔日當直
辛丑

皆公寺比邱道休造象題字

高一尺五寸廣五尺四寸六榜二榜磨泐行字均不一正書在樂安

比邱僧緒供養

比邱僧援供養 右弟一榜

比邱恵儁供養佛 右弟四榜

大魏孝昌三秊歲次丁未二月十五日比邱道休為一
切衆生敬造弥勒石像 右弟五榜

大魏孝昌三秊正月二日奉 詔建立皆公寺

右象佛坐蓮臺莖直承槃一人兩手仰托跪而戴
於首右一人左手持盂右手作彈指狀左一人合
掌旁有兩獅蹲列左右三年正月立寺二月造象
故兩題年月筠清館以正月二日屬諸僧緒僧援
非也皆公寺不見於洛陽伽藍記

咸陽太守劉玉墓誌

高一尺五寸五分廣一尺七寸十九行行十七字弟十七行十八字字徑五分餘正書在南匯沈氏

魏故咸陽太守劉府君墓誌銘
君諱玉字天寶宏農胡城人也厤礿基胄与日月同開
爵封次弟通君臣之始周秦大叢並斑名位遠祖司徒
寬之苗其中易世奉二見明慎漢中識凶奴之患季陵
出討軍勢不利遂沒寡廷先人祖宗便習其俗婚姻官
带与之鉼雜大魏開建託㝎恒代以曾祖礿万頭大族
之胄宜顯名官從駕之衆理須晢舉依地置官為何渾
地汗尒時此斑例令州枝義成王南討真安以祖可洛

侯名家之孫㠯接為劉充子都将与王荣謀偉內剬宊
雍境遂以土荒即令鎮押君數世重蔭成應引內為西
佖子都出祺之梃屢有藁懋宜可昇擾錫之矛土假咸
陽太守春秋七十八以孝昌三年歲次丙午十一月廿
四日卒於家
肇基雲景神絲重暎是曰劉族世立堅明位縱台司志
合中貞翼輔王室唯安唯甯彛躔相繼其器易新名極
矛土四袤來眞綏接息化冨壤殷民體含垩嶽不磨自
跦

石藏沈均初內翰 樹鏞 家均初歸道山不審存否

誌署宏農胡城人胡城魏隸西恆農陝南二郡魏避獻文帝諱稱恆農此不避何也文云遠祖司徒寬之苗寬卽寬字後漢書劉寬傳字文饒華陰人不言其官司徒惟云父崎順帝時爲司徒元和姓纂漢高兄代王喜後漢司徒琦始居宏農生寬太尉是司徒爲寬之父誌誤矣崎琦字異當是姓纂之譌慎漠中識慎卽值之誤識不可解或是季之音訛匈奴作凶季陵葢李陵之誤㓞葢絜之俗誤略之通借詩有略其耜釋文略字書本作絜匡謬正俗引張揖古今字詁云略古作絜玉篇絜今作

略校說文略經略土地也絜𢮄文劉刀劍刃也詩借略爲㓞碑借絜爲略非古今字也卆卽亞枝卽牧祺當是旗之梃當是走梃之誤薰爲勳之通借茅土作矛玉字三畫均匀旁不加點㓞卽潔之俗變隣卽隣字磷之音借餘多繆體不具述元和姓纂載劉氏之居代者二一爲東郡魏有庫仁弟眷生羅辰與穆陸賀曳于奚尉爲北人八族一爲河南魏有河間公提生豐以司徒封爲河間劉氏又載寬之後裔有三一爲十二代孫偉爲周刺史一爲次子松一爲次子千秋此誌所述可補姓纂之遺稱万頭可洛侯命名俱習代稱至玉而始華其俗何渾地汗可備代北官名之攷咸陽郡隸雍州

樂陵太守等造天宮像題名

高二尺三寸廣一尺二寸側廣二尺二寸年月人名五行畫象內題名九段共四十三行行字大小均不一正書

永安二年歲次己酉十一月　戊寅朔十四日癸卯樂陵郡陽信縣李僧保青州剌史彭城王府鎧□將軍行樂陵太守　夫人謝文亻　次夫人甚台妙孫

郎君李靖貴　郎君李道固　息永固　息思□

息士宗　息令宗　女□香　貴香　女敬暈

女洛妃　在碑側

樂陵太守李文遷　妻夫人蔣男䔿　女郎李端□

女郎李雙□　府石匝羅上弟一列　郎君李景□　郎君

李□仁　郎君李□仁　郎君李領仁上弟二列　女安妃

女明□　女□記　女男生　息万生□□□李僧

□□□□□□□□身天宮在碑右上弟三列

振武將軍樂陵太守李廣真家口天宮在碑右前拔之下

像主李文遷家口夫妻男女現身天宮在碑左

李僧保家口天在碑左前段之下

缺李缺巳□夏缺以下五六行不可辨

□□延昌□家口天宮
夏侯興缺父母弟妹現身□宮
此段僅辨去女二餘俱漫患約七行
□過夏侯旦缺行半以上在下方
李僧保李文遷李處真列銜皆稱樂陵太守殆世其職也北魏有兩樂陵郡亦有兩陽信縣一隸滄州一隸青州此則青州所屬也碑右李處真之下碑左李僧保之上偏及碑側下方似尚有題名三段無一字可辨永安魏敬宗年號永作𣱵俗謬

南陽張元墓誌

誌本高廣行字不計正書拓本藏道州何氏

魏故南陽張府君墓誌

君諱元字黑女南陽白水人也出自皇帝之苗裔昔在中葉作牧周殷爰及漢魏司徒司空不因舉燭便自高明無假畳水故以清潔遠祖和吏部尚書并州刺史祖具中堅將軍新平太守父盪寇將軍蒲坂令所謂華蓋相暉榮光照世君稟陰陽之純精含五行之秀氣雅性高奇識量沖遠解褐中書侍郎除南陽太守嚴威既被其猶草上加風民之悅化若魚之樂水方欲羽翼天朝抓牙帝室何啚幽靈無簡殲此名哲春秋卌有二太和十七年薨於蒲坂城建中鄉孝義里妻河北陳進壽女壽為巨祿太守便是瓌寶相暎瑷玉参差俱以普泰元年歲次辛亥十月丁酉朔一日丁酉塟於蒲坂城東原之上君臨終清悟神識端肅動言成軌泯然去世于時兆人同悲遐方悽長泣故刊石傳光以作誦曰

爵矣蘭胄茂乎芳幹葉暎霄衢根通海翰烋氣貫岳榮光接漢德与風翔澤從雨散運謝星馳時流迅速既雕桐枝復摧良木三河奄曜巛塸芒燭應感毛羣悲傷羽祑扃堂無曉墳宇唯昏成轜松戶共寮泉門追風永邁式銘幽傳

張元字黑女元黑色女即爾汝之汝南陽白水人白水鄉漢光武故里在新野縣漢張遷表敘先世甚詳僅及周張仲漢張良張釋之張騫四人此誌乃云出自皇帝之後未詳其爲何皇何帝唐書宰相世系表張氏出自黃帝子少昊則皇帝當作黃帝昔在中葉作牧周殷殷無以張爲氏者周自張仲外見於左傳國策者無位至牧伯之人爰及漢魏司徒司空世系表清河之祖有漢司徒歆馮翊之祖有漢司空皓此外未嘗以司徒司空著名惟晉有司空張華誌以舉燭喻其高明似指華之博物而言然所徵引殊未確

也遠祖和祖具史皆無傳父盪寇將軍未著其名妻父陳進壽官巨祿太守魏無巨祿郡當即鉅鹿別稱曰壽爲巨祿太守下著便是二字通俗之文始見於此又進壽雙名複述稱壽今人以爲常於古則罕見十月丁酉朔一日丁酉書朔書日不嫌其重唐張希古誌云四月甲申朔一日甲申亦如此蓋古法也元南陽人爲本郡太守其卒葬皆在蒲坂豈以父爲蒲坂令遂家其地耶幽靈無閭神誚端肅閭誚二字未詳其義裔作襄殷作殷寇作𡨥稟作稾魚作魚爪牙作抓耒逮作逮雙作䨇朔作朔葬作𦵏胄作冑幹作榦映作暎香作晉翰作翰休作烋坤作巛區作堰喪作𠷎痛作㾜族作㫋堂作堂韶作韶寢作寑泉作泉式作戎皆別體字遐方僂泣句多長字旁加三點書石誡字用旁點始見於此是誌未知何時出土於友人何子貞處見拓本錄之古誌石華

右不知存亾從何氏借錄之魏書地形志南陽郡無白水縣白水縣五見一邵郡一丹陽郡一高平郡一武都郡一白水郡此稱南陽白水人黄虎癡以爲鄉名或然也文於除南陽太守之下未言去官而下云薨於蒲坂城豈尚未之官邪故以清絜

以當讀作巳復摧㠩木當即梁木之同音假借巨祿鉅鹿亦古通字黄氏以爲別稱殆非

韓顯祖等建塔像記

高七寸六分廣一尺七寸三分文九行行十一字字徑五分方界格題名十一行又小字一行正書

大魏永熙三年歲次甲寅六月壬子朔廿八日己卯

夫釋迦就道捨躬於飢獸庸愚建塔塲玢以崇法是以合邑之人造相敬率建立須弥塔石像二軀其辭曰

魏魏顯塔敷根闇士光曜十方雄新豈蔚哈氣之徒咸來懽儛

須弥塔主韓顯祖居士支仙以上在象右

象主韓法成邑老尹超賢邑子采猷

光明主董託世邑子部　詛邑子宋黄奴

邑主李　道邑子張方國邑子王愛仁

齋主陳　忠邑子平馬檢邑子李伏業

唯那賈韶僖邑子趙老僮邑子

唯那陳　玢邑子王　尚邑子

邑子張　樹邑孜貴遲　邑子

邑子李伯愛邑子平　恩邑子陳舍文

邑子張惠勝邑子劉　席邑子侯建秩

邑子孟文貴邑子趙暈崇邑子以上在象左

比邱曇超（在象下）

永熙三年北魏之末年於是分東西魏矣飢歡作
飢歡墇當卽堞巍作魏敷作數含氣作哈氣老作
耄誕作詑栓見篇海同楓木入土也韶作部段作
攸孟作孟曇作曇

常岳百余人造像碑

（高二尺九寸廣二尺六寸五分前後共廿七行行字不一字徑七八分正書兼分隸有方界格在洛陽）

夫真宗凝湛則法水澂冲至原无原示衆生生坦路令
彿弟子常岳等謂知四毒之分毀五蔭生畫庲遂率邑
義二百余人寄財於三寶託果於滲滲磬竭家珍敬造
石碑像一區其㕦𨽻（空）也乃運玉石於池凶樑浮磬於
令浦既如天上降來又詑地中湧出致史覩者之徒樂
善㘽歸嘱目亞莫不覺⊙落覩拔難周尋形叵遍自非
大士邑師法遠都邑義等少涤道門長聞法教知脆命
㐬不堅危身之難保遂馳伊闕𡊽左斷石嶺之西鐫瑆
容一所可謂㒵率新來疑𦉢龍㢡始至䚷乃率合一百
人等知四大之无常焉能逮此功業者哉藉此摩訶善
根仰𧷢洪願三寶常存法輪永固　國祚永隆八方寧
泰七世先零託生妙絡一切衆生同（空）登斯果但聖容
隱顯且判石圖形鑄金寫彼召寄石文其辭曰嚴容尊

像曉曉真如妙茲𩔦色娥𡡟先殊唯形在石无異今軀
名功巧鏤如本若初懸憖荷負无二真如

都邑主素義和（前空二行）　都邑主楊遵業　元心勸化
主尹顯達　勸化主常珎茁　中正素景珍　中正
諸葛逵磨　都維那衛買朝　都維那楊仕雄　維
那素里珍　、維那李珎和　維那趙文（以上弟一列）　齋
主任懷儁（前後各空一行）　齋主任懷栝　齋主馬元略
齋主衛法和　齋主趙□智　齋主常道生　齋主
常珎和　齋主素顯　齋主趙顯和（中空一行）　齋主
趙敬遠（以上弟二列）　齋主趙法藏（前空一行後空二行）　齋主楊
祖義（後空二行）　齋主尹趙妃（後空一行）　邑子閻元要　邑
子張樹生　邑子袁乾育　邑子李僧生　邑子常
醜□（以上弟三列）　邑老宕陵太守楊𣔻（前空一行）　邑老任
懷曦（後空二行）　邑子任稿生　邑子奚洪顯　邑子賀
迴樂（後空以上弟四列）　清信宋陽女　清信宗顯妃　清
信陽花陵　清信鄭王女（後空一行）　清信賈淩容
清信素敬姿　清信任妙姿　清信諸葛芝歸
清信素迴姬　清信向清女　清信趙銀妃　清信
賈外暉（此一列在記文之下）

右常岳百余人造象記在洛陽補訪錄碑以爲在

蘭山誤記文十四行前五行低二格中六行低一格七行義字八行所可謂三字皆磨去重刻者記文似有錯亂處或由工匠所致文下題名一列皆係婦女文後題名四列有官職者惟定陵太守一人耳碑無年月補訪碑錄列於北齊案北齊神武帝六世祖名隱趙隱字彥深改以字行記文內用隱顯字猶可謂書隱作隱避諱改寫也高祖之父名樹生法曹辛子炎諸事讀署爲樹帝怒曰小人都不知避人家諱是北齊之世斷不應有以樹生命名者而此刻題名內有邑子張樹生且屢見生字決非齊刻無疑書兼隸法當是北魏人手筆定陵郡魏永安中置屬廣州仰發洪願蓋避獻文孝文之諱以洪代宏也附列北魏末庶幾近之碑多別體字从足作是从旦作且从亻作彳从手作木蔭作陰騙作嗝者作香臨作臨兜作皃摩作摩煥作𤈦懸作縣闍作闘崇作祟餘不悉逃磬竭作磬妙樂作洛同音假借餘作余使作史先靈作零名工作功古文相通八方會忝忝蓋泰字之誤鐫全寫孩孩疑狀字之俗

田僧敬造象記北魏末萃編載卷廿九

三有羣生字缺三□子胡兒缺全橋生祐橋誤息毛雅　息小雅　息阿雅缺毛雅小雅雅五字阿誤作河息蓋保缺蓋字息阿滿缺滿字以上列　上孫女賜□缺全孫女羊疑即華缺羊字羊　妻王女香妻作妻下同缺女字香字　遺　妻路羊缺羊字　妻李女缺女字　妻鄭倍倍誤俗

西魏

王慎宗等造四面像記

凡四龕龕高九寸五分廣八寸龕旁題字共十五行行字不等字徑五分正書

上缺□則舉宗靡尋容下缺以真親隱考上靈遺刑蘩下缺誠恵之地為下缺加申□□□□下缺空宗俗追靜柃開長下缺大魏大統元年歲在乙卯四月丁丑□下缺□人佛弟子

王慎宗，佛弟子下缺佛弟子車枕洛佛弟下缺佛弟子車亦□佛弟下缺佛弟子車𢊍仁佛弟下缺佛弟子車枎㛹佛下缺佛弟子車天壽佛下缺佛弟子車元興佛下缺佛弟子車太平佛下缺佛弟子車洛下缺

右造象四龕文刻象之兩旁下方殘闕後二龕列車氏諸人名補訪碑錄作車枕洛等造四面佛象下云陝西未審其詳遺刑刑字非型即形之通借俗當是俗之變方言征俗遑遽也此云俗追其誼正同

吳德造象題字

蓮座高四寸六分題字在蓮座之足自座背右方起環繞周刻字徑二分餘正書在新城楊氏
大統元年四月八日弟子吳德為父母敬造如來佛像
一區供養所願如是
來作來俗

李願顯造象記高一尺五寸廣七寸一分上截記八行行十二字年月一行十四字字徑六分左右刻二鳥對立形下截題名五行行字不一各有佛象並正書
□□宗冲家妙絶衆相雖遷暈匿彤刑在於世是以李
願顯自竭家珍仰感聖恩建崇石像一區上為皇帝甯
太下為七世父母現在眷屬家口大小衆惡消滅万善
慶集士進宜官榮禄日增子孫繁興苗裔万代三界衆
生曾同斯願一切成佛
大魏大统二年歲次丙辰十月造訖
孫子輔相供養佛時　孫子遵和供養佛時　息顯
擲供養佛時　息羅漢供養供時　息□擲供養佛
時

訪碑錄載之未詳所在暈即暉字形作刑古通借

龍門山造象五段在洛陽

黨屈蜀題記高三寸廣八寸八分十一行行字不七字徑五分正書
黨屈蜀自為已身造像一區願生〻世〻直遇諸佛
清信士佛弟子黨屈蜀一心佛
大統四年六月六日造像記

左氏傳杜注黨氏魯大夫釋文音掌後世賞党等
姓皆即黨氏也亘即值字大統四年當梁大同四
年東魏元象元年

蘇方成妻趙賜題記高四寸二分廣一尺二寸十一行行字不一字徑五分正書
大統六年四月廿八日平東將軍銀青光祿大夫石城
縣開國男池陽縣開國伯立義都督蘇方成妻趙賜□
信陳九清等造石窟一堰中有斷像仰為七世父□□
緣眷屬□与□居願〻□心

方成上石已曼患據後刻知其姓蘇縣開二字亦
據後刻補注之賜即鬘之省堰即堰字按魏書官
氏志平東將軍銀青光祿大夫開國伯皆第三品
開國男第五品地形志石城縣凡七見池陽縣凡
兩見蘇方成所封當是荊州所屬襄城郡之石城
新野郡之池陽也石城鄀清館作方城方城亦兩
見一隸幽州范陽郡一隸安州廣陽郡相距較遠
殆非也

蘇方成題刻高二寸一分廣一寸八分五行行字不一字徑二分餘行書
平東將軍艮青光祿大夫石城縣開国男池陽縣開国

伯穠方成爲父母造

右刻無年月據署銜列前刻之後艮銀之俗省鎔

清館蘇作庾石城作方城均非

始平縣男韓道乂題記高四寸廣六寸六行行字不一字徑五分正書

大統六年七月十五日雍州扶風郡始平縣員外郎始
平縣開国男韓道乂造像一塸仰爲七世父母一□後
淵

未行一下劉作生字文內兩見始平縣字上敘其

里貫下署其封爵也

靈巖寺沙門璨銘高五寸五分廣一尺八寸五分廿七行行七字字徑六分有方界格正書

洛州靈巖寺沙門璨敬造石像一堪夫巍巍大覺穆穆
天尊淡若䏔㥪曠若□源塵累消亡靈智□存□此一
相悠彼重昬先懂後寶化盡有緣娑羅匿曜息迹入真
璨儁高朗解縛□羈割愛辞親法眼是被鏡曉三空□
竪四非和光棱俗傾傾馳馳唯善是懃體勞妄疲訪召
名匠思絕幽微鏤出真容刊□超奇雜綵塗瑩世□唯
斎身相□□眾好䶵儀西帶□□□□□□□心熙怡
曠□所歸仰報四恩增感增悲荖□□心迴向菩提

大魏□統七年太歲□酉正月十五日訖

先懂後下一字似賔茲從吳劉兩家錄作實妄是

忘之誤唯斎上劉氏作並審之不似統字僅見左
旁數筆諸魏建元七年值酉者僅一大統而已劉
氏竟作大統七年或以意補之余所見則曼患矣

蔡氏造象題名

高二尺三寸六分廣二尺三寸題名三列列十行字徑四分正書在汜水

蔡惠振　蔡惠滕　蔡預慶
蔡道□　蔡光明　蔡仲孫
蔡道但　蔡榮洛　蔡鸞□
蔡桃枚　蔡道琭　蔡卅亻
蔡伯周　蔡勲此二字較大　蔡顯達

蔡伯穆佛弟子　蔡伯起　蔡埗達
蔡荀奴　蔡文䏔　蔡恃雅
蔡還□似香　蔡洪建　蔡義和
蔡琭之　蔡法頤　蔡祖慱
蔡思景　蔡超世　蔡文斎

乙亥五月錢甘卿甥寄此拓本上方佛像未全凡
供養像三列每列十人各題姓名於旁皆蔡氏人
別無銘記年月以余攷之當在蔡洪象碑後者拓
未全也馳書託覓全本未如所欲就所見先錄之

蔡洪象碑立於大統十四年四月錢潛研題爲造

太上老君像記

張始孫造四面像記

連座高一尺廣七寸像下題記十五行側廣三寸五分右側下方年月四行四周題名十一行行字不一字徑四五分在蘇州蔣氏

今有佛弟子□八張始孫被旨除為袥州開化郡太守
敬信三寶捨已家珍上為　大王五等諸侯□僧父母
妻存亡眷屬及已身敬造文□石像一區願此造之因
福囫恩三有同沾法澤弥勒三會願登初首 右在像下方
祖張萬妻王小種父張興妻孫媚玉 右在像 像主張始
孫妻曾小容息和兒 左在像 和妻王縢　息女英暉

息女銀暉　息女男暉 在左側下方 孫弟始歡弟始龍弟
龍歡弟歡憘弟始進 在像右 缺 義　李兔 在像左 穀息
女照宜 在背面像左右方缺損 孫𤖹張穀　𤖹張法生 在右側像右
和息張保縢 在像左

大魏元年歲歲次丁丑二月庚午朔十二日造

是象造於丁丑為北周明帝元年即魏恭帝之四年
是年正月已行禪讓而象勒魏元年者蓋文帝大統
之後廢帝恭帝俱無年號新君即位祇改元示更始
耳宇文之篡事出倉卒遠方不知禪代以為行廢立
之事詳紀歲幹月朔俟後推而得之祇州開化二郡
稽之魏書隋書地志元和郡縣志俱無其名魏收地
形志固稱文籍散棄州郡捌改不知則闕于時攻伐
既廣朝纔設販夕或淪陷州郡之名宜多不詳也北
史於是年二月作癸酉朔茲像作庚午魏自孝明用
正光術北周沿用不改今依術推之應為庚午北史
誤爾此像舊在安邑破寺中往年客游山右取歸供
養今十九年矣 蔣清翊跋

右像正面一佛左右四像侍立上層又有三小像
背面雙像並坐兩側並分兩層上下各列一像制
作甚精也書年月不書建元攷通鑑目錄周明帝

元年二月庚午朔敬臣以為魏恭帝四年是也澤
即澤首即首

智超等造象記 萃編載卷卅二附魏末

□業□□年 缺業字 頃以祖父 缺頃字 值以□□□□不得
造像御至于今□□仰□□祖之願 缺值御至祖四字并誤今為舍 遂
造巨像一區 缺巨像二字 以述先人之願 缺以述之三字 父母曰緣
缺曰緣二字 後願令□大衆康吉惟百惡雲消万善□□ 缺後
願大衆惟雲消万善九字 值佛文法法 下缺下法字 缺

右智超等造像記不知所在金石萃編附于魏末諦
視年上尚有齊字可辨故攷附于此丁卯下空三字

丙戌空者朔廿日平津讀碑記三
金石萃編所載止一面坍魏末令諱覗首行大下三
字似齊河清因坍齊末趙之謙補寰宇訪碑錄
洪鈞軒趙撝叔皆以爲齊刻吳荷屋亦然今以拓
本諦審之首行第二字似是業字葢大業年所造
也而吳趙所見之大字御已曼威姑仍其舊吳氏
備錄此文亦多缺誤以丁卯爲丁丑以百恴爲首
惡則王氏原書不誤而校正者反誤也值以之值
作宜并缺以字後顚之後作復万善之万作与并
缺善字餘亦多缺則審之未的也至丙戌上作朔
十口三字石已全缺惟一區上作巨像二字較可
辨識據以補注於旁趙氏載有碑陰兩側今未之
見據文大約因其祖生存發願未造至智超等乃
承祖意造成而記之也

八瓊室金石補正卷十六終

八瓊室金石補正卷十七

太倉陸增祥撰 男 繼煇校錄
吳興劉承幹覆校

東魏一

朱舍興等造四面象碑

高三尺廣一尺八寸七分中列佛龕龕上列佛象七區右題年月一行左方題名一行龕左右題名二行龕下題名四行行字不一字徑四分正書在登封

缺二年歲次乙卯三月卅日造在右上邊
缺□主朱舍興爲父母在左上邊
波尸佛主董永和爲亡父尸毒利佛主權荆珎爲亡二
弟□缺佛主席羌爲亡父在龕右
仇鄰舍佛主董肯爲亡夫加葉佛主楊華鮮爲父母
在龕左
□事叅軍張法壽　比邱僧洪寶在龕下右方
比邱尼慧潤　張録事叅軍妻衛清姬在龕下左方

右朱舍興等造象碑中列大佛龕龕左右皆有題
字龕上又有象七區龕下畫蓮臺兩師子跪向之
左右供養像各二題名四榜張法壽亦見碑側彼
署務聖寺檀主此署録事參軍實即一人耳二年
上已缺泐以彼刻證之當是天平二年吳氏以爲

四年誤尭字字書所無

碑陰范定洛等造象題名

凡列上七列佛象各六區題字廿三行末一列十五行行字不一字徑五分正書在登封

金山寶蓋如來范怣洛　南方寶相如來
金炎光明如來車河興　東方阿閦如來
光明王相如來主張桃奉　寶勝如來奉為父母
无垢幟寶如來主曇景　寶相如來主權翁珎
難勝如來主僧真　大炬如來主昝寄保
□□如來主惠照　金藥炎光相如來主田佛
光

第一列　第二列
文殊師利佛主張義容　普光佛主毛元美
阿弥陁佛主董元士　日月燈明佛主楊塔
釋迦多寶佛范佛亻　藥師琉璃光佛楊元寄
北微妙聲佛崔進合家　難勝佛張遵為父母
西无量缺　觀世音佛主劉道奐
缺　鄢佛主叚崐崘
第三列　第四列
大通智勝佛主衛僧副　帝相佛主尹文敬為父母
須弥頂佛張仲華為父母　梵相佛主楊勝塌

師子音佛主宋文勝　多摩羅跋栴檀香神通佛
虛空住佛主田貴洛　須弥相佛董龍國為父母
常滅佛　雲自在佛董歸樂為母
華光佛主路法奴　雲自在七佛叚邑为亡息
畾兒
第五列　第六列
董大醜
董清頭
董夏歡
寶華功德海琉璃金山光明如來主綅令容

領元王崇礼兄弟
五人悉得善集六
家范庑內外七世
父母法界倉生成佛
張榮千為存亡二
苐南方字榮和
身康常貴亡者
遇佛法界成佛
張桃棒造二佛
一佛為亡父母舊

頒造一佛為法
累衆生一切父母
弟七列　弟八列
右范定洛等造象碑無年月刻朱舍興等造象碑
陰蓋同時所造也筠清館金石記分爲二今併列
之張桃奉下方作棒張榮千下方但僻榮千皆即
一人權荆环巳見碑陽昝姓出代北通志氏族略
云昝盧之爲昝又姓苑云昝氏蜀人靈壽縣有高
叡造阿閦像記沈鲍盧常山貞石志跋云釋典有
阿閦法華經云其二沙彌東方作佛一名阿閦在

歡喜國唐釋元應明度無極經音義云阿閦文字
所無相承乂六反餘經作無怒亦云無動或云無
怒覺翻譯名義集諸佛別名篇云阿閦淨名經云
有國名妙喜佛號無動疏云阿之言無閦之言動
玉篇閦衆也集韻初六切音珽衆在門中趙撝叔
補訪碑錄云阿閦見法華明度無極兩經造象中
僅見今得此碑又其一矣文云元玉崇礼兄弟五
人崇禮史無傳

碑側張法壽息榮遷等造像銘 天平二年四月十一日 萃編載卷三十作比邱洪寶造像銘

靁真靁作靁　魏七上一字訛作魏
記為比邱洪寶所製驗其文云務聖寺檀主張法舜
於熙平二年捨宅為寺宿願塑像未獲畢志其息榮
遷亦願刻石建像釋迦文佛觀音文殊仰述亡考舊
願者予略著其始末以為嵩陽石刻補遺 授堂金石續跋
授堂金石跋作張法舜誤碑靈作靁勞作労魯作緇
蹔作暫規作規懿作懿含作洽皆異文 平津讀碑記
此朱舍興造像之碑側也其一側有像無字造像
者爲張法壽之息榮遷術和銘者洪寶諸家皆題
爲洪寶造像非武氏題爲張法舜造像亦非不獨

壽誤爲舜也文云仰述亡考平康舊願是造像時
法壽已歿矣此與朱舍興等造像月日略差要爲
同時所造無疑碑靈作靁洪氏以爲作靁與萃編
同誤

龍門山造象七十七段 在洛陽

長孫僧濟等題記 高三寸廣七寸十二行行五六字字徑五分正書

天平二年四□八日清□士仏弟子長孫僧濟長孫僧
頒比邱法壽□三八仰為已身造弥勒仏一區後□□
後頒七世□□父母回緣眷屬仏聞法□同斯頒
遲佛聞法遲待也劉氏作属屬上句讀諦審之實

作歴字是刻在龕上其右有殘刻五行僅見爲亡
父母造□世音像一區字
尼曇會題記 天平三年五月十五日 萃編載卷三十
十五日 五誤三
孫思香題記 高二寸廣五寸五分十行行字不一字徑五分正書
猜信女孫思香爲忘息傳法始造觀世音一區願□
世身常与善居天平四年正月廿一日記
世身上所缺劉氏作七未的此龕之左有題名一
行云司馬旦□□田氺同來丙寅年十二字
曹敬容題記 高四寸二分廣一寸三分三行行字不一字徑三分正書

天平四年六月廿五日清信女仏弟子曺敬容爲亡夫
造像一區願令捨穢從真神□超隥
劉氏作曹汝容誤
故比邱曇靜兩題 高三寸廣一尺一寸五分十行行字不一字徑六分許正書
武定三年十一月十日故比邱曇靜爲大統寺主安法
□□釋加像一區淺願靜已身生丶世丶直佛聞法所
願如是
文云後願靜已身則曇靜未死也稱故比邱者未
解何謂後刻同
又 高二寸廣六寸四分七行行字不一字徑六分正書

武定三年十一月十日故比邱曇靜造釋加像一區爲
大統寺造
曇亦曇字之省劉氏作昌審之下有厶形非昌也
寺作年亦非可以前刻證之
報德寺比邱法相銘 高四寸五分廣八寸十三行行字不一字徑五分正書
燒子若死有子若□隨緣感應慈度等□梵音闡道无
不蒙所稱名礼敬善求成吉緣思一志悟從緣生刊山
立志銘心不傾願下千刧愍度含靈神光普照除法幽
冥 武定七年歲次己巳四月十五日報德寺比邱法
相造□邱相侍佛

有子若下似是匱字劉氏作賷
比邱法勝題記 高四寸七分廣一尺十三行行字不一字徑六分正書
夫幽濛沉翳非真容何以導其明是以比邱法勝竭衣
鉢之餘造 弥勒像一區上爲 皇帝延祚無窮万國
熙順又願師僧父母託貭妙境乘隆般若讓此微誠福
鍾万刧十方衆生共同斯願
貭即質字譌集韻通作貭
比邱道匠題記 高七寸四分廣一尺三寸五分十三行行七字字徑七分正書
大覺去塵有生謂絕尋形屬形則應合无方昇峯由源
思果依本是以比邱道匠住与妙曰今悟盡性竭已成

心造像六區上為皇道更隆三寶無點嶺師僧父母魂
与神遊宿与慈會身終百六視絕三塗動不遠於如来
有氣者咸資来業
刊處二字之旁作乙形蓋文係尋處刊形誤倒作
刊處也思果之果在思依二字中間皇道之道在
更字右旁皆脫寫添註住与妙曰住疑往之誤竭
已成心以成爲誠三寶無點以點爲玷
馮道智等題名 高五寸廣三尺四寸五分十二行行題一人字徑五分正書
邑子馮道搯 邑子周桃枝 邑子董天順 邑子韓
龍周 邑子□全保 邑主叚恵達 維那郭元眞

邑子侯文影輝 邑子吳雲樹 邑子王昔洛 邑子
馬保典 邑子□光用
右刻中供一鑪一人侍右以手探之作添香狀左
右僧尼像各一人又供養像各六人題名在像旁
趙阿四題名 高五寸廣八分字徑四分正書
趙阿四造像一區
張貴興等石龕記 拓本高一尺二寸四分廣九寸半十二行行字不計字徑七分方界格正書
保張貴興 此在行末
區

那傳
那
那
都維那 維那
都維 維那
□□□□□□ 都維那 維那
□為國造像一 □□□
□願□祚暈隆
扵大千万國歸
扵仁□道唱常 希母

流恵彼佽布又 維那
願起莘樹德扵 尼僧道 維那
不言之表稟神 道安法 維那
三宅之域羿悟 維那 □
無□□絕塵境 典坐 陛
元□□僧父母 唄匿 擭
眷屬□識之類咸同斯願 香火
前七行失拓余以拓本有又願起等一語因以起
等殘刻爲標題及讀劉氏書見首行末有張貴興
字乃知補訪碑錄所載張貴興及都唯那尼道等

造石龕記即此刻也今據劉氏補之趙桃科妻造
像在此刻左方之下蓋後來續附者元下所缺當
是世師二字與孫秋生慧成高樹等造象所稱元
世者同蓋言元魏之世也補訪碑錄又載有道安
法造象亦即此刻而兩列之誤矣僖悟之假借唄
匿名目他處未見
強弩將軍趙振題字 萃編載卷三十二
亡拷上亡誤
趙振造象記正書無年月審其文字似屬魏刻魏書
官氏志載強弩將軍從弟四品下又載掖庭監從弟

五品上而此稱掖庭令疑令即監之異文官名改易
志未備耳 授堂金石續跋
魏書官氏志有掖庭監無掖庭令唐六典魏晉並有
掖庭令而非宦者堪即龕字 平津讀碑記
拷蓋考之譌亡字石微泐故譌為上授堂錄作正
持尤非
橫野將軍吳安題字 高三寸廣一寸二分二行行五字六字字徑四分正書
橫野將軍吳安為家眷敬造
邏隊主和道恭題字 高四寸五分廣一尺五行行二字至四字字徑一寸五分正書
閤口邏隊主和道恭造石像一區供養

玉篇邏巡兵也正韻游偵也邏隊主蓋游徼軍將
之屬可以補元魏職官之一
趙𧺆生題字 高一尺廣二寸二分二行行十字字徑八分許正書
佛弟子趙𧺆生妻曹阿容為眷屬造擇加聞佛一區
釋書作擇文書作聞
比邱僧巘題字 高九寸五分廣一尺一寸七分字題象右上下各二行字大小不一
比邱僧巘為弟等
造彌勒象一區
前
河南令 魏雙甬 六字兩行在下列字特較大

甬即虎字魏雙虎當即其弟
邑主魏桃樹等題名 高一尺二寸五分廣四寸三分四行額行字不一字徑八分正書
邑主魏𢗅樹萬法儀李法登
劉法龍傳惠成田掾雒舡楊惠儀
邑子像賈法亻揚雙祖楊惠林楊方祖
揚敬祖
右旁有祖樹生三字此失拓左有邑子像續祖邑
子劉景珎二題亦未見訪碑錄云在陝西恐誤
溫香李敬等題名 高一尺七寸廣一尺九行行十五字字徑寸許正書

□□□溫香李敬任伯恭来䄵香宗樹
□郱傳㝎香張文義魯陽仁郭郎子□
□□郭珎奇宗世起邴思祖邉道宏
□□揚文㕓鎦龍樹蘋真吴三郎王寄
王通達魯曇保王㝎之州徐靈樹鄭苟雙
王龍胡張㝎之宗張樹生孫鑒州邉郎苟
邉方来僧副董惠香陳五龍蘓伯仁
李道珎夏侯㣛□道眞李榮姚文安許法
邉徠歆史鄐郭安清

邉邉邉邉疑並即邊之俗㕓即慶之俗邴即邴

惠暈題字 高二寸五分廣五寸五行行二字字徑寸許正書

惠暈為父母造像壹一匱

文云壹一匱葢衍一字

道欽殘題 高廣行款失載

道欽奉
造九□
像□
父

右方有呂顯樹名此未拓

劉氏題名 高六寸廣一尺二寸十四行行八字字徑五分正書

父惠奴母仲保　李淋女劉□□女旦劉銀王劉天挨
孟容劉女王劉宜生□□□劉雙□劉見多□尒劉□
左劉桃捧劉醜多□好劉黒太劉門羅伙女劉□宗劉
阿□劉苟合劉雙劉□尒劉□劉拴劉課劉蒙泉劉廻
前劉□洛劉□劉□服劉買愢　劉餘劉舍王劉□
劉清王

題名多劉姓人因以劉氏造象題名標之

令遊祖題字 高三寸五分廣五寸五分五行行字不一字徑寸許正書

令遊祖為亡父母造釋迦牟尼佛一區

令氏見姓苑

劉僧濟題字 高三寸五分廣五寸五分五行字不一字徑八分正書

清信女劉僧濟釋迦牟尼佛一區

在前刻左均題於象龕之上

令遊祖韓富女題字 高二寸五分廣五寸五行行三字字徑八分正書

令遊祖韓富女共造釋迦牟尼佛一區

王惠忩妻蔡阿妃題字 高二寸五分廣五寸五行行三四字字徑八分正書

王惠忩嬢蔡阿妃共造釋迦牟尼佛一區

在前刻左

女阿陳題字 高六寸五分廣二寸二行行字不一字徑七分許正書

清信士女阿陳為缺馮永㣛造像壹區

孫法力題字高一尺廣一寸五分一行十一字字徑寸許正書

清住孫法力造弥勒像一區

周子龍題字高七寸廣五寸五分四字在龕右三字在龕下橫列字徑一寸二分正書

周子龍造像一區

比邱法智題字高七寸廣一寸八分一行八字字徑八分正書

比邱法焻為李徠財造

僕作徠

遵伯榮等題名高九寸廣三寸二分上二行五字二字字徑寸許下一行三字字徑一寸二三分正書

叅捕叅軍遵伯榮　劉伯大

叅疑即火字遵疑即遷字下三字較大中有橫線界之或以遵劉連讀非是龍門錄次景明末未審其詳

·比邱慧敢等題名高二尺廣一尺四寸八分十四行行字不一字徑八九分正書

比邱慧敢任道缺約四五字建□趙女王賭邊方李敬台主

來溫□□忿生白盉周來祖香王雅趙永胡張唯舡楊

文□□来毛香宗攦田蓋石王□田天生王唯舡□□

香祖□張志趙沈祖劉朔㰖□□王趙□□□□□聶

仁王文焻李榮邊小奴孫道靐試富仉景道恒方豫周

趙女生女雙壽趙隣俱王始孫劖□奴□□□雙□方

相周貟荀劉天猊王雙鳳王扁□□上缺約九字靁茹都方

龍□難榮文全龍胡連大康奴缺約一十字方長□楊扁□

安下缺□安下泐二十字傳市買翟樹王龍安邊下缺□□□□

□□□□保王万田下缺王㝉□□蔦□伯生下及後一行均泐

劉氏所載十五行此拓未全

何僧安題名高五寸五分廣一寸八分一行七字字徑寸許正書

何僧安造像一區

□中遷題記高三寸八分廣四寸五分七行行三四字字徑五分行書

造稺加仞弟子蕬中迁為亡父見弟母為家眷屬願、、從心

蕬字不可識疑是蕬字迁當即遷之俗弟即存釋作稺仏作仞眷作着弟一行在仞弟子三字之右上

佛弟子魏□兆題記高一寸五分廣六寸三分九行行二三字字徑五分正書

清信士佛弟子魏□兆□□世父母所生父母及己身□□

兆當即兆字或以為仙

董僧智題記高下不齊廣三寸四行行字不一字徑五分正書

清信士佛弟子董僧智為亡女媚皃造弥□□缺亡女上生天上下缺

佛弟子吳洛□題記 高下不齊廣三寸三分四行行字不一字徑六分許正書

清信女佛弟子吳洛女造釋迦像一區願七世父母所

生父母因緣眷屬普同斯福

屬作屬　此刻在龕右別有龕下一段五行字徑

四分曰清信士劉□□□□□敬造釋□□一區

願早還□□□□恩願〻從心

劉訫題記 高五寸廣一寸二行行九字十字字徑四五分正書

劉訫為七世父母所生□母兄弟姊妹造佛一匱

·訫即塙移土於右耳

比邱尼縚蔓題字 方三寸存三行行字不一字徑八分正書

比邱尼縚蔓待佛時願□庶 缺

壽□題字 高二寸許廣五寸六分八行行字不一字徑五分行書

清信女佛弟子壽□為禾造世加文尼佛一區願弟子

見安

壽即壽字禾疑身之誤世加即釋迦音近而譌文

尼當即文殊牟尼

羅臈月十八題記 高四寸廣九寸十行行字不一字徑六分許正書

羅臈月李垣劉宅都傅令秀白□□張毋化羅可倪劉

天生與天保白臈異十八善敬造弥勒像一區石為□

世父毋下及有形衆生皆得離苦願〻從心

臈即臈毋古貫字

僧惠暉題字 高六寸五分廣一寸一行十四字字徑五分正書

比邱僧惠暉為國王常住造佛一匱

暉疑即暉字之誤造作造

野王縣董方進題記 高二寸七分廣六寸八分九行行四五字字徑五分正書

河內郡野王縣董方進為父母眷屬造釋迦像一區永

願体安了絕衆苦并為一切受苦衆生咸同斯福

陸元慶等題名 高二寸廣三寸三分行字大小不計正書

弟子陸元慶 此刻左行　弟子劉□鬺　弟子展凡甫

元匂生等題名 高二寸五分廣二寸八分二行在象兩旁一六字一四字字徑五分行書

清信女元匂生　清信仰汝

比邱僧紹殘刻 高下不齊廣四寸五分行字不計如式錄之字徑八分另一行較小正書

比邱僧紹邑子

迦像

護法

過現

含識

黑貧生題字 高二寸三分廣七寸二分八行行二三字字徑七分正書

黑貧生兄弟三人為亡父毋造石像一匱

又 高二寸三分廣八寸五分七行行二三字字徑六分正書

黑衆生為亡妻并息扁子造石像一區

黑作黑黑異文衆即衆與盆溢竝同晉書食貨志

水滂衆溢

李前貴溫靈慈題字 高下不齊廣七寸四分九行 行字不一字徑五六分正書

清信女李前貴敬造釋加文佛一區溫靈慈為張思宜

造

張法香題字 高下不齊廣五寸六分七行 字不一字徑五六分正書

清信女張法香為亡兄敬造釋加文佛一區

與前刻行款字蹟無二蓋同時造者工人分拓之

莫辨其孰左孰右矣

楊寶勝題記二段 高六寸一分廣二寸八分三 行行八字字徑四分正書

弟子清信女楊寶勝為亡庫多汗王造弥勒像一軀

庫多汗王未詳

又 高六寸廣二寸五分五行 行字無考字徑四分正書

弟子信清女楊寶勝為亡 約缺三字 法諠佞造弥勒像一軀

歐 約缺三字 真容妙廓緣此□像之 約缺四字 者永離塵景宜 約缺

六字 樂常与諸彿共會所願 缺

諸刻多作清信士清信女清信弟子此作信清僅

見也法諠佞當是代北語

伏虎都督樂元愷等題名 高廣行字不計 字徑四分正書

洪

元和

難䧊

張延芝

邑中正伏虎都督樂元愷

唯那伏虎都督張永貴

唯那伏虎都督闕韓仕

右葙菩薩主統軍師𢖮和

右葙菩薩主郭長□

右葙菩薩主王顔懐

右葙菩薩主張子洌

阿難主張慦達

阿難

阿難 此行在後尢 道榮下列

阿 以上在像 龕之下

邑主介休縣功曹軍主尢道榮侍佛時

供養主介休縣主薄別將上官延□□佛時

邑子王□貴邑子□顯

邑子樂仕𢷛邑子張道

邑子翟黑兒

□像主張洪昌 以上在像龕左

下截欽泐菩作菩異文軍主別將後魏及北齊後周皆有之隋改諸曹爲司此稱功曹當是隋以前刻前五行失拓據劉氏補

僧力僧恭題記 高三寸廣五寸三分六行行字不一字徑六分正書

比邱僧力僧恭敬造无量壽像普為一切衆生願託彼
國

使婆羅題字 高不計廣二寸五分三行行字不一字徑六七分正書

使婆羅□為父母敬造石像

使氏見姓苑劉氏有使胡子造象一種

王䨲怜等題名 高不計廣八寸行字不計字徑五分正書左行如式錄之

清信女王䨲怜 在下人胡樵 匠人
清信女張寶玉 造 張和
清信女麻令姿
清信女昆猛姿邑子 衛才仁為亡母見存父
清信女李敬仙邑子賈益錢 張三
邑子尹蓬妻張敬光
妻王廻敬
東堪主陳智杖 供養主道婆
景

余所得本僅見上截七字據劉氏錄之胡樵張和道婆三刻恐是後來附刻者以在造二字筆意不類也秌字書所無疑䄬之譌劉氏有麻令姿等造象六題當即此刻內之麻令姿也亦無年月

孫暎袄等題名 高二寸二分廣四寸八分五行字徑五分正書

主孫暎袄
主陳文雅
崔洪雅
劉洪儁
刀迴狝

與前刻字蹟無二當是一刻誤分爲二者姑分列
之

殷朋先題記 高五寸廣一寸三分二行行八字七字字徑五分正書

叚朋先為康胡七人泐惡捺佛願造像一泐

殷作叚七人下似是逐字

員外將軍阿歡等題名 高下不齊廣五寸二分行字不計如式錄之字徑六七分正書

世父母
弟員外將軍阿歡
弟灆川縣開國善□

弟安康縣男小歡
妹□資□□□
兄資歡妻
杜洪資

濫川即藍川資疑是濟或資字補訪碑錄有殫官劉阿歡造象一種疑即此刻

潘与□題記 高四寸五分廣二寸五分四行行字不一字徑三四分正書

弟子潘与□□過去□□亡兄苐敬造菩薩二軀頗一切衆生有□□□者早得往生西方極 以下憂患

造觀世佛殘字 高二寸廣二寸八分四行行四五字字徑五分正書

□亡父母亡弟造觀世佛一區頗□生淨土

開□賸題字 高五寸廣一寸二分二行行九字十字字徑四分正書

佛弟子清信七□開□賸為一切無生造像一軀

賸字不見於字書不可强識

甯題字 高一寸七分廣五寸九分行三至五字不一字徑四分正書

甯敬造釋迦坐像一堀上為皇家師僧父毋有識含生普乘㪅善弥勒三會俱登斉上

右刻不見姓氏劉氏所錄有熒陽太守元甯造像疑即其人唐永徽年有趙甯造象與此字蹟不類此刻是唐以前人手筆淫當即淂字

文雅題字 高一寸廣一寸五分四行行二三字字徑三分正書

文雅為亡弟阿貴造无量

右刻在蘇方成造象下方或即孫暎袟題名內之陳文雅

王婆羅門題字 高二寸四分廣三寸八分四行行三字字徑寸許正書

王婆羅門為亡毋造像一區

朱顯愚題記 高五寸八分廣三寸三行行八字字徑六分行書

清信士佛弟子朱顯愚輒發心為國造石窟弥勒像一區上頗

此刻在裴沼造象之前語意未了疑為裴沼磨去

矣劉氏上頗作止頗非并誤士為女

比邱僧隆等題名 高一尺五分廣二寸五分二行行字不一字徑六分正書在前刻下方

比邱僧隆為師僧父母比邱僧照比邱曇恵比邱道娼隆造像供養

嚴雙珍等題字 方四寸行字不計字徑寸許正書在象龕上

佛弟子嚴雙珍
尹文和
等侍佛時

張石子等題名 高四寸廣七寸二行行三四字字徑寸餘正書在龕上

張石子　妻箱娥姬

蒙續祖等題名 高九寸五分廣三寸上下各一行行五字字徑八分正書在象左

㐌子蒙續祖　㐌子劉景珎

失名題字 高二寸五分廣四寸五分五行行字不一字徑寸許正書

為父母造像一區

郝隊鳳題名 高四寸廣一寸六分一行五字字徑寸許正書

郝隊鳳一心

郝社生題名 高四寸四分廣二寸一行五字字徑一寸四分正書

郝社生一心

□奴題名 高四寸廣二寸一行五字字徑寸許正書

佛弟子□奴

奴上似是念字

程天養題名 高四寸五分廣二寸三字字徑寸餘正書

程天養

呂瑱珠題 高四寸五分廣二寸三字字徑寸餘正書

呂瑱珠

殘字 高四寸五分廣一寸二分四字字徑寸許正書

日入川南

中岳嵩陽寺碑 天平二年四月八日 萃編載卷三十

篆額二行題嵩陽寺倫統碑六字

公王䰟士誤作王公雲歸表莂缺表莂二字前後樓□墻廊缺樓墻二字

光暉夜兔缺兔字德被蒼海缺海字

生禪師與裴衍相善衍北討葛榮見害贈使持節車騎大將軍司空相州刺史此碑稱司空公其時衍已死矣碑多異字金石萃編云惟偽軌之偽盞馥之盞不可識偽即係字盞馥之盞諦視碑是盌字祥案王氏所摹字體不誤特跋語內誤釋作盞王氏誤作盞平津讀碑記

額旁列法艷法生法倫道習等供養佛云云余所得僅篆額也并有陰刻弥勒龕主比邱僧融字凡佛象九十四區分列十二層末一層六區題佛號於右餘並八區題佛號於左未得拓本

繼煇續得一紙拓工謂在是碑之上截凡龕像二層下層佛龕七高五寸各題佛號於龕左上層淺鑿十像高七寸在右者皆向左在左者皆向右中四像髡首袈裟題曰法師法豔供養□曰法師法生供養佛曰法師法倫供養佛曰比邱道習供養佛左右各三像高冠廣裒皆無題字觀此當在額之或上或下非額旁也碑陰仍未見

高陽郡張白奴等造像

高五寸五分廣二尺二寸三分文十三
行題名十二行行字大小均不一正書
□魏天平二年□□乙作十月□□□廿六日□□□
□高陽郡□□□張白奴寺尼□欽張甯遠造弥勒尊
像一軀□□祚祇隆万□□泰七世師僧□□現在宗
親□學徒衆生〻世〻常与佛會一切衆生咸同斯福
比邱尼竫欽　比邱尼竫姜　比邱尼僧姫　比邱尼
竫弥竫生　比邱尼羽姜　比邱尼智敬　比邱尼阿
畫　比邱尼竫圓　竫云　竫艷　竫寅　竫林　竫
寶　竫顯　竫豈　竫滕　竫照　竫婆　竫會　洪
但　□□敬竫幼　申奉卅　申歡　張白奴　申蒲

邱　□甯遠　申憐　張暾　申遺　□□奴　攕姜
缺　勞助　缺　王□
右刻見補訪碑錄未詳所在但疑即但攕即攕不
見於姓氏諸書勞即勞

贈滄州刺史王僧墓誌
高一尺五寸六分廣一尺五寸四分廿五
行行廿五字字徑四分正書在滄州王氏
維大魏天平三年歲次丙辰二月壬申朔十三日甲申
故驃騎將軍諫議大夫贈假節督滄州諸軍事征虜將
軍滄州刺史王僧墓誌　君姓王諱僧字子慎滄州
浮陽餞安人也其先蔚炳弗復重詳顯祖□有功漢室

韶荷東夏仍回家為曾祖竟以大魏太常年中除建威
將軍北平太守祖倩　少履庠門以清貞自處洪鑒雅粹
不以世事逕懷故刺史張儁辟為茂才昂然不拜父頗
以真君年中黃舉南討禁功天府除平遠將軍步兵校
尉在政未幾功名顯署不幸如卒贈東平郡君洪源淵
邈眇若嵩峯稟質瓊報湛如滄海故童年志學聲播稚
齒遊心八素必以禮義為任汪汪焉弗可量也以已始
年中除盪寇將軍殿中將軍後以清顯之任寔歸才令
唐笇之功良須懿望神龜年中冀土不賓民懷叛扈命
將出師掃除逋穢以君才優器秀召為都督辭不獲命

遂乃擁麾東指羣凶奔竟桴鼓始交賊徒冰潰已光中
除清州高陽令未及下車而芳風悉聞不俟朞月而民
知且格難魯恭之在中牟密子之治善甫無已過也俄
遷白水太守始慰酋渠令塞外無塵極孫矜音廊清漢
右後除驃騎將軍諫議大夫亘保順年亨茲退梭豈圖
不弔奄摧良木春秋五十八天平二年三月十日薨於
平陽宅於餞安贈假節督滄州諸軍事征虜將軍滄州
刺史於是閭里戀舊行之潛徽悲霜蹤而思結乃作銘
曰
邈緒蟬聯遠奕綿長弁葉載德蹕世傳芳惟君綺日蘊

寶懷璋年始强仕勛秀畨芳而彼蘭桂載馥載香比之
秋月影𡋾晗光妝之冬日暉景終長春風始昫奄權菽
霜迴翔鳳峚龢飛下國視民軌義咸珽禮則雲柯諾彩
頌聲由勒景行孤存䰟子潛黙彫蘭析玉摧賢墜德翠
木霜枝掐人維尅白楊初殖松栝始生幽銅永閉闇室
未更黄泉多晦萬里不明曉夜未央路斷人行

右王僧墓志在滄州王侶樵國均家侶樵嘗輯滄州金石志嘗有跋語恨未見也王僧及其先世諸人史皆無傳故刺史張儁亦無傳據志僧初除盪寇將軍殿中將軍後以冀土不賓召爲都督事平

有功除清州高陽令遷白水太守官至龍驤將軍諫議大夫卒贈假節督滄州諸軍事征虜將軍滄州刺史生平事蹟如是而已誌云𡵴君年黄𡈼南討策功天府者伐劉義隆也又云神龜年冀土不賓民懷叛扈者邶鐵忽反自稱水池王也清州高陽令清州即青州魏書地形志高陽縣屬青州高陽郡字體訛謬極多不可勝計其僅見於此誌者仍作仍履作㞋輿作轝策作筞从宗顯著作署茜作幽遊作遊丞作亟恭作恭单父作善甫無作無慰作慰寡作寡廊作廊遐壽作㝷遠系作系狀作妝昫作昫匿作諾幽扃作銅皆是也不幸如卒如讀爲而以八素爲八索以㽊爲揩以叛扈爲叛扈以審子爲宓子無已過也用已爲以以艮木爲梁木而彼蘭桂而讀爲如頌聲由勒以由爲猶此其合於古者餘不具舉

八瓊室金石補正卷十七

八瓊室金石補正卷十八

太倉陸增祥撰　男　繼煇校錄

吳興劉承幹覆校

東魏二

田安祥造象題名

蓮座高三寸七分題字在象背佛座平處字徑一分有半正書在新城楊氏

元象元年四月八田安祥造象

杜収虎造象記

刻象背高七寸廣四寸四行行八字至十字字徑五分餘正書

大魏元象元年六月廿日杜収虎為亡父母敬造觀世

音象一區願令亡尊托報紫蓮面奉千聖

筠清館作杜收虎云在漢陽葉氏補訪碑錄作杜収虎云仁和韓氏家藏案収字近之或云雙字之俗葉韓兩家所藏近均散出不知歸誰何矣

劉壽君造象記

刻佛座正面及兩側正面高八分廣二寸八分兩側高一寸六分廣一寸八分十二行行字不等字徑三分正書

元𤰞元年十二月廿一日佛弟劉寿君上為困㓨永□

哈□同□居家眷屬恒归佛爾

右象得之正定拓工李寶臺今爲韓小亭女夫泰華攜去字甚恍惚諦視之方可辨識𤰞古象字佛弟下奪一子字哈當爲合字之刖常山貞石志

沈氏以哈爲合字哈下作亡未的當是哈生二字同下沈作敬亦未可信末一字疑面之殘闕

儀同三司文靜公李憲墓誌

方二尺八寸三分四十七行行四十七字字徑五分餘正書方界格在趙州

魏故使持節侍中都督定冀相殷四州諸軍事驃騎大

將軍定州刺史尚書令儀同三司文靜李公墓誌銘

□諱憲字仲軌趙國柏仁人也自姬水開原商邱肇攜

或㠯感夢𦤎蘤或㠯非遥無名世復公侯門兼將相長

瀾寫而不竭□葉布而彌芳大父太尉宣公位隆庶尹

功高列辟故已流美笙鏞圖烈尊鼎考安南使君陪遊

博望侍講金華惠民辟國□存舊老公稟川嶽之秀氣

資辰昴之上靈琬琰積而成德圭璋達而爲寶儀製瑰

奇音神秀徽仁惠由已孝友自天言爲□的行成規矩

業備齊韓辭兼鄭衛落落有千刃之姿堂堂成万夫之

目仂在庚寅遭家多難事切趙孤獲全魯保有客汲□

勇義忘身慕程嬰之高範懷李善之忠節感斯鞠我同

孳虜狼雖事竊八跡而季周天道忠而爲戮卒逢寬政

遺薪復荷□□還興季十有二爲祕書內小投刺公卿

拊鑾街巷等倖器之傾坐同辟人之逐市　高皇深加
寵異札秩稍增及尒同□□而不逮季十七繼立爲撲
陽侯尋除散騎侍郎既德隨季上亦位遂恩隆入參帷
席出倍輿輦綢繆樞禁左右生光屬養祀云及念切閶
井始露丹衿終迴白日乃除建威將軍趙郡內史懷組
下車衣繡從政化同春氣澤侔時雨枳棘靡遺藿蒲自
息非直廣陵興頌襄陽作歌而已及將巡五嶺親御六
師幕府上寮事歸僉屬乃徵爲大將軍長史尋除吏部
郎中㠯憂去任復徵爲太子中庶子公孝思天至羸頓
過人屢哀求哀久不獲命既而　一人在天百官總已

司轄韓端任殊往日徵爲尙書左丞復固辭不起後除
驍騎將軍尙書左丞未拜仍除吏部郎中經綜流品抑
揚雅俗艸萊自盡隱屈無遺轉司徒左長史守河南尹
外家貴臣舊難爲治而水火兼行韋弦具舉曾未朞月
風化有成獄犴蕭條桴鼓虛置郡公流稱於嵩淸徽未
遠子牽惡譽於後芳蠲在目出爲使持節都督兗州諸
軍事左將軍兗州刺史先之蔄惠重㠯廉平縫掖相趨
絲歌成韻風動雲行無思不復褰帷從事遂未爲匹露
袞訓庸詎云能擬既而萋斐內構癲疵外成反顧三河
龍門日遠赤勤終竊之歎故絕行樂之辭酌醴焚枯高

□古晉㠯詩賦爲錦綺用經典爲齋胂虛常待終不從
流俗闔門靖軌十載於茲既體中庸時來不遂乃爲光
祿大夫銀章青綬屬西戎滑厚蝟起狼顧玉石靡今芝
藿同盡陸海神皐化爲巢窟自非政同豹產謀協方邵
無㠯作鎮陵輔式遏艱虞加安西將軍㠯本官行雝州
事未幾徵爲撫軍將軍七兵尙書龍淵礪而揄明江海
酌而難竭臺閣不理於此有歸轉鎮東將軍于時長蛇
荐食憑陵南鄙孤亭遠戍所在到縣徐州刺史元法僧
竊邑與賄策名境外翰廷乃眷東顧日旲忘湌㠯公爲
征東將軍東討都督淸濟河如拾遺舉彭沛於覆手皆

奇聞竝立聲實俱行所㠯役未踰時而功不世出尋除
使持節都督楊州諸軍事征東將軍楊州刺史淮南大
都督梁氏舉吳越之衆堙桐柏之流刀斗沸於堞下勝
歌起於城上負戶而汲易子而炊事等丸積勢若棊累
國家經營內難非遑外圖故載離寒暑而終於淪陷吳
人雅挹風聚義而還之乃盤水釐纓自拘司敗雖槩異
人生而禍從地出知與不知莫不銜涕時季五十八惟
公志識貞遠器局淹峻昭冥不改其節風雨無易其音
耕道獵德枕仁藉義憙怒不形於色得喪俱遣於懷不
謟不驕無怨無猷資仁成勇移孝爲忠周於御已逹於

從政故吕德秀生民聲動天下而報書無徵云亾奄及
道消遂往逝水不歸逝開退復幽泉已閉乃贈使持節
侍中都督定𦡱相殷四州諸軍事驃騎大將軍定州刺
史尚書令儀同三司謚曰文靜礼也雖復賜地城傍陪
陵有託思鄉動夢歸本成礼越已元爲元秊十二月廿
四日合葬於舊墓管胡公有銘棺之義熙伯著書版之
辞故敬述徽範貽諸長世其銘曰
巖巖秀犢浩浩豐原既稱世祿亦号儒門揚風上緒播
芙来昆文武不墜風俗猶存比德山川資明爲緯道雖
曰損學乃□費非齒而尊捨爵而貴藝貫鄒魯聲傳梁

魏摶風上運驤首高馳終秊四轉卒歲三移高冠岌岌
駢組陸離迴顧敵齒傍望肩隨牧州典郡化成朞月来
儀少陽寶應僉曰官方務本動爲功伐東建旌麾南尃
鈇鉞方期難老永作棟梁逶迤衮職邦家之光斯望既
外如何彼倉老少有慟輴野悲涼葬等反周魂同思沛
風翼歸轜雲承還蓋鶩冕加榮龍旗退會泉門長掩芳
鑾永壒
夫人河間邢氏　父肅州主薄
長子希遠字景沖州主薄少喪　子長鈞字孝友開府
參軍事　第二子希宗字景元散騎常侍中軍大將軍

出後缺　第三子希仁字景山輔國將軍中書侍郎
第四子騫字景讓散騎常侍中軍將軍殷州大中正
第五子希礼字景節征虜將軍司空諮議修起居注
長女長輝適龍驤將軍營州刺史安平男博陵崔仲哲
父秉司徒靜穆公　第二女仲儀適𦡱州司馬郭海
高缺　侍御史　第三女叔婉適兖州刺史漁陽縣開國
男博陵崔巨　父逸廷尉卿　第四女季嬪適司空公
安樂王缺　銓尚書左僕射武康王　第五女稚媛適驃
騎將軍左光祿大夫滎陽鄭道邕　父瓊青州刺史
希遠妻廣平宋氏　父弁吏部尚書　孫祖牧字翁伯

太尉外兵參軍　長鈞妻河南元氏　父孟和司空公
缺　譚亮開府參軍事　第二孫譚德　第三孫摩訶
第四孫毗羅　孫女迎男　希宗妻博陵崔氏　父
楷儀同三司　孫祖昇字孝舉司徒參軍事　第二孫
祖勳字孝謀　孫女祖猗適安樂缺　希仁妻博陵崔
氏　父孝芬儀同三司　孫伽利　第二孫黄父　騫
妻范陽盧氏　父文翼開府諮議　孫女寶信　希礼
妻范陽盧氏　父文符正員郎　孫僧藏　祖牧息白
石　僧德　女阿範
右儀同三司文靜公李憲墓誌近出趙州土中移

置書院壁閭案李憲魏書北史俱有傳傳稱平棘人誌稱柏仁與傳不同憲之曾祖系官平棘令蓋先籍柏仁後居平棘焉憲祖順字德正眞君三年被誅皇興初以子敷等貴追贈侍中鎮西大將軍太尉公高平王謚曰宣王誌言宣公亦與傳不同疑傳有誤敷傳云襲爵高平公不言王也父式字景則歷散騎常侍平東將軍西兗州刺史濮陽侯誌稱安南使君當是後來追贈者史之闕略也誌云初在庚寅遭家多難當指皇興四年敷式駢誅之事是年歲次庚戌誌言庚寅當是誌誤誌敘憲

歷官多與傳合惟傳云太和初襲爵又降爲伯拜祕書中散雅爲高祖所賞據誌則祕書在襲爵之前也誌不言降爵者略之傳稱趙郡太守據誌則趙郡內史也傳不言建威將軍者略之其大將長史太子中庶子傳不之及任不久辭不拜也傳云定州大中正尋遷河南尹誌不言大中正者誌之疏漏其出爲兗州刺史事在永平三年拜光祿大夫事在正光四年誌不言復本爵者略之行雝州刺史事在正光五年轉鎮東將軍事在孝昌初年傳言徐州都督誌言東討都督似異而實同傳不

載征東將軍者傳之闕漏除揚州刺史亦在孝昌初年贈官錫謚事在永熙年閒憲死於孝昌三年至永熙而追復至元象而營葬距憲死已十二年矣誌云將巡五嶺親御六師太和十七年高祖南伐之時也一人在天百官總己景明元年世宗卽位之時也萋斐內搆瘢疵外成永平四年黨附高肇被劾除名也經營內難非遑外圖元乂劉騰交結跋扈也吳人雅挹風槩義而還之乃盤水氂纓自拘司敗此作者文飾之辭據傳則自求還國救付廷尉耳又桉帝紀孝昌元年元法僧叛詔鎮軍

將軍臨淮王彧尙書李憲爲都督衞將軍國子祭酒安豐王延明爲東道行臺俱討徐州所稱衞將軍者與傳誌皆歧異疑是紀誤誌敘憲有六子惟長鈞不序行次據傳是希遠之兄殆庶子也傳又有希遠庶長兄劍興和中梁州驃騎府長史誌何以遺之希遠爲州主簿傳所不載可據誌補之長鈞興和中梁州驃騎府長史與劍相同豈卽是劍而魏書誤以爲兩人耶誌稱開府參軍時尙未爲長史希宗官至上黨太守希仁官至國子祭酒騫官至征南將軍給事黃門侍郎希禮官至通直散

騎常侍傳所敘官在元象以後故騫外皆與誌異騫字景讓與傳言希義者不同疑初名希義後改爲騫遂以名爲字也傳言希遠子祖悛而誌作祖牧北史傳希宗子祖昇祖勳之外尚有祖欽祖納希仁子公統而誌作伽利希禮子孝貞而誌作僧藏孝貞之外尚有孝基孝俊孝威疑祖悛即祖牧公統即伽利孝貞即僧藏皆後來更名者誌不及祖欽祖納孝基孝俊孝威元象初或尚未生誌有長鈞子四人傳所不載希仁次子黄父傳亦弗及傳稱騫女爲安德王延宗妃當即寶信傳言希宗

出後憲兄誌所缺者可據傳補之又按唐書宰相世系表憲祖順四部尚書高平宣王亦稱王不稱公憲父名武自是式之誤傳誌皆言希遠早喪而表署散騎侍郎新豐文公或是後來追贈傳誌言希宗出後表仍以希宗爲憲子且以希仁希騫希禮爲奕之孫慶業之子自是大誤而希宗爲慶業後可因此知之騫作希騫亦誤其字亦稱希義與傳同與誌異表又敘慶業長子祖稱以祖昇等例之誤高一格也希遠子亦作祖悛不作祖牧署銜左衛將軍尚有三弟君約君穎君宏希宗弟三子

祖訥與史作祖納者不同祖訥弟祖揖傳無之祖揖弟祖欽與史以爲祖納之兄者不同希仁子公源與史作公統誌作伽利者不同弁無次子黄父希禮長子亦作孝貞與誌作僧藏者不同孝基孝俊孝威之次尚有孝衡一人長鈞及其子譚亮譚德摩訶毗羅祖牧息白石僧德表竝失載亦無劍名蓋譌闕多矣長女適崔仲哲史附其祖崔鑒傳傳不載龍驤將軍營州刺史靜穆史作靖穆世系表同靖靜古通魏又有一崔秉清河東武城人也三女適崔巨史作巨倫字孝宗附其祖崔辯傳傳

言行西兗州事誌不晰言西者略之適初名景儁傳言廷尉少卿誌不晰言少者亦略之四女適司空公安樂王者元鑒也魏書傳云憲女婿安樂王鑒（北史誤作監）據相（北史誤作湘）州反靈太后謂鑒心懷劫脇遂詔賜憲死據此知誌所缺者元鑒二字可據傳補之鑒字長文以叛伏誅莊宗初復王爵贈司徒其父銓史作詮官爵與史合五女適鄭道邕史附其祖羲傳傳但言其歿關西不敘官階瓊官至范陽太守誌稱青州刺史者孝昌中所重贈也希遠妻父宋弁史有傳字義和廣平列人人高祖每

稱弁可爲吏部尚書及崩遺詔以弁爲之而弁已先卒誌所書者以此希宗妻父崔楷即崔逸之弟字季則官殷州刺史殉於葛榮之難永熙中特贈侍中都督冀定相三州諸軍事驃騎大將軍儀同三司冀州刺史誌但書儀同三司蓋舉品之最貴也希仁妻父孝芬史附其父挺傳字恭梓即崔巨之從父也太昌年加儀同三司兼吏部尚書誌亦但書儀同三司與崔楷正同籍妻父盧文翼史附其高祖元傳字仲祐其爲開府諮議傳所失載傳言永熙中除右將軍太中大夫誌何以不書希禮

妻父盧文符即文翼之弟字叔偉傳言位員外郎即誌言正員郎也傳敘其最後之官云遷通直散騎常侍永安中卒誌又何以不書宰相世系表文翼字仲若後魏右將軍范陽公文符字叔偉後魏通直散騎侍郎祐佑古通僖偉不同常侍侍郎亦不同皆未知孰是要其最後之官決非開府諮議正員郎也其誌之疏鰍誌書瀉作寫仍作乃移作迻酬作訓刁斗作刀斗喜作憙蒼作倉勃作郣倒懸作到縣皆古字出倍輿輩以倍爲陪萑蒲自息以漸爲荷龍淵礪而渝明以渝爲愈至濮陽作濮

碁序作碁趨作趍戾作戻聾作聾轂作轂鄒作鄒則六朝之習俗也孽作蘖俗誤字本作蠥經傳作孽蘖乃孼之俗字此以爲蘖因以爲孼耳餘不具舉

凝禪寺三級浮圖頌碑并兩側

廣二尺八寸五分兩截上截高二尺八寸五分廿四行行廿五字下截高二尺三寸八分十三列列四十行行字不等並正書額高六寸廣一尺五寸五行行二字題凝禪寺三級浮圖之碑頌十字篆在元氏白婁村

□纖景凝麗則海鏡晶朗皇秀潛暎則□□□□□□聖□薇足而顯淵蹤現元吉而輝沖直故高蹈七步

耀天人之儀駕遊四門悲生老爲苦啓肩光晞於長夜流齣彩貪於重昏元鑒洞於冥機靈照渙於森像无言之論拂石記年沙童之說彈指為證權影哀於群宗應響悽於類族靡身不即即也而流仁無音不曉曉也而知覺斯實不思議之至妙也然化歷世二境教盡四㭊之鄉靈軒遂輒遷隱雙樹金顏雖逸経晶流範是用育王之塔東土隆基覆闕之像西域弥擴法輪滿世妙露斯光但群品異途行乖殊致令迷井之猶自亡於木羅百首之鱗懸鯤於鈞庸貪愛溺於死河春蚕圓絲入繭自非抽穎神峯豁然孤秀者焉能於滄濕之津而搖彼

坼戕今匠信佛弟子趙居士名融字祖和元氏人也其
先與秦同姓至周穆王造父有騄駬之勳賜姓趙氏又
匡弼晉卩𨼆於武靈王布錦千城散綺万国郁郁顯於
篆冊穆穆聰至於斯矣遂祖藺漢司徒公衎東将軍都
督内外諸軍事兾州刺史趙郡公纂珪芳於遐葉遂国
封此焉居士融藴冲惔之妙性如荔□之瑤馨懷珠照
察若霄漢之朗月雅志貞素行潔儒流清風峻遠栖心
文史恒以甘禪育命湌経養年花無徹迹人不聞言靄
齡長碧雪月含清不闚玉帛之門不踐縉紳之戸靖夜
閑吟任運喪榮卓絶人倫可謂冲㨿自然矣居士融每

常嘆曰𧄍螻無夕命椿柯亦彫零神飄生滅境如雀飛
空瓶鄉□覆詠斯文則淚沾夌石居士融匠以妙味自
怡何假珠瓔之榮兮緇佁倘其仁素徉貴其清方鼂歔
木蘭之泆露兮夕湌秋菊之渃英搞筒桂以緫蕙兮紊
胡繩之纚纚安貧樂道井丹之流兮忠清淯信子㒷之
徒兮輕㑹樹福須達之倫兮豁然孤擧之轥逍遙出塵
之志是故鄉彦呼之曰居士融乃怵然而歎曰觀世之
歸死也何異飛蛾之夕火焉慘隼羽之度牖悼蝴蝶之
夌露悲蟬啼之漏徂悲霜藕而淚盈即共長兄浮陽太
守文奴元氏令文□邯鄲令畝奴元氏令靈和肦子令
靈宣長兼叅軍市□兄弟等孝友恭㒷頤居茂於紫荆
皆窋敘衣冠　榮錦百里率鄉賢道俗二千餘人等竝信
敬元深體究虛寂詳造三級浮啚㵒禪寺□搆蕭廓寶
堂密靖層甍耀於霞漢玉績韡於璝珉鎊以丹碧飄以
仙形松柳翠鬱井級淒涼鴻飜則雲波風嘯百籟吟居
士融復衢設義湌珎饍盈案咲迎愧送穆於文質至其
處□瞻埭埠霞靄之所慕蒼北城峻峙百王之固綿基
東有村□蓊蔚連煙西嶮□岌虞光騎而迴薄其寺妙
像精異遊眡忘歸所造之福仰資　皇猷□隆丞栢休
永王公百司師僧父母識性之類梵水洗心常生淨樂

居士之諭上昇人天下□鬼壤鄉義僉言曰稽纖容之
功尚詠於金篇片瓦之施猶頌於遺陵況居士融逮斯
景福豈得鉞聞哉恐靈迤滕国空傳無記故鄉人中兵
叅軍鄭鑒邑義二千等慕海春之餘韻羨雙鵰之退仁
乃相與託鍾山以詮妙軌刊元石以颿鴻芳當徙渌竹
之彩長搖於紫風清松之碧永輝於素月其詞曰
姦姦冲覺寂寂虛清塵中獨鏡霧里孤明龍□現跡素
木歸靈元夢番影雪山流経殊顏同習分言共聲明珠
泣醉羊麃悲嬰林蒍水渌虬翔雲枝嶕鷲風遠給孤化
移金粟爰集文殊来儀彭梯重秀枯蓮更猗遺芳之軌

妙猷仍元濁浪澄曦晌䁆凝潤□士祖和兄弟貞賢體
兹四空五有非珎彛率鄉儁耆斯楅田津流遐刼果鍾
人天秖菀還日提河再年恵風獨拂晷境除煙
大魏元象二年歲在申二月乙未朔□□五日己酉造
刊俱訖耳
碑下截
撫軍將軍殷州長史河東侯薛安民（此行占三列） 趙郡太
守趙伯才 愽陵太守趙里臺 安東將軍銀青光禄
大夫秦州別駕金城太守趙元顥（此行占二列） 高柳太守
趙武欣 鉅鹿太守趙問石 廣平太守趙穉 勃海

太守趙王 華陽太守趙太周 趙郡太守趙元顥
廣陽太守趙曇度 樂安太守趙世顯 常山太守趙
槃席 平原太守趙神徳 齊郡太守趙神扶 蘭陵
太守趙珠 常山太守趙領樹 襄城太守賈蘭根
代郡太守賈洛齊 鄉郡太守賈㮚 廣川太守賈王
樂陵太守賈道貴 城陽太守程文生 伏波將軍
大行臺下帳内別將程顯邕 伏波將軍程鸞鳥 鎮
遠將軍程景遵 靖境別將程零遵 宏陽太守劉班
席 下邳太守侯貳安 宏陽太守侯富尔 □山太
守寇金柱 趙郡太守寇曇桀 沛郡太守寇超世

廣平太守寇甫 佖虜府長史馬市買 北平太守寇
僧㥄 元氏令趙芳林 廣平太守寇道□（以上弟一列前兩行空）
□趙太守趙法貴 鉅鹿太守呂市保 伏波將
軍路縣令趙文化 安戯令趙道安 九門令賈曇受
元氏令張奴 高邑令張榆 元氏令趙崇□ 趙
郡功曺郝市邕 高邑令劉洓保 平鄉令賈剉 州
西曺賈仲業 南宫令程詳 深翟令程沙迷 南宫
令程武安 □子令程□□ 平鄉令程𧼈 毋極令
程万興 元□令程曇金 毋極令范聽 伏波將軍
程顥和 欒城令杜思和 中水令趙景林 元氏昝

護諸景馥 殿中將軍吴慶和 信都將軍侯拒 趙
郡五官褚悅 趙郡主薄褚豊礼 趙郡五官褚文仲
易陽令寇倉 纍州主薄董景和 鎮城長史侯早
曲陽令江□ 九門令王□ 郡主薄趙和（以上弟二列前兩行空）
趙□□ 趙涵興 賈雙 趙延□ 賈常生
□□□ □方趙□ 趙顥明 趙蘭蕭 王和王
灰 賈明 趙買奴 趙零祚 郭季□ 賈□興
王零秀 王長初 賈白金 賈安民 劉𧶠生 劉
□ 趙就 趙溸席 趙景蘭 吴㬥虬 郭敬荗
𧶠休□ 馬綌 賈廣甯 褚泰和 趙佖奴 趙金

虒　趙顯祖　趙道珎　趙赤□　賈□市　賈零鳳
程□□以上第三列前空一行　趙□　□□達磨　趙顏興
李劭　劉顯補　賈僧珎　賈□都　□□侍　趙
季　趙蘭□　張㞢　賈鍾葵　趙義和　趙子艮
郭興　賈□□　王仲□　王蘭智　楊神□　賈蘭
進　劉神周　劉□和　趙豎　趙醜漢　趙大黑
吴天安　郭顯和　李貳綫　賈令　賈歡　褚神奴
趙起族　趙業　趙精　董慶安　趙仲　賈保延
賈□生　程□萬以上第四列前空一行　趙和　程景略
趙蕭胎　賈乱　賈道洪　賈興羅　□當朗　程羅

辰　趙顯寘　□景□　郝氵禾　賈思甯　趙秀和
趙子方　褚盡愛　賈銀柱　王貳龜　王級　賈
雙榮　賈誨　劉懷德　劉真興　李掂　趙仲遵
趙小黑　吴顏德　郭景□　䞓道□　賈市寘　賈
珎　褚顯和　趙安其　趙景虒　趙門　董思都
趙永珎　賈稚融　賈貳龍　程零陽以上第五列前空一行
褚寸都　時元遵　呂㞢龍　江貴　趙思和　賈興
和　賈榮　程興樂　趙元景　趙景□　郝市遵
賈翟和　趙文欣　張黑　楮洛世　賈都尔　王胡
王景略　賈集　賈究　劉到　劉元恭　趙方周

郭新州　趙文保　吴覬和　郭僧通　榆小興顏
賈法珎　賈和　楮仲纂　趙掂宗　趙延康　趙
馬生　董思業　趙洪寘　賈仵　賈元周　程顯業
以上第六列前空一行　褚市遷　呂真貴　趙進興　賈寘主
趙市遵　賈道景　賈文思　程景興　趙市祖
趙景循　郝金　賈伏光　趙副滕　張零秀　褚族
賈零保　呂滂漢　賈世顯　賈明法　賈連欣
劉伯鸞　劉慶和　趙慶遠　趙顯寘　趙文雅　吴
承景　郭法秀　賈顯　賈寄生　梅道顯　褚都尔
趙惠保　趙雙和　趙景遵　董思義　呂徜　賈

輝義　賈石寘　程明□以上第七列首行空　褚玥寘　趙令
興　趙道樂　賈道鳳　趙景林　賈永安　賈□□
程景集　趙普安　趙僧□因　郝玉郝伏　賈延
和　趙叔城　張零鳳　褚牀遠　賈金劉　王國
賈阿醜　賈田□　賈柱　劉益壽　郝思邑　趙蘭
馥　趙零景　褚萬撒　吴同欣　李貴神　賈光顯
賈興□　賈乞伯　褚顯仲　趙珎　趙市顯　李
獻祖　董輝禮　趙宗茂　賈醜漢　賈壽　程□邑
以上第八列首行空　范道欣　杜元伯　董□　賈顯寘　趙
思義　賈念祖　賈詳貴　程伏生　甄萬　趙景謨

郝䫉順　賈榮祖　趙㑊愛　趙㚇壽　褚紹業
賈敬𠇗　王神興　賈滕生　賈伯興　董永　劉槃
虎　劉景拓　趙善邑　趙景鮮　褚顯寅　吳遠志
郭僧賾　賈新興　賈滕龍　賈寅　褚石生　趙
敬寅　趙雙好　趙延景　趙拒生　趙龍虎　賈𠇗
義　賈顯　程零智以上弟九列首行空　范伍　趙景滕　張
延顯　賈景和　趙顯寅　賈祿　賈拒　程石生
趙貴禮　趙笛暉　郝䫉舒　賈妙洛　趙羆羆　張
慶祖　褚遵　賈方生　王悅　賈阿仵　賈石珎
劉元族　劉文學　□□□　□□□　趙□□　褚

戠兒　吳伯洛　吳趙𨑳　賈□景　張㬪顯　賈洛
州　褚拒生　趙顯和　趙文祖　趙黄奴　趙幼遵
趙七兵　程湧才　賈洛蘢　程牛生以上弟十列首一行空
褚榮族　趙零遵　趙褒興　賈季林　趙景安　姬
黒子　賈顯和　程難宗　趙季蘭　趙循衍　郝䫉
紌　賈思和　李光族　張清顯　郭桃仁　賈世運
王景穆　賈龍　賈太白　劉僧遠　劉安民　趙
遵業　趙容　趙市保　褚景興　吳顯祖　吳業
姬莫問　賈㬪讚　賈世僧　褚敬奴　趙□顯　趙
元珎　趙恒袁　趙難生　張進慶　賈雙槐　程法

義　趙循□以上弟十一列首行空　郭和趙　褚零邑　趙馥
賈神劉紹□此行占兩列　吕永程敬𠇗程□族亦占兩列　□
伏安　趙塢生　賈伏興　賈明智　程顯寅　趙季
興　趙貪暉　趙詳生　賈天族　李稚興　張永安
郭慶和　賈顯林　王寅　賈金　賈清專　李洪
雋　劉仵　趙崇業　趙艮寅　趙𠇗邑　褚連　吳
鳳　賈王申　劉紹興　賈洪醜　賈壽陽　褚貴興
趙戠和　趙敬𠇗　趙業和　趙𠇗和　趙晸　趙
伏和　程李遷　程景珎以上弟十二列　□□□　趙拒□
賈榮祖　張洪□　賈□□　賈顯神　程敬𠇗

趙倉□　趙子威　穰孟蘽　宋慶邑　趙元偉　褚
循　卜豐達　賈洛生　王曹義　賈稍　賈詳　柴
文□　劉顯□　趙顯世　趙景和　趙神龜　郝清
王滇特　賈□　賈周寅　賈待寅　賈阿叉　褚
延其　趙戠　趙湧都　趙進　賈萇命　趙敬和
趙道萿　程顯慶　程元徹以上弟十三列
案東魏元氏人趙融造凝禪寺三級浮圖碑後書大
魏元象二年歲在申二月乙未朔□□五日己酉造
刊歲在申者庚申之歲爲梁武大同六年西魏文帝
大統六年即東魏孝靜帝之興和元年也通鑑梁大

同四年戊午東魏碭郡獲巨象送鄴改元元象大同五年己未冬東魏城鄴以新宮成改元興和蓋孝靜以天平五年獲象改元元象乃頒詔於戊午而改元於己未元象元年十一月鄴都成改元興和（通鑑作十月錢詹事辨其誤）乃頒詔於己未而改元於庚申此碑猶以庚申爲元象二年者殆刊訖於奉詔之前耳乙未朔下當是越十二字是月五日己亥梁武耕籍田十五日己酉則此碑告訖之日也又齊州刺史高湛墓志則書元象二年十月囙思諸史編年或非悉確齊召南南北朝年表以戊午爲元象元年己未爲興和元年是泥通鑑而誤趙融史無可考隋開皇中淮安定公趙芬碑祖融云云乃芬十一世祖後漢右扶風大鴻臚見元和姓纂此居士趙融者姓名偶同時代族望迥別不得以之傅會也（金石續編）

右碑無書撰人姓名繆篆額蓋凝禪寺三級浮圖之頌碑十字也頌後書大魏元象二年歲在申二月乙未朔□□五日己酉造刊俱訖云云案魏書孝靜紀元象改爲興和在二年十一月此碑立於是年二月故猶稱元象是年歲次己未來歲乃庚申碑云歲在申誤又案通鑑目錄是年正月乙卯朔三月甲寅朔後魏書北史孝靜紀亦云興和元年三月甲寅朔則二月朔當是乙酉碑云乙未亦誤碑爲元氏縣趙融兄弟率鄉賢道俗二千餘人創造三級浮圖成其鄉人中兵參軍鄭鑒同邑義二千八人記事所立魏書官氏志二公二大將軍開府始二三蕃王皆有中兵參軍事鑒列銜稱中兵參軍而不冠以某府不知是何府屬碑稱融遠祖某漢司徒公征東將軍都督內外諸軍事冀州刺史趙郡公案漢書哀帝紀元壽二年正三公官分職改丞相爲大司徒續漢書百官志云司徒公一人建武二十七年去大爲司徒公終東漢

之世趙氏爲司徒者質帝時趙戒獻帝時趙謙二人而四征將軍置於漢魏之閒漢獻帝初平三年以馬騰爲征東將軍是也都督內外諸軍事漢亦未有其官始於魏黃初中魏志曹眞傳黃初三年以眞爲上軍大將軍都督內外諸軍事假黃鉞嗣後曹爽司馬昭相繼爲之則融之遠祖疑爲劉元海父子之司徒蓋前趙自劉曜以前國號曰漢逮劉曜僭立以水承晉金始改漢爲趙晉書載記云永興元年元海僭卽漢王位永嘉三年卽帝位改元永鳳以劉歡樂爲大司徒通鑑永嘉二年冬十月丙午漢都督中外諸軍

事領丞相右賢王宣卒宣卽劉宣也又劉聰載記光興元年封其子爲河內王署使持節撫軍大將軍都督中外諸軍事據此知元海時固有司徒及都督中外諸軍事之官矣然晉書載記及十六國春秋前趙之世無趙姓爲司徒者或係歿後所贈之官碑文載融長兄浮陽太守文奴等六人史皆無名列銜有長兼參軍者蓋卽長兼行參軍見官氏志碑下截題名五百有九人其中趙姓最多程賈褚吳四姓居十之三四他如𧝎姓榆小姓均不載姓氏書玉篇𧝎俗蠶字碑中諸人自薛安民外皆不見史傳安民事蹟附

見其曾祖野䐗傳後魏書本傳云野䐗曾孫忱字安民正光中襲爵稍遷鎭南將軍鉅鹿太守定州儀同開府諮議參軍齊獻武王大行臺左丞中外府司馬出爲殷州驃騎府長史武定五年除鎭北將軍北廣平太守卒於郡贈征西將軍西兗州刺史傳敘忱所歷之官正與碑合惟不言其爲撫軍將軍通典云自魏晉以後刺史多帶將軍開府則州與府各置僚屬州官理民别駕治中以下是府官理戎長史司馬等官是碑列銜殷州長史者卽傳所云爲殷州驃騎府長史也又有鎭城長史其名不見於史案東魏武定

七年張保洛等造象記保洛列銜稱□西大將軍儀同三司行晉州事東雍州鎭城安武縣開國侯又劉襲列銜亦云東雍州鎭城永甯子所云鎭城當卽鎭將長史是其所署官屬又題名有元氏督護攷縣令屬官無督護刺史府屬有之當是刺史府屬或分駐元氏者耳又有□趙太守首一字泐當是南字南趙郡見魏書地形志又有安戲令深翟令魏志定州中山郡有安喜縣前漢曰安險後漢改安喜又定州博陵郡有深澤縣晉曰南深澤後去南字喜戲澤翟聲皆相近故得相通假又題名有褚貳兒王湏特李貳

綾馬市買諸名皆粗鄙可怪又有趙羆羆疑熊羆之誤鄉郡太守賈亭龍龕手鑑亭都蓋反又有劉顯補趙零柞趙道䘸李光䘼趙蕭胋趙褎興侯拒趙拒宗等名凡碑字從示者多作木從方者多作衤補當卽補字柞當卽祚字䘸當卽旋字䘼當卽族字胋字字書無疑卽祏字拒說文給也一曰約也拭也讀如振老卽老字又昏頁光幽於長夜流齣彩覓於重昏頁幽齣三字字書無昏頁當是昬明幽或炫字齣疑電字䙔影頁於韋宗字書無䙔字碑中從木者多作衤此當是權字𤢹卽禽字字書無䍐與胃同司馬相如

上林賦羂要褭師古曰羂謂羅係之也張衡西京賦但觀罝羅之所羂結注羂罥也又云春蠶圓絲入羂自□說文羂粗緒也从糸罥聲玉篇作繯此當是羂字之别又漷即瀉字見集韻搋即抍之别體瑔字不見字書又碑中引楚辭字不同朝飲作鼂歆墜露作泆露矯菌桂作撟箘桂紉蕙作緦蕙案漢書鼂錯亦作朝錯鼂朝二字古通用碑作鼂乃鼂之譌體耳欽即歆此蓋歆字之别體泆說文所蕩泆也从水失聲與溢同木蘭溢露似較墜字爲勝當是所據古本說文撟舉也本與矯通楚辭正作撟解緦即紉之别體又豁即唅字䪢字字書無龍龕手鑑瓚字有田佃二音贉即彫暵疑善暱即眠𥉆字見龍龕手鑑有皎眇二音又彭梯重秀當即彫𥠉碑中字凡從彳從亻者多互用北朝碑皆然從魚者作臬其餘别體甚多不勝枚舉常山貞石志

碑左側

題名二十列行數不等字徑四五分正書

第一列拓未全

□□　王

張全□

□□　□□安

□□□　□□□

□□　張□容以上第二列

□□□　□□姜

□□　□□花以上第三列

□□□　□□□　□敬□　□□□以上第四列

□□□　吳□□　孫□□以上第五列

張法□　程貞□　程伏女以上第六列

姬□□　程□□　程元超以上第七列

□□□　賈要姜　孫景妃以上第八列

趙□湊　張□□　□□□以上第九列

趙般妃　□家妙　賈□姬以上第十列

趙□媚　梅□花　郝求□以上第十一列

趙阿□　范□姜　江阿姬以上第十二列

趙貴□　張法□　□□花以上第十三列

趙阿男　王□□　賈阿男以上第十四列

趙□□　藾阿容以上第十五列

趙阿妃　吕媚容以上第十六列

趙婉媚　程鳳姬以上第十七列

趙□妃　般銀英以上第十八列

程皓第十九列前一行空

范市業第二十列前一行空

附碑右側永徽殘題

上截居中二行行廿四字字徑七分正書

大唐永徽□年歲次辛亥□月乙未朔十四日戊申□

□□□□朩□□□□□□□□□□□□□□□□

□□□□□□□

右碑右側唐人題名磨滅尤甚案通鑑目錄辛亥爲永徽二年正月乙未朔則年上當是二字月上當是正字常山貞石志

右碑倘有陰亦當時題名姓氏未得拓本去年校訂金石續編載有此碑僅將常山貞石志互勘同異不及折衷一是並有漏未舉者茲輯是編始據石本詳審而錄之陸沈兩家各有得失不煩縷列至兩家所均闕者如遺祖藺之藺緇袷倘其仁之

緇榮錦百里之榮及下截賈常生之生賈白金之金趙醜漢之漢賈保延之保賈翟和之翟賈田□之田諸敬奴之敬程法義之法皆是於此歎審視之不容率也其兩家所均譌者如人不肙言之肙即猒之刖體用魯論文而皆作昌體究虛𤕤之究皆作空鄉郡太守賈㮚之㮚陸作高沈作㮚平鄉令程趫之趫即趫字與李清報德象碑㨂指字正同而陸作趫沈作趫趙𢿌城之𢿌即赦之或文見說文此疑用為赤而陸作叔沈作紋趙罷羆之上羆字皆作罷李洪雋之雋皆作𨾏皆是於此益歎

鈔胥之不可不慎也碑字多通借譌俗屓疑即眉字之譌沈以爲明恐非齒疑是齔之異文變㠯爲句聲倘相近沈疑爲電不知所繇鯤者腮之譌垳者岸之異文圀疑國之别體即國字徹轍之古通𧕄乃蜾之微譌即蠃之異文古或借渠爲之詩蜉蝣疏云渠略俗本作渠螻者誤袷乃佀之俗既變亻爲彳又變吕爲台耳輪翰之譌即翰字牖即墉字用周易射隼高墉爻辭彍字右旁當是從莘而譌左旁當是從豐而譌莘與豐均有衆多之誼疑為豐字之俗或即豔字之俗咲者咲之俗即笑之

俗沈氏以爲善㻿誤晛即眠乃古覞字沈氏以爲眠亦誤飄疑是飆之譌霧里之里裹之省借果鍾之鍾當是種之通借秖莬即祇苑所謂祇園也提河當即醍醐之借字胋沈以為祈非蓋即肱字厷變爲右與雄之作雄同瓦皆作瓦知夢英所書說文偏旁字源作此瓦字其所自來亦已久矣餘不備舉碑記姓氏有俟一人太守卅三人縣令廿二人將軍七人長史三人參軍五官主簿別將別駕各二人督護功曹西曹各一人其郡縣之名有浮陽趙郡博陵金城高柳鉅鹿廣平勃海華陽廣陽

樂安常山平原齊郡蘭陵襄城代郡鄉郡廣川城陽定陽下邳沛郡北平□趙等廿五郡□趙洸氏以爲南趙是矣有元氏邯鄲房子安戲九門高邑平鄉南宮深翟毋極欒城中水信都易陽曲陽等十五縣房子卽房子又有□子當亦是房子也碑末書元象二年歲在申續編以碑爲不誤核姚敬遵造象云元象二年歲次巳未不得謂頒詔於戊午改元於巳未也敬史君碑云興和二年龍集庚申劉懿墓志書興和二年亦曰庚申程榮造象亦云興和二年歲次庚申又李仲璇脩孔子廟碑云

大魏徙鄴之五載皇□興和之元年徙鄴事在天平元年甲寅閱五年而巳未卽稱興和元年不得謂頒詔於巳未改元於庚申也金石之文歷有確證其可謂此碑之不誤邪

黃石崖造象三段倶正書在歷城

齊州長史乞伏銳題記高七寸五分廣二尺二寸廿二行行六字字徑八分方界格

大魏元象二年歲次巳未三月廿三日車騎將軍左光祿大夫齊州長史鎭城大都督挺縣開國男乞伏銳昔值賊難願年常造像以報慈恩今謹竭家資敬造弥勒石像一堪依山營搆妙踰神造仰願帝祚永隆宰輔𥙷拓洪願七世父母託生淨土值佛聞法願居家眷屬命延位崇常與善會逮及含生同沐法津息毗樓舍兒

濟南金石志未載蓋近時搜出者乞伏銳見龍洞汝陽王造象內挺縣屬長廣郡

伏波將軍姚敬遵題記高六寸廣一尺二寸十二行行六字七字字徑七分

大魏元象二年歲次巳未三月廿三日假伏波將軍魏郡丞姚敬遵敬造弥勒像一區晝餝訖功上為七世父母現在眷屬常與善居值佛聞法一切衆生咸同斯福

息暉振𢑱宗僧寶恵鳳清㡜□子林

振𢑱宗三字濟南金石志誤作辰意空

趙勝習作二八題記高六寸廣五寸五行行字不等字徑五分許

興和三年九月十七日清信士女趙勝習作二八敬造弥勒石像三軀願生〻世〻直遇弥勒現空世居眷常与居時成佛

濟南金石志作作生直作並現世居眷作現世在居眷成作應均誤趙之謙補訪碑錄云向來著錄家作習牛或作習生或作趙勝習皆誤案諸家亦

有作趙勝習什二八者諦審石本攜叔之言不誣

也習氏以國爲姓漢有陳相習響後漢有零陵北

部都尉習珍晉有衡陽太守習鑿齒作即五字之

異文見於石刻者不少

八瓊室金石補正卷十八終

八瓊室金石補正卷十九

太倉陸增祥撰　男　繼煇校錄

吳興劉承幹覆校

東魏三

成明月造像題字

高連座六寸四分字在座下自右側環繞至左側十五行行二字末兩行一字字徑三分正書在太倉錢氏

興和二年正月六日弟子成明月为亡父母敬造像一

區合家大口供養

太尉公劉懿墓誌

高一尺八寸三分廣一尺七寸八分廿二行行廿三字字徑四分正書方界格在安陽

魏故使持節侍中驃騎大將□太保太尉公錄尚書事

都督冀定瀛殷并涼汾晉建郟肆十一州諸軍事冀州

刺□郟肆二州大中正第一酋長敷城縣開國公劉君

墓誌銘

君諱懿字貴珎宏農華□人也自蒙龍啓胄赤烏降祥

磐石相纏犬牙交錯長原遠葉繁衍不窮斧衣朱紱蟬

聯弈世祖給事徳潤於身民譽斯在父肆州行成於己

名高當世君體局强正氣幹雄立剛柔並運方圓備舉

棄置書劒宿有英豪之志指畫山澤早懷將率□心起

家□大將軍府騎兵叅軍第一酋長庄帝之初以勲曑
義舉封穀城縣開國伯□□五百戶除直閤將軍左中
郎將左將軍太中大夫帝啚時意以為未盡進爵爲公
□□五百拜散騎常侍撫軍將軍乃除使持節都督涼
州諸軍事本將軍涼州□□亻鎮西將軍常侍開國如
故又為征南將軍金紫光禄大夫兼尚書右僕射西南
□行臺復除使持節都督二汾晉三州諸軍事驃騎將
軍晉州刺史又行汾州事大丞相勃海王命世挺生應
期霸世君既同德比義事等魚水乃除使持節都督肆
州諸軍事本將軍肆州刺史又加驃騎大將軍儀同三

司餘如故及聖明啓運定鼎鄴宮乃睠西顧權烽未息
遂以君為使持節都督鄭州諸軍事大將軍鄭州刺史
儀同開國如故又以本秩為御史中尉復兼尚書僕射
西南道行臺加開府餘如故式遏奸寇鎮靜河洛復路
還朝仍居本位君自解巾入仕撫劍從戎威略有聞强
毅著稱其猶高松有棟梁之質類如金石懷堅剛之性
既時逢多難世屬懸憂羣飛競起横流未歇折衝行陣
之間運籌帷幄之內椎啚疣志與韓白連衡將略兵權
共孫吳合契猛烈同於夏日嚴厲等於秋霜去草逐雀
懷鶻鷹之氣誅狄制兇起卧肅之威降年不永奄從晨

露以興和元年十一月辛亥朔十七日丁卯薨於鄴都
追贈使持節侍中太保太尉公録尚書事都督冀定瀛
殷并五州諸軍事冀州刺史餘官如故粵以二年歲在
庚申正月庚戌朔廿四日癸酉葬於肆盧鄉孝義里乃
作銘曰
淼淼長瀾巖巖峻趾就日成德聚星効祉家風未沫世
禄不已於穆夫君一日千里昂昂風氣烈烈霜威進退
有度信義無違行高州里聲滿邦畿抗足高鶩理翮獨
飛秉麾執鐸南臨北撫肅清邦國折衝壃寓駿足未窮
逸翮方舉奄異金石遷同草莽眷言歸葬育嗟臨穴荆

棘方生松檟將列千秋万古光沉影絕陵谷若爵聲芳
有晰

夫人常山王之孫尚書左僕射元生之女

長子撫軍將軍銀青光禄大夫都督肆州諸
軍事肆州刺史元孫

妻驃騎大將軍司徒公元恭之女

世子散騎常侍千牛備身洪徽

妻大丞相勃海高王之第三女

次子肆州主簿徽彥

少子徽祖

右墓志近年出土當在河南之安陽其石廣二尺餘字體甚端正絕無當時繆俗之習且喜完善無漫闕之處惟折衝行陣之衝據銘詞明作折衝是衝爲衝之誤也其云權烽未息者乃以權為爟也張衡周天大象賦爟含烽而諜寇庾信五張寺經藏碑云爟烽並照攷高誘注呂覽贊聽篇祓以爟火云爟讀如權衡又注本味篇爝以爟火云爟讀如權衡之權是權爟音同可通之證其云懷鶬鷹之氣鶬當作蒼从艸从鳥亦古同音假借通用之字也惟郟州之郟當作陝見魏書地形志屬恆農郡兩漢有陝縣屬宏農郡

說文夾下云宏農陝字从此徐音失冉切又𨸏部陝下云宏農陝也音同又大部有夾字云持也音古狎切𨸏部又有陝字云从夾聲音候夾切又邑部有郟云潁川縣攷漢書地理志潁川郡郟師古音夾則郟與陝一从夾一从夾音亦不同此當从夾从𨸏而作郟者葢緣隸變邑旁與𨸏旁之字往往相混如障蔽之障或作鄣郡之鄣乃移𨸏旁於右非从邑也而今禮記文倘有俗隸變以鄣爲障者六朝相承𨸏旁字亦與邑旁相混而移其𨸏旁於右如此則以郟爲陝者也不知者如以爲志之誤則非矣此志拓本乃葉

君叔之于友人處見之印摹一本持以問顧君澗蘋澗蘋時以病篤猶手書復之云文中大丞相勃海王者高歡也定鼎鄴宮爲歡時事然則劉君當在北齊書乃檢歡諸臣有劉貴列傳與此墓志之劉懿即係一人也墓志與傳同者如敘其上世云父肆州敘其封爵云敷城縣進爲公敘其起家大將軍府騎兵參軍暨其餘歷官敘其薨卒興和元年十一月敘其長子元孫及次子洪徽嗣皆可爲證據而斷之確然無疑矣唯志云君諱懿字貴珍傳云劉貴無字葢本有二名又志云宏農華陰人而傳云秀容陽曲人則宏

農言姓望秀容言土著非不同故詳書之以待深於史者丁酉六月予在吳門叔老攜其摹本與澗老遺札示予詢知拓本在郡中某姓家因倩人往假祕不肎出遂據葉摹本錄入中齋以史傳攷之其父名乾魏世贈前將軍肆州刺史志所稱父肆州者葢其父本無官即懿太昌初封贈之官也志云大將軍府者即尒朱榮府也惟懿所歷之官如第一酋長及直閣將軍左中郎將散騎常侍假鎮西將軍皆傳所略又兼尚書右僕射誤作兼左僕射祥案志無右字西南道行臺脫南字又不言復除使持節都督二汾晉三州諸軍

事驃騎將軍及又加驃騎大將軍儀同三司又復兼尚書僕射如開府及復路還朝仍居本位傳亦皆略而不詳此志首題郟肆二州大中正而傳止云肆州大中正皆當以志爲正且魏有汾州又有南汾州故志云二汾晉三州也又志並不言謚而傳云謚曰忠亦不合攷北史亦有貴傳大略與北齊書同而事更略且無其父名與贈官志於銘後提行低四格書其夫人長子妻次子妻次子少子等傳言長子元孫員外郎肆州中正早卒贈肆州刺史次子洪徽武平末假儀同三司奏門下事亦與志不合且傳脫次子官

名及少子名北史則并不言其長子但云次子洪徽嗣樂縣男卒贈都督燕州刺史乃知懿長子元孫先卒以洪徽嗣故稱洪徽爲世子而不云次子也其云假儀同三司奏門下事猶在此志後進歷之階而北史所言則又在其後乃洪徽卒贈之官也史傳皆唐人所爲故要其終而言之元和姓纂載劉氏之望甚多有宏農一望而不詳其居華陰未見此志也攷後魏書地形志華陰隸華州華山郡而敷城隸秀容郡陽曲隸永安郡雖秀容永安二郡皆屬肆州如據當時土著言之當云永安陽曲人愚意懿既封敷城縣

開國伯似當作秀容敷城人方合又據志名懿字貴珍而傳以貴爲名無字明是誤以字爲名又脫去珍字耳志爲當時所撰史傳皆後代人所爲往往失實故金石遺文尤有裨於史學不可不寶也六朝唐人見於正史者每以字爲名趙德甫金石跋内已屢言之矣後代行狀多列其先代籍貫於前此志則列其妻子等於後亦是一式其云夫人常山王之孫常山王名遵乃昭成皇帝子壽鳩之子魏書有傳惟其孫名元生官尚書左僕射皆不見於正史其長子元孫之妻父驃騎大將軍司徒公元恭當亦是國族史亦

無傳又攷唐六典左右千牛衛注云謝綽家拾遺錄有千牛刀即人主防身之刀也後魏有千牛備身本掌乘輿御刀蓋取莊子庖丁爲惠文君解牛十九年所割者數千牛而刀及若新發於鉶蓋言此刀可以備身因以名官後魏奚康生有勇力以其子難爲牛備身又楊係宏農人爲千牛備身北齊領左右府有左右領將亦統千牛備身云云然則此官實剏置於魏而魏書官氏志失載　又攷唐宰相世系表劉氏臨淮一望出自漢光武後有名彥英者宋給事中通直散騎常侍疑即志所云祖給事也祥案此涉傳會原作世祖

_{尤誤}又有河南劉氏本出匈奴之後漢高祖以宗女妻冒頓其俗貴者皆從母姓因改為劉氏左賢王卑裔孫庫仁後魏南部大人淩江將軍弟眷生羅定州永安敬公五世孫環雋北齊中書侍郎秀容懿公以魏書地形志證之永安即陽曲所屬之郡秀容即敷城所屬之郡皆郡公也疑劉懿實出左賢王卑裔之後作墓志者欲諱其裔出匈奴故舉舊望云宏農華陰人且攀附臨淮之給事為祖也（祥案此太武斷原本亦作世祖且誤讀碑文矣）蓋在魏時其族實散居永安之陽曲及秀容之敷城故史傳誤以陽曲隸秀容也永安秀容二郡皆隸

肆州故高歡為相除懿肆州刺史後長子為肆州中正贈刺史而弟三子徽彥亦為肆州主薄也且證以起家為大將軍府騎兵參軍第一酋長之文其為出於匈奴左賢王之後南部大人之族無疑矣（古泉山館金石文編）

右太尉公劉懿墓志在安陽瞿跋詳言之矣碑右上角碎裂損數字文云權烽未息瞿云以權為爟桉史記封禪書通權火集解引張晏曰權火烽火也狀若井挈臯矣其法類稱故謂之權如淳曰權舉也又曰權火舉而祠若光輝然屬天焉漢書郊祠同是爟火字古用權不煩改字矣敬史君碑攉火或舉亦用史漢字惟木旁變从手耳懷鶬鷹之氣瞿云鶬當作蒼同音假借案詩倉庚喈喈文選注兩引之一作蒼庚一作鶬鶊此鶬蒼通假之確證也詩鞗革有鶬說文作瑲書鳥獸蹌蹌說苑辨物引作鶬禮曲禮士蹌蹌釋文云本又作鶬古人借用鶬字者皆从倉之字亦可為旁證也又銘詞理隔奮飛隔當作翮此亦同音假借瞿氏未舉隔障也蔽也於翮之取義亦可引而伸之又案隔古作鬲說文鬲鼎屬而史記楚世家吞三翮六翼

以高世主用翮為之鬲可用翮故翮亦可用隔也懿長子妻父驃騎大將軍司徒公元恭案節閔帝名恭廣陵王羽之長子羽薨贈使持節侍中驃騎大將軍司徒公冀州刺史子恭襲豈即節閔帝邪此志作於興和二年節閔帝已被廢弒作誌者不欲明言廢弒之事又不可以廣陵王稱故隱約其詞第舉廣陵王羽所贈官書之歟興和元年當西魏大統五年通鑑目錄是年月朔梁九辛亥十一庚戌魏九辛亥十二庚辰此志書十一月辛亥朔是梁與魏差一日也二年梁二月巳卯朔魏同此

書正月庚戌朔正同

孫思賓卅人造像記

高六寸七分廣一尺二寸記九行行八字字徑七方界格題名二列列五行四行正書在濰縣陳氏

大魏興和二年歲次庚申十二月甲辰朔□九日青州
北海郡滕東縣人孫思賓法儀卅七人敬造石像□軀
上為國王帝主□僧父母居家眷屬□為一切衆生普
同□福

缺 主孫思賓　比邱曇眞
缺 道業　比邱曇表
缺 曇雲　比邱明仙
缺 維那孫思賓比邱道常
缺 維那孫惠志

敬史君顯儁碑并陰 興和二年萃編載卷二十

世皐哲人皐誤皐 倫九德倫誤播 强作强 秉作秉 道作道 踐作踐从足之字皆同 稽作稽 化狷絲綳缺綳字

碑陰

第三列 向邕邕誤邕 許雲雲誤容 王買買誤貝 聶洙洙誤染

碑書大承相勃海王即齊獻武王高歡與天子皇帝
今上等字俱空一格除殘拯溺非莫可非下似脫公
字宿捸輕肥捸即表字碑陰有默曹錢少詹云借默
爲墨魏書崔巨傳除冀州鎮北府墨曹參軍字亦作
墨又有沙門統沙門都維那隋書百官志齊循魏制
昭元寺掌諸佛教置大統一人統一人都維那三人
此碑陰維那亦沙門為之他碑亦有俗姓人稱都維
那維那者平津讀碑記

碑陰有稱長流者桉楊顯叔造像署銜稱長流參
軍然則此亦參軍也不言者省文耳黨司徒始隆
司徒爲複姓下列有黨許洪朗亦單稱黨字錢先
生讀爲黨司恐非山左金石志載有青州默曹殘
碑字亦作默與此同萃編云桀當即桀字即七虎
也今桉碑正作洙特下半木字偏於右耳

程榮造象記

刻象背高一尺二寸廣七寸九行行十字座側刻題名三行行六字字徑五分正書在嘉興沈氏

維大魏興和二年歲次庚申佛弟子程榮以去天平二
年中遭大吉霜五槃不登天下人民餓死者衆榮見此
吉即菝洪願死者生天生者飽滿奴婢者解脫後願龍
王歡欣雨澤以時五槃豐熟万民安樂常行善福
施石主程昌梨邑子程子高同邑子程朱同造

右記云去天平二年中遭大苦霜蓋是年隕霜為災
魏書孝靜紀天平二年但載春之旱而不紀秋之霜

蓋史之漏略矣漢樊毅復華下租田口算碑臣以去
元年十一月到官白石神君碑去光和四年三公守
民爲無極山求法食史傳中言去某年去某月者甚
多此言去天平二年亦是其例銘文苦字作舌行字
作行皆當時別體字其穀字作㲉雖見山海經及尚
書大傳然亦隸變之俗體也此象向在長垣縣遷子
祠余得之供養十經齋中常山貞石志
造象之刻大都祈福禳殃或報慈恩或資冥佑皆
爲一身一家計耳此獨因天災而作絕無一語及
私不可謂非仁人君子之用心也世猶以造象靈

佞佛而屏棄之邪魏書靈徵志霣霜自熙平元年
河南北十一州霜後無聞焉至天平二年一則曰
齊獻武王獲白烏以獻再則曰北豫州獻白雀又
曰臨水郡木連理魏郡木連理時方侈言瑞應此
所稱大苦霜五穀不熟者殆以非所願聞而壅不
上達故史不之及耳發作茇

勃海太守張奢碑

高五尺三寸廣二尺七寸廿五行行三十七字字徑五分方界格額題大魏故勃海太守張府君之碑十二字並正書在靈壽阜安村積善寺

府□□奢字□□□□□□□□□□□□□

□□□□□□□□□□□□□昭武□勳□□□□
□□□□□□□□□□□□□□司徒□□令□□
□□□□□□□林□□□□□□□□□□□□□
□□□□□□□士□□士則□趙□□□□□□□
□□□□□□□□□□□□□□□□□□□□□
□□將□□□□□□□□□□□□□□□□□□
□□□□□食邑千戶祖□□□□□□□獲稱勳于
□葉□□□□□□□□□□□□□□□□光□世
□□□□孝餐□□州常山太守從祖□零壽令從□
□□□□□□□□□□□□□□□門□從伯□□

行□令從林□□行唐令從兄伏□□□□□□□□
□□□□□□河太守從□□搏陵太守□□□零
壽令從兄迴□□昌□□□□□□□□□□□□□
□□□毋極令竝皆德美□□□□□□□□□□□
裓□□□□□□□□□□□□□□□□□□靈和
㠯陶姿習忠義而易性□□□□□仁□□□□□□
□□□□□□□□□□□□□達□博友□成多詁
窆天縱□□□□州潭□□□□□□□□□□□□
□□□□□□□□□嶺而求子□□□□□昌運□
□內□□□□□□□□□□□□□□□□□□□

□□□鎮軍將軍金紫光祿大夫□□□開國伯式遵
□□□□□□□□□□□□□□□□□□□□辟
而後獲□□□之□□□□□方始□□□□□□□
□□□□□□□□□□□□□□□□□鍇九陽眞
□其□□□□□□□□□□□□□□興和二年□
□□□□□□□□□七日丁酉□□□舍□幽□□
□□□□□□□□□□□結□□□□□□□□□
□□□陵翰昌興和三年三月□日□□□□□□□
□□□□□□□□□□□□□□□□□□遠□□
許□意□門則雖磨弗磷□□□□□□□□□□□

□□長康□□□□□□□□□□行坻先望□歆
欷□□□□□□綴文□□□□□□曰□岳□情
□□□□□□□□□□□□敷納五緯躰質含明□
□□□□□氷□□□□□□□□□□□□□□□
□□□譙□務稼穡知艱思齊□□志□□□□□□
□否□□□□□□□□□□□□□□□□□□
我是□急濟□君方名□□何□□□龍□冡伏戢
□巒□人黎□□□□除□中□老幼□如天□
□□□猶□□無斁□□□□鏃□弱陳兵寂强舞
□□□□□享□□□禍禄□□□□□□正□光□

□□□墓□□□□□□□□□德命□□□□□□□
□陰陽四謝迭遷□□□□□命不延□林刊榦嵩華
頹巔□□泣血行路滂漣□□□□□□□□□□□
□金石式詮□□景□□乾比□

碑滅沒所餘文字已不能屬次惟題大魏故勃海太
守張府君字存後題興和三年三月前人未箸錄陸
稼書先生載入靈壽縣志授堂續跋
右碑陳思寶刻叢編錄入末一卷地里未詳內題曰
張畬碑引歐陽棐集古錄目云不著書撰人姓名殘
缺尤甚畬之字及鄉里皆亾其可見者以興和三年

葬爾其額曰魏故勃海太守張君碑以此又知其官
爵姓氏也碑文可辨者僅百數十字君名及葬年月
尙在惟鄉里暨祖父名皆磨滅如歐陽氏言碑第二
行中間有司徒字當係君先世所歷之官弟四行祖
字上有食邑千戶字當即其曾祖列銜據此知其曾
祖嘗膺封爵弟五行某州常山太守後魏常山屬定
州州上當是定字疑即其父所歷之官碑敘世次下
復序君從祖從伯叔兄弟官爵名皆不可辨凡爲靈
壽令者二人行唐令二人無極令二人一見河太守
三字疑即清河太守一見陵太二字陵上一字左旁

從于北朝碑從十者間作于疑即博陵大守君名不
見後魏書碑又殘缺過甚無從攷其生平事業今就
碑中可見者尚有鎮□將軍金紫光祿大夫□□□
開國伯此即張君所加之官伯或其封爵惟裂封之
地已不可攷所云鎮□將軍魏書官氏志有四鎮將
軍鎮軍鎮遠將軍未知孰是勃海字說文作郭佗書
皆作勃𪷞字始見字林此碑作勃猶爲近古靈壽作
零靈零古通見漢吳仲山碑 常山貞石志
常山志錄此文據石本對勘之補三十四字更正
七字曼患者仍據以補注於旁不可信者闕之韓

即鞠㮤即幹光疑即哭

僧道山造像記

刻佛座正面及兩側高二寸五分面廣四寸五分六行側各廣三寸各四行行四字字徑六分正書

興和三年四月十五日比邱僧道山為國王檀主父母
諸師僧及己身敬造觀世音像一區願此福澤普沾法
界蠢尒浮生皆蒙此益所願如是

補訪碑錄云在直隸正定而常山貞石志未載

大吳村百人造象記

高一尺七寸二分廣一尺六列第一列記十八行行六字下五列題名行字均不一字徑四分正書

大魏興和四年歲次壬戌十一日五日大吳村合邑一
百人等敬造石像□堰天元津澄遠幽坼淵崇自非洄
識真假明鑒生滅烏能開心靈像啓悟𦅸立者哉□佛
弟子邑義一百人等雖質□□俗而神栖䒭境故能深
悟空寂傾□三寶率異□之□□天□之□□造石下泐

比邱靜顥
比邱道朗　邑子吳道惠　邑子吳定賓
比邱惠㬊　邑子成公陰　邑子吳買德
比邱㢚貴　邑子吳高安　邑子吳氵明
比邱精超　邑子王榮光　邑子吳蘭庯
比邱道相　邑子吳顯仁　邑子涓顯伯

比邱道元　邑子吳念□　邑子吳惠
比邱法榮　邑子吳榮𣏾　邑子吳顯𣏾
比邱惠慇　邑子吳曇寶　邑子吳難當
比邱惠知　邑子孫周　邑子吳鳳詳
比邱法勝　邑子吳乞𣏾　邑子吳惠明
比邱靜顥　邑子吳□　邑子吳達
比邱道暢　邑子張龍□　邑子吳河景
比邱道乾　邑子吳僧智　邑子吳国仁
比邱□□　□子吳顯樹　邑子向万族
比邱□□　□子吳□頭　邑子張荀睹

比邱□□ □□□□□ 邑子李供僧
比邱□□ □□□□□ 邑子田洪
右二列 右三列 右四列
邑子吳神慶 泐
邑子吳顯世 泐
邑子吳甑生 邑泐
邑子吳文穎 邑子泐
邑子吳世敵 邑子泐
邑子吳黑 邑子泐
邑子殷伏生 邑子泐

邑子馮示期 邑子泐
邑子吳伏愛 邑子楊阿香
邑子吳祖□ 邑子郭敬資
邑子吳法□ 邑子調阿憐
邑子吳成仁 邑子空後同
邑子吳永和 邑子
邑子空後同 邑子
邑子 邑子
邑子 邑子
邑子 邑子

右五列 右六列

右造象未詳所在下截題名吳姓居其大半村名大吳以此蓋聚族於是者中有調氏一人姓苑調出周禮調人之後以官爲氏也粲即條字

道俗九十八等造像讚碑并兩側

高二尺九寸廣二尺四寸五分五層上三層圖象題榜十二行四層文廿一行行八字字徑五分年月一行廿一字左右四象下層九象各有題名均正書在河內北孔村

夫妙色湛然傚朱紫以顯其眞法性无爲託形言而樹至德自非洞解㞦宗焉能□斯元歆者㦲有清信士合道俗九十八人等發心超猛志樂菩提造石像一區舉高

七尺咸竭瓌琞鎸鎊周訖綺麗金顔輝暎楞伽異藉此傚因廣被群品頗慧海漣漪四流息泯鐵圍無垢娑婆玉淨帝道熙明普光訓世存亡眷屬并及塵沙能花初唱俱昇正覺 讚曰法身无像至道難名自非覺者孰悟元經鑄金圖妝鎸玉撰露刊石樹德永振休聲

大魏武定元年歲次癸亥七月己丑朔廿七日乙卯建

太子得道諸天送刀与太子剔 定光佛入國□□菩薩花時 如童菩薩賣銀錢与玉女買花以上上層 摩耶夫人生太子九龍吐水洗 想歸轉□太子得想時 黃羊生黃羔 白馬生白駒 此婆羅門婦即生恨心

要婆羅門乞好奴婢□去時　三年少□婆羅門婦時
以上次層　五百夫人皆送太子何檀毒山辭去時　隨太
子乞馬時　婆羅門乞得馬時　太子値大水得度時
以上中層　開光明主宋㩗文侍佛時　邑母解妝姬侍佛
時　比邱法□侍佛時　比邱道進侍佛時　以上四層在記文兩
旁　邑子□州西面都督長史路□　乞光佛主前部
都佐事路達　都雒瓶法蕘侍佛時　邑師法振侍佛
時　邑子都雒瓶法猛侍佛時　都雒瓶法儁侍佛時
比邱法□侍佛時　比邱曇焆侍佛時　比邱僧琛
侍佛時　以上五層

碑側
厚六寸餘六列列各三象各題字一行石側同
邑子前门都士蕁路惠顯侍佛　邑子路混侍佛時
邑子李廣侍佛　以上一列　邑子劉壽侍佛時　邑子衛清
侍佛時　邑子程桃棒侍佛　以上二列　邑子張□侍佛時
邑子張達侍佛時　邑子雷買德侍佛時　以上三列　邑
母□□容侍佛時　邑母史男容侍佛時　邑母潘英
仁侍佛時　以上四列　邑母張好侍佛時　邑母王阿駒侍
佛時　邑母苟妙姜侍佛時　以上五列　邑母王女貴侍佛
邑母路堂姬侍佛時　邑母張要婆侍佛時　以上六列

邑子□求冥侍佛時　邑子王承伯侍佛時　邑子
路儀和侍佛時　以上右側一列　邑子路慶洛侍佛時　邑子
路儀遵侍佛時　邑子路□頭侍佛時　以上二列　缺　邑
子路恒伯侍佛時　邑子路道買侍佛時　以上三列　邑子
路□□侍佛時　缺　邑子路孟禮侍佛時　以上四列　五列
全缺　邑子閻惠□侍佛□　邑子樊吴意侍□□　邑
子荀雙好侍□□　以上六列
按此碑記銘無缺銘從言作詺辭案是字此誤讚假作儹標
作檦虔作㡰歎作歎哉作㦲瓊作璚冀作兾徵作徵
眷作眷靈作靈休作烋皆當時別體或梵書仍用熟

與孰通摸與摹通圖像漶漫題字可辨者有云摩耶
夫人生太子九龍吐水洗又五百夫人皆送太子□
檀毒山辭去時又太子得道諸天送刀與太子刖又
定光佛入國又如來菩薩賫錢與任女買□又此婆
羅門又要婆羅門乞好奴□又□太子乞馬時又黃
羊生黃羔白馬生白駒等字蓋圖像爲釋迦降生得
道之事後漢書西域傳論曰佛道神化興自身毒靈
聖之所降集賢懿之所挺生注引本行經釋迦菩薩
於南閻浮提生天竺剎利種迦毘羅城白淨王摩耶
夫人爲父母則知摩耶夫人生太子即釋迦菩薩也

摩邪史記大宛傳正義作莫邪浮屠經云臨兒國王生隱屠太子父曰屠頭邪母曰莫邪莫邪夢白象而孕太子生時二龍吐水一龍水煖一龍水冷遂成二池今猶一冷一煖當即此碑所本而以二龍爲九龍要皆詭恠不經無足辨也造像九十人有書定光佛主者有書開光明主者有稱都唯那者比邱比邱僧者有稱邑主邑師邑母邑子者大都九十人字邑子居其半路氏亦居其半如定光佛主前部郡從事路達即路氏像主之有官職者餘人題名下各有侍佛時三字銘後一行大魏武歲次癸數字約略可辨乃東魏孝靜帝善見武定元年歲次癸亥當梁武帝大同九年西魏大統元年河內三石刻皆方彥聞大令履籛拓贈云年月無考當是北魏蓋拓本漶漫未曾諦審銘後一行也彥聞庋藏金石與董生祐誠夙有同嗜今皆下世錄此憮然金石續編

彙校續編據筠清館所錄補其闕漏今丙子夏得拓本審之知有誤字而年月爲尤要宜亟更正也廿七乙卯則朔日決非甲申當時何未之思疏矣邑母之稱僅見於此

勃海太守王偃墓誌

方一尺六寸廿二行行廿三字字徑七分許正書方界格篆蓋九字存魏故□海□王君墓誌七字陽文在陵縣

魏故勃海太守王府君墓誌銘

君諱偃字紫虎太原晉陽人也其先蓋隆周之遐裔當春秋時王子城父自周適齊有敗狄之勳遂錫王氏焉丹車紫幰之貴雄俠五都調風濼鼎之纂聲華三輔祖芬安復侯駙馬都尉相國府參軍給事中太子虎賁中郎將遷江夏王司馬帶厥貽太守　父五龍起家鎮北府參軍建威將軍臨淮太守太尉諮議參軍右衛將軍兗冀二州刺史封新塗縣開國侯邑七百戶君稟黃中之妙韻資南岳之禎祥爰始齠年載誕剋岐之性亦既齏冠收名先成之譽溫良本於率由孝友始於天縱解褐奉朝請俄遷給事中屬天步在運嵩原沸騰君乃輸力四方翼戴王室掃難披艱血誠著績遷右衛將軍光祿勳又除盧陵勃海二郡太守疊履專城再揚邦彩化潭禽篳恩結生民方申遺先俾賛乘輦如何災濫奄同造化春秋七十五以武定元年閏月廿一日卒于第粵以其年十月廿八日葬於臨齊城東六里凡厥士友至於賓僚咸以爲泉門一閉陵谷代遷鐫石題徽武揚景烈乃作銘曰

雲昇月鏡漢舉星明於照㷜烈沓世有聲厥祖皇考接
武維城和光地緯穆是天經三山降祀二爲凝神爰播
妙氣剋挺拓人如彼璵璠聲價遠聞如彼鳴鶴振響騰
雲巖巖安復履道懷貞赫赫新塗繼體承英八龍登号
三虎馳名鰲霜夏降蘭蕙萎郎白雲四卷素月淪收形
隨歲往狠與季流刊石揚名庶傳千秋
魏渤海太守王偃墓葬臨齊城東六里今陵縣東門
外三里河劉家莊北是也東魏武定元年距今一千
三百餘年屢易滄桑葢無復有知其墓者三月庚辰
望後大雨衝陷土崖出碑石二一覆一載上石陽面

鐫篆額九字魏闕二字海闕二字君墓銘五字完整其四
字剝蝕不可辨詳案王字尚顯故字亦可辨下石陽面鐫四百七
十二字皆無損惟撰書姓氏不著今移嵌書院東壁
存以俟嗜古者證之亦可驗物之顯晦有定時也光
緒元年孟夏丹徒戴杰識右刻石尾
右勃海太守王偃墓誌丙子正月潘伯寅自京寄
貽出土未一年也王偃及祖芬父五龍史俱無傳
芬封安復侯五龍封新塗縣侯安復新塗均不見
於魏書地形志晉宋南齊安復在今江西安福縣
境內地非拓拔所有侯封或不在魏時芬帶肝胎

太守肝胎當是盱眙之誤五龍爲臨淮太守北魏
臨淮郡有二一隸仁州一隸沐州偃先爲盧陵太
守魏書地形志亦無盧陵郡當是東魏所改置誌
石出陵縣之東據一統志陵縣於魏爲安德屬冀
州安德郡而文稱臨齊城東六里魏書有臨濟而
無臨齊臨濟屬齊州東平原郡今濟南府章邱縣
或安德嘗併入臨濟臨齊即臨濟之譌抑安德嘗
改名臨齊邪碑有分隸筆意間雜篆體而字多俗
譌以肝胎爲盱眙以璵璠爲隨侯以先爲老以潭
爲覃以狠爲貌其尤甚者也偃作偃褒作襃狄作

狘葢作蟻悏作俠豪作豪稟作稟騰作騰閑作
閇弈作沓象作爲赫作赫餘不悉述或增損或改
變隨意書之耳南佋疑即南呂禽篳篳字見玉篇
而義不可曉未審何字之譌於照即於昭偃卒於
武定元年閏月是年閏正月也

□始興造象記

刻象背及座高二寸廣一寸三行行字不一字徑二三分正書

武定元年十二月□日□始興為七世父母已身父母
□□

僧惠等造天宮像記

高連龕四尺八寸龕下方二尺七寸記廿八行行三
十字字徑七分年月一行小字直界格龕兩旁題名
各三列均正書在
河內清化鎮唐村
夫鏡日輝元啓妙識於淨海澄波洍鼇運境目於生源
是以八相同紛闢重闕於幽夜三輪晒轍闡神機枍叵
路使遊子歸衢輕車迸駕炎宅止燎氷池佟□故能振
馨風於沖漠之野擊玉聲於无聲之寰遂大鵬奮霄龍
翔覽湊六合□飜十方斯集金言演暢豪光九㱩法界
融蕩瓊萼七瑩乃塵沙沙靜浪之舟□形蒙麾棹之緣
於是騰超彼岸濟度无崖叵以朝露易晞浮霜難固提
河早流 晧林促變隱影靈遷圓明息曜三界悲動四生

號慕賢徒泣血能言溼地大 聖垂慈覩十二以流鎮
悲愍將來布舍利以昌迹故優填鐫姿育王建塔所在
模容流芳万國自尒暨今邁踰千載寺有魏大法師故
沙門都法恩起妙因於初心建淨業於无始故童年去
或高步緇門逍遙法鏡綺志松蘭藴思元蹤物我俱懷
遂捨衣鉢之餘採石名山訪巧求能頗雕真容但无常
驚逝峯烟瀲速創福未周奄從物化風徒嘷戀精感殄
篤又弟子法度戒行氷明智超空有□稟師則磬志忠
誠更崇妍琢妙鏤金顏㲠迦怡怡若覓率之趣琦殿弥
勤昂昂 牀能華之啓三會多寶同坐事等湧出飛堪絙

虛旋瓔及入維摩擁𠌲喋言於方丈文殊十辯表門疾
於平等菩薩詣天簫瑟芙麗金剛密跡獻目楊揩鎊像
雖訖嵩塔未脩而度曉夕懸覩成神字不謂暴疾所鐘
潛魂深夜致使□齒中癈為山止匱復有此寺上坐僧
惠寺主法合並湛潔內融□志方外□四攝於向衿駿
七覺於神膺洞博羣經智遊无㝵緇素同遵歸依各流
又邑主朱永隆唐豐七十人等各槃根蘭胄嶷茂□芳
椒葩槐蘇籍潤斯遠發悟自天挈達幽盲普相率厲䂂
崇□義以其處也碧地流泉勢俠中都金豪光涵鬱澤
新鮮翁林翠栢璨然在目布寶求薗謂莫斯過遂採棟

雲臺代木方巖班匠騁功造天宮乙堰魏巍赫弈媚若
祇桓堂堂晒煥婉踰神塔迷者一闚則洗戒於先源慧
者暫覩則啓悟於後際可謂福潤含生祚隆弥刼酬功
報德鐫石遐芳 其詞曰
睟睟淨性洸洸境日湛波啓旭騰源曜質現託王宮曠
周遐巻鶖翔□翥法□斯一 大音唱諭名義弗違淨
光電掃輕舟返飛浮烟靜霧赫日早□致遷景覺人天
冈歸 三千驪慟冲影潛空愍彼長迷螻此幽綜爰有
□士緇隆 聖蹤彫琨鐫像以表靈容 英信等悟磬寶
脩崙福延弥刼鏡水非虛善潤 □家祚融唐虞蠢介

同津咸羿凝如
大魏武定三年歲次乙丑七月戊寅朔十五日壬辰
樹
龕右題名
維摩主冠軍將軍安西府長史板授洛陽令後授武德
太守程日龍
右二行一列
衆潤□寺主僧熾　比邱惠感
邑師法合　比邱僧忍
邑師僧惠　比邱僧□

比邱道曜　比邱僧意
比邱僧□　比邱僧貴
多寶像主甯朔將軍□□壽
右弟二三列
龕左題名
文殊主前□□□縣主薄郭□顥
右一列
多寶像主建州主簿開府儀同參軍事王善
比邱法靜　淨施主□□將軍板授河陰令程顯於
比邱僧輝　如林寺居士王思賓

比邱僧□
比邱僧□
右弟二三列
記稱魏大法師故沙門都法恩願雕真容未終勝因奄從物化弟子法度欲建嵩塔亦為暴疾所鍾潛魄深夜後有上座僧惠寺主王法合邑主朱永隆唐豊七十人等共造天宮一堰其略如此字多别體以轍為濈焚為熉變為叜因為囙苑為菀號為嘷告為吉龕為堪碍為㝵棘為䔒垣為桓同為冋永為融其與古合者如豪從豕咸不加心門從兩戶表作表崇作

嵩之類悉有依據不墮當時之習碑鑿龕為像傍刻菩薩主安東將軍程鍾葵維摩主冠軍將軍西安府長史名缺扳授洛陽令後□武得太守程曰龍彌勒主前督府長史趙珍彌勒主懷州祭酒李思安文殊主前後二代縣主簿郭榮顯扳授即板授與魏修太公廟碑陰同魏書官氏志有司州主簿司州祭酒從事掘碑則縣亦有主簿而懷州更置祭酒皆史所未錄石為康少山訪得癸丑夏五月余過少山遂命僕搨出之以資㝷續跋所未及授堂續跋
訪碑錄作朱永隆七十人造象標題未協茲從武

氏字多別體武氏所述不無舛錯苑作䆷武以爲
從草門徒嘷戀嘷即嘷字武氏以爲號磬志忠誠
武氏誤志爲吉嵩古作崇此反以嵩爲崇祚融唐
虞融當是隆之音借武氏以爲永未敢信矣洰鑿
者洰之訛當只作巨悲動者慟之省幽綜者宗之
音借之作之巧作㚖糨作糨兜作皃新鮮作新鮮
伐木作代木潤作澗從生皆他處所罕見餘不悉
舉據武跋龕旁更有程鐘蕣趙珍李思安三人銜
名今未見殆漏搨者長史下並無字迹武德不作
得武氏誤也

姚保造塔象題字

高一尺一寸廣一尺二寸七行行六字字徑寸許正書在掖縣

□□造□□一　𨈆□□□□□　□兹知勝□□　思惟一
𨈆高君□　造石塔□𨈆□　武定六年□□　人姚保□造

右刻未見箸錄近始搜出惜椎拓太率姑就可辨
者錄之以竢將來年下似𪲔字

義橋石像碑并陰側　武定六年四月八日　萃編載卷三十一

額題武德郡于府君等義橋石像之碑十二字萃編以額爲題

改作改　引漑過於鄭白漑誤溉　或捍木百里捍作擇　且慕沙矜
缺慕字　廢作癈　雖無匪日之美日誤石　眇眇桓功作渺渺　爲魚左
秆缺魚字　苞苴源隰源作原　建作建
民望王進防郡都督王績爲亡父開佛光明王□

碑陰

沙門都曇定缺沙門二字以上二列　王顯樹　程顯樹樹均誤樹以上
三列
許景龍缺景字　蘇鸞儁缺鸞字以上五列　程輝儒在鄭景□後遺漏以
上六列　呂安宗缺呂字　呂天榮缺呂字榮字　王毛周全缺以上
十三列　程洛書程誤穆

兩側

厚六寸六列列五六七行
首行漶存末一字　續　缺　□□□
空一行　□元茂　路伯兒
民望□碑像作樂僧嶎　呂市□　高海岳
明威將軍賈會興　公孫榮興　張多寶　張伯達
民望高興安　袁子康　邢團頭
民望郭惠相　繁華茂　王孝翊
□光初□正賈奴　民望史袟洛　馮阿買　司馬思纂
右一列　右二列　右三列
民□土豪董遵　天宮主盲授□□□□侯

都盟主董欽　天宮主馮伯甫
民望主蒙秦先　天宮主郡功曹賀穆
民望主蒙秦永□　天宮主蕪主簿文明
天宮主馬輔國　天宮主龍功曹王神和
天宮主郭子猷　天宮主郭賢
天宮主高顯賓
右四列　右五列
天宮主蕪主簿周輝
天宮主蕪郡功曹盧惠銀
天宮主防郡都督張伏敬

前補郡功曹張思禮
平遠將軍白衣左右董延和
民望主蒙董方和
右六列以上左側
武德郡州令郭敬始　三列全泐　□□□
泐　董客生　許豐洛
泐　王定國　泐
泐　□安□　高仁業
泐　縣下泐　薛□賓　晉突騎
張子下泐　□永侯　董永業

右一列　右二列　右四列
張中和
張桃棒　温縣司馬龜十八人等
張神龜　平皐縣孟曹十八人等
高明敬　州縣徐義和十八人等
孟希□　懷縣繁庇宗等十人
右五列　右六列以上右側
碑云皇朝遷鼎卜食漳濵遂方割四縣在古州城置武德郡焉魏書地形志武德郡太平初分河內置領縣四平皐温懷州即碑所載四令遷鼎謂天平元年

遷鄴金石萃編謂太和十七年遷洛者誤也平津讀碑記萃編失兩側并有闕譌並補正之民望王進一行萃編謂後人所刻以名稱例之殆非碑陰程洛書程誤作穆訪碑錄不載書人蓋以洛書爲人名也未知孰是

武定殘字

存高二寸五分廣三寸二行行四字字徑七分許正書方界格

人定七
已朔

此首二行也餘俱曼滅

源磨耶壙志
高一尺廣一尺五分九行行字不一字徑七八分正書在汜水
大魏武定八年歲次庚午三月庚戌朔六日乙卯司州
魏郡瀶漳縣魏故源武㕑之曾孫磨耶年六歲卒於北
豫州遂墳於城南二里澗南臨坎但恐年歲久遠懽從
陵谷回置袥桓一區在其壙頭聊題刊記埋在壙南六
尺誌其千載永存不滅
壬申九月得於碑匠袁裕文處磨耶六歲夭亾不
成殤乃亦埋壙刊志過於禮矣文云袥桓一區案
斲木如石碑四植謂之桓又棺題曰和和桓一聲

之轉此云袥桓未詳何義殆亦以表其壙也臨漳
作瀶貳作貮殯作墳懼作懽皆六朝俗字惟庶通
作誌見於集韻耳宰相世系表源氏出後魏聖武
帝詰汾長子疋孤七世孫禿髮傉檀據南涼子賀
降後魏太武見之曰與卿同源可改爲源氏元和
姓纂同惟詰汾作誥汾爲異
太公呂望表并陰 武定八年四月十二日 萃編載卷卅二
俾萬載之後 俾誤碑 冤 作冕 礼 作禮 尚叔樂 缺叔字叔疑即叔 尒 作爾 覺 作競
碑陰
□威將軍汲縣令胡詳□集 尚元愼 尚□□ 四上二行
全缺 □猛從事尚□□ 缺猛字 唐陽子 唐誤石 鉅鏕太
守 缺鏕字以上弟一列 故板授頓邱太守尚馮虎 脫故虎字缺頓邱字
尚次平 平誤年 尚次愔 愔誤愔 尚友祖 友誤求 頴川
太守 川誤州 渭南江夏□□三郡太守使持節都督□
州諸軍事安南將軍□州刺史尚生 二行在碑左原書僅錄將軍都督四
字以上弟二列 汲郡太守尚文秀 缺汲字脫文字 河內太守尚
万□ 缺万字 河間太守尚歡 缺歡字 □昌太守尚昭 缺昭
字 汲縣令尚海珍 脫令字缺珍字 尚嵩岳 嵩誤高缺岳字 揚烈
將軍尚世賢 烈誤武缺賢字以上弟三列 尚僧興 缺興字 殄□將

軍 缺殄字 尚敵族 缺族字 翊威將軍尚平□ 脫上四字以上弟
四列 □冦將軍 缺冦字 尚□甯 尚元□ 缺甯字脫次行
文選陸士衡謝平原內史表注凡王封拜謂之板官
此板授疑亦出於諸王封拜 平津讀碑記
碑陰首行題汲縣令胡詳□集疑此碑爲胡詳□
所集書故前云穆子容山行之文也中州金石記
抱經堂文集皆以爲子容書石而以己作繫於後
殆非
橫野將軍侯景等造象題名
高一尺三寸五分廣一尺八寸題字八段共十四行行字大小均不一正書

橫野將軍員外司馬侯景　景息叉羅枎女二行在象右

□□　敬□　□□三行在侯景之右

四部缺　邑師法樹　邑師僧建三行在象下右方

香火主袁元和爲元弟景和景□　香火主間𨾴供養二行在象下中間

□師法通　□師法安二行在象下左方

像主袁清妻李缺約三字主袁保此行在右側

息妻李樂親張賜妃在前行下右方

此拓疑未全不見年月按侯景於高歡歿後入梁時爲興和年間此署橫野將軍員外司馬當在仕魏之時附東魏末惟侯景性極殘忍與佛教背馳

或別一侯景耳以字體審之要是魏刻

浮思郡守等造大石像殘刻

高一尺三寸六分廣一尺四寸五分十四行行字不一字徑七八分正書

□□□道光大同□□□□缺

邑□石元直□中□□□□□□子

都像主□□□□□□□息□

大石像主□始□邑子□□□□

大石像主假□□縣令何山縣令

邑□郭□□邑子孫□□□□□

邑主孫慶□邑子□□□邑子劉

邑曰假浮思郡守□首□邑子陳

邑□假來□縣令永安縣令孫□

邑□曰張㿻邑子□□邑子陳□

邑□劉□敬邑子馬僉洛邑子

化主孫□肆□邑子李□□

化主孫槃邑子孫神　邑子

化主□顯真□□右□

殘缺不完內有浮思郡守字即據以題之歷代地志並無浮思郡名何山縣當即河山之音借惟北魏有之隸廣州魯陽郡然則此爲魏刻矣列諸魏

末地形志不載浮思或置郡旋改不及詳歟

八瓊室金石補卷十九終

八瓊室金石補正卷二十

太倉陸增祥撰　男　繼煇校錄

吳興劉承幹覆校

北齊一

王三娘造像記

刻佛座背高二寸八分廣三寸六行行五字至八字不等字徑三分正書

天保元年正月十八日清信女王三娘為子敬造送子

觀音像一區願我子孫長□離苦解脫

北齊天保元年當西魏大統十六年東魏武定八

年是年東魏亡

王維吉造像題字

高連座四寸强字在蓮座下横列廿三字字徑二分正書在太倉錢氏

天保元年二月四日仏弟子王維吉為亡母敬造佛象

一區

張龍伯兄弟造象記

高一尺廣六寸五分八行行十一字字徑五分餘其左高一尺四寸五分廣一尺九寸上截象五堪下截象二堪各有題字行款大小不一俱正書在洛陽存古閣

大齊天保元年歲次庚午十月壬申朔八日辛巳清信

士仏弟子張龍伯兄弟等為亡父母敬造石象六勘遲

及七世跂生亡身回緣眷屬亡者生天見存安隐和領

三寶永隆国祚延長五穀豐登人民安洛普及有形同

雙斯慶　以上第一堪下

仏弟子張龍伯妻楊阿眉　此行居中　仏弟子張多宜　此二行在

右首象下　息儀和妻尹女　此二行在左首象下以上第二堪上截

仏弟子張景珎　弟元景侍仏時　此二行象旁偏左　弟羅侯侍

仏時　妹太妃侍仏時　此四行在象下以上第三堪上截

母楊要仏弟子張遭洛妻楊阿香　此行在象左　息女阿買

侍仏時　此二行在象下偏右以上第四堪上截

張龍遲妻晁好　此行在象左　息□金　息恵仁　息匡生　此三行在

象下以上第五堪下截

仏弟子張利妻上官姜　此行居中　亡妣扆存之日　有牛一

頭傾造象今得成就　此六行在象下以上第六堪上截

施石主比邱僧法育供養時　此二行在第二堪下截偏右

施石夫主碓盟□　此行在第三堪下截偏左

佛弟子張方周侍佛時　方周息阿奴　息高明　息

太明　此三行在第三四行之下　邑子吳進族　邑子賈毛寶

邑子公孫英　邑子常僧　邑子張友興　邑子孫景

林　方周妻韓舍王　方周妻魯咼妃　息女韋買　以上

十行在第四五堪下截

光明主前北豫州主簿恒農郡功曹劉益　此二行在第六堪下截偏

左

右張龍伯兄弟造象記安穩作隱延長作莨用古字羅睺作候省文㪤即堪遲即遞袘即施毛即三乪㒸不知何字與即與𦬇即录㕓即康其餘俗字極見之朔日壬申則辛巳是十日疑八爲十字之誤又案通鑑目錄是年十月丁丑朔則辛巳是五日與此全不合殊不可解

西門豹碑頌并陰（無年月 萃編載卷三十三列天保元年）

（篆額題西門君之碑頌六字原脫碑字）

好古之業（缺好字）不敢而欺（而誤兩）□□長於華□（缺長字）神居獨邃（缺邃字）□𡆥迎神（缺迎字）奠秀而□（脫秀字）□食致酒（缺食字）咸秩報功（缺功字）

碑陰

魏郡穆遺寶（缺寶字）清河張乾威（缺乾字）字普明（缺普字）廣宗

□序（缺宗字）□郡□士忠（士誤上 上弟一列）以滕又（又誤叉 弟三列）孟

黑元𢇛（缺黑字）□□札□札長詢（札俱作禮 以上弟四列）傳思□

□（缺思字）欒□阿弁（缺弁字）劉安□康（缺安康二字 以上弟五列）李瓊

子琛（缺琛字）賈光長暉（缺暉字）陽烈將軍軍主郡海山（缺陽烈山）

三字□節將軍軍副焦定安（缺節安二字）直兵（缺直字）黎豆拔

（上缺）大□（上缺）□和賊曹宋（賊曹外六字缺上四 行在賊曹孟伯□之前）隊

主張□隆（缺隆字）隊主西門万同（缺隊主万同四字 以上弟六列）

趙明誠金石錄有僞趙建武六年西門豹祠殿基記此碑又在其後明一統志西門豹廟在府城大夫村北齊天保年建碑刻尚存今碑殘泐年月不可辨矣此本視金石萃編所釋多八十餘字碑前敘西門豹治鄴事次敘齊獻武文襄時祠宇興廢末敘清河王岳立碑始末碑陰題名從事以上皆著其郡門下督以下不書延陵仲□延陵是姓非郡縣名元和姓纂趙襄子謀臣有延陵正又有隊主西門万同當是其裔孫也（平津讀碑記）

洪氏所得本多萃編八十餘字此本不及其半不敢而欺而當讀而汝之而諸家多釋作兩石本實作而

馬成云造象記

（象高二寸三分題字在佛背及座四周字徑一分正書）

天保二年二月十九日仏弟子馬成云上为皇帝下为父毋又为己身敬造觀世音象一區供養

王正文造象題字

（連座高三寸七分題字在象背四行行字不齊字徑分許正書）

天保二年四月八日王正文造觀世音象一區

崔氏女張華造象題字

刻座背及左側高一寸五分背廣三寸五分六行側廣二寸四行行三字四字字徑四分正書

天保三年正月十四日崔氏女張華敬造玉象一區為
亡父母使託生西方与佛居

文云崔氏女張華與天保四年造象稱朱氏女姜瑞雲武定三年造象稱王氏女張恭敬者同一書法蓋其夫姓張也

張成造像題字

高四寸許記刻龕匡左右字徑分許正書在新城楊氏

天保三年四月廿八日弟子張成為亡父母敬造觀音

像一區合家大小八口人等供養吉祥如意

此亦韓季卿故物也海琴續得之喜若還珠然觀音無世字罕見於六朝諸刻可疑

開府參軍崔頠墓誌

高一尺二寸四分廣一尺二寸十六行行十七字字徑六分正書在益都

魏開府叅軍事崔府君墓誌銘
君諱頠清河東武城人尚書僕射貞烈公之孫涇州使
君弟二子也冠冕世德樆慶餘緒曜車為寶荊玉成珍
文慧之志著自弱年孝友之情表於冠歲藻翰與春華
比芺景迹共秋菊均榮而宦止開府叅軍事輔仁之道
便虛年廿六武定六年七月遘疾七日卒於鄴都寢舍
粤以天保四年二月甲午朔廿九日歸窆本鄉齊城南
五十里之神塋日月不居感臨川之歎有德無位致殞
秀之悲其銘曰於穆不已世載其英朝端岳牧袞紱瑲
珩佐芳必嗣有芺誕生黃中闡譽敏內樹名膺斯府檄
稱是才實器懷明悟文情委逸方此□期宜從享秩命
也不融朝騄遷日故□□□塵書燹罰一辭華屋言歸
萬里原隰□□□風欝矣刊石泉陰永傳蘭芷

右開府參軍崔頠墓誌銘在益都縣碑云頠清河東武城人尚書僕射貞烈公之孫涇州使君第二子魏

書崔亮傳遷左光祿大夫尚書右僕射卒謚曰貞烈亮有三子士安士和士泰士和以軍勳拜冠軍將軍中散大夫西道行臺元脩義左丞行涇州事頠即亮之孫士和之子頠官開府參軍年廿六武定六年七月七日卒於鄴都寢舍天保四年二月廿九日歸窆本鄉齊城南五十里之神塋新唐書宰相世系表亮在清河青州房亮曾祖輯宋泰山太守徙居青州故此碑與亮傳俱稱清河東武城人魏書地形志東清河郡治盤陽城亦屬青州 平津讀碑記

志刻於天保四年而首行書魏者頠爲開府參軍

在魏不在齊也歸老作誌距顯卒五年矣元和姓纂崔亘十五代孫意如秦東萊侯生子伯基居清河東武城宰相世系表崔氏清河青州房首列琰三國志魏書崔琰清河東武城人後魏書琰六世孫逞南齊書琰七世孫祖思俱云清河東武城人惟宋書崔道固爲琰八世孫則稱清河人然則清河東武城者是其舊望不以徙居青州之故也芙當即美字古誌石華載此文便誤作更并缺鄰字

李買造象記

通高一尺三寸五分廣八寸側廣三寸文刻佛座十行行字不一字徑五六分直界格題名四行正書

天保四年六月廿五日　佛弟子李買造象一區上為皇帝陛下下為七世父母個緣眷屬并及息妻荀頗從心所求如意

佛弟子李買待佛時在象右　佛弟子清信女牛妏貴侍佛在象左

息□文待佛時在記文右　息□保待佛時在左側下方

因作個謬宅處未見妏本作妏集韻女字也

金門太守桑買妻楊造像

高四寸八分廣四寸六行行六字至九字不等字徑四分正書在洛陽今歸馬氏

大齊天保五年正月十五日故佛弟子平西將軍金門太守来買妻楊顏三息長成頭造玉像一區仰報慈恩

魏書地形志金門郡一隸義州一隸陽州

張天恩造象

刻佛座高二寸五分廣七寸十行行四五六字字徑六分正書

大齊天保五年十二月廿一日佛弟子張天恩爲亡父母敬造觀世音玉像一區合家大小二十六口一心供養

據補訪碑錄在正定而不見於常山貞石志或攜歸他所矣恖即恩字

李清造報德像碑

高四尺九寸四分廣三尺七寸三十行行四十一字字徑九分正書在平定州

大齊天保六年歲次乙亥七月己卯朔一日庚辰鄉郡鄉縣李清言蓋聞益天之明者莫若於日月益人之善者莫若於脩福是以一湌之惠扶輪之報為前彂難七兵尚書陽與之五州刺史義同文靜公趙郡李憲司空文簡公李希宗二公父子以礼待青得奉朝請而青德乏故賢無刎頸之報去家五百里慼邢邪關榆交戎万里莨送百州路側造報德像碑磨勵刊石万世不朽東越海崖西過秦壟車馬殷上無日不有云尒夫乾巛以簡易可久聖賢以作述為大靈天樹懸像之用鎮地表

成務之功顯晦唯丈人之迹語嘿蓋君子之道二經混
其無為五緯彰其區別仰觀俯則遠物近身備諸禽跡
可畧言矣至於六十四卦藏用顯仁言先王者主於聖
王言后者通諸羣后言大人者大有聖德之人言君子
者博開有德三百五篇無耶以彝皆欲納民軌物其於
對巳復礼方之犨典曾何髣髴侙宗小宇窗滉潤狹秋
水較之未舉馬豪察之殊少麟角爰河湛〻探指於舟
中柄宅炎〻爛領於車下方知揞頞尅成降鑒世界慈
忍既就視現王宮放光明於大千燎萃燈於深夜陽九
佐滁濟足於堯季陰六為災援手於湯日覆載比兩儀

亭毒猶一子擾〻四生蟻〻三界何𠂤拱之如北極仰
之如東君者爰若迺千里一曲之河派崐崘而屬斗斗
万舟避風之水導岷峨而直井絡連城之寶必挺於楚
山照車之珍宜產於隨國馬形淋閟尅昌於千古龍德
涓風必祀於百世懷月動夢嗽天成祉類任似之興周
等陰馬之隆漢光遠弥燿條布增芳非積祐之餘榮其
孰能與於此今
皇　后趙國栢仁縣永甯鄉陰灌里人也分裂山河之
箴懷握瑾瑜之美忠無闕文我略辭費祖儀同文静公
金蒨玉質耿貴當季考司空文簡公桂茂蘭薰名揚身

後唯此公二先聖所遵俊皇欽德葉各產子十八五男
五女冊世如一男棲衛珍王承之操咸體潤珪璋女履
恭姜伯姬之節皆心貞琬琰至如馬梭丈夫五常取目
瑀氏婦人三賢擅美何笇張鈎子孫繁盛黃羊白環肩
嗣丕顯論家語德我實兼之有姓名者承華遠葉分流
濬源附驥尾而絕塵託龍鱗而高翥乘車食肉不假長
鋏之謠升堂入室無勞囊錐之請蔎萼之靚迺枝遥十
世邱山之顧則潤過九里朝履清階鄉居右職增榮政
價二公之造爲加以宿直善因洞悟空假投軀𠂤覺傾
心大乘體瞬息之不留識泡炎之必盡營資糧於曠路

樹功業於福田初未脫於生死終不離於苦空波輪迴
星流電滅昔孔邱既殁子貢六季不返向苗已逝始春
三載不歸戶改辞官門通德名奠甘棠勿剪韓趄嘉樹
無忌禰以石槨蝂炭無益於速杉珠襦玉匣有加於戮
尸鑒覆車於泩塗思政轍於全軌負土城墳之力用於
鷲山傳蘭鷹菊之財施於鹿野斯則之先覺住乾後昆
有義存爲可不尙歟民無德而稱爲烏兔輪斸寒暑迴
復滄海為原水将湛於金剄火番燎於華（此字添註於兩字之中間）
想式刊鼎鼒永住橋梁其詞曰
管窺行健蠡測源流真蹤遐闊辟此披求唯彼　調御

鑒我閭浮揚舲沸海舉燭重幽注水不竭傳火逾留明
懸離坎德邁迴游滔〻獲口歎〻舉石合浦徑寸藍田
盈尺汁光失序蒼精承曆我有微音叵位宮掖規試經
典躬勞紡績髙漄斯潤長瀾增激萁裘不墜冠盖成林
家藏桓玉世挺南金男賢慕藺女潔還陰十六比德二
義齊音俱停万傾覽竦千尋指掌拾芥跨古驚今爰有
宋人耆成夙惠託生叵識捉誠真諦食椹泮林庇陰菉
桂薄言報德營斯莊嚴功大造推心宏濟陳信貞石傳
芳來裔空聞海竭燹佚河清隟駒易往目鳥難停春氷
始泮水淥山清秋風將肅葉下霜明民非城是淵實邱

此字添注平嗟〻後世識此生榮　燕州釋仙書

案此碑北齊顯祖文皇帝天保六年李清作釋仙書
爲李后祖父造像報德也北齊書文宣皇后李氏諱
祖娥趙郡李希宗女外戚傳李祖昇趙國平棘人顯
祖李皇后長兄父希宗上黨守后祖李憲史所未及
史云趙國平棘人碑云趙國栢仁永甯鄉陰灌里人
晉書地理志冀州趙國統縣有平棘柏人太平寰記
記柏人後魏改爲柏仁屬南趙郡故此碑云趙國柏
仁縣也東魏李仲琁脩孔子廟碑仲琁趙國柏仁人也亦作柏仁今本魏書地形
■南趙郡領縣仍作柏人又地形志并州領郡五縣
二十六鄉郡延和二年置即石勒之武鄉郡也郡治
鄉縣北齊仍後魏郡縣故李清爲鄉郡鄉縣人碑在
今平定州石門山摩厓刊刻地當孔道故云百州路
側邢邢乃井陘字異甕口即石甕山皆與石門相近
碑字鄉作鄉究作兖希宗作希宗闕作開長作萇巖
作巖朽作杉標作檦顯作顯蔽作弊克作尅尾閭作
涅潤猶作猶導作導榮作榮孰作埶質作質後作後
族作族葭作蕟堂作堂親作親翦作剪竊作竊垂燎
作垂璙梁作梁窺作窺枝作技徽作徽停作停皆當
時別體博聞之闇誤作開波輪迴門通德功大造等

句皆有脫字至其書法高渾實爲北朝傑作金石家
皆未見惟孫氏訪碑錄載之不詳何地不著撰人平
定州志藝文亦失載惟寺觀內長國寺在石門口山
崕下石上有五代李清言碑記以清言爲名失其義
矣言與撰同可爲舉例宋慶厤四年朝城縣孔子廟
記書建康劉之圖言蓋仿於此道光元年秋太原沈
琮方領州事裒輯所治金石文字吏目新都曹君承
彬於石門得此拓本見示亟著錄之是冬十一月予
應徵南還沈偕三原王孝廉治上元王建曾無爲黃
世安兩文學永濟崔生曾益祖道石門題名碑下同

八圖詠紀別亦嗜古快事也金石續編
一日庚辰猶言越一日也宇宙作寗寗乃古之岫
字尤謬　去冬校訂金石續編未檢搨本對勘茲
悉正之車馬殷上當是殷匕之誤非上字也兩儀
是兩儀之誤惟此公二公二蓋二公誤倒體瞬息
之不留息下誤作〻遂補書之字於下火垂墺於
華想淵實邱平華邱二字皆誤脫添注華想二字
疑亦有誤目鳥蓋日烏之誤釋仙書隨意增減且
多筆誤非必當時有此別體李清之清前作情以
礻待青而青德之兩青字則均作青儀同之儀前

作義後作儀停字兩見一用爲渟一用爲停克字
屢用或作兙或又作尅从竹變爲从艸从彳變爲
从亻从木變爲从手猶可謂隸體之遺而从手變
爲从木至於字亦變作於其戾甚矣他如盖之作
蓋峯之作峯載之作載皆其尤者惟以扶爲扶以
蒀爲長以毒爲育以惠爲慧爲合於古耳

趙郡王高叡造像三段在靈壽祁林院

造釋迦像記高四寸三分廣一尺九寸五分十三行行四字字徑六分正書方界格

大齊天保七年歲次丙子閏月癸巳十五日丁亥趙郡
王高叡仰爲
亡伯大齊獻武皇帝亡兄文襄皇帝敬造白石釋迦像
一區

右記云天保七年歲次丙子閏月癸巳十五日丁亥
按通鑑目錄是年閏八月北齊書及北史文宣本紀
不書閏月無事故也以十五日丁亥逆推之閏月朔
當得癸酉此云閏月癸巳乃刻記時誤書通鑑目錄
八月癸卯九月壬寅則閏八月不得爲癸巳朔明矣
趙郡王叡神武弟趙郡王琛之子北齊書及北史皆
有傳象造於天保七年以北齊書叡傳攷之是年叡
正爲定州刺史明年即徵赴鄴與後二象皆同時所

造傳云叡襲爵南趙郡公顯祖受禪進封南趙郡王
琛傳亦云封南趙郡公惟琛傳首行與本紀皆書趙
郡王與石刻同蓋琛父子所封實南趙郡不書南省
文耳記中如叡作叡仰作仰別體也至於趙作趙趙
本作趙省文而尚得古意常山貞石志

按石刻叡署趙郡王琛稱南趙郡開國公見後刻
疑初封南趙郡公及進封爲王則係趙郡而非南
趙也沈氏以爲省文恐未確疑叡傳衍一南字耳

造无量壽像記高三尺五分廣二尺二寸五分三十三行行五字字徑四分正書方界格

大齊天保七年歲次丙子閏月癸巳十五日丁亥趙郡

王高叡所爲
亡父魏使持節特進侍中太尉公尚書令都督冀定滄
瀛幽殷并肆雲朔十州諸軍事驃騎大將軍左光祿大
夫開府儀同三司并肆汾大行臺僕射領六州九酋長
大都督知丞相事冀定二州刺史定州六州大都督散
騎常侍御史中尉領領左右駙馬都尉南趙郡開國公
琛
亡母魏女侍中華陽郡長公主元敬造白石无量壽像
一區

右記敘趙王琛所歷之官多與史合惟領左右駙馬

都尉本傳無之而魏書官氏志亦無領左右之名惟孝莊紀及尒朱榮傳云以榮爲使持節侍中都督中外諸軍事大將軍開府兼尚書令領軍將軍領左右太原王又尒朱兆亦曾加是官見兆傳案隋書百官志載北齊制領軍府將軍一人凡禁衛官皆主之又領左右衛領左右等府左右衛府將軍各一人領左右府有領左右將軍從第三品魏志無領左右衛領左右等號又無領左右將軍蓋佛助之疏略矣記中列銜稱領領左右者以領左右府本有一領字琛領其府事故稱領領左右也據隋志所云則領領左右及領左右衛皆領軍常帶之職叡傳有云叡十歲喪母高祖親送至領軍府爲發喪是琛亦曾爲領軍此可補後魏志之缺又琛傳不言其卒於某年叡傳云生三旬而孤又天保二年叡年十七以此計之琛當卒於孝靜天平四年琛歷官皆在魏時而進爵追贈又在造象後故此記猶以琛繫之魏也又記云亡母魏女侍中華陽郡長公主元案北史皇后傳序云高祖改定內官後置女職以典內事有女侍中視二品監北齊書清河王岳傳太昌初母山氏封郡君女侍中入侍皇后后即神武長女也計華陽爲女侍中亦

當在此時又叡傳云生三旬而孤爲神武所愛養於宮中令游孃母之恩同諸子至四歲未常識母其母魏華山公主也又云天統中追贈叡父琛假黃鉞母元氏贈趙郡王妃謚曰貞昭華陽長公主如故案華陽公主後魏書不見北齊書亦不言其某人女惟趙明誠金石錄有北齊華陽公主碑云公主諱秀豔魏孝文帝之孫廣平王懷之女齊郡王叡之母也北史叡列傳前云華山後乃作華陽此刻及北齊書皆止言封華陽蓋北史誤也案今北齊書亦前作華山後作華陽與北史同當係傳寫誤耳廣平王懷後魏書

及北史有傳又趙氏金石錄有後魏范陽王碑碑云王諱誨高祖孝文皇帝之孫太師武穆王之子云云趙氏謂碑云懷謚武穆而傳誤作文穆今據後魏書及北史孝武紀皆作武穆明係本傳之誤又史止言懷進位太保領司徒而范陽王碑稱太師武穆王當是懷薨後所贈之官亦史所不載蓋金石文字之有功史書者如此記中別體字如瀛作瀛丞作烝爲可怪餘多與他刻相類 常山貞石志

造阿閦像記 高三寸七分廣二尺廿行行四字字徑六七分正書方界格

大齊天保七年歲次丙子閏月癸巳十五日丁亥使持

節散騎常侍都督定州諸軍事撫軍將軍儀同三司定州刺史六州大都督趙郡王高叡自為已身并妃鄭及一切有形之類敬造白石阿閦像一區

右記中書叡所歷之官與本傳同北齊書叡本傳云及壯將爲婚娶而貌有戚容世宗謂之曰我爲爾娶鄭述祖女門閥甚高汝何所嫌而精神不樂叡對曰自痛孤遺常深膝下之慕方從婚冠彌用感切言未卒嗚咽不自勝世宗爲之憫黙鄭述祖傳云述祖女爲趙郡王叡妃述祖常坐受王拜命坐王乃坐妃薨後王更娶鄭道蔭女王坐受道蔭拜王命坐乃敢坐王謂道蔭曰鄭尚書風德如此又貴重舊君不得譬之記稱妃鄭當是述祖女如係道蔭女則此記應有並膺亡妃之語蓋述祖傳所言叡再娶事尚在天保七年後耳鄭道蔭北齊書無傳附見後魏書鄭羲傳中蓋羲從兄德元之元孫武定末開府行參軍又記云造阿閦象一區玉篇閦衆也出字統釋典有阿閦法華經云其二沙彌東方作佛一名阿閦在歡喜國唐釋元應明度無極經音義云阿閦文字所無相承乂六切餘經作無怒亦云無動或云無怒覺翻譯名義集諸佛別名篇云阿閦淨名經云有國名妙喜佛

號無動疏云阿之言無閦之言動集韻初六切音珿衆在門中 常山貞石志

正字通阿閦佛名見釋藏梵華嚴經彌陀經東方有阿閦鞞佛音釋云閦初六翻阿閦此云無動鞞一作鞞同文舉要閦與衆同出佛書字或作閦閦段玉裁云皆衆之譌體

尼如静造像記

佛座方七寸八分高三寸四分題字在前左兩側共十九行行四字字徑六七分正書方界格

大齊天保七年歲次丙子閏月癸巳朔廿四日丙申佛弟子比邱尼如静為已師比邱尼始靚須造無量壽佛

聖像一區頗令亡者託生西方妙樂佛國与佛居面覲
諸佛見存者受福無量共成佛道

文云癸巳朔廿四日丙申干支有誤初疑廿四爲
初四之誤及檢通鑑目錄核之乃知酉誤作巳也
是年閏八月八月癸卯朔閏月朔當值癸酉正合
局當即居之變體佛座平面具有字蹟層疊交加
參伍錯綜無可連屬亦有後人妄爲之者

趙郡王高叡修定國寺頌

高二尺二寸廣四尺六寸廿一行行十字
字徑二寸餘正書方界格在靈壽祁林院

□□齊天保八年歲次丁丑四月巳巳朔八日丙子使

持節都督定瀛幽滄安平東燕七州諸軍事撫軍將軍
儀同三司定州刺史六州大都督趙郡王高叡地居兩
獻化擬二南六度是宣十善無滯比邱僧欁業重行高
栖元宅妙同捨異珎違斯靈宇乱脊逌擕寶錦依空有
類飛來無殊湧出當頗福鍾
七廟卜世靡窮　聖主臨馭宏茲萬壽先王道洽群坻
先太妃德崇列闕昊蒼實惠慈陰夙傾思所以仰報
亡靈祚覃遐裹一切六道彼岸咸登金石是鐫傳之不
朽　欁弟胡明達定國寺主慧㬭
□□□□□□□主僧賁

右記中列銜稱使持節都督定瀛幽滄安平東燕七
州諸軍事定州刺史北齊書叡本傳七年詔以本官
都督滄瀛幽安平東燕六州諸軍事滄州刺史記云
七州蓋叡本定州兼督六州故云七州也傳所云滄
州刺史蓋兼領之職故記略之記中如瀛作瀛叡作
叡獻作獻標作欁業作業鐸作鐸裔作裹道作道鐫
作鐫達作達皆字之別體至於昊蒼作昊倉慈蔭作
慈陰古通用字又云乱脊逌擕蓋借脊作脊耳常山貞石
志

高叡北齊書北史皆有傳神武弟琛之子也傳云

封南趙郡而本紀書趙郡琛傳首行亦書趙郡沈
鵷鸕謂不書南者省文耳石在靈壽西北一百十
里祁林山祁林院世尠搨本兒子繼輝甲戌入都
在正定市肆得之院內尚有高叡修寺建塔碑一
千三百餘字又有造像四種皆天保年所刻

高叡定國寺塔銘碑

高五尺二寸廣三尺四分三十八行行六十四字
字徑五分正書方界格額失搨在靈壽祁林院

蓋聞珠林琁室現崐崙之中銀闕金宮跱蓬萊之上居
之□幽登之乃靈逐雨隨風懸殊六通之□黃衣丹椹
□非四□之味況□陽山□之洞有□□大帝之□□

□生半天之山七盧入香煙之岳伏膺道術始學牛毛
枀我法門事均驢乳炎復月光童子戲天台之傍仁祠
浮圖繞嵩高之側行藏圡枀幻化出沒放枀淨土弗□
□□罕遂濡足及枀金臺羅漢遠住東海瓊樹聲聞遥
家西域承風問道此實闢如豈若太元府都化作經行
之境真人府府瓛成息心之地黃河之北忽出育王之
龕蓊□之東別有迦維之國然燈避風之處服藥息務
之所和合戾止有朱山爲其地則上應璇星下分全趙
邑迹靈邱念黑貂之爲珥峯連牛飲吐白陸之滋川重
嶺槩雲□入或凡曲嵋無庭瞻天謂窓晨光東蹵類湯

谷嵤谿暮色西巘椎巇巇咫尺陰氷夏素想逼燭龍陽
木冬青意近火鼠重巖之面有曝布爲至枀春泉初涌
秋水時至蕭櫟圓注擬虹氛而上昇散亂高流岆天河
之懸瀉若乃金花瓊實晱日香風玉酒石膏除飢却老
羊腸九坂馳盤九曲駈龍從肃一見而不歸椌鵠乘鸞
蹔遊而忘返定州之國寺禪師僧嵩身重戒珠心倫堅
石時和人俗不染世塵以其凶處閑虛林幽爽曠香珍
叶佳地之德清静賞仁人之心乃施浄財云為禪室枀
茲廿有餘季矣背兔頭之嶺擁柏堂之谷別房見崎嶇
之岫離館逐倨昂之嶮交藤代幄懸蔦當帷鑿石開塗

披榛畳徑因山結宇無勞一匱之勤即水欒池非求百
姓之力霧集懃宅之侶雲歸無漏之人叵念不斷息心
相繼頭堪孕鳥心成竹虵棌椽茅屋藜羹粟飯七益不
受三淨不食是真苦行是實頭陁鐘韻應霜梵聲傳谷
席音纔振風神散非時之花魚鱗已舉雨伯造清涼之
氣百鳥競鳴學黑蜂之唱無我萬籟爭響寫天樂之娛
法王聞和雅音咸無生忍屬　大齊之馭九有累聖
重規羲軒之流炎昊之輩出東震握北斗擊玉鼓轉金
輪前疑後承左賢右戚數當枀天運名上枀河圖入作
股肱出為蕃屏使持節都督定之幽安平東燕滄瀛諸軍

事撫軍將軍儀同三司定州刺史六州大都督趙郡王
高徵振流姜水氣別大風昔殷周以稷契立功虞漢藉
軒唐之德復脊摠農皇之緒兼尚父之勳光奄宇宙義
高前篆祖同王季彰積德之符孝即劉交協內謀之議
休徵遠降爰誕異人封自東門圭分北柱多能將聖上
稟天知多兼虵珠雀臺擒□□成麟角肅殿論儒辯樂
三雍富河澗之典驂駕四馬高稻櫟之匂吐握思賢安
勞郭隗之榮水鏡知士何有鄒陽之書故今司馬顛遊
囙解武騎邯鄲對見雅伏天人忠以奉公惠旨施□□
神敬鬼織天成地心將冥會非復文家彼知迹出入表

亦豈名言所測劉君德茂弥事謙下馬孚尊寵不以為
榮至夫恒嶺崇高虞巡北岳中山舊國漢号東蕃□蟄
唐侯昔封此邑魏文太子復鎮斯城五匣傍通四關斜
指荊卿易水含燕寒而北流□爾呼滹浮漢氷而南脉
地中天府陶蘇子之言境窪神州具盧□之說海城七
十僅辟閭井雲夢八九甯方藪澤連莞接棟煦氣成虹
柭服靚莊揮汗如雨先公佐吉嘗應斯蕃　皇弟分陝
毐為是牧帝室維翰莫此之尤勵齊中之□□□河內
之擇士遂乃褰襜明視戴冕来遊繡轂朱輪聰清塵於
往迹鳴金繫唱接高風之遺響前後韋氏大小馮君技

德談榮飛天伏地屈其大道亨乎小鮮張瑟調琴裁穀
製錦賤分陰於尺辟子黎庶而蒲蘆始布六條尋能一
詖移風化俗詎待七年去敵勝殘何求百歲政明民訟
虫郭賀之荊州甄屈搜賢鄗山濤之冀部百城順軌四
時感德陰陽隨意綱目如盲甯復二縣不雨方待車行
三郡無堪更令徵黜德既行焉功尒成焉田有饋粮菓
無外援躡飑蛇而尾霈豹窺烏鵲而養鳳鶵□車迄今
初應七祀自人皇出谷分長九州秉栓作技蓋無常限
然梁習臨并止餘十載神爵厲益唯乞一季恐須□階
合載馳綸綍借君請帝向天門而難止臣道興□望雲

車而無極四民所以相告萬里所以先憂尋夫羊公剡
□□□連率梁楚宗令周邵親賢並播樹蘭俱懸日月
未嘗矜萬物觀一已脆同蘆葦空似□蕉縱四毒之□
任五情之馬與夫解所未解度所未度安可以相論哉
我王夙殖善根□□利種以為靈光之殿遠謝微紗之
臺輔歎之衣誠乖精進之鎧故以先覺而癖後覺後火
而助先燈將欲遠持三界盡置十善何直經緯文武粉
澤禮樂唯然而已乎□闡道場攝心迴向隨憘供設爲
福田□因以其寺名粵□□宣尼論至道之時乃有斯
稱軒轅念天師之教且荷今旨淨心所宅豈與同年無

於此伽藍更興靈塔光光流曜比秋月之華遂遂茂出
如白雲之舉銅槃上竦遠承仙露金鐸相鳴遙驚山鬼
又復運藍田之玉採荊山之珍鏤斑變化圖窮相好續
渥不汙用□無染之身夜光遍體因現神通之色於是
竹間精舍樹下講堂光歸伴青鳥之蓮珍華奪白牛之
駕仙靈拖棟或真聖之乘煙雲氣垂莞乱峯巘之觸石
是知無生無□□有鶴林不即不離茲亦鷲嶺道本一
唯勿輕像法之期佛乃无邊何偏王舍之界寺去州城
餘二百里扶桒初曉楊枝始躡塵消氣滅霧卷霞除异
高峯愬都邑朱□紫閣真雲中之化欲來緑樹丹城像

域外之飛將至分明可見巽隴首之望平川拺散高清
踰岱宗之小天下壯哉峻𡾊𡽱夷莊嚴何但名相佛土
頗棃為地法明出世天宮近入齊聖廣淵也如彼菩提
道芽也如此自可生蓮花於离子樊烈火於魔宮屏息
而獲法雲翻足而佚授記甯□延 皇家卜秊之數增
我 后 王佐之功并藤相促城芬將𦾔庶願力護持
羣神肅翼須珍腐敗賤地奠渝元圃飛浮神山恒固今
歲在赤奮時惟青秋陽殖官杏日望月桂斲磨珹玏明
楊鼓鍾縱漢帝種桃屢獲花棗麻姑看海數移陵陸猶
望有𩔗粟山記戊申之歲更同荊峴見望拜之碑無愧

之詞乃為銘曰
即林嘉道歸山長往未極入天猶居塵壤我有福地仝
疑安養閣映珠羅樓懸金網峯高萬刃嶒遠千尋煙雲
出入仙聖登臨谷幽虛嚮松高自吟紫芝咸迦丹桂成
□彼有人焉創茲靈境高窓蔭柏危欄承嶺野曠村稀
巖空人靜草呼風氣池搖月影嘿形端拱凝神邸鑿揺
錫褰衣遨遊林藪思滅毒火求兮良藥遠棄形骸蕭然
寡□厤窮於坎倉精受命陵躙百王懸衡七政洛荷効
祉河文樹聖朝衆水神國多天鏡本枝磐石如珪如璧
龍變成章鵬飛舉翮閤迺髦士庭多揖客高叢盈門清

談滿席燕南趙北奇士爰臻盧河通氣白壤飄塵陰陽
所合風雨攸均軒軒高蓋来慰斯民卬泥作鼓牧羊調
馬德通靈物謡成風雅寬猛春秋愛畏冬夏并州陵段
巽方踰□爰觀六趣尚想三塗香珎匐匐道慕拘盧化
城度嶮抒酪求蘇既離宮觀有類蓬臺百雉攸遠九成
迠邈薄霧輕籠微煙乍聳光風新静瞰暉初麗極目相
望地乘天際平邇南北日轉西東遑遑馳驟抵速入中
地煎熱水天壞灾風頗將此處懸置虛空
大齊天保八秊歲在丁丑□□戊辰十五日壬午刊記

右碑書撰人無攷今碑在祁林山祁林院院一名幽
居寺蓋靈壽古剎也靈壽縣志云祁林山在縣西北
一百十一里北齊趙郡王高叡歷選太行勝槩得朱
山之陽建祁林寺置僧舍二百餘間擇行僧二千餘
衆居之齊亡寺亦荒廢繼盛於元大德間碑云定州
定國寺禪師僧樹以其山處閑虛林幽爽曠乃施淨
財云為禪室於茲廿有餘年據此則寺實創於東魏
天平初及趙郡王刺定州時拓而新之更建靈塔縣
志誤以寺為叡所創造特未見此碑故耳碑自來金
石家所未收末一行有刊碑年月而某月字已剝落

難辨今以碑文證之知磨泐者當係二月二字碑云今歲在赤奮時惟青秖陽殖官杏日望月桂案太陰在丑歲名赤奮若淮南子時則訓云二月官倉其樹杏高誘注云二月興農播穀故官倉也杏有竅在中象陰布散在上故其樹杏碑文官杏句蓋本此北齊書趙郡王叡傳云八年徵叡赴鄴此碑有□車迄今初歷七祀及恐須正階台載馳綸綍四民所以相告萬里所以先憂云云又胡明達等趙郡王修佛寺記立於天保八年四月知徵叡赴鄴事在是年四月以後又碑云有朱山焉其地則上應琁星下分全趙案

畿輔通志云朱山在靈壽縣西北九十里上有寨場一名石疃山太平寰宇記靈壽有石幢山小而峻三面峭絕唯南面稍可躋陟一名五岳山又名五臺山有五峯在縣西北有袈裟水出焉琁星爲北斗之第二星周禮保章氏疏引春秋文耀鉤云太行以東至碣石王屋砥柱冀州屬樞星開元占經石氏中官占引作璇星五行大義論七政亦引璇星爲冀州則知周禮疏作樞星者誤靈壽在正定府治西北在禹貢冀州域爲太行山之東碑文云云正用緯說又碑云邑迩靈邱念黑貂之爲珥峯連牛飲吐白陸之滋川

今山西大同府有靈邱縣在府治東南與靈壽西北境接壤漢書地理志代郡有靈邱縣應劭曰武靈王葬此因氏焉臣瓚曰靈邱之號在趙武靈王之前蓋即此地又地理志云常山郡南行唐牛飲山白陸谷滋水所出東至新市入虖沱水案白陸谷說文水部作白陘谷許書水地俱本班志則白陸當作白陘漢書陸字乃傳寫之誤（祥案或是說文傳寫之誤故碑亦作白陸也）今者踵習沿譌不可究詰矣牛飲山白陸谷皆在今行唐縣碑云背兔頭之嶺案兔頭嶺府縣志無惟寰宇記於靈壽縣下有云牛飲山兔臺岡在邑界又五陘傍通

四關斜指元和郡縣志獲鹿縣有井陘口今名土門口縣西南十里即太行八陘之第五陘也四面高中央下似井故名則五陘即井陘四關之名無可確據今案水經滱水注云滱水東逕倒馬關二山險隘是爲深峭又云滱水又東流歷山（祥案宋本山字上有鴻字）世謂是處爲鴻頭疑即晉書地道記所謂鴻上關者也又云滱水又東逕左入城南城內有小山在城西倒水鋭上若委粟焉疑即地道記所云望都縣有委粟關也又云滱水又東右苞馬溺水出上曲陽城東北馬溺水東北流逕伏亭晉書地道記曰望都縣有馬溺關

劉昭郡國志注引作馬安關中山記曰八渡馬嶺是山曲要害之地一一關勢帶接又云蒲水又南逕安陽亭東晉書地道記曰蒲陰縣有安陽關又唐書地理志云獲鹿有井陘關一曰土門關元和郡縣志八度故關定州唐縣西北二十里寰宇記云有水屈曲八渡流水之上置關蓋漢成也凡此諸關皆與靈壽相近不知碑之所云以何四者當之鴻上關寰宇記引九州要記作鴻山關蓋字形相近而誤據水經注鴻上倒馬地非一處方輿紀要以鴻上爲即倒馬誤矣碑云入作股貼貼廣韻同股此借作肱字用又烋徽遠降以烋

爲休亨乎小鮮亨即烹字又云始布六條尋能一諏似爲變字之假又去殺勝殘作去敵勝殘漢孫叔敖碑陰宗黨爲賊寇所敹隸釋云敹即殺字碑作敹其文又徽變神鬲即种暠後漢書本傳吏民請留一年乃鬲刺梁州事此云處益微誤廣韻种或作沖稚也荀子神禪其詞注云即沖澹也是神种沖三字通用矣陵躪百王躪玉篇同躪見曲禮注蓋蹂躪正字別作躪見漢書王商傳其他別體甚多難以枚舉常山貞石志

高叡修定國寺已作頌記之此因添建靈塔復作序銘立碑以紀其事也碑文駢麗書法遒健全是綵意碑後月日存戊辰十五日壬午字以通鑑目錄證之所缺者六月二字言戊辰不言朔者省文耳常山貞石志以爲二月者非前刻紀四月已巳朔與通鑑目錄合則二月不得值戊辰朔明矣文云時惟青秪陽殖官杳當是始工之日非立碑之日也碑文見常山貞石志今補其闕者九字正其訛者四字胎即肱字變厶爲口非從古旁沈氏謂即廣韻之貼殆非空似□蕉沈氏作空似弗□以余審之蕉字可辨蕉上殘泐決非弗字無疑碑多

別體瀑布作曝蕭條作橷崎嶇作蚯一簣作匱河間作澗稻粱作稞隨暮作檣萬仞作刃脊萄作匍匐太卒同音假借可供好奇者之詞藻至微妙作紗蓋本作紗因誤从糸須弥作珎誤从玉以東爲東以勾爲句讀之句則繆戾矣餘不悉述

龍門山造象九段在洛陽

造釋迦像殘刻高存九寸廣二寸五分三行行字不計字徑七分正書

天保八年十一月十
造釋迦像一軀願法界衆
覺

天保八年當梁太平二年魏恭帝四年陳永定元
年周孝愍帝元年九月後爲周世宗明帝元年是
年梁魏皆已陳齊代之

比邱法暈題記 高三寸五分廣一尺八分十行行字不一字徑七八分正書

天統二年歲次丙戌十月廿日比邱法暈爲師僧父母
造釋迦像一堰願法界衆生同莪菩提无㝵匹覺

无㝵二字不知何字之俗譌上一字劉氏録作共
下一字余疑聞字之俗

比邱曇山合邑等題記 高四寸二分廣六寸七分存八行行五字字徑五分下列人姓名存二行正書

武平三年九
月十二日比 □ □邑子皇甫□
邱曇山合邑 邑□ 道邑子孫長山
等敬造石像
一區㑹為皇
帝陛下国祚
安甯師僧七
世所生父母

所字旁添注一世字不知何故父字已缺據劉氏
補弟四行下方有程黑退妻甘元暉偁象題字刖
錄之

趙桃科妻劉題記 武平三年十二月十八日 萃編載卷三十四

趙桃秎 缺秎字

右趙桃□妻造像記在洛陽縣說文㚢古文妻从肖
女肖古文貴字司馬景和妻墓誌銘作㛊此作㛊皆
㚢字之別結銜稱戎昭將軍伊陽城騎兵參軍魏書
地形志伊陽郡屬北荊州此稱伊陽城者其時郡已
廢也騎兵參軍亦府屬官 平津讀碑記

𦕋舍合邑廿二人題記 高一尺二寸廣八寸十一行行字不一字徑五分正書

武平六季三月□日𦕋舍合邑廿二人等敬
造石像一堰又化七世父母曰緣眷屬法
界衆生同發菩提普父政覺 比邱僧慶
比邱邑師僧寶 邑中正𦕋舍 邑子陳樹
邑子朱養伯 邑子李豊和 邑子鬻欄
邑子周義和 邑子藾舍和 邑子董副族
邑子張顯和 邑子李磚 邑子□□珎
邑子潘子路 邑子鬻俙 邑子□德国
邑子趙羅侯 邑子車寶嚴 邑子胡秀仁
邑子王道寶 邑子趙永 邑子王里仁
邑子王玉 邑子□□□

文用作聞同音假借吳氏錄作終非正作政古通
石有缺損吳劉兩家所錄均尚完善其所見本搨
於未缺時也據以補注於旁胡秀王里仁五字劉
氏亦未之見搨本之不同如是
道興題記并治疾方武平六年六月朔萃編載卷三十五
甲申玥功記玥誤日記誤訖去滓煎擣□丸缺擣字生薑半升缺生
薑杏人□□□升少空二格上光□間□隨年壯□少空三格又方
古屋上凡村碎脫又方二字凡即瓦誤作丮村作打正尖頭隨年壯尖誤大隨
作隋多聚生蚕埳脫多字瘡反花瘡方脫方字置臼口中取熱
糖灰一升拔之以被刺處內大口中燻之勿令著酢即以

衣擁口勿使氣泄脫㕣至擁廿九字以綿濾頓服濾誤攄又灸齊
下一寸齊作臍取方寸匕候發日缺寸匕二字候下多乙字當鼻下取
氣脫下字俱起各□缺各字此下多空一格後兩行同隨年壯缺壯字又方
在療反胃方之右缺日冊以羌為皮頁缺良字婦人發乳缺婦入頊服
覆取汗驗缺取汗療惡疰入缺入字如來大來作渫誤虵蝎蜇塗
蜇作□□方紫缺方字合和頓服缺合和□鹽□□□□□唾
水缺鹽字皂莢三挺□去□□□□□漬一缺去字小指端
七壯七誤十細辛鐵生并鐵作鐵并缺并字著立驗著誤差□□上
驗療腹滿缺上驗療三字熱者以瓮□□近下鑽瓮即瓮誤鼠并缺近
字火草一□□擣□水和缺擣豆一斗水一石缺豆字并以小注一斗錄
作大字取小豆一石缺豆穊□□水□□煮一缺水一二字□服
頁□大便不缺服頁大二字并誤便爲使內下部中灌立下羊內作
納羊誤年一枝□□蘘內下部缺小注一枝二字去尖內小行孔中
缺尖二字小內小□孔□□□□□□麝□□著齊中缺孔麝二
字三服□□□兩足缺小注三服二字鹽一匙亦得鹽作鹽缺小注亦得
二字卒霍亂心缺心煩歐熱者者誤時及入腹□耳雞缺耳雞
水六□□三沸缺六可五□即以缺以心下□□□□壯又方
木瓜子缺心下壯瓜四字三指撮酒服酒誤頓又方□□□□□
□□□□□□末□□服并良又白利麻子汁煮菉豆
空腹飽服又方赤石脂五兩干薑三兩擣末飲服三方寸匕

日冊并良又脫末下四十一字蜜一匙頓□□□□□□□□服
至良又方黃連缺服至良三字并誤以又方黃連至酒三三十七字系於擣車前草之上□支
子八二兩切子誤李并缺二兩二字去滓頓□滓誤痒并缺頓字又蘗利□
□□□□□□□□方葵問皮□灰和水服□□療魚
骨鯁方缺方葵問皮療魚六字并誤以灰和水服至歐嗽方三十四字系於一升去滓之上五兩
切以水□升煮缺五兩二字頓服時□□□□□□□□□
□方白羊乳一升服良又卒吐逆灸乳下一寸□壯療顛狂方
缺時羊乳升良又卒吐灸下一寸壯十三字又誤白爲日并誤以方白羊乳至灸三十七字系於五兩切以水
□升煮之上噎方蜜□生薑□□□合微火煎五六沸取一匙
內酒中缺蜜生薑合微火煎五六沸一匙十二字生薑□皮湯服又方□尾

雜尾□白全缺
療癖方大黃十兩擣末酢
堪丸丸如梧子一服卅
五十壯 又近心勞三肋端灸 三行失載
如錫 白蜜兩匙煎
為度又方灸季肋端
灸兩邊 腳點
療失音不語方取 乳醬汁等
分服 又方青方破如
烏豆二升 水八升 煑合

助去澤取汁灌 不開以竹
灌鼻又方桂人髮灰等
裏含咽汁並良 療波
出不止方取大
四即斷斷後擣
驢犨炮 並斷
不隨方 麹末
氈 盛 沓上 失載此段據劉氏補
金石萃編謂耀州石刻孫真人千金方存字闕文與
此悉同頤煊嘗取明隆慶六年耀州所刻千金寶要
石本并孫真人千金方刻本校之與此方無一同者
不知少冦何以有此語唯療霍亂用蝸方療心痛用
生油方療上氣咳嗽用桑白皮吳茱萸方療卒狂言
鬼語用甑帶方葛洪肘後方有之此所刻疑即葛氏
本也平津讀碑記
萃編載此前有都邑師道興造石像記并治疾方
十三字石本無之蓋收弆時所標題傳寫者誤以
爲原石而校書者不加察也末一段據劉氏錄入
余所見僅前四行之末五字而自季肋端腳點六
字則劉氏所闕者殆搨本之不顯邪助去澤助疑

肋之誤澤當是滓之誤裏含咽汁裏疑褁之誤驢
犨炮炮當是炰之誤療波波字亦疑有誤憾不得
搨本一勘之

遊達摩等題名 高一尺二寸廣一尺一寸下方題名五行左方年月一行字徑寸餘正書

□侍佛
遊達摩
時伽
皇甫□□
晁普賢
孫夔虒
武平六年十月十一日造

比邱惠鑒題記高四寸四分廣一寸六分三行行字不齊字徑五分正書

比邱惠鑒造像一區願病患除減身□願□一切衆生

□缺

劉氏所錄此刻之前有觀世音像一區六字後有比邱僧□明造石像一段又別有比邱惠鑒造无受佛一行在武平六年游達摩造像之左當即此惠鑒也余均未見

比邱寶演題字高一尺二寸五分廣一寸五分一行十六字字徑八分許正書

比邱寶演為己妹造無量佛一堀供養亻

此刻與天保八年殘造象筆意出一手

程黒退題記高六寸廣三寸五分四行行字不一字徑六分行書

佛弟子程黒退妻甘元暉為己息程石生脩治破象己息程子禾己息程子㑀

右刻在武平三年曇山造象之下方左偏脩即脩字

八瓊室金石補正卷二十終

八瓊室金石補正卷二十一

太倉陸增祥撰　男　繼煇校錄

吳興劉承幹覆校

北齊二

僧靜明等脩塔造象碑并兩側

高三尺七寸廣二尺六寸五分記廿九行行十字字徑五分方界格下方題名七列列卅餘行行字不一側厚三寸題名各五列正書在登封

葢元宗凝湛至道沖曠既幽且遠似滅如存雖復天祗地遊不究空家之境日住月来詎盡微妙之域至於出入𡇒生迴還六道无不顧己愛身視陰昔日習惠莫之留神力不能保而大慈應世法輪既轉群生於是迴向庶類所以歸依智禪師弟子靜明知生生之非有覺滅滅之為空思運已於法舩欲濯心於正水以大齊天保八年歲次丁丑十一月廿九日勸化邑義等脩孫豈上故塔并石象一區嵩山帶其左神堆俠其右南望脩嶺北眺長河擢茲勝地建此良因於是名僧慕義上德依仁庶以此福普及群生使國祚大康世業永固合邑諸人俱昇寶舟同濟彼岸年往如流時事烏屬唯刊与石永為不朽　其詞曰

神宗無𣚦空家難元唯見生滅交互相𥿍仁師遠識建

此良囙東西勸化邑義同津循營故塔宛麗初新寶舟
共汎捨僞歸真
雄郝焦外
邑子垣周　邑子郭仲興　大雄郝楊昕
邑子垣世　邑子郭藥興　邑子梁胡仁
邑子垣豫珎　雄郝郭景安　雄郝梁買奴
雄郝垣叢業　邑子郭子嵩　邑子辛景𨓜
邑子垣雙鸞　邑子郭世樹　邑子梁雀
邑子垣景和　邑子樂　隆　邑子梁莫略
邑子垣世遵　邑子尨智樹　邑子楊僧蔄

邑子垣懿　雄郝王明太　邑子梁移都
邑子垣景翼　邑子劉回周　邑子尹田集
邑子垣景淵　邑子輔要顯　邑子梁和宗
邑子垣伭伽　邑子田雄儁　邑子梁思慶
邑子垣袍大　邑子傅　奴　邑子㢢子栝
邑子垣子嵩　邑子王　元　邑子楊　荒
邑子垣子安　邑子郭　豊　邑子㢢　藤
邑子皇甫子翼　邑子張遵和　邑子程　買
邑子垣景崇　邑子仇顯敬　邑子梁仲達
邑子垣珍之　邑子張天祑　邑子梁紇陁

邑子垣清雀　邑子尹惠万　邑子范元倘
邑子垣貴和　邑子劉係佰　邑子梁伯龔
邑子張嚴珎　邑子樂飢生　邑子郭㢢仁
邑子程黑奴　邑子樂始洛　邑子尹元滕
邑子垣春長　邑子楊顯宗　邑子梁遵岂
邑子垣秋生　邑子王洪達　邑子楊長歎
清信衛阿姜　邑子趙纫𩓐　清信梁阿好
清信程思兒　邑子王長嵩　清信宋崴姬
清信程顯姿　邑子梁市顯　清信宋景姬
清信李清娕　邑子李子歠　清信寇義姬

清信郭醜光　邑子姜敬賢　清信垣阿貴
清信王明妃　邑子郭買　清信梁客
清信張明月　邑子田德　清信梁獨憐
清信王绿葉　邑子上官猛略　清信張令容
清信李䖃　邑子孫遵　清信張㢢女
右弟一列　右弟二列　右弟三列
邑子梁祖業　邑子楊紹邑子楊纫𪁉
邑子梁遺興　邑子尹榮珎
邑子梁遵𪁂　邑子嚴伏
雄郝梁思達　邑子尹神龍　雄郝吉璜頭

雄郁梁　廣　邑子郭巖遵　邑子楊迴興
邑子梁仲孫　邑子陳太㬎　邑子吉清仁
邑子鮑元海　邑子石永興　邑子吉元可
邑子姜仲傍　邑子楊幼儒　邑子吉元革
邑子楊廣珎　邑子江方䞘　邑子白
邑子張萇洛　邑子鮑長春　邑子左永康
邑子趙景達　邑主韋廣明　邑子楊韬
邑子鮑元傍　邑子梁庯　邑子張振達
邑子李万洛　邑子梁奉恩　邑子張世珎
邑子鮑子洪　邑子梁盛　邑子鮑龍

邑子趙苟仁　邑子梁慶恩　邑子姜䊹容
邑子陳買歡　邑子梁樹　邑子姜石庯
邑子庯景傍　邑子梁肩　邑子姜庯頭
邑子楊仲祉　邑子梁進　邑子垣始儁
邑子鮑買　邑子梁鐵庯　邑子垣嵩寶
邑子王嵩𢍰　邑子王曇和　邑子垣羅漢
邑子鮑士達　邑子表寶　邑子垣沙弥
邑子鮑　先　邑子垣奴　邑子垣太
邑子梁　磚　邑子垣明拓　邑子垣小俁
邑子李石奴　邑子垣榮貴　邑子垣師子

邑子姜士忩　雄郁趙方成　邑子垣杲獲
邑子鮑侯羅　邑子趙慶達　邑子羊僧安
清信姜漢女　邑子趙焰業　邑子羊貴宗
清信張令暈　邑子趙俱羅　邑子垣略
清信韋業顏　邑子趙野虫　邑子垣小奴
清信温元容　邑子田永達　邑子垣榮世
清信梁先妃　邑子崔胡子　邑子垣永安
清□馮暵璝　邑子支昕茂　邑子垣長昕
右弟四列　右弟五列　右弟六列
邑子楊長珍

邑子郭仲景邑子姜庯
邑子姜元
邑子尹豊洛邑子王宜弟
邑子郭盆生
邑子張巖和
邑子楊加奴
邑子楊䄆寶
邑子陽清和
邑子楊法良
邑子梁仲和

邑子梁仲達
邑子尹瞲茂
邑子趙朋遠 後空一行
邑子梁醜奴
邑子秦寶達
邑子傅轉興
邑子孫永貴
邑子程洪敬 後空一行
邑子垣子信 後空四行
邑子尹懷德

邑子梁琳
邑子梁長儁
邑子尹景季
右弟七列
比丘尼智朗　比丘尼僧照　比丘尼道香
比丘尼僧和　比丘尼惠通　比丘尼道希
比丘尼靜淵　比丘尼光輝　比丘尼惠要
右右側上三列
比丘尼惠壽　天宮主龍相府仕曹叅
比丘尼惠寶　軍洛州陽城令青州樂安郡

太守梁胡仁妻韋五光等缺
右右側下二列
比丘僧法𤻱　比丘僧僧岳　清信女梁乞妃
比丘僧僧論　比丘僧景略
比丘僧道案　比丘僧龜略
右左側上三列
都邑主楊幼蘭
比丘僧法遷　都維那梁楷
比丘僧僧虔　邑忠正垣雙鸞
比丘僧僧暢　都齋主梁歲卌四仁等

右左側下二行
碑多別體往作住變亻從人字義相反矣視陰昔日昔蓋惜之省神堆俠其右俠乃挾之通借北眺蕞河蕞爲長之古通𣏾疑即短郭榮興榮字初刻作仲改刻作榮當是榮字或以爲葉者非㞦即岳歎即歆賢即賢餘俱恆見大都隨意增減習俗使然碑側有龍相府字相疑驤之音誤卌四仁等人作仁古通邑忠正佗處多作中正中忠古通

劉碑造象銘 天保八年在登封 萃編載卷三十三未錄下截
歲在丁丑天亻下缺

大邑師惠獻邑師僧□□□□□邑子□□□□□□□
□欽邑山邢□兒 □子孟亥鵄 右前二行
大邑師僧和 唯那陽顯明 唯那曹元康 唯那戴□樹
都邑主劉始興 邑子劉伏 邑子戴和 邑子戴□尒
都邑主戴恭 邑子劉万 邑子戴禮 邑子杜遺
都邑主劉方興 邑子戴顯 邑子戴養 邑子陽僕伯
都唯那劉叵當 邑子趙德 邑子韓族 邑子陽貴畧
都唯那劉貴宗 邑子郭虎 邑子劉道 邑子陽貴達
都唯那戴桃扶 邑子戴黑 邑子劉歡 邑子姚和洛
唯那劉元早 邑子劉小慶 邑子解因 邑子曹始

唯那成莫問 邑子戴副族 邑子陽買德 邑子曹虎
唯那司馬宏之 邑子劉衆愛 邑子陽司周 邑子曹乞伏
唯那陳龍引 邑子劉永進 邑子陳羔女 邑子曹佳生
唯那曹舍 邑子戴方伯 邑子陳禡伯 邑子曹懷業
唯那陽買 邑子成悳奴 邑子陽伯生 邑子曹光先
唯那左女生 邑子戴永儁 邑子陽欽 邑子曹豐
唯那陽樹生 邑子李義和 邑子陽子元 邑子曹外
唯那陳毛 邑子戴紫雲 邑子陽領孫 邑子曹顯
唯那陽延儁 邑子張托鵄 邑子陽貴買 邑子曹伏生
唯那曹伏頒 邑子劉閏臺 邑子郭智 邑子曹黑

唯那曹多侯 邑子劉清早 邑子郭惠照 邑子曹族
唯那陽寒生 邑子陽元同 邑子馬族勝 邑子曹伏奴
唯那孫明達 邑子張元緒 邑子王始進 邑子桓延穆
香火杜市和 邑子王羅雲 邑子趙醜煎 邑子陳小妃
清淨戴始王 邑子張始興 邑子陳伏奴 邑子陳臺儁
中正成宏之周 邑子劉僧智 邑子陳榮族 邑子馬蘭族
中正戴曇先 邑子劉羿胡 邑子陳進 邑子曹桃扶
邑子劉客生 邑子劉義俱 邑子曹念 邑子張清尒
邑子劉舍能 邑子趙譽 邑子曹族樹 邑子王迴
邑子戴迴勝 邑子王慶雲 邑子曹還臺 邑子王景通

邑子陳盆生 邑子王雙桃 邑子曹伏佳 邑子王琢
邑子戴顯智 邑子陳進興 邑子曹宏之香 邑子司馬楚
邑子曹暎世 邑子張儁 邑子曹雙進 邑子司馬龜
邑子劉拔何 邑子趙達 邑子徐頒 邑子司馬祖
邑子劉桃棒 邑子趙洛勝 邑子魯貴 邑子陽顯和
邑子劉佤蠻 邑子李銀勝 邑子徐兔 邑子李伏會
邑子劉寒生 邑子朱要男 邑子徐雅 邑子陽舍奴
邑子劉小充 邑子趙女休 邑子焦興安 邑子陽迴儁
邑子劉貴洛 邑子戴僧英 邑子李摩生 邑子馮顯貴
邑子劉廣尒 邑子趙女好 邑子許轉洛 邑子陽和尒

邑子張顯慶 邑子陳道英 邑子許敬洛 邑子廗買王
邑子劉明熾 邑子張雙勝 邑子許肆洛 邑子尤慶和
邑子劉蠶德 邑子趙妙勝 邑子陽曇文 邑子尤僧
邑子劉方閏 邑子陽郭女 邑子陽伏愛 邑子左遵業
邑子劉方洛 邑子孫貴女 邑子楊男英 邑子許劉貴
邑子曺郭買 邑子吳醜女 邑子田桃姬 邑子陳雅
邑子戴惠珎 邑子譚勝好 邑子趙歸香 邑子郭洙保
邑子戴社領 邑子戴賢妃 邑子歐陽恩 邑子陽和姜
邑子劉來生 邑子盧蠻王 邑子歐陽興 邑子王男妃
邑子劉薩保 邑子劉銀姬 邑子歐陽寗 邑子司馬都

以上上四列

唯那李兒奴 唯□□蠶蓀 唯那郭景和
邑子戴倉顯 邑子孫𠁅□ □那劉老宗
邑子戴景晷 邑子韓思明 唯那陽清奴
邑子程惠尔 邑子張洪顯 唯那王詳運
邑子王太興 邑子戴景賓 唯那曺社愛
邑子李清和 邑子劉景愼 唯那陽子高
邑子戴善王 邑子孫兒奴 唯那王元宗
邑子劉子穆 邑子李先格 唯那陽遵業
邑子曺乇周 邑子李娥奴 維那戴顯賓

邑子曺敬遠 邑子戴僧利 □子劉□寬
邑子趙法義 邑子郭客奴 □子戴買德
邑子曺貴 邑子劉小寶 邑□劉苟子
邑子常珎 邑子劉景遊 邑子戴子□
邑子曺珎 邑子劉羅漢 邑子戴笛□
邑子苗毛 邑子劉君儀 邑子戴里兒
邑子王憘 邑子張妙暉 邑子樂妃
邑子曺馬生 邑子劉歸香 □子陳□
邑子曺石 邑子劉崑崙 邑子王□
邑子曺飄覺 邑子劉阿喙 邑子戴清

邑子曺敬賓 邑子劉期谷 邑子王摩女
邑子曺騙尔 邑子劉邕兒 邑子張好荊
邑子曺世貴 邑子馬鬼璋 邑子陳次男
邑子曺市奴 邑子馬阿似 邑子王黑眼
邑子曺方貴 邑子馬天生 邑子劉光陵
邑子曺僧保 邑子馬阿社 邑子曺敬賓
邑子曺世珎 邑子曺郭買 邑子曺先貴
邑子曺黑 邑子曺繼牀 邑子曺敬賢
邑子曺明儁 邑子曺阿德 邑子曺子達
邑子陽清奴 邑子曺市貴 邑子曺貴和

邑子郭始進　邑子曺承先　邑子曺国子
邑子王法安　邑子曺无字　邑子曺菹渕
邑子□顯智　邑子曺景嵩　邑子曺零頳
邑子介元海　邑子曺道延　邑子陽伏保
邑子杜曇保　邑子曺榮興　邑子王仲偘
邑子王伏興　邑子曺廣興　邑子王楞伽
邑子王慶　邑子郭嵩　邑子王苊萘
邑子李賓　邑子曺紇陁　邑子王輔和
邑子曲莢業　邑子曺石珎　邑子王綌興
邑子劉清奴　邑子曺寶延　邑子姚子邕

邑子□□　邑子□馬舍□　邑子陳遵
邑子□□達　邑□□子穆　邑子劉獨連
邑子謝玉儁　邑子□貴敬　邑子裴阿媚
邑子□進□　□□□子渕　邑子趙元思
邑□□禄　□子陽煞鬼　邑子□□
邑子戴白奴　邑子陽滂多
邑子李思儀　邑子陽陁羅　邑子劉摩女
邑子王僧景　邑子孫延暢　邑子姚胡体
邑子王林坊　邑子姚伯龍　邑子王□□
以上下三列

碑在登封萃編以爲洛陽者誤說嵩謂刻劃佛象無佛處鐫諸人姓名俱劉氏名令未之見亦無豫州刺史字疑碑尙有陰也碑書豊禮作豐禮𠠲作劖楚作𦾔龜作龜蠶作蚕德作徳億作億貴作貴繼作繼預作頳漫作滂餘俱恆見托即茌字見集韻本作硯傾即順字廗見魏志宕國昌傳水名亦見玉篇集韻邪也當是以水得姓者而氏族書不載或即席之俗邴疑即邢字

延和造象記

刻右側及座背高一寸五分廣側二寸四行背一寸八分二行行四字五字字徑四分正書

天保九年正月六日息延和為□父母造玉□一區侍佛時

宋敬業等造塔頌

高一尺五寸五分廣三尺四寸中間頌十八行行十八字字徑五六分方界格右方題名存二字正書

曦晷暑速三曜不停春還秋往陰陽□遷有始將終有生必滅雖无上大覺幹宿常湛故使人知覆護勿識飯依是乃佛弟子　宋敬業崔景寶郭小德張鵲子等洞識吾空渕知八解兼識財稱兮聚身名假合見蘆葦之空虛知芭蕉之匪實何以逢除摩彰輕板究明方欲寄煎三毒之苦礼入解脫之門因茲勝地建无上之功

大齊天保九年歲次戊寅三月甲午朔六日癸亥仰為
廣固南寺大衆等敬造寶塔一礎万刃名山峭崢峙其
北清渕渌池遥流梪其前神仙之宫詎得方其嚴竭出
鑽天可以比其嵊乘斯福□仰資七世儭入閑門龍登
枌會板潤現存超□□位　帝祚長延法界蒙澤咎不
刋石流芳□□易滅其頌𢍰
□灼法炬晃朗慧日悟彼迷徒出兹闇室門稱不二義
雖歸一位登无上衆緣周畢麗同玉室□似銀宫彫璣
漏日鐸響花風將如地踊若現空中恃斯勝善同頣麗
冲

法師像在碑右旁

右造象未詳所在通鑑目錄是年二月甲子朔此題三月甲午朔正合六日值己亥碑誤書為癸亥名山山字添注於旁碑多別體𧏙即望勿識舨𢓜疑以勿為物聚即聚彰即障之音借礎即區之音借乘即乘晃即晃慧日誤書慧目徒即塗之音借花乃花之小變即從字履即履之小變虗即虛惟万仞作刃為近古餘不悉述

房紹興造像記

高三寸廣八寸五分九行行五字字徑六分正書直界格在靈壽祁林院

大齊天保十年四月八日趙郡王國常侍房紹興敬造
弥勒像二區上為皇帝趙郡□師儹父母合識有形同
昇彼坼

右象主房紹興之名後魏書房法壽傳北齊書房豹傳俱不見北史亦無侍即侍字北朝碑從亻者率從彳隋書百官志載齊制皇子王國置常侍一人常山貞石志合即合字合識常山志誤作合諸坼作岸亦非

比邱僧邑義等造像殘碑

兩石各高二尺七寸廣一尺四寸五分第一石十二行行存廿四字正書字徑一寸第二石行字大小不等正書

乹明元年歲次庚辰七月庚戌朔十五日甲子比邱僧
邑義缺下鄉有名自然無始物生在中咸歸彫洛天長地
久終致消滅□缺下飄燭危脆若此其能久乎自不投庇
三寶歸誠十号□以顯□缺下元宗迴心淨境何惜有為
之物徒事無常之用遂磬般王木□缺下長講恒無有闕
仰為　皇帝中宫內外使君守令衆寮下及三缺下□之
遶北對城雉連峮帶其南高樹藂其側狀若康莊之要
顯□缺下兹悟道昔聚沙微善尚稱讚不已獻樹小因猶
世傳其德況乃缺下曰

皃率物道易成注時七覺癸會千靈强缘式覩弱果虛
領匪仁下缺法雨遍注地溺苦海救危嶮㕓始蔫三乘□
歸雙樹　扣言有下缺□□非憑顛力㝢濟昬沉　甘棠
小善猶□見思況此靈真□下缺上弟一石以
上缺□冠軍将□缺約二字□□□史□泐下缺
上缺□偏將軍瑯瑯郡丞□思□泐下缺
上缺□□西□勲□前□西都散龍徧□□下缺泐此行字較小
上空都邑主□僧□泐下
上泐□□□□事□□□□□□伯王及□下泐此行字較小
上空比邱僧□□泐下
上泐□□律□□□□龍下泐此後兩行不可辨
上泐全道□下缺
上泐金寶□下缺此後約尚有兩行無一字可辨

右乾明殘碑未詳所在玩其語意似亦造象記之類筆法猶見隸意碑中別體字不少如落作洛之類據補訪碑錄石出蘭山近藏伏氏

尼慧承等造像記

高六寸廣二尺文十五行行六字題名七行字徑六分許正書方界格

□□齊乾明元□□歲在庚辰八月亲巳朔廿五日比邱尼慧承比邱尼靜遊□迎訇義姜率領諸邑同建洪業□敬造弥勒像一區上為皇帝陛下群臣宰守諸師父母含生之類願使電轉㝢昬三空現□法界共俏菩□正覺

邑義主比邱尼□究　邑義主比邱尼僧炎　白衣大
像主張荀生兄弟等　邑義樊興　□主宋伏香　缺
由　像□徐明弁

右尼慧承等造像記疑在益都雲門山山左金石志未載辛作亲洪作共陛作陸皆別體訇疑即聶字高殷乾明元年即昭帝皇建元年是年八月改元皇建此刻在八月廿五日猶稱乾明或改元之詔尚未行徧也通鑑目錄是年月朔七庚戌九己酉此題八月辛巳朔則七八兩月皆小盡矣

鏤石班經記

高二尺廣七尺記十五行行七字徑四十二行行五字至四十字不等字徑一寸六分分書在安陽善應村洹水北崖

大齊天保元季靈山寺僧方法師故雲陽公子林等率諸邑人刊此巖窟髣像真容至六季中國師大德稠禪師重瑩脩成相好斯備方欲刊記金言光流末季但運感將移暨乾明元年歲次庚辰於雲門帝寺奄從遷化衆等仰惟先師依准觀法遂鏤石班經傳之不朽

華嚴經偈讚 第一行五字二至九行七字十行十一字十二行十二字十三行五字十六十七行十四字

大般涅槃經聖行品 經廿七行行四十字末行七字

右記載北齊鑿窟造像之始起天保元年靈山寺僧方法師故雲陽公子林等又云至六年中國師大德稠禪師重瑩脩成相好斯備攷後唐重脩古定晉禪院千佛邑碑引集異記云魏時有大業僧凭戶巖邊有大稠樹木堅枝密其僧將法衣往樹欲掛其間忽爾開而集之儼然掩合神力彌縫乃婚媾於二子後之人因號稠禪師之寺焉即此碑稱中國師大德者

也稠禪師生地即近於此其講法又多在鄴故鐫經之迹皆其遺矣此記磨厓刻書最雄秀武億安陽金石志

據文方法師等造石像稠禪師修之至乾明元年衆等述稠禪師之志乃鏤石班經而記以文焉安陽志題云方法師鏤石班經記非是

鄉老舉孝義雋敬碑并維摩經刻

連額高三尺六寸廣一尺七寸一面經刻十一行行廿三字方界格字徑一寸餘一面記十七行行廿一二字下截題名四列亦十七行凡六十五人字並徑七分額題大齊鄉老舉孝義雋脩羅之碑十二字均正書在泗水

維摩經見阿閦佛品第十二

經文不錄

維皇肇祚大齊受命引軒轅之高□紹唐虞之遐統應孝義以政物揚人風以布則於是緝熙前緒與顯上世雋敬字脩羅鑽玉襄安食菜勃海前漢帝臣雋不疑公之遠孫九世祖朗遷官於魯遂住洙源幼傾乾蔭唯母偏居蕩色承顏董生未必過其行守信志忠棖杼豈能著其心捨田立寺願在菩提醱味養僧纓絡匪懈救濟飢寒傾靈等意少行忠孝長在仁倫可欽可羡莫復是過蓋聞詮賢舉德古今通尚應秀彝才錐囊自現余等鄉老壹伯餘人目睹其事寧容嘿爲□刊石立樓以彰

孝義非但樹名今世亦勸後生義夫節婦 詔令所行

其辭曰

烝烝易色兔兔承顏孝同曾閔侍比丁蘭侍如㮰髮接苔吐飡醱味救飢解渴濟寒被幽燂古奉敬如來割已施造傾力捨財終終之念其性可哀鐫石壹朝千代美哉流芳万古逸絕當今庶勸將来誰不竭心忠孝之外任世浮沉絕筆刊功志畢松林朱陽再現相訖南金訪石鏤文求保余心懸宗殯轉放筆留音

皇建元年歲次庚辰十二月戊寅朔廿日丁酉訖功

鄭勉孔□孫瞰鬼陳□顯
趙国□褚滕晃□□達
褚楈明陳太□雋進可劉當世
陳道朗陳大□雋熾龍
褚榮祖沈昨郎雋金保
周榮祖雋文度雋力仕彭群□
沈伯周雋竹龍雋方𢦏苗景集
沈胜生雋文居□□歸彭景達
華方達雋衆□陳桃生雋畢虎
趙安福雋識安褚識龍陳景柞

趙難生雋遊之褚顯貴雋安楧
趙伯王雋雙和陳度世雋劊憐
陳景逼雋烏奴魯求逼陳滕之
褚□□雋盖周劉子洪陳幼祖
陳天銑雋死惡王暉宗雋道康
陳暉祖雋楈陽公甫榮雋逵遠
陳義和雋方與雋滕晃雋匙生寫
碑在泗水泉林爲顏運生教授拓寄內稱雋脩羅名
敬爲雋不疑之遺孫雋氏族望不顯於世碑陰所列
雋氏多人可補氏族書之闕漏也序銘極稱脩羅孝

義爲朝廷所舉且言纘士葨安食菜勃海則亦有卓
然可傳者而縣志竟無一語及之碑末署雋□生寫
亦六朝諸刻所罕見者碑中絕笔刊功笔乃今俗筆
字可見由來已久（山左金石志）
碑云余等鄉勉壹伯餘人目矚（原譌作睹）其事甯容嘿焉
□刊石立樓以彰孝義蓋其時民知興行敦尚義舉
爲可風也曲阜顏運生得自泗水卞橋遂從京邸封
寄君爲魯故一書此碑之顯當益富有矣（授堂續跋）
碑在泗水縣韓家澗碑云纘士葨安食菜勃海世但
知雋不疑爲勃海人不知其得姓先自長安亦可補

姓氏書之闕牘即覿字（平津讀碑記）
核北齊孝昭帝演以乾明元年八月即位改元皇建
詔遣大使巡省四方觀察風俗搜訪賢良故鄉孝等
舉雋敬應詔且刊石樹（碑作榭此誤）名也顧以立寺養僧
爲可欽美亦習俗之迷惑矣碑爲雋美（碑作匙此誤）生寫
字體亦多紕繆序曰易色承顏辭曰恭恭易色勉勉
（碑作免免）承顏易色本論語承顏即論語色難注中承望
顏色尚見先儒經訓之遺仁風作人亦合於古（金石續編）
經標題低八格起末行文猶未畢訪碑錄兩列此
刻一題鄉孝舉孝義雋敬碑一題維摩經碑均載

有陰實只一耳山左金石志筠清館金石記金石續編皆備錄全文不無闕譌樹名均作樹名免免山左志作免受誤續編作勉勉義是而文非它不悉舉山左志高下作宗刊石上作敢餘如道顯之道太模之模大曾之曾雋延歸之雋延衆安之安石已剗測矣碑書緝作緝傾作傾偏作偏著作着飢作飢壺作壼匿作匿蔽作蔽彝囊作囊餘多恆見至人倫作仁自是古通瀆見集韻邪視也此或假借爲覩洪氏竟以爲即覩字未知所據覩爲徐鉉新附字依字當用儥免免或俛俛之省續編竟錄

作勉非㫗不可識疑兒之俗誤公甫當即公父雙姓也萬姓統譜分雋雋爲兩姓據碑稱不疑遺孫則不得判爲二矣

馬光云造象題字

高二寸字在佛背四行行字不一　字徑一分餘正書在太倉錢氏

皇建二年二月六日仏弟子馬光云为已身敬造

是年十一月武成帝即位改元太寧

許儁卅八造像記

高四寸二分廣二尺三寸文十四行行六字字徑五　分方界格題名二列行字不一正書在濰縣陳氏

大齊皇建二年歲次辛已十月癸酉朔卅日壬寅許儁

洪張鞏其携迴田野祇法義卅八等知身無常割捨依資敬造廬舍那像一軀上爲國王帝主師僧父口居家眷屬已香生天現存護景一切衆生普同斯福比邱曇詮

像主張明智

其剷珠　張伯祖

柳道沉　王市嫌

張明智　歐陽桃杖

宋僧條　趙仕均

王雜　成公洛仁

潘忽　其榮祖

田醜　宋寄生

泜檻　王逮離

劉詳憐　賈世

王曇悅　楊洪掂

高桃棒　孫天育

田黑句　劉伽葉

樂羅侯　董識

孔姚女　王磨女

孫貴憐　張姿

釗寒生
渞兮明識張顯珎
其羅漠
楊曇興
劉思弟

⿱弜共字不見於字書疑即洪之異文趚即來見集韻衣作依果作杲護果當即獲果絛作絛雞作鷄貳作武葉作葉羅侯即羅睺字校是年十一月武成帝即位改元太甯造象在十月卅日故尚稱皇建內有其姓四八萬姓統譜其見姓苑以地爲氏漢有其長壽其石見功臣表封陽阿侯

雲門寺法懃塔銘

高一尺四寸廣一尺五寸一分十九行行十四字字徑七分分書方界格在安陽

雲門寺法懃禪師俗姓張氏原出南陽白水讎爵河東伊氏縣人也剖𥿄景明寺據邑鉅鏕盖龍潛犁起雛鸑入道之心裁華輟繡鷰飛出塵之意理御七女栖禪朔娟流珠散玉綺麗變略之才淸章雅韻妙會八音之響義搯真元嗣依宏化懷方擬物伺機情而卷舒移飛獎正駕風儀而偃草收聲龍應影謝遷靈時季六十九臘大甯二季歲在壬午正月辛未朔五日薨於雲門寺奉殯龍巖玫使岫帶霜衣山被縈草猿啼逗谷鳥驚高林鐫石銘記芳傳不朽其辭曰

跨風誕應接物昇沈巨變莫測細入難尋彤山匪秀量海非深祕引三車說辯八音育同春日均潤過霖世羨若玉益物如金聲輟雜會影託花林哀哉喪蔭群方痛心懷雲雨四悲木　啼吟聊記　揎韻百伐思畝

右雲門寺法懃塔銘在安陽殯不書日惟言薨於太甯二年歲在壬午正月辛未朔五日耳晉明帝太甯不直壬午蓋北齊武成帝即位之二年史作太此作大一也迨四月改元河淸矣通鑑目錄是年齊正月辛未朔與此合伊氏縣當是猗氏屬河東伊猗音同可通伊優猗儺義亦相近莊子而我猶爲人猗蓋即緊字也史記周本紀共王伊扈世本伊作緊詩雄雉東山白駒鄭箋皆云伊當作緊亦伊猗可通之旁證也鉅鹿作鉅鏕屢見於南北朝石刻字多繆體照作朔下從二人智作娟偃作偃臘作臈柄作柄血作𧖧短作揎餘不悉述啼吟上空三格揎上空一格石不平也

法儀百餘造定光像記

高四寸二分廣一尺五寸十九行行六字字徑五分正書在濰縣陳氏

□理淵澱事絶□言之表元緒□微本出思議之外素
林梵悲□光雲泣若非□洞熟能逹謨□□法儀百餘
□等閻閻辟問□海陵河藪天問石羅伏求功尔乃河
清一年□月二日敬造定光像一軀面似月輪身如金
聚呂此善根當□法儀存亡同□七覺上顏天下忝豊
含生向□咸盡三毒也

微即微閣集韻直開也或作屋此疑閩之誤借作

圭發字未詳

王氏道俗百人等造像碑

高三尺五寸廣一尺八寸四分十七行行四十餘字不等字徑六分又造像人名一行小字正書

夫元稽理融妙出淨言之表□□□窮可聞難覩四□
毓育普救□物出沒自由神變自缺約八字而名□時有大
比邱僧法師累行積因塵劫餘□缺五字背塵境合寺僧
衆威義逕缺五字問□□名經披攬濱法未聞隨機頓漸
逕救講寺羿缺六字利帶浮自守癒詎闊浮人□□□唯
□□四威齊等宿□德夲又是大士能以不足缺七字
己抽有戀愚愛智迭相□□嗥羿□□道俗一百人等
時以王氏磐根太原海內君缺九字積善空王高鑒自逵
里人若缺約四字中白玉石像一區舉高一刃釋迦當陽缺九
字王文殊維摩大士乃重缺約六字天人散華無事不有菩

薩乗空百缺約十字頂礼世謂希奇此圡未有道俗□□
□□可因此福力之寘上為皇　帝缺約十一字方太然干
戈不起龍□順時□涂常□玉豊民甯歸依正道缺約十四
字海望莫儒樹心悟解上為七祖先靈永別苦因超昇
淨圡合邑缺約十三字官□寵現在常安不乏財有□同述
心□□□遐壽眷屬康延逹塵離□□蠢缺六字大齊河
清三季二月八日合邑義□□□露碁礡礴神胄淵元
缺七字天豪□七圀八相花金如□□□獨朗秋蓮
綃綃□□□擾四生循環□□注返難平大覺龢□□
□□榮人天盛顯地獄流明　□河□客六□□□隨

波遲寶隱洛□□簪依佛出離埃塵青蓮比淨□□
□□□□德合境稱尊□□□□志在道門五教
敷慧□□□□□□□□□□　恒居一□□□
□紀思念菩提長□□□□□□□□　□
像永傳名諱□□
□堪仏主王缺

文云時王氏磐根太原後見□堪仏主王字是造
象者爲王姓而名已泐矣籍作稽寶本陶復陶穴
之復此用爲覆衆作衆迭即迭之異文說文達或
從大或曰迭謂亦迭之或字也率作𤔡磬作磬刃

古仞字左旁有去字極小當是後人添鑿者散華
作散華太然之太古泰字莫當即英文字不可識
疑即乏字碁用爲基礎礴即磐薄字囦同冏見龍
龕錼作綿逼碑正書獨八日之八用篆體

明空等七人造像記

高六寸廣一尺七寸十六行行五字字徑六分正書方界格在益都

大齊河清三季歲次甲申三月已未朔十八日丙子比
邱明空等七人仰為□現師父母□王帝主及一切衆
生敬造盧舍那像一軀願善道資身福因聞識等悟思
脩齊鑒我淨長乖四生永登一寶

此刻可證劉仲寶筆法翁方綱記刻石尾

光州刺史鄭述祖重登雲峯山題記

高四尺四寸廣三尺三寸五分廿行行廿八字第三行多一字字徑一寸五分分書在掖縣雲峯山之東

大齊河清三季五月廿四日使持節都督光州諸軍事
□□大將軍儀同三司光州刺史鄭述祖字恭文即魏
鎮北將軍祕書監青光相三州刺史文恭公滎陽道昭
之子魏大鴻臚卿北豫州刺史司空□□嚴祖之第三
弟先君之臨此州也公與仲兄豫州敬祖牀弟光州遵
祖季弟北豫州順祖同至此鎮於時公季始十一雅好
琴文登山臨海未嘗不從常披鹿皮裘子此州人士呼
爲道士郎君及長官歷司徒左長史再履尙書三爲侍
中滄瀛兾趙懷兗行正得此十州刺史公之所撫莫非
大蕃言及光部恒所欽羨只爲前蹤誠所願也便以此
夏斯願方遂忻慰登途若歸桒梓入境歎曰吾自幼遊
此至今五十二季昔同至者今盡零落唯吾一人重得
來耳於是悽感殆不自勝因南眺諸嶺指雲峯山曰此
山是先君所名其中大有舊迹未幾遂率僚佐同往遊
焉對碣觀文發聲哽塞臨碑省字興言淚下次至兩處
石詩之所對之號仰弥深弥慟哀纏左右悲感傍人雖
復曾閔之誠詎能過也但石詩季久字皆癖落賔從尋

省莫能識之公乃曰此時吾雖幼小略甞記錄此當是
與道俗十餘人論經書者遂口持百餘言諸人得此乃
共披拂從首及末無一訛舛久之方昇於此此處名曰
山門左闕仍仰觀斯峯曰此上應有九仙之名即遣登
尋果如所說此山正南卌里有天柱山者亦是先君所
号以其孤上干雲傍無嶮巇因以名之其山上之陽先
有碑碣東堪石室亦有銘爲從此東北一十二里太基
山中復有雲居舘者亦是先君所立其四峯之上鐫記
不少悉有誌錄殊復可觀今日於此略陳彼境兾洪聲
異迹永無淪沒者矣

縣志古蹟載雲峯石刻有河清三年光州刺史鄭述祖重登雲峯山訪父遺蹟萊人刻石記事即此碑也魏書稱道昭子嚴祖嚴祖弟敬祖起家著作佐郎爲鄉人所害不言其官豫州又稱弟述祖弟遵祖官祕書郎卒贈光州刺史遵祖弟順脫祖字卒於太常丞碑云仲兄豫州敬祖叔弟光州遵祖季弟北豫州順祖皆可補魏書之闕也述祖字恭文魏書失載雲峯天柱二山皆道昭所名縣志亦不詳皆賴此刻傳之山左金石志

道昭論經書詩永平四年刊此記文云吾自幼遊此至今五十二年自永平四年下距五十二年當河清元年此稱河清三年是其到官後二年平津讀碑記

北史鄭述祖傳載及此事云述祖時年九歲此云公年始十一史文非實矣對碣觀文云云史以白雲堂實之餘皆不及不若此之詳備

司徒公婁叡華嚴經碑

高五尺一寸廣二尺九寸卅八行行六十六字字徑六分正書方界格碑側失拓在安陽寶山

大方廣佛華嚴經菩薩明難品第六

寺檀越主司徒公使持節都督瀛冀光岐豐五州諸軍事瀛冀光岐豐五州刺史食常山郡幹東安王婁叡　□東安郡君楊

棻碑新出土字畫無損滅正面題大方廣佛云云下書寺檀越主云云左側邊際題王世子假都督岐州□軍事岐州刺史儀同三司左右直長大賢直內備身□都督食廣州南陽峽城□縣海虞伯子彥第二子通直散騎常侍仲彥叡北史有傳以外戚貴幸爲瀛州刺史皇建初封東安王太甯元年進位司空平高歸彥於冀州還拜司徒此題結銜有司徒公知在太甯河清間矣叡爲瀛冀光岐豐五州刺史傳僅書一瀛州其從略爲失實不可不以碑正之叡傳載子

產嗣位開府儀同三司碑言子彥傳誤作產亦未詳其歷官第二子仲彥傳亦不書若叡食常山郡幹子彥食南陽峽城□縣幹此即所謂以幹祿榮之也隋書百官志載齊制諸州刺史守令以下幹及力皆聽敕乃給其幹出所部之人一幹給絹十一匹幹身放之當時食幹即指此北齊常山義七級碑有食新市縣幹集古錄以爲食縣幹入官銜其制不可詳失於詳考也廣州南陽峽城北齊地與廣州之屬亦有南陽峽城訪齊地形者可於斯按之隋志左右衛有內直備身諸名此作直內備身與志文內直互易若云

左右直長大賢則史汞載也安陽金石志

八瓊室金石補正卷二十一終

八瓊室金石補正卷二十二

太倉陸增祥撰　男　繼煇校錄

吳興劉承幹覆校

北齊三

光州刺史鄭述祖天柱山銘

高四尺七寸廣五尺七寸廿九行文每行廿三字字徑一寸六分額題天柱山銘四字俱分書在平度州

使持節都督光州諸軍事車騎大將軍

儀同三司光州刺史滎陽鄭述祖作

巖巖岱宗啓邦仍其致祀弈弈梁山韓國从之□□蓋

由觸石吐雲扶寸布雨五岳三望六宗九獻祈禱斯□

□秩攸歸天柱山者卽魏故通直散騎常侍中書侍郎

國子祭酒祕書監青光相三州刺史先　君文恭公之

所題目南臨巨海北眺滄溟西帶長河東瞻大壑糾嶺

縣天層峯隱日幷十洲於掌內揔六合於眼中文辭自

此經停精衛因其止息始皇遊而忘返武帝過从樂笛

豈直蛾眉鳥翅二刖兩峭對談小大共叙優劣者也

公稟氣辰象含靈川岳禮義从成規矩仁智用爲樞機

自結衣逞譽華履傳聲組綬相輝貂冕交暎至於愛仙

樂道之風孝敬仁慈之德張旻崔廓未足云擬文先夏

甫何以能加魏永平三年朝議从此州俗闕南楚境号

東秦田單奮武之鄉麗其𨍏辯之地民猷鄙□風物陵
遲詎路俾乂非　公勿許及駈雑𨈼下亭魚理務羣情
□客厭類允諸變此澆夷之俗佯彼禮樂之邦懋績布
在哥謡鴻範宣諸史策　公久闊枌榆永懷桑梓同昇
隴而灑泣類陟岵以興嗟於此東峯之陽仰述皇祖魏
故中書令秘書監兖州刺史文貞　公迹狀鎸碑一首
峯之東堪石室之内復製其銘余忝資奮德力搆前基
遂秉笏朝門茱名天府出入蕃邸陪從帷幄凡諸身歷
瀛趙滄冀懷及兖光行正十州刺史北豫州大中正三
登常佰再履納言光祿大常頻居其任揣究庸虛無階

至此宣是遺薪妄委餘慶濫鍾何曾不想樹嗟風瞻天
愧日猥當今授踵迹此蕃敢慕楹書仰宣庭誨其詞曰
嵩高峻極太華峭成祈望諸素禋禱羣經崇哉天柱迥
出孤亭地險嶽𢣷藉此爲名赫矣先　公道深義富如
桂之馨如蘭之茂尊祖愛親存交賞奮𨊠屬愚淺實慙
穿搆

大齊天統元年歲次乙酉五月壬午
朔十八日己亥刊

右刻首題年月祥案當作銜名二行文二十五行行二十三字末年月二行字徑一寸五分案魏書鄭義傳謚文靈此作文貞與彼異述祖爲義之孫道昭之子祖孫父子三世皆刺東郡可謂衣冠盛事碑述祖父遺軌抒寫孝思詞旨悽惻而文采華整書法有漢魏規矩爲鄭氏諸碑之冠以扶寸爲膚寸詎諮爲疇咨亭魚爲烹魚哥謡爲歌謠蕃邸爲藩邸常佰爲常伯皆古通用字惟鄙食其作麗其爲省文規作頖禋作禋冕作冤標作㯹乃增減異體也山左金石志

碑云凡諸身歷瀛趙滄冀懷及兖光七州刺史北豫州大中正三登常佰再履納言光祿太常頻居其任

重登雲峯山記亦云歷司徒長史再履尚書三爲侍中滄瀛冀趙懷兖行正得此七州刺史列銜北齊書失載七州諸家作十州誤平津讀碑記

文云忝資奮德奮當是舊字上文田單奮武之奮當是奮字而石本無異疑是刊刻之譌山左金石志闕誤十五字首行車騎大將軍下山左志謂有闕文審之無字洪筠軒云七州諸家作十州誤審之石本是十非七後雲居館題刻亦云十州刺史

前尚書嚴□順兄弟造四面像記

高四寸廣一尺四寸二分廿二行行六字字徑五分餘正書在濰縣陳氏

□□影隨緣眞□逐感深明□□自達無生□□前尙
書嚴□愼兄弟　仰□　亡考甯遠將軍東海太守當
郡都督帶郯城戍主亡妣神識□敬造龍華四面龕像
阿難□葉菩薩諸天□□大齊天統元年五月十五□
營就光明競□□万日之□□□□妡爭□□□□之
旋辟廡□□妣神居智□□九有而□□沙眷屬四生
□□□而□ 缺

補訪碑錄載此作元年審之僅存一畫或所見本椎拓較顯也姑從之妡當即妡字嫮之省同嫭美好也

鄭述祖雲居館題記

高一尺五分廣二尺一寸五分十二行行六字字徑一寸五分分書在掖縣雲峯山

司徒左長史尙書侍中太子少師太常卿車騎大將軍
儀同三司左光祿大夫北豫州大中正瀛趙滄冀懷兗
光行正十州刺史鄭述祖雲居館之山　門也
天統元年九月五日刊

案北史述祖傳云前後行瀛殷冀滄趙定六州事正除懷兗光三州刺史又云重行殷懷趙三州刺史此碑題瀛趙冀懷兗光行正十州刺史可補史傳之闕也山左金石志

大基山石人題字

高八寸五分廣七寸五分三行行五字字徑一寸五分分書在掖縣

石人名髟鬗甲申丰造乙酉丰成

正書筆法堅勁疑亦道昭所書姑坿於此道昭刻文公碑及雲峯諸詩俱在永平四年辛卯此更在前爲正始二年也山左金石志

筆勢與雲峰山雲居館相類當是述祖所題乙酉當即天統元年阮氏謂出道昭手并以乙酉屬正始二年殆未必然道昭以永平三年任光州也碑字八分阮氏作正書亦非

文公碑題記

高一尺八寸廣一尺五寸存七行行字不齊字徑寸餘分書在掖縣

缺　此領
缺　畢飽
缺　□□巨細同□樓雲□雨觸石含煙
缺　成子休眠風龍會合蝸鳳同□蕭
缺　琴持一絃崇踰峻極作鎭光埵猗歟
缺　方陟此題鐫躬經幼侍歷覽先賢□吾
不斂踵跡萊邉泣覩遺碣號誦餘篇

右刻在文公上碑之下崖石損剝存字無多三得

墨本迄無少異或所拓未全也繹其語意與重登
雲峯山題記天柱山銘相類疑亦鄭述祖所題也
年月無攷即附述祖諸刻之後斂即敏字又桉訪
碑錄有天統元年雲居館鄭述德題銘此或即其
殘刻

紀僧諮造像記

（高四寸五分廣一尺二寸十八行行六字字徑四分正書在益都鄉賢祠）

□齊天統三年歲次丁亥𠃊月□酉朔十二日甲申然
元從西□範影東遊仏□□人□□□□爰處□通
遵風訓在□流□淸信士仏弟子紀僧諮信根□徹慧
力端明□慕元宗追從□載竭己單成敬造觀世音石
□一軀仰爲哈霤己身眷屬弥勒出世俱登初首

右造象記十八行字徑五分舊在靑州西門內人家
門𡰪下乾隆壬子翁覃溪閣學按試時移於學宮碑
寫從作從軀作軀含作哈靈作霤皆別體（山左金石志）

右紀僧諮造像記在益都縣鄉賢祠碑題大齊天統
三年歲次丁亥正月癸酉朔十二日甲申北齊書後
主紀天統三年二月壬寅朔是正月小也（平津讀碑記）
碑從從二字其體微異皆即從字而用爲縱也彈
誠作單成皆見古意碑尾有翁閣學題字

宋買造像碑（天統三年四月八日　萃編載卷卅四）

葬（作葬）宣（宣誤宜）揚耳有（耳當即厥之異文誤作具）據在（缺在字）趙崇仙（仙誤
化）劉早生（早誤旦）傳桃捧（桃誤挑）

武授堂云左右側面恐有名題惟碑嵌寺壁恐不
得拓也邛山作望山王氏未舉

朱道威造丈八大像訟并陰（天統三年五月十五日　萃編載卷三十四）

一□□□（粟相）理融是（非）□□□□悲（悲上六字全缺）（四行）遂𦳝
使（缺字）使（廿二三行）擄□鄭（州缺鄭州二字鄭郎鄭）仁倅（缺倅廿四字行）爲求
欽敬三（缺求三二字求郎求）亦（保）□□□□□□□□□（缺保字并）
（少入格）

□□朱道威（前缺二行）
邑子朱伏興
邑子朱龍興
邑子朱槐生
邑子朱外顯
邑子朱昌宗
邑子朱阿舒
邑子朱仰生
邑子聶買和
邑子聶□

邑子朱世起
邑子□遷□
邑子王□
邑子朱肆師
邑子朱元顯
邑子朱衆賁
邑子朱政
□子朱陽祭
□子朱歡愭
□子朱見愭

邑子朱乇
邑子□安頭
邑子朱□□ 以上在下方失載
碑陰
□□許市□ 許誤師缺市字并少空一格 此邱法剛 缺剛字 □邱法果 缺果字以上第一列 □□□□歐 此行全缺 朱阿蠻 缺蠻字 朱猛逹 缺逹字 朱又余 缺余字 汪周阤 缺汪字以上第二列
□□□□□ □□□阿□
□□緱和 邑子朱阿興
□□緱顯周 邑子朱伏保

□□緱元 淸信女緱□
□□郭迺佰
□子孫孤奴 邑子朱又彳
邑子杜金雀 邑子朱元木
邑子朱市和
邑子顏詣□
唯那朱惠
唯那朱顯賔
邑子朱顯貴
邑子朱領□

唯那朱羅漢
邑子聶元顯
邑子朱貴相
邑子朱景邕
□子朱道矛
□子呂淸奴
□子鍾佰侚 此後三行損缺以上二列在碑陰下方俱失載
訟卽頌字天統三年三字微泐或釋作五年者誤也
文可辨者二百二十六字碑陰金石萃編拓本亦未

完平津讀碑記

此朱道威等所造也萃編不言者未見頌文下方

題名也碑陰亦少二列據拓本補之

黃德造象題字

高連座三寸字在佛背四行行字不一字徑三分許正書在子家

天統五年二月五日黃德敬造一區

此葉氏平安館故物也伊臣甥得之以貽余

弟子張造无量壽像殘刻

高存五寸六分廣存四寸二分均不齊存五行行存字不一字徑六分許正書在諸城

天統五季□

丑九月丁亥朔

九日乙未弟子張

敬造无量壽像一

□祚典道万方

辛巳四月潘伯寅以諸城造像殘刻寄貽凡十九

段有時代者武定殘字編列東魏及此刻與庚寅殘字

耳

庚寅殘字

存高二寸廣二寸五分三行存七字字徑四分正書在諸城

大斉天

日庚寅

屬□

建元只存天字其爲天保天統不可知也附天統

末

附殘字十六段在諸城

壬午殘字二石一存高寸五分弱廣二寸四分四行四字一存高寸七分廣寸六分二行三字

字徑五分正書方界格

□

歲次　壬午□

甚寅　卯日

宣

張敉殘字高存三寸六分廣寸七分二行存四字字徑六分正書直界格

□

大像主張敉

□七月

邑義殘字存高一寸八分廣寸四分五字字徑五分正書方界格又一石存一字

□□　十

乃邑義

像一軀

夏侯豊洛等殘字存高四寸廣三寸四行九字字徑六分正書方界格

□暈□□
夏侯豊洛
孫相
法稚

王暵等殘字 存高二寸八分廣四寸七分六行十四字字徑六分正書

□
王暵
任神奴
婁雙德
劉炑先

李鳳 劉

覃暈等殘字 存高二寸八分廣四寸四行七字字徑五分正書直界格

孫
覃暈
微安
王寶

王六等殘字 存高七寸廣四寸五分四行十四字字徑五分正書

□ 牛
遺 王六
孟暵 胡毋冰

主譚元 譚
孫珎

王惠妃等殘字 存高三寸六分廣四寸四行十三字字徑五分正書

形仝
王惠妃 王
張木□ 梁
張 □美 □

闞猛殘字 高二寸五分廣二寸七分二行三字字徑六分正書

義闞猛□
闞 □

□瓊琸

瓊琸殘字 存高二寸七分廣二寸四分三行六字字徑六分正書方界格

瓊琸
□ 曺乱
孫伏

郭妃等殘字 存高三寸廣三寸四分四行十字字徑五分正書

郭妃
房 李姬
生 王羅
帍 張□

趙匡等殘字 存高三寸六分廣四寸二分六行十九字字徑四分餘正書直界格

唯那趙匡
唯那龔光
唯那呂天
那尹伯奴
□龔同
□
王猛殘字存高寸六分廣三寸三行六字字徑六分正書直界格
□佰□
碩礼世
義王猛

趙肅殘字斜角尺寸不計四字字徑六分正書
亡母趙肅
同社殘字存高寸八分廣二寸六分三字字徑五分正書
□
同社
家弥
阿㑭殘字存高寸五分廣寸一分二字字徑六分正書
長
阿㑭
右殘字十六段皆諸城出土無紀年字體不一要

皆大朝人所造附列於此
董洪達造像銘并側武平元年正月廿六日萃編載卷三十四
武作戒躲同聚沫躲誤射俳佪□巖□嵋缺巖嵋二字私乃缺私字
實是須□缺實須二字十力世雄缺世字比旨旨作邱勵化主缺勵字
曇仚仚誤仙曇辨辨作辯董僧苟苟誤奇□景稜缺稜字疑即穆字
碑題大齊武平元年歲次庚寅正月乙酉朔廿六日
北齊書後主紀是年亦書正月乙酉朔題名有忠正
董始隆忠正董祖鸞隋書百官志有州中正郡中正
縣中正在孫寺造像記有都邑忠正此單稱忠正又
當在其下平津讀碑記

私乃斯之借字旨即邱之異文勵即勸之異文訪
碑錄兩列此刻一系於武平九年誤元爲九武平
只七年也兩作兩茫作滋菅即管字菅舍王八姓
名萃編以邑者菅舍爲捌見誤矣
碑側厚四寸六分佛龕二上龕左右題字各一行下龕左旁題字一行行字不一字徑四分正書
藥師像主鎮南府錄事參軍馮□弥
藥師像主馮外賔
右相下堪闕光明主張洪畧
碑陰石永與等造象記
高三尺五寸廣一尺九寸佛象兩層交界處題字廿八行象左一行象右上下各一行行字不一字徑六

分正書

當陽像主伏波將軍儀州司馬廣武郡西面都督南潁川郡城局參軍石永興 以上在象右

當陽像主瑱遠將軍加廣武太守張元滕

弥勒下生主石方愷武平二年十一月廿七日用錢五百文買都石像主一軀董伏恩　弥勒下生主閔州騎兵參軍倉州洛陵叔令董相滕弥勒下生主董通達 以上在第一層佛象之下末四字在象左

右伏波將軍石永興等造像記在登封縣字皆刻於佛像四旁左一行云當陽像主伏波將軍儀州司馬

廣武郡西面都督南潁川郡城局參軍石永興魏書地形志廣武郡屬北豫州天平初分滎陽置南潁川郡不言治所隋書百官志齊制上上州刺史置府屬官有城局參軍 平津讀碑記

碑書鎮遠作瑱遠縣作叔餘俱恆見魏書地形志洛陵縣有二一屬西定陽郡一屬中陽郡俱隸南汾州與此不符志亦無倉州疑即滄州樂陵縣也以洛爲樂六朝石刻中所恆見倉滄可通閔州未詳董通達名見前碑

□女趙造象題字

連座高三寸字在佛座左側及背面六行行字不一字徑一分餘正書在太倉錢氏

武平元年二月十八日□女趙為倪高十造一區

倪疑即倪字古通兒

薛匡生造像題字

佛座高一寸六分三面一五行一六行一二行字徑四分正書在濟寧鐵塔寺後樓上

武平元年薛匡生為缺母亡兄薛仕雋亡女佛暉願造石像缺家眷屬願缺

佛象造自北齊武平元年僅存下半乾隆甲寅五月黃易補全仍供鐵塔寺 刻佛座空處

右石佛一軀祇存其身連座高不盈尺記於座間凡

三面字多磨泐大意是武平元年薛匡生爲亡父母亡兄亡女造佛像以祈佑者乾隆癸丑夏黃小松司馬得於本寺塔座內乃爲補全佛首造龕仍供寺內 山左金石志

乙亥九月程孟陽過鐵塔寺拓墨見寄錄之母上己缺濟州金石志作亡父二字

尼靜深造象記

高四寸二分廣一尺二寸五分十一行行四字五字字徑八分正書直界格

武平元年十一月十五日比邱尼靜深患中發願造觀世音□一軀爲帝□□道種姓識□爲師僧父母普及

法界泉生咸□斯頴

徂來山王子椿等經刻

高四尺五寸廣六尺八寸八行行七字後五行行字不一字徑五寸分書在泰安

大般若經曰經文不錄

冠軍將軍梁父縣令王子椿造像息道昇道昂　道昱

道惘　僧真共造

王世貴

無年月八分書在泰安縣徂來山光化寺東南里許石上經文八行後王子椿等題名五行別有王世貴三字刻於經文第六行下字多剝蝕山左金石志

昂字引筆特長與佛號摩厓佛字同首行經字之右尚有題字難辨山左金石志列武平元年葢與諸刻同時造也

蕫珎陀經題字

高六尺七寸廣八尺首行十一字字徑六寸餘經文七行行八字字徑八寸餘分書在山東

斛律太保家客邑主蕫珎陁

文殊師利白佛言世

波羅蜜佛言般若波

无名无相非思量无

犯无福无晦无明如

亦無限數是名般若

薩摩訶薩行處非行

一乘名非行處何以

經文例不錄以不全故如式備存之斛律即斛律字北齊書斛律光附其父金傳傳稱長子武都歷特進太子太保開府儀同三司梁兖二州刺史光死遣使於州斬之元和姓纂云光字明月左太尉左丞相咸陽王長子武都太保此稱斛律太保者即武都也光誅於武平三年此刻當在三年以前又光次子羨傳云武平元年加驃騎大將軍時光

子武都爲兖州刺史據此又當在元二年間矣石疑在尖山而諸家箸錄從未載蕫珎陁名映佛岩亦有此經對勘之此刻每行下少六字疑拓未全

興聖寺造象碑

高三尺八寸半廣一尺五寸半年月一行篆書文十二行行存廿七字題名二行字徑大小不一額上題名共十六行正書隸額題興聖寺三字在費縣

大齊武平三季歲紀壬辰三月十八日庚□□篆書惟庚字正書

若夫元旨深邃妙迹難尋冲宗迴□□趾□□□□□

慈潛影於鵠林下缺銀姿金聲流□於東注□□□□□

□□能在後録□威顏□刑真狀下缺哉然帛鄙維郍王
子□□甫高□□□□是□寵□皇望莅後□下缺
□□□□□鄉中頂□□台瑯瑘□□此□□□□世榮
不以官祿爲滕下缺□□□中□存福境是故率領道俗
邑□世人敬造四面石碑像一□下缺抽蔄風田畐在伽
籃出所其勢也前□□河□□韓信之路郝背□□下缺
二峰而峰出左帶流淥□□□□□□忽然新佛化生
地中涌出石□下缺名匃匠手斑妙三□□□常□八十
□好不□乃使在家□□□□樂下缺樹仙人□稱歌詠
已□者□□而飯□矚者□□而去之知三途□□下缺

燕蹤七處八會斑□□□□□□□鮮妍異禽異
獸難名者多□下缺花飛□䲸龍郊□但□不獨□以亻
有□運此滕曰仰願國祚□□□下缺藏鼂絕七世□□
滕樂法界衆生高□上地一時作佛
比邱僧□比邱縮師比邱僧究　維那□新□郡□
已郡公曹□□下缺比邱智□比□□□比□進世

主諸葛始興在額字左字徑一寸三分　左葙都維那王佉力□葛
□　都維那翟鋒將軍諸葛元偘　大齋主韋文□
大碑主諸葛要　大碑主比邱□賓　大齋主羊吉大
齋主王伯姿　大齋主諸葛□羅大齋主王女　大像
主張温暾劉嗢孫曇回在額字右　南堪主張豸□　光明
主比邱道景在額字下　□□□□□□□□□□
右葙菩薩主王群席師子龍王主元□子答子□　子
建繼祖寶塔主真儒僧究　都維那行臺下都軍長史
王元誕　右葙都維那王道度在額字左

文云造四面石碑像此蓋其正面也下截亦有缺
損就所見録之通鑑目録是年四月壬申朔逆推
之三月十八日值庚申庚下所缺是申字三月小
盡也

鼓山唐邕寫經銘并經刻

高四尺七寸廣三尺二寸廿行行卅四字字徑一寸三分分書在磁州鼓山

粵若稽古遡聽風聲握神紀从應物遊靈教而至道者
有矣咸宏之在人道不虛涖然則軒羲七聖蘭葉傳文
舜共三公芝渥觀字周朝關令望東氣而稽首邱門弟
子向北升而磬折天書道記可略言也蓋不出於九流
且未聞於三世我　大齊之君區有義在不思家傳
天帝之尊世祚輪王之貴一人示見百辟應生俯順龜
龍託迹雲火翠鳳將寶幢共舉靈鼉與瀴鼓俱震萬機
兼十簫之化四門雜三乘之賓自迦葉結集蔡愔遊返

持誕之經盛於茲曰龍宮斯盡爲載未牒特進驃騎大將軍開府儀同三司尚書令并州大中正食司州滎陽郡幹長安縣開國侯晉昌郡開國公唐邕挺固理時生而爲世隸文經武來處廊堂從扣而鳴隨病與藥待群方而似鏡應衆務其如響四海仰以彌高千官挹而滿履眷言法寶是所歸依以爲縑緗有壞簡策非久金牒難求皮紙易滅於是發七處之印開七寶之函訪蓮華之書命銀鉤之迹一音所說盡勒名山於鼓山石窟之所寫維摩詰經一部勝鬘經一部孛經一部彌勒成佛經一部起天統四年三月一日盡武平三年歲次壬辰

五月廿八日嵎谷虛靜邑居閑曠林疑極妙艸匹文柔禽繞空中獸依樹下水音發而覺道風響動而悟物戒行之徒允集慧定之侶攸歸如日貫雲常轉不息山非恐畏未苦風寒石比頑先非待營靈毗沙上慶勑衆鬼而護持大梵來遊領群神而作衛藹因普被願力薰脩當使世界同於淨土　皇基固於大地疊六道於十山沐四生於八水乃及無邊皆取正覺海收經籍斯文必傳山從水火此方無壞重宣茲義乃作銘曰

天文垂象人文著契先聖後賢道纔身世惟　皇建國教通群藝慮實無爲化竊兼資諸法爲祖諸經亦王一文半偈與物行藏天綴上士時應有方群迷升極至道津梁殺青有缺韋編有絕一託貞堅永留昭晰天神左右天王擁衛書未仙遊字無飛滅地遥常寂山空避喧承風覺道海滯難論水流可閱曰去無黜乘茲指願福地常存

无量義經

二紙各高四尺一寸廣三尺三寸共卅五行行三句每句七字字徑一寸五分首行較大正書

十二部經名

高二尺一寸廣二尺八寸八行行八字字徑二寸分書

佛號刻石

高三尺廣二尺七寸三行行三字字徑七寸五分分書

彌勒佛　師子佛　明炎佛

右北齊唐邕寫經碑字法較漢隸已爲近楷然批法鉤磔尚有鍾梁遺意不似嵩陽寺碑盡偭古法也金石錄金石略皆作唐邕造像碑按碑文以爲縑緗有壞云云蓋寫經于厓石而刻之故銘云一託貞堅永垂昭晰也然絕不云有造像事趙鄭所見別一碑耳趙氏有錄無說載在弟四百四十五卷吳玉搢金石存

金石錄金石略載唐邕造像碑年月同此集古錄目載唐邕造佛文武平五年立唐邕造寺碑不著

所立年月而皆不及此刻今鄒縣尖山摩崖有晉昌王唐邕題字是唐邕石刻固不止一處也北齊書唐邕列傳字道和太原晉陽人碑署銜稱特進驃騎大將軍開府儀同三司食司州濮陽郡幹長安縣開國侯皆史所未載史云天統初除侍中并州大中正又拜護軍餘如故後出爲趙州刺史遷右僕射又遷尚書令封晉昌王錄尚書事碑稱尚書令并州大中正不言侍中護軍右僕射者當是官秩量移也碑稱晉昌公不稱王者時未進爵也史不敘其先封公爲漏略耳北史傳云武平初坐

斷事阿曲爲御史所劾除名久之以舊恩復除將軍開府累遷尚書令封晉昌王與碑略同惟不言并州大中正食郡與夫先封公後封王也碑書夜作𡖒它處罕見海滳難論滳卽今之滴字本作滳梵書作滳地藏經一毛一滳一沙一塵碑文闕字據金石存補注於旁金石存所錄匾有下闕渤二字石本所無然碑固有脫字也无量義經書象作爲澡作藻筋作勸下方見南磁州留周景韓郛張大趙氏故十三字皆後來續刻之行首字也鼓山經刻甚多造象亦不下數十石窟中泉流沙滯非冬涸不能拓世少墨本所得只此耳

義主百人造塔記 武平三年十二月十六日 萃編載卷三十四

慾棄𢆯艱 艱誤難

臨淮王象碑并陰 武平四年六月廿七日 萃編載卷三十五

伏闍𡿦之狂鳥 鳥卽象字誤作烏 觀𡿦音大勢至 脫大字

碑陰 拓本方四尺八寸二行字徑一尺九寸正書

龍興之寺

碑中有云其鴆曾樂于茲所尙父經封于此域其鴆當作爽鳩此明用左氏晏子對齊景公語述青州故事也不知何以誤作其又有迺作銍曰銍當是銘字

兩字刻畫完好豈有所避諱而改邪抑書丹時筆誤邪又帝業共虛空比㕂疑是肚字偏旁似木非木似才非才想月之變體耳 吳玉搢金石存

囧郎囧之微變萃編謂與張猛龍之字神圖同失之碑陰四字相傳爲北海手筆案金石錄目載唐龍興觀碑李邕撰行書無姓名類邕書開元十七年此額或在同時

功曹李琮墓銘

高一尺七寸三分廣一尺七寸廿六行行廿六字字徑五分左側厚三寸五分四行行廿三字字徑六分均正書方界格

齊故李功曹墓銘

君諱琮字仲璵趙國平棘人也將軍牧禦敵於全趙司
隸膺秩危於潁漢高門有兩世不乏才辟北別增鎮地
之峯東流積浮天之浪曾祖兗州史君祖幽州史君冠
蓋朝倫儀刑楷父潁州史君風度閑遠爵爲領袖君
濯自朱藍學因弓冶比桂樹於幽山辛香可味同明玉
於鍾領光澤皎然祇佐身基仁爲行本孝著閨門信在
遊舊屢厚遺薄採實捐華賢賢易色恂恂鄉黨得真自
我不殉名利輕財重義後己達人往來行言稱直如髮
率由天骨不開虛矯琵將鄭伯偉名爲功曹性不驕誕

入朝汎愛輸心委質惟慎在恭與之言者如受布帛與
之交者若飲醪醪外閨內朗明閑世事文薄堆案下筆
如流豪角生疑片言能折旣方公孝時聞坐嘯之謠還
類范滂更聽晝諾之語期之眉壽老而增智月旦人品
准的州閭漏盡易催日斜不繫歸代宗而莫還共公明
而治鬼武平二季五月丁未朔廿二日戊辰卒於孝悳
裒舍時季五十有五武平五季正月壬戌朔十二日癸
酉祔於先君之墓次暑往寒來天長地久勒高風於元
燧播芳塵而莫朽其銘曰
南通陽魏北接陰燕地爲全趙世挺英賢松貞筠直蘭

馥芝鮮本枝盡茂蔽葛同然種自龍媒篤生奇士似珠
回照如驥千里心巳得寶色無慍憘自本窮末善終令
始優遊卒歲載嘯載吟一邱一壑橫古橫今財色是擯
文史能娃人之愛我如玉如金聞自古賢少遊有語直
道仕翻風流容与盛德凉温州閭見許好善能至除惡
必去時屬元龍我爲季弼意得魚水上下和洽主耳忘
身周旋無失季將十紀心之如一寸陰不借尺日俄淪
人生詎幾飄若輕塵一窀寒隧非復陽春死可贖也人
百其身
妻鉅鹿魏氏　父道甯安東將軍瀛州驃騎府長史曲

陽男空下
子四人君達德蔵趙客趙奴達劉氏生妻鉅鹿魏氏
父仲趙客妻以上正碑傅悽崔氏　父茂遐　女七人德相
適太原王茂宏丞相府行參軍和上適傅悽崔君宏開
府參軍事瓌兒適廣平段德諧直盪都督諧父平原王
阿停適鉅鹿魏義堅開府行參軍五男適滎陽鄭金劉
六止適渤海高世才才父南安王神相
右墓志銘正書閒雜隸勢秀挺多姿文尤雅潔有法
北朝佳製也銘後敘次李君妻息並其妻父女夫之
官閥與北魏李超東魏刁遵二志例同蓋當時墓志

之式如此李君之名史書不載志序次君三世所歷之官皆言某州史君郎使君之假字洛中紀異錄稱刺史李諶爲李史君又東魏興和二年潁州刺史敬顯儁碑作敬史君案禮雜記客使自下注使或爲史漢書霍光傳使樂成小家子師古曰使者其姓也或作史史與使古字通用然攷之北史及後魏北齊書趙郡諸李無三世相繼爲兗幽潁三州刺史者李君不知何人之子志云郡將酈伯偉召爲功曹伯偉北齊書無傳後魏酈範傳云範弟四子道慎慎子中字伯偉武定初司徒刑獄參軍據此知伯偉在東魏已

歷官三府入齊至後主時始守趙郡李君爲其功曹葢爲本郡郡將所辟耳志又云君卒於孝德里舍平棘今趙州也孝德之名州志失載元和郡縣圖志趙州平棘縣趙郡李氏舊宅在縣西南三十里亦謂之三巷李家云東祖居巷之東南祖居巷之南西祖居巷之西亦曰三祖宅巷也孝德里者或即其巷名歟君妻父魏道儁及子妻父魏仲超崔彥遐并諸壻之名史皆不見其長女適太原王茂宏丞相府行參軍隋百官志後齊乾明中置丞相河清中分爲左右各置府僚然隋惟有三公三師府行參軍長兼行參軍等員而無丞相府行參軍其品秩當與三公府僚等案後主武平五年以前拜左右丞相者賀拔仁段韶斛律光高阿那肱五人茂宏之爲丞相府行參軍當在後主時第不知爲何人府僚耳志有云瓌見適廣平段德諧直盪都督諧父平原王案北齊封平原王者惟段韶及懿父子二人見北齊書段榮傳史稱韶弟三子德舉武平末儀同三司周建德七年與高元海等謀逆誅弟四子德衡武平末開府儀同三司隆化時濟州刺史入周授儀同大將軍弟七子德堪武平中儀同三司隋大業初汴州刺史卒於汝南

郡守而弟五弟六子不舉其名德諧當即段韶之子惟史稱榮爲姑臧武威人而志云廣平小有舛異案元和姓纂段卬曾孫招生貞武威太守子孫始居武威九代至頽是史乃稱段氏之郡望志言其所居之地耳後齊左右衞府直盪屬官有直盪正副都督見隋書百官志又志稱君女六止適渤海高世才才父南安王北齊書亦無世才名據志稱其父爲南安王當即高思好之子思好本浩氏子上洛王思宗養以爲弟事蹟具北齊書思宗傳志末有神相二字乃李君弟七女之名不言所適何人葢志墓時猶在室也

碑中別體字甚多難以枚舉他如摸即模領即嶺閭即潤薄即簿代即岱燧即隧愽即喜皆通借字耳常山貞石志

右李琮墓銘在元氏縣南張村義學內高門有亢亢即亢字毛詩作皐門有伉韓詩作閌西京賦引用之亢伉古通說文亢高也詩傳伉高貌是高門有伉本當作亢通借作伉論語陳亢說文引作伉穀梁桓九年傳伉諸侯之禮十八年傳以夫人之伉釋文並云本作亢皆其證也使史亦音義俱通白虎通云所以謂之史何明王者使爲之也漢書杜延年傳集注云史使一也以史君爲使君見於金石文字者不少孝箸闓門箸字从竹不从艸具存古意古無箸字弓冶作弓治是碑之誤志敘李琮子之妻父崔彥遐李琮之女適崔君宏案新唐書宰相世系表後魏永昌郡守崔幼之子有彥珍彥璋彥穆彥昇彥穆之子有君綽君肅君宙君贍是彥遐必彥璋之昆弟行君宏必君綽之昆弟行其爲何人之子則不得而知之矣

等慈寺殘造塔銘 武平五年十月 萃編載卷三十五

褱陞無聞缺褱字陞作牖不言地久缺不字

碑止存上截十八行行十二字弟四行合上空十二字當是合邑人姓名尙未刻也碑武作武容作㝐酸作酸龕作龕圖作啚褱作褱衡作衡皆異文平津讀碑記褱洪以爲囊字而囊隔不可解碑有陰刻劉墭女等姓名未得拓本

武平造象

高二寸五分字在佛背一行僅辨五字字徑一分餘正書在太倉錢氏

武平五年劬約四五字餐

宋始興一百人造象碑

高二尺廣一尺八寸八分文廿行行十五字題名四列每列行數不一字徑六分正書在登封會善寺

□□□尊□□名□□□育王□□流□於世間□使

□寶□妙六天已呈宮□□□□戴□主□其上□但

以里至幽元窮□兮別麗世尅木□於東□感報殊方

光風□邁欲海澍流死生如炎慧鏡晈□□迷自返然

今邑師僧□都邑主宋始興合邑一百人等宿殖善根

□情□遠識□苦□□如五有知身无常危同泡沫石

火不久□□□□異□契心率同□□□主□山□

□□□中竒□□□□□今在嵩□之□□□□□

□□□□□□□□□□□□□□□□□造□□

□□□□□刋□□□□□□□□□之□□□□

□□□□□□□□□□□□□□□□□□□□□
□□□□□□□□□□圝及□□□□□□邉地衆
生□□□□俱登□果
大齊缺終一字十廿三日□戊建此行字徑四分許
比邱道太　□子□□□　□子□□□
比邱僧丙　邑子司馬□　邑子陳□□
邑子劉□邈　邑子范季魯
邑子馬和仁　邑子□□□
邑□□□□　邑子耿伏興
邑子魏□□　邑子趙□方

邑子盖□宜　邑子□□□
比邱僧智㵾　邑子趙□□　邑子□□□
比邱□□以上一列　□子□□□　□子□□□
邑子□□□　邑子□荀子
邑子劉□奴　邑子□由□
邑子范中□　邑子張□□
邑□盖□□　邑子范敏善以上三列
□□□□
□□□寵□
□子□□□

邑子陳□□
□子和□□
□子□□□
邑子王功曹
邑子□□□
邑子□□□
邑□趙□遲以上二列
邑子孫阿盧
邑□石阿容
邑子李娥容

邑子劉阿□
邑子姚元妃
邑□劉□□
邑□丁□□
邑子張阿□
邑子張四孃
邑子□阿□
邑子張女子
邑子郭安□
邑子謝阿陽

邑子言毛□
邑子□阿臺
邑子□雙□
邑子王阿妃以上四列

會善寺造象記正書武平七年十一月在登封石多漫滅第一層截造象之人比邱僧智滿邑主宋始興合邑一百人等云云二層皆諸比邱名三層列邑人名內有稱李娥容張女子張四孃姚元妃王阿妃當以男子而冒女婦之號如馮婦徐夫人之屬蓋其詭不經如此授堂續跋

此郎武授堂所謂會善寺造象記也紀年殘泐武氏定爲武平七年十一月訪碑錄同當時或尚可辨也月日存廿三日□戌字以通鑑目錄證之是年九月丙子朔十二月乙巳朔九十皆大盡十一月朔正直丙子廿三日爲戊戌是戌上所缺爲戊字無疑是年十二月改元隆化不復稱武平矣文內邑師僧□武氏以爲比邱僧智滿非里至幽元以里爲理

馬天祺等造像記武平九年二月廿八日萃編載卷三十五
字徑一寸六七分左行陽文方界格

馬天祺祥作

平津讀碑記孟阿妃造象記跋謂齊末四易主四改元逃竄匆遽之際號令未必及於民間民心未定故歲次丁酉仍以武平七年繫之馬天祥等造象稱武平九年二月廿八日亦同此意其說近之金石家著錄此碑祺皆作祥何也仲追寘果仲蓋仲之譌字

張思文造像記
拓本四紙高五寸各廣一尺五分記十五行行五字字徑八分方界格象旁題名五行行字不一正書在諸城李氏

大齊承光元年歲次丁酉正月乙亥朔十五日己丑佛弟子張思文敬造无量壽像一軀并觀音大勢至願師僧父母□□眷屬□□稱心常亻諸佛國祚孔隆民寧道業一切含靈咸□斯慶下空六行
像主李道和供養　和妻𦈰供養　和女阿醜供養
和息文昌供養　缺息延貴供養

大清乾隆辛亥得一片石于叢祠與艸中諸城李仁熀識篆書刻記文後空處又有品石三分書

右造象二面刻記文二面刻畫象并象主李道和等題名五人正月乙亥爲齊幼主受禪改元之日至二

十五日己亥歸周而齊亡矣國勢如此裒思文猶以
國祚永隆民甯道業覩之殊可慨也山左金石志
佛座石文廧泐凡六字其文云云承光齊幼主年號
正月乙亥朔幼主即於是日即位又乙亥而禪位大
丞相任城王楷矣此石拓本蓋由諸城李孝廉山甫
家得之高密任君青田寄予今爲吳南鄉取去授堂續跋
武氏所載合誤作會李道和五行武氏未見通鑑
目錄是年二月甲辰朔知正月爲小盡也

亞祿山宇文公碑

高一尺三寸廣三尺七寸十一行行字不一字徑三寸許正書在掖縣

光州刺史宇文公撫有邊民恩同赤子治方清美□□
文王之化□□傾樂過於□□兔弱相□□故□山□
□逯造□碑銘万□□注記

碑無年月在掖縣亞祿山頂案光州之名惟北魏北
齊有之其餘自宋迄隋皆稱青州也魏書地形志皇
興四年分青州置光州延興五年改爲鎮景明元年
復自是至齊相沿不改鄭述祖于河清三年拜光州
刺史是北齊仍稱光州之證府志沿革表未列北齊
疏矣宇文氏之列正史者北齊書無之魏書惟宇文
福字文忠之二傳其先世及子孫族屬未有刺光州
者史傳闕略甚多茲因無名氏可攷姑坿鄭道昭諸
碑後山左金石志
文王上所缺阮氏作甚兔即老之俗字先人爲老
此又增一筆耳阮氏作尭非訪碑錄兩載此刻一
列齊一列周

呂世𣜤等造象題名

高六寸五分廣一尺五寸七分十九行行字不等字徑七分分書在蘭山北門護城堤上

齋□□□□□呂世𣜤
□主比邱僧曇憐比邱僧道
暉
大象主郡功曹孫伯珎孫國安
大象光明主比
邱僧沙門楖道
主父濟前西曹書佐褚主簿蕪別駕

柱神鳳
左葙菩薩主車解頒高子顯
左葙菩薩主
光明主薛他奴
右葙菩薩主主父散慦
右葙菩薩
光明主任爲仁
左葙金剛主并光明吳法榮
右葙
金剛主并光明薛雲遠潘吹
大齋主主父濟主父惠
南面石象主車僻頒
南面光明主任敬膳
左葙
菩薩主薛孟瓅
左葙菩薩光明主主父子昂
右葙
菩薩主主父薛胡
□葙菩薩光明主郡功曹任弔

呂世𣜤補訪碑錄作吕世擣誤主父雙姓趙武靈
王主父之後薛卽薛字與晉陽山薛子岫題字同
主父濟車解頒名皆兩見碑無年月補訪碑錄系

北齊從之

佛會說發願文及大乘妙偈碑并陰側

連額高六尺廣二尺八寸卅五行上層十一字下層四十八字字徑七分左側小字一行行十一字字徑七分下接大字廿五字又四行行卅五字字徑一寸二分陰上層卅六行行十一字字徑六分下層廿行行廿八字字徑寸許篆額六行題佛□心□大乘妙偈刊石千記怖見聞益法住十八字陽文右側五行行卅五字字徑一寸二分並分書方界格在安陽靈泉寺

第一會□□□普賢說九行

第二會普光□文殊師利說九行

第三□滕妙殿法慧說九行

第四會夜摩天功德林說八行又一行在左側以上上層

第五會□□天金剛□說九行

□□□□□□在天□□□□九行

第七□□□□□□□普賢說九行

□□□□□□□□□□舍善才說九行以上碑陰上層

發願文在碑陽下層

菩薩在家當願衆生云云在碑陽下層每行四言十二句訖於碑末

无閡如來猶滿月云云在碑陰下層每行七言四句凡八十句

表裏□徹□无垢云云在右側每行七言五句凡二十句

具足妙功德彼脩最勝行此第四會說之末句也觀察堅固人智慧廣圓滿云云在左側首行五言五句次行以後各七句末空五格

案碑額篆書陰文凸起文云佛□□□大乘妙偈刊石千記怖見聞益法性凡十八字千疑當作阡省阜書之額下小字經文不可悉辨正面背面俱完好鑽空題有州刺史字又有大金甲午歲大定十四年竇山靈泉寺講經僧法智名蓋後人題刻於此若碑書勢當在魏齊間也安陽金石志

武虛谷題云大乘妙偈碑據額字也今以碑文覈之額題乃在碑陰碑上鐫佛會說一會至四會止五言爲句餘一行書於左側下鐫發願文四言爲句碑陰五會至八會止亦五言下鐫大乘妙偈七

言爲句右側五行亦七言左側五行五言疑此爲後來續刻者故題額在陰碑式如是也額題刊石千記案偈文凡八百九十五言千記者猶千言也約舉大數書之武氏疑千當作阡非是法住住字武氏錄作性亦誤若所謂金刻及州刺史則未之見或作額字之旁

水牛山經刻

高八尺二寸廣六尺二寸六行行九字末行七字字徑尺許分書在甯陽

舍利弗云云是名觀佛

右碑黃小松錄寄未詳尺寸首曰舍利弗凡五十二

字弗卽佛字無年月八分書在常陽水牛山山左金石志
山左志列北齊從之水牛山尙有正書佛經碑額
刻佛象旁題文殊般若四字碑陰題名十五行亦

無年月

八瓊室金石補正卷二十二終

八瓊室金石補正卷二十三

太倉陸增祥撰　男　繼煇校錄
吳興劉承幹覆校

北周

强獨樂文帝廟造像碑

高四尺四寸五分廣三尺五寸四十行行卅四字字徑六分額十五行行四字字徑一寸六分陽文均正書在簡州

此周文王之碑
大周使持節車騎大將軍儀同三司大都督散騎常侍
軍都縣開國伯强獨樂爲文王建立佛道二尊像樹其
碑　元年歲次丁丑造以上在額

夫功例當時而顯揚千載者非竹帛無以褒其訓非金
石無以銘其德是以漢頌李氏於蔭岑前魏書鄧於絲
竹姬姜受齊魯之封晉宋垂拱而取天位者皆猶立身
有瀚天之功平暴理亂存濟蒼生故耳而我文王處身
成長值國艱難恒那風起連及魯趙鮮于葛榮各擁十
州之衆飄䰟蒼晉介時王身文武英逸屢量山海坐竿
知天謀無不決平杜葛二軍積年之寇掃蕩齊魏草化
之民京洛清晏關東怙然安置宰守人民復業唯有醜
奴莫折屯聚蟻衆撓乱三秦賀拔与王俱時受命龔行

天罰各領鼡將百千□拖埒先擒醜奴於涇州蕿𢦏之
系殲莫折餘燼在大秦之域河凉息甯開隴徐同平侄
歩之秦王有陣敵之功重勲難彰除系州刺史在任清儉
与民水菜不交閭絶私覿皎然沐鏡恩同子產後比周
部令名照著遠近欽穆尋轉爲夏州刺史尒時賀拔𢇁
射為開西行臺侯莫陳爲隴右行臺各領所部擬伐兇
逆時有靈州刺史曺渥圯黃河之難不祗國命而賀拔
𢇁射心欲討惡志公燕二而侯莫陳陰生妬嫉密懷佐
害王時在西夏聞𢇁射薨於系州卽領所部星赴平□
尒時大軍見府公薨背人懷異望王自至涇揞約六軍

泣而言曰昔洪濱納肝苞身□泰觧陽執楚至死不二
紀信代君燎燒其身仵員報父兄之仇孫武令而言之
一人欲死百人不當万人欲死橫行天下遂能滅強楚
於壞城之側破越軍噲晉之野况我等諸軍將同韓白
衆如鼡狽今不為君雪恥豈可立身於地上平曰郎將
士同心揚威西討時不逾朔盪除兇悖斬侯莫陳元惡
黨類屠掠衆軍悉恕不咎遂搃攝百万志平國難至永
熙年中高賊昌狂擅威并相圭上嫌恨遂遷京師內外
百官歸還雍都知王神機獨決視徹九霄負武逐文鎮
越祉稷所領將帥者皆進有直劇之機退懷孫臏之策

指日光迴吹流山盤其土卒也手把長戈雄毅跳山藏
石成風吸岳崩思故武帝拜為都督中外諸軍事大丞
相威振八極六合來賓北有茹茹傾國歸降南伐梁國
君刑民遷交廣請命西定□昌鄧至吐谷渾稱藩貢獻
相尋禮及中系君臣和穆父義母慈兄友弟恭子孝盜
賊大戢姦詐不行故能除擒槍於九霄掃塵遐於六莫
囹圄無何枉之囚幽閒無屈滯之士今日俗美遵同慈
父昊天不弔春秋五十薨於長安百姓𢇁墓如遭先妣
之喪國王大臣咸推世子代其父位以在哀遂未治軍
府天鑒積善必加餘慶善惡報應唯在上靈是以湯王

自燒甘澤降注宋景思殃熒或一舍為之三從天道無
親唯德是予元像垂曜万國必仰魏王知天命去已祚
歸于周周畏天之命卽依恭受而天王既臨万國尋思
漢祖迺尊謚太上皇魏文謚父為武帝昔我周之紹隆
武王滅紂謚先文王今既天歸周恒應襲其故遂依尊
号文王班告天下樂等与大都督夫蒙儁帥都督楊揞
都督呂璨都督治石嵒縣傅元绪都督治陽安縣史于
德武康郡丞劉延治懷遠縣劉開都督王祥都督馮延
都督鄭業等出自布素蒙王採拔觧褐入朝位登三司
恢身殞命無以上報雖肝腸糜爛無過時之哀竊唯上

古非臣子不樹碑銘非其神而祭之者謟欒荓今從杜
國大將軍大都督甘州諸軍事化政郡開國公宇文貴
邊戍峨蜀因防武康不勝悲切故於□東之嶺顯蔭之
豈天落石傍為王敬造佛二尊寶堂藥王在其左普賢
在其方文殊師利侠持兩菿飛天化生在上馳翔師子
吒呰在下侏張百神症嚴內外黃〻鑒察愚寘濟其道
場前立露碑文字書揚鼇龍交槃巖巍昂藏刊石隱文
万代弥常讚其功勳求序延康
赫〻文王才高少昌掃除四兇建節秦陽搃鉀百万其
峯難當儀同督將智齊三剛文學儒士態殊陳張平弥

遖趙進師金方剋捷三秦懸祚邊壃群姧皈平衆逆消
亡南屯庸蜀西及胡羌北降茹〻東南夷粱六合淸晏
濟〻康〻百官蟄務佩玉鏘〻各治其職撫導滕常百
民寧撫男女顕章六畜蕃原縶帛盈倉漢稱文景周詠
成康論比德續上及三皇抑强綏貴採擢賢良覆栽之
下讃言興王故頌其德刊文碑傍
弟子何周敬造釋迦像頌一切法界衆生早得作仏此四
行在右偏碑文下方佛像之左
為法界衆生敬造此二行在左偏碑文下方佛像之右
後周宇文泰紀功碑在本州界首云泰敷遣郡督人

蜀一治石岡縣一治懷遠縣見簡州志輿地碑目
右周文王宇文泰碑在簡州三巴舊古志載此文
未有發明石本渤處據以補注於旁上方橫額首
題云此周文王之碑次題云大周使持節車騎大
將軍儀同三司大都督散騎常侍軍都縣開國伯
强獨樂為文王建立佛道二尊像樹其碑元年歲
次丁丑造下方列佛像二區左題弟子何周敬造
釋迦像云云右題云為法界衆生敬造皆它碑所
未有獨見於此丁丑爲周孝閔帝宇文覺即天王
位之元年無年號是年正月追尊皇考文公爲文

王九月被弒世宗宇文毓即位己卯八月改天王
稱皇帝追尊文王爲帝大赦天下建元武成碑故
書元年不書紀元書王不書帝也碑敘文王事蹟
甚略所載與本紀率同鮮于者修禮也僭號魯興
一作晉興葛榮者修禮之黨也僭稱帝建國曰齊
僞號大通改廣安醜奴者万俟醜奴也僭稱帝號
神虎莫折者莫折念生也亦稱帝僭號天建賀拔
者岳也侯莫陳者悅也高賦者齊神武帝高歡也
碑敘歷官但云原州刺史夏州刺史都督中外諸
軍事大丞相而已其尙馮翊長公主拜駙馬都尉

關西大都督略陽縣公加授大將軍雍州刺史兼
尚書令略陽郡公改安定郡公太師大冢宰等皆
不之及亦太略矣碑云春秋五十北周書云時年
五十二甲申葬於成陵北史云時年五十十二月
甲申葬於成陵以碑證之知周書脱十月二字也
碑云平杜葛二軍積年之寇本紀所無當即杜洛
周葛榮也杜洛周爲葛榮所并葛榮爲爾朱榮所
擒文王時方從榮隨例遷晉陽或文飾其詞耳碑
云靈州刺史曹遲本紀作曹泥遲即泥字碑云聞
僕射甍於原州郎領所部星赴平□據本紀則趙

貴等所邀也平下所缺是涼字碑云西定□昌紀
云宕昌羌梁企定引吐谷渾寇金城昌上所缺蓋
宕字强獨樂夫蒙儁等十二人史俱無傳夫蒙代
北複姓氏族略云今同蒲二州有此姓周有兩宇
文貴一爲文王之孫齊煬王憲之子傳不言天和
以前官位一爲莫豆干之子字永貴夏州人十二
大將軍之一亦周之宗室也孝閔帝紀云以大將
軍化政公宇文貴爲柱國與此正合即夏州之宇
文貴也據傳封化政郡公在孝武時以大統十六
年進位大將軍孝閔帝踐阼進位柱國時代尉遲

迥鎭蜀碑故云邊戍岷蜀而不載大都督甘州諸
軍事史之闕也魏書地形志武康郡隷甯州軍都
縣隷幽州燕郡陽安縣隷豫州汝南郡化政縣隷
蔚州附恩郡而無化政郡石岡懷遠二縣皆不見
於志當是北周所置也碑字多謬俗散作散强作
强褒作裦齊作斉从齊字同滔作滔擒作擒倏作
條冰作冰臺作臺靈作靈惡作惡妒嫉作妬嫉僕
作僕演作演解作觧欲作欲咎作咎弄作挊獨作
獨胥作胥壑作壑傾作傾欃作攙殃作殃罔作岡
傍作傍冥作寘昴作昴讚作讃蠶作蠺猝舞作猝

擧穀作穀孩作姟餘不悉舉功例當時例乃烈之
誤平徑徑乃涇之誤孃城孃非襄即穰之誤噲瞀
噲乃會之誤號墓墓乃慕之誤俠持乃夾侍之誤
又處身成長成疑戎字之訛虓魂虓疑虓之訛即
飛之俗旭搒不可識旭疑勐之訛即猛之俗搒疑
即爭字萇抗抗即坑之訛賀拔岳等傳作長坑長
萇古通閤絶私覿閤疑闕之訛楚辭志閣絶兮安
如擬代擬不可識巖巍巍不可識疑巍之訛即巍
之俗又照著以照爲昭仵負以仵爲伍負武逆文
猶言緯武經文也負以周言逆以直言逆徑古通

一睧睧同㬜卽昔之俗猶言一夕也夕昔古通黃黃卽煌煌古只作皇皇黃古通其峯難當峯卽峯之俗以峯爲鋒至皆猶之猶卽由龔行之龔卽恭欽穆和穆之穆卽睦熿燒之熿卽焚昌狂之昌卽猖六莫之莫卽幕本作漠何枉之何卽荷㚇或之或卽或邊壇之壇卽疆皆古字也

造觀音象題字

高廣不計一行九字字徑寸許行書在簡州

救苦觀世音菩薩一身

右刻在前碑左近字蹟不類別一種也要爲唐以前刻卽附於此此外尚有一刻字蹟惡劣且殘缺不可讀置之

王妙暉等造像記 武成二年二月八日 萃編載卷卅六

顯顯作顯示蒼生缺示字抹蹴蕤沙缺抹蕤二字五十人弉弉作徒等

炭炭作炭新哲新作親誤韋宜姬缺姬字遍薩姜缺遍字劉女賸典

坐㳅姐婁缺賸㳅姐婁四字攴延蠻獠缺攴字攺春姤缺攺姤二字攺

磨尼缺攺字攺顯資缺攺顯二字趙將男缺將字寶賸貴缺賸字袁

仏女缺仏字陽女賸缺賸字王五男氵偉青與女缺男偉書與四

字賀保賸缺保字苟妃缺苟字高舥朱缺舥朱二字䂇妃䂇誤李馮

外姖缺外姖二字審客資介缺介字但日主王缺但日二字

㳅姐卽彌姐關西複姓攴延疑亦複姓而不見於氏族諸書

秦國亟造象

高二寸六分廣二寸九分四行行字不一字徑三分正書

保定之元年六月十一日秦國亟爲亡父亡兄造象一軀

布泉笵

長三寸八分廣二寸五分笵背款識二行行四字字長徑六分篆書陽文藏予家

保定元年總管府造

此劉燕庭故物也笵列布泉四面四幕款識在背校董逌錢譜云布泉陳文帝鑄一當百後周武帝

亦鑄布泉一當五藏日泉流日布

楊㬅景造象題名

刻佛座存三面高二寸六分面廣三寸七分十一行行三字四字字徑六分正書

楊㬅景 父楊法朗 母紀全舍 弟士恭 姉苟女

婦男借 珠賸勱 以上二面左行 祖楊醜黑 祖母房碁

妝楊洛壽 巨兄㬅傷

補訪碑錄列保定四年三月十九日下注陝西二字是此拓本遺佚一紙也姑就所見錄之仍系於保定四年以俟補完

開府儀同賀屯植墓誌

高一尺二寸七分廣一尺二寸廿五行行廿二字字徑四分正書

周故開府儀同賀屯□之墓誌

公諱植字永顯建昌郡人也其先侯姓漢司徒霸之後瓊根盤鬱歷千載而彌隆寶葉駢羅貫終古而獨茂芳烈垂而不窮英聲著於□禜公稟川岳之休靈纘□緒之妙氣孝敬基於自然仁讓發於天性不覽邑里之華而存倜儻之節至如揮戈跨馬氣籠六郡之奇觸矢挫弦妙奪樓煩之術加以膽氣兼人才武絕世故能戰必有功陣無不摧平寶賊於小關尅恒農於陝虢戮河橋之封豕摧沙苑之長虵騁魄捍於洛陽効武勳於隋陸其餘功戰難得詳言而公忠簡帝心勳高諸將賞祿既崇寵榮斯及歷位衛大將軍右光祿大夫太子中舍人河陽郡守稍遷使持節驃騎大將軍開府儀同三司大都督義州諸軍事義州刺史司倉大夫肥城縣開国公食邑一千七百戶公率禮讓以□民揔威惠以禦衆供出納於儲宮秉綸綍於玉府襄帷三載民輿五袴之謠攉鉞十周士懷赴火之節魏前二年十二月中　太祖文皇帝以公忠效累彰宜加旌異爰命史官賜姓賀屯氏時惟姓首寔主宗祀穆穆之訓流美□門惟馨之惠實臻踐福春秋五十八以保定三年歲次癸未正月廿

三日寢疾薨於坊　主上嗟悼賵賻有加以保定四年歲次甲申四月己丑朔廿一日戊申窆於幽州三水縣榛川之東平原追贈公使持節驃騎大將軍開府儀同三司大都督光揚平三州諸軍事光州刺史肥城縣開国公謚曰斌公禮也陵谷不常幽顯或改故鏤元石以誌焉　世子宏遠　次子宏徽　次子宏高　次子宏国　次子宏周　次子宏貴

右開府儀同賀屯植墓誌補訪碑錄云在三水當是據其葬地言之賀屯植卽侯植魏書北史俱有傳史家追書原姓誌立當時書賜姓也傳與誌多歧異誌云字永顯傳云字仁幹世系表同植或有二字耶誌云建昌郡人傳云上谷人高祖恕北地郡守因家北地之三水按唐書宰相世系表鄭有侯宣多生晉漢末徙上谷元和姓纂亦云漢末侯氏徙上谷傳敘其祖貫故稱上谷姓纂分上谷三水爲二望不知其同系也魏書地形志建昌郡屬涼州北地郡屬雍州三水縣屬涇州新平郡而誌前云建昌郡後云塟於幽州三水縣當是北周所更置隋書地理志三水縣屬雍州北地郡北地郡後魏置豳州隋蓋因周之舊也建昌郡當亦周所割隸

抑或周所別置非郎北魏之建昌耶誌敘歷官與
史亦大同小異傳言起家奉朝請拜統軍授驃騎
將軍都督進大都督拜車騎大將軍儀同三司進
爵郡公誌皆略而弗詳惟進爵郡公誌何以亦從
略耶誌言竊大將軍太子中舍人傳皆失載誌言
河陽郡守傳作清河誌言右光祿大夫傳作左當
以誌爲正誌言司倉大夫傳言司倉下大夫誌省
下字似異而實同誌言贈光揚平三州諸軍事傳
言正揚光誌言謚曰斌傳言節誌有六子上一字
皆以定命名傳言子定則傳之誤也唐侯君集爲

植之孫世系表缺其父名史傳不載姓纂亦弗詳
殆不可考表稱植爲肥城節公亦誤斌爲節姓纂
作肥成公雖成城可通要當以城爲正誌云漢司
徒霸之後姓纂侯霸出丹徒望與三水異派世系
表敘植先世亦不及侯霸當是作誌者附託霸裔
耳誌敘功績云平寶賊於小關者竇泰也封恒農
於陝猇未詳或指楊氏壁而言破沙苑戰河橋皆
與傳合驍捍於洛陽當郎與齊神武戰也劾武
勣於隋陸當郎傳之平江陵也傳言從賀拔岳討
万俟醜奴從獨孤信討宇文和仲誌所不及所謂

其餘功戰難得詳言也魏書大統元年賜姓侯伏
侯氏北史作侯伏氏世系表同當是魏書之誤而
誌不詳也賜姓賀屯世系表誤作賀吐證以此誌
更顯然矣四月己丑朔廿一日當是己酉誌作戊
申或是廿日誤多一字通鑑目錄是年三月己未
朔則四月己丑朔當不誤也字多俗謬其尤箸者
策作箣華作蕐礪作㸚贈作贈追作𨓏賵作賵葬
作垄也封豖郎豕蔑趾郎長沙苑郎苑驍捍當是
悍綸紼郎綍餘不述

聖母寺四面像碑 保定四年九月八日 萃編載卷卅六

□□□冡非積行缺冡字大像主□和儛缺像主二字和上所缺當是昨
勸萚郑川缺萚字萚疑即彛識圓□常缺圓字體□旡㝵缺旡㝵二字
石嫂缺嫂字嫂疑即㛸□福雛嶶雛誤雛即雛字福祚唯長缺長字邑子
眷屬缺子字聖母寺碑在南面上列左方檀越主云云之右王氏遺之屈男度萘
萘作䔖李慶寳寳作寶姚輝縈縈誤縈雷㗍雀㗍誤㗍雷宊祩祩作
謙雷榮顯顯作顯雷長命命誤命郎命字昨和雙郎郎誤郭屈男馬
失缺失字无量壽壽作壽雷道顯雷顯順顯均作顯雷莆智缺智字
南井郎罕井關西複姓王氏讀爲南井誤矣彌姐
亦關西複姓
□落□造像題字

高二寸八分字在佛背四行行字不一字徑二分正書在太倉錢氏

保定□□□□三日道□□□落子爲七世父母敬造

像一區因緣供養

右象龕作蓮辦形題字在背象厄於火前二行殘

泐不能拓覩就器審之亦僅辨定道二字

昨和拔祖等一百廿八人造象記

高二尺二寸廣一尺九寸五分文十九行行十二至十五字不等文後題名七行下方題名三列上列廿七行次列廿四行下列廿行弟八行字特大行字均不一字徑五分正書

天和元年歲次丙戌□□□子朔廿三日戊戌佛弟子

一百廿八人等共張宏願維天地開闢陰陽運轉明則

有日月之照幽則有鬼神之影故神濟不測品物斯顛

載形擁宜無方理識所以日照是以釋迦如來慨四諦

之將輪改三乘之末證發宏誓於八解之津廣大悲於

五濁之域得信士都邑主昨和拔祖合邑等共發積道

場造相勸率造釋迦像一區知一沉恩愛之獄永拘名

色之藏輪轉三界迴服五道蘊盡合村輪同憂禍至与

灌湯□擺既捨家資及事子之分於荛山之鄉壙川之

裹左挾同升右臨白徑採石豬顛遂召名匠出巧思之

奇樹茲釋迦像一區上為　皇帝陛下延祚無窮師僧

父母回緣眷屬法界合識成斯同願咸登妙覺合邑普

同敬祀

都維那賀蘭万吉　左相侍幢昨和伏子

南面化主昨和洪知　南面邑正武卿□□先長和

南面光明主昨和了荒　右相侍幢昨和伯龍

南面邑負□馬顏　都邑正昨和景寘

南面維那雷顏引　都邑負昨和孫安

南面典錄昨和無暢　南面香火主荔棐子和

南面齋主虜賁給事中散大夫昨和富進　以上上截

邑子昨和元豊　邑缺

邑子昨和陽奴　邑子昨和□

邑子冄井法榮　邑子王歸郎

邑子昨和顏知　邑子昨和先生

邑子唐山壽　邑子雷陽昌

邑子昨和法憤　邑子昨和子康

邑子吕携德　邑子昨和景業

邑子昨和法安　邑子冄井曺生

邑子昨和醜子　邑子冄井明祥

邑子昨和永樂　邑子昨和羊皮

邑子昨和山虎　邑子昨和醜奴

邑子昨和僧定　邑子昨和顯熾

邑子姚引奴　邑子昨和顯和
邑子昨和□□　邑子昨和顯愼
邑子昨和景儁　邑子昨和伏奴
邑子冊井阿祥　邑子昨和藺奴
邑子屈男顯棠　邑子荔非思祖
邑子昨和樹建　邑子荔非思暢
邑子昨和榮安　邑子昨和歸奴
邑子昨和仲祭　邑子昨和仲賓
邑子荔非愼貂　邑子昨和儁祭
邑子昨和明引　邑子昨和仕祭

邑子昨和景洛　邑子昨和清席
當陽像主昨和醜奴　邑子昨和貴□
都化主□□將軍□右　邑子昨和長樂
貢外□中侍都督冊井舉
南面邑主□督賀蘭延暢
右下截一列　右下截二列
邑子昨和亶缺
邑子荔非佛奴
邑子呂右妃
邑子昨和暉亮

此行空
邑子缺
邑子昨和大吉
邑子昨和釋吉
邑子昨和孝通
仏堂主昨和眞慶此行字較大
邑子昨和早洛
邑子昨和洛容
邑子昨和惡平
邑子昨和忠達

邑子早洛母金男長資
邑子昨和輝緒
邑子昨和長達
邑子昨和平貴
邑子平貴母冊井阿□
邑子昨和□非
邑子缺
右下截三列

右昨和拔祖等造象記未詳所在天和元年當陳文帝天康元年梁世宗天保五年齊後主天統二

年子朔上缺以廿三日戊戌逆推之是丙子朔也
通鑑目錄是年閏初用天和曆正已卯二戊申四
丁未六丙午八乙已是丙子朔非五月即七月也
記文後題名七行下方題名三列共八十七人與
記文所稱一百廿八人者不符姓氏不必盡載造
象諸刻中恆有之也姓昨和者五十八人姓荔非
者五人惟子和作荔棐即荔非也譯音本無定字
姓罔井者六人罔即罕字惟平貴母作甬井即罔
井也字體小變耳姓屈男者一人昨和荔非罕井
屈男皆關西複姓然則碑當在秦中也荔非元和

姓纂萬姓統譜皆作荔非隋有荔菲雄涇州人唐
有彭州刺史荔菲某生名脫寶應節度荔菲元禮甯
州人姓氏急就篇及聖母寺碑均作荔非此碑作
非作棐字雖異而姓實同也隋書煬帝紀有荔非
世雄安定人即荔非雄也唐人避諱去世字耳脩
鄧太尉祠碑有姓利非者代北又有姓麗飛者利
非麗飛荔非荔菲荔棐只一姓也姓纂屈南氏云
屈原裔孫仕後魏以自南來乃加南字或作男昨
和罕井屈男亦均見於聖母寺碑王侍郎釋罕井
為南井誤矣碑以日照為日昭餘多譌俗慨四諦

之蔣輪蔣輪蓋將淪之誤改三乘之未證改疑致
之誤一沉恩愛之嶽嶽蓋獄之誤永拘名色之穢
拘即拘字色即色字穢疑域之誤乘當即乘字從
古文乘而稍變之眷屬蓋眷屬之誤合識蓋含識
之誤左相右相相即廂字它碑多作箱褱疑璃之
誤逈疑廻之誤悉緇未詳悉或即思字或即愚字
其餘俗字南北朝碑刻所習見也

庫汗安洛造象記

象高八寸五分廣五寸五分厚一寸五分題字刻象背及兩側共六行行字大小均不一正書

佛弟子庫汗安洛為以上左側家內大小敬造世□石像乙

區生身世〻直佛聞度脫三僮永受延年以上佛背天和二
年歲次在丁亥九月十九日以上右側

右庫汗安洛造象舊在華州城外古塔內癸酉夏
袁姓自陝攜來索值昂貴搨數本而還之後歸沈
氏憼即敬直即值度即渡之未成字者徒即徒用
為遂受用為壽

僧淵造像記

高六寸廣一尺三寸廿一行行九字字徑五分正書方界格

夫靈蹈極尊□□□□赴感隨因悲拯等一是以比邱
僧僧淵既蒙福資少遊元門餘福不宏身常瘦弱夙宵

嗜噃自非慈父安能興救者哉□郎發心探訪瓊山之
岨得碑石一枚召匠延功彫㓰玉質營餝真容七佛徒
衆集在其中寶帳𧂐供養之具無不嚴又願國祚永隆
万化同一曠刼師僧七世父母曰緣眷屬及以四生去
有絕塵融歸本理還趣導首證昇覺位興願表心略題
云尒
周天和三年歲次戊子十二月十四日造訖
施像石塔主傅洪逵　像屋主𤆌仁

案管子輕重篇洪瓊洛之水通之杭莊之間瓊山
當在其地嗜不見於字書蓋喈之變體也㓰鏤之

誤餝卽飾𧂐上奪流字

劉敬愛造象記

刻佛座四周高二寸七分廣四寸五分側廣四寸一分廿行行二字至六字不等字徑七分正書

天和五年歲次庚寅四月甲寅朔十一日甲子日佛弟
子劉敬愛躰識非常迷卽劉削財为亡父及息造□像
一區願亡者託生西方見在眷屬願脩功德復願國土
永隆三寶常續法界衆生一切等成正□

北周天和五年當北齊武平元年字體多俗庚寅
作庫寅尤繆惟用迷爲遂甚合於古

王明月造象記

刻佛座右側及正面高二寸三分側廣二寸面廣四寸二分十行行二字至五字字徑[redacted]分正書

天和五年十二月十□日清信女仏弟子王明月敬造
釋加像一軀至心供養願一切六道四生無諸衆□及
□

記文未了疑在左側搨未全

陳歲造象䟽文

刻龕背高四寸七分廣三寸二分七行行十一十二字字徑三分正書陽文方界格在枝江張氏

息至道冲霊必業以銓□□衆生愛溺苦河之中輪轉
生死之域是以如來垂迹影布言原野曉示長迷永垂
煩熄佛弟子陳歲爲亡父母時天和六秊歲次辛夘六
月丁丑朔日丙戌敬告釋迦音像一尊願皇帝璽

右造象鏤刻極精而文字多舛錯奪譌首尾均似
未了日丙戌上奪一十字補訪碑錄以爲丙戌朔
誤矣熄熠之變卽僭字造作告釋迦音像它處未
見舊藏漢陽葉氏今在張侍御盛藻家

邵道生造象記

刻佛座四周高三寸五分廣五寸側廣三寸記七行題名八行行字不一字徑四分有直界線正書

夫法身无礙故万像以開導聖知無心託心以意物然
佛弟子邵道生乃能仰尋經□卽滅割家珍為亡女寄
女造像一區有願亡者託生方妙樂國土及法界衆生

一時戊佛建德元年六月廿日造訖以上在正面
像主前將軍左銀青光祿都督治思金郡守郤道生一
心供養　妻楊金椀一心以上刻背面左右各一象兩側同
亡息景琮一心　亡息羊仁一心在此左側
亡女奇女一心供養　亡女夫項延嫪一心此在右側
心以意物上奪一字訖生下奪一西字假作彼仰
作仰尋作尋區作區
建德造像殘磚文
高存二寸五分廣存二寸四行行字不一字徑三分正書在長洲彭氏
妻尒增香息□　慶廣妻魏磨女　碩造像三區□得

德元年造訖
以德字紀元者十七德上所缺是建字尙有未筆
可辨蓋北周武帝時所造也
王氏女五娘造象題字
蓮座高三寸六分題字在蓮座之背九行行字不齊字徑二分許正書在新城楊氏
大象二年六月十五日王氏女五娘爲亡父母敬造象
一區眷屬合家供養
嵩山比丘惠暉等題名
高五尺廣五尺六寸九行行字高低大小多寡均不一分書在鄒縣城北崗山大石北面
二郎比邱惠暉比邱尺法會大象二年七月日比邱道

成僧岸唐竟此二字在僧岸之左　象主翰思和彦儁珎□此二行在
佛號上方佛像之右　石經此行在佛象左　釋迦文佛彌勒尊佛阿弥
陁佛此三行字特大
二郎二字失拓據山左金石志補注於旁
經文高八尺二寸五分廣五尺一寸十行行十四字惟末行十一字字徑四寸分書在大石東面
如是我聞一時佛在王舍城至澈口畢已合
又高四尺廣三尺五寸五分五行隨石左斜首行七字次三行八字四行六字五行四字字徑五寸許分書在大石南面
掌恭敬至授我八戒
山左金石志云此與上種文義相連筠清館金石

記併合前二段爲一種
又高四尺三寸五分廣三尺八寸五行行三字字徑尺餘正書在後面
神通之力奮迅游化善於五性自性識
又高二尺二寸廣三尺五寸三行行一二字字徑九寸許正書
法得道之處
此與前段字蹟相似
又高五尺五寸廣五尺八寸六行行字不一字徑八寸許分書
與大比邱僧及大菩薩眾從　他方佛土俱來集會
是諸菩薩具足无量自在三昧
此段疑郎尖山十種之一惟山左金石志未載全

文僅云廿二字此少一字爲不符拓本原簽云在
崗山姑列於此
又高三尺六寸廣六尺八寸四行行二字字徑一尺餘分書雙線方界格
大比邱僧及大菩薩
又高三尺廣三尺四寸二行行二字字徑一尺餘分書有雙線方界格在西面
衆皆從種
又高五尺一寸廣五尺八寸三行行三字字徑一尺二三寸分書有雙線方界格
現皆是古昔諸仙暗聖
仙從亻旁作仙暗當卽賢字以上三段疑是一種
末段字較大耳

又殘字一字一紙尺寸詳後均分書
重徑一尺二寸五分向西北　俱徑一尺六寸餘向北　音向南　種向西南二字徑一尺
一寸餘有方界格　常向南徑尺　聞向西徑一尺四寸餘二字較瘦
以上十一段未見著錄原簽云在崗山以意揣之
或有在尖山小鐵山者皆與崗山相連也然山左
金石志未載仍從原簽列入俟再訪詢
銅信圭款識
長七寸五分上鋭廣二寸三分下廣一寸八分中列一字徑四分下列五行行十四字字徑二分餘正書
背刻篆文一行字徑九分
西洋映天湖四圍千餘里深數十丈
甲年月映湖心卽浮寶銅一片光□
周　五夜此銅祥瑞之物卽造乾坤信圭
一合可止水火亦延壽回年可爲至
寶　兵大夫記
龍飛一統上刻月形佐以彩雲
右銅信圭甲子春葆芝岑亨得於黔中已巳秋借
拓錄之款識凡六十一字背鐫篆書龍飛一統四
字上方鐫一周字末題云兵大夫記攷歷代官制
惟宇文周有兵部中大夫小兵部下大夫之名此
云兵大夫殆卽是也北周武帝保定四年甲申建

德三年甲午此云甲年莫定其爲申爲午矣映天
湖未詳所在光下所闕似是彩字云乾坤信圭一
合則當尙有一圭同年猶返老之意說文洋水出
齊臨朐高山小徐本作石膏山東北入鉅定又穆
天子傳注洋水出崑崙山西北隅淮南子洋水出
其西北陬此所謂西洋者或卽齊之洋水

八瓊室金石補正卷二十三終

八瓊室金石補正卷二十四

太倉陸增祥撰　男　繼輝校錄

吳興劉承幹覆校

隋一

李惠猛妻楊靜太造象記

高一尺廣六寸六行行十一字徑六分正書方界格在益都

大惟開皇四季歲次甲辰八月辛卯朔十日庚子佛弟子李惠猛妻楊靜太敬造弥勒像一區并二菩薩上為皇帝陛下諸師父母法界衆生龍華三會願登上道

隋作惟誤於刻工此及夏樹羅寶奴張峻母桓等造象四種疑皆在雲門山者而山左金石志未載仍分列之

通鑑目錄是年隋初用甲子元秝七月辛酉九月庚申朔此書八月辛卯朔正合

段元暉造象記

刻佛座四周高二寸廣四寸二分側廣三寸六分記十六行題名四行行三字至六字字徑三分正書直界格

父都督元暉　母李國妃此二行在正面中刻蓮座左右各列一像

惟大隋開皇四年歲次甲辰八月辛卯朔廿二日壬子正信佛弟子段元暉滅葛家珎造觀世音像為亡女玉

資注生西方面覲諸佛及七世父母法界衆生永離生死□弥勒下山願在初上前七行在左側後九行在背面

息菩玉　□□玉資此二行在右側并列象二人

劉作葛音近而譌辰作晨法作法離作離皆繆

阮景暉等造象記碑

高五尺六寸四分廣三尺八寸二分兩截上截記文廿六行行卅三字空一行署款四行下截姓氏四列字徑八分許正書

夫元門高寂豈廣大之所堪蹈法戶淵曠非常品之所窺窺遂使真應莫詳淺深俱照者也童年壹界表始有出竒四枯四榮顯告終之異於是道場興會建斯三善炎摩普集明此雙空形遍□□示現化生榦教周法界散慈善之心豈宜借号金師託名傾客而已共至始狂為無識尚俠病已歸依毒龍少智猶帶怒从伏道況我人天靡不宗敬是从王城興歸真之言毗邪起不二之論尋此三乘致或於羌羊觀彼十地有疑於羅穀靈澤普潤覃茲四生法雨並洽暨斯六趣晨鑒紅面恐四虵从侵年暮觀白髮懼二鼠从奪氣俱悲三世僅得成夢共歎壹生終無如幻化露溘然誰飛悔香但慾凶崿峙非習羽不昇苦海修長非寶舟寍濟菩薩□　心因緣萬種聲聞起行方便百端可謂和風□拂卉木競抽暖

景晴懸葉花爭發今東莞縣治邑阮景暉劉遺孟思紀
長孫壹百餘人等咸是在世出王孫當今出公子志操
閑雅琏玉無以比其貞心神高尚霜露詎可方其□異
人甄見同崇三寶再門爲五家之物人人捨七種之珍
上報四恩不忝含識敬造十六王子像壹軀仍踰弃巫
山質匠妙公輸出床畱形留狀無異昔尊實色實體菀
見今塑物假人營事特神造咸言湧空悉遵飛來金容
混盧併是惟恨地非王舍尒其處也西瞰疊嶺衡岱無
以媲其高東眺原野雲孟未足況其闊琨水枕其前長
城帶其後寔福德出艮居道塲之勝地我大隋　皇

帝明壹⊙月德合兩儀昇平之化鳥跡無以申其美欽
明之風魚網焉可載其盛踵歷王於西域繼漢明於東
國邈崇聖理播餐善根䏡使伽陁之法抑而更揚多羅
之文墜而還搆有　沓世滌　□風纓組相襲
前莅童　金聲玉振雞
可姻名矣趙贊府　李二尉並是天下英蘭世閒領袖
冠冕蟬聯靡我好爵信股肱之良佐皆毗贊之賢明□
□菩愛樂大乘俱悅道味聽攬遊心法䕃上下率化共
邈斯福召開皇四年九月庚申朔廿五⊙甲申敬就昔
羅刹八字尚得勒銘野干數句仍存佉偈況我今⊙真

□□□□運□□芳音於万紀振妙響於三界晉平
敬鐫金石記功云尔迺為詞曰□□□□越□□□天
負□尔假石雕瑩相好炳著圓光明淨如月之滿如日
之盛一其□□□□□□□□□有□赴燈無難人生
類此豈懷疑憚共造慧舩俱昇法岸二其西□□界東□
□□爰兆□莖卜云其□家冨藏山氏流如水縣宰空
迄丞尉難比茂□秋松榮同春□勒銘記德故刊斯謠
□其
揚威將軍前□州永康縣令東關㬎管鎮城前東莞縣
令薛廣文

□□□平縣前□□東莞縣丞趙綽
□□□□□事東　莞縣尉郭德嗣
□□衛□□□□□莞縣尉□昌　以上
都維那麋歸業法義潘巳妃　法義孫洪化
都維那樂明　法義張醜　法義房鳳
都維那阮景暉法義麋勒叉　法義楊嚴
都維那劉遺　法義蓋國興　法義孫署
都維那孟思　法義劉惠洪　法義韋廣
都維那紀長孫法義紀文　法義李孝生
法義孫顯貴　法義尹端　法義趙晰

法義韓顯宗　法義馮春　法義李火頭
法義瑗花　法義泠暉業　法義西門紇陁
法義田苟　法義朱桃根　法義王神庯
法義劉副　法義周景世　法義吳曇嵩
法義朱醜奴　法義房鳳　法義孫侃
法義田杜　法義張酎重　法義夏肆貴
法義趙智果　法義侯頴淵　法義張善
法義楊洪興　法義孫恵連　法義劉黑
法義陳萇　法義張長孫　法義薛懐雅
法義周赦　法義孫陁　法義李紹達

法義劉孝長　法義紀嫣媞　法義郤滑
法義周柱　法義李海　法義柱雪
法義王方顯　法義渠永安　法義孫達摩
法義温子徽　法義鄭像　法義西門鬖
法義李曇暉　法義房龍　法義戴湛
法義劉匡　法義劉禮　法義孫重
法義楊黑闇　法義姚瓊　法義姚國
法義劉保德　法義吳洪淵　法義孫兗周
法義張摩納　法義劉惡奴　法義單方茂
法義徐天富　法義孫鐵庯　法義張市奴

法義李道興　法義孫子澄　法義解盡愛
法義郤降仙　法義張洪妃　法義劉起
法義張禾　法義昝子馥　法義曾益壽　以上第一二三列
法義羊休
法義夏達
法義翟文
法義王野胙
法義周長
法義姚黑
法義孫思

法義李恵威
法義王禄
法義李婉
法義崔見
法義吳万年
法義張蓮子
法義張逢
法義李鍾葵
法義李同興
法義趙廣

法義王明頌

法義資果

法義王洪略（以上第四列○下截）

十六王子像他處未見碑有空格未刻處字體多俗寫即窺變從視者與費鳳碑闕字正同失其聲矣爲即象光即兕揖即鼠斥即斤遵即道言也冤即晃刹即刹揔即總翟即翟耐疑耐之誤餘不悉舉至致或於兕羊或作或古借字挾作俠薦作鳶亦借字菀見今聖是苑之借遊心法菀是苑之借雲孟未足況其闕孟者夢之借孟夢聲近俱昇法坼是岸之借氏流如水氏者逝之借氏逝亦聲近

□太妻夏樹造象記

高一尺廣五寸四行行字不等字徑五分許正書在益都

開皇五年歲次乙巳七月丙辰朔七日壬戌佛弟子□
太妻夏樹敬造彌勒像并二菩薩爲帝主諸官七世師
僧父母見存眷屬法界衆生有形之類咸同斯福

通鑑目錄是年五月丙辰八月乙酉朔此書七月丙辰朔則五六月皆大盡七月乃小盡矣

顏某造象題字

刻象背高一寸三分廣九分三行四字二字字徑二分分正書

開皇五年八月八日顏□造像□□

仲思那等造礄碑

高三尺六寸廣二尺三寸二分十八行上截記文行十八字下截維那姓名第一行十一字餘兩列每行五字俱正書在鄒縣

大□開皇六年歲次丙午二月壬午八日巳丑兗州高
平縣石里村仲思那等卌人造礄之碑
蓋形同石火忽有便無命似浮泡儵存還滅若不傾心
檢命如薩埵之投骸割巳精誠次尸毗之救鴿自非仰
習二士之功古海甯容可渡然今大邑主仲思那等卌
人謹見村南兮派成池滯水竟流从趙瀏濤之浪阻隔

長衢致使陽朱泣分歧之淚癡偽身形遂登高樓焚香
啓蘐弊他衆緣四部衆易謹於此處敬造石礄一濟之
所急緩通傳求絕晉留之歎兩盈羨璽婉娩可觀又採
石荊山訪匠周隨福力自天名師忽至畠龍者若乘麗
欄花衆睟贊集漏佛兩坎相同百工左右侍衛八部倫
足藉此橋像福及那等茂若春蘭尉殊夏馥身比軌巛
季同弔石學並宣尼仕登卿相散法伏摩三途逝絕昔
秦王越海人鬼懷嗟義取成功能言蕤德其詞曰
運石荊山藍田採玉梭軿連轅首尾相續欄枕再紅其
功始足織女來從江妲屢囑維那薛哈（此刻字接刻於銘詞之下）

都維那大督上階新蔡鎮將仲子□此刻在首行下截疑拓尚未全也
維那張仕梧　維那仲子達
維那周子達　維那薛長還
維那王迴洛　維那郤洪璨
維那仲子闓　維那仲長僤
維那高玉摩　□那高文□
維那□□蕪　維那□懷則
維那郤□周　維那孫栰皃
維那張難及　維□□□□
維那寇繼材　維那張子才

維那周士進　維那仲金扉
維那宋文倘　維那孫小凱
維那孫道兇　維那萬宀洛
維那仲憘洛　維那萬子高
維那仲預瑋　維那神小凱
維那張舍利　維那仲長澄
維那周多壽　維那仲文洪
維那仲登生　維那仲元軌

右高平縣石裏村造橋碑嘉慶丙辰春錢唐黃小松郡丞搨以見詒云新出鄒縣石裏村前題云大隋開皇六年歲次丙午二月壬午八日巳丑兗州高平縣石裏村仲思那卌人造碻之碑碑中別體字甚多如秊作秊兗作兖裏作裏那作那橋作碻碑作碑浮作浮脩作脩頃作頃克作剋苦作苦甯作寧邑作邑競作覺漂作漂淚作淚樓作樓稽作稽婉作婉斷作逝德作德欄作欄陽朱即楊朱首尾即首尾之類皆其異者隋書地理志但云任城縣舊置高平郡開皇初廢而鄒縣之當為高平縣史無其文蓋南北朝郡縣遷改無常史官采訪不能備悉唯石刻出於當時最可徵信爾潛研堂金石文跋尾

桂未谷云水經注泗水又南經高平故城西洸水注之案高平故城在今鄒縣南石裏村在縣西南五十里今仍稱石里村臨白馬河即洸水此爲洸水造橋也碑云漏佛兩坎坎謂碑首陷處刻有佛象兩即滿之異文漏佛謂佛身雕鏤空透耳又云䰟巳精誠沃尸毗之救鴿案洛陽伽藍記惠生西行七日渡大水至如來爲尸毗王救鴿之處即指此事元案碑中別體字甚多皆沿魏齊之舊惟改隨爲隋自文帝始今碑仍作隨豈當時令甲不盡從耶山左金石志

碑題兗州高平縣隋書地理志高平屬下邳郡下邳

周改爲泗州則高平宜爲泗州之屬矣開皇開宋文彪造橋碑有泗州高平縣魏君遐名是可例証也然此題稱充州高平縣充即兗字之訛是高平又屬兗州矣縣殆由高平劃并四封已包入鄒縣之境故鄒既隸兗則高平亦可稱屬兗州與授堂金石續跋

隋書地理志任城縣注云舊置高平郡隋開皇初廢徐城縣注云梁置高平郡東魏又併梁東平陽平清河歸義四郡爲高平縣任城縣屬魯郡舊兗州徐城縣屬下邳郡後周改爲泗州据此碑開皇初高平屬兗州不屬泗州碑異字衞作徸厥作瘚焚作樊樂作

枲看作看虛作虗蔚作尉來作來繼作継彥作彦錢氏未舉平津讀碑記

右仲恩邢等造礄碑正書略帶隸意潛研堂目以爲八分書碑在鄒縣石裏村出土錢先生謂鄒之嘗爲高平史無其文案隋書地理志徐城梁置高平郡東魏又併東平陽平清河歸義四郡爲高平縣又併梁朱沛循儀安豐三郡置朱沛縣後周又併朱沛入高平開皇初郡廢十八年更名徐城據此則開皇六年立碑之時徐城尚稱高平郡廢而縣未廢其時境地寬廣石裏村尚隸徐城惟徐城屬下邳郡下邳即後周之泗州大業初始置下邳郡屬徐州不應冠以兗州相距匪遙析置劃隸史或不能盡悉又晉有高平國高平縣宋魏有高平郡高平縣皆屬兗州即今鄒縣西南境又隋志別有高平屬冀州長平郡則去鄒遠矣碑書兗作充武授堂錄作充誤祟助山左金石志作崇助洪筠軒以枲爲樂恐非兩坎當即兩坎桂未谷以兩爲滿之異文未敢深信梿即遊屐即屨哲即哲寵即寵道即道諸家所未舉巳丑是月朔見通鑑目錄不言者省文耳碑首刻有佛像像右列佐菹菩薩

主上坎像主人名像左列右菹菩薩主人名碑側有大唐上元二年歲次辛丑八月癸丑朔維那趙子路二十字拓者遺之

郭伯儁造象記

刻佛座高四寸餘廣六寸八分十二行直界格兩側題名九行行字均不一正書

開皇六年歲次丙午七月庚戌朔廿九日戊寅郭伯儁
為已孫子開敬造彌勒像一區願已者神生淨土值佛
聞法合家大小惡滅禍消法界衆生同脩善業一時成
佛

裏戌妙姜

裏王清花

息裏王公主 此在末行下方

缺□

棄　缺□明　缺□開　□開惡　孫貴開　孫女阿
茹以上右側　妻王清醜　息妻張洪妃息妻籍女足
龍藏寺碑并陰側開皇六年十二月五日萃編載卷三十八
額題恆州刺史鄂國公為國勅造龍藏寺碑十五字
須菩提豈證果之人缺須字□專霜蓮缺霜字□畁愚迷扶
導鑾蹔缺迷扶二字建宸滕之幢宸誤取忍辱之鎧忍誤恩□京
□□母恤缺京字上開府缺上字朝廷稱為□臣缺臣字虔心
徙石徙即徙字誤從崢嶸滕葛滕誤藤救護心生缺生字川谷苞異
川誤州理□□踐缺褒字九門張□缺張字
碑陰

平等沙門曇令　叵宏沙門元宗　斷事沙門智超
前知事上坐僧悦　知事上坐法明　前知事上坐道
圓　寺主惠瑩　寺主明建以上弟一列　翊軍將軍恆州
長史游愔　翊軍將軍恆州司馬趙穆　驃騎大將軍
開府儀同三司五郡守京弁二省尚書左右丞三州刺
史前常山六州領民都督內邱縣開伯比李顯和　驃
騎將軍開府儀同三司領恆州左十七府兵東燕縣開
國侯高子玉　上儀同三司鄧州蒲源縣開國伯副領
右十八開府李平　上儀同三司恆州右十七開府安
德縣開國公石元　使持節驃騎將軍儀同三司恆州
左十七開府永固公劉達　儀同三司恆州右十七開
府副懷仁縣開國伯曹明　合州道俗邑義一万人等
以上弟二列末行字體較大此廿行在額全缺九門縣尉富祖祖作祖□□司
馬廣陽令缺司二字馬豪州刺史豪作豪□□□傳大缺大字大矜
寺居士鄒希邑此行在碑左字體較大全漏都維那比邱元詰　都
維那比邱惠暢　□□□比邱僧□　都維那比邱道
軓　都維那比邱□□　都維那比邱圓□以上弟一列
都維那比邱道運　都維那比邱靜脫　都維那比邱
僧括　都維那比邱惠晶　都維那比邱道長　都維
那比邱曇譽　都維那比邱惠昂　都維那比邱智藹

以上弟二列　都維那比邱道甯　都維那比邱真觀以上弟一
列○此十六行在碑側全缺
龍藏寺即今真定府龍興寺碑尚存碑書遒勁亦是
歐虞發源但碑立于開皇六年是時齊滅巳久而張
公禮尚稱齊官何也又碑稱造寺者太師上柱國大
威公之世子使持節左武衛將軍上開府儀同三司
恆州諸軍事恆州刺史鄂國公王孝僊史傳逸之遂
無所攷石墨鐫華
右碑張公禮撰不著書人姓名有碑陰碑左側及額
嘉定錢辛楣少詹謂右側有字予親至碑下諦視之

賓無錢氏之言誤王孝傳即後周書及北史王傑子孝儒傳蓋儒字之別體此碑撰於隋代而公禮猶稱齊官當是入隋不仕者亭林顧氏以顏黃門家訓稱梁爲本朝例之非也碑書篭作蓖纏作纏翰作韓謠作譤皆別體字若踐阼作踐祚何入作河人五臺作吾臺同聲相假猶存古意顧氏乃疑後人摹刻之誤其亦少見多怪矣　碑陰題名凡八列有二列刻額上第一列題本寺僧名凡八衆其餘共九十九人有官位者七十餘人列銜有云驃騎大將軍開府儀同三司內邱縣散伯者攷隋開皇官制有驃騎將軍無

大字而齊制有之又百官志後齊五等爵有稱散郡縣者次于開國者一等散縣伯從三品後周及隋無散爵有云前城皐郡丞兵曹參軍攷城皐即成皐隋地理志滎陽郡後齊改曰成皐郡開皇初廢有云北豫州刑獄參軍者攷隋制州府屬無刑獄參軍後齊有之又隋地理志滎陽郡汜水舊曰成皐東魏置北豫州後周置滎州開皇初曰鄭州有云明威將軍前□司馬廣陽令者攷隋地理志無廣陽縣而魏書地形志有之屬燕郡然則此數人者皆齊官而非隋官矣有云驃騎將軍開府儀同三司領恆州左十七府兵□東燕縣開國侯者上儀同三司邵州蒲源縣開國伯副領右十八開府者上儀同三司恆州右十七開府安德縣開國公者使持節驃騎將軍儀同三司恆州左十七開府永固公者儀同三司恆州右十七開府副懷仁縣開國伯者攷恆州置自後周驃騎將軍等官周隋皆有惟後周建德四年改開府儀同三司爲開府儀同大將軍儀同三司爲儀同大將軍則此數人爲隋初官無疑案府兵之制創自西魏隋唐皆因之史不詳隋初府兵之制隋志左右衞各統親衞置開府府置開府一人據此列銜則隋初外州府

兵亦以開府領之如左右衞之制矣東燕之改匡城在開皇十八年蒲源之省入垣縣在大業初皆在立碑以後惟永固縣名隋志不載魏書地形志屬代郡北齊薛孤延賜爵永固縣侯後周王勇封永固縣伯皆見史傳此碑列銜云云則隋初尚有此縣當亦大業後廢耳有云安化縣開國侯井陘令者征東將軍蒲吾縣令者蒲吾即隋之房山見元和郡縣志隋志大業初廢蒲吾入井陘在此碑之後惟志稱開皇十一年置安化縣而立碑時已有開國侯之封則史志之誤顯然又有云大都督都督帥都督者皆見隋百

官志帥即帥字非師字也又有云參軍行參軍者亦見隋志行非正授之謂志又有兼行參軍長兼行參軍之職文獻通攷云除拜則爲參軍事府板則爲行參軍殆不盡然至省事令史諸職其秩甚微大率歷代皆置史率略而弗詳不得泥於百官志之文遽疑齊有而隋無也其姓名可知者惟九門縣縣令李康集古錄有隋李康清德頌跋云李康隴西狄道人碑首題大隋冠軍將軍大中帥都督恆州九門縣令隴西李君清德頌開皇十一年二月十二日建寶刻叢編引歐陽棐集古錄目云康字和□隋爲冠軍將軍大中帥都督恆州九門縣令縣民純老生等爲頌德當即此人又伏波將軍戶曹參軍楊遠攷隋書外戚獨孤陁傳有大理丞楊遠同左僕射高熲等雜治猫魚獄未知是一人否餘俱無攷又有監寺使之名隋百官志煬帝改郡縣佛寺爲道場道觀爲元壇各置監丞據此則開皇時已有監寺使史志之不足徵如此佫姓見廣韻十九鐸云出纂文郄瑜之郄王氏萃編云似即郄字其他如滎陽之爲熒陽井陘之爲邢陘皆通假字至靈壽之爲零壽案荀子彊國篇其在趙者剡然有苓注苓與靈同蓋靈壽之名縣本此是

零字實古於靈六朝唐碑以零壽爲靈壽者不一而足錢氏謂他書未見何也常山貞石志

六朝碑版有書僊作僊者此又變西爲兩沈氏謂僊即僊之別體是也趙子函未知之故有史佚無攷之語碑書譎作譎沈氏以爲作諂殊誤陰額題名有叱李顯和者碑額明題沈氏何以缺叱字叱李代北複姓通志氏族略云改爲李氏隋書百官志云散郡公與儀同侯伯同散縣公與儀同子男同沈氏謂隋無散爵其說未確特志不言侯伯耳志又云十四年諸省各置主事令史員沈氏謂隋無令史說亦未確特在立碑以後耳省事疑即諸省之主事零靈古通沈氏謂零古於靈恐亦未確據荀子言之以苓爲古字是也然茯苓字史記作伏靈可謂之不古乎且苓零各有本義未可混爲一字古人文字多假借當辨其孰正孰借未易定其孰古孰今惟古人所無者則可謂之今字至錢氏謂他書未見未嘗言他碑未見也何遽輕議前人邪

歷城千佛崖造象十三段俱正書在歷城南五里千佛崖洞壁內外

劉景茂題記高一尺一寸廣六寸五分七行行九字至十一字不等字徑七分

大隋開皇七年歲次丁未正月十五日弟子劉景茂知
身非恒疾踰露葉是以敬造　弥勒像一區伏□皇帝
石泐二格臣僚百官石泐四格七世師僧父母見存眷屬□一切
石泐一格衆生共同斯福

訪碑錄作鄧景茂造象筠清館從之殊誤濟南金石志正月作七月一區下有二菩薩三字無伏字父母下少見存眷屬四字均誤至皇帝上作爲下作陛下衆生上作法界則石已泐矣金石續編露葉作露草七世作十世亦誤

時皆題記高七寸五分廣七寸六行行六字字徑六分

開皇八年五月十五日時皆時□為忩□時阡敬造釋
加像一區為法堺衆生共同斯福

末行失拓据筠清館金石錄補之志下吳氏作父審之不似濟南金石志作時吉并僅錄敬造釋迦像一區六字奪譌甚矣山左金石志缺名

李景崇題記高八寸三分廣一尺一寸十行行八字字徑八分方界格

維大隋開皇十年歲次庚戌八月丙辰朔八日癸亥弟
子李景崇知石泐身非永固素躰難存機變無留生化有
易是以敬造阿弥陁像一區并二菩薩上為　皇帝陛
下師僧父母見存眷□一切衆生咸同斯□

濟南金石志眷下作屬斯下作福石已泐盡

宋叔寂題記高八寸廣五寸五分四行行字不一字徑五分

開皇十一年五月廿三日宋牀寂為亾父母亾姑敬造
弥勒象一區上為国王帝主師僧父母見存眷屬咸同
斯福

叔寂濟南金石志作叔敬筠清館作去疾曩据以補續編之缺今乃知其誤也

安永照許□妃題記高七寸五分廣四寸七分六行行字不齊字徑四分

開皇十二年五月十九日安永照為亾父母亾弟造弥
勒像一區□女許□妃為亾父母亾兄造弥勒像一區
上為国上帝主師僧□母有形之類咸□斯福

大像主吳題記高八寸廣六寸六行行十字字徑六分

大隨開皇十年歲次癸丑□三月□三日大像主吳□
為合家眷屬遙劉生資□造阿弥陁像一□顛共□□
衆生同登敀□□□□□□□保天壽

筠清館金石錄及金石續編均作十三年歲次癸丑三月十三日以歲次癸丑合之十三年自是不誤審諸石本十下年上並無三字豈併擠在二字中空之處今已磨泐邪又開皇之下頗似廿字癸丑下所闕似朔又似閏初疑歲次之下誤庚申為

癸丑又或是歲次庚申某月癸丑朔刻石時誤脫數字而開皇廿年無閏是年亦不值癸丑朔疑不能明矣濟南金石志有大像主吳一種首題大隋開皇廿年歲次庚申二月十三日記文與此相似豈舄氏以癸丑字與史不符改為庚申而所錄文字又復顛倒舛錯如時吉造像之類然不應如是之多也訪碑錄載有開皇十年吳□造象一種當即此刻十年不值癸丑孫氏或偶疏略耳眷作卷媯之古省攷當即政與正古通政作攷而又泐其上畫遂成攷字政作攷與延作㢟同

宋僧海妻張公主題記 高一尺一寸廣四寸四行行十二字至十五字不等字徑七分

大隋開皇十三年四月廿一日大像主宋僧海妻張公主敬造櫸迦像一區上為皇帝臣僚百官師僧父母居家眷屬法界衆生咸同斯福

楊文盖題記 高一尺一寸廣六寸五行行十二至十四字不等字徑六分

大隋開皇十三年歲次癸丑九月戊戌朔十二日巳酉佛弟子楊文盖領都□人為亡父母敬造弥勒像一軀弁二菩薩上為皇帝陛下師僧父母□□眷屬邊地衆生咸同斯福

領都下濟南金石志作工續編作二眷屬上志作見存筠清館作居家石已缺泐未知孰是領志作領邊志及筠清館皆作遍㱦眷字据諸家補

女花從等題記 高六寸二分廣五寸四行行五字六字字徑寸許

女花從息君政女金勝女毛亻開皇十五年正月十二日造

訪碑錄作女花紅造象誤續編君誤金毛誤毛毛三字俗字

道荼殘刻 高存四寸五分廣四寸三行可辨行存字不一字徑六分方界格

缺月十五日缺道荼為息□缺造像一軀願下曼滅

筠清錄此僅辨六字弁誤道為迫

佚名殘刻 高九寸五分廣二寸四分可辨者兩行十二字字徑三分

前俱磨泐象一區上為國□□□□□□母□家眷屬居□□苦□缺

共五行第一行見四字第二行見日字

解省躬題字 高九寸廣六寸五分二行行四字字徑二寸許

解省躬記妻鄧同礼

呪語刻石 高一尺五寸廣四寸三分一行字徑二寸餘

唵嘛呢巴弥吽

在時皆造象右上方

按今濟南歷城縣南歷山一名千佛山蓋因造象之多而名也茲就拓本錄之開皇七年至十五年凡七段訪碑錄有開皇十年吳□十三年宋僧海妻張公主十五年女花紅等造象記元年□□十五年□□題名未見拓本不錄其七年鄧景茂乃劉景茂之誤十一年宋□□十三年吳□□十五年女□從息君政等（祥案從上是花字即訪碑錄所稱花紅者）則孫氏所未錄也（金石續編）

山東通志云歷山在縣城南五里又名千佛山或云乃仙祓誤音也山左金石志載有造象四種一爲李景崇（開皇十年八月）一即時皆一爲解省躬（無年月）一

題甲子□五云云濟南金石志載有九種云山左金石志只載七種而無劉景茂宋叔敬二種以兩書對勘之惟時皆（原誤作吉并以唵嘛呢叭彌吽六字別列爲一種）李景崇解省躬相同其張公主楊文盖大象主吳（開皇廿年二月）三段均山左志所無不獨劉景茂宋敬叔且亦並無七種馮氏所言疏矣訪碑錄載有元年十五年題名二種俱佚名又造象七種筠清館所錄無年月者六種有年月者九種續編所錄七種余所得者十三種也

白佛山造象題名十二段（在東平州）

王子華題字（高一尺八寸八分廣一尺五寸五分二行行六字五字字徑三寸許後一行七字徑二寸俱分書）

大隋開皇七年寺主王子華
妻仵媍男□表□

王敬伯等題名（凡十一紙大小尺寸行字不一字徑一寸二三分正書）

□主王敬伯　象主王小迷　象主杜市才　象主范
緣僧　象主畢□　象主劉元先　妻王迎苐（以上似在前龕之後）
象主張兗恭　象主張仕恭　象主張叔仁　象
主斆芬□　象主左冨女　象主王石快　象主范尼
象主周綽　象主王仏女　象主斆侯　象主斆專

象主程銀珠　象主審狄男　象主王稚猛　象主
王子侚　象主張七　象主張石　象主沙門僧稅
象主竹盖　象主石集　象主竹□□　象主張□則
母李伽兒　女摩耶　象主竹玉羅　象主佽項相
象主孫世秩　妻令婉男張琳（以上在象龕上方）　菩薩主
左貴容（此在第一龕右）　象主劉長象主劉遵（此行在第一二龕之間）
象主任伏奴　菩薩主耿璿珀（此二行在第二三龕之間）　象主
雒法姜象主馮祖　象主纙小娘象主趙紝　象主許
子諶（此三行在第三四龕之間）　象主翟金始　象主杜鳳黄（此二行在第四龕之左）

右一紙凡四龕題名四十八人
象主須昌縣丞李文府　毋劉妃　妻張智　息大蕣
象主胥洪業　妻張滕姜　象主朱遮羅　妻孫迎
男君玉　居眷侍仏時　象主田世達妻樊貴女息
恭妻雷客娘息要娟息是奴　齋主梁暾兒　妻項江
妃　象主竹棚　妻梁滕騷　象主皇府樕　象主趙
文滕　象主盧妙光　象主高侍南　象主高太墳
象主爰端　象主盧慱帝　象主張洪貴　須昌縣令
象主李爰若　夫人盧延相　郎君佶　象主栢義
王　息劉菩提　息劉孝㱃以上在象龕上方　象主劉遷香

金石補正卷二十四　三五　吳興劉氏希古樓刊

此行在弟一龕左　象主杜洪約此行在弟二三龕之間　象主耿嬈果
此行在弟三四龕之間　柳昔為女造象三軀此行在弟四弟五龕之間象字下有
主軀二字形　象主李孝欽象主張寶此行在弟五龕左
右一紙凡五龕題名卌八人此在前一紙之下以弟三四行首母妻字見於王小迷范𧾷僧下故知之

象主高大政象主高季祇　軀象主周醜仁象主潘明
梧此二行在龕右　象主周肆　象主董妍淩　象主東方兊
象主王滕　象主王炢夜　象主張子紘　象主潘
敬蓋　象主勸貞此八行在龕下　象主謝長民　象主李楙
感此二行在後下方

右一紙一龕題名十五人此在前一紙之下弟二行行首象字即為女造像之象龕左行首欽字即李孝欽之欽

象主趙業安　象主竹万歲　象主張格奴　象主西
門攝　象主王洪貴　象主張仲括　象主宋妃　象
主齊道衡　象主張景順　象主晁世嵩　象主劉摩
養　象主田常　象主晁真　象主阿魏　象主左白
沙以上在龕上　菩薩主吳昌象主范社生此在兩龕之間　石匠
小高政佛一尊此行小字在前行之左　象主張好下失拓在弟二龕左
象主于菩提　象主西門寶壽　象主王文方　象主
袁常　象主蘇遊暉　象主晁孝珩　象主張小醜

金石補正卷二十四　三六　吳興劉氏希古樓刊

象主尹景妻阿周　象主孫顗棸　象主劉華容以上
後方弟一列　象主尨崔陵　象主陳金台　象主劉光□
象主楊寶心妻趙迎弟　象主劉貴稻　象主張容
孃　象主劉裒怜　象主似天寶以上後方弟二列　須昌縣
尉　象主祁郍　妻孔公主　郍父邢萬和　毋孟妃
弟沙彌　象主呂惠儁　妻任曇振以上後方弟三列○此下又有

佛龕
右一紙凡兩龕題名四十六人
象主邢江妃　象主姚清娘　象主唐平　象主唐故
仁　象主耿仲康　象主于陳留　象主劉季昇　象

主張零陵　象主畢廣來　象主張恩生　象主傅妃
象主程士雄　象主趙醜漢　象主靈勝　象主戴
女　象主禮標　象主張伯姜　象主左端　象主王
子華　象主畢祖建　象主令狐无妨　象主趙岳
象主朱條竊　象主羊洛容　象主趙梨　象主劉覓
寒　象主張暉　象主田端　象主嚴倫　象主程瑒
以上在龕上　象主沙門道方象主沙門惠幽此行在第一龕右
象主沙門惠品菩薩主沙門明解此行在第一二龕之間　菩薩
主延保榮象主沙門靖琛榮妻尹江此二行在第二三龕之間
象主徐孜此行在第三四龕之間　象女田識娘女王提鉡此行在弟

四第五龕之間　右一紙凡五龕題名四十八人
象主王姫　象主歡扈妃　象主高諍暉　象主呂清
女　象主歡愛　象主歡迎　象主歡盆　象主翹小
象主孫五　象主脊仕遷　象主門思弟　象主畢
肆駒嬰暢　象主林馬駒　象主李領男　象主竹花
象主林念　象主比邱尼明達　象主尹僧達　象
主宗无妨　象主陳明月　象主張伯奴　象主琥黃
苟以上在龕上　象主周試此行在第一龕左　象主周緯象主胄
蔡榮此二行在第三四龕之間

右一紙凡四龕題名二十九人
象主王繼祖　象主仇道化　象主雍洪珎　象主劉
備　象主張華　象主譚豊　象主驢馱　象主劉男
象主王丹珠　象主方瓔珞　象主李女肆　象主
呂雙光　象主申要女　象主周瓔珞　象主趙僧鳳
象主彭阿升金　象主邵婢　象主管明妃　象主
朱子恭　象主范胡　象主范僧恭　象主范祖陁
象主周巨知　象主范子杲　象主張僧愼　象主范
子雲　象主朱顯達　象主朱奴　象主侯矜　象主
范羅文　象主申仕念　象主張陛以上在龕上　象主沙

門僧榮象主沙門僧儁此行在第一二龕之間　菩薩張詳怜
象主沙門法信象主沙門僧卿此二行在第二三龕之間　象主
沙門明朗象主沙門僧弼此行在第三四龕之間　象主盧慶嵩
象主高太妃此行在第四五龕之間
右一紙凡五龕題名四十一人
象主比邱尼令姿　象主比邱尼洪巖　象主盧孝頹
象主王顏章　象主王伏女　象主張員忿　象主
高通　象主劉承祖　象主賓景達　象主王道貴
象主楊子癸　象主魏子叵　象主劉薩韶　象主門
市化　象主劉艷　象主礼清　象主耿席　象主劉

達　象主田圈　象主劉艷　象主圓應　象主圓宵
象主圓堪　象主曇炳以上在龕上　十六王子主萬義
緒張基此行在弟一龕右　象主歡醜男子略此行在弟一弟二龕之間
象主甑生　象主圓真　象主那先此在弟二弟三龕之間上兩題並列
下一題居中
右一紙凡三龕題名三十行
象主李祚妻范象主李武都此二行在龕右　象主竹承伯妻
阿石　象主周歡此二行在龕左
右一紙凡一龕題名六人
象主王奉先一　象主竹興達
右一紙一行題名二人王奉先所造不止一像此其弟一也故注一字於下
象主畢六　象主王今資　象主柳僨相　象主王牀
和
右一紙二行題名四人
右白佛山造象題名二百九十九人山左金石志所未載曩借問筠清館金石記載有此刻約略記共三百七十餘人有寶臺主名目有所遺二希姓今未之見此拓所遺尚多也諸題名中惟王子華有開皇七年題名白佛山又有曇獻等造象題名係開皇十年所鐫此刻當亦同時所造耳題名有

須昌縣令須昌縣丞須昌縣尉攷隋書地理志東平郡須昌開皇十六年置宿城後齊曰須昌開皇十六年改舊置東平郡後齊並廢郡縣分誌攷云東平州漢置須昌縣齊徙又隋置宿城縣唐初廢今此刻在東平是所謂須昌者乃即宿城爲舊有之須昌非新置之須昌造象在開皇十六年之前也尓姓不見於氏族書并不見於字書未知何字之俗譌縲姓亦不見於氏族書疑即强氏皇府即皇甫表即表似即奴禮姓出衞大夫禮孔之後昔即胥碑字多繆體㠯㔶當即正劉劉即劉媍姤疑即姬或即姤字㛐當即卿㮰當即㯉槼疑即槩䄙疑即福鶱即鸞覔即覓暉即暉頒即頒韻疑即韻偵即項餘恆見

王蘭莬造象記

刻佛座及兩側高二寸二分廣四寸三分側廣二寸八分十四行行四五字字徑四分正書

開皇八年八月八日爲一切衆生內外眷屬普同成仏
仏弟王蘭莬　妻步讀媚以上正面　息王宏周　妻
張僧妃　息彼孫　息伏全以上左側　息彼苍　息女王
竇

字多繆體莬即差字差字有作著者此又變老爲

先所謂先人爲老也補訪碑錄作兆非

張暉造像記

刻佛座及右側高二尺三分廣五寸四分側廣六寸十三行行四字至六字不等字徑四分正書

開皇九年歲次巳酉七月廿九日敬造觀世音像一區 以上正面
邑師比邱洪正比邱道歡像主張暉母王舍女
妻孟女子息男惪進息女阿醜息女阿清 以上右側左行

白佛山造象有張暉或即其人

佚名造象二種

高一尺一寸廣六寸四行行字不等字徑六分許正書

□皇九年八月一日 泐約四五字 一區為一切衆生共同此
福

□皇九□八月一日□貴造象一區 泐約二字 一切衆生共
同此福

未詳所在疑在千佛崖

章仇禹生等造經像碑

高五尺七寸廣二尺七寸十七行行四十八字字徑一寸二分又題名一行字較小另年月一行字徑一寸六分俱正書兼隸篆體在汶上

佛在金棺上囑累經 下闕

經文不錄

上闕 名 大象主章仇禹生 須菩提主章仇惠 禪主
杜掌珠 迦葉主章仇□ 以上在首行標題下
象主章仇昨娘 左葙菩薩主□仕 息胡道 息阿
郝 □□薩主章仇□□ 金剛主章仇女□ 以上在經文後一行
大象主章仇決□ 象主章仇 下闕 象主章 下闕
章仇歡 在年月上 李世□ 在隋字右
大隋開皇九年歲次已酉□二月七日訖功

開皇九年□□月立正書在汶上縣辛家海三官廟

前碑已裂爲二正面刻佛在金棺上囑累經一卷左右列大象主章仇禹生等題名碑陰下截列邑子等名并記年一行側有百千萬等字二行餘俱漫滅經文中垂入金棺欲焚其身焚蓋本說文焚字之變也酒肉五辛肉作宍乃別體捉筆捉鑿之具鑿五音韻會以爲即鑿字 山左金石志

碑斷爲三拓本缺其一年月別一紙惟酉字缺左半二月上缺一字蓋十二月也月下七字半蝕山左志審未細耳据志云記年在碑陰倘有邑子等名側有百千萬等字今拓本正碑外惟見記年一行餘悉漏之萃編載章仇元素碑跋 天寶七載 引此刻諸題名有阿難主章仇仲禮象主章仇法諫章仇

惠定十願菩薩主章仇孝義等今亦不見惟萃編云並見山左金石志而今山左志止標章仇禹生名餘未臚列王氏所見當是阮文達稾本後復刪節歟

周房羅處貞等造像記 高七寸二分廣四寸四行行字不一題名二行在三四兩行之上字徑五分正書

☐皇九年歲次巳酉邑子周防羅處貞等敬造弥 字與前行齊 貞字勒像一區記 缺 四方界

邑子郭錫乂

邑子 俟 爲亡 後缺

右周房羅處貞等造象未詳所在末有四方界語當是摩崖之刻皇上所缺是開字

雲門山造像十二段 俱正書在益都雲門山陽石洞大佛龕下

爲夫李三造像題記 九行首行高一尺二寸二分後高三寸五分廣七寸字徑五分許

大隋開皇十年歲次庚戌三月八日像主☐楞禾位亡夫李三造无量壽一佢供養

爲作位誤

朱洞妃妻孫題 高六寸廣三寸三行字徑五分許

開皇十年九月廿二日朱洞 妃 妻孫造☐聖☐爲亡父及法界衆咸同斯☐

尼情☐題記 高七寸廣三寸五分四行字徑六分許

大隋開皇十八季三月八日像主比邱尼情☐共位身造无量壽像一軀供養

山左金石志作像主趙金非爲作位同前

李仁女官光題記 高存五寸八分廣四寸四行字徑五分許

缺 十九年歲次戊午十月☐☐☐ 缺 子李仁女官光☐爲亡☐ 缺 造无量壽像一軀☐☐ 缺 法界衆生咸 缺

開皇十九年歲直巳未此作戊午蓋誤

佚名題字 高六寸五分廣二寸四分一行字徑六分次行全泐四周有界線作碑式

開皇十九年五月一日亻 缺

宋乾驄妻王怜妃題字 高四寸五分廣一寸六分三行字徑四分

開皇十九季五月十二日像主宋乾驄妻王怜妃侍佛時

山左金石志作九年非

陳汝珍題記 高七寸廣二寸五分四行字徑三分

大隋仁壽二年四月十五日陳汝珍☐☐☐敬造无量壽像一軀奉爲帝聖增☐臣僚☐☐師僧父母☐及法界衆生☐至淨樂☐☐☐☐☐☐咸☐☐☐

鹿潘妃題記 高三寸五分廣五寸五行字徑五分

鹿潘妃爲亡女王端政造无量壽顛法界俱同此福

元海題字首行高二寸後高九分廣四寸六分八行字徑四分
像主元海□□亡父□造无量壽□
義姊題字高三寸廣五寸五行字徑五分
像□義姊敬造无量壽佛法界同登□□□□
清信女□題字高四寸七分廣二寸八分三行字徑五分
像主清信女□為傳亡七世敬造无量壽仏延供養
陶□題記高六寸廣九寸五分十二行字徑五分
像主陶□供養佛時盖□□海□□□□□□□故聖□
追人元通石泐一行□□□□□□□□□□七世父母
□造□□壽像□□二菩薩以此功德上資亡□□明

妙藏檔□目在七世存亡俱蒙斯福法界有生同沾大
□像主□明□供養時
一題開皇□年九月二日朱洞妃妻造佛一日云云
凡三行一題道元等名凡七行一題鹿潘妃云云凡
五行一題供養佛云云二行一題像主蘇位云云凡
九行一題象主元海云云凡八行一題亡母敬造云
云凡三行一題開皇九年五月十二日像主宋乾馳
云云凡三行一題大隋開皇十八年三月八日像主
趙金云云凡四行一題開皇十九年五月一日九字
一行但有年月而無題者姓氏一題佛弟子詹元供
養七字一行此種字體與上一行相類恐是分拓者
一題宮項壞造相記十一行一題僧□□造相記三
行一題仁壽二年四月十五日陳汝琮造相記四行
以上凡十四種皆段赤亭於乾隆乙卯春訪得者故
詳記之山左金石志
乙亥五月覓得此造象十二段以山左金石志校
之志所有而余未得者七種余所有而志未備者
五種甚矣搜剔之難偏而收弃之尤難全也
淮安定公趙芬殘碑開皇十年間萃編載卷三十八
諱芬字士□缺士字祀英靈不絕缺祀字苟令君缺令字休缺休

□腰銀艾立言缺立言二字出龍宿缺出字氣稟純粹殊武
仲之□□缺殊武仲之四字理無喜慍之色缺五理無二字味之而不
倦□□□□□之□□缺之字而不進缺而字封淮安縣缺淮字
熊淅二州缺淅字
芬字士茂天水西人隋書有傳所載官階與碑少異
傳云周太祖引為相府鎧曹參軍歷記室碑作□書
舍人尚書兵部郎傳云加開府儀同三司碑作儀同
三司仍長史傳云申國公李穆之討齊也引為行軍
長史封淮安縣男碑作治夏官府司馬封淮安縣開
國子傳云進爵郡公以老病乞骸骨歸於家郡作德

以大將軍淮安公歸第又稱淮安定公皆可補史之闕（平津讀碑記）

畢宮保跋穆子容書太公碑云書法方正筆力透露爲顔真卿藍本吾於此碑亦云潛研堂目錄次開皇六年之前註云開皇□年二月訪碑錄次開皇五年蓋據石所存字定之萃編列於十一年之前云史云歸第後數年卒約略在十年左右今從王氏

八瓊室金石補正卷二十四終

八瓊室金石補正卷二十五

太倉陸增祥撰　男　繼輝校錄
吳興劉承幹覆校

隋二

車騎秘書郎張景略墓銘（開皇十一年正月廿六日　萃編載卷卅八）

大隋車騎秘書郎張君之銘（失載）

光輝明潤（光誤尤）　尋遷秘書郎（尋誤尋）

授堂跋云尋作尋與萃編同細審之中作口非从山也特缺泐耳訪碑錄載此有銘側題字

南宮令宋景構尼寺銘并陰側（開皇十一年六月　萃編載卷三十八作詔立）

僧尼二寺記額題大隋南宮令宋君爲碑九字陽文篆書在南宮

緣報不申（申誤由）　式歌且誦（缺且字）　六月辛亥（缺亥字）

碑陰

姓名十二列列各三十三行行五字分書正書並見

缺　缺　缺

□邱尼道□　比邱尼□文　□□□□□

比邱尼道□　□□□□□　□□□□□

比邱尼道嚴　比□尼□□　□□□□□

比邱尼道深　比邱尼□□　比邱□□□

比邱尼□□　比邱尼瑗遠　比邱尼□□

比邱尼道獻 比邱尼瑗□ 比邱尼□表
比邱尼道□ 比邱尼瑗金 □邱□□□
□□尼道就 比邱尼靜問 比邱尼明□
比邱尼洪娟 比邱尼知滿 比邱尼智□
比邱尼靜往 比邱尼道如 比邱尼瑗□
比邱尼顯□ 比邱尼道聰 比邱尼明□
比邱尼道封 比邱尼瑗彖 比邱尼智□
□邱尼□嵩 比邱尼瑗光 比邱尼□□
比邱尼靜興 比邱尼瑗□ 比邱尼□□
比邱尼道琰 比邱尼□□ 比□尼曇□

比邱□□ 比邱尼瑗□ □邱尼智朗
比邱尼瑗樹 比邱尼靜□ 比邱□瑗光
比邱尼僧□ 比□尼靜□ 比邱尼□生
比邱尼道滿 比□□瑗□ 比邱尼□□
比邱尼道頗 比邱尼道□ □邱尼□□
比邱尼道林 比邱□□□ □□□□□
比邱尼道□ 比邱尼明□ 比邱□瑗□
□邱尼□□ 比邱尼□□ 比邱尼□□
□邱尼靜□ □□□□□ 比邱尼□□
□□尼□□ 比邱□□□ 比邱尼瑗□

□□□□□ 比邱尼□□ □□尼□□
比邱尼靜明 比邱尼□□ 比邱尼□□
比邱尼道□ 比邱尼瑗□ 比邱尼□□
比邱尼智度 比邱尼明□ 比邱□□□
比邱尼靜端 比邱尼□□ □□□□□
比邱尼智□ 比邱尼圓□ 比□□□□
□邱尼□□ 缺 缺
右一列 右二列 右三列
比邱尼□□ 缺 □□□章□
比邱尼□□ □□□振遠 邑人趙長□

比邱尼智光 □□張孝德 邑人趙師子
比邱尼□□ 邑人張子暄 邑人趙□□
比邱尼法□ 邑人張□暉 邑人□□仁
比邱尼明義 邑人趙廣達 邑人□□□
邑人□光□ 邑人趙君□
□正張士□ 邑人馬□□ 邑人□君才
□正張□□ 邑人□□□ 邑人□□礼
□正張□□ 邑人□□□ 邑人趙□□
□正趙□□ 邑人張□□ 邑人趙□□
□正□□□ 邑人張□仁 邑人趙□□

□□□□□ 邑人張士堪 邑人□□□
鄉正□壬□ □人石士達 邑人□□□
□□□伏仁 □□□□□ □□□□□
□正□□□ 邑人張□□ 邑人□□□
此列後十數行無字可辨 邑人張□□ 邑人□□□
□□□□□ □人□□□
□□□□□ 邑人田□伯
□□□□□ 邑人趙□□
□□□□□ 邑人趙孝節
□□□□札 邑人趙黑莽

□□□□□ 邑人趙羅伽
□人□□□ □□□□□
□人□□□ □□□□□
□□□□□ □□□□□
□□□□□ □人□□□
邑人□□□ □□□□□
邑人張□□ 邑人趙君□
□□□士真 邑人趙士□
□人張文□ 邑人趙敞□
□人孫韜□ 邑人□□□

□□□□言 邑□□□□仁
□人□□口 邑□□□□
右四列缺 右五列缺 右六列缺
邑人□□□ □□□□□ 邑人□□□
邑人張士亻 □□□□□ 邑人□□□
邑人趙伯建 □人成公雅□ 邑人□惠長
邑人趙□□ 邑人□□□ □□□□信
邑人趙高□ 邑人□□□ □□□□謙
邑人趙慈明 邑人程□□ □□□□子雲

邑人趙道敞 邑人□□□ □□□□□
邑人趙□祖 邑人□□□ 邑□□長□
邑人杜□元 邑人杜伯□ 邑人 士
邑人□長□ 邑人□□□ □□□□□
□人□□□ 邑□□□□ □□□□翊
□□□□□ □□□□□ □□□□□
邑人□□□ □□□□□ □□□□□
邑人□□□ 邑人□士□ □□尹□□
邑人張子□ 邑□□□□ □人□□泰
邑人□令□ □□□□□ □□□□文遠

邑人張□□　□□□□□　□□□文士
□人□□□　□人□子□　□□□□儀
□□□□□　□□□□□　邑□尹五紹
邑□□□□　□□□□□　邑人尹士□
邑人□□□　□□□□□　邑人尹嘆仁
□□□□□　□□趙□仁　邑人樂□□
□□□□□　邑人□□□　□□□□□
□□□□□　邑人□□□　邑人李□□
□□□士□　邑人□□□　邑人□□□
□人張士達　邑人趙公□　邑人□□□

邑人張天□　邑人馬方貴　邑人□□□
邑人張長遊　邑人賈□□　邑人□□□
邑人張士昌　邑人張公相　邑人□孝□
□□張□□　邑人賈朗相　邑人衛□仁
□人成□□　邑人賈緣會　邑人衛子明
邑人□記祖　邑人賈存□　邑人衛□□
邑人趙□紹　□□□□□　邑人□□□
右七列　右八列　右九列
缺　缺　缺
缺　缺　□人田子□

缺　缺　□人田士□
邑人□□□　□□□乾□　□□蓋平□
邑人張□□　□□□奉礼　□□□□子
邑人□□□　□□劉子□　□□□□章
邑人□□□　□人劉士□　邑□□□端
□□□□□　邑人王子建　邑人田□□
邑人□士□　邑人朱衛□　邑人田義廸
邑人成公□□　邑□孫應　邑人田善榮
邑人成公道榮　邑□孫焠長　邑人田乾恢
邑人毛□□　邑人傅士仙　□□□士□

邑人成公老成　邑人傅□□　□□張□□
邑人□□□　邑人傅子系　邑人□□□
□□□□□　邑□□□泊　此後全泐
邑人□□□　此後全泐
□□□□□
□人□□□
□人王士□
□人王□才
邑人王士□
邑人陳士□

□人□□□
邑人□七□
□人□士宣
□人□□□
邑人□清□
邑人馬仲□
邑人□□□
邑人韓□□
邑人馮□□
此後全泐

右十列 右十一列 右十二列

碑側 一側十三列一側七列下空列各十行正書分書並見

邑人張道素 邑人趙終寶 邑□□□□邕
邑人張士信 邑人馮士貴 邑人成公□□
邑人李良仙 邑人趙士貢 邑人 寘
邑人張貴□ 邑人霍 邑人趙子
邑人宋□明 邑人趙 明 邑人禾
邑人李託拔 邑人趙□老 邑人程 寘
邑人成公巷義 邑人程六和 邑人程顯慶

邑人□祖珍 邑人程伯邕 邑人程長貴
邑人□仲礼 邑人程遠□ 邑人成公巷□
缺 缺 □人成□□□
右一列 右二列 右三列
邑人成公巷子 邑人賈□□ 邑人尹士才
邑人成公曇□ 邑人賈敢鬼 邑人藴□礼
邑人趙子元 邑人賈紹邕 邑人藴大□
邑人趙長遵 邑人賈方□ 邑人□□□
邑人趙□憂 邑人□馬□ 邑人□□□
邑人趙□□ □人□元□ 邑人賈士文

邑人賈□□ □□□□□ 邑人□士□
邑人賈貴寶 邑人尹元皐 泐後
邑人賈 遵 □人尹洪□
□□張□□ □人□□□
右四列 右五列 右六列
邑人賈子讓 邑人尹崇□ 泐
邑人□暉□ 邑人□□□ 邑人孫□□
邑人宋鹿夂 邑人□□□ 邑人尹□□
□□□□□ 泐六行 泐六行
□□宋直□

泐三行

□□□長□

□□□士頁 □□□□羨 □□□子宜

右七列 右八列 右九列

□□□□□ □人杜□才 邑人□□□□

泐後 泐後 □□□□頁

泐後

右十列 右十一列 右十二列

□人□□□

邑人成公□□

泐後

右十三列以上一側

邑人□□□ 缺 缺

邑人王循德 邑人□□方 邑人馮□□

邑人朱祖木 邑人孟子□ 邑人馮子□

邑人劉普賢 邑人孫子林 邑人□紹□

邑人趙景□ 邑人□□□ 邑人□季□

邑人劉明礼 邑人孫□□ 邑人□□□

邑人劉子光 邑人陳子冀 邑人潘元洪

邑人劉子□ 邑人袁子洪 邑人張景□

邑人劉始陰 邑人盖彥遠 邑人馮牀通

邑人劉奉祖 邑人宋 邑人馮奉禮

右一列 右二列 右三列

缺 邑人趙元緒 □□□□

□□□□賢 邑人馮士榮 邑人趙進□

邑人□安和 邑人郭□則 邑人趙永洛

邑人張□□ 邑人孫長□ □□□□□

邑人張子達 邑人孫奉伯 邑人張循義

邑人張思礼 邑人孫元恒 邑人張紹業

邑人傅國仁 邑人孫明顯 邑人田紹□

邑人傅醜奴 邑人孫□肩 邑人田道洪

邑人□永□ 邑人孫子□ 邑人樂紹義

□□□□□

右四列 右五列 右六列

□人□□□

邑人孫□□

邑人孫□獻

右七列

右建安公構尼寺銘不知所在文云乃詔州縣各立僧尼二寺隋書高祖紀不載此詔惟釋法琳辨正論

奉佛篇載隋高祖文皇帝開皇三年詔曰朕欽崇聖教念切神宇其周朝所廢之寺咸可修復京兆太守蘇威奉敕於京城之內選形勝之地安置伽藍於是合京城內無論寬狹有僧行處皆許立寺所述頗與此碑相同平津讀碑記

碑在南宮縣有篆額有陰及兩側萃編止載正碑作詔立僧尼二寺記孫氏訪碑錄及洪鈞軒讀碑記並作建安公搆尼寺銘均未詳所在訪碑錄又有南宮令宋君造像碑并陰側開皇十一年六月直隸南宮按是碑額題大隋南宮令宋君象碑碑

文云大隋皇帝詔立僧尼二寺使君建安公念法界以歸依宏慈善以訓物申命懃至不捨斯須縣令西河宋景深悟非常情存釋典聽訟之暇無忘福田丞大梁齊相尉博陵張服河間張樹仰依明敕於形勝之所崇搆尼寺鄉正之徒忻然營助寺主道辯等覺法紬上坐智寂綴稱等相與經始不日而就碑陰列比邱尼道□等百二十人次及鄉正餘皆邑人據此則寺爲縣令宋景率丞尉以下依敕崇搆故額題宋君象碑其非建安公創搆可知也所搆爲尼寺故碑陰有尼無僧其非僧尼二寺又可知也正碑上截有像額在像之上殆即宋君歟王氏標題未當孫氏一而二之亦誤緇□更繁緇即緇緇下似徒字通鑑目錄是年六月辛亥朔與碑正合碑書年擠寫亥下所缺不止一字陰側題名姓成公者十餘人成公系出姬姓衛成公之後以謚爲氏

諸葛子恒等造象頌

高三尺五寸廣二尺三寸廿一行行卅二字字徑七分許正書在蘭山

大隋開皇十三年歲次癸丑四月庚午朔十五日甲申

下空

三才始泮五帝殊名明之以日月節之以寒暑有蒸民焉有君長焉別尊卑之位著上下之禮違之者禍亂之者亡是故制以刑書不以征伐旌善除惡有斯之道久矣昔宗周始於盛業師致赤烏之祥大漢肇自興邦軍斬白蛇之瑞此雖德應昌詎能云其生煞我大隋麻數在躬受天明命河圖久驗翔鳳俱臻式辟四方非開邵公之經度舉安万國豈侍南仲之將車宜以端拱南面晉□之下北首徂江湄之外獨隔息歛吳越黎元引項僉滐　皇帝乃作指曰僞主陳叔□□民□遺恣□□毒觀財若董肆意奢婬遺行草元帥　晉□□惣六師

之重乃順二儀　之氣問罪弔民於是乎拜命而舉
以開皇九年正月□日軍次於江龙建義主都督諸葛
子恒別將諸葛刹刜蕭僧遷合一百人等予王之抓□
時從簡命滄滄之武固儆壃埸紇紇之心作為城捍紫
顯黃鵠之馬青龍白虎之刀貫甲思仇揚鞕侍敵赫寶
猶三鳴其鼓　敵無万乘之師無異支一卵　而劚重
輪還匱土欲填巨海恒等上稟王威下　相將寧獻
官制之說蠆狄弥之武執訊獲醜□績著焉臨事知謀
智略彰也於是　酌金罍以加其効醉狄杜而勞其□
靡戈輈矢我伈聿至既以□經山林之險馬　陟高刪
之勸賤此辛懃保存振椓方知六大淵明三車□蔡詳
□賸業共託福回　俱頌樹碑銘斯遊應遂在東蒙之
□枋田之北□沂浩汗伊扆其傍大道交攢盖　經
其側遊眺窩目之士日有千般□□道俗之人崇□万
數乃於斯地置此　神功頌　皇道大康寧士寘服
與日月而同昭等天地之常久有形法界俱　會今
回頌曰　堂堂聖德魏魏帝功澤沾行葦化及昆蚰一
人有慶万方　賴風　嗟彼吳越獨隔恩融其二
業業王師洸洸　武士　簡書靡　暋不
皇啓䟦問罪弔民作揚　天子吳越來鋪功名永笑

其□爰崇大道　□樝□□　聖猑□顒彫鬲郁
郁　万古顯揚千齡留馥行路撤嗟誰不□□□□
龙右䅣菩薩主孫桃姜　大像主蕭寶袾此三行在記文之上居中
右諸葛子恆等造象頌文中原空處甚多是鐫刻
時石已剝泐之故補訪碑錄載此尙有碑陰未之
得也紬繹碑文諸葛子恆等隨軍伐陳凱徹獲安
遂造像以荅神庥因作斯頌而刻於石也平陳在
開皇九年正月文所謂軍次於江龙者正當其時
刻頌在十三年蓋閱四載矣僞主陳叔□叔下所
缺是寶字行軍元帥晉□晉下所缺是王字本紀
八年十月命晉王廣秦王俊清河公楊素並為行
軍元帥以伐陳秦王以下皆受晉王節度是也落
叢公燕榮出東海諸葛子恆等當在燕榮軍中碑
有脫字此雖德應吕句脫一字頌詞內見其二字
而其一未見別體亦甚多旌善作旌善企作仚龔
作龔肆作肆娙作娙整作整左作龙葛作葛剎作
剎爪作抓抓下所缺當是牙字赳作赳紇作紇鵠作
顯虎作虎仇作仇鞭作鞕抗作犺即九字稟作稟將
率作擗寧奮作甯獲作獲疊作疊嘉作加杕杜作
狄勞作勞翰矢作翰矢高剛作剛旅作旅歷作歷

礽田作礽傍作傍寓作寓置作置聖作聖監作監齡作齡及征待徂行從彼之作人旁皆是也惟判作泮疆作壃摂甲作貫簣土作匱倦作勸爲合於古又曺制疑曹劅之誤狄跡未詳以下文狄杜字度之疑是提彌永笑笑疑矢之誤墾狠狠疑貌之誤

羅寶奴造象記

高九寸七分廣五寸七分六行行十一字字徑七分餘正書左行方界格在盃都

大隨開皇十三年歲次癸丑五月庚子朔二日佛弟子羅寶奴為上父紹及上姉阿戴敬造北堪弥陁像并二菩薩三軀　紹妻王侍佛時　女華仁侍佛

開皇甎文

存半截長五寸二分廣四寸八分厚一寸五分題字二行左行反文藏予家

開皇十三年

乙亥十二月於桐軒得此甎以見貽甎存五寸許上作錢幕穿外四出閒以三横下題開皇十三年五字雙行分列桐軒又嘗有開皇十四年甎制作與此相似是僞之足以亂眞者

張文亮等修塔造象記

存高[redacted]廣[redacted]六行行存字不一字徑[redacted]分正書

（上缺）鄉信□□寶弟子張文亮并（下缺）（上缺）等開皇十四年歲□甲寅二月（下缺）（上缺）塔一所造像一軀二菩薩上為（下缺）（上缺）□世父母後及一切衆生咸同（下缺）（上缺）等八人信女周四□（下缺）（上缺）張二娘等九人同（下缺）

同治初元得此拓本於厰肆審係隋刻未見著錄莫詳其出土時地記文似鐫甎上上下左旁俱已殘損

慧日道場僧惠雲墓銘

方一尺五寸五分厚一尺二寸五分廿八行行廿七字末一行十二字刻于銘側字徑四分正書

大隋太尉晉王慧日道場故惠雲法師墓□

法師俗姓賈氏河南洛陽人祖懐德本州主薄父成梁司空元法僧諮議叅軍衡陽令法僧在魏作鎮彭城□隨□翻入梁國法師聖善金陵檐姓故誕於建鄴爲若夫星躔鶉柳地殷交會先王□𢀖應聖□塵故能篤弱冠於辫林擅長□於彳肆武公顯八命於晉室遠師晦四依於廬阜逞哉煥矣濟〻祥〻未有士風□賢若斯之盛者也法師□□長源標華峻拯供養前彿光揚□□十歲入道事天安寺□□法師□騰聲數論擁徒淮海禪花内□戒香外馥□□成章卓然蘊器及先□經唄却授名理昔歌頌法言道聞盛□億耳行海玉豪

賞其能□子蓬蒞山金字傳其妙響降斯已後名□聞
出音聲□事謫重闢淨齊□□文宣□令問令望蕭外
蕭內夢感賢聖授瑞應□聲□□祖武皇□□宏舍衛
逆作迎維勑諸寺沙弥四百八就至心寺□問經師學
竟□□集三百餘聲并讚唄大□四百法師少年獨標
□□□選温雅一時□道梁武□之由斯循重請業之
徒恒至數百我 大隋皇帝平一□□同書共軌聖照
天臨 太尉晉王文武英□□□元戎□□江表□□
法師便以家僧禮異從遊京洛陪鎮□河于時 主上
巡幸并部大□名德敷問仁王般若□□師□□鞸之

儀容法□之聲韻奉□□□□妙氵梵□道俗傾耳幽
顯□聽還隨飛蓋重□江部復奉安車拜朝□魏方□
□則番軛後昆而□火不停岸樹非久□斯有県入彼
无為以開皇十四年歲次甲寅三月十二日辰時端坐
正色稱弥勒佛名顛生兜率天上捨□於內侍省元是
月初自剋此日似如知命 聖心嗟悼喪事優礼徂昂
寶綱 徒出郭門梟孎珠幡虛飛松路何輪餘之旦歎豈
輝鋭之多悲有□教法論宰疾誄行律魂感於恩光迺
銘碣而留□其辞曰 至八應物多方設教詎斯忍土
音聲是樂徽言尚在遺頌□德魚□感悟藥瑞冥宣迴
鶩動日駐鴿潔烟誰其嗣夷獨有夫賢梵天清越淨居
流便寫妙奪真鑾盈空遍道光內宣威儀外現共弈衮
王提攜濼盻方陪葆軑旋影具區空花奄滅石火歸无
綠藤切鼠度隙傷駒生勞可息死□還俱我有涅洹真
為□□燎被□舌烟開玉藕唄斷松阿幡收燧道幸鏑
毒器何曉宿草

右慧日道場僧惠雲墓銘未詳所在標題稱太尉
晉王煬帝於開皇元年封晉王九年平陳拜太尉
慧日道場或即在其府內陝西通志慧日寺開皇
六年立惠雲誕於建鄴隨書地理志無建鄴縣避

諱錄云晉愍帝改建業爲建鄴後以嫌名又改建
康隋志於江甯縣下云平陳以秣陵建康同夏三
縣入焉又晉書有建鄴無建業云孫氏改爲建業
平吳以爲秣陵太康三年分秣陵北爲建鄴改業
爲鄴宋書云愍帝即位避帝諱改建康餘與晉書
同南齊書亦作建康似宜稱建康矣然隋書帝紀
開皇九年韓擒進師入建鄴固稱建鄴不稱建康
梁改建甯其復稱建鄴者當是陳時所改隋書注
作建康者誤也至改業爲鄴在武帝時不因愍帝
之諱避諱錄誤也文云父成梁司空元法僧諮議

參軍攷元法僧陽平王熙之曾孫也魏書附道武
七王傳云孝昌元年殺行臺高諠帝紀北史均作高謨此作諠者誤也反於彭城大軍致討擁諸子擁掠城內及文武
南奔蕭衍肅宗紀及北史略同誌所謂作鎮彭城
翻入梁國者此也其爲司空則北史傳南史梁紀
梁書帝紀及本傳皆載之魏書傳又云王賈諸姓
州內人士法僧皆召爲卒伍成即賈姓中人也梁
書帝紀又云以魏假平東將軍元景隆爲衡州刺
史景隆即法僧之子成爲衡陽令其在此時歟文
有齊□□文宣□者疑是蕭道成然道成謚太祖

高皇帝無文宣之號北齊高洋謚顯祖文宣帝又
不在建鄴或誌之誤歟□祖武皇□當是蕭賾所
缺是世帝二字若北齊則稱武成帝不稱武帝誌
文似就建鄴言之故下文接言梁武也巡幸弁部
事在開皇十年卒書日弁書時前此罕見標幸幸
爲華之譌㚔字不可識詎即誕之譌俗其餘繆體
不迷賈成爲衡陽令可補入湖南通志

比邱道悫造像記

高九寸廣九寸六分記八行行十字字徑六分又年月姓氏三行正書

夫元綜幽妙言語道絕非文能況行回果就然此比邱
道悫衛嚶緇素遠志无言入不二法門造四面石像一
區欲憔煩滅或明性通含氣尅果□位　上爲大隋皇
帝陛下又願師僧父母法界衆生含同回果
開皇十五年二月八日庚寅朔
邑子許陽邑子孫仕昂　邑子趙善業
像主道果在記文右方象龕之上
書庚寅朔於八日之下或當時有此書法邪緇即
緇或即惑

張洪亮等造像記

高四寸四分廣二尺七分記九行行七字姓氏廿行行字不一字徑六分正書在益都廣福寺

大隋開皇十五年歲次乙卯四月巳丑朔八日丙申維
那張洪亮等敬造光像一軀二菩薩上爲皇帝陛下
州縣令長又爲七世父母援及一切衆生咸同斯福
比邱下缺此行在記文前　維那孟清　清信女李荒女　清信
女石㖫　清信女王次男　清信女卓平曉　清信女
劉潘尼　□信女戴羊女　清信李娥女　維那王居
羅　維那孟伏念　□那孫益錢　維那郭仲客　維
那胡保　維那張恩纂　□那王大甯　維那王伍
維那劉建德　清信女張元妃　□□□管那子
右張洪亮造象記其文云云後列維那孟清等十八

淯信女李荒女等九人諸女名有稱王次男張元妃管鄉子者其書隋作隋次作次爰作援皆字體之異者石刻在青州府城南廣福寺前人未有箸錄者李進士素伯始訪得之潛研堂跋尾續

右記首敘年月及造象之由次列姓氏十九人凡二十八行造象祈福兼及州縣令長惟有此刻亦可見古風之厚也征字德字皆省筆从彳又案默曹殘碑有李荒此云李荒女可證彼是隋刻無疑山左金石志

右張洪亮等造象記在益都縣廣福寺文云大隋開皇十五年歲次乙卯四月巳丑朔八日丙申維那張

洪亮等敬造关光像一軀隋書高祖紀是年四月巳丑朔大赦天下关即勝字平津讀碑記

右記文殘損廿九字賴錢潛研所載得據以補碑之闕知箸錄金石而備載全文俾後人得以印證其嘉惠爲多也趙撝叔輯補訪碑錄此刻已見孫氏原書而復列之云維那孟清等造像固由所見本之已闕抑亦失於參攷矣吳氏筠清館亦然幷誤关爲大誤晳爲宮

張正道造象記

刻佛座背及右側高一寸八分廣七寸九行行四五字字徑四分正書在仁和韓氏

開皇十五年六月十五日仏弟子張叵道為忌修蓋敬造觀□□缺一行□丬界供養 法

右記敬造下觀字尚存其半下缺二字蓋觀音象也此與麟德二年象皆小亭女夫得之正定拓工李寶臺者本係郡中之物故箸於錄常山貞石志

沈飽廬親見此象而失錄右側數字何疏也蓋作蓋亦誤修蓋未詳其誼或人名邪

周驃騎將軍鞏賓墓誌

方一尺六寸四分三十一行行三十二字字徑四分正書方界格篆蓋失拓在武功縣署

周驃騎將軍右光祿大夫雲陽縣開國男鞏君墓誌銘

公諱賓字客卿張掖永平人也自壽邱之山卿雲照三星之色襄城之野童子為七聖之師繼喆傳賢肇終古而長懋垂陰擢本歷寒暑而流芳曾祖澄西河鼎望行灉鄉閭後涼呂拜中書侍郎建威將軍王門太守屬涼王無諱擁戶北遷士女披流生民塗炭乃与燉煌公李保立義歸誠魏太武皇帝深加礼辟授使持節大鴻臚散騎常侍高昌張掖二郡太守封永平侯贈涼州刺史祖幼文西平鎮將孝天慶汝南太守政脩奇績世襲茅土州閭畏憚豪右敬推家享孝子之名朝揖良臣之譽

門稱通德里号歸仁公惟岳惟神克岐克嶷幼而卓尔
爽慧生知長則風雲英聲自遠永安二年從隴西王尔
朱天光入關任中兵叅軍內決挨籌外摠軍要除平東
将軍太中大夫周太祖龕定關河公則功冡草創沙苑
苦戰勳冠三軍封雲陽縣男邑五百戶天統十七年除
岐州陳倉令周二年除敷州中部郡守歷居政莅民慶
來蘊野有三異之祥朝承九里之暢保定二年授司土
上士四年遷下大夫濟濟鏘鏘允具瞻之望兢兢謇謇
見匪躬之節天和二年授驃騎将軍右光祿大夫四年
任豫州長史別駕騄驥騤足起千里之清塵欝欝鳳林

邇三春之德澤君子仰其風猷小人懷其威化謂入物
之指南寔明君之魚水俄以其年十二月遘疾薨於京
苐春秋五十有五夫人許昌陳氏開府儀同金紫光祿
大夫岐州使君西都公豐德之長女也鵉翔飛鳳則四
世其昌天聚德星則三君顯号清音塵響与金石而鏘
鏘秀嶺奇峯隨風雲而欝欝夫人資光婺釆稟教嚴閨
栱慎內和容言外皎高門儷德君子好逑保定元年先
從朝露春秋卌五為仁難恃天無竵善之徵樹德遂孤
神闕聰明之鑒潛隨俄頃相繼云亡逝者如斯嗚呼何
已公夫人之即世也時鍾金革齊秦交爭直軌未并王

祭幼冲且隨撫塵今世子營州揔管司馬武陽男志次
子右勲衛大都督上洪男甯運屬昌朝宦成名立思起
蓼莪心纏霜露撐風枝而永慟哀二親之不待陟岵屺
而長號痛百身之冈贖乃以今開皇十五年歲次乙卯
十月丙戌朔廿四日己酉奉厝於雍州始平縣孝義鄉
永豐里高岸為谷恐公啓王屋之山深谷為陵三州塞
長河之水懼此貿遷故以陳諸石鏡銘曰
白帝朱宣寔粤金天西河良将張掖開邊承暉接響世
挺英賢賢哉上喆時之人傑夏雨春風松心竹節肅苹
霜嚴清同氷潔司戎幕府作守敷陽鵷歸河翔瑶見陳

倉大夫濟濟士實鏘鏘文龜玉印紫綬金章首僚驥足
曜此龍光必齊之姜必宋之子儷德高門家榮桃李行
滿婦箴聲揚女史春秋代序春非昔春閱人成世世不
常人精華已矣空想芳塵疇曰恒逝時屬屯窮萬里尙
隔黃泉未通孝于惟孝追遠追終卜茲元宅究此幽宮
山浮苦霧樹勲悲風流水噎氷上月凝空悠悠自古冥
寶皆塵

嘉慶己卯四月偃師段嘉謨訪出此石於武功縣之
南鄉移至縣署大堂南海吳榮光觀並記（刻在碑尾）

銘云孝于惟孝論語書云孝乎惟孝友于兄弟漢石

經及皇侃本孝乎皆作孝于此銘亦用古本可見乎字改在隋後矣又云樹勲悲風勲當作勳又云寘寘皆塵與上東韻不叶塵當是同字之譌古誌石華

右周鞏賓墓誌敘賓之曾祖澄後涼召拜中書侍郎建威將軍玉門太守屬涼王無諱擁戶北遷士女波流生民塗炭乃與燉煌公李保立義歸誠魏太武皇帝深加禮辟云云以魏書攷之沮渠蒙遜據張掖魏世祖神䴥四年拜爲涼王蒙遜死子牧犍梁書作茂虔爲魏所滅策拜其弟酒泉太守無諱爲征西大將軍涼州牧酒泉王後遣鎭南將軍奚眷討之無諱奔走遂

渡流沙士卒渴死大半無諱後據鄯善又幷高昌病死梁書謂無諱據南昌稱王一歲而滅李保者後梁李暠之孫後梁爲沮渠蒙遜所滅保奔伊吾臣于蠕蠕後無諱遁走保南歸燉煌復先業奉表歸魏世祖授保使持節侍中都督西垂諸軍事征西大將軍開府儀同三司領護西戎校尉沙州牧燉煌公李保史有傳保傳作寶志又敘賓永安二年隴西王尒朱天光入關者攷史傳尒朱天光乃尒朱榮從祖兄子万俟醜奴僭號魏除天光雍州刺史以討醜奴破擒之關中平莊帝進爵爲廣宗王尒朱榮死尒朱世隆等推太原太守行幷州事元曄爲主乃以天光爲隴西王皆與史合惟本紀載天光討醜奴平關中事于永安三年此作二年爲異碑又有周太祖龕定關河公則功參草創沙苑苦戰勲冠三軍云云攷周書本紀魏大統三年周太祖錄尙書事引軍入關齊神武率衆渡河太祖造浮橋于渭南冬十月壬辰至沙苑齊神武引軍來會遂進軍合戰大破之斬六千餘級降二萬餘人齊神武夜遁追至河上復大克虜其卒七萬留甲士二萬餘悉縱歸收其輜重兵甲獻俘長安即碑云沙苑苦戰之事也碑敘賓歷官岐州陳倉令除敷州中部郡守

司士上士下大夫授驃騎將軍右光祿大夫任豫州長史別駕攷司士上士之名不見于魏書官氏志而隋書百官志載周大祖所改官制及周書盧辯傳亦止有上士中士下士之目皆不詳司士上士賴此刻傳之賓與澄兩世俱爲顯宦而史皆無傳且據誌謂賓沙苑苦戰勳冠三軍前史亦無一語及之又賓之子志與甯仕隋一爲營州總管司馬武陽男一爲右勳衛大都督上洪男隋史亦皆無可攷史之漏略固不少亦人之顯晦有幸有不幸耶此志文辭楚楚可觀字亦不甚俗且首尾完善銘詞孝于惟孝句本論

語書云孝乎惟孝友于兄弟也孝乎之乎漢石經及皇侃義疏陸德明釋文俱作于義疏曰于於也惟孝謂惟令盡于孝也又集解包咸曰孝乎惟孝美大孝之詞此銘乎作于又以惟孝斷句與潘岳閒居賦同足徵隋人此文于尙未作乎亦以惟孝斷句矣惠徵君棟謂後儒據晉世所出君陳篇改孝于爲乎以惟孝屬下句恐未盡然據此文乎作于疑今論語注作乎亦後人所改又攷漢書王莽傳皆曰友于兄弟亦是漢人以惟孝爲句讀之一證閻氏尙書古文疏證云案虞山錢尙書家藏淳熙九經本點斷句讀號稱

精審亦以孝乎四字爲句先是張耒淮陽郡黃氏友于泉銘曰孝乎惟孝友于兄弟張齊賢承眞宗命撰弟子贊曰孝乎惟孝曾子稱焉太平御覽引論語曰孝乎惟孝友于兄弟唐王利貞幽州石浮圖頌曰孝乎惟孝忠爲令德梁元帝劉孝綽墓志銘曰孝乎惟孝與武陵王書曰友于兄弟則知改從君陳篇讀者自朱子始書益稷懋遷有無化居懋遷尙書大傳作貿遷此文有懼此貿遷之語攷三蒼及小爾雅後漢書章懷注並云貿易也易與變同義蓋以貿遷爲變遷也說文寶古文寚而廣韻玉篇直作琉又保與寶通易繫詞聖人之大寶曰位孟喜本作保史記周本紀展九鼎保玉集解引徐廣曰保一作寶春秋左氏傳盜竊寶玉大弓公羊傳作保保古文保字保俘形近故春秋莊公六年齊人來歸衛寶寶誤爲俘此志文稱李保作保銘詞寶見陳倉作琉亦皆與古合又龕定關河之龕借爲戡亂之戡魏齊造像記龕主有作堪主者堪與戡皆從甚得聲故戡堪皆可與龕通借惟樹勲悲風之勲當爲動而多四點作勲則聲義俱別未見有通用者其揖作揖惠作憓苑作菀痤作痤經作經攣作撆箴作葴皆當時別體字　古泉山館金石文編

按志犖賓曾祖澄始仕北涼及沮渠無諱北遷乃與燉煌公李保歸誠於魏李保史皆作李寶魏書李寶傳世祖討沮渠無諱於燉煌寶遣弟懷達奉表歸誠授使持節侍中都督西垂諸軍事鎭西大將軍開府儀同三司領護西戎校尉沙州牧燉煌公通鑑元嘉十九年四月沮渠無諱將萬餘家弃燉煌西就其弟安周據鄯善其士卒經流沙渴死大半李寶自伊吾入據燉煌繕脩城府安集故民九月無諱據高昌李寶奉表平城魏以寶都督西垂軍事云云誌稱涼王無諱擁戶北遷生民塗炭燉煌公李保立義歸誠與

史悉合性犖澄之名不見於史耳北魏孝莊永安二年爲梁武中大通元年是年六月魏以爾朱天光爲幷肆等九州行臺仍行幷州事天光至晉陽分部約勒所部皆安誌稱從天光入關正指此也周太祖龕定關河沙菀苦戰謂大統十六年宇文泰伐齊之役龕與戡同揚子方言劉龕南陽是也沙菀即今同州之沙苑周二年省明帝宇文毓二年爲陳武永定二年後梁天定四年北齊天保九年時周未建年號次年始號武成也周天和四年年五十有五則生於北魏延昌四年爲梁武天監十四年永安二年入關時

年十五大統十七年年三十有七周二年年四十有四保定二年年四十有八天和二年年五十有三夫人陳氏以保定元年即世年四十五則生於北魏熙平元年少公二歲自周天和四年至隋開皇十五年凡越二十七年始得插厝雍州始平縣即今西安府興平縣孝于惟孝本漢石經論語此石嘉慶中出土偃師段襄亭嘉誤時宰乾州之武功購得之武功與興平接壤也金石續編

碑云張掖永平人魏書地形志無永平縣亦無張掖郡按隋書地志張掖舊曰永平縣後周置張掖郡開皇初郡廢是本有永平縣周添置郡也其曾祖封永平侯因占籍其地耳又云魏太武皇帝授使持節大鴻臚散騎常侍高昌張掖二郡太守高昌北魏隸南廣州又云周大祖龕定關河封雲陽縣男龕與戡同續編以方言證之按謝元暉秋和伏武昌登孫權故城詩西龕收組練注云龕與戡音義同又廣雅釋詁龕取也亦即戡字雲陽縣北魏隸北地郡北周當同之又云大統十七年除岐州陳倉令周二年除敷州中部郡守授司土上士遷下大夫魏書地形志無陳倉縣隋書地理志扶

風郡舊置岐州陳倉縣注云後魏曰宛川西魏改曰陳倉後周置顯州尋州縣俱廢此稱岐州陳倉正合中部郡北魏隸北華州周書本紀魏廢帝三年改北華爲鄜州與碑不合隋書地理志上郡後魏置東秦州後改爲北華州西魏改爲敷州以碑及隋書證之疑周書作鄜者誤也然周書列傳中屢見鄜州斷非盡誤豈以鄜敷音近每易相混耶周制司木司土司水司皮各有下大夫上士屬大司空卿寶由司土上士遷下大夫當即司土下大夫也夫人陳氏之父稱岐州使君西都公隋書地

理志湟水舊曰西都後周置樂都郡開皇初郡廢十八年改縣曰湟水蓋縣公也世子武陽男次子上洪男武陽隷兗州武陽郡上洪隷荆州襄陽郡皆隋所封縣男也又碑云奉曆於雍州始平縣隋書京兆郡開皇三年置雍州大業三年改郡始平故置扶風郡開皇三年郡廢碑稱雍州始平縣者在大業未改之前也孝乎惟孝亦見楊珣碑

燕孝禮墓志

高一尺八寸八分廣一尺一寸四分十二行行廿一字字徑七分正書方界格

若夫燕□□先盖邵公之苗肖□□之裔胄□資杲蕤至於君矣昔燕王使荆軻䕫□不決從居北土遂以承爲君諱孝禮字㝎卑遼東□也祖道魏甯朔□軍鄴縣令如下車甫尒善治有□尋除勃海郡太守父□宣威將軍奉車都尉陽信縣令又辟爲□閒□功□□□□仁智志存山水如隱岩插巖不貪□寶□□孝□□□□春秋六十有四以大隋開皇十四年□□城陽之鄉□北之里□東流不住西景無停□□□□永息泉扃今十五年歲在東宮十月廿四日□□□□霞山之北化城之南唯恐瑶□爲土玉海成塵聊鐫□石以爲銘曰流川東逝日落西頹捂人萎矣良木其摧黃泉長閉白日不□徒□玉醴誰舉金杯

右燕孝禮墓志未詳所在文云城陽之鄉城陽隋屬豫州汝南郡今河南信陽州東北境誌石當出其地惟此係卒地而葬地巳缺但見霞山之北字不審是城陽否文云歲在東宮按是年太歲乙卯卯屬震方震爲長子故稱東宮㝎即虎字

尼脩梵石室銘

方一尺四寸六分十七行行十七字字徑六分正書方界格在益都李氏

故比丘尼釋脩梵石室誌銘　并序

比丘尼諱脩梵俗姓張氏清河東武城人瀛州刺史烈之第三女幼而爽晤覘範開明有同縣崔居士南青徐君之第五子从德義故歸焉未獲偕老而君子先逝遂發菩提心出家入道不意法水長流刼火將滅以開皇十三年八月廿三日終于俗宅春秋九十有一十五年十月廿四日窆于石室兄弟相撫貫截肝心烏烏之心終天莫報先王制禮抑不敢過馮翊吉子才高學博請揆其詞式昭元壤

留城作土趙都建國代胥喆人門多通德王祖王父胥文胥則駐馬朔童褰裙遂職載挺淑質天資柔惠梁婦辭榮萊妻避世心遊正覺行依真諦超彼滕津弗茲菩

揩電多急影泡是蜃綠形歸掩石神住開蓮春鶯朝喚
秋螢夜爕徒令雋泣匍匐空山

右碑十七行行十七字徑七分文頗雅潔銘爲吉子所撰其序又出一手也段赤亭云脩梵終於開皇十三年年九十有一是生於梁武帝天監二年魏宣武帝景明四年南北八朝已閱六矣張烈魏書有傳云字徽仙其先淸河東武城人徙居齊郡之臨淄烈少孤貧涉獵經史有氣槪以守順賜勳封淸河縣子後爲瀛州刺史元象元年卒於家所著有家誡千餘言子二人又案靑州崔氏有僧淵者（北史作僧深避唐高祖諱）曾爲

南靑州刺史有六子魏書俱有傳其第五子名祖螭普泰初與張僧晧謀叛誅計脩梵此時年二十九歲其夫似即祖螭而志諱言之所謂使君殆指僧淵也（山左金石志）

右比邱尼脩梵石室志銘在益都縣李氏脩梵俗姓張氏淸河東武城人瀛州刺史烈之第三女同縣崔居士南靑使君之第五子以德義歸故爲未獲偕老而君子先逝遂出家入道開皇十三年八月廿三日終于俗宅春秋九十有一張烈魏書有傳山左金石志攷南靑使君爲崔僧淵第五子名祖螭頗煊以魏書崔僧淵傳證之傳云僧淵入國坐兄弟徙于薄骨律鎭太和初得還又云僧淵元妻房氏生二子伯驥伯驥後薄房氏更納平原杜氏僧淵之徙也與杜俱去生四子伯鳳祖龍祖螭祖虬得還之後棄絕房氏遂與杜氏及四子家于靑州是太和初年祖螭已生祖螭與張僧晧同反其死在普泰初計其年已五十餘矣脩梵開皇十三年卒年九十一普泰初止廿九歲年齒既不相若祖螭傳刺史元羅板爲兼統軍魏書後廢帝紀又稱鎭遠將軍淸河崔祖螭俱與碑稱崔居士不合所謂南靑使君或別有其人疑未敢定

也（平津讀碑記）

右石室志十七行行十七字正書字徑七八分在山東益都縣志序尼諱脩梵俗姓張氏爲瀛州刺史烈之女歸崔居士爲南靑使君之第五子因先逝乃出家入道後云終於俗宅斐於石室兄弟相撫貫截肝心烏鳥之心終天莫報先王制禮抑不敢過後銘詞云徒令儁泣匍匐空山則脩梵之爲尼乃在家奉道並非剃髮空門者其所謂兄弟蓋謂其所生之子也石室者即塔也不言塔而言石室者亦因其終於俗宅也又云馮翊吉子才高學博請揆其詞則此文爲

吉子所作而不言其名脩梵爲瀛州刺史張烈第三女攷烈後魏書有傳云字徽仙清河東武城人高祖賜名爲字焉曾祖恂隨慕容德南渡因居齊郡之臨淄少孤貧涉獵經史有氣槩時青州有崔徽伯房徽叔與烈並有令譽時人號曰三徽歷官至安北將軍瀛州刺史爲政清靜吏民安之吏滿還朝因辭老還鄉里兄弟同居怡怡然爲親類所慕元象元年卒于家時年七十七先爲家誡千餘言並自敘志行及所歷之官臨終勑子姪不聽求贈但勒家誡立碣而已有二子又攷唐書宰相世系表謂清河東武城張氏

出漢留侯之裔故此銘詞有留城胙土趙郡建國之句其言同縣崔居士南青使君第五子者當是崔僧淵也後魏書崔元伯傳亦云清河東武城人其族有目連子僧祐弟僧淵仕至龍驤將軍南青州刺史有傳故此稱南青使君傳言僧淵元妻房氏生二子伯驎伯驥後薄房氏更納平原杜氏僧淵之徙也與杜俱去生四子伯鳳祖龍祖螭祖虬得還之後棄絕房氏遂與杜氏及四子家于青州又云祖螭粗武有氣力方刺史元羅板爲兼統軍討海賊普泰初與張僧皓俱反圍青州尒朱仲遠遣將討平之傳首京師又

云祖虬少而好學下帷誦書不驅競當是舉秀才不就此稱南青使君弟五子以傳之次敘言之當爲祖螭然墓志既云崔居士乃無官爵之稱又云妙德義故歸焉似指第六子祖虬言之方近是豈祖虬爲兄祖螭爲弟而傳誤倒其次敘耶唐書宰相世系表于清河青州房列目連子但有僧淵而無僧祐弁脫失僧淵諸子之名亦無可攷其先後且據志有兄弟相撫等語則崔使君且不止一子而于史表亦皆闕略無可考據表僧淵當爲前開府參軍事崔頎之曾祖此志云終于俗宅葬于石室必是仍變崔氏墓地碑

以国爲國已見前敬脩羅碑褰裙遜職之裙當即禬之繆體字也後讀山左金石志引段赤亭語謂其夫似即祖螭而志諱言之恐非是又誤妙德義之妙爲以霆多急影之霆爲電 古泉山館金石文編

按脩梵張氏歸於崔夫亡出家釋名脩梵隋文帝開皇十三年春秋九十一則生於梁武帝天監十二年也變諸石室而銘之從釋氏法也兄弟相撫謂子之兄弟也故曰烏烏之心終天莫報既從異端猶引先王之制亦無於禮者之禮矣清河東武城今東昌府武城縣漢置東武城縣隋改曰清河瀛州今河間府

獻縣後魏立瀛州張烈魏書有傳序云馮翊吉子才高學博昔人撰詞每多退讓未有自詡如此者意銘爲吉子所撰而序吉子之銘者別爲一人惜不可攷姓纂馮翊吉氏漢同州刺史吉瞻吉子殆其後歟山在金石志南青使君爲崔僧淵弟五子名祖螭平津讀碑記以魏書崔僧淵傳祖螭傳證之與此崔居士不合所謂南青使君者或別有一人金石續編

誌書瀛作瀛爽作爽馮作馮載作載又德彼徒三字皆作人旁褰禓當是褰褙皆別體也筠清館金石記

古誌石華所載有譌字瞿氏謂山左金石志誤妙爲以誤霆爲電以石本審之山左志不誤

李鍾葵妻馬伶造象記

刻佛座座高四寸四分廣一尺三分十一行行五字字徑五分正書方界格在諸城劉氏

大隨開皇十六年歲次丙辰四月癸未朔八日庚寅青信仕佛弟子李鍾葵妻馬伶爲亡女稙妃敬造觀世音石象一軀願亡者生天現存受福

右記隋作隨與開皇十二年杜乾緒等造象銘正同足見去辵爲隋之說之謬青信仕即清信士北朝人名鍾葵者甚多此亦其一耶仁寶楊用修僅引北魏堯鍾葵陋矣魏書刑法志有張智壽妹容妃民女稱妃當時不忌伶即伶字俗憐字作怜見集韻湖南祁陽縣有宋米黻浯溪詩刻可怜德業淺嘉定瞿木夫理間中谿謂俗字相沿已久據此則隋時已有此字韋蘇州集休暇東齋詩抨竹怜粉污殆非刊本之誤也又玉篇心部怜魯丁切心了也廣韻亦音郎丁切云黠貌蓋與伶字之義相近鍾葵之妻以之命名亦無不可通此象劉燕庭觀察喜海攜歸諸城向亦郡中之物也常山貞石志

靈州刺史賀若誼碑

開皇十六年八月廿二日萃編載卷卅九

使持節柱國缺柱字□□川以□□□朔野而同盡□□

□□者所缺川而同盡所五字昔軒邱啓祚若水降居元闕紫塞缺水降居元闕紫塞七字及魏氏之龍騰□變缺魏氏之三字□恒代以□□缺恒字是稱冠蓋之里高祖拔連里誤理缺是高祖拔連五字曽祖□□□□□□安富公□司□缺曾祖安富四字並宇量恢宏缺宇字充□□三州刺史當亭子贈司空謚曰哀□以茂德宏規以德規外十六字俱缺豈□圖形□閣□□勒功□鼎勒功上四字缺卽哀公之第三子也缺哀字澄波瀾於萬頃缺萬頃二字竦□幹於千尋落落缺千尋落落四字體君子立身之義樹置既□聲望日高以門下九字均缺男稍遷直閤將軍大都督大上七字均缺都督諫督都通直散騎常侍缺通直二字尚食典御周

太祖業啓三分上八字均缺于時□有勍敵國步未□下六字均缺為乃□公缺為字屬北狄缺屬字左賢交爭缺賢字茹茹種落屯結河表缺種屯二字□□餘口□馬三万餘匹缺餘口二字賞以□銀缺銀字齊□□志在相傾傾上四字均缺寃□身為輕重缺寃字身誤作身震弊□□□乃□馳略單于宣述朝旨公言辭難犯□鋒間出犯字外十八字均缺九攻九拒缺拒字楊暢等付公將還除車騎大將軍儀同三司周太祖世□略陽公等公騎世賜外十八字均缺并誤除爲深望實隆重簪裾上□實外四字均缺妙簡時賢乃以公缺簡賢乃公四字元年除司射大夫缺年字左宮伯三年缺伯年二字府天和□遷靈鄜二州刺史原州都督

原府二州州外八字並缺班六條缺班字按十部而□三蕃十誤才下四字缺甘雨隨其軒蓋永安之地缺其永字自非文武兼運缺自非文三字乃以公為□州公外四字均缺江表未壹公深明秘略公略外七字並缺每出□兵擴地□□缺兵擴二字揚旌汾浦缺汾字席卷河□缺河字公□於函谷缺函字□據洛陽□治□州刺史又除使持節丬州州上十二字均缺洛州刺史缺洛字封建威縣開國侯齊范陽威下七字均缺聲高遠裔缺高字啓□□□□食舊式加榮禮榮外六字均缺除涼州總管缺涼州二字進爵范陽郡公缺爵范二字授上大將軍缺上字除右武候大將軍河間王北伐除大將軍四字外均缺還□轉左武候大將軍將外七字均缺華敷

二州缺鄴字海陵郡公缺海陵二字轉涇州刺史缺涇字屢飛□□□體缺體字而□從恒□□□□坦蕩而推心而心蕩三字外均缺志存謝事缺存事二字七十有七缺而七字寢疾薨於□□缺寢疾薨三字於始缺始字王人弔祭缺王字苞此多能缺苞此二字而簡雲搖□勒而□□搖外四字均缺□羽□而歎甕缺羽歎二字銀鏑飛缺飛字居則羅鼎擊鐘羅下三字均缺於六□□□丸於三朝酌損之志缺於六朝三字并誤三爲二志爲忠心寄濠梁缺心字退朝多暇缺多字□袖舉而□□缺袖而二字歌聲□而□□缺而字娛□□放曠懷抱而世有千歲有上七字並缺曲沼高臺泉□一深□□□原一外七字均缺陳□等□以□人□邵倚□樹而興

歌越下八字均缺貽厥□藏樹以風聲載□君公鬱摽器望上九字均缺白虹連□清缺白清二字扉啓閭缺扉啓二字閭誤周褒終□□已□萬萬上三字均缺無窮銘詞末二字缺

右海陵郡公賀若誼碑賀若元和姓纂作賀蘭又稱遠祖達羅安樂王達羅毓生敦周金州總管武都公誼隋靈州刺史海陵公又據姓纂敦生弼隋揚州總管宋公金石萃編以弼爲誼之兄誤矣平津讀碑記據某氏舊搨精本校補誼高祖拔連史傳姓纂所未及隋書誼傳云以功臣子賜爵容城縣男碑文男稍遷直閤將軍之上已渺蓋即敘賜爵容城事

傳又云原信二州總管碑敘原州刺史之後又云乃以公爲□州州上所缺當即信字傳又云拜亳州總管馳驛之部碑已泐當在乃遣二字之下碑云凉州總管則傳所無也碑不敘其子嗣後幅有令陳□等字下云宿承教義親預鞭板是陳□等爲立碑之人又云墳塋□表贊頌無聞似立碑不在卒葬之時碑額稱使君意當時屬吏感其德而追立此碑故有□八□邵越俗思范之語然皆不可攷矣又弼非誼兄洪氏據姓纂以正萃編之誤案誼傳云誼兄子弼別有傳則隋書固明言兄子不獨見於姓纂也碑書恆作恒代

八瓊室金石補正卷二十五終

八瓊室金石補正卷二十六

大倉陸增祥撰　男　繼煇校錄
吳興劉承幹覆校

隋三

安喜公李使君碑 開皇十七年二月廿日 萃編載卷卅九

帝子□盛 在弟二行王雄提一方之上上下缺處未計格 曾祖父 在郎祖景超之上缺處未計格 負外散騎 缺負外二字 並先識 缺先識二字 □筆兩清 缺筆字 父□逸使持節東南 缺父郎東三字 子紉標□□早 缺紉標早三字 弱凶魁拔絕矢窮 在純眾之下缺處未計格 功存運往 缺存運往三字 並濟斯在 缺斯在二字 襟宇恢□□風 缺襟字風三字 百鍊不銷 缺鍊不銷三字 十尋直上虎 缺直虎二字 出□摩 缺摩字 莫不推廉 缺廉字 太祖茝元皇帝 缺茝字 府望隆重 缺望隆二字 内兵參軍事尋加□□周齊兩立交 兵參軍外九字均缺 分陰□秘 缺陰字秘誤秋 攻心伐□之日太祖任 缺伐日任三字 天問 缺天字 西□秦隴 缺秦隴二字 北逋沙韓之眾公□名□府從□□於飛雪 沙之眾外七字均缺 傷於寒水 缺傷於二字 長驅塞外直□□陽 缺驅直二字 齊氏徵兵鞠旅待戰求□ 缺齊兵旅待四字求誤卜 魚麗□壁 缺麗字 奮發膽氣從橫 缺奮膽氣橫四字從誤德 摧衂王師凱旋 缺摧衂凱三字 式加懋賞 缺懋字 封相州 缺相字 當璿機之政 缺璿字 爪牙之任選 缺選字 傑引公預親信 信上五字並缺 宅州安喜□ 缺宅喜二字 又授天官 缺授字 宣政

元年授左司武□□大夫（司上六字並缺）上儀同（缺儀字）皇隋□運增□茅社（缺皇增茅三字）授□衛府（缺授衛二字）王褒祭馬（缺王褒馬三字）令行禁止（缺令字）渝人羣□（渝誤淪缺羣字）蜀國鳴絃（缺國字）美政（缺政字）漏之期金竈玉釜空有延齡之術（缺漏期金竈延齡術七字）（釜誤金）堯於京第（缺堯字）交州鄉（缺鄉字）壇宇外峻管鑰內嚴非義不動（缺壇峻管鑰嚴非義不八字）夜浴□行（缺浴字）未嘗改其容□（缺嘗其二字）疾雷異雨不能□其□□（缺雷異能三字）無九□之坂（缺無坂二字）番訓□□之以風（缺訓以風三字）妻子若對（缺妻字子誤乎）闔門率由法度（度誤庭餘均缺）加以愛□好古（缺愛字）而贖窮士留心軍決（缺而贖留心決五字）斫湍水之龍（水外三字缺斫誤研）常山之蛇

勢六文之妙（缺常蛇勢六韜字）未足（在之指之上缺字未計格）之指□栝不能（缺能字）才踰半古（缺踰字）位不充量南山之壽未窮（缺位量南壽窮五字）中□之期奄及（缺期奄及三字）咸以益都耆舊陳留風俗（咸下六字均缺耆誤者）會稽典錄之□（缺錄字）汝南先賢之狀（汝誤安缺南賢二字）在民（缺在字）□於夏屋之□（缺夏字）佳城之地（缺城字）風聲元壤深而青松（而上五字均缺）久而□□生（缺而字生誤史）氣老精（在後字之上缺字未計格）後茲（缺茲字）玉門梓（玉誤王缺門梓二字）城君□祖（在行字之上缺字未計格）

右安喜公李使君碑字多殘泐此本視金石萃編多辨十數字石墨鐫華云使君涼武昭王之後祖景超員外散騎侍郎父通逕使持節東南道都督狄道縣開國子季父琁之出牧荆郡今搨本祖景超父□逕季父琁之字猶可辨琁之魏書有傳新唐書宰相世系表李氏武陽房出自興聖皇帝第七子豫興聖皇帝即涼武昭王也表豫止有孫琁之字□珍後魏兼侍中文簡公則使君當爲涼武昭王曾孫（祥案是元孫）與唐爲同宗惜表不詳其名（平津讀碑記）

據李氏舊搨本校補內兵參軍潛研跋作外兵衛府潛研跋作開府壇宇當是墉宇疑傳寫之誤潛研藏本進□□公公上有爵爲二字□州刺史州

上有卭字□疾還京疾上有以字此本皆無之也世系表琁之之祖豫字士甯東晉西海太守當即使君之曾祖晉書無豫傳惟涼武昭王之子士業傳載士業諸弟有新城太守預十六國春秋作擊虜將軍新城太守豫預豫一字與表稱西海太守者不符殆西海爲晉所命官新城爲涼所授職耶碑文曾祖父下已泐不知其爲西海與新城也又祖景超上存有郎字當即其曾祖之官位似非官至太守太守之稱恐未必是豫也

司士行參軍張通妻陶墓誌

方一尺二寸十九行行十九字字徑四分許正書有界格在咸甯

大將軍昌樂公府司士行參軍張通妻陶墓誌

夫人諱貴丹楊丹楊人也赤龍白虎之眉天官地正之宗軒冕蟬聯洎于淩霄之夢珪璋挺特樹于竹馬之季篆筴紛綸難可而詳也祖恪雍容軌則示規矩於邦家父暹温肅儀形表瑚連於朝野夫人承茲桂葉獨秉羣於秋風資此蘭花乍飄香於春日逾閑婦禮妙洲女功加以懸志薫脩歸依正覺莊嚴供養其慧丩寺者乎四海欽風王侯敬之以德二門彰義道俗尊之以仁是知元常无我驗電影之難留有死有生見水泡之易滅以開皇十七季三月廿一日奄然長逝春秋五十有五即以其月廿六日葬於長安縣之龍首鄉銘曰

緜緜瓜瓞祁祁德音桂蘭同馥杞梓齊林作牧九州晉門五柳自稟嘉氣還生姿首似蓮出波如雲暎牖行重義妻名高節婦薫脩淨土莊嚴福田慧日長照法炬恒燃何言燭滅忽在風前定知善果還生梵天雲屏空擁月鏡徒懸行路悲哀鄉閭悽切松短未吟雲生已結吳亭鶴暖秦川水咽一閇佳城千齡永絕

右張通妻陶氏志在咸甯標題陶字下不稱夫人并不加氏字他志罕見亦金石之一例張通列銜稱大將軍昌樂公府司士行參軍攷隋書諸傳封昌樂公者三人一曰王韶周武帝時以平齊功進位開府封晉陽縣公宣帝即位改封昌樂縣公高祖受禪進爵項城郡公轉靈州刺史加位大將軍一曰僧壽高祖得政授大將軍封昌樂公開皇初拜安州刺史轉熊州又轉蔚州進爵廣陵郡公一曰柳裘周時自麟趾學士累遷太子侍讀封昌樂縣侯宣帝即位拜儀同三司進爵為公開皇元年進位大將軍拜許州刺史轉曹州刺史案王韶僧壽後已進封項城廣陵則此稱昌樂公者或是柳裘也昌樂即繁水隸武陽郡大業初廢入繁水此志在開皇間故稱昌樂隋制國王郡王國公郡公縣公侯伯子男皆有法田水鐵士等曹行參軍各一人開皇初改曹為司張通為司士蓋在開皇初年志敘夫人里貫稱丹楊丹楊人案隋書丹楊郡無丹楊縣夫人歿於開皇十七年春秋五十有五則生於梁武帝大同九年然則所稱丹楊人者當是故名耳志書閉誤作閇淩霄作宵儀刑作形女工作功皆通借字其餘別體甚多不悉記

蜀王美人董氏墓誌

高一尺六寸寬一尺五寸廿一行行廿三字字徑三分正書在長安

美人董氏墓誌銘

美人姓董汴州恤宜縣人也祖佛子齊涼州刺史敵仁
博洽摽譽鄉閭父後進倂儻英雄聲馳河沇美人體質
閑華天情婉嫕恭以接上順以承親含華吐艷奄章鳳
釆砌炳瑾瑜蓮芳蘭蕙既而來儀魯殿出事梁臺搖環
珮於芳林袪綺繢於春景投壺工鶴飛之巧彈棊窮巾
角之妙妍容傾國冶咲千金莊映池蓮鏡澄窓月態轉
迴眸之艷香飄曳裾之風颯纚委迤吹花迴雪以開皇
十七年二月感疾至七月十四日戊子終于仁壽宮山

第春秋一十有九農皇上藥竟無救於秦醫老君靈醮
徒有望於山士怨此瑶華忽爲彫悴傷茲桂蘂摧芳上
年以其年十月十二日葬于龍首原〻〻幽夜茫〻荒
隴埋故愛於重泉沉餘嬌於元壟惟鐙設而神見空想
父成之術弦管奏而泉漬弥念姑舒之魂觸感興悲乃
爲銘曰
高唐獨絕陽臺可怜花耀芳囿霞綺遙天波驚洛浦芝
茂瓊田嗟乎頹日還隨浚川比翼孤插同心隻寢風卷
愁幌冰裝淚枕悠〻長瞑杳〻無春落鏁摧槐故篁凝
塵昔新悲故今故悲新餘心留想有念無人去歲花臺
臨歡陪踐今茲秋夜思人潛泫迁神眞宅歸骨元房依
〻泉路蕭〻白楊墳孤山靜松疎月涼瘞茲玉匣傳此
餘芳
惟開皇十七年歲次丁巳十月甲辰朔十二日乙卯
上柱國益州總管蜀王製

右墓志文丁酉七月購得搨本以史攷之益州總管
蜀王者隋高祖第四子秀也隋書高祖本紀開皇元
年九月辛未以越王秀爲益州總管改封爲蜀王又
文四子傳言秀以開皇元年立爲越王未幾徙封蜀
拜柱國益州刺史總管二十四州諸軍事二年進位

上柱國西南道行臺尚書令本官如故歲餘而罷十
二年又爲内史令右領軍大將軍尋復出鎮于蜀至
仁壽二年徵還京師本紀於是年十二月癸巳書上
柱國益州總管蜀王秀廢爲庶人此志作於開皇十
七年正其復鎮益州之時也蜀王後以驕侈不法廢
爲庶人煬帝即位後宇文化及謀逆欲立爲帝遂并
遇害董美人蓋其妾御嬖倖之女而又早夭乃拳拳
於情愛製此文以志其墓巳足見荒淫之漸矣惟書
作皆可觀前人多未及見尚是唐以前石刻爲當珍
惜耳且攷其言董美人爲汴州恤宜縣人隋書地理

志無汴州而於滎陽郡浚義下注東魏置梁州陳留郡後齊廢開封郡入後周曰汴州開皇初郡廢大業初州廢然則汴州即浚義縣也後周改東魏梁州爲汴州其陳留郡如故開皇初廢郡而存州故此又稱汴州耳惟恤宜縣之名史所未見董氏卒於開皇十七年年已十九尙生於後周之大象二年恤宜當是後周之縣名無疑此可以補史家之闕漏者也隋志又言蜀郡舊置益州開皇初廢後周置總管府開皇三年置西南道行臺省三年復置總管府大業元年府廢據此開皇十七年尙稱益州總管可知既復總管府則仍稱益州至大業初廢府始改稱爲蜀郡志於舊置益州下言開皇初廢亦失其實矣且據紀言二年正月置西南道行臺尙書省於益州以蜀王秀爲尙書令傳言二年進位上柱國西南道行臺尙書令本官如故歲餘而罷則地理志謂開皇三年置西南道行臺省實二年之誤故傳云歲餘而罷而志下云三年復置總管府也又攷隋都長安改萬年爲大興故名京城爲大興城開皇十三年又營仁壽宮於岐州高祖嘗行幸於此岐州之三龍縣置岐山縣岐山在其境內則此墓志言終于仁壽宮山第者蓋仁

壽宮即在岐山故此稱山第也又攷本紀于十七年二月庚寅書幸仁壽宮至九月甲申書自仁壽宮而于五月巳巳書蜀王秀來朝則蜀王必攜其家人至岐州朝帝而董美人因于七月病殁岐州也案之史傳皆合至墓志所言龍首原者蓋即龍首渠之原也萬年縣東十五里有龍首鄉見長安志唐人墓志亦往往言其葬地則此志必出於關中明矣此刻以莊爲妝以醫爲毉以所爲房皆字之近古者迳神之迳乃古文游省仌寒之仌作氷即後代俗書作氷之始孤插之插當从木此从手乃遷之古文義别惟鐙之惟愁模之模皆當从巾旁而誤作心又以滱爲兖以嫕爲嬺以竜爲龍以悉爲恖以堙爲纏以遂爲隧以淚爲涙以壍爲壍皆沿魏齊閒俗書謬體也古泉山館金石文編

補訪碑錄云石藏上海徐氏堙古誌石華誤作埋碑云七月十四日戊子十月甲辰朔桉是年七月乙亥朔十四日正直戊子九月甲戌朔十月朔當是甲辰與通鑑目錄合

王婆羅石窟造象殘碑

下方不齊前高二尺二寸後高四尺廣三尺二寸存廿行行存字不一字徑一寸二分正書在磁州鼓山

□太素之始墳　書　瘗滅既分既立□
□食血性靈壹等未有彼是彼非此眞此
心於彼此故理羿於不貳並息意於眞僞是□
□岐爽路似派今流恰神攝養則稱黃老遺諸□
□風屑白玉以成涅變黃金而作水猶是輪迴窟
□无上大聖是号法王自覺覺人知身知物慈
□濟之者終渡苦海此石窟諸像所□之處山
貂眞容彫瑩世之相寶炳靈質儼然八十之
時毀七覺從淪　大隋秉運大捻區宇三寶更
□河東乘泉人也以開皇十三年七月剖符此縣□

如蘭常馥枝兮派別皆稱甲秩所在著姓盡居望首
流非□思至王稚之爲溫縣雅德未慚史之臨鄴
誠目覩尊顏嘆未曾有內心起施外口亦宣頗捨
□□皿地　造逼兩天未遺五衰乃驗以開皇十七年
□承□訓長習家風悼基堂之□構念折薪之須負
□□□□不□政善必傳功言宜顯縣平正王婆羅
□
□民□□□之有碑追卹奭之留樹敢因此義用述德
音遂命
□□□□異□術□□伎符号長生藥稱不死見海

成田扶山能□
□□□是方爐火灾還淪刼水大覺眞智願尊無極遠
離五蓋屏除六賊
畏□光十力君實紹之惟從貽則當遊　淨土遷神樂
國

右殘碑石泐處空格不書是摩厓之刻分行錄之斷闕不完據文繹之石窟舊有佛像周季被毀開皇十三年縣令發願鐫脩至其後人踵成之乃立碑以紀功德銘辭故云君實紹之惟從貽則也縣令何人但見其籍河東乘泉莫攷姓氏亦不知爲

何縣之令攷金石錄目有隋王明府造象碑以開皇十七年八月立此碑疑即是也顧無確證碑有縣平正王婆羅名仍據所見標題之平正即中正隋代避中改平耳漢王稚子闕舊釋縲爲縣武授堂獨云縲即緼字緼與溫通此碑云王稚之爲溫縣與後漢書合又得一金石左證矣瘞即瘗之異文今字書所無泥作涅望作朢

梁州使君陳茂碑 開皇十八年十一月萃編載卷卌九作十四年

□勃挺奇略 缺勃字　貫□傳祀 缺貫字　甯茀德□流 孫　兼□
著□莫□□□志□與太守 弟誤漢缺流孫莫志四字著作著　任居分

師缺師字祖師□傳並遺缺師傳並三字蘊十德之姿十誤六文武
皇帝文武誤作□文殷朝缺殷字晉宣宣誤佳氣攸□缺攸字初開
歲缺開歲二字謦一心而事主缺謦主二字太祖爲上柱國隋圖
公缺太祖隋三字嗣開霸圖缺開字上□大將軍缺大字聲振坂泉
缺泉字坂上多空一格流湯未□缺未字引弓之師擊□□然詎缺師
擊然詎四字英威蓋世缺蓋字皆□□□上每嘉焉缺皆每嘉焉四
字上人多一口功叅圖業定一匾而辟九命功誤在缺叅圖定匾而辟六字並短
一字凶衆缺衆字踈勒之衆缺衆字之摧□□擊丸之去阪轟
然氷泮缺摧丸阪然四字遂除除誤降推解之恩缺解字恩誤思大隋御
宇缺隋字日夕即□綸言缺即綸言三字可儔可誤府進爵爲伯

缺伯字上柱國□□元缺柱國元三字搴□搴誤蹇□掌爲優掌誤㝡缺
爲字和□陝譽□屬區聲馳□里叀□沐道缺和陝屬區馳里叀木入
字譽誤舉扇背缺背字化濟時雍濟誤以布□朝典朝誤輕上作以恐非九
□□顯□□居缺九顯二字斯治授上開府缺斯治二字咸褒飾
缺褒字比鄧隲之台儀均黃權之寵缺之儀黃之寵五字或虧湯熨
缺熨字□中卧治缺卧字公按部宣條缺公宣二字威惠斯達缺達
字下車布政布誤爲月薨於缺月字七十有一七作六謚曰□
公缺日字其年十一月十誤之缺一字蒲州缺蒲字之墓缺墓字五際
捧檄缺捧檄二字發自天然缺發自二字□由早至缺至字少□宮
位宮位誤宮伍百戰缺百字之識缺識字挈撊缺挈字深澤缺深字流

或恂恂接□溫溫□□趙文侯之節儉缺流或接溫溫趙文侯八字
□之者公矣缺者矣二字並少空一格晉陽人也缺晉陽二字世襲封儀
家缺封儀家三字中□□修□形□□教弃□□禮酒斯備缺修
形教弃酒備六字又禮字誤上一格之感鄽緯無忿缺感緯忿三字丕子政缺丕子二
孝思□以仰述□聲缺孝思仰述四字式傳□範缺式字□頊
之勲缺勲字侚紀滕嬰之冢缺冢字太邱盛德□□□□□
□□勒缺太德勒三字山東慙妙河北缺山東河北四字下筆沉吟缺筆
字望兼緑鶴缺望兼二字冠帶□再振缺再振二字重選良將缺重
字將誤伫

右梁州使君陳茂碑不知所在茂隋書有傳以碑校

之傳所載官階多闕碑中段已全泐上下亦剝落僅
存無幾金石錄載此碑在開皇十八年十一月當是
其薨之年今皆泐不可考矣平津讀碑記

孫先造象記

刻佛座及右側高二寸五分廣七寸四分側廣五寸九分十四行行三四字字徑七分正書在益都

夫至道□疑非妙旨不宣大理宣漠非運會不顯是以
佛弟子孫先爲亡母造觀世音像一區願
開皇廿年七月廿五日敬造

記文未全當是刻於左側搨本遺一紙也疑即凝
字

張峻母桓造象記
高八寸八分廣五寸二分七行行十字字徑六分正書在益都
大隋開皇廿年十月八日張峻母桓爲亡夫張遵義敬造釋迦像一軀幷二菩薩上爲国王帝主下諸師僧父母一切法界衆生龍華三會願登上道
師僧即師僧喜用古字者遇僧佛等類往往無從下筆得此刻知僧可作曾矣佛亦可作弗

開府儀同三司龍山公墓誌
碑高二尺六寸寬一尺五寸邊有花紋十二行行字不等正書在夔州

大隋開府儀同三司龍山公墓誌
公諱質字弘直青州樂安人也盖帝嚳之後司徒公倉之苗裔隨官巴庸即此民復人矣祖齊巴州刺使父粲授巴東建平二郡太守公世値艱危早失庭訓志性剛毅諒直淵深周朝授大都督龍門公選補兼儀同領鄉團五伯人守監三硤大象二年蒙授龍山縣開国公開皇九年從元帥越国公平陳第一勳蒙授開府儀同三司增邑肆伯戸粟帛五千段非夫志氣熟能覆危亂之間成功如斯之盛者乎且譽善無徵昊天不弔歲在戊午七月廿日遘疾薨于家春秋六十七今啓葬豆蒼之陽鐫石頌德其辭云尔
咄哉君子宗家之瞻迺武適□□□在陸志懷慷慨少闕過涟衝冠臨敵吳越鄉清積世惟公二巴豪桀似玉之暉如渊之儆如何不弔遽奄春陽酸辛悲慟瀰淚千行
開皇廿年歲次庚申十二月丙辰朔四日己未□刻此
在碑左邊
咸豐癸丑梧權篆夔門閱視城垣多有傾圮因捐廉倡修至甲寅再權斯篆城工始竣越戊午奉命守是郡己未秋滇匪闌入敘府上游多事與代辦奉節縣令張君向浴商議戰守之具擬於城東西北三隅增建砲臺其倒塌處更修築之掘土獲此碑缺一角張

君多方購覓之始得完璧惜不詳其姓氏其祖父名諱亦闕略不可考而字蹟遒勁宛似鍾太傅因移置考院廳側以俟好古者考証焉咸豐九年歲在己未十二月既望知夔州府事嶺南羅廾梧識右刻碑下方後尚有彭水縣張向浴跋及總鎮傅嵲等觀款不錄
咸豐庚申梅奉檄來夔適張鍈華年丈補築城垣獲此碑略無剝蝕眞希世珍也惟不書其姓氏按志載臧憙之子臧質父子俱巴東建平二郡太守或即其人歟亟請於太尊而藏諸考院壁閒以俟博雅君子鑒定焉權知奉節縣中州古蓼吳龔梅識右刻在碑右蓋磨去

花紋而刻者此下及碑末千行字下均有觀款不錄

攷臧質字含文宋文帝時爲徐兗二州刺史元嘉末守盱眙自元嘉廿九年壬辰至隋開皇元年辛丑相距一百三十載碑記卒年戊午係開皇十八年共一百四十七年碑云春秋六十七其非臧質不待辨也臧氏之始出自魯孝公子彄食采於臧因以爲氏不聞爲帝嚳之後臧氏之先亦不聞有司徒公名倉者且碑文述其父歷官云梁授巴東建平二郡太守亦非臧憙可知臧憙隨宋武帝入關何由仕梁乃遽刻之碑右玷矣趙撝叔信以爲

實載其語於補訪碑錄亦殊失考銘辭曰宗家之睦疑其姓楊睦古通穆然無可攷證闕疑可耳其餘別體亦多六朝習俗大率如斯　隋書地理志北海郡舊置青州後周置總管府開皇十四年府廢統縣十博昌舊曰樂安開皇十六年改焉誌曰樂安人樂安即隋之博昌非弋陽郡之樂安弋陽舊置光州非青州也眉山郡後周曰青州後又曰嘉州此所稱者非蜀之青州蜀有樂鄉安鄉無樂安也惟碑於蜀中出土爲不解或是郡望耳碑云大象二年授龍山縣開國公龍山即隋襄城郡之郟城舊曰龍山開皇初改汝南十八年改輔城大業初改郟城也越國公者楊素也

豆盧通造彌勒大像殘碑并陰

存高一尺四寸八分廣四尺三寸八分三十七行行存十三字字徑寸許分書方界格在正定府崇因寺

上缺巛靈山川吐納爲　皇爲下缺
上缺□之源術得大造豈知迮刼下缺
上缺斯宋滅星光夜照謂是更生灰下缺
上缺所居因以爲名造彌勒大像一身下缺
上缺私顧經營天輔善人方巳成就又下缺
上缺周風朽育王之塔巳陵房內識樹下缺

上缺丹書入三藏之闕補空練后天柱下缺
上缺夷吳所記何方帝德須以衛國之下缺
上缺使修營廢寺舊墟悉令如故遂有下缺
上缺灐福在人非應遊正覺此寺比邱下缺
上缺俗侶樹樹獨高万億僧祇亭亭孤下缺
上缺上開府儀同三司定州諸軍事定下缺
上缺南陳公豆盧通清朗溫雅正直在下缺
上缺問令望一時模楷使持節上開府下缺
上缺帝京邊鎮定蕃雨飛偽邑高明秀下缺
上缺高門馳分於道顯之名族其猶長下缺

上缺騎□□司馬蕭□蘭陵高望江南下缺
上缺兢□節都沓安憙縣令劉晏觀爲下缺
上缺歸□□四馬而□留捨□金而□下缺
上缺□□□□□□□□□□驚作□下缺
上缺□□□司□□開皇二載□□□下缺
上缺□□□□□□□□□□□□□下缺
上缺□□□□□□□□□□□□□下缺
上缺□□□□□□□□靜夜息□□下缺
上缺□□□□□□□麗水之金□下缺
上缺□□□□□□□□□二□□□下缺

上缺十二□雕□素像□□□□糸□下缺
上缺宮神□□□□□□□□□□□下缺
上缺□禾□塔□□□□□□□□下缺
上缺□□□欲□爲□□□□□□人下缺
上缺豈長繩之可繫□□□□□□是下缺
上缺□君聖臣□皆□□□□□□下缺
上缺□□□□□萬□□□群□□□下缺
上缺□□□□□絕□□□□□□□下缺
上缺□□□□□□□□□□□□□下缺
上缺□□□□□□□□□□□□□下缺

□□下缺

右殘石向在定州城內開元廢寺中道光戊戌春予訪得之急轝至常山郡廨量移後即納石崇因寺中石已遭磨礪之厄可辨者不過十之一二碑無立石年月惟文中見開皇二載四字又有十二等字疑亦紀年案寰宇訪碑録定州有隋正解寺碑引集古録目云隋隨昌劉鼎卿撰寺本後魏宣武帝以七廟所立謂之七帝寺至周被廢隋文帝重興佛法定州贊治崔子石捨以爲寺賜名正解碑以開皇十二年四月立此碑後面僧洪昇造象記有周建德之初王舍城

裏頻遭猛毒又有我大隋撲火神州及□炬滅而更明云云正與集古録目所稱寺至周廢隋興佛法重賜寺名諸語相應疑此即正解寺碑開元寺或即隋之正解寺唐開元中始改今名寺爲定州贊治崔子石所捨故記頌及刺史諸人惜記殘缺無子石之名可證耳記云上缺上開府儀同三司定州諸軍事定下缺又上缺南陳公豆盧通云云攷豆盧通隋書附豆盧勣傳北史附豆盧甯傳勣與通皆甯弟永恩子也甯始無子養弟永恩子勣爲嗣北史甯傳云甯字永安昌黎徒河人本姓慕容燕北地王精之後高祖勝以燕

皇始初歸魏授長樂郡守賜姓豆盧氏或云北人謂
歸義爲豆盧因氏焉又云避難改焉未詳孰是隋書
通傳通字平東勣兄一名會宏厚有器局在周以父
功賜爵臨貞縣侯食邑千戸尋授大都督儀遷儀同
三司大冢宰宇文護引之令督親信兵改封沃野縣
公邑四千七百戸後加開府歷武賁中大夫北徐州
刺史高祖爲丞相進位大將軍開皇初進爵南陳郡
公尋徵入朝以本官典宿衛歲餘出拜定州刺史記
敘銜大約與史合記又有使持節上開府下缺又上缺帝
京後鎮定蕃云云疑是定州長史然其姓名竟無攷

記又有司馬蕭□蘭陵高望江南下缺又有安憙縣令
劉晏蕭君之名止露左旁從水與劉晏史皆無名安
憙即安喜隋書地理志屬博陵郡大業初廢則此碑
爲開皇時立無疑常山貞石志

碑陰

僧洪昇等造大像殘記三十一行行存十字分書方界格碑後題名六行下方題名殘損正書

上缺稱名萬物㒵安然㒵然而爲　□安□下缺
上缺滅好殘貧將何託衆生迷　大像主下缺
上缺□八難藻心浴意登彼法　大像□下

上□西感終著善名周武東　大像下缺
上缺□衸長荷政行威周俄廢　大像下缺
上缺長遵惡便與風霜同脆此　大像下缺
上缺之世時有邵僧暉身依聖　大像下缺
上缺□東海造大像一軀銅用　大像下缺
上缺斤有三百飛空香殿朝夕　大像下缺
上缺□風月計用材三千五百　大像□下缺
上缺□軀爾其金花玉葉與日　大像□下缺
上缺□朗前後用錢十五万七　大像下缺
上缺聚火傍飛注周建德之初　大像下缺

上缺巖霜王舍城裏頻遭猛毒　大像下缺
上缺相尋迸同影響我大隋　大像下缺
上缺劫現應人王擽火神州津　大像下缺
上缺□炬滅而更明淨心約巳　大□下缺
上缺有寺舊僧洪昇見住比邱　大像下缺
上缺異響聲和一匱之基如囟　大像下缺
上缺一尺用漆八石五升金鑄　大下缺
上缺□□以香木爲　大像下缺
上缺　哭斯　常樂周　大像下缺
上缺連房　日圓月　滿凡用　大像下缺

上缺八方復造素像四百五十　大像下缺
上缺鷲嶺静妙香山豈　大像下缺
上缺八經始之作迄至於兹　大像主下缺
上缺□壯哉嚴矣可略而言也仰　大像主下缺
上缺雨之亘與刼盡　同修幸　大像下缺
上缺類灰塵竊聞興善者易入　大像下缺
上缺□中之地故知一苦一樂可　大像下缺
上缺□□誠之終古　大像下缺
上缺□府司馬都督車非安叉　大□下缺
上缺□主秦　王左親信鹿世儦　大像下缺

大像主弟鹿世甯　大下缺
大像主弟鹿世道　大下缺
大像主弟鹿世師　□下缺
大像主弟鹿世卿

右記在碑陰當與前記爲同時所刻記敘比邱僧暉興寺造象工費中遭周武帝斷絶二教經象破毁至隋寺舊僧洪昇見住比邱僧等倡率修造並記其佛象工用之數上截殘缺過甚不能備得其詳兹舉其大概如此記下象主題名其姓名並殘缺記後題名六行第一行有府司馬都督車非安叉□府上字缺

攷隋書百官志隋制百官稱府者有左右衛府左右武衛府左右武候府左右領左右府左右監門府左右領軍府又左右衛各統親衛置開府（原注左勳衛開府左翊一開府二開府三開府四開府及武衛武候領軍東宮領兵開府準此）府置開府一人又有儀同府又東宮諸衛率亦稱府各置司馬等員親王府亦置司馬員又諸視品府僚亦稱某府某官如嗣王郡王上柱國柱國上大將軍大將軍上開府開府上儀同儀同等皆置司馬此未知孰是車非安叉□隋書無名通志氏族略後魏獻帝次兄爲普氏孝文改爲周氏至金水公搖周閔帝賜姓車非氏搖隋

書北史有傳謂其始姓普（乃當爲氏字傳刻之誤）及居洛陽改爲周氏周閔帝受禪賜姓車非氏隋受禪復姓周開皇初拜幽州總管六州五十鎭諸軍事後六載徙壽州以年老乞骸骨歲餘終於家謚曰恭史不言其有子幾人此碑所稱車非安叉□未知即其子孫否又史稱搖周閔帝賜姓車非氏高祖受禪復姓周此記刻於開皇時而安叉□猶署車非氏此必搖之宗族不在復姓之列也又題名有泰王左親信鹿世儦兄弟等五人史無事蹟可攷鹿氏元和姓纂云趙大夫食采五鹿因氏焉又河南有鹿氏後魏官氏志阿

鹿桓氏改爲鹿氏世儁列銜爲秦王左親信隋書文
四子列傳秦孝王俊字阿祇高祖第三子開皇元年
立爲秦王陳平授揚州總管鎭廣陵歲餘轉并州總
管案平陳在開皇九年記若刻於開皇十二年是秦
王正爲并州總管也隋書百官志王公已下三品以
上並有親信帳內各隨品高卑而制員 常山貞石志

青州舍利塔銘 仁壽元年十月十五日 萃編載卷四十

歲次辛酉 脫次字 諸王子 王誤皇 李佶 佶誤佸

京兆舍利塔銘

石高一尺一寸五分寬一尺十一行行十二字字徑七分正書

舍利塔記

維大隋仁壽元季歲次辛酉十月辛亥朔十五日乙丑
皇帝普爲一切法界幽顯生靈謹於京兆大興縣龍池
寺奉安舍利敬造靈塔願太祖武元皇帝元明皇太后
皇帝皇后皇太子諸王子孫等并內外群官爰及民庶
六道三塗人非人等生生世世值佛聞法永離苦因同
升妙果

舍利塔下銘　銘妙

右京兆舍利塔下銘與石文字所載同州塔銘金
石萃編所載青州舍利塔下銘正同惟標題舍利
塔下銘五字彼列於前此列於後彼稱元明皇后
此稱皇太后彼云同州武鄉縣大興國寺青州逢
山縣勝福寺此云京兆大興縣龍池寺彼云永離
苦空此云苦因爲異爰及民庶句同州銘多一于
字銘妙二字當是碑末列名者攷隋文帝詔建舍
利塔處所凡三十不獨青州同州京兆也餘均湮
没尔至鄧州舍利塔下銘則文既不同年月亦異

同州舍利塔題額 仁壽元年十月十五日 萃編載卷四十

賜紫義省 缺義字

長安僧　善儁 僧下少空一格 題額　安璨刋 額下空格誤作口安下缺

璨字 以上題款二行在大字左右

楊繼宗 繼繼作 士元 元下多一造字 此行在碑中間

楊繼宗一行當是後來題名

信州舍利塔銘

方一尺五寸五分十一行行十一至十三字字徑七分許正書直界格在奉節白帝城廟

維大隋仁壽二年歲次壬戌四月戊申朔八日乙卯
皇帝普爲一切法界幽顯生靈謹於信州金輪寺奉安
舍利敬造靈塔願
太祖武元皇帝元明皇太后皇帝皇后皇太子諸王子

孫等并外郡官□及民庶六道三塗人非人等生生世
世値佛聞法永離苦因同昇妙果

大隋　皇帝　舍利寶塔下銘

同治癸酉監修夔城七月六日掘土獲石佛一妙相
莊嚴越日復得石一方縱橫廣二尺許中底平凹刻
正書十一行四邊凸寬寸餘周列小五銖錢七十二
枚上覆石內貯銅方盒嵌木安放一瓶凝松脂封固
匠氏□啓之溲赤水熒熒一粒如豆飛去剔碑諦眎
乃隋仁壽年金輪寺舍利塔下銘也字兼唐初□□
法爰移置白帝城廟壁而供佛于龕署奉節縣事永

城呂煇記萬縣劉家暮書刻碑尾
隋書地理志巴東郡梁置信州後周置總管府大
業元年府廢唐書地理志夔州雲安郡本信州巴
東郡乙亥五月海琴持贈邊紋未搨石佛有無題
字亦未審

郛天敬造象題字

象高二寸三分題名在背脊紀年二行在𦟝後各四字字徑二分正書

仁壽二年　郛天敬造

段市慐造象記

刻佛座并兩側高二寸一分廣四寸二分側廣三寸六分十五行行二字三字字徑五分正書方界格

仁壽三年佛弟子叚市慐爲七世父母合家大小乞願
平安□□造天尊二區　三月七日

伏成造象題字

象高二寸四分座伏題字在佛背行字不一字徑二分餘正書在新處楊氏

大隋仁壽三年七月七日伏成敬造一區

仁壽甎文

廣五寸厚一寸五分正書

仁壽三年□□

唐高祖爲子祈疾疏　大業二年正月八日　萃編載卷四十

其患得損　損誤捐

金石錄目有唐高祖造象碑大業二年三月與此
及大海寺造象記均不符合疑後人所僞託原石
當在滎陽鄭縣何以有之林氏謂元寺僧重刻當
非無據攷唐書張仲方傳云始高祖仕隋時太宗
方幼而病爲刻玉像於滎陽佛祠以祈年久而刓
晦仲方在鄭敕吏治護鑱石以聞傳於時是祈疾
事固有確證特不知碑石爲當時所立抑爲仲方
所刻耳仲方爲鄭州刺史在憲宗末

宋大娥造象題字

刻佛座足三面字徑二分正書

大業二年四月十二日佛弟子宋□□□大娥□出金
錢□造觀世音像一區

栖巖道場舍利塔碑

高三尺五分廣六尺五分卅五行行七十字字徑七分正書方界格在蒲州府

大隋河東郡首山栖巖道場舍利塔之碑

司隸書佐會稽賀德仁奉　教撰在標題下

盖聞在天成象王衡齊於七政在地成形金簡開於四
瀆大造區夏宏濟黎元功格二儀事絶三界豈若鷲山
凝寂神智所以經行龍華嚴淨靈覺所以宴坐青蓮耀
彩普明非想之外白豪發輝遍照無色之表然則重華

文命德冠百王迦毘逸多道超千佛眞俗冥感機理元
應護持沓界汲引郡生咸悟苦空皆臻常樂既而□尸
窅眇久滅度於閻浮翅末盤桓尙凝神於兜率去聖滋
遠思聖滋深慧炬韜光慈燈掩色三途黑暗漂沒煩惱
之河六趣昏迷沈淪愛欲之海津梁靡託彼岸奚濟貝
多傳于半偈栴檀寫于滿月馬鳴繼其絶紐龍樹緝其
頹綱重蔭瀀雲更垂甘露化方東漸道向南流星精辯
於刧灰日光通於神夢尒乃像教鬱興支提競起大乘
妙典踰天山而遠度高行名僧望帝京而遙集栖巖道
場者魏永熙之季

大隋太祖武元皇帝之所建立于時得一未清初九勿
用褰帷蒲坂乃翔秖圖基趾首陽夷齊秉節之地登臨
嫣沔娥英降嬪之所加以接連關陝密迩枌榆候柱史
之元風仰春陵之佳氣南望華嶽巖巖高掌北眺龍門
茫茫遠跡西抵秦渭鶉首摽其分野東拒晉汾馬頰通
其疏瀹斯寔山川之爽塏華夏之壯麗者歟於是審曲
面勢占星揆日懸水置槷疏山抗殿蓮峯翠微暎花臺
而秀峙松嶝森聳對香閣而交歟瀀侶凝粹梵音清遠
還如鹿野之閒更似負山之側何則時有否泰道或汙
隆周氏季末憲章版蕩毀瀀甚於坑焚銷像深於炮烙

三川並震預覩橫流之微九鼎俱沈先見群飛之兆殷
憂啓聖天祚明德烟雲變彩鍾石革音誥誓起於鳴條
謳歌歸于景亳
高祖文皇帝撥亂反正膺籙受圖作樂制禮移風易俗
懸王鏡而臨寓內轉金輪而御天下監周室之顚覆拯
釋門之塗炭爰發綸言興復像瀀渥澤雷震渙汗風行
圓光炳於奇特方等闡於秘藏神儀慶卒幢盖浮空人
沓歡娛幡繪溢陌遐迩禔福幽明響應天不愛道地必
程祥膏露飄零醴泉騰涌史豈絶書府無虛月斯乃太
平之嘉瑞方符出沓之休徵至於佛入涅槃遺形舍利

八國應供六度所薰邁優曇之希有甚河清之罕值
聖朝德教宏道威刑護瓔超踰傳璪冠絕波斯元風冥
通精靈顯出爰自丹霄之頂灑于紫庭之上若飄冬霰
似雨天花三事大夫抗表儛蹈七神佐命安歌踊躍學
以仁壽元季歲次辛酉爰與　睿想乃發璽誥今布舍
利於八十州剋十月十五日同時造塔　詔旨以斯福
地　太祖善基樂陽宮寢永絕愛敬畢陌園陵空纏哀
感嚴飾淨土冥資　清廟乃命有司於此建塔使星炳
于天漢靈宇構於巖阿邦君與邑宰交馳緇衣與黃冠
競集百工咸事庶民子來以九月廿日規模畳立之所

忽聞鐘鼓之聲至十月十一日將入金函影若香爐凌
空而上繞浮圖寶瓶復起紫焰皆作蓮華還成佛像到
十四日夜光出塔上流照山頂時如貝闕作似銀臺傾
城縱觀達鑣接軫歌舞咸作笙鏞並奏照爛掩于星辰
硜鏘振於陵谷爭投鏍銑競捨琨瑤疑覩海藏之珍若
翫河宗之寶俄而日宮宏敞月相澄明神女塗香天人
獻石珠璣璀粲丹青彪炳剎鳳淩霄共陽烏而矯翼燭
龍耀影與陰兔而爭輝似多寶之涌出等育王之靈化
放光動于鑾界神功遍于剎土豈如秦皇慕道虛架橫
海之橋漢帝尋真徒設通天之觀初

高祖炳靈啓曜載誕馮翊渚浮虹氣室照神光忽有天
女飄然來降現尼形像自号智僊容儀姝妙音詞清雅
擎跽沐浴摩頂讚嘆謂　元明太后曰此子天挺睿哲
相貌端嚴方當平一區寓光隆佛教宜簡擇保姆之才
鞠養於清淨之室言畢不見莫知所之及雄圖蓋啓遂
興王業神母記別信而有徵洎將昇鼎湖言違震旦垂
拱紫掖遺愛蒼生乃召匠人鑄等身像并圖僊尼置于
帝側是用紹隆三寶頒諸四方欲令率土之上皆瞻
日角普天之下咸識龍顏以仁壽四季歲在甲子發自
鎬京降臨河曲風伯前駈雨師清道紺馬逐日玉女焚

香若昇忉利之宮如上須弥之座尋而兆類大漸厭卋
登遐故知聖智見機冥兆先覺昔耆闍王將逝化佛遍
於花臺金棺既掩見影留於石室以茲方古異卋同符

皇上欽明纘麻重光紹祚道洽百神智周萬物定鼎卜
卋永固洪基測圭建都乃均職貢巡遊河洛式遵元扈
之儀登降太亭方具介邱之禮垂旒淵默負扆兢莊高
詠薰風光顯慧日宏宣　二祖之業揔持三乘之教配
天配帝盡孝敬於郊禋依佛依經乃莊嚴於塔廟巍巍
乎其有成功也蕩蕩乎民無能名焉若夫姤路宏通寔

資演說伽藍崇建乃發至誠寫器傳燈抑允多聞之藏
衆沙布金方求無上之道　太祖爰初締搆深屬綱維
高選名德爲其軌範時有僧融𡨋師明達禪師智刃鋒
穎戒珠圓潔律儀動衆梵行普聞慕雪嶺之捐身企香
城之灑血夙興夜寐輟寢忘餐親執縮版躬營塗塈梓
匠遵其規矱繪事稟其雕鎪勞後身心亟移灰琯雖秖
陁之擲門地迦葉之摧塔泥抆以精勤會何等級是故
禪龕義窟數息熏心冬室夏堂避寒淸暑五時敷演四
事豐盈振錫爭趨持瓶揔萃飛流穴石澄入解之水驚
飆動樹吐七覺之花乃類歡喜之園甯殊安養之國況

復蒲城奥區寔惟形勝冠蓋雲合車馬川流聽𡨋之侶
如林獻供之徒成市登彼靈山似遊崑閬臨斯德水若
暎熙蓮谿介發曚俄然悟道上震有頂梵帝儆於天宮
下竣無閒魔王開於地獄江海爲量何以測其淺深草
木爲籌不足知其邊際河東太守正議大夫陳公寶慶
武元皇帝之外孫上柱國陳懿公之中子枝連若木
流派天潢祚土承家今珪方岳西都外戚之重東京元
舅之貴公侯之胄必復山河之誓無泯寄隆藩屏任屬
股肱比屋被其春風連城仰其冬日聽訟舍棠歸依道
樹宣條駐傳顒仰𡨋輪□　主簿　徐鍼恭司功韓仁迪司

戶姬君靚司倉鄭希元司𡨋　韋修己等弼諧求瘼廷贊
共治連璧擅其淸風懸榻馳其美譽經始淨業迴向𡨋
門昔大夫吉甫尙著雅什長者寶積猶陳妙偈𡨋　守宏
道式樹豐碑爰命末僚乃作頌曰
緬尋圖緯歷選皇王補天立極括地開壇纂德齊禮正
位辯方甯祛有漏孰悟無常如來應跡誕生迦衞乘月
降神胥星興𡨋大拯五濁闡揚四諦斷絕盖纏薰修福
慧　太祖歷試建旗作牧王渕潛龍朱軒馴廄陟彼陵
阜翫玆川谷乃立精舍方興版築靈岳鬱盤王城聳峙
迥眺少室遙臨太史京都襟帶山河表裏鷄嶺可摸鶴

林斯擬周德云季鼎祚方移崇信調達欽尙流離湮毀
金地枯涸寶池民號鬼哭川竭巖崩赫矣　高祖勃焉
革命就日合明則天齊聖中興王道深入𡨋性調御湻
和汲引樂淨佛身舍利　帝儀靈爽八彩光華五色炫
晃合寶爲塔鎔金成像十方迴向兆民瞻仰　上聖承
庥下武繼文鳳翔江漢龍飛澮汾□龍姬頊孕育唐勛
流布𡨋雨輝暎慈雲柰苑洞開菴園宏敞風和寶鐸露
光傳掌道界金繩庭懸珠網谷虛磬徹巖幽梵響猗歟
開士宏闡元宗美哉邦守翼讚時雍言遵衞鼎□□□
□式刊圓石永樹高峯

桉賀德仁撰河東郡首山栖巖道場舍利塔碑不題年月孫兵備訪碑錄作仁壽二年乃沿金石錄之誤碑載高祖鑄等身像圖儼尼於帝側以仁壽四年甲子歲降於河曲下云皇上重光紹祚宣二祖業則建碑歲月當繫之大業初年也碑題河東首山又云襄帷蒲坂登臨嬀汭接連關陝密迩枌榆南望華岳北眺龍門西抵秦渭東拒晉汾四境秩然爲今蒲州府而訪碑錄謂在河南閿鄉亦誤隋書地理志河東郡後周曰蒲州統縣河東舊曰蒲坂縣置河東郡開皇初郡廢十六年析置河東縣大業初置河東郡并蒲

坂入有首山嬀汭水並與碑合河東郡爲大業初復置則仁壽二年無此郡也漢書武帝紀元封六年春作首山宮三月幸河東文穎曰首山在河東蒲坂界水經注雷首山臨大河北去蒲坂三十里一名獨頭山夷齊所隱河東首山即雷首山非孟津以南之首陽山也淮南子墬形訓高誘注首山在蒲坂縣南河曲之中伯夷所隱高祖宏農華陰人生於馮翊故云密迩枌榆隋書帝紀高祖文皇帝西魏大統七年生於馮翊般若寺有尼來自河東謂皇妣曰此兒所從來甚異不可於俗閒處之尼將高祖舍於別館躬自

撫養皇妣嘗抱高祖忽見頭上角出徧體鱗起大駭墜高祖於地尼自外入見曰已驚我兒致令晚得天下周大定元年高祖受禪開皇元年追尊皇考隋國公爲武元皇帝廟號太祖皇妣呂氏爲元明皇后又咸淳臨安志及靈應寺舊志有云神尼舍利塔在錢塘飛來峰頂隋文帝生於同州般若寺寺尼志仙謂太祖曰此兒佛所佑太祖委尼視育帝長尼私謂曰佛法暫廢賴汝而興屬周廢教尼隱帝家而卒仁壽二年遣僧齎神尼所囑舍利於此造塔碑云尼號智僊臨安志作志仙志智音近而譌隋紀尼來自河東

宋志同州般若寺尼後卒於帝家此碑則云現形讚嘆言畢不見較諸史志更爲神異周建德三年廢佛道教大象二年隋文帝爲大丞相復佛道教即碑所云毀鎔銅像及興復象鑪也陳懿公寶榮定也隋書本傳榮定扶風平陵人妻高祖姊安成長公主以佐命功拜上柱國甯州刺史進爵安豐郡公拜武衛大將軍贈冀州刺史陳國公諡曰懿子抗嗣漢王諒搆逆煬帝以抗爲通謀除名弟慶襲封陳公官至河東太守衞尉卿弟璡扶風太守故云武元外孫懿公中子唐書文藝傳賀德仁越州山陰人與從兄德基以

文辭稱人爲語曰學行可師賀德基文質彬彬賀德仁入隋爲豫章王記室徙封齊復爲府屬王廢德仁以忠謹獲貰補河東司法參軍高祖時與蕭德言陳子亘皆爲東宮學士此碑德仁及徐敏恭以下皆河東官屬故云末僚作頌歸美陳公兼及同列也碑字筆法縝密高渾書者不傳史稱寶慶兄弟並工草隸金石錄唐司空竇抗墓志歐陽詢撰并書隋衛尉卿寶慶墓志不著名氏小楷工妙不減歐虞是碑爲慶所勒石尤必妙選撰書能手也金石續編

續編謂建碑歲月當繫之大業初年校元和郡縣

志河中府後魏太武帝置雍州延和元年改泰州周明帝年改蒲州因蒲坂以爲名大業三年罷州又置河東郡碑題河東郡必在大業三年以後即系之大業三年可也吳氏筠清館據碑文作仁壽四年乃移置等身像之年也碑文有仁壽四年字金石錄何以誤作二年且不言撰人豈別有一碑邪碑書玉字三畫均匀旁不加點猶見篆法所遺徦見方言至也說文作假亦作假經典亦用格白毫作豪古無毫字蒲坂蒲城作蒱古無蒱字然荀子不苟篇柔從若蒱葦字亦作蒱炮烙作格烙爲徐鉉新附字說文新附攷云呂氏春秋肉圃爲格義同烙晉書炮烙一作格舊本史記殷本紀中並作格說文統釋云谷永傳榜箠瘠於炮格此碑作炮格又得一證舞蹈作儛古亦無儛字莊子鼓歌以儛之楚辭邱陵翔儛山海經夏后啓於此儛九代皆如此作彊作壃與史記晉世家出壃乃免同此古字之可資攷證也然六朝彩體亦復不一而足如救作捄邊作邉者尤爲宅碑所罕見隨意增損耳

八瓊室金石補正卷二十六終

八瓊室金石補正卷二十七

太倉陸增祥撰　男　繼煇校錄

吳興劉承幹覆校

隋四

和彥造象記

刻佛座及左側高一寸五分廣四寸五分側廣三寸三分八行行二字三字字徑六分正書

大業四年四月廿日和彥爲亡兒善行造觀世音像一
區

張貳息君卿造記

刻佛座高一寸六分正面廣六寸八分十二行側一寸六分三行行四字字徑三分正書

大業四年八月十五日佛弟子張貳息君卿爲亡夫高
洪恒敬造雙觀音像一區上爲　皇帝陛下後及師僧
父母即願亡過見存昔□含識同登妙果

補訪碑錄譌在正定而不見於常山貞石志或爲
人攜去邪貳即貳昔不可識疑是普字

正議大夫甯贙碑

高三尺七寸五分廣二尺四寸三十行行三十九字字徑五分碑額中穿圓徑二寸一分左右題甯越郡欽江縣正議大夫之碑四行行三字字徑八分許正書在欽州

竊以太皞之末兮顓臾之邦唐牀之餘爲管會之國郘
公思室賦棠棣之詩辛有哀本悲被髮之異故枝流葉
徙自結貞筠之絲宗子維城各理封壇之邑故寧相甯
俞傳鼠玉之名甯喜甯戚紓遺芳之哲公匡衡在輔無
忘士蕎之工從而能政退蹤子范之用所以繁衍陵稍
盤根閩越者共公諱贙字翔威冀州臨淄人也公惠好
自研齊牀嚮之德蔵誠和誘同孟明之溫儒藻進賢常
吟雅頌肅嚴愛善宮壚之羨祖逵馳千載仁風擁六奇
高辯警加木鐸訓悅過涯梁武皇帝除定州刺史揔督
九州諸軍事陳宣武皇帝又除授安州刺史父猛力德
貫神星氣衡牛斗典祀政事隋會無闘牟乘輜睦先殺
懐讓文皇帝除使持節開府儀同三司安州諸軍事安

州刺史宋壽縣開國侯兄長貞包山岳之志摽雲霞之
襟行應管鍾義通泉涌賽惟本土刺舉家判節盡中朝
風紀面海帝授上儀同三司欽州刺史立功於國効加
官賞尋進上開府儀同三司欽江縣開國公食邑一千
戶軒車薄伐豕馬專征又爲行軍揔管言捉荷戟猶庸
會之獨清勳入司門穎武安之奉詔仍轉上大將軍其
年敕右光祿大夫甯越郡太守爵名桑塞成似斑超之
官職撫喬閭邊若淮陰之封以昔方今盛共而已公履
端嵓壘增万頃之渕含韓縱容踰四學之勸開皇十四
年帝以公衣冠子肩遠來入朝既隸誠心宜井戎祇授

大都督厚贈縑緗徧加享祀以公長榆之變李氏弱乎
區今細柳之携絛侯反存無策南宮交趾之川北靖蒼
梧之野仁壽二年詔公兄弟建宏宣揚國化嗣位牧民
撫甯蕃部宜加榮祿用優恒典增上儀同三司到大業
二年帝以公驟從戎踐克著嘉庸拜上儀同三司餘官
如故公沉神惟悵覽羊祜之謀脩偹緒完規臧宣之度
披啚三略之精麾師九圍之勇雲梯再起負驪興維兄
及弟陳兵林邑推鋒振拔以先啓行前茅慮無中權後
勁浮青雀以泛白波權赤馬以排綠浪彈軾相臨雲擴
百陣靡旂摩壘有許伯之雄折馘掉鞅摸攝狀之勢故

淂卧彼鼓旗投衡拔旆困獸猶鬪鋪舶新墉之江出殺
阬緣之海賊艫千乘公舟二十旭旦儀交浸霄未心公
築運在摽摧以樓舡五鷁偏師撒隊淂潰彼犲狼爭舟
指掬芟夷揲滅盡殪凶佬獻擭鐫地馬伏波慙色以頽
獏神紉俘檀和之愧乎其道公巡懕三軍皆如挾纊聲
播百官咸佈斯茂大業二年十月馳謁承明躬親進闘
乃奐開府儀同三司即其年改爲正議大夫公刑儀斑
越子張非其人容褒啓裾陸機失其侶柳蒲早悴風燭
易遷覩閲既多靈芝是壬之德以大業四年歲□戊辰正
月十九日终于私宅春秋卅有五嗚呼哀哉樹絕大夫

之陰營息將軍之号市停三日悲盈□邦大息嗣狀于
終于始唯明唯孝大業五年歸舊岡密松連蓋疎楊迥
吟言念君子其銘云尒
火紀承宗相土師農生民厥始社稷根蹤鳳凰垂翼幽
都奐封支傳帝葉祠纂高龍棠陰理頌周□□祀令美
闘越德隆蕃邳仁鏡長明智花恒啓遊藝自依多能脩
軆文書馬樊行崇基址義水帡〻□□洸〻建國興邦
紇守邊壃威流五嶺勇振三湘臨濡粉溢昭穆邱長惟
開築運樓移勢章梯衝雲□□銜月光旗影飛地劍艳
呈芒烽連柳塞陣合奐陽舟移鷁轉權動蘭芳董蒲葉

盡秦靡麗張朝稱□□野号賢良卿士唯相衆輿是匡
搖落衰變原隰孤平似蓋樹委如樓鼓橫悲悽龍谷哀
慘松聲□□□從終傳令儁名
大業五年四月 闕

按隋正議大夫甯贙碑銘凡一千一百三十四字魚
驪與句與上原脫一字銘末句終傳令名令下衍一
傳字旁有三點碑下左方石損共闕十三字年月下闕二
三字餘皆完整道光十二年廣東高廉道仁和許公
乃濟得於所屬之欽州寄示拓本碑爲南刻書則北
宗猶存漢碑之式粵東石墨此最晚出實爲最先翁

氏阮氏金石略皆未載補而冠之可爲後來居上矣世本甯氏出自衛武公子季亹食采於甯因以爲氏春秋成二年傳杜註甯相甯俞孚襄二十五年傳九世之卿族杜註甯氏出衛武公至喜九世元和姓纂季亹弟頃生跪跪孫速速生俞俞生殖殖生喜九世卿族齊有甯戚此碑以相俞爲昆玉而先相世次舛矣甯戚甯喜時地不同且喜罪昭然何遺芳之有約舉諸甯而錯序之不可爲典要也甯贙之名正史未見贙父猛力見令狐熙傳兄長眞見劉方傳南蠻林邑傳北史隋書並同祖逵梁定州刺史陳安州刺史

元和姓纂梁愛州刺史甯逵居欽州逵與達形似而譌梁定州隋鬱州鬱林郡安州隋欽州甯越郡愛州隋九眞郡地皆相近逵在梁時刺定州亦刺愛州姓纂之甯逵即此碑之甯逵也隋書令狐熙傳開皇中上以嶺南夷越數爲反亂徵拜桂州總管十七州諸軍事刺史以下官得承制補授熙至部大宏恩信時有甯猛力與陳後主同日生自言貌有貴相在陳日已據南海平陳後高祖因而撫之即拜安州刺史驕倨恃其險阻未嘗參謁熙手書諭之申以交友之分其母有疾遣以藥物猛力感之詣府請謁不敢爲非

熙以州縣多有同名者奏改安州爲欽州欽州改於開皇中猛力正刺其地姓纂以爲梁甯逵居欽州者因其後昆而追繫之梁無欽州也劉方傳授驩州道行軍總管經略林邑方遣欽州刺史甯長眞驩州刺史李暈上開府秦雄以步騎出越常方親率舟師趣北竟大業元年正月軍至海口林邑王梵志遣兵守險方擊走之次闍黎江既度賊乘巨象四面而至方射象象中瘡卻蹂其陣王師力戰俘馘萬計濟區粟度（北史作區粟）進至大緣江賊據柵又破之逕馬援銅柱南行八日至其國都梵志弃城奔海獲其廟主金人

汙其宮室刻石紀功而還南蠻林邑傳林邑之先因漢末交阯徵側之亂區連殺縣令自號爲王無子甥范熊代立熊子逸無子日南人范文自立其後范佛宋交州刺史檀和之將兵擊之深入其境（事具宋書南史宗慤傳）至梁陳亦通使往來高祖平陳乃獻方物後朝貢遂絶羣臣言林邑多奇寶仁壽末遣大將軍劉方爲驩州道行軍總管率欽州刺史甯長眞擊之其王梵志率徒乘巨象而戰方多掘小坑草覆其上挑戰僞北梵志逐之至坑而陷縱擊大破之弃城而走方入其都獲其廟主十八枚（隋書誤作牧今從北史作枚）皆鑄金爲之

蓋其有國十八葉矣碑稱猛力長眞勳代並與史合林邑之役贇在行間足補李魏二史所未備碑引馬伏波檀和之皆征蠻前事經略林邑劉方傳詳水戰南蠻傳詳陸戰碑則約而兼之其云獻捷鐫地獲神納俘即史所稱獲其廟主刻石紀功也隋地理志甯越郡梁置安州開皇十八年改曰欽州統縣六欽江舊置宋壽郡平陳郡廢開皇十八年改曰欽江大業初置甯越郡又百官志正議大夫與開府儀同三司舊秩皆四品煬帝即位多所改革以開府儀同三司爲從一品同漢魏之制贇受散職四品故改爲正議

大夫則知開府儀同爲從一品乃改於大業二年史與碑可互證贇說文分別也从虤對爭貝讀若迴胡畎切虤虎怒也五閑切贇字許徐異音蓋古从貝聲今从虤聲耳爾雅釋獸贇有力贇爲獸名文選魏都賦兼葭贇則兼怒生爭別之義翔威命名取諸雅訓固有父風者矣碑文竊作竊邦作邦棣作棣哀作裦壃作壃淄作淄牆作墻父作父輯作輯淵作渕翰作翰備作俻旅作旅寇作宼脅作脅撲作撲仰作仰遷作遷靈作霊傑作傑陛作陛邊作邉並沿南北朝別體太皞作太皡皋睪字通魚麗作魚驪折馘作折馘

柳蒲董蒲皆作蒱秦槀作秦槀乃偏旁通借羊祜作羊祐誤晉書祜本傳荆州人爲祜諱名屋室皆以門爲稱改戶曹爲辭曹祜名从示古聲故書多有誤爲祐者不得引碑爲證也金石續編

右甯贇碑碑首有穿尙是漢人遺制碑云冀州臨淄人隋書地志臨淄屬青州北海郡不屬冀州信都郡舊置冀州臨淄無割隸信都之文信都屬縣亦無改名臨淄之文殊不可解猛力封宋壽縣侯宋壽即欽江隋書地志欽江舊置宋壽郡平陳郡廢開皇十八年改曰欽江據碑知平陳之後郡廢

爲縣猛力之封在開皇十八年前也從而能政政疑改之譌星作星賽帷帷帳幟交帷開從巾之字皆作小乘作乘秩作秩前作前偏師作偏其餘從礻之字亦皆作亻稷作禝其餘從禾之字亦多作示隰作隰皆別體至甯俞作渝叔向作嚮緬海作面從容作縱摧鋒作推瘁作焠理訟作頌漁陽作魚尙合六書通假之恉臨淄粉溢粉當即芬字前跋未及

西山觀造象二段 在緜州

黃法曒題記 高七寸五分前列象龕後幅廣四寸五分五行行八字字徑七分正書有方界

格

大業六年太歲庚午十二月廿八日三洞道士黃法曔

奉爲存亡二世敬造 天尊像一龕供養

右造象在縣州西山觀蜀中隋刻鮮此與後一種造

象武進吳賓甫大令 特徵 訪得之茲𢹂墨本箸錄以

志古緣 劉喜海三巴𡸁古志

文託生母題記 高四寸五分廣九寸七分十行行四字正書有方界格

大業十年正月八日女弟子文託生母爲見託生造天

尊像一龕願生長壽子福沾存亡恩被五道供養

文稱文託生母不箸姓氏六朝造象多釋氏語今此

二種皆天尊象亦所罕見 三巴𡸁古志

陳叔毅脩夫子廟碑 大業七年七月二日 萃編載卷四十

以我爲令 缺以字

禮器碑稱韓明府景君碑云伏惟明府漢唯太守稱

府君亦稱明府此碑叔毅除曲阜縣令亦稱明府異

乎前之稱矣未書濟州秀才前汝南郡主簿仲孝俊

作文新唐書杜正倫傳隋重舉秀才天下不十人而

正倫一門三秀才孝俊亦當在十人之列 平津讀碑記

孔氏祖庭廣記載三十二代嗣哲隋應制登科授

涇州司兵參軍遷太子通事舍人大業四年改封

紹聖侯十二年授吳郡主簿據碑則受封時已爲

吳郡主簿廣記誤也悊作哲亦小異碑末子歎下

泐三字上二字似是監脩筆蹤尙可辨識

治平寺王以成題字

裝本字徑六寸五分 許分書在蘇州今亡

大隋大業七年辛未歲七月甲申朔二日乙酉造邑主

王以成

右隋塔盤隸書廿四字姚東樵云塔在蘇州上方山

寺盤圍一丈八尺字徑六寸前人皆未集錄乾隆癸

卯歲燬于火塔雖重建而此刻遂亡因縮摹以存其

制 金索

隋上方山寺王以成題記八分書按上方山古謂之

橫山寺名楞伽爲宋寶積治平二寺今止存治平此

刻未見前人箸錄近時金石家謂文刻於塔盤誤乃

刻於井口之圓石版因譌爲盤耳 程祖慶吳郡金石目

右治平寺井闌題字乾隆間寺燬於火此刻已亡

己巳夏有以此册求售者直昂不能得錄其文而

還之

李君晉造像記

高一尺廣一尺二寸五分十二行行十字字徑六分正書方界格

大隨大業七年歲在辛未九月癸未朔廿四日丙午李
君訾爲亡妻敬造阿弥陁像一部資益亡者遠離三塗
超登彼岸常聞正法又願見存父母眷屬恒蒙福祐當
來見在值善值佛上　願　皇帝陛下臣僚百官下及蠢
類含生同沾斯福
南无阿弥陁佛觀世音菩薩大勢至菩薩

巧言爲辯此又變丂爲丐塗作塗祐作祐蠢作蠢
勢作勢

高一尺四寸廣一尺三寸六分廿三行行廿四字字徑四分弟十八行及末行無字正書方界格

左武衛大將軍尉吳公女李氏墓誌

大隋左武衛大將軍吳公李氏女墓誌文
女郎姓尉字富娘河南洛陽人吳公之第三女也曾祖
兜周柱國太保公祖綖周柱國少傅大司空吳國公父
安　皇朝左光祿大夫左武衛大將軍洪源與積石爭
流懸葉與鄧林俱茂德葉有光於千祀軒冕不替乎一
時女郎生屬金穴長自蘭閨婦德未教而已成女工頗
習而皆備紝組弥閑姿色温柔南國羞其桃李骨像端
嚴西子謝其姝姸每念母勞深知父一年猶稚齒卓尒
不群温弥勤昏晨匪懈庭訓嚴閨房雍肅既而家同萬
石產擬四豪琮寶盈堂珍肕必備女郎志希儉率但慕
慈悲經戒之所弗虧施捨於爲相續方用配君子能爲
女師而與善憑虛浮生不固掩然遘疾砭石不痊以大
業十一年五月十三日終於京宅春秋一十有八仍以
其月十七日窆於京兆郡長安縣龍首鄉興臺里母氏
痛盛年之无凶悲處女之未笄雖在幽孀婚歸於李氏
共罕无交同穴在斯嗚呼哀哉貞桂消亡更无花采春
蘭萎落永失芬芳遂使臺上吹簫唯聞柔玉隴頭看月
獨見恒娥反魂之香无由可值更生之草何處相逢陵
谷易遷拓寬豈識塋隧方泯祭酹難知寄以雕刊傳之
不朽乃爲銘曰

嵩岳鎮地洛水浮天宗枝永遠世緒蟬聯鍾斯係踵公
侯在旃載予斯育圖盡膺爲稚齒鍾愛傾城違傳梁昇
曉日水映披蓮孝敬无竝閑柔孰先書文咫誡斑扇慙
篇清潔持躬閨房靜謐外語弗聞內言甯出勇意潛隨
勤工槃袤浮生弗永墜露甯遲鉛華遽浸砭石終欺郊
門景落松逕風悲𨑳虛撤奠柳去空帷夜臺方掩无復
歸期

右尉吳公李氏女富娘墓誌大業十一年五月立

近在西安出土癸酉夏袁裕文自陝攜拓本來云
爲山左顯者以重值薶去矣亟購而讀之碑標題

云大隋左武衛大將軍吳公李氏女墓誌文首云女郎姓尉字富娘下有云痛盛年之无匹悲處女之未笄雖在幽嬪婚歸於李氏共罕无奕同穴在斯是富娘未嫁而死死而葬於其夫李氏之冡也書李氏著有家也未成爲婦故仍從父之義繫以父官而曰女也雖事非禮典可爲碑誌文字之例也漢相府小史夏堪碑云娉會謝氏并靈柩古命有之仲尼何怪是未嫁蚤隕歸葬於夫氏漢巳有之矣誌敘先世云曾祖兜周柱國太保公祖綱周柱國少傅大司空吳國公父安皇朝左光祿大夫

左武衛大將軍案綱即尉遲綱也北史北周書皆有傳其父其子皆附見於傳中北周書綱字婆羅蜀國公迥之弟世宗即位進位柱國大將軍武成元年進封吳國公保定元年拜少傅俄而授大司空二年出爲陝州總管卒贈太保同州刺史謚曰武弟三子安以嫡嗣大象末位至柱國北史云入隋歷鴻臚卿左衛大將軍又弟三子作弟二子餘同又北周書尉遲迥傳云字薄居羅代人也其先魏之別種號尉遲部因而姓焉父俟兜尚太祖姊昌樂大長公主生迥及綱北史云武成初追贈柱

國大將軍太傅長樂郡公謚曰定餘同北周書唐立尉遲迥廟碑所述亦然又魏書官氏志西方尉遲氏後改爲尉氏通志氏族略尉遲氏與後魏同起號尉遲部如中華之諸侯國孝文改爲尉遲氏與魏書異校元和姓纂八未有尉氏八物又有尉遲氏尉氏條云河南官氏志北方尉遲部如中華諸侯也魏孝文改爲尉氏尉托奇枝爲庭汗莫賀弗六代孫後周長公俟兜生迥綱綱後周大司空吳國公生運安允安允安生耆福唐庫部員外尉遲氏條云與後魏同起號尉遲部如中華之諸侯

至孝文時改爲尉遲氏又云河南洛陽後有托哥拔五代孫乙紇豆生俟兜祐兜樂生迥綱安允迥周太師大司馬蜀公生寬順安隋鴻臚卿生耆壽綱大司空吳生運運盧國公允生壽庫部員外是或爲尉氏或爲尉遲氏唐時已傳述各殊今讀此誌知隋時只單稱尉氏蓋始改尉遲部爲尉遲氏繼改尉遲氏爲尉氏孝文時代人咸改單姓惟賀蘭氏不改尉遲固在改氏之列安遲爲安輾遲爲展皆去遲字與尉氏正同史家之以爲尉遲者或就其本初書之或後裔改復本姓如屈氏復爲屈

窔之類史家未及深攷遂并先人而改之亦未可知不得據史以疑碑亦不得據碑以疑史也唐法琬法師碑吳國公尉綱之外孫單稱尉氏北齊有尉長命贈司空而姓纂列入尉遲亦一證也又有尉景善無人傳云秦漢置尉候官其先有居此職者因以爲氏則不與尉遲同系姓纂失採史云代人而誌云河南洛陽人者魏太和十九年詔遷洛人死葬河南不得還北於是代人南遷者悉爲河南洛陽人故姓纂於尉氏郡望僅河南於尉遲氏僅河南洛陽唐尉遲迥碑亦加河南於姓氏之上

此誌同之誌云曾祖兜史作俟兜姓纂一作俟兜一作侯兜古人雙名容或單舉一字見於史傳金石者不少侯或俟之訛邪史言柱國大將軍太傅長樂郡公謚曰定誌作太保爲異或先官太保後贈太傅或以綱贈太保因而致誤俱未可知其不言大將軍及封地謚號者略之耳誌敘綱之爵位與史脗合其不言大將軍陝州總管及贈官謚法者亦略之耳至安之官階誌言左光祿大夫史所不詳史言鴻臚卿誌所不及史言左衛誌言左武衛詳略不同均不得以碑疑史以史疑碑也北周書以安爲綱之第三子云安兄運運弟勤安弟敬是運勤皆安之兄安次弟三北史以爲第二子殆誤姓纂尉氏尉遲氏所載互殊尉氏下云後周長公侯兜長下蓋脫樂字云綱後周大司空吳國公生運安允安允安生耆福唐庫部員外既合運安兄弟爲一人又遺勤敬而多允安與史不合迥傳有迥從孫庫部員外郎耆福不詳何人之子不知姓纂何據尉遲氏下云後有托哥拔五代孫乙紇豆生侯兜祐兜樂生迥綱安允迥周太師大司馬蜀公生寬順安隋鴻臚卿生耆壽綱大司空吳生

運運盧國公允生壽庫部員外案托哥拔當即托奇枝哥奇枝拔形俱近似究不知孰是孰譌迥綱爲兜之子何以言樂生安允爲綱之子何以亦言樂生史亦無尉遲樂名舛錯顯然安生耆壽允生壽亦恐有誤據史庫部員外名耆福不名壽也竊意吳國公生運安允三子安生耆福尉氏條下誤重衍允安二字耳或允爲勤與敬之改名或勤敬之外綱尚有一子名允則無從揣測矣又疑乙紇豆生侯兜祐兜侯兜長樂公生迥綱姓纂於樂字上脫侯兜長三字樂字下脫公字又疑乙紇豆生

侯兜祐兜長樂公生迥綱乙紇豆三子姓纂於樂
字上下脫長公二字故此誌作兜也大司空吳之
下脫國公二字或脫一公字安允二字當在生運
之下安隋鴻臚卿生耆壽八字當在盧國公之下
孫淵如謂耆福當即允子安子名壽重出疑誤祥
謂上文生耆壽之壽疑福字之誤與尉氏係內合
此處允生壽或未必誤惟庫部員外四字當在上
文壽字之下孫氏以安子耆壽爲重出恐未必然
抑或尉氏係內本是允生耆福允字上下俱誤衍
安字此處允生壽之壽係耆字之誤而又脫一福

字邪史載迥子誼寬順惇祐五人姓纂只載寬順
知遺漏爲不少也因跋此碑附加校訂以俟博學
正之温弥勤句敚清字庭訓嚴句疑亦有敚字闓
作闓載弄作予弄玉作禾姮娥作恒蛾皆誤係躧
當即曳躧餘不俱述

太僕卿元公墓誌銘

高一尺八寸廣一尺七寸七分卅七行行卅七字字徑四分正書在武進陸氏

大隋故朝請大夫夷陵郡太守太僕卿元公之墓誌銘
君諱　字　智河南洛陽人魏昭成皇帝之後也軒邱
肇其得姓卜洛啓其興王道盛中原業光四表其後國
華民譽瓊萼瑶枝源派流分奮乎百世具諸史冊可略
言焉六世祖遵假節侍中撫軍大將軍尚書左僕射冀
青兗豫徐州諸軍事冀州牧常山王高祖素假節征西
大將軍內都大官常山康王曾祖忠使持節散騎常侍
鎭西大將軍相太二州刺史侍中尚書左僕射城陽宣
王祖暠使持節散騎常侍都督徐州諸軍事平東將軍
徐州刺史宗正卿父最使持節侍中驃騎大將軍開府
儀同三司尚書左僕射華敷南秦并幽晉六州諸軍事
六州刺史司徒公樂平愼王雄君幼挺奇資早飛令譽

識鎭表於觀虎風流見於乘羊落落高摽排青松而獨
聳亭亭峻節映綠竹而俱貞吐納美風規雍容善辞令
通人仰其好仁僚友稱其季友於是聲譽流洽孟晉迺
群周保定四年詔擢爲左給事中士禁內清切王事便
繁許史之親乃膺斯授金張之寵方降此榮陳力効官
獨高前代天和四年遷爲給事上士貴遊子弟實符東
皙之辞名士俊才不慙荀綽之記望袁淮而高視顧蘇
林而載馳建德元年入爲主寢上士粤自居中遊于內
寢自非不言如子夏至愼若嗣宗豈能淋愼於否臧無
言於溫木三年二月轉爲掌式中士君清循疾惡正色

讜言簪筆自肅於擁豪霜簡不吐於强衡故已聲齊乳
虎号擬蒼鷹官得其人斯之謂矣五秊四月以君婞正
幹職遷爲司御上士時三方鼎足務在并兼既物色賢
人且資須良馬五監三令未易其人宣政元秊以軍功
封豫州之建寧縣男邑三百戸其年八月又錄晉陽之
役加使持節儀同大將軍大象二年又仍舊封進爵爲
子擁茲絳節擬上將之儀苴以白茅開建國之社尋遷
少駕部下大夫昝金日磾以謹養致肥武帝擢之中監
百里傒以時使不懸稹公授以上卿望古儔今於茲爲
美開皇元年出爲益州武康郡太守公導之以德齊之

以禮田餘滞穗路有遺金又進爵爲伯轉儀同三司從
格例也秉彼躬珪輝煥五等服茲袞冕照映三台九年
授使持節扶州諸軍事扶州刺史十六年改授渝州諸
軍事渝州刺史公頻刺二州申威千里抑强而惠鰥寡
舉善而矜不能猾吏無所竄其情姧盜不能匿其跡
聖上纂承洪緒釐改刺史選任能官更授夷陵太守公
犖膺嘉舉弥勵清勤巴祗暗居不　官燭王閎獨坐不
發私書由是徵入爲太僕卿朝請大夫如故時遊遹令
式賚弓矢揔騶駼之監長統昆　之令丞駟駿加銳於
軍容糚牲備腯於　紫望方當控茲八駿御彼六龍登

栢梁而賦詩出上林而奉鑾而晦朔之疾既湊膏肓之
豎先筏大業九秊扈從遼碣　月　日遘疾云亡薨于
懷遠之鎮春秋六十有四嗚呼哀哉廼以十一年太歲
乙亥八月辛酉朔廿四日　　葬于大興縣　　鄉
里禮也維公器局疏通神情秀上虚心以待物直已
以明義不吐不茹正色正言面刺有汲黯之風　爭見
王陵之節既而出宰牧守人作卿士姧吏惜其擿伏朝
廷挹其能官重以知止知足維清維慎家餘海陵之粟
既自足於餘粱室傳夏后之璜耄無乏於珎玩至於飱
錢月給必均之於下吏祿俸歲受皆散之於親知斯乃

公孫宏之高風晏平仲之清規仁乎不憖嗚呼惜哉今
龜筮協從房腸行掩式鐫元石用作銘云
巖巖其趾浩浩其源極天比峻浴日同奔鳳生鳳穴龍
吵龍門煥爛珪璧郁馥蘭蓀
爰啓常山廼建王爵振振趾定韡韡跗蕚執法南宮建
旗東岳袞黻委他蟬珥照灼
太僕瑤枝人之表儀六德孔備百行無虧止陵難越墻
仞莫窺仁爲己任清畏人知
執法主寢牧州典郡謇謇讜言洋洋淋問虎去雉馴風
和雨順政号廉平民稱惠訓

靈旂東指巡海稜威秉鉞作傑方効乘機忽悲撤瑟俄
驚復綫龜謀空賦魚躍虛歸
飄飆反壑眇寞陽魄永愴君蒿長悲窀穸蓋偃伍松鑣
攢拱栢茂德洪名永宣金石
案魏書官氏志托跋氏改爲元氏自云黃帝子昌意
之後居北土爲鮮卑官長昌意三十九代至昭成帝
什翼揵始號代王都雲中道武改號魏即尊號孝文
都洛改爲元氏北史魏宗室傳昭成皇帝九子次五
曰壽鳩常山王遵壽鳩之子道武初有佐命勳賜爵
略陽公及平中山拜尚書右僕射加侍中領勃海之

合口及博陵勃海盜起遵討平之遷州牧封常山王
天賜四年坐酔亂失禮賜死遵子素太武初襲爵及
平統萬拜假節征西大將軍以鎮之復拜內都大官
雅性方正居官五十載終始如一時論賢之薨謚曰
康陪葬金陵配饗廟庭素子忠字仙德以忠謹聞孝
文時累遷右僕射賜爵城陽公加侍中鎮西將軍有
翼贊之勤百寮咸敬之太和四年卒謚曰宣忠子盛
始興襲爵盛弟壽興宣武初爲徐州刺史王顯爲御
史中尉奏壽興怨謗朝廷賜死壽興自作墓銘曰洛
陽男子姓元名景有道無時其年不永及宣武崩顯

尋被殺靈太后臨朝詔雪壽興贈豫州刺史謚曰莊
壽興子最字幹從孝武入關封樂平王位侍中兼尚
書左僕射加特進太僕先世遵素忠最墓誌與北史
合魏書略同壽興即昺李延壽撰北史避唐世祖諱
改昺爲景故曰姓元名景魏收書多亡闕後人以北
史補之故仍唐諱魏書稱忠十七子盛字始興昺字
壽興既諱昺爲景遂稱字爲壽興也元和姓纂壽興
少子勖司徒樂平王生亶亶生文豪太僕少卿文豪
生思齊鄭州刺史思哲舒州刺史思元右領軍思元
生頠南州刺史此志諱下空一格字下僅著一字曰

智樂平王生亶亶智義合太僕諱宜即亶矣此與子
孫名位皆可以姓纂補之姓纂誤最爲勖魏書並不
及最皆可以誌及北史補正之誌無昺贈謚可以史
補之城陽進王樂平謚慎史皆未及又可以誌補之
也太僕祖父歷官封爵之地如冀青兗豫徐相華敷
南秦并幽晉諸州常山城陽樂平諸郡並見魏書地
形志而不著太州唐書地理志北都太原太原郡本
并州武德三年以太谷祁置太州六年州廢二縣來
屬元和郡縣志隋改陽邑爲太谷縣因縣西太谷爲
名武德三年分并州之太谷祁二縣置太州六年省

太州復以二縣屬并州祁本漢舊縣武德三年改屬太州太州之名昉此是刻稱忠爲相太二州刺史則元魏時已有太州唐初建置或沿元魏而史志失載歟隋大業九年癸酉春秋六十有四則生於西魏文帝大統十六年庚午是歲梁簡文大寶元年齊文宣天保元年至周高祖武帝保定四年甲申年十五擢左給事中士天和四年己丑年二十遷給事上士是歲周武封魏廣平公子元謙爲韓國公以紹魏後建德元年壬辰年二十三入爲主寢上士三年甲午年二十六轉掌式上士五年丙申年二十八遷司御上

士三方鼎足務在并兼爲陳齊也是年十月周伐齊取平陽十二月復伐齊拔晉陽六年丁酉正月入鄴遂滅齊宣政北史作正元年戊戌年二十九以軍功封建甯縣男邑二百戶加使持節儀同大將軍所謂錄晉陽之役也是年六月武帝崩宣帝即位明年己亥二月傳位太子闡是爲靜帝改元大象大象二年庚子年三十一進爵建甯縣子遷少駕部下大夫大定元年二月遜位於隋隋高祖文帝開皇元年辛丑年三十二出爲益州武康郡太守隋地理志梁州蜀郡舊爲益州統縣陽安西魏改名并置武康郡開皇初郡廢據志則廢於開皇九年百官志下郡太守從弟四品進爵爲伯散縣伯從弟三品封儀同三司正五品九年己酉年四十授使持節扶州諸軍事扶州刺史梁州同昌郡西魏置鄧州開皇七年改曰扶州下州刺史正四品十六年丙辰年四十七改授渝州諸軍事渝州刺史梁州巴郡開皇時曰渝州煬帝大業三年丁卯年五十有八四月改州爲郡誌云聖上上石刻誤作士纂承洪緒釐改刺州更授夷陵太守荊州夷陵郡上郡太守從弟三品當在是年其入爲太僕卿正四品年不可定朝請大夫正五品如故省大業三年更定官制上柱國已下爲大夫廢伯子男爵時已改儀同三司爲朝請大夫故云如故封爵既廢故不題豫州建甯縣伯也太僕寺統驊騮左右

龍左右牝駝牛司羊乘黃車府等署驊騮犢牡習其所掌尚乘局有駒駼閑駒駼監長即謂此也大業九年三月煬帝討高麗四月度遼六月班師扈從遼碣薨於懷遠鎮當即其時營州有懷遠守捉城即其地也隋雍州京兆郡統縣二十二第一曰大興開皇三年置今爲西安府咸甯縣此與夫人姬氏誌石並於嘉慶初出土石完整無一字剝蝕所空十二字乃本未上石者文辭雅馴書法嚴傑北宗也而結體審正一洗南北朝纖俗之習世重歐虞於此爲先導矣予得拓本珍玩數十年并二石購得之以嘉慶二十二

年夏載之江左藏於家金石續編

誌墓而闕其諱使後人無攷何也誌中聖主誤作聖士餘粱誤作餘粱焄蒿誤作君蒿不□官燭統昆□之令長□爭見王陵之節每句空一字卒之月日及葬日甲子與所葬之鄉里皆空格不塡蓋上石祭書者無其人也房腸行掩用漢書霍光傳賜便房黃腸題湊各一具注便房壙中室也黃腸柏棺也謝惠連祭古冢文黃腸既毀便房已頹此云房腸二者合言也古誌石華

右墓志三十七行行三十七字正書字徑三四分行

間有某格書法勁秀刻畫峻拔乃石刻中之妙品也志言元公爲魏昭成皇帝之後六世祖遵常山王高祖素常山康王曾祖忠城陽宣王並詳後魏書紀傳惟忠賜爵稱城陽公而非王與此志不同自當以此爲正其言祖昺歷官至都督宗正卿父最終司徒公樂平愼王則皆不見於史忠傳言有十七子而止載其一子暉後周書元偉傳亦云忠之曾孫祖盛封城陽公父順封濮陽王皆與此不合蓋忠子衆多史家記載漏略者不少也此志空其諱一字又空其字上一字而以其歷官周隋二史及唐書諸元氏傳攷之亦皆無所表見據志所署其上世後魏官爵惟內都大官不見於官氏志餘略同又按魏書地形志言相州天興二年置天平元年遷都改爲司州而太與敷二州皆不見惟據隋書地理志上郡下云後魏置東秦州後改爲北華州西魏改爲敷州而太州亦未詳及又敘其在周自保定四年擢左給事中士天和四年遷給事上士建德元年入爲主寢上士三年二月轉掌式中士五年四月遷司御上士宣政元年以軍功封豫州建甯縣男八月錄晉陽之役加使持節儀同大將軍大象二年又仍舊封進爵爲子遷少駕部

下大夫攷後周官制僅附見隋書但言周太祖初據關內官名未改魏號及方隅粗定改剏章程命尙書令盧辯遠師周之建職置三公三孤六卿有內命外命之別及上大夫中大夫下大夫上士中士下士又言高祖又採後周之制所置有上大將軍大將軍儀同三司等以酧勤勞如此志所云左給事中士主寢掌式司御少駕部名目皆志所未詳也又攷本紀保定三年九月詔柱國楊忠率騎一萬與突厥伐齊四年春正月楊忠破齊長城至晉陽而還當即此志所云晉陽之役蓋元公與有功焉其敘入隋所歷之官

則云開皇元年出爲益州武康郡太守進爵爲伯轉儀同三司九年授使持節扶州諸軍事扶州刺史十六年改授渝州更授夷陵太守入爲太僕卿朝請大夫大業九年扈從遼碣遘疾薨於懷遠之鎮攷隋書地理志但有雍凉豫兖冀青徐揚荆九州云煬帝併省諸州旋改爲郡此志所稱益州武康郡及扶州渝州皆不列入攷魏書地形志有益州云正始中置者並非其地此所謂益州武康郡者即蜀郡陽安也故隋志於蜀郡下云舊置益州開皇初廢陽安下云西魏置武康郡開皇初廢元公爲益州武康郡太守在

開皇元年其時尚未廢也又同昌郡下云魏逐吐谷渾置鄧州開皇七年改曰扶州又巴郡下云梁置開皇初改曰渝州按之墓志亦皆合其所謂扈從遼碣者攷本紀大業九年三月幸遼東四月車駕度遼即其事也隋志武陵靈郡懷遠下云後周仍立懷遠而開皇三年即廢則此稱懷遠正是其所卒之地縣名也石刻於字名既有闕空又於其後不下官上及昆下祟望上月日二字上皆空一字又廿四日下及鄉上里上皆空二字又聖上之上誤刻作士彥式二字俱有脫刻之筆元公卒於扈從中途月日或未得其

詳其鄉名里名亦或撰文時尚未定故空而未填至名與字不當不知而亦皆空闕實所難解且犧牲備於祟望似祟上並無闕字不當空又日既爲辛酉朔則廿四日干支自當是甲申亦易知之者且夫人姬氏同葬另有墓志有之意者元公夫人姬氏既亾志又不言其子或竟乏嗣此志之撰刻皆他人爲之經理故有此錯脫諸病皺然書寫刋刻之精實可愛可寶耳此刻及夫人姬氏二志石現藏毘陵陸氏聞其游幕關中見土人掘土得之遂購以歸古泉山館金石文編

右太僕卿元公墓誌續編所跋詳之矣元和姓纂

生文豪太僕少卿亶不言爲太僕卿續編謂元亶公當即是亶然則姓纂所謂太僕少卿者或即亶之官位而誤屬諸其子并誤以爲少卿邪然不敢斷也便繁即詩便蕃字蕃繁古通書庶艸蕃廡史記宋微子世家作繁後漢書張衡傳亦用繁廡大戴記爭鬬之獄繁矣漢書禮樂志作蕃左氏傳封父之繁弱文選上林賦用作蕃弱注云蕃與繁古字通准俗準字管子准壞險以爲平呂覽有准不以平五經文字引字林准平也皆即準字袁准即袁準字孝尼陽夏人官給事中侯即奚字孟子百

里奚史記秦本紀作傒左氏傳祁奚史記晉世家
作傒巴祗漢書作秖嘗爲揚州刺史以清貧著名
漢有兩王閎一爲魏郡元城人哀帝時爲中常侍
王莽篡位忌之出爲東都太守一爲吳人建武初
仕山陰令遷御史補陳留太守不交權貴公庭閒
寂人號王獨坐誌所用者蓋吳之王閎也百里傒
續編作奚飄飄續編作飄飄皆傳寫之譌刊刻時
當校正之君蕎即禮焘蕎字君焘省文此與夫人
姬氏兩誌均爲家紹聞先生所藏咸豐年賊陷毘
陵屋宇燬敗石遂淪亡同治丁卯秋其孫彥甫大

令楠旋籍徧加搜覓越月始掘地得之殘損過半
後幅無存存廿七行行存廿字至五字不等且喜
且惜此本尚是嘉慶間所搨將五十年矣碑上右
角及下左角均印有武進陸氏藏石印記亙足寶
貴

太僕卿元夫人姬氏誌

方一尺五寸二分二十七行行二十七字字徑四分正書在武進陸氏

大隋故太僕卿夫人姬氏之誌
夫人姓姬　也圖開赤雀文德暢於三分瑞躍白魚
武功宣於五伐大封四十維城扵是克昌長享七百本
枝以之蕃衍蟬連史策可略而言曾祖懿魏使持節驃
騎大將軍東郡　公祖亮魏使持節大將軍開府儀同
三司燕州諸軍事燕州刺史東郡敬公父肇周使持節
侍中驃騎大將軍開府儀同三司光祿大夫東秦州諸
軍事東秦州刺史勳晉絳建四州諸軍事勳州摠管神
水郡開國公　夫人幼挺聰慧早摽婉淑瑤資外照蕙
姓內芳既閑習扵詩書且留建扵筆研馬家高行終降
志扵袁門曹氏淑姿且悅已扵荀氏年十有八歸于元
氏焉太僕弱冠登朝盛播名德夫人亦虔恭內職憂在
進賢穆琴瑟之和展如賓之敬天和四年六月筩拜建

甯國夫人褕狄委他光膺典策蕎珮昭晰肅拜朝榮扵
是輔佐以審官自防以典禮送迎未嘗逾閾保傅然後
下堂既而五福先虧六氣多爽靑要素序奄摇落扵禮
華玉露金風竟摧殘扵蘭蕙建德六年六月九日遘疾
云亡時年廿有九嗚呼哀哉以今大業十一年太歲乙
亥八月辛酉朔廿四日甲申合葬于大興縣　鄉之
里禮也昔三春之俱秀獨掩翠而先訣今百年而
偕謝始同歸扵共穴罷金鏤而長埋掩銅窻而永閟嗚
呼痛矣乃作銘云
帝嚳肇祖君稷分枝上觀星象下相土宜業隆在鎬仁

盛遷岐三讓至德九錫光施
驃騎誠烈早飛聲閫擁茲絳節大啓東郡開府堂堂忘
情意溫神水恂恂劬勞惠訓
有淵其德言容不迴星光東楚春芳摽梅六珈照日百
兩驚雷鳳飛金帳龍翔玉臺
典箴纔臨瑟琴方睦猶晉翠帳忽辭華屋樺旛笛挂巾
奩餘韻志沮旦疰神傷畫哭
昔日體齊早別春閨今茲合塋還共塵泥雙鳧輕隻兩
劍終齊千秋萬歲永誌貞妻

案姬氏東郡神水三世史皆無傳魏書北史並載姬
澹字世雅信義將軍樓煩侯以勇績著名桓帝穆帝
並見委任爲羣情所附見衞操列傳或即東郡之
先歟操傳北史仍魏書魏書多采晉光熙中大邗城
碑刻姬氏此志足補二史之遺隋地理志絳郡稷山
縣有後周勳州置總管後改絳州長平郡舊曰建州
後改澤州又延安臨眞縣有西魏神水郡後周郡廢
周建德六年丁酉夫人年二十九則生於西魏大統
十五年己巳長太僕一歲是歲梁武帝太清三年東
魏孝靜帝武定七年年十八歸於元氏爲周天和元
年四年太僕遷給事上士箱拜建甯國夫人時年二

十有一兩誌皆不及子姓猶見唐以前文律謹嚴自
唐以後并諛生者矣此書整逸端妙與太僕誌銘可
稱雙璧 金石續編
夫人先太僕三十九年而卒至是始得合葬誌不言
其有無子息何也蕙性誤作蕙姓晝哭誤作畫哭夫
人姬氏下二字所葬之鄉里亦闕而未塡 古誌石華
性姓同音假借未可遽以爲誤金石文字中多有
之箴古文冊狀狄之誤珮珮之誤迴回之或體顏
韻之俗別塋葬之別體前跋皆未及也此石亦湮
沒而復出殘損甚於太僕志僅存八十餘字年月
姓名俱不可見余所得尙舊拓也

玉泉寺鐵鑊題字
高連足二尺五寸口徑三尺七寸廿五行行一二三字不等字徑一寸三分陽文在當陽玉泉寺

隋大業十一年歲次乙亥十一月十八日當陽縣治下
李慧達建造鑊一口用鐵今秤三千斤永充玉泉道場
供養　伯達譯佮生

文四十四字環鑊過半又五字在後均列腹外當
即當字隋書地理志當陽屬南郡

八瓊室金石補正卷二十七終

八瓊室金石補正卷二十八

太倉陸增祥撰　男　繼煇校錄
吳興劉承幹覆校

隋五

龍門成都募人造象記

高四寸五分廣五寸五分九行行七字字徑四分正書在洛陽

蜀郡成都縣募人□□□□子贇□□興□□□□□□
□母兄弟□□□早還相見造觀音像一軀□及六道
衆生同沾斯福　大業十二年四月廿五日

劉氏龍門造象錄列隋刻三種余所得者僅此耳
孫氏訪碑錄作李子贇造像劉氏同審之子上一
字已泐頗似弟字姑從其闕其作十一年則非也
劉氏所錄一爲開皇十五年裴慈明造象孫氏作
裴悲明一爲大業十二年與泰縣梁伯仁造像孫
氏作十三年作泰與未知孰是附識之

左禦衛長史宋永貴墓誌

方一尺七寸九分三十四行行三十四字字徑五分正書方界格在長安

隋故左御衛府長史通議大夫宋君墓誌銘
君諱永貴字道生西河郡人也禹以敬敷五教錫茅土
而封商湯以来積八遷從先王而居亳洪源括地與懸
米爭深高峯極天共雲邱比峻時稱冠族世挺民英楚
客多才周賓在位昌則參謀代邳夜拜九卿弘迺燮輔
中興職登三事箕裘必繼堂構莫虧烏弈連華衣纓累
襲曾祖丞乘千郡守恒州刺史祖業河州刺史褰帷作
牧分竹出守布政有感則穟麦興哥遺愛在民則甘棠
勿翦父暉使持節車騎大將軍儀同三司鄉伯大夫萬
季縣開國子持節假奉使之威將軍實爪牙是任苴茅
土而開國均儀服於台堦光賁五宗貴延百世君擢幹
芳菀耀質驪淵稟庭訓而知言奉家聲而立德風神閑
雅播自齠年書劒明飫聞諸學歲既而振纓来仕解褐

登朝以周天和四季出身授殄寇將軍強弩司馬大象
元季任右宮伯右侍散二命士二季遷大馹都下士力
堪引強威能殄寇雖非右職允此嘉名所奉二君應應
四選既仕不擇時官未爲達曠大才於高位沉英俊於
下僚周德之衰所由来矣及
皇基肇創神武膺期則拓自天官入有叙開皇六年引
授殿內將軍九年　詔授蒲坂縣開國子其年加授儀
同三司出爲蕃禾鎮將殿內則出入卧內儀同則具擬
台司將軍朝廷之虎臣鎮將京畿之虎落出撫則旍旄
疊映入侍乃環珮交暉十四年蒙授豫州長史十七季

詔授觀州司馬大業三年改授慶州司馬𣪍遷朝請
大夫漢川贊治贊邦佐治自郡遷州慈惠以撫細民温
恭而待國士示黔以儉糾猛以寬煦之以春陽威之以
秋霜潤洽傍隣時稱善政五年入爲左御衛長史三軍
務重六衛爲𡙇揔管營校兼臨卒伍教戰勿失閑武以
時八年　天子親臨𪁺𪉩問罪燕郊分命方牀長
𩥇被練四綱周設一鼓而摧以勳進授通議大夫長史
如故十秊從　駕北巡言經玥野不幸搆疾終於棲煩
郡春秋五十有四君少而沉慜長而宏深英猛冠時清
華映世堤封峻而不測墉宇高而莫窺自國自家至誠

至孝可畏可愛爲政爲德淸白以遺子弟𤀹雅以交友
㚢入其室者馥若芝蘭之芳與其遊者自染未藍之色
歷官兩代從官十遷在軍在國之容允武允文之藝出
臨九縣九則民吏扇其風入佐六軍則貔虎賁其略何
常不竭誠盡義虔奉憲章謹䠞勞謙以全名節九德備
舉百行無虧可謂令問令望有始有卒者矣以大業十
二年歲次丙子十一月癸丑朔廿一日癸酉歸㚣於京
兆郡長安縣龍首鄉之山柏庭還阻萬里幽深九原無
可作之期千秊絕見日之義人間易遠身世難追歲月
不居山河莫顧世□旹節酷此茹荼崩心泣血風樹之

感萬古𨅊深霜露之悲百身弥切庶傳盛德敬勒泉隅
文曰　天降元鳥神呈白狼佐禹惟禼華夏伊商
極天峻峙控地靈長或卉或降且公且王有客有客俾
建其侯祚土于宋作賓于周禮樂尚在英靈可求郢都
賞賦代國申謀爰臮遙祖褰帷出撫弈世載德重規疊
矩顯考摽秀揚庭接武服袞儀司苴茅開宇惟君篤生
惟民之英松栢在性金石有聲允諧文武藉甚公卿表
光內潤入孝出誠妙秊筮仕飛纓即政爲臣擇君去危
歸聖飾像三台官成四命行摽世範德流民詠昊天不
慭折桂銷芳泉幽㸂古風悲樹涼寒來暑謝地久天長

遺德不朽斯文永彰

右宋永貴墓誌據補訪碑錄謂在長安永貴及其
曾祖祖父史皆無傳曾祖丞棄千郡守祖業河州
刺史父暉鄉伯大夫棄千郡歷代所無即桑乾也
隋書地理志善陽注云又有後魏桑乾郡丞葢仕
於魏者枹罕郡舊置河州大業初置郡業刺河州
亦在魏時永貴歷官初授殄寇將軍强弩司馬擢
右宮伯右侍散二命士遷大馸都下士入隋授殿
內將軍蒲坂縣開國子加儀同三司出爲蕃禾鎮
將歷務州長史觀慶二州司馬累遷朝請大夫入

爲左禦衛長史進通議大夫從駕北巡卒於樓煩郡蒲坂蕃禾婺觀慶等州皆隋書地理志所無按蒲坂即隋之河東舊曰蒲坂縣置河東郡開皇初郡廢十六年析置河東縣大業初置河東郡併蒲坂入焉丞貴於開皇九年封蒲坂子時未併省且未析置河東縣故有蒲坂也蕃禾即番和後魏置番和郡後周郡廢置鎮開皇中爲縣丞貴爲鎮將時未改縣也番和亦作番禾見晉書禾者和也故禾和可通番蕃亦古通左氏傳襄四年注曾國番縣東南釋文云番本作蕃禮明堂位黃馬蕃鬣釋

文云蕃本作番書洪範庶草蕃蕪古文尚書作番漢無極山碑番茂隆□白石神君碑丞丞番昌皆即蕃字婺州即隋之東陽郡平陳置婺州大業初置東陽郡丞貴爲長史在九年平陳之後大業改郡之前故稱婺州也觀州即隋之東光開皇九年置觀州大業初州廢丞貴爲司馬在十七年置州已歷八載尚在大業廢州之前故稱觀州也慶州即隋之宏化郡開皇十六年置慶州大業初置郡丞貴爲司馬在大業三年知改郡在三年以後故尚稱慶州也樓煩郡大業四年置鄉伯大夫殄寇

將軍強弩司馬右宮伯右侍散二命士大[illegible]都下士皆周官史不備詳得此志可略知北周官名之遺也攷後周左右宮伯爲軍衛之官左右衛大將軍之屬右侍散無聞爲內命上士三命中士再命下士一命外命子男之孤卿侯伯之大夫公之上士二命此所云二命士者疑是中士內命也殄寇將軍強弩司馬正二命餘無攷證[illegible]字未詳左禦衛大業初置煬帝即位改領軍爲左右屯衛加置左右禦文云八年天子親臨遼隧十年從駕北巡按帝紀八年正月分左右各十二軍大征高麗二

月車駕度遼大戰于東岸擊賊破之進圍遼東志所稱一鼓而摧者當即東岸之捷也十年三月行幸涿郡次臨渝宮親御戎服禡祭黃帝四月次北平七月次懷遠鎮高麗遣使請降志所稱言經朔野者此也書體多用古字契作㓞歌作哥旄作旄於作敏作慜窺作竀皆是累本作絫此作㠯網本作網此作網亦不悖於古奢作賒古通後漢書王充王符仲長統論注云賒奢同齪作齱字同見正字通廣韻齪廉謹貌此云謹齱勞謙正其義一鼓而摧鼓即鼓之異文見說文日光赤也一鼓猶言一旦

也其義甚古惟慜作慜爲俗耳至擇作擇樓作樓
宦作宦閒作間之類皆寫刊之訛又朱藍之朱誤
作末九則民吏扇其風多一九字

龍華碑

高存四尺四寸廣二尺四寸廿七行行存五十字字
徑七分又題名小字一行正書方界格篆額題奉爲
高祖文皇帝敬造
龍華碑十二字

蓋以乾元資始椡元像於穹隆坤德肇初列品物於磅
礴至於性靈殊異致趣不同猶所託以立心攬所依而
建性是以鱗潛翼□闕談意欲濟於蒼生終不成於大
造言之者衆可不然歟豈若塓号大千尙云炎火之宅

法稱不二自成眞諦之門濟黔首於塵籠拔闕拾芬似
澄水之圖月影若明鏡之寫人形是曰無常之津成爲
去留之境三灾之火焚歸疑之天宮四大之風飄崔嵬
之魔舍北臺闕澗成岑燕童於是長辭宣尼所以興歎
至若鹿野高談窮方等之淵府鷲山曠說𣸸波若之深
源飛樓涌塔之奇納海藏山之異法闕變色鳥獸廻音
望八掛之分身紛典殿閣則四衢之寶塔聳起螢堂刹
土成緣法基常住若夫剥終龍戰俱馳逐鹿之心道喪
驎傷闕鼎落月樏旱豈能敷聖教於華開布至公於夷
外者也自元麻有歸將移周紀時唯多難政乃私門氣

混陰陽光黔日月經遵堿僞闕天啓聖膺崗籙於千年
下庶獲安仰欽風於万古降茲明命用集我大隋
高祖文皇帝揖讓受終理形統象下協兆民之欲傍諧
万國之情位重青蒲尊居紫極雖復機有万事偏注三
乘壁開停修伽藍是闕者歟
皇帝乾象降嶶坤極椗神徭武修文乃停甘□之指干
戈載戢自息歧陽之蒐望祇昇柴展先古之盛禮混金
尊玉尋絕代之遺蹤闕華塔者地則故龍華道場之墟
其內先有古基未及功就屬天廻地轉柱折維傾各棄
眞門俱憑戎掾變廻法殿化起俗堂常住之闕其人也

弟晉王府記室叅軍師並英資誕綎凝秀才慜門風盛
於史冊德行著於鄉閭二驥二龍誰能擬德難兄難弟
復見今談加闕稱首可謂元功是得助茲梁業磬意竭
心同稙來曰俱循後果復以仁壽二年邑□□□□士
嘉□僧□□□思□思景□□□□闕纓蟬聰冠冤故
能窮心法路書捨無遠覺挺直心爭後勝業至於圓珠
方石紫玉黃銀並竭資生窮於隨喜同至塔所營其故
基苦闕徵珠合浦故得光華照地峻極亏天聳律臨霄
層巖瞰漢既彝尉於日月亦掩暵於煙霞空無沼而蓮
開迴無林而花發鸞廻驎顧闕音玉砌珠簾明月照而

增朗謨神託異似含衛之飛来叅妙擬靈蒔耆山之涌
出豈亶堂稱七寶獨禕煜於殊方殿号五香孤㩻輝 闕
詎侍仙人是知伽藍舊所僧躊故趾閑還淨居蕭逍勝
地花開千葉紛生八味之間香泛六銖馥滿九層之上
東臨大液望蕣翁之 闕 波今古華堰陳之典冊銀青光
祿大夫北海郡大守闞榮冠蓋高門鍾鼎華族擅風雲
之氣苞川岳之靈勳乃積効邱山望則光華 闕 □蒲鞭
之耻取信竹馬之期故能爲法路棟樑朝端襟帶朝請
大夫贊治崔伯友博昌縣令竇隨原起天崖若龍門之
下法根深地 闕 □贊六條恒閭鼓腹之士風宣百里每

有擊壤之民加以心託一乘情生五淨歎三灾之無宅
慜八苦之輪廻津樑愛川牽登彼岸 闕 趙鐵正赫連師
亮覬相顏等陞門世伐苞栝山河袟望高華連橫海岳
俱懷逸世各檀不群特挺百行毗宏一邑故友欽其久
敬朝 闕 元門體依眞寂既通悟於正道亾妙解於眞空
槃固法基功叅景業濟、、爲汪、、爲可略而談矣至於
邑壤堰落連續相豈霧起煙 闕 之妙砌叢玉光之潤樓
生香氣之煙若夫功成不朽道濟無間顯著當今連延
後代若非金石何以記爲仰止高山乃爲銘曰
肇判淸濁厥初生民君長雖樹政教無聞去流幻化生
死廻輪含氷蹈火懷炭履塵俱寢長夜誰開法相雖忻
桂室終悲松悵炎宅 闕 弘窮塞拔濟塵泥遇神惟慕見
聑思齊法城襟帶黔庶樑梯構此神基建茲靈塔□霓
秀峙花層重沓蒼龍起卧紅蓮開合雲霄䏶 闕 仙曲艶
動天衣丂嗟多士法路斯歸我皇臨宇撫畄握鏡玉燭
和鼎璿璣調政煙氣雲来呈光月暎四海承休三輝表
慶眞風已□ 闕 起道場煙集惟彼蕃守宏體至公名兼
共治慰庶楊風民和祇就道備眞通記之金石永播無
窮

比邱□□　比邱□□□　□僧□□□□男君

信□□□耴　□□□□君□　維那□寶妻□妃
男子休男同休妻劉好淩男士通維那□□□□□
□維那劉貴與妻仇女子怜 闕
比邱僧□　□□□□□　維那□□□□□靜暉
□□□□□　□□□□　□□□□妻周□

下截斷闕以銘詞八句一韻計之行缺廿三字碑首無題篆額完好知爲龍華碑也文云缺華塔者地則故龍華道場之墟又知爲龍華塔也文有大隋高祖文皇帝字又知碑立於大業間也吳氏筠淸館收有是碑不言所在按集古錄目隋龍華浮

圖碑不著書撰人名氏趙郡范氏等共造浮圖以開皇七年立在平棘縣平棘宋隷河北西路慶源府今趙州地此固別一碑而龍華塔之在平棘已有明證碑疑在趙州矣又按集古錄目復有後齊龍華寺浮圖碑維刑劉顒等於雙井村共造龍華浮圖一區碑以武定元年立不詳所在其尙有一龍華塔邪以北海太守博昌縣令言之或在青州亦未可定造塔人姓氏正在缺處但知其弟名師耳碑立於大業署銜稱晉王府記室參軍晉王即煬帝蓋是前此之官職也碑多借字道㫖驎僞鷟廻驎顧以驎爲麟壓闢停徬博雅堂埕壓也一曰堂基也六書統滓近也此用爲殿漢周公禮殿記脩舊築周公禮壓堯廟碑敬脩宗壓碑蓋本此同稙来囘以稙爲植喜拾無遠遠字字書所無蓋即遴字𠎝變爲𦵏再變爲𫎇三變爲麦漢羊竇道碑南安趙孟𧇊𧇊即麟字北海相景君碑郏邦歸向郏邦即鄰邦字碑陰張駿字臺卿駿即驎字是其左證易以往吝說文引作遴漢書魯恭王傳晚節遴惟恐不足于財地理志潁川民貪遴爭訟皆以遴爲吝遴行難也碑亦借作吝孫攙輝攙集韻與

攙同擊也此用爲曦今古華堰邑壤堰落堰集韻沙堆一曰墓也此用爲區□弘窮塞弘同引漢陳球碑弘衆而遁亦如此作瓊璣調政瓊見龍龕音田又音佃不詳其義據此碑乃璇之異文也至俗譌之體如熒作㷀斛作䣺敷作敫坑作㘯挺作𡍮挺旅作㧃崇作㞗从宋砌作㓼从下甄作㽐族作祑燭作熖者不一而足魔舍魔字字書所無疑即廣字避煬帝諱改爲或云魔之俗變逐鹿作逐㲋與遂字相涃逯本作遂古文遯字也各檀不群擅作檀終悲松悵帳作悵六朝人偏旁手木混淆从巾之字每變从心耳其餘隨意增損不復具舉口贊六條贊上所缺似俱用爲具又似祺義均不憭眞風巳□巳下所缺似繼闞氏見姓苑統譜不載一人此北海太守闞榮可補其闕

姑臧太守成公君誌蓋

方一尺許左缺四行行四字字徑二寸六分正書

大隋同州𧙡同姑藏郡大守成公□□誌銘

右誌蓋存銘佚碑題同州當在關中出土姑臧作藏古無藏字此乃以藏爲臧也成公雙姓二字併寫

通議大夫宋君誌葢

方九寸三行行三字字徑二寸五分篆書陽文

隋故通議大夫宋君誌無年月明人刻

李靖上西嶽文萃編載卷四十一

若三問不對問誤間

又藤縣本文不重錄

紹興丙寅秋七月右朝請郎知軍州事施珪重立

衞公始困於貧賤因過華山廟訴於神且請告以仕宦所至辭色抗厲觀者異之悚立良久乃去出廟門百許步聞後有大聲曰李僕射好去顧不見人後竟至端揆劉餗隋唐嘉話

王侯將相時至則居之雖豪傑之士不能預信於平日也劉季起沛上衆推擇可爲沛令者蕭曹等皆文吏自愛恐事不就盡讓季當其時安能必後之相季封酇平陽哉劉伯溫屬管紹興感憤至欲自殺又嘗爲石抹宜孫所用初未有佐命之思而或謂其在西湖望見雲物曰後十年有帝者出吾當佐之殆妄也世傳李衞公未遇爲文告西嶽神意在取天下次則擇主而仕若微時預以帝王自許者然考之史衞公初仕隋爲殿內直長尋爲馬邑丞唐高祖擊突厥衞公察其有非常志乃自鎖上急變新舊唐書所載略同可謂不知天命之尤者亦安得於未遇時逆知爲唐佐命出入將相乎其事雖見李肇國史補而告文不知何人所作其云斬大王之頭焚其廟宇此豈衞公之言昧者從而刻之石案歐陽趙氏所錄皆無之葢後代作僞者爲之眞妄男子也曝書亭集

右碑在藤縣廨中鄭露赤雅云刻於句漏又云眞蹟用黃絹書上半元時燬於火後半餘四十字入雲龔娘家露言多不足據相傳此碑搨之令輒不利以是禁不敢搨惟於令交替時多具紙墨搨之雖俗忌可

笑然碑賴以久存廣西通志

鎭西大將軍等造象殘字

高七寸六分廣四寸五分存四行行字不一正書在洛陽存古閣

鎭西大將軍開府儀同三司前

昌陽縣開國侯相縣開國子

鎭南將軍河南太守當郡都督

鎭東將軍洛陽太守□

右鎭西大將軍造象殘字拓本前有半佛龕故知爲造象之刻筆意古樸具有隸法是南北朝物碑有河南太守之稱案魏晉皆爲河南尹後魏同東

魏置洛州刺史後周置洛州總管隋初爲洛州刺
史復爲河南內史大業初爲荆河州刺史又爲河
南太守尋爲河南尹然則此刻當在大業閒也列
隋末昌陽縣隋屬東萊郡

張遂造象題字
刻佛座高一寸三分廣三寸七分五行行二字字徑六分正書
藥王藥上菩薩弟子張遂
補訪碑錄列於隋代從之

劉玠秉等造經像頌
高六尺三分廣二尺七寸上截高一尺六寸十九行行十五字下截人列列廿四行行字不等額六行行

五字末行一字並正書
夫爲應騰天動慈雲如注法□六道有緣荷恩頌滓柃
是感息刑邏泯軀淨土佛去遐邇衆生枪或自不惠鑒
塱□識知遠趣者 今此大頌主劉玠秉大□心主張
曇倔大都維那張□敬大都維那張由大都維那王遵
義□二百人等所謂論其姓美望重天□懷眞□出□
或流而起彳各檜□王八柚上寶敬造經像一區欲使
舍利□□□石之文更顯頌今善力使囯祚世□師僧
獲蓋父母家恩眷屬並受天福一切衆生齊登彼圻
乃爲頌曰此下並後一行均磨泐不可辨

駕湏龍威振動慈雲□□六趣旋及滄津所作已辨書
夜无言 信向之士聞經造行檜財若土不惜身命
未來成佛道登究竟 功德既□善力寶資師禬父母
眷屬同之普及六道彼圻爲期
大都主張興祖此刻在序前一行之下半
大化主張□攀此刻在頌後以上上截
大都維那徐周如 大都維那張九周 大都維那張
□周 都維那張□□ 維那翟洪明 維那徐之□
維那張□周 □那張肸生 □那□□□ 維那
張恩伯 維那□□□ 維那徐□□ 維那趙□□

維那□張大 維那張生郤 維那徐□□ 維那
張思□ 維那□□□ □那□□昌 維那張典□
維那張□□ 維那張□□ 維那張嗣明 維那
張之賓一以上弟一列 都邑主王洪□ 維那□□□ 維
那張□□ 維那□□□ 維那張鼎賓 維那□元
達 維那馬孝 維那王明□ 維那張□□ 邑子
閻僧平 邑子□□□ 邑子張廣□ 邑子□天恩
邑子張起龍 邑子張伯生 邑子□金□ 邑子
□□達 邑子寵夯脒 □子□□敬 邑子□□□
邑□□□□ 邑子□□方 邑子□惠遵 邑子

龐□□以上弟二列　維郍□□□　邑子張□　邑子孟
□逵　邑子徐□□　邑子□□□　邑子□□□
邑子□□□　邑子□□□　邑□□□　□□□
□□　□子□子□　邑子張□□　邑子□□伏
邑子□□□　邑子張□□　邑□□□周　邑□□
□□　邑□□□□　邑子□□□　邑子□□□
邑子□□□　□□□□□　□□孟子□　邑子桂
□世　邑子闆□賭以上弟三列　邑子張要顯　邑子徐
珍穆　邑子□□□　邑子和子尙　邑子張子紿
邑子徐囯子　邑子張□序　邑子尹□善　邑子□

□□　邑子□□□　邑子闆子□　邑子□□□
邑子□□□　邑子□□□　邑子張□□　邑子王
□□　邑子□□□　邑子張□□　□子張□□
邑子張滔　邑士王子賓　邑子□文□　邑子□郍
由　邑子□□□以上弟四列　維□□□□　維郍□子
□　維□□□掂　維郍□奉先　維郍張迴洛　邑
子張□□　邑子張方逵　邑子張伯同　邑子□□
□　邑子□□□　邑子張子雲　邑子張紫□後空兩行
邑子李□□　邑子龐承　邑子龐□　邑子王□
逵　邑子龐思進　邑子□□□後空以上弟五列　維□□

□□　維□馬亻□　維郍張姿容　維郍闆淸　維
郍闆伯女　維郍紈醜　維郍厖飢　維郍□孟容
維郍王女姫　維郍張香　維郍王華珠　邑子伊陽
仁　邑子張□姫　邑子徐瑒　邑子□妃　邑子張
□　邑子徐玉　邑子張緑　邑子賀嫣洛　邑子張
淸　邑子張靜妃　邑子張貴姜　邑子張外妃後空以
上弟六列　維郍張□姿　邑子王黄思　邑子蕭敬容
邑子谷外姜　邑子趙□姜　邑子張琉璃　邑子張
詳怜　邑子戴孅女空二行　邑子王纓珞　邑子□女
姃後空三行　齋主比邱僧始　齋主比邱靜振後空以上弟七列

維郍張羅善後空以上弟八列　以上下截
袭王張伏德　絰主劉光武　像主龐思進　菩薩主
張肶　菩薩主張琳周此刻在額上

右劉珍秉等造經象頌碑不詳所在碑無年月審
其文字必是唐以前所刻因列於南北朝之末碑
文首句有脫誤字多別體惠疑即慧字慧用爲惠
此又加丨耳刑形之借或惑之古字坼岸之借賓
即宾之俗孅當即纖字之借餘不悉舉

蓮花洞造像四十六段俱正書在長淸五峯山蓮花洞

沙門眞行題字高八寸廣二寸二行字徑六分

沙門真行爲師僧敬造大像一堀小一堀供養

圓相圓光題字 高四寸廣五寸五行字徑七分許

圓相上爲師□敬造像供養圓光上爲師僧父母造像供養

第一上字添刻於旁

尼圓相題字 高六寸八分廣一寸一行字徑六分

比邱尼圓相供養

尼圓□題字 高七寸五分廣二寸二行字行六分

比邱尼圓□爲師僧父母敬造像兩堀供養

吳氏筠清館作圓相

張元餘題字 高六寸廣四寸五分三行字徑七分

像主張元餘妻□福敬造供養

明德題字 高四寸廣三寸二行字徑八分

明德敬造像供養

敬字添刻於旁

傳年題字 高二寸五分廣二寸二行字徑六分許

傳年敬供養

吳氏作傳午首行疑有失拓

唐士辰題字 高七寸廣一寸一分一行字徑七分

唐士辰敬造供養

田國相題字 高七寸廣一寸三分一行字徑八分

田國相敬造供養

僧誕題字 高六寸一分廣一寸二分一行字徑六分

比邱僧誕敬造供養

李師題字 高七寸廣一寸五分一行字徑七分

上黨李師敬□

尼意尙惠登題字 高九寸廣五寸三分四行字徑六分

比邱尼意尙比邱尼惠登普□供養

末三字橫列

趙法念題字 高六寸五分廣一寸一分一行字徑六分

趙法念敬供造養

吳氏作法念趙當即趙造供二字誤倒

石貴妃題字 高七寸廣一寸四分一行字徑六分

石貴妃敬造供養

李大弁題字 高七寸五分廣一寸一行字徑五分許

李大弁敬造供養

吳氏作大并非

周宏略題字 高七寸廣一寸二分一行字徑六分

周宏略□造供養

陳智珉題字 高六寸五分廣一寸一行字徑五分

宗尼敬造供養
張勝兒題字高七寸廣一寸二一行字徑七分
大女張慊兒供養
吳氏作天女非
尼狄題字高七寸五分廣一寸一行字徑七分
比邱尼狄敬造供養
吳氏作尼孩
尼眞義題字高七寸廣一寸一行字徑六分
比邱尼眞義敬造
尼法明題字高七寸五分廣一寸一行字徑六分

比邱尼法明敬造供養
尼四主題字二段
比邱尼四主敬造供養高七寸廣一寸一行字徑六分
比邱尼四门敬造供養高八寸廣一寸二分一行字徑七分
吳氏作四王非
尼責義題字高八寸廣一寸一行字徑六分
比邱尼責義敬造供養
吳氏作眞義
尼眞際題字高七寸廣一寸一行字徑六分
比邱尼眞際敬造供養

宗尼敬造供養
張勝兒題字高七寸廣一寸二一行字徑七分
大女張慊兒供養
吳氏作天女非
尼狄題字高七寸五分廣一寸一行字徑七分
比邱尼狄敬造供養
吳氏作尼孩
尼眞義題字高七寸廣一寸一行字徑六分
比邱尼眞義敬造
尼法明題字高七寸五分廣一寸一行字徑六分
金石補正卷二十八　吳興劉氏希古樓刊
比邱尼法明敬造供養
尼四主題字二段
比邱尼四主敬造供養高七寸廣一寸一行字徑六分
比邱尼四门敬造供養高八寸廣一寸二分一行字徑七分
吳氏作四王非
尼責義題字高八寸廣一寸一行字徑六分
比邱尼責義敬造供養
吳氏作眞義
尼眞際題字高七寸廣一寸一行字徑六分
比邱尼眞際敬造供養

尼陰光題字 高七寸廣一寸一分一行字徑六分

比邱尼陰光供養

吳氏作際光非

尼眞遇題字 高一寸廣一寸一行字徑七分

比邱尼眞遇敬供養

東方題字 高七寸八分廣一寸一行字徑六分

清信女東方爲夫敬造

傅佰生題字 高六寸五分廣一寸二分一行字徑七分

傅佰生敬造供養

傅躬傳四題字 高九寸廣一寸二分一行字徑七分

傅躬敬養傳四敬供養

躬即躳字

搞德充題字 高七寸廣一寸一行字徑七分

搞德充敬造供養

搞當即僑字

政脩題字 高五寸廣一寸一行字徑六分

政脩敬供養

盧義基題字三段

盧義基爲亡妻周敬皓 高一尺廣一寸一行字徑六分

盧義基爲亡妻 高六寸廣一寸一行字徑六分

盧義基爲亡 高四寸五分廣一寸一分一行字徑六分下缺

盧基題字二段

盧基爲亡妻造供養 高七寸廣一寸一分一行字徑六分

盧基爲亡 高五寸廣一寸一行字徑六分下缺

盧基或即盧義基單舉一字

右造象在洞外東壁者五種在洞內北壁者二十三種在洞內南壁者二種每種五六字至廿餘字不等內有妻字作㛐及稱清信女皆與隋張洪亮造象記同遂據此附於隋末此亦段赤亭親至五峰搜得之皆稱未箸錄者 山左金石志

山左金石志載此三十種訪碑錄稱大像主鍾崔等五十四人造象今收得四十六段凡四十七人以筠清館校之未得者鍾崔二種房君備胡孝徹尼目尚尼智相尚像主智尚比邱尼藏大川各一種也書字頗似唐人內有張智珉者命名不避偏旁諸家皆附隋末從之

楊顯等造象記

高三尺一寸廣一尺六寸五分記文十三行行十一字字徑六分題名共十二行字不等俱正書在洛陽

夫靈宗空寂非□□□□□□原□求□□□□□□□□其圻是以大□□□□於□林道容夢感於昌□佛

弟子楊顯□□□□長□歲□悟世非□□□□
□□□□崇神□□□□□□天宮像□□□
志□□□□成就□合□□□夷□表□□君□七百
之□□□子來之□使眞容□□□谷無□□刊石流
名永隆万代□大慈應顯威神魏魏□音流布開則歸
依放光□地演說山□ 以上在佛象下方
佛弟子故人楊興息武勝供養
佛弟子楊惠勝供養佛時邑師比邱道文 以上在中間佛象右
淸信女佛弟子衛癸□和供養邑師比邱僧度
淸信女故人張□姜衛眞姬侍供養 以上在中間佛象左

□□□顯息默奴供養佛時□□□楊仙暉□□□侍佛
都邑主楊□奴字暉宗供養佛時 以上在右旁佛像之左
比邱僧□□□□ 下泐 □□女楊□□供□ 以上在左旁佛像之右
第一輪主薛和□邑子 下缺
第一輪主提胡□ 此二行在右旁佛象之下方
第三輪主王苟女
第三輪主張羊女
邑子衛什好
□□衛□□ 此四行在左旁佛象之下方

右楊顯造象記在洛陽存古閣中列佛象一龕記文在其下方字多剝蝕左右各列佛象二小龕象旁及下方均有題名字帶隸法必是唐以前刻補訪碑錄列入北齊未審其詳

李迴進造象殘石

高存四寸三分廣四寸八分座背及兩側題字十四行行字不一字徑四分正書直界格在太倉錢氏

缺威 缺歆 缺超 缺通 此四行在左側
缺□昌 缺□子 缺祿子 缺槃 進妻關吳□
缺實失雙 嫂薛□貴 缺李雙脩 林母房洪奴
缺次丁未爲弟子李迴進□ 缺所生父母叵緣□屬□
□ 缺徽□□龍花毛迈珎朿出 缺□月十五日□立

右李迴進造象殘石象燬於火僅存半截舊藏漢陽葉氏今爲吾甥伊臣所得紀元已闕要爲六朝時物無疑迈字不可識

可緣造象題字

象座中空文刻匡上第一行五字餘皆一字一行字徑二分正書

□父母造像一區可緣供養等成正覺

可緣當是僧名不見年月或在兩側失拓也

比邱法顏等造象題名

高四尺二寸廣一尺二寸五分五層佛象一層題名四行供養象三層題名共十三行下層畫車馬題名兩行行字不一字徑寸許正書

比邱　沙弥
法顗　僧𠍅　以上弟二層
比邱
僧明一心　以上弟一層　姪女華容一心
曾祖□□郡功曹□陽令供養　妻梁洛訓供養
娷齊迴供養　娷魏阿女供養　妻魏小姬供養
母參軍好供養　娷馮醜多供養
曾祖親寧豊美　姪女阿容供養
祖親魏迴香一心　□貪女供養
右弟三層

右弟四層
姪明達乘馬
息紌颮乘馬　以上弟五層
右比邱法顗等造象未詳所在內有妻梁洛訓妻魏小姬兩題則造象者似非比邱然不見姓氏姑以比邱法顗題之補訪碑錄載有比邱法顯等造象云天和二年十一月十六日前有許桃摯劉聰明等侍佛象此刻顏字半涉曼患豈即法顯造象失拓前半邪參軍好似複姓參軍

尼羅□尼終憘等造象殘石
存高七寸七分廣一尺十行行字不一字徑七分正書在濰縣陳氏

缺　菩薩光　缺
尼羅□　□　缺
尼終憘　□　缺
孫長命　孫　缺
尼見憘
孫思文　缺
李領表　孫　缺
尼菩提
衛懷則

朱仲□

孫輔賢等造象題名
上缺高一尺一寸廣二尺十八行行字不一字徑六七分正書

子孫輔賢息法募嵩達
子艮法顯孫領衆孫□妙
子孫平國仓子孫思和
中將軍王達
阿輔
阿保
起仓子孫頭和

珍邑子□歡　衆
訬勝邑子趙顯和
表死函邑子趙□□
石泐兩行
上泐□□息泐
泐□守
休浴□髙主邑子□赫雋
邑子俱安興邑子劉朝顯
中散別將孫顯慶息孝遠
野特軍殿中司馬觀臺族正孫□妙

書刻艸艸拓亦未全姑就所見錄之浴疑即浴

李呇奴等造象記

高二尺三寸廣一尺象龕下記廿三行行二十字供養象旁下題名六行下方題名廿行行字不一字徑四分正書

□□□象□區上爲□□□□□□母回緣　養屬師
徒□刼一切衆生□□□□□上會弥勒□世　下缺三行
大□□□□　大象主□□　大化主李顯樹　□□
象主李呇奴　都邑主□安龍　淨光主斉益恩　上六行在供養象旁
□□□□　邑子王方　邑□□□　邑子□□　邑
子□□　邑子□□□　邑子麗□□　邑子□□□
邑子□□女　□□□□　□□斉口　邑子□
□□　邑子□□　邑□□□□　邑子□□　邑子
□□　邑子□□　□子若□　□子□□　邑子泐
上廿行在下方

右刻大象龕上又有六小龕旁有題名五行曼患無一字可辨似有比邱尼字大龕左右似亦尚有題名記文不見年月姓氏疑拓未全或四面象之一也題名姓氏全者惟李呇奴斉益恩二人即以象主李呇奴標題之

艾磨提等造象題名

高八寸廣五寸八分題名二行字徑六分許正書

清信艾磨提
清妹李阿勝

右刻僅見供養象二區中列題名二行當是未全之本或餘者盡象無字邪

八瓊室金石補正卷二十八終

八瓊室金石補正卷二十九

男　繼煇校錄

太倉陸增祥撰　吳興劉承幹覆校

唐二

神通寺造象廿一段 俱正書在歷城東南八十五里千佛崖

僧沙楝殘刻 高七寸廣一尺三寸存十行行存六字字徑六分

□□□處俱□有隣□□師□菜門僧沙楝□響莫異
□□□□□□□在□國書傳記每□大唐武德二年
卌年七十有□若哉陟之□□□恩□□□□立

僧明德題記 高一尺廣一尺一寸九行行八九字字徑八分許

大唐貞觀十八年僧明德知風燭難待識苦海□迍越
竭衣鉢淨財□䑛□石像兩軀上報□□通□合識曉
顏礼□缺下罪名至心歎缺下沙業報恐山□處□缺下變乗
□□石記□缺下銘存缺下

迍字不見字書疑趍之譌俗濟南金石志略舉其
文待作倚瞻顏下作祀禱非

齊州刺史劉元意題字 高一尺三寸三分廣三寸八分三行行十三字字徑寸許

方界格

大唐顯慶二年九月十五日齊州刺史上柱國駙馬都
尉渝國公劉元意敬造　像供養

唐書諸公主列傳南平公主下嫁王敬直以累斥嶺
南更嫁劉元意宰相世系表河南劉氏政會子元意
字深之汝州刺史駙馬都尉政會本傳封邢國公後
追襲渝國子元意襲爵尚南平公主高宗時爲汝州
刺史 祥案永徽元年十月龍門山造象署汝州刺史 此題稱渝國公襲父爵
也表傳皆稱汝州刺史記作齊州其由齊州終於汝
州與陸君古愚今歲遊神通寺得磨崖諸小刻十餘
種寄予因擇其可攷者略記之寺在泰山東北八十
里崐𡺎山屬歷城界 授堂續跋

青州刺史趙王福題記 高九寸七分廣六寸三分六行行九字字徑八分

大唐顯慶三年行青州刺史清信佛弟子趙王福爲
太宗文皇帝敬䑛弥陁像一軀賝四夷順命家国安甯
法界衆生普登佛道

舊唐書趙王福傳太宗第十三子也貞觀十三年受
封出後隱太子建成十八年授秦州都督賜實封八
百戶二十三年加右衛大將軍累授梁州都督不書
顯慶初行青州刺史史缺錄也新唐書同 授堂續跋

僧朋德題字 高一尺三寸廣二寸六分一行十一字字徑八分許

大唐顯慶三年僧朋德敬䑛

朋字石刻極明顯諸家均錄作明非

趙昨妻羅題記高二寸廣四寸五分六行行三字四字字徑五分

文明元年四月□趙昨妻羅爲亡毋敬造石佛一軀

四月下所鈇似朔字昨明也日當午而盛明爲昨

諸村史同王方□百餘人題記高四寸二分廣六寸三分八行行五字至七字字徑五分

永淳二年六月丙爲天炎旱側近諸村史同王方□百餘人等於朗和尚广所祈請遂蒙甘澤發心設齋造像造經以□□□□

訪碑錄作千佛山王万元造象即此

段婆題字高一尺廣二寸一行十五字字徑八分

像主淸信女段婆爲亡父毋敬艁一軀

元毛德等題字高六寸廣二寸二行行五字字徑七分許

元毛德供養德妻田供養

李樹生等題字高七寸廣三寸二行行八字九字字徑寸許

李樹生敬艁像一軀弟子趙珎敬艁像一軀

張直方題字高九寸廣一寸七分一行八字字徑寸許

恭祀聖像張眞方題

案唐書宣宗本紀大中三年十一月幽州軍亂逐張直方推衙將周綝爲留後未審即其人否

陵感題字高八寸廣二寸一行九字字徑寸許

陵感敬造彌陁像一軀

劉操題字高八寸廣三寸二行行八字字徑八九分

像主劉操亡妹順妃供養

高道邱題記高八寸五分廣三寸六分三行行字不一字徑八分許

高道邺爲比邱尼眞海抄弥感師敬艁像一鋪普及法界衆生咸同斯福

上騎都尉劉君操題字高九寸廣三寸二行行九字五字字徑寸許

像主前核師上騎都尉劉君操供養

周世軌題記高八寸廣二寸八分二行行八字二字字徑八分

僞主周世軌爲父母敬造

王元亮題記高一尺一寸廣三寸三行行字不一字徑七分

像主王元亮被蠱魅得差艁像設齋願合家平安法界衆生咸同斯福

崔供養像殘刻高八寸廣二寸七分存二行行字不一字徑九分許

崔供養造像四軀普爲法界下磨泐

畢阮孫馮四家未見此刻惟吳氏筠淸館有之

僧慈蔭殘刻高五寸廣六寸前存一行及次行末二字後存行末三字字徑六分

僧慈蔭爲母約缺三四字□敬缺兩半行九季記

陶迴建題字高八寸三分廣二寸五分二行行字不一字徑七分

像主陶迴建爲亡兒□□敬造像一軀

□般妻孫題名高四寸廣三寸五分三行行三字字徑八分許

傷主□殷妻係下泐

以上三段皆諸家所未見

殘字二刻

智通二字徑一寸

門人立照一行四字字徑六分

歷城縣東南神通寺北千佛厓有唐人石刻五其一有大唐武德字及棄門僧字文多漫滅其一首題大唐貞觀十八年僧某又云越竭衣鉢又云石像兩軀益記造佛像事文亦缺其大半矣其一云大唐顯慶

二年九月十五日齊州刺史上柱國駙馬都尉渝國公劉元意造□像供養其一云南平長公主爲太宗文皇帝敬造像一軀而題顯慶二年于上方攷唐書公主傳太宗女南平公主下嫁王敬直以累斥嶺南更嫁劉元意又劉政會傳子元意襲爵尚南平公主與石刻合唐制帝姊稱長公主南平益長于高宗矣史稱元意高宗時爲汝州刺史不知其嘗刺齊州也其一云大唐顯慶三年行青州刺史淸信佛弟子趙王福爲太宗文皇帝敬船彌陁像一軀願四夷順命家國安甯法界衆生普登佛道造之爲船從古文也国字玉篇集韻諸書皆無之讀斯刻知以国爲國唐初已然矣祥案国字屢見於六朝諸刻不自唐始益都李進士素伯寓歷城拓以遺予攷前人著錄無及之者書之用詒好事君子潛研堂跋尾

神通寺造象題字十八種一巳殘泐凡十行存三十七字徑六分內有大唐武德云云遂以爲諸題之冠一題大唐貞觀□八年僧明德造像記亦殘泐凡九行存五十一字徑九分一上題顯慶二年四字下列二行題南平長公主爲太宗文皇帝敬船象一軀十六字徑七分案唐書公主傳太宗第三女南平公主

下嫁王敬直以累斥嶺南更嫁劉元意錢辛楣少詹云唐制帝姊稱長公主南平益長于高宗矣船古文造字一題大唐顯慶三年祥案石本是二年九月十五日齊州刺史上柱國駙馬都尉渝國公劉元意敬造□像供養三行字徑一寸元意爲齊州刺史可補史傳之闕一題大唐顯慶三年行青州刺史淸信佛弟子趙王福爲太宗文皇帝敬船彌陁像一軀願四夷順命家国安甯法界衆生普登佛道六行字徑九分案唐書趙王福有傳失書顯慶時行青州刺史以国爲國唐初巳然矣一題像主淸信女段㳄爲亡父母敬船

一軀一行字徑七分段婆即段婆變體也祥案石本不作婆
一題元乇德供養德妻田供養二行字徑八分一題
李樹生敬𦩛像一軀弟子□□祥案是趙弥二字敬𦩛像一
軀二行字徑一寸一題恭祀聖像張直方題一行字
徑一寸一題陵咸敬造弥陁像一軀一行字徑九分
陵字上當有缺泐一題像主劉操亡妹順妃供養二
行字徑九分一題高道邱爲比邱尼眞海沙弥咸師
敬造像一鋪普及法界衆生咸同祈福三行字徑九
分一題大唐顯慶三年僧明德敬𦩛祥案石本是朋德一行
字徑一寸此種縣志遺之一題像主前旅師上騎都

尉劉君操供養二行字徑一寸一題僞主周世軌爲
父母敬造□□二行字徑八分一題像主王元亮被
蠱魅得差𦩛像設齋願合家平安法界衆生咸同斯
福三行字徑八分一題文明元年四月□趙昨妻羅
爲亡母敬造石佛一軀六行字徑六分一題永淳二
年六月內爲天炎浔側近諸村史同王方□百餘八
等於朗和尙广所祈請遂蒙甘澤莪心設齋造像造
經以□□□□九行字徑六分浔即淛字省文玉篇
淛乾也山左金石志
一題像主行章邱令王懷賢妻鄧敬造像兩軀此條

爲山左金石志所遺今補錄之又按縣志云神通寺
在城東南八十五里千佛崖造象記凡二十皆唐刻
也然二十條中有濟南沅君王一條即沈君正之訛
乃宋大觀四年所刻今改正之馮雲鵷濟南金石志
神通寺造象得此廿三種顯慶二年南平長公主
及訪碑錄之永徽□年王元□濟南金石志之王
懷賢三段皆未得也永徽年王元□疑即永淳年
造象之誤而重見者訪碑錄中如此類者不少其
訪碑錄之濟南沈君玉殘字馮氏作沈君正審爲
宋刻孫氏未審出處元耳又據馮氏謂縣志載二

十段除沈君正爲宋刻寔止十九段而馮氏所載
十九段中有顯慶三年僧朋德一段山左志謂縣
志遺之然則縣志所錄馮氏亦未見其一爲惜不
得縣志一讀之

三臺造象五段

慈母龕記高一尺九寸廣九尺五分九行行十九字字徑七分正書方界格

慈母龕武德七年九月廿三日□□□□□□□蓋聞
如如至寂非即離可求果果忘筌豈咸知□惻然則順
緣應物靡極圓方遂性撫機甯語聲色自惟終天之禕
畢世無由地持之恩顧復難報仰憑勝力寘用[illegible]貢敬

造釋迦夲行思惟報毋恩菩薩像一軀雕餝成就畫繪
尊嚴端誠慧門似化十仙之畢道駐想深宅如權佰億
之羣魔兼嶺爲濤霄靈響輻湊江沉碧山神妃往来勝
業難窮舍涸弥廣福回靡竭利益唯增

造龕人名殘泐測作惻薩誤作蓓飾作餙異作𢍰

摧作權青作清

尼妙音題記 高一尺六寸廣七寸七行行十三字字徑七分正書方界格

□州松□縣隆興寺比邱尼妙音和南一切凡聖薄運
所鍾強賊陵掠親屬貽盡夲色荒無微善資持□存蜀
土旣頼深澤奉報洪恩𦨞□之像菩薩金剛等七身頗

福利無窮□親納慶爲无所得迴向菩提 武德七
年九月廿三日敬𦨞

貽當作殆無當作蕪薩作蓓與前刻同

尼淨明題記 高九寸五分廣四寸五分五行行十一字字徑六分正書方界格

武德八年歲次乙酉正月丙申朔十五日比邱尼淨明
爲身抱患及亡父憑智□巨母陳滿足敬造弥勒像一
龕以此功德恩沾七世福嚮見在

通鑑目錄是年二月乙丑朔與此正合正月小盡

弟誌言題字 高廣不計一行即在前刻之後

弟誌言奉爲巨姊敬造

此別一刻也疑即妙音之弟

□世越造龕題字 高八寸廣三寸二行行字不齊字徑五分許正書

□□八年六月廿八日弟子□世越奉爲巨父□□敬
造龕

駝山造像一百五段 俱正書在益都

青州摠管平桑公題字 高一尺二寸六分廣四寸三分二行行六字字徑一寸三分

大像主青州摠管柱國平桑公

在南洞佛座下案元和郡縣志武德四年海岱平定
改爲青州總管府舊唐書地里志武德四年置青州

總管府七年改總管曰都督則此稱青州總管者不
出武德五六年間矣平来即平桑隸書變體 山左金石志

儀同趙㫐題字 高七寸廣六寸五行行五字字徑七分

儀同三司青州摠管府長吏趙㫐供養儀同妻郡君張
供養佛

在南洞佛像旁案唐書職官志總管府改爲都督其
屬有長史一人據此碑則未改之時已設此員久矣
地里志武德四年置總管府七年改爲都督職官志
作武德四年又改爲都督者誤也 山左金石志

羽林郎任元覽題記 高四寸二分廣七寸五分十二行行五字至七字字徑五分直

界格

長安二年三月廿(乙)戊辰廿六日癸巳前羽林郎任元覽奉勑於紫家軍征敬造觀世音菩薩一軀及亡過父母亡男□□及亡女玉羅見存眷屬及法界蒼生咸同私福

在北洞石壁任元覽稱羽林郎案唐書左右羽林軍有左右中郎一人紫象軍或疑象是蒙字段赤亭云唐制天下十道置府五百六十四軍衛各有名號如參旗鼓旗天紀天節之類不悉載於兵志此云紫象亦足以廣見聞也廿六日癸巳則戊辰當是朔日山左金石志覽諸家皆作覽山左金石志家作象勑作勅廿日戊辰蓋戊辰朔之誤通鑑目錄是年二月戊戌朔則戊辰爲朔日無疑以私爲斯同音也弟二日字不用武后制字世字不避

尹思眞題記 高一尺廣一尺二寸九行行九字至十二字不等字徑七分餘

長安二年歲□七月庚辰朔五日甲子青州益縣佛弟子尹思眞爲亡過妻張氏及女侍□見施淨財於駞山寺敬造石□像鋪上爲金輪皇帝下及師僧父母振衆子之炎埃拯群生於桕□忘者往生淨土□樂無窮法

界蒼生咸同斯福

在北洞南石壁益縣蓋是益都縣省文耳山左金石志眞諸家皆作貞山左金石志歲作辰甲作壬亦誤歲□下疑有奪字桕未詳又校庚辰朔則五日當是甲申是月不得有甲子五日是甲子則朔日當是庚申蓋誤矣通鑑目錄是年七月丙寅朔五日當是庚午與此全不相合

李懷齊題記 高一尺四寸五分廣四寸三行行字不一字徑七分許行書

長安三十月十九日李懷齊爲亡過母任及妹九娘見存父謹施淨財敬造弥陁像一鋪普願見在眷屬咸同斯福高文紀書

在北洞石壁三下脫一年字山左金石志紀山左金石志作熊審之非是月日字不用武后制字

像主張眞妙題字 高九寸廣四寸二行字徑寸許在南洞佛龕下

像主張眞妙敬造无量壽一軀

像主冒忽題字 高八寸廣四寸二行字徑八分

像主冒忽爲亡父母敬造无量壽

冒當卽曹字山左金石志云在南洞佛象旁

像主馬摩耶題字 高八寸五分廣四寸二行字徑九分

像主馬摩耶敬造无量壽一軀
亦在南洞佛象旁无叉變作无

比邱僧解題字 高八寸廣四寸五分二行字徑寸餘
□渤字二比邱僧解供鵉佛時
在南洞佛象旁時下似紀年月惜文未全也山左金石志
山左金石志尊解字其謂時下似紀年月亦未確
造象中似此者甚多也鵉當是養之俗

沙門都僧盖題字 高一尺廣四寸五分二行字徑一寸二分
像主樂安郡沙門都僧盖
在南洞佛象下字畫端正門字從篆法案舊唐書地

里志樂安隋縣武德二年屬乘州州廢屬青州此稱樂安郡者庸僧不諳掌故妄以千乘有樂安之名遂加郡字也沙門都當如元魏釋老志沙門統之謂唐史無文可藉以補之山左金石志
案新唐書地理志棣州樂安郡武德四年置八年州廢貞觀十七年復置是所稱樂安郡者乃棣州也山左金石志以青州之樂安廢縣當之并謂庸僧妄加郡字殆非此刻與平桑公造象似出一人手筆疑是武德年同時所造

潘叉題字 高七寸六分廣四寸二行字徑八分在南洞佛像旁
潘叉爲父母法界衆生造弥勒一軀像
末一像字特大山左金石志未錄疑別一刻而闕佚者或弥勒下奪此像字而補書於下也叉山左金石志作叉非後刻同

潘叉妻王題字 高六寸五分廣三寸五分二行字徑寸許在南洞佛象旁
潘叉妻王爲亡父母敬造像一軀

僧法部題字 高九寸廣三寸一行字徑寸許在南洞石壁
像主比邱僧法部

李訶題字 高八寸廣四寸二行字徑寸餘
像主李訶爲亡女敬造

行間隱隱有字蹟一像字尚可辨蓋磨去舊刻而爲之者然非唐以後手筆也

馬摩耶張眞妙題字 高一尺五分廣三寸六分二行字徑八分
像主馬摩耶張眞妙爲師僧父母敬造

楊遇母曹題字 高九寸廣四寸二行字徑寸許
像主楊遇母曹爲亡夫造

朱二嬚題名 高六寸廣一寸六分一行字徑九分
像主朱二嬚

申廓題字 高一尺二寸廣二寸四分一行字徑一寸三分
像主申廓爲亡父母敬造

申明逵題字 高八寸廣一寸七分一行字徑七分

像主申明逵□亡父母敬造

藤暘題字 高九寸廣三寸八分二行字徑八分

傷主藤暘為亡夫亡息法界眾生敬造

雷僑題字 高六寸八分廣三寸六分二行字徑八九分

雷僑為父母敬造像一軀

李伏香題字 高七寸廣四寸三分二行字徑六七分

傷主李伏香敬造无量壽傷一軀

張略題字 高六寸五分廣三寸二分二行字徑寸許

像主張略為亡父母敬造

明觀題字 高九寸五分廣三寸一行字徑寸餘

像主明觀為亡父母

□羅剎妻題字 高七寸廣三寸二行字徑八分

像主□羅剎妻張文羚敬造

剎當是刹字

甯仕賓題字 高七寸一分廣三寸八分二行字徑寸許

像主甯仕賓敬造像一軀

許惠傲題字三段

像主許惠傲為師僧父母敬造 高七寸五分廣三寸六分二行字徑寸許

傷主惠傲為亡夫敬造 高六寸二分廣四寸二行字徑寸許

傷主許惠傲為亡息敬造 高六寸四分廣三寸八分二行字大小不一

劉石題字二段

傷主劉石為亡夫敬造 高六寸五分廣四寸二行字徑寸餘

傷主劉石為師僧父母敬造 高七寸廣三寸五分二行字大小不一

棓季儒題字二段

像主棓季儒為亡父敬造 高六寸五分廣三寸六分二行字大小不一

季儒母阿郭侍佛供養 高七寸廣三寸五分二行字大小不一

棓音裴漢有棓塑見姓譜

佚名題字二行 高一尺廣三寸八分二行字徑九分許

像主□□□□□亡父母

像主□□□□□為亡父母

右兩行並題人名俱泐諦審之似有僧字

棓仲子題字 高一尺廣三寸一行字徑寸餘

像主棓仲子為父敬造

梁景題字 高一尺廣四寸二行字徑寸三分

像主梁景為亡父母敬造

唐照明題字 高五寸廣三寸二行字徑七分左行

益都縣令唐照明一心供養時

潘僧伽等題字 高一尺廣四寸二行字徑寸三分

像主潘僧伽兄弟等為亡父母敬造

田□□題字 高一尺二寸廣四寸二行字徑寸餘

□主田□□爲父母敬造阿弥陁像

崔妃崔日業題字 高七寸廣四寸二行字徑八分

像主崔妃爲亡父母崔日業母劉森□

僧法言題字 高八寸廣二寸五分一行字徑寸許

像主比邱僧法言

尼給洽題字 高八寸廣三寸二行字徑七分

像主比邱尼給洽爲師僧父母法界衆生

尼阿鹿題字 高一尺廣三寸八分二行字徑八分

像主比邱尼阿鹿爲師僧父母法界衆生

尼苟仁題字 高八寸廣二寸一行字徑七分

像主比邱尼苟仁

山左金石志載尼道仁造象在南洞石壁道蓋苟字之誤

張小叉題字 高九寸廣二寸八分二行字徑寸許

比邱尼光供養

像主張小叉敬造

叉妻呂題字 高八寸八分廣一寸六分二行字徑寸餘

像主叉妻呂敬造

比邱尼婆女父孝義

上二種各有三刻文字款式皆同惟剝泐處微異或是一種而重拓者山左金石志有尼先造象四行在南洞旁佛像下疑即此二種

董郎□題字 高七寸廣三寸五分二行字徑寸餘

像主董郎□爲亡夫敬造

馬子雅題字 高六寸五分廣三寸二行字徑七分

清信士佛弟子馬子雅供養

馬子雅妻題字 高一尺一寸廣二寸八分二行字徑寸許

像主馬子雅妻成公端心爲亡夫敬造

馬子誕題字 高八寸廣三寸二行字徑寸許

像主馬子誕爲息土峻敬造□□像

馬土世題字 高六寸七分廣四寸二行字徑寸許

像主馬土世爲亡父敬造

潘世儁題字四段

主潘世儁妻爲亡妣敬造 高八寸廣四寸字徑寸許

像主潘世儁兄弟等爲亡父母敬造 高一尺廣四寸二行字徑一寸

像主潘世儁爲亡父母法界衆生 高七寸廣三寸二行字徑九分

像主潘世儁爲亡父母法界衆 高六寸廣二寸八分存二行字徑寸許

文同前刻而款式不同此拓未全

張伏題字 高五寸五分廣三寸五分二行字徑七分

像主張伏爲一切法界衆生

馬審尼題字 高七寸廣四寸二行字徑七分

像主馬審尼爲父一切法界衆生

甯㚰㚰題字 高七寸廣四寸三行字徑八分許

像主甯㚰㚰爲亡天亡孫女敬造像一軀并二菩薩

高䅉妃題字 高六寸廣四寸二行字徑寸許

像主高䅉妃爲父母法界衆生

巳那延題字 高一尺三寸廣二寸一行字徑寸餘

像主巳那遹爲亡父母敬造

樂端正題字 高一尺二寸廣二寸一行字徑寸許

像主樂端正爲七世父母敬造

朱正祖題字 高四寸五分廣三寸五分二行字徑六分許

像主朱正祖□亡息敬造

許引弟題字 高五寸廣四寸二行字徑七分

像主許引弟爲師僧父母

張妥女題字 高六寸廣一寸八分二行字徑六分

像主張妥女敬造菩薩一軀

王道禮題字二段

像主王道禮爲亡女敬造 高五寸廣二寸五分二行字徑七分

像主道禮爲亡息敬造 高五寸五分廣三寸二行字徑七分

張仁姜題字 高四寸三分廣二寸八分二行字徑六分

像主張仁姜爲師僧父母

馬毛郎題字四段

像主馬毛郎爲亡父敬造 高五寸廣三寸二行字徑七分

像主馬毛郎爲亡兄敬造 高五寸廣二寸六分二行字徑七分許

像主馬毛郎爲亡兄敬造 均同前而非即前刻

像主馬毛郎爲亡弟敬造 亦同前

毛俗三字

馬太妃題字 高五寸廣二寸三分二行字徑七分

像主馬太妃爲師僧父母

曹要等題字 高九寸廣三寸五分二行字徑六分

傷主曹要敬造菩薩一軀

傷主太妃敬造菩薩一軀

張奈題字 高六寸廣二寸七分二行字徑六分

像主張奈爲師僧父母敬造

五人題記 高九寸廣三寸三分三行字徑八分

五人敬造釋迦并二菩薩類爲師僧父母法界衆生共

同此福

首題五人而不見姓氏疑拓未全

楊□題字 高四寸五分廣三寸二行字徑六分

像主楊女□□爲亡父□缺

馬建題字高五寸廣三寸二行字徑寸許

像主馬建爲亡父母造

孔婉題字高四寸廣三寸二行字徑寸許

像主孔婉爲父母敬造

尼惠種題字高八寸五分廣三寸五分二行字徑六分

像主比邱尼惠種爲□師敬造上願世□□□□

尼智觧題字高六寸廣三寸二行字徑六分

像主比邱尼智觧爲一切法界衆生

尼明因題字高五尺廣四寸三行字徑六分

像主比邱尼明因爲師僧父母亡兄敬造

尼那含題字高四寸五分廣四寸二行字徑寸許

像主比邱尼那含敬造

尼身摩題字二段

傷主比邱尼身摩爲師僧父母敬造高五寸廣四寸三行字徑八分

傷主比邱尼身摩爲亡父母姉妹兄弟高四寸五分廣三寸七分三行字徑八分

尼閭邱□題字高四寸三分廣二寸五分二行字徑七分

傷主比邱尼閭邱□造

尼曇雙題字三段

傷主比邱尼曇雙爲亡姉敬造高六寸五分廣三寸二行字徑八分

傷主比邱尼曇雙爲亡妹敬造高六寸廣三寸八分二行字徑寸餘

□主比邱尼曇雙爲一切法界衆生高六寸廣三寸五分二行字徑六分

尼阿陵題字高六寸四分廣二寸六分二行字徑七分

傷主阿陵爲師僧父母敬造

尼銓陵題字高五寸廣三寸五分三行字徑八分

傷主比邱尼銓陵爲師僧父母敬造

尼法圓題字高五寸廣三寸三行字徑五分

像主比邱尼法圓爲師僧父母法界衆生敬造

尼明通題字高五寸四分廣三寸三行字徑六分

傷主比邱尼明通爲外生法界衆生敬造

金石補正卷二十九 三 吳興劉氏希古樓刊

尼明曜題字二段

傷主比邱尼明曜爲師僧父母敬造高五寸三分廣三寸八分三行字徑七分

傷主比邱尼明曜爲師僧父母敬造高五寸廣三寸三分三行字徑七分

尼曇深題字高五寸五分廣三寸五分二行字徑八分

像主比邱尼曇深爲師僧父母

尼糒日題字高一尺廣一寸三分一行字徑八分

傷主比邱尼糒日敬造□薩

曇觀題字高六寸五分廣三寸二行字徑八分

傷主曇觀爲師僧父母法界衆生

明鞙題字高五寸廣三寸二行字徑八分

傷主明鞙爲師僧父母敬造

寶亮題字高六寸六分廣三寸二行字徑九分

傷主寶亮爲師僧父母一切衆生

毋字重刻於旁

靜仰題字高八寸廣二寸六分二行字徑七分

傷主靜仰爲外祖婆達陵敬造

碁恰題字高五寸廣二寸五分二行字徑八分

傷主碁恰爲師僧父母敬造

王侍男題字二段

傷主王侍男□已父母敬造高六寸廣不計二行分刻龕旁字徑九分

傷主王侍男□父母法界衆生高五寸六分廣不計二行字徑六分

尼圓□題字高五寸五分廣二寸三分二行字徑八分

像主尼圓□爲已兄

郭僧代殘刻高六寸廣二寸一行字徑七八分

郭僧代爲皇缺

山左金石志載此十五種訪碑録同余先後收得一百三段尚有殘刻三段未録李訶以下皆未經著録然恐尚有遺也

宗聖觀記武德九年二月十五日萃編載卷四十一

太白太作大進退退作退教衛衛作道泰蕩蕩作漢農夫農作農至象缺字至眗眗作明衛配衛作道洃遠洃誤挾五莊回□缺回字

碑側題名

舜欽缺字欽上清上誤玉聖美題缺聖美二字

史記周本紀麋鹿在牧蜚鴻滿野周書度邑解作夷羊在牧飛鴻滿野此碑作夷羊在牧飛蛬滿野蓋本于周書淮南本經訓作飛蛩滿野高誘註蛩蟻蠓之屬一曰蝗也皆同聲假借字平津讀碑記

碑側吳芝見改建題名碑正大元年進士澤州人

李紹庭一署河陽一署邵陽附及之

孔子廟堂碑武德九年十二月廿九日萃編載卷四十一

表瑞瑞誤端

右在西安府學宮碑已裂爲三段又多剝落不能全讀碑後王彥超結銜稱兼中書令則其刻已在宋初此碑唐刻本有大周孔子廟堂之碑題額末有長安三年太歲癸卯金四月壬辰水朔八日己亥木書并鍾紹京等題名彥超再建本皆無之惟碑前尚有相王旦銜名　右在城武縣碑前亦有相王旦銜名無年月翁閣學以爲亦宋時所刻碑尚完好雖下方稍

洳夫子膺□□之精大唐運膺九五皇帝欽明睿哲
皇上以幾覽餘暇西安本夫子大唐皇帝字空一格
此本皆䟦行書平津讀碑記

慈潤寺靈琛灰身塔銘高一尺廣二尺九寸廿八行行十字末二行五字字徑八分右側題古大靈琛禪師灰身塔九字一行高一尺四寸左側年月一行高一尺七寸字均徑一寸二分均正書在安陽善應寺

慈潤寺故大靈琛禪師灰身塔銘文
禪師俗姓周道諱靈琛𥘉以弱冠出家即咏大品經論
後遇禪師信行更學當機佛法其性也慈而剛其行也
和而潔但世間福盡大闇時来年七十有五歲在元枵

三月六日於慈潤寺所結𨁂端𡸁泯然遷化禪師三日
自足冷先頂曛後歇經云有此相者尅□生勝處又廩
存遺囑依經□林血肉施生求无上道□合城皂白祗
教弗遶岔悲傷失送茲山所凡高纔□闍維鏤塔與海
嵑山灰芳音永嗣乃爲銘曰
遊聽元風高惟遠量三學具𥡴一乘獨暢始震法雷終
論道蔵示諸滅體效茲奇相器敗身中曛餘頂上結𨁂
不改神域亡奎慧日既戯群迷失望非生淨土彈指何
向　塔頌一首崖高帶淥水鑴塔寫神儀形名留萬古
刼盡乃應虧

大唐貞觀三季四月十五日造
按碑載靈琛遇信行禪師更學當機佛法信行即隋
龍興寺傳法者也寺在彰德府北關古寺坊東靈琛
受教於此而奄化在慈潤其云亡日自足冷先頂曛
後歇蓋將死常態不足異也安陽金石錄
　信行禪師隋開皇時魏州人

幽州昭仁寺碑并陰貞觀四年十一月萃編載卷四十二
崇替作朁塭作鼂貞覵覵作明擬郎極字誤作拯淨剎剎誤刻大號作號璐作璐秖作祇王琦刊在碑右下方未載
碑陰

紹聖紹誤刑昭
右幽州昭仁寺碑與鄭州等慈寺碑同時勑建舊唐
書高祖本紀武德元年六月薛舉寇涇州八月壬午
薛舉死其子仁杲復稱帝命秦王爲元帥以討之十
一月巳酉秦王大破薛仁杲於淺水原降之隴右平
碑云于時攝提在歲黃鍾紀月與史合平津讀碑記

鄭州等慈寺碑并額貞觀四年篆額題大唐皇帝等慈寺之碑九字陽文萃編載卷四
十二十二作三年閏十二月
道隆缺隆字白梃缺白字祚昭缺昭字自彼叅墟缺自墟二字濡足
缺濡字賊□□□德少空一格此伇缺伇字泝流而□而誤西交馳

鈌字交洞其鈌洞字東虞鈌虞字累矞鈌矞字爰愬愬誤勑虬鍾鈌鍾
字喋血鈌喋字蒨旆蒨誤舊貔武爭□仌連兵於官渡及夫
海外有截仌連於截外十一字均鈌喙息鈌喙字追悼鈌追字有虁輪鈌有
字俾号鈌俾字班倕鈌倕字玆滹鈌玆字遥瞻太室鈌太室二字汗
豬鈌豬字敹其鈌敹字五老變爲□星縣讖象緯八靈行於
積雪曲□物名鈌老星縣讖緯八行積雪曲名十二字丕顯鈌丕字祝絅鈌祝
字芝英芝誤定鈌英字守器鈌器字琁枝鈌枝字艮□赳赳文士鈌艮
赳赳四字士貞乎鈌貞字不造鈌不字淪胥淪誤俞罪垢鈌垢字餘習
鈌習字眞容鈌眞字惠利鈌惠字

右鄭州等慈寺碑不題年月舊唐書本紀貞觀三年
十二月癸丑詔建義巳來交兵之處爲義士勇夫殞
身戎陣者各立一寺命虞世南李伯藥褚亮顏師古
岑文本許敬宗朱子奢等爲之碑銘以紀功業元和
郡縣志等慈寺在汜水縣東七里王師旣破竇建德
有詔于戰所起寺立碑紀功焉令顏師古爲其碑文
唐會要亦云破竇建德于汜水立等慈寺秘書監顏
師古爲碑銘貞觀四年五月建造畢碑末結銜稱通
議大夫行秘書少監輕車都尉琅邪縣開國子唐
書師古傳太宗踐阼擢拜中書侍郎封琅邪縣男貞
觀七年拜秘書少監十一年進爵爲子以碑結銜證

之知其誤也平津讀碑記

萃編系此碑於貞觀三年閏十二月蓋據太宗頒
詔之日也據會要謂寺於四年五月造畢則立碑
當在其時昭仁寺碑立于四年十一月見金石文
字記此碑之立當相距不遠宜並列之特無庸定
爲何月潛研堂目列昭仁寺碑之後從之至王氏
以師古結銜謂撰文在貞觀十年間則奉詔後閱
七八年之久恐無是理洪氏以史爲誤亘是王氏
又謂中州記作二年之非案訪碑錄亦作二年蓋
承鈔本金石錄之誤王氏又謂武授堂跋脫閏字
蓋承舊唐書之誤通鑑目錄貞觀三年十二月丁
卯朔則頒詔之癸丑日非閏月十七即十八舊唐
書已脫閏字

臨淄定公房彥謙碑并陰 貞觀五年三月二日 萃編載卷四十三

昔尺玉質者也昔尺誤蘭薰鈌薰字隨慕容氏南度鈌隨南二字分
齊郡分誤以鈌齊字千雲雲誤霄懷戎鈌懷字門貽貽誤始特所特誤持
窮覈覈誤竅幽谷谷誤名閒心閒作閑寘寘作冥寡旌賁鈌賁字詔
搜揚鈌搜字心存心誤以此職職作職澂清澂作澂袁燠袁誤聿寘
和寘作寡王公鈌公字風煙煙作烟哀纏纏作纏無媿鈌媿字銘卑
鈌卑字昭章誥訓鈌章誥字列左偏波瀾波誤流蹈仁蹈誤頌式故故字

未錄袁榮字缺袁故吏制服諸缺故吏諸三字一刋圖石一下三字缺

碑陰

儀從錢□錢上二字缺供葬缺供字

魏書地形志齊州治歷城劉義隆置冀州所領有清河郡廣川郡碑稱東冀州東廣川郡者皆後人追加之以別於信都之冀州廣川郡也平津讀碑記

存亡之幾有□山左金石記有作可石本曼患未知孰是昔𡰥玉質金相𡰥作之特所留懷特作時皆非幽谷作山谷衞匪作衞㐭曼患仍從王氏搜揚搜字據山左志補志載亦有闕誤不具述

八瓊室金石補正卷二十九終

八瓊室金石補正卷三十

太倉陸增祥撰　男繼煇校錄
吳興劉承幹覆校

唐二

化度寺塔銘貞觀五年十一月廿二日萃編載卷四十三

蓋聞人靈之貴天象攸憑禀仁義之和感山川之秀察理盡性通幽洞微研其慮者百端宗其道者三教殊源異轍類聚群分或博而無功勞而寡要文勝則史禮煩斯黷或控鶴乘鸞有繫風之論凌霞御氣致捕影之譏至於察報應之方窮死生之變大慈□運宏濟群品極衆妙而爲□冠元宗以立德其唯眞如之設教焉若夫性與天道契協神交貽照靈心澄神禪觀則有化度寺僧邕禪師者矣禪師俗姓郭氏太原介休人昔有周氏積德累功慶流長世分星判野大啓藩維蔡伯喈云𤘩即郭也𤘩叔乃文王所咨郭泰則人倫攸屬聖賢遺烈弈葉其昌祖𣆶荆州刺史早擅風猷父韶博陵太守深明典禮禪師含靈福地擢秀華宗爰自弱齡神識沉靜率由至道冥符上德囙戲成塔發自髫年仁心救蟻始於卝歲世傳儒業門多貴仕時方小學齒胄上庠始自趍庭便觀入室精勤不倦聰敏絕倫博覽群書尤明老

易然雅有志向□邁俗情時遊僧寺服膺釋典風鑒疎朗豁然開悟聞法□之微妙毛髮同喜瞻滿月之圖像身心俱淨於是錙銖軒冕糟粕邱墳年十有三違親入道於鄴西雲門寺依止稠禪師稠公禪慧通□戒行勤苦道標方外聲溢區中□覩暗投欣然驚異即授受禪法數日便詣幽深稠公嘗撫禪師而謂諸門徒曰五亭□念盡在此矣頭陁蘭若畢志忘疲仍来往林慮山中棲託遊處後屬周武平齊像□□□乃入白鹿深山避時削跡藏聲戢曜枕石漱流□巖之下葺茅成室蘿裳薜帶□唯糞□之衣餌朮飡松嘗無麻麦之飯三徑斯

絕百□爲群猛鷙毒螫之徒潛形匿影白鹿青鸞之輩效祉呈祥每梵音展禮焚香讀□□□奇禽異獸攢集庭宇俱絕□倚畢來俯伏繫如恭敬心疑聽受及開皇之初宏□釋教于時有魏州信行禪師□明佛性大轉法輪實命世之異人爲元門之益□以道隱之辰習當根之業知禪師遯世幽居遣人告曰脩道立行宜以濟度爲先□善其身非所聞也宜盡宏益之方昭示流俗禪師乃出山與信行□□□脩苦行開皇九年信行禪師被勑徵召乃相隨入京京師道俗莫不遵奉信行禪□□□之□□持徒衆以貞觀五年十一月十六日終

於化度寺春秋八十有九　聖上崇敬□□贈帛追福即以其月廿二日奉送靈塔於終南山下鵄鳴埳禪師之遺令也徒衆□收其舍利起塔於信行禪師靈塔之左禪師風範凝正行業精勤十二部經嘗甘露而俱盡五百具戒凌嚴霜而未凋雖託跡禪林遊心定水涉無爲之境絕有待之累□寓形巖穴高步京華常卑辭屈己體道藏器未若道安之遊樊沔對鑿齒而自伐弥天慧遠之在廬山折桓元而致敬人主及還神淨土委質陁林四部奔馳十方號慕豈止寢歌輟相捨佩捐珠而已式昭景行乃述銘云

綿邈神理希夷法性自有成空從凡入聖于昭大士□□□正德潤慈雲心懸靈鏡□蒙悟道捨俗歸眞累明成照積智爲津行識非想禪□□□觀盡三昧情銷六塵□□窮巖留連幽谷靈應無像神行匪速敦彼開導去茲□□□絕有憑群生仰福風火□妄泡電同奔逹人忘己眞宅斯存剎那□□淨域□□□□□樂永謝重昏

吳荷屋中丞得宋拓裝本開補以翁氏碑圖本編入筠清館金石記今据錄其全文與萃編所載今本不符者不復詳述案凡翻刻之碑大抵就原碑

現存之字重撫上石脫誤參錯則有之未有怨空搆造者也而今本𢆶叔上有曾祖二字宋本未經敘及今本有智伏奔爲鉢降蔓龍二句又有溫文儒雅週當是倜之誤儻諮達胷臆開朗三句又有洗□變翊□悟西來當是脫一之字旨趣摩頂皈依暮疑慕之誤窮東土之精微四句又有德數鷲領神化龍宮二句又有志士幽貞一句皆不見於宋本又懇如恭敬懇疑貌字之誤十二部經十疑卌字之誤樊汚汚疑洒之誤以貞觀五年之上文義未暢疑有脫漏於信行之卒絕無一語及之禪師遺令句疑當在

信行禪師靈塔之左之下竊意吳氏之宋本未必無脫誤參錯而較諸今本大相逕庭恐世間所傳之本無有善於此者余雖未獲一覩不可不亟錄也

宜君縣子威墓妻趙氏墓版文

高八寸廣七寸五分五行行六字字徑七分正書

貞觀六年五月廿九日雍州長安縣淸化鄉宜君縣開國子故威墓妻趙夫人

舍利塔題字

拓本高四尺四寸廣一尺五寸二分一行六字字徑七寸五分年月一行八字字徑一寸六七分俱正書

燃燈佛舍利塔

唐貞觀七年癸巳建

右舍利塔題字不知所在塔字已涉漫漶而形模具存

敖倉粟窖題字

高一尺一寸二分廣一尺五分七行行字不齊字徑六七分許正書

貞觀八年十二月廿日街東從北向弟二院北向南弟二行從西向東弟十三窖納轉運敖倉粟四運　碩太倉署史郭威監事馬斌丞方善才令蕭和禮右監門翊衞郎子光左監門翊衞宇文英司農丞鄭務德司農卿

武城男崔樞

右敖倉粟窖題字四運當是用爲四千下空一格無字碩用爲石新唐書百官志司農寺卿一人從三品丞六人從六品上掌倉儲委積之事總上林太倉鉤盾䆃官四署太倉署令三人從七品下丞五人從八品下監事八人史二十八人翊衞正八品上分配各衞六典凡鑿窖置屋皆銘甎爲庾斛之數與其年月日受領粟官吏姓名此文當刻於甎也宜與湯氏曾得和糴窖題字四種亦係甎刻金石續編和糴甎文跋云宋呂大防唐宮城圖太倉

在宮城西偏元李好文圖志雜說云宮城西有小
城垣即掖庭宮其處止可容置一宮而圖乃以太
倉雜處其中大非所宜故李圖宮城西偏無太倉
不能確指所在也宰相世系表崔氏清河大房有
名樞者官祕書監未知即此崔樞否又唐書薛收
傳云所薦豪俊士若任希古高智周郭正一王義
方孟利貞鄭祖元鄧元挺崔融等皆以才自名時
代相符當即其人

虞恭公温彥博碑 貞觀十一年六月□日 萃編載卷四十四

缺 中書侍郎行都護江陵縣開國子岑文本撰

缺 海縣男歐陽詢書
國鈞揔枍公相始乎二京朝□歸於臺閣成乎兩晉雖
湑 鈞揔公歸於臺外十四字均缺 代天工□帝載□盛德建 缺代天工盛建五字
國楨叶卜夢於龍彪□□□於舟楫其存也銘庸器而
書甲□其沒也□□□而祭大廿豈□□之人□□茲
復□焉矣公太原祁人諱 彥博字大臨 楨於龍器復公原人臨外三十
五字均缺 世德流其祚雖復安國□□□□□□漢之
孝義□□□於天下晉之勳烈太眞□於家庭猶培塿
之望□□潢汙之亡□□□ 德其雖之猶之外廿一字均缺 趯首 缺首字
□公埗而比德越思□而□□烈孝君攸隨□□令泗

州司馬 皇朝贈魏州刺史聚螢成學夢鳥飛文名冠
洛中望□□下孔門密子 埗誤晢贈州刺文密外三十七字均缺 優乎公
□兩儀之□□□百代之懿德□□義以□□□禮讓
以□□神用內□常忄所以自絕□光外□遶□所以
知□洋洋焉 平公兩儀之義以以外二十五字均缺 貴也舉措必踐其域
九流七略先民之所重也栖息□□其隩 也域息外十九字均缺
雲蜺以□□淪□□而□與然則京臺□□始於覆匱
□□絕地 與然則臺於覆地外九字均缺 賓王 缺王字 文終 缺文字 階主吏
而命社美栽令範同符□烈隨開皇中大州□□□
□□□以□□亶內史□于時 吏而命外廿二字均缺 內史侍

郎薛道衡文宗學肆 道外十字均缺 定交白季之稱冀缺遠未
能比趙□之□韓宣 趙字外十五字均缺 衡垂則奏□□而善陸
□坐宣室而悅賈誼 誼上十三字均缺 通事 缺事字 充庭對越於
青蒲之上敷納於赤墀之下揚奏葩於漢苑未足比其
文□洪濤於吳江無以方其□斯乃□賢之餘事具美
之一隅猗歟雅度 庭以斯乃餘度外四十五字均缺 夫長孫居□子龍
□□□□□而 長外六字均缺 煬帝親董九伐問罪三韓于時
禮部尚書楊元感□□□□兵部侍郎斛斯政 政上廿五字均
缺 宣暢國□□之以禍福遂 缺宣國禍福遂五字 之罰□□□□
□□焚如之刑豈如郭 缺之罰焚如刑如郭七字 海張騫擁節 缺海張騫

三字橫戈華戎板蕩夷羊在牧□郊□漂杵之師橫下十四字均
缺之□　我高祖□五□而出震乘六龍而御天憑□
握□□之符授鉞而天外十八字均缺庶績斯以咸凝□土於焉
□忠授公□□□幽州摠管府長史封西河郡公食邑
二千戶庶以外廿七字均缺雖連率摠其方□元□毗其政刑刑上
十字均缺遷中書侍郎成周建官是稱內史□□□□□
中書□國典於九重□王言於四□詳其歷選則□民
□美於江東蒐其得人遷其得外三十二字均缺駭甘泉照邊烽之
火雲中列□□之駭下十一字均缺鞠□□□□□懷辛趙之
將琴□在□佗甘鄭之臣乃□公爲行之琴之乃外十三字均缺單

于而南風褰律令之和北狄肆豺狼之毒衛尉數奇□
□天□窮單而風褰律外十八字均缺之心茹雪□□終□□君之
□　皇上嗣堯□□繼文治□皇外十三字均缺及龜茲□寶
無俟於□城□士不煩於□□荀瑩反晉竭其力以□
□孟嘗□齊及誤浸寶無外廿字均缺拜雍州治中撿挍吏部郎中
尋□爲中書侍郎撿挍吏部外十三字均缺閶闔而□千里雖亻□
□魏與處道□亻激揚清濁言□與閶闔誤閶闔而外十三字均缺於
夫選陳謨武選外五字均缺祛爵缺祛字本宮缺本字遷御史大夫
仍撿挍中書侍郎遷中書令□□朝典□恭王□正直
表於於上廿三字均缺聞於　□□位□三獨公既□之職司

八柄位獨司柄外八字均缺周行缺行字光帝□□少翁炑□□亻
於光下五字均缺休烈其猶痾諸俄撿挍左衛□□□餘如故
進封虞國公虞外十八字均缺二善天下以爲宜之北夫□佩
之□□□□□之荒安樂有餘裕矣夫尙書者重於
司會之職僕射者踰於副相之任上圖天道譬斗極二下
以之踰副外四十字均缺前典缺前字懷礴溪而□膽想傅巖而□□
又授公尙書右僕射對揚□命聞寵若驚□□退食臨
事而懼覽東觀之餘書考南宮之故實□求合道臨南宮之
道外四十字均缺忠允缺允字有□恭之德清虛恬忄有□□之
度習□故事有□□之□夙夜匪懈有□□之勤揆茲

□□式是百辟□其□□以事一人獻替之規不□於
忠恕之以事一人之規不於恕外三十一字均缺億兆危其身而無悔肅肅
焉濟濟焉□□育之□□□之□□善□之□館
子文之毀家非徒言也公□□忠信道貴中和心兆無外三
十四字均缺宮墻色禮度爲關□越□之善□□□之淸□
□□□□□□之□□□□令而絕毀譽杜私交而
焉久要位高矣□□茲恭厚祿矣治家踰約禮茲約外三十四字
均缺焉以貞觀十一年春二月　大駕幸洛陽□五月風
疾暴動　寄深舟檝　恩蔦股肱中使相□於道路名
醫畢陳疾陳外三十六字均缺恩誤息將及乃遣缺將及乃三字行中書侍郎

杜正倫□□□□公問所欲言公志在忠□表陳治道
□□之慕□盡□□之德□著昔□卿大漸無忘之盡之德
忘外廿八字均缺六十有四上聞□□□□□悼倅衛君
之□尸類齊后之□□即以其日舉哀於我次百僚陪
列莫不流涕乃即以其莫不外二十九字均缺杜正倫□□□禮部侍
郎令狐德棻水部狐外十二字均缺太常案行謚曰恭公又
詔□立碑紀□□塋地於於上十五字均缺並令缺令字送之典
墳塋之制咸率禮而□隆焉夫送下十三字均缺纂籍□功□
□□□琬琰□伐□道□□□亻獻元卓漢室之良
佐之外十四字均缺由其子孫表墓資於□史□有由下九字均缺方

諸往□不其偉歟式揚一德德上十字均缺百代缺百字軒蓋接
歟珪璋互映軒蓋下六字均缺材□楚□□□□□□遊
藝長德財成德成外六字均缺吾邸待詔數缺吾詔數三字堯舜□天
□□士□□求賢受書□□糅鈞滋泉陳滋外十二字均缺
仲舉性□□□□唯我□□□□表缺仲唯我表四字鳴
玉□□懷□□□□□善遺名鑄丹鑄外七字均缺水
逝缺水字光沈缺沈字悲纏鄉□□□　□木□踰□糸
恩隆□周□夢□□海□羅浮□□懿範永□山邱悲下
十五字均缺
彥博舊唐書附其兄大雅傳云尋檢校吏部侍郎碑

作撿校吏部郎中尋□為□□侍郎渤者當是吏部
字傳不言郎中者省文也碑□政出奔高麗尋□為□□侍
郎此二字愚以舊拓全本審視非吏部也乃是中書侍郎又□政出奔高麗政上是斛斯二字覃谿既
而乘轅南反詔公銜命藩境申明臣節陳之以逆順
□之以禍福又以公為東北招慰大使傳不載其事
唯云隋亂幽州總管羅藝引為司馬及歸國後高麗
遣使貢方物高祖欲令不稱臣彥博不可碑亦不載
此事疑史誤也新唐書宰相世系表溫裕後魏太中
大夫生君攸君攸除泗州司馬碑祖裕魏太中大夫
考君悠三字尚可辨平津讀碑記

据吳氏宋拓本校補余又嘗見雲間王氏藏本約
八百餘字世亦稱為宋拓歐陽結銜僅只銀青光
祿大夫六字蓋從皇甫碑割來者較萃編所載止
多數字且有譌舛後人摹勒也虞公父名舊唐書
作君悠新唐書作君攸碑作攸知舊書誤也君攸
官隨□□令唐贈魏州刺史史傳所未及傳云北
齊文林館學士元和姓纂云北齊開府參軍見文
林館記句有缺而碑皆不之及碑云以□□直內史
即史所稱授文林郎直內史也碑於直內史之上
有開皇中本州字當是初仕之職傳所未詳惜已

闕泐碑有丙史侍郎薛道衡云云史於大雅傳見之傳云與弟彥博大有皆知名薛道衡見之歎曰三人者皆卿相才也碑有煬帝親董九伐問罪三韓云云案隋書本紀大業九年又徵兵討高麗六月乙巳禮部尚書楊元感反於黎陽景辰遏東都戊辰兵部侍郎斛斯政奔于高麗庚午上班師八月壬寅左翊衛大將軍于文述等破楊元感於閔鄉斬之十年正月辛卯有詔親伐高麗七月甲子高麗遣使請降囚送斛斯政十一月景申支解斛斯政於金光門外高麗傳云九年帝復親征之分

道攻城賊勢日蹙會楊元感作亂反書至卽日六軍並還兵部侍郎斛斯政亡入高麗具知事實悉鋭來追殿軍多敗十年又發天下兵至遼水高麗亦困弊遣使乞降囚送斛斯政以贖罪帝許之碑文無功月氏之上有豈如二字正言其有功也金史評攷謂碑有高麗字卽諫與高麗抗禮事碑云無功于月氏卽戰敗没于突厥事虛舟題跋亦以無功月氏爲没于突厥且謂碑言又以公爲東北道招慰大使卽系無功月氏後與史不合疑史有誤不知此皆隋時事非入唐以後之文惟公爲東北道招慰大使傳所失載要亦尚在隋末至我高祖以下方始入唐矣下文言衛尉數奇□□天□又有茹雪字此方是没于突厥事陰山苦寒故云茹雪唐書諫與高麗抗禮事不見於碑文隋書高麗傳云仍以俘囚軍實歸至京師以高麗使者親告於太廟因拘留之虞公之諫當在其時史系於唐世蓋誤也入唐後虞公歷官碑與史無甚歧異惟碑言拜太子右庶子又言檢挍左衛□□□傳所未詳傳於遷御史大夫後言復爲中書侍郎碑所不載至贈特進則碑已闕泐當在太常案行之

上篆額有之也碑言貞觀十一年春二月大駕幸洛陽□案本紀是年二月甲子如洛陽宮祭漢文帝陽下所缺當卽宮字虞公卒年舊書作六十四新書作六十三碑雖半泐而四字尚可辨知新書誤碑封虞公元和姓纂誤作虔恭公碑又有中書侍郎杜正倫禮部侍郎令狐德棻字杜正倫傳相州洹水人貞觀元年擢兵部員外郎俄遷給事中知起居注進累中書侍郎令狐德棻傳宜州華原人以輯史成書遷禮部侍郎皆與碑合岑文本結銜存中書侍郎行都護江陵縣開國子字岑文本

傳字景仁鄧州棘陽人貞觀元年除祕書郎兼直
中書省擢中書舍人顏師古遺罷授侍郎專典機
要封江陵縣子不言其行都護未詳歐陽詢結銜
存海縣男三字蓋渤海縣男也餘詳諸家跋語

益州司馬裴鏡民碑貞觀十一年十月廿二日萃編載卷四十四

挺生缺生字功伐伐誤代父漢漢上誤空一格虛牝缺牝字嚴凝缺嚴字
澄神自缺澄字自誤日語曰缺語字馮越缺馮字之美缺美字權奪缺權
字宣政元缺政元二字無遺遺誤迷外兵缺外字之尊缺尊字□斷
乖方缺斷字理抗缺理字順旨缺順它之監缺之字夷獠缺獠字陷
柃賊庭缺柃賊二字許鄒缺鄒字鄜華颺作場脊熊掌□重義缺脊

掌二字熊誤能農□轂□野祭機婦缺農轂機婦四字都督缺督字誤在銘詞首
句內鴻緒感缺鴻感二字之亟變亟誤遏缺變字靈□遠派太時誤靈□□
督太誤大旗常缺常字仰之□峻仰之誤靈□爰掌缺爰字俄屬
缺俄字□靈開府典靈開誤仰之缺典字層粱毀搆靖□□□風珊
戈紀德缺毀搆靖珊戈德六字□□□□明□重世第二第三字誤作靈開缺
世字頹緒以□□□□□缺頹以二字緒誤緒又此下無字誤多十七格及萬
古書忠四字廿二二誤一

鏡民隋書無傳唯高構傳云宏農劉士龍淸河房山
基爲考功裴鏡民爲兵部並稱明幹碑稱開皇受禪
其日除尚書左外兵郎尋改爲兵部侍郎又云行臺
民部尚書陳茂隋書陳茂傳不載茂爲民部尚書亦
史之闕平津讀碑記

碑左上角斷裂安置時未經合筍故後五行皆誤
移於後余初得裝本與萃編所載正同繼又得此
整本乃無誤矣碑高五尺七寸廣二尺九寸廿七
行行五十一字字徑八分有方界格額未見在聞
喜括囊作栝此皆萃編所未詳者案宰相世系表
鏡民之祖名澄字靜慮父名景漢其子一名熙載
一名熙勣碑云祖靖慮靖與靜通不言澄者當是
以字行也父名作漢子名作勣皆與表不符以碑

爲正又案北周書裴寬傳云父靜盧銀青光祿大
夫贈汾州刺史靖亦作靜盧蓋慮之誤北史作寬靜慮
弟漢字仲胥亦無景字胥蓋胥之誤名漢故字胥
古人名字類相應北史云漢字仲胥亦無景字漢於大統十一
年轉司車路下大夫天和五年加車騎大將軍儀
同三司卒瀡晉州刺史較碑爲詳汾州晉州刺史
皆贈官碑未晰言之鏡民亦附見寬傳云大將軍
譚公會記室參軍後歷宋王寔侍讀轉記室遷司
錄宣政初吏部上士大象末春宮府都上士北史
較略碑云辟爲譚公太將軍記□譚公者會也會

爲宇文護之子護誅收護子柱國譚國公會等殺之見護傳又冑傳云以年幼下蠶室保定初詔以晉公護子會紹景公封拜驃騎大將軍冑至自齊改封譚國公記下所缺是室字宋王下所缺是侍字其爲春官府都上士則碑所未及校後周天官大冢宰之屬有吏部中大夫小吏部下大夫司勳上士尙書吏部都事碑云吏部上士疑即司勳上士也後周春官之屬有禮部上士掌客上士小膳郎上士無所謂都上士者盧辯傳云紀傳內更有餘官而於此不載者亦史闕文也此其一矣碑云

除尙書左外兵郎北史云隋兵曹郎唐宰相世系表同陳茂爲民部尙書北史亦不載

睦州刺史張琮碑 貞觀十三年二月十一日萃編載卷四十五

補天缺補字開其□□揔缺其揔二字誼魏作魏勇作勇塞作塞光莫府缺莫字禍作禍闔誤闔銷塵缺銷字幹作幹霧撤作撤螢作塋□□□萬□此行缺

幕府作莫諸家未舉父辯仕隋官潭州總管湖南通志載張喬張喬而無張辯可据碑以補之

龍門山造像三十九段 在洛陽

王吉祥題記 高六寸五分廣二寸五分存三行行九字字徑六分正書

大唐貞觀十三年八月廿五日淸信女王吉祥□上爲

皇帝下及含識後闕

及含二字曼戚据劉氏龍門造像錄補

淄縣令顏千里題名 高三寸八分廣存二寸二分三行行六字字徑五分正書

大唐貞□十五年十一月四日淄縣令顏千里

新唐書地理志無淄縣細審拓本淄縣二字之間似有一川字添注於旁然僅存兩筆矣貞下所缺頗似元字訪碑錄龍門錄均作貞觀從之

伊闕佛龕碑 貞觀十五年十一月萃編載卷四十五

延閣缺延字分於百氏缺分字備物缺備字□其發育缺其字出

□器之外缺器字沈淪缺沈字邸隴缺邸字其旨猶糠粃矣缺旨字八正缺八字六天缺天字無形之地遺三明而冥五道缺地遺三明四字蕩無明於大夜三千法界缺大夜三千法界六字是以載雕金玉闕其化於迦維缺以載雕金玉闕六字軒曜德酌坤儀缺德酌坤儀四字·王業缺業彰厚載缺彰字孝敬缺孝字胎教克明缺克明二字顧茂缺顧字應乎千里之外缺應乎外三字橫乎缺乎字弭節缺節字帶坰缺坰字□流注注誤汁五雲缺五字奪萬籟之音奪誤奮又缺萬籟二字鞠養缺養字福田以資菩提缺田資菩三字輪迴缺輪字流遁缺流字美其功缺美字於鬼神缺於字同□□偈俾夫缺同偈二字隨鐵圍而齊固缺圍而二字感□□詞迺作頌曰缺感詞二

字現跡化終還淨缺跡化二字太姒宅祥太姒誤文以至哉茂則
缺至哉二字擲地□文缺地文二字邁德缺邁字勒石缺勒字希聖雖
遂缺希聖二字豪光缺光字增城缺城字松□□□□□□□
□□□□□來遊□□□□乘杯川□□□□□□□
□□□□□□純孝克宣缺來遊乘杯川純孝克傾八字并少空三十格□
□□□□□□□□□□皇祚於下缺皇祚於下四字此下尚有闕
文十□年歲次辛丑十一月全缺

右伊闕佛龕碑在洛陽集古錄作三龕記貞觀十五年魏王泰爲長孫皇后造今舊拓本碑末尚有十五年歲次辛丑十一月字可辨時長孫皇后薨已五年矣平津讀碑記

劉氏所錄較萃編多九十餘字必是舊搨本据以校譌補闕快事也歲次辛丑是貞觀十五年與集古錄所載相符近代金石家無見之者劉氏錄作十年蓋十字之下失空一格耳至余所得數本僅有一二處可補萃編之闕而磨泐甚多并不逮王氏所見矣

貞觀殘刻高八寸五分廣五寸八行行十二字字徑六寸正書有界格

竊以父子情深恩同□岳□□念重離□答事本緣懷
抱永□於□□□□□□頗造石像一軀已得成□□
□□□界常□□□動□□□□□儈□□離於此
煩惚貞觀十九年八月□□□日

年字添註於旁此刻爲天順年泰氏悅題名所掩僅辨四十六字儈夫不知愛古往往如此

張世祖題記高三寸五分廣八寸十行行五字字徑四分正書有界格

大唐貞觀廿年三月二日弟子張世祖夫妻兒子等□
先亡父母敬造尊像一坩上資皇帝下及倉生俱免
蓋纏同時作佛了

訪碑錄作張世緗筠清館金石記作張世智非

韓文雅題記高九寸廣七寸九行行十四字至十七字不等字徑五分正書

大唐貞觀廿年歲次景午五月壬辰朔四日佛弟子韓
文雅及妻唐稽首和南十方一切賢聖夫運□有緣輪
迴万品鈴鑄無□逢遇人身仰歸三寶夫妻二人抽捨
淨財□於伊闕寺敬造石一龕并二菩薩裝嚴□全餝
成就如然上爲皇永隆下爲去先亡七世父母并見存
親眷及一切衆□俱沾淨土永作睠回圖寫刊□共□
供養

訪碑錄作韓文稚非菩作蓓異文第八行末劉氏有同字

嵩陽令慕容題記高五寸廣四寸五行行七八字不等字徑六分正書

大唐貞觀廿一年三月六日洛州嵩陽縣令慕容敬造
阿弥陁像一軀爲父母及一切含識共□正覺
容當即容之别體洛州開元元年改河南府此在
未改之前也嵩陽即登封新唐書地理志云登封
本嵩陽貞觀十七年省入陽城永淳元年復置又
云陽城武德四年王世充僞令王雄來降以陽城
嵩陽陽翟置嵩州又析三縣地置康成縣貞觀三
年州廢省康成此刻在貞觀廿一年猶稱嵩陽縣
則所謂十七年省入陽城者殆未得實也

新息令田宏道題記 高六寸二分廣三寸四行行九字字徑五分餘正書

貞觀廿一年四月七日新息縣令田宏道共妻男女等
敬造菩薩像兩軀願願從心二
造像兩軀此其第二也故註二字於末其一刻則
未之見矣筠清館金石記所載未侚有一道字審
之是後人所鐫非原刻也新息武德四年置息州
貞觀元年州廢以新息屬豫州

思順坊老幼造象碑 貞觀廿二年四月八日 萃編載卷四十七
言象之域缺域字 眞身眇迯身誤爲 出乎希夷之境缺出乎境三字
是使三乘之軌缺使字 自化洽三千之前缺化洽二字 辭彼□
針缺辭彼二字 莫逢缺逢字 垂棋棋誤棋 淸昇缺淸字

劉君解 衛文徹 張貴才 劉宅國 國
武幹 潘少卿 張元壽 楊世師 楊摩侯
張騷 李大通 李脩羅 游士通
趙君才 段君言 范君雅 劉志廓 李仁
楚 陳苟奴 陳君□ 朱仁表 段文英
張世□ □□駭 斐六英 田志廓 張
君彥 郭行蒲 □□才 施□遵 王老生
翟善頠 范元行 國武□ 姚靜通
郎德素 李道濟 侯文達 李□壽 樂
喜會 劉慈善 張行徹 潘客僧 彭清□

衛業□ 王行均 李文素 宋元顗
郭德表 韋承禮 宋師利 范世寬 耿君
過 蔡元應 王郎□ 逹奚世師 崔貴李
宋文恭 栢蒲才 高智□ 劉德徹 裴
君祭 王世讓 寇如意 閻德□ 郭志元
單君信 王武士 李奉義 李行□
張士建 王武士妻陳栢士妻董裴英
母趙 衛徹妻張 張才妻李 國幹妻馬 張彥母
梁彥姨梁 劉解妻王 段雅母郝 姬推妻程 閻
操母任□世師母□ 崔臺母郝 淸信女張玉路蒲

母劉　張昌母宋清信女□　餘愛妻費　李義妻皇
甫西門世母賈魏通妻張宋毛母趙　司馬表妻王李
羅妻孟　羅索妻畢　陳苟妻樂張威妻李　張龕母
李　王榮妻董　清信女吳　清信女崔房慶妻劉
清信女張　清信女皇甫清信女蘇　蓋珉妻釋清信
女郭　王譙妻西門袁會母常　羅敏妻宋　姚通妻
董清信女丞　楊侯妻杜　段雅妻張　劉徹母呂
國進妻王施通□母楊　劉國妻段　游通妻王　段
言妻趙　李楚妻左張表妻郝

右洛州思順坊老幼等造象記文云地聳雙闕壁映

千尋前浜清流却依重岫水經伊水注昔大禹疏以
通水兩山相對望之若闕伊水歷其間北流故謂之
伊闕東巖西嶺並鐫石開軒此碑又當在伊闕之西
矣碑字斲作鄧侯作𠊱彼作彼鑿作鑿微作微谿作
谿徙作徙尚治六朝之舊平津讀碑記
萃編題云彌勒像碑蓋據額也闕譌十三字并失
載下截人名補正之劉氏缺後九行
崔貴本題記高四寸五分廣六寸十一行行六字至十字不等字徑四分正書
弟子崔貴本敬造像一龕并二菩薩裝嚴成就願合家
又願已身及阿婆等並爲法界衆生並願去離三塗受

苦願□悉令解脱復願貴本當來往生願見佛聞法
貞觀廿三年十一月八日弟子崔貴本造□□□□發
又高五寸五分廣二寸五分四行行十字十一字字徑四分正書
弟子崔貴本敬造觀世音菩薩二軀上爲国王及七世
父母見存眷及法界衆生俱登正覺願弟子當來值佛
又高五寸五分廣二寸三分四行行十字十二字徑四分正書
弟子崔貴本敬造觀世音菩薩二軀上爲国王及七世
父母見存父母并眷屬俱登正覺願弟子當來值佛
楊君雅題記兩紙高廣行字不等字徑一寸正書
佛弟子楊君雅今爲合家　像　薩又雅□　平安貞

廿三年十二月廿一日楊君雅造
右刻在象龕左右損泐不全紀元上一字貞者惟
貞觀有廿三年劉氏所錄此刻之右有劉法僧十
人等造象亦貞觀廿三年所造未得拓本
朱玉題記高五寸二分廣三寸六行行十字字徑四分正書
大唐永徽元年正月五日清信女朱玉年老蒙
勅□□帛今造阿弥陁像一龕敬酬慈澤斯乃上資皇
帝下拯郡生同出苦□頭登彼岸
群作郡拓本不清處據筠清館本補注於旁月下
五字明晰吳氏作廿三誤也劉氏錄此作五年七

月亦誤又朱玉造象一刻年月與此同而行款不
同
朱肩題記 高五寸五分廣二寸五分三行行六字七字字徑五分正書
永徽元年七月十日朱肩及姉磨利爲亡父母造
姉劉氏作婦
佛弟子劉禳夢題記 高七寸三分廣一尺十一行行九字末行十字字徑六七分有方界格正書
淸信士女佛弟子劉夜忽夢於闕峽水東昇山巖辟夢
中惶懼頓造千佛窟便思惟心開淸悅如夢卽作恐千
像嶮小久久磨滅迴造阿弥陁像一□以遂夢中之願

經言佛一身爲多多□爲一恃斯神力一切含生同茲
菩提俱登正覺大唐永徽元年十月一日
寫作寫異文
王師德等題記 永徽元年 萃編載卷四十七
徐凱 缺凱字 拯彼浮泡 拯誤極 同希淨境 淨誤浮 至理幽元 缺至字
邑里達人 缺里字 愛流斯涸 缺流涸二字
右洛陽鄉望王師德等造象記文云今有洛陽鄉望
父老等卅人碑前列像主王師德等廿四人鄉望疑
卽民望之類碑演作演斵作斵櫃作櫃從容作蓯蓉
皆異文 平津讀碑記

永徽元年建造之下空二格有敬一二字再空一
格又有一文字疑湞于敬一制文六字原刻在此
後人因其曼滅遂補刻於銘詞下方也萃編錄在
首行之前
傳法師弥勒像讚 高七寸五分廣一尺四寸四分廿三行行十一字字徑四分有界格正書
傳法師石龕弥勒像讚
蓋聞法性希微理超言象慈悲示現事標莊嚴所以調
御人天汲引恨庶睿言宏益羌難具紀淨土寺主傳法
師道性凝遠沖規峻□式行氷潔慧訓川流敬詣茲山

式圖靈妙造弥勒像并二菩薩相好□暉似初成於道
樹夾住齊□若始會於華林斯乃卽石□堅固之身因
□畱常住之□□師先造弥陁又鐫弥□□宮樂國咸
啓淨心壽佛□□□瞻妙□而身無兩□□□一緣合
集稱量迴歸□□□遵願言無或□爲稽□□□乃爲
頌曰
妙門崇寂實相希夷□□□行或繕靈□ 神□□踊
花趺下映座啓峯蓮□開崖□疑從耆嶺似降□□尋
光□日丈室□空 □相東刋□□函記福流□部魂
歸妙樂

魏之石窟寺唐改爲淨土寺氷字介行潔二字之中蓋脱去補刻也劉氏所錄有淨土字主智傳造弥陁象記永徽元年四月八日所造此刻無年月文內有先造弥陁語傳法師蓋即智傳也附永徽元年

孟惠母侯客兒題記 高四寸廣五寸八行行六字七字字徑五分正書

永徽二年四月廿六日弟子孟惠母侯客兒敬造阿弥
陁像一龕并二菩薩爲過去父母見存眷屬法界衆生
共登正□

末一字劉氏作覺石本已曼滅矣

樊慶題記 高八寸廣八寸五分八行行八字字徑七分正書有界格

弟子樊慶爲　亡慈兄前兗州參軍事元道敬造
等身救苦觀世音像一軀籍此功德往生淨土　大唐
永徽元年五月五日起造二年九月卅日功畢

補訪碑錄兩載樊慶造像一有年月一無年月余所得僅此

王貴和題記 高二寸九分廣四寸七行行字不一字徑三分正書

永徽二年缺子王貴和缺七世父母兄缺切法界□缺
屬等□缺苦解脫□□缺

訪碑錄作王貴造象和字脫字剝蝕據劉氏補

又 高未齊廣五寸存六行行存字不一字徑五分正書

缺年缺廿九缺仏弟子缺貴和自缺身等敬缺无量壽

似唐以前刻劉氏以爲即前造象之王貴和从之年廿二字亦据劉氏補劉氏又有王貴和顯慶元年造象未得拓本

陳通妻張題記 高五寸廣二寸四分四行行八字字徑四分正書

陳通妻張敬造阿弥陁像一區爲七世父母及法界衆
生永徽三年二月一日造

劉氏作二年

張善同題記 高八寸廣二寸三行行十三字字徑五分正書有界格

張善同爲苪國公敬造弥陁像一軀上爲　皇帝下及
蒼生俱免蓋纏咸登正覺永徽三年三月一日

苪當是芮字案豆盧寬封芮國公未知即此否劉氏所錄張善同尚有一刻無年月即在此刻之右

王寶英妻張題記 高四寸七分廣四寸七行行八字字徑五分正書

永徽三年四月八日弟子王寶英妻張爲過去亡女有
相造救苦觀世音菩薩像□軀願亡女上品往生現存
眷屬常保□□法界□□離苦歸□

末行失拓據筠淸館補注於旁劉氏作法界蒼生離苦解脫

楊行□題記高五寸廣四寸六行行八字字徑六分許正書

佛弟子楊行□□王爲慈母劉氏□造釋迦像一軀願慈佛□法力□安常令□□永徽三年四月□□功訖

王上所缺似妻字

趙善勝題記高五寸廣三寸五分六行行八字九字字徑四分正書

佛弟子清信女趙善勝敬造救苦觀世音菩薩一軀願法界含生悉令解脫迴向菩提俱登正覺永徽三年八月廿七日記

弟作第僅見於此

三洞弟子題記高五寸八分廣四寸五分六行行六字第一行九字字徑五分正書

永徽四年正月十七日三洞弟子爲亡妻賈夫人敬造

弥陁像一□□□靈□淨境現存獲福

据劉氏補淨字

吏部主事許思言題字高四寸廣六寸六行行四字字徑八分正書

永徽四年四月八日吏部主事許思言爲母杜氏敬造像一鋪

唐書百官志吏部主事四人主事之稱始於北魏以後皆吏職明始改爲司官

清信女朱題字高三寸廣二寸三行行五字六字字徑五分年月一行九字字徑二分正書

清信女朱爲息敬造觀音菩薩一軀供養永徽四年五月五日了

王師亮題字高三寸五分廣四寸四行行五字字徑四分正書有界格

永徽四季八月十日王師亮爲兄造阿弥陁像一軀

趙甯題記高四寸七分廣三寸四行行七字八字字徑五分正書

永徽四年九月三日趙甯願身平安又爲法界敬造觀世菩薩一軀

界作界介个通用

郭愛同題字方六寸六行行五字字徑七分正書有界格

永徽四年十月八日涪州司馬□息郭愛同爲亡⿱夭女敬

造觀音菩薩一軀供養

又高五寸六分廣三寸二分二行行三字字徑一寸二分餘正書

郭愛同爲父造

⿱夭女字不見於字書疑即妖字妖音大姊稱也涪州屬山南道武德元年以渝州之涪陵鎮置

永徽殘刻高五寸廣二寸三行行字不一字徑五分正書

上缺母敬□□一龕願寘中上缺櫑□合家無病俱同斯上缺

□永徽五年二月廿九日

寘即寘字此刻兩旁爲騫思歸題記

竹奴子題字高六寸廣三寸三行行字不一字徑七分正書

永徽五年三月廿日竹奴子及妻宋爲亡女敬造

廣韻伯夷叔齊之後以竹爲氏後漢有下邳相竹曾萬姓統譜於竹曾之外載有竹承構唐開元末宣州刺史竹承基洪州刺史宋有竹滋開州人進士出身元有竹貞大同守將

清信女韓題字 高五寸五分廣二寸五分二行行五字六字字徑七分有界格年月一行

存六字字徑四分餘正書

清信女韓敬造阿弥陁像記永徽五年三月十下缺

李處岳題記 高七寸五分廣三寸五分四行行十一十二字字徑六分正書

永徽六年歲次乙卯三月辛未朔廿四日甲午日成佛

弟子李處岳爲法界衆生造釋加像一軀普□法□含靈□□作佛

通鑑目錄是年月朔二辛丑四庚子此稱三月辛未朔正合

比邱□□爲父母造像題記 高五寸五分廣四寸五分四行行七字年月三行行三字字徑五分正書

比邱□□爲亡父母敬造□□王像一軀法界共同福德

永徽六年十月十五日

造下像上劉氏作阿弥陁三字

八瓊室金石補正卷三十終

八瓊室金石補正卷三十一

太倉陸增祥撰　男　繼煇校錄
吳興劉承幹覆校

唐三

龍門山造像一百十一段

李福海題記 高四寸八分廣三寸四分五行行八字字徑五分正書

大唐顯慶元年三月廿三日弟子李福海敬造阿弥陁
像一龕爲七石泐空世父母及法界衆生

福劉氏作貂審之左旁却似從矢右旁下半實從田

趙善勝再題記 高五寸五分廣三寸四行行十字字徑五分正書

淸信女趙善勝爲師□□法界衆生願共第相見□造
救苦觀世音菩薩一區顯慶元年六月卅日功畢

此即永徽年造像之趙善勝也有年月可系仍分列之

王政則題字 高五寸五分廣二寸五分三行行七字字徑五分正書

顯慶元年九月廿日正政則及妻支爲亡父母敬造

相原校尉宮士安銘記 高六寸廣三寸七分七行行十一字字徑四分正書有界格

□州□□□相原府校尉柱□宮士安普爲蒼生存亡
父□及諸眷屬乞願平安敬造救□觀音菩薩一躯□
斯因□上資　帝主下潤群生同出□門齊登仏岸顯
慶二年十　月廿六日刊留銘記

相原府屬華州州上所缺當是華字斯因上劉氏作幸審之似乘

楊眞藏題記 高八寸五分廣五寸五分八行行十二字至十五字不等字徑五分正書

惟顯慶三年歲次戊午月癸丑朔佛弟子楊眞藏爲七
祖先靈並願上品往生諸佛國土聞經悟道末□□□
爰諸眷屬普蒙安樂於洛州龍門□敬善寺之南西頭
造阿弥陁像一鋪并二菩薩莊嚴成就相好具足以此

功得普施蒼生入薩婆□苦海

通鑑目錄是年三月癸未朔是月上脫一四字後刻正作四月功德作得借用

淸信女普泰題記 高三寸三分廣六寸五分十二行行五字至八字不等字徑五分前四行較小正書

淸信女弟子普泰□爲過去二親於龍門之巖敬造阿
弥陁像一鋪願二親齊生淨土聞其深法悟眞常樂共
法界蒼生脩菩薩行登涅槃岸　顯慶三年歲戊午
四月癸丑朔三日乙卯

普字曼患據劉氏補

內府局令王文詮題字 高不計廣一寸二分一行廿五字字徑五分正書

顯慶三年□月□□日朝散郎行內府局令上騎都尉王文詮造

內府局毛本新唐書誤刊作內符局日字以上失拓据劉氏補詮即詮字或以爲詥者非

又 高六寸五分廣九寸一行十二字字徑五分正書

內侍省行內府局令王文詮造

又 高二寸三分廣五寸五分九行行二三字字徑五分正書

佛弟子王僑供養時佛弟子王文詮供養時佛弟子王嚮供養時

王嚮妻題名 高二寸三分廣五寸五分十行行字不一字徑五分正書

清信女王嚮妻趙儉供養清信女陳小胡供養時清信女王文詮妹阿補供養時

內有王文詮王嚮名即附於此此與前刻行款字蹟悉同蓋同時造者

武騎尉龔君協題記 高廣行字未計正書

顯慶四年二月八日洛陽縣武騎尉文林郎龔君協爲亡妻張敬造優填王像一軀功訖

於友人處見龍門造象一冊檢得未備者十段借錄之

武上希題記 高七寸廣三寸四行行十一十二字字徑五分正書

汝州郟城縣武上希敬□□□像一鋪爲巳身并亡妻高氏及兒女合家□平安及法界皆同此福顯慶四年四月十五日訖

汝州本伊州貞觀八年更名合家下劉氏作等

唐德感題記 高六寸五分廣三寸五分四行行十字字徑四分正書

佛弟子唐德感敬造弥勒像一鋪爲內親自身妻子合家及法界共同此福□慶四年四月十五日功□

慶上所闕是顯字內親之稱僅見於此

豫功參軍王有銘記 高一尺八寸廣一尺三寸十四行行十八字字徑八分正書有界格

前豫州司功叅軍事上騎都尉王有□□□□考明威將軍守右武候轘轅府折衝□□□□國妣漁陽郡君李平居日約束扵□□□□一龕今疏繕既畢謹勒銘云

嗟乎昊旻我實不天哀哉后土我□□母苴麻累襲誰謂荼苦出則靡依入□□□傾耳瞪目遺儀莫覩他人養今我則□□古有其訓在扵龍門疏山建塔匠石□□□□周華金容肅淨式固家國含生需慶□□□蕩丹崖旁暎風谷吟松雲峰寫鏡曠哉□□寔

曰棲禪蘢龕月偎桂殿星懸淩虛劖石□嶺飛軒巖高
隱地波澄倒天一垈刊勒於□□年
折衝第二息前郴州司兵叅軍支方脩文
大唐顯慶四年夏六月十四日功畢

訪碑錄有漁陽郡君李氏造龕銘又有郴州司兵參軍王友方造象皆即此刻而兩列之并誤郴爲彬趙撝叔補之又列豫州參軍造象一種亦即此刻

李大娘題記高六寸五分廣四寸五分五行行八字字徑六分正書有界格

顯慶四年七月四□李大娘爲亡夫斯法才造像塡王
像一坩願託生西方及法界衆生共同斯福

萬姓統譜云斯東陽有此姓漢斯從剡人見吳志賀齊傳斯敦東陽人吳赤烏間乞以身代父死父偉爲廷尉

顯慶殘刻高廣行字未計篆書

大唐顯慶四年七月十五日造

此亦借錄者僅見年月或拓未全也

趙州□□縣丞劉宏義題記高七尺五分廣四寸五分五行行十四至十六字字徑五分正書

大唐顯慶四年歲次己未八月乙卯朔雍州鄠縣人朝
散郎前行趙州□□縣丞輕車都尉劉宏義爲亡妣縛
□敬造像一鋪願此功德救七代先亡父母□眷屬并
一切衆生等地獄苦厄□缺

縛姓出縛諸之後劉氏所錄别有劉宏義造像一種無年月

尼石靜業等題記高五寸七分廣三寸四分四行行八字字徑五分正書

顯慶四年十月廿三日比邱尼石靜業吳□藏共造像
一鋪爲□□□母及法界衆生同昇彼岸

及法界二句雙行夾註於母字之下母上所闕筠清館作師僧父三字石已損矣

梁王諮議參軍但惟端題記高七寸七分廣五寸八分八行行十字字徑六分正書

洛州河南縣人朝散大夫守梁王府諮議叅軍事兼虔
州司馬柱國但惟端息仁楷臨終之時戮意造觀音菩
薩一區今依楷願造及一切含識俱□已覺　大唐顯
慶四年十二月一日功訖

漢豫章郡雩都贛縣唐置虔州梁王高祖弟澄所封王府諮議參軍事一人正五品上掌訏謀議事劉氏作房州司馬作傳惟端

直內□省趙元慶題記高不齊廣六寸三分十一行行二字至十六字字徑五分正

書

顯慶五□正月四日陪□拔尉直內□省趙元慶爲一
切衆生七世父母所生父母妻王男師㓐男師度男二
師

王仁基題記 高八寸五分廣四寸五分五行行十字字徑六分正書

顯慶五年正月廿三日弟子王仁基敬造像一堪上資
皇帝下及含識末爲亡　女眷屬巳身等因茲
功德俱登正覺

趙客師龕內劉某題記 高一尺一寸廣九寸二分十行行字不一字徑六分正書有界格

顯慶五年二月十日劉渤於趙客師龕內敬造阿弥□
僞一軀并二菩薩二聖□師子香爐□□供養□弟子
頊想形由逝水□類□雲遂仰　慈顔冀□□祐乃鐫
山琢玉瑩□眞容相好既殊奇功□就□願　皇
家永固藉此莊嚴下及法界含生俱登正覺妻張婆及
男女供養

訪碑錄作劉□於等龕內造象非一軀之一字爲妄人鑿作太并字鑱去重刻鼻上有一二字亦妄人所增鑿第一行末劉氏有及妻二字未之見也

張□嚴題字 年月一行在象右人名三字橫列於下字徑五分正書

顯慶五年三月廿三日　張□嚴

右刻在趙甯造象下

昭覺寺僧善德題字 高九寸五分廣二寸五分二行行十字字徑七分正書

顯慶五年四月八日昭覺寺僧善德造弥勒像一鋪

紀王典衛王行寶記 高六寸廣九寸五分十四行行十字字徑五分正書

竊聞□典迴□□□□之難觀音正念五道歸眞有
識□恩專心正發行寶今因之任漷過眞容上爲皇帝
諸王下爲父母眷屬敬造觀世音菩薩一區伏願他鄉
□庶早得□甯一切行人平安孝養
大唐顯慶五年四月廿□雍州醴泉紀王典衛太原晉

陽人王行寶奉爲見存父閻仁母楊氏敬造
妻戴氏黃氏男元慶丞慶同慶返慶等一心供養

記文刻石一小方其云願他鄉□庶早轉歸甯一切行人平安孝養蓋因之任在途發此誠念也後題大唐顯慶云云新唐書紀王慎太宗弟十子此所稱紀王即其人百官志親王有典衛八人掌守衛陪從與記合而管隊人不見志意其爲親王府隊正隊副之異名耳 授堂金石續跋

授堂所載以晉陽人爲管隊人殊誤太原原字亦未審出黃當是黃之變劉氏以爲黃字

禦侮副尉楊君植題記 高一尺三寸廣九寸九行行十五字字徑五分正書

大唐顯慶五年歲次庚申七月廿日洛州偃師縣鳳𦌞鄉禦侮副尉楊君植爲妻蕭五月十一日亡於龍門敬善寺南敬造阿弥陁像一龕夫□及男女等供養此日並德成就又於龕上爲身造救苦觀音菩薩二軀所願先代父母往生淨土見存眷屬皆得平安上爲皇帝下及蒼生有識含靈俱同此福　八月十日書

書不署名當是楊君植自書峭峻有風格佳品也題下是慶字師上是偃字弥上是阿字均有筆蹤可辨庚作庚俗得作德借

清信女徐大題字 二行字不計徑三分正書

顯慶五年十一月廿四日清信女徐大爲娘身造

集韻徐與徐同又逌舒地名此蓋用作徐右刻在趙甯造象末行軀字之下

劉典豊題記 高三十五分廣四寸五分四行行五字字徑六分年月兩行字較小正書

長安縣張道家人劉典豊敬造阿弥陁像 泐

顯□□□七月卅 泐

訪碑錄作顯慶六年按六年二月改元龍朔此有七月字則非六年矣豈尙有一刻耶

鄭□衆勝姊妹題記 高三寸廣二寸五分五行行六字字徑四分正書

清信女鄭□衆勝姊妹並爲七世父母及法界衆生并爲巳身各造像一鋪顯 缺

孫冬扇等題記 高四寸廣五寸八行行字不一字徑五分正書

清信女爲亡父母造觀音菩薩一軀

孫冬扇祝婆大娘姊妹等知身危脆共造觀音法界蒼生□同□福　顯 下泐　造 下泐

所缺二字劉氏作俱斯脆即脆字俗作脆此又脆以上三刻紀年均存一顯字上一字以顯建元者有四顯慶顯聖顯德顯道也此三種審是唐刻蓋顯慶也

李元弈兄弟題記 高六寸五分廣四寸記文存一字後四行行七字字徑一寸六分五分正書

龍朔元年三月八日李元弈兄弟等爲亡父敬造阿 下空 弥陁像一龕

記文只存一字筆意超逸惜不見全豹也

張婆題字 高五寸廣二寸二行行字不齊字徑四分正書

龍朔元年九月廿三日佛弟子張婆供養佛

訪碑錄有龍朔元年張□造象疑即此種

又 高六寸五分廣一寸一行九字字徑六分在象左正書

清信張婆敬造像一丗

文林□光襄記高二尺廣存七寸十二行行丗二字字徑四分正書有界格

大唐龍朔元年十一月廿三日洛陽縣文林□光襄爲
亡妻婁氏敬造優塡□像一龕以言記事勒之於後
觀夫至道無道知妙道之難測至言無言寔微言之秘
旨言從道著道自言生道因言以賦名言據道而彰德
故知是法非法舍利濱死窮之端小形大形觀音現神
通之力然婁宿殖德本早鑒禪心識幻眞幻之機表身
非身之始重一法於山岳輕千金若鴻毛鄙時俗之□
終□衣緆於泉壤慕先哲之歸向□分軀於草莽顯慶

五年十二月寢疾於思恭之第而謂襄曰笄冠之初羿
期偕老豈意非福痼瘵纏躬不諱之後顉從所志其月
廿八日薨於內室遂延僧請佛庭建法壇設供陳香累
七不絕筮辰卜日休兆叶從寶幢香車送歸伊□屍□
□□魂□孤□□日□□□□地□□岸□痛悲稚
之斷腸□□孤□□夫之□□悼□□□敬□優塡
王一龕其像幽閑蒙相共慧日而爭暉□□□□与衆
星而競□□□永在光相具足上□　皇□陛下聖
化与天地□□□□□□□□□□□□□□斯
顛□□□□□□□□□□俱登□□

卜日日字介於卜休兩字之中蓋遺脫補入者後
作後碑版中亦有之鑒用爲瑩天地之下据劉氏
補

洛州楊□□妻韓題記高七寸廣六寸五分六行行六字字徑八分正書

龍朔元年洛州人楊□□妻韓敬造阿弥陁像一龕并
千佛壬軀願先亡見存俱登正覺

妻又變作㚣所謂隨意增損也

女淨□殘刻存高五寸廣四寸五分七行行字不一字徑四分正書

大唐龍朔ヽ下缺女淨□誓首□下缺□或於今生乃至去
□下缺枲所爲罪障今爲身□下缺僧□□子□□□□□

下缺□□□□□道□□□下缺□□□□□□功□上□
下缺□□下□□□母□下缺

劉氏作二年淨下所缺作蘭

崔元表妻郭題名高二寸五分廣三寸五行行四五字字徑四分正書

弟子崔元表㚣郭敬造救苦觀世音菩薩一區

妻作㚣劉氏所錄別有崔元表造象一種系龍朔
元年五月所造此無年月附龍朔元年之末

偃師□□鄎楊□□題記高九寸六分廣八寸六分八行行十字字徑六分正書

大唐龍朔二年歲次壬戌十□十四日□州偃師縣□

□郎楊□□□□亡考妣於龍門南□□□舍那像一龕
今得□□□□□妹等供養所願□□□□嚴考妣□往生
西方復登淨土法界衆生咸同其福

州上是洛字舍上是盧字假偓之俗筠清館所載

無甚缺損豈所見本爲精拓邪抑以意補邪

李君懷妻題記 高四寸四分廣五寸七分五行行字不一字徑六分正書

李君懷妻□爲亡父□□阿孫陁像一鋪龍朔二年□
月十五日功訖

劉氏作三年

清信女司馬等題字 高四寸七分廣三寸三分四行行字不等字徑五分正書

清信女司馬及男馬英副英寢英芨爲父敬造
龍朔三年四月八日

常才造經象題記 高廣行數未計經文每行五十三字後款二行行字不一字徑五分正書

金剛般若經一部 經文不錄
龍朔三年四月八日敬造佛弟子常才合家敬造優
塡王像二軀金剛經一部願法堺衆生共同斯福

□神道題記 高五寸三分廣四寸六分六行行八字字徑五分餘正書

□朔三年四□□□□神道□□□□父母□□□
□□□□鋪□缺下□祚長隆万□安□□男衆生共同

因□

安喜丞張君寶題記 高五寸五分廣三寸五行行九字十字字徑五分正書

麟德元年五月二日□州安喜縣丞張君寶爲法界衆
生合家眷屬乞平安口舌消除敬造地藏菩薩一軀男
缺下

安喜本鮮虞武德四年更名屬定州是州上所缺
爲定字

內給事馮士艮題字 高六寸四分廣三寸二行行字不一字徑六分正書

麟德二年四月八日內給事馮士艮敬造

武德四年改內承直曰內給事內給事十人從五

品下掌承旨勞問分判省事

陳貞豫題記 高五寸五分廣三寸五分三行行字不等字徑六分正書

麟德二季七月七日弟子陳貞豫曾爲父母兄弟敬造

訪碑錄作陳貞造象缺豫字

清信女朱題記 高四寸廣三寸四行行五字六字字徑五分餘正書

麟德二年八月廿三日清信女朱爲亡夫王子開敬造
阿□陁像一龕

丁孝範王元覬題記 高一尺六寸五分廣一尺二寸八行行九字十字字徑寸二分正書

乾封元年七月十五日丁孝範爲亡考及妻王氏敬造

阿弥陁像兩鋪願法界蒼生咸同斯福萬年縣尉王元
觀爲亡女敬造阿弥陁像一鋪願法界蒼生臨終之時
無□苦痛亡者託生西方
王元觀疑即丁孝範之妻父故不再題年月
孟大娘題記高二寸三分廣三寸三分六行行字不一字徑五分正書
乾封二年四月八日清信女孟大娘敬造阿弥陁像一
軀願見存父母合家平安及法界衆生共同斯福
日信敬一願平生七字据劉氏補劉所見本當侚
完善也
東面副監孟乾緒題記二紙一高四寸廣五寸五分七行行五字六字字徑六分

一高七寸六分廣二寸二行行字不一字徑八分均正書
乹封三年二月雍州櫟陽縣東面副監孟乹緒敬造弥
陁像一鋪上爲　皇帝陛下及法界衆生共同斯善
此巳西東面副監孟乹緒敬造
新唐書地理志櫟陽隸華州此稱雍州者本隸雍
州天祐三年始屬華也京都諸園苑監苑四面監
監各一人從六品下副監各一人從七品下顯慶
二年改洛陽宮農圃監曰東都苑東面監
王尹農題記高六寸五分廣二寸五分三行行字不一字徑五分正書
總章元年四月八日王尹農爲合家眷屬大小敬造阿

弥陁像一龕供養
王无㝵題記高三寸五分廣二寸一分四行行字不一字徑五分正書
弟子王无㝵巳身及妻南伏慶各敬造觀音菩薩一區
總章元年四月八日
又高三寸廣二寸四分四行行五字六字字徑五分正書
王无㝵爲父母合家及法界敬造陈陁像一龕總章元
年
㝵作㝵善作善弥作陈
張神熾等題記高五寸廣二寸二分三行行七字字徑五分正書
總章元年六月卄四日張神熾□武達等造千佛七軀

劉氏作張神威
王元藏題記高五寸二分廣三寸四行行七字字徑七分正書
淸信女王元藏爲亡夫朱景嶽造阿弥陁像一龕
總章元年六月造
訪碑錄作王元造象缺藏字補訪碑錄載總章元
年朱景嶽造象即此刻也孫氏原書巳錄矣
王合題記高二寸五分廣二寸七分五行行四字五字字徑四分正書
王合爲妻患得差敬造弥陁像一龕總章元年九月八
日
淸信女陰題記高一寸七分廣五寸二分八行行三字字徑三分餘正書

總章元年清信女陰䫋自身平安敬造阿弥陁像一鋪
供養

廣韻管修自齊適楚爲陰大夫其後氏焉案史記陰兢活之索隱曰陰姓兢名是商時已有此姓又春秋左氏傳陰飴甥註云飴甥食邑于陰戰國策有陰簡陰姬疑即出於此又魯昭公廿四年陰不佞以温人南侵疑陰亦姓也

柳常柱題字 高二寸一分廣一寸二分三行行五字字徑三分正書

柳常柱爲已身造像總章元年

又 高同前廣九分二行行四字五字字徑三分正書

常柱爲伽陁音造菩薩

又 高四寸廣二寸二行行四字字徑七分正書

抑常住爲生日敬造

住柱古通即前造象人也

□業法藏尚等題記 高六寸廣二寸七分四行行十字字徑五分正書

總章二年六月八日□葉法藏尚等造地藏菩薩一軀
上爲　皇帝及師僧父　母法□衆□□顛出家 缺

姜義琮題記 高五寸五分廣四寸四行行六字七字字徑七分正書

總□二年七月十五日姜義琮爲亡考造阿弥陁像一
軀二菩□

總下是章字以總紀元者只有總章也軀又省作
軀

孤獨歎辭 高二五分廣一尺六分廿一行行字不等字徑四正書

總章二年十二月弟子孤獨褱䴘早亡身復失明作歎
辭　盖聞湘川之竹由淚染以成斑五曜神珠感褱
聲而□象□出桓山之鳥尚悉今離况吾之情永歎恨
者也但政春秋卌遇患疢痾誰□荼苦由如闇室上無
元季之兄下無伏生之子苟存朝夕餐其蜉蚰之命知
遺光之不久曉零之難停加以減割朝飡剥其寒暑之
服敬造尊像一龕□龍門以記

鑿山盈而存朽通 下缺

訪碑錄孤作孙誤孤獨疑非人名人名疑在銘詞之後當是分刻龕兩旁者只拓其半耳荼荼之俗蚰蝣之通借蚰蚰蜇蝣蜉蝣渠略也蝣通作蝤蝣蚰蝤均同音銘詞只存七字後失拓劉氏无季作允季伏生作伏床均誤

少常伯息尔朱昌題字 高四寸廣二寸八分三行行五字字徑六分正書

司□少常伯息尔朱昌爲母李造

龍朔二年改尚書曰太常伯侍郎曰少常伯又改吏部爲司列戶部曰司元禮部曰司禮兵部曰司

戎刑部曰司刑工部曰司平咸亨元年復舊此署
司□少常伯當在咸亨元年以前司下所缺似是
平字

張知□題字 高三寸六分廣一寸六分二行行字不一字徑五分正書

張知□爲己身造咸亨二年二月

年二月三字雙行註於二字之下

王二娘題字 高二寸四分廣二寸六分五行行四字字徑五分正書

王二娘爲亡女造菩薩一區咸亨二年九月

訪碑錄作王一娘

又 高二寸六分廣一寸六分二行行六字字徑四分正書

王二娘顛母子早□□造一軀

周思九題記 高九寸廣三寸二分四行行字不一字徑六分正書

大唐咸亨三年正月十五日黃州麻城縣人周思九□
□□亡考造阿弥陁像一軀并菩薩聲聞金剛等普願
一切衆生共同斯□信□□□

鳳劉氏作州

薛仁貴題記 高七寸五分廣四寸四行行字不一字徑八分正書

薛仁貴奉爲 皇帝 皇姤敬造阿弥陁像一軀并二
菩薩普共法界倉生同得此福 咸亨四年五月造

以姤爲后後漢書魯恭傳章懷太子注云姤卦本
多作后古字通然說文無姤字徐鉉新附乃有之
姤作后爲古省后作姤爲俗借薛仁貴史有傳

西京海寺僧惠簡題記 高一尺三寸五分廣九寸五分七行行十字字徑寸許正書

大唐咸亨四年十一月七日西 京海寺法僧惠簡奉
爲 皇帝皇后太子周王敬造弥勒像一龕二菩薩神
王等並德成就伏願 皇𢀳聖花無窮 殿下諸王福延
萬代

記鐫刻一小石字徑寸餘字體訛乖帝作𢀳化作花
代作伐書石者過也太子卽孝敬皇帝周王皇子顯
也 授堂金石續跋

清信女俟題記 高四寸廣二寸七分四行行字不一字徑四分正書

清信女俟爲亡男李胡子敬造觀音菩薩一區 上
元二年正月二日

俟當卽候菩作普因上音字而誤

王仁恪題記 高八寸廣三寸五分五行行十二字字徑四分正書

上元二年三月十五日弟子王 仁恪敬造阿弥陁像一
鋪□□菩薩一爲大女劉造一爲恪女造二菩薩普爲
七代父毋及善 知識同得往生阿弥陁仏国

宣義郎周遠志等彌陁像文 高二尺五寸廣一尺二寸五分十三行行廿八

字字徑六八分正書

阿弥陁像文

竊以理冥眞際證一法以摽同道契應機隨十方而顯号故以光開別相起化逾宏業現他心崇因更遠是知方稱妙樂開妙覺之重闌玉樹金臺啓菩提之秘苑觀日觀華之觀繫深習於薰修仰十合以叓誠妙旨資其鑒感弟子宣義郎周遠志等並翹想馳於法浦洒結䫨於西方僉沸六八之言遂要盟於彼會然即幽塗晈鏡承慧日於堯天覺路重開蕩六塵於舜海既而沐茲鴻造想荷恒深罄臣禮而寫眞容申孝仁而圖浄域奉爲

天皇天后太子諸王遠劫師僧七代父母敬造阿弥陁石像一龕今得成就素毫融質矚三界而凝明聖衆乘心單太虛而應物祥花捧座延脉福於花臺寶樹流光證慈光於道樹蓮開漼沿瑩朝日以增暉聚月分容闢昏衢而永旦用斯功德祚

皇基兼被幽明同歸福海豎通有頂揔契无生傍亘無邊俱昇淨境

大唐上元二年十二月八日功記

文載奉爲天皇天后太子諸王云云上元元年高宗號天皇皇后亦號天后此記當二年宜俗流以此邈媢也太子爲章懷太子賢上元二年孝敬皇帝薨其年六月立爲皇太子是也授堂金石續跋

末行記字之下續編有一詞字劉氏同鎬清館作誦細審拓本似是後人添鑿者非原刻也契從刧作契碧從水作漼虔作叓融作融俗字餘不逝

王婆題記 高三寸五分廣四寸二分六行行字不一字徑五分正書

不可思宜清信女王婆爲見宋元慶東行願得平安敬造觀音一軀了上元三年三月日

前失拓存不可思宜四字以宜爲議者誼議古通誼省爲宜也

又 高五寸廣二寸二行行七字字徑五分正書

王婆爲亡妹戒靜造地藏菩陼一軀

薩又作陼者薩之省

比邱殘刻 高廣行字未計正書

上元三年歲次景子九月丙寅朔八日癸酉比邱

丙子作景丙寅作丙殊不可解

趙婆題記 高三寸二分廣四寸六行行四字字徑六分又年月二行字較小正書

淸信女趙婆爲已身敬造觀音菩薩一軀上元三年十月廿日

又 高五寸五分廣二寸七分三行行七字八字字徑七分正書

趙婆爲身及七代父母一切法界蒼生造像塡王像一
區

蘇州長史崔元久妻盧題記 高一尺三寸廣存四寸四行行十四字字徑五分正書

大唐儀鳳二年五月十五日蘇州長史崔元久妻盧夙
遭不造早喪所天慈母保育得至成立所冀永歡膝
□長奉晨昏烏志未申風樹俄驚□□□□□□
痛之悲□極情□□□□□□□□海

末二行据劉氏補

陳外生題字 高三寸六分廣二寸五分四行行五字字徑五分正書

弟子陳外生造阿弥陁一龕　儀鳳二年十月二日

清明寺尼八正題字 高六寸七分廣二寸五分二行行十字十一字字徑七分許正書

清明寺比丘尼八正敬造大唐儀鳳三年三月九日成

劉寶敵妻范題記 高五寸五分廣四寸二分五行行九字字徑四分正書

齊州山庄縣劉寶敵妻范爲姬身敬造藥師像一軀爲
師僧父母敬造免離苦難　儀鳳三年五月廿七日乞

齊州無山莊縣案長清武德元年析置山茌縣天
寶元年曰豐齊元和十年省然則山庄蓋山茌之
譌未可執此以疑史造象在儀鳳年尚未改豐齊
也山庄劉氏作山茌敵即敵字劉氏作㪫劉氏所
錄刖有儀鳳二年十月劉寶㪫爲亡妻趙二娘造
象然則范氏乃其後妻也

太常主簿高光復題記 高六寸七分廣一尺九寸十七行徑五字字徑寸許正書

大唐故猗氏縣令高君之像
弟太常主薄光復及姪慤□等敬造阿弥像一鋪資益
法□□□亡靈奉爲　天皇天后殿下諸王文武百官
下及法界共同斯福儀鳳四年□次□卯六月巳酉朔
八日景□□必謹□

儀鳳四年即調露元年是年六月改元此刻在六

月八日尚稱儀鳳或改元在八日以後或尚未奉
改元之詔也畢作必古通卯上所缺是巳字景下
所缺當是辰字

弟子趙題記 高存四寸二分廣二寸二分三行行字不計字徑六分正書

弟子趙爲愛兒缺下隨像一鋪　儀鳳缺下十五日成

兒劉氏作男

交州戶曹韋尅諧題字 高二寸六分廣四寸六分五行行三字字徑六分正書

交州都督府戶曹韋尅諧及妻皇甫造

案安南都護府本交阯郡武德五年曰交州治交
阯調露元年曰安南都護府此稱交州蓋在調露

未改以前也附僕屬末
爲眞瑩造象題記高二尺八寸五分兩行行廣一寸四分十二字字徑一寸二分正書
大唐調露二年歲次庚辰七月十五日奉爲眞瑩師敬
造畢功
調露無二年是年八月改元永隆造象在七月故
應稱調露也
胡貞題記高二寸八分廣存七寸十行行三字字徑五分正書
大唐調露二年歲次庚辰七月十　五日胡貞晉爲法
界父母無諸灾鄣□造
訪碑錄作李貞普造象誤

胡處貞題字高八寸廣二寸一分二行行十字十一字字徑八分正書
大唐調露二年歲次庚辰七月十五日胡處貞敬造畢
筠淸館載胡處貞造象有正月丁丑朔十五日辛
卯字餘與此同則又一刻也未見拓本
比邱倫仁□合門徒道俗等題記高三寸五分廣存一尺七寸七行行五字字徑九分許正書
前缺庚辰上缺癸酉朔上缺日丁亥比邱倫仁□元敬戩合門
徒道俗洛州陳泰初許州嚴元歆許行感胡處貞等並
各捨珎瓶俱罄丹誠奉爲本師和上敬造優塡王像一
區願万刼千生無斷供養來田瑫海永固歸依

胡處貞名見前刻通鑑目錄是年七月癸酉朔則
丁亥是十五日年月日亦與前同其爲調露二年
之庚辰無疑也補訪碑錄載洛州陳泰初等造象
系於東魏之末云年月泐存庚辰癸酉朔日丁丑
字蓋卽此刻誤亥爲丑耳又載比邱仁義等造象
云庚辰疑景明元年亦卽此刻石本仁下所缺左
半頗似義字右半已泐
陳七娘題記高一寸二分廣八寸五分十一行行二字字徑五分正書
陳七娘敬造菩薩二區一爲福師一爲隱師調露二年
處貞題記高一寸六分廣一尺九寸廿五行行三字字徑五分正書

大唐永隆元年歲次庚辰九月卌日處貞敬造弥勒像
五百區願無始惡業罪消滅法界四生永斷惡憎從今
生至成仏以來普作菩提眷屬誓相度脫遥善知識出
家脩道永離蓋纏晤無所淂
處貞卽前造象之胡處貞字蹟亦無二以月日不
同仍分系之弥勒下空一格今生前空一行鐫刻
時石已泐也離蓋二字之左旁刻度脫二字不解
其故
尼光相題字高二寸廣五寸三分七行行三字四字字徑六分正書
比邱尼光相敬造弥陁像一鋪永隆元年十一□八日

成

十一□劉氏作十二月

范初題記 高二寸三分廣六寸八行行三字四字字徑六分正書

范初爲父宣議郎獻可敬造供養永隆元年十二月十
九□成

杜因果題字 高二寸一分廣六寸五分七行行三字四字字徑六分正書

相因果敬造弥勒一鋪供養時永隆元年十一月廿日
成

韓文則記 高二寸五分廣六寸七行行字不一字徑七分正書

韓文則奉爲父寶仁母孟敬造永隆元年十一月廿日

□

劉氏作韓文明

闍法寺僧大滿題記 高廣行字未詳正書

大唐永隆元年歲次庚辰十二月壬□朔十五日景辰
闍法寺僧大滿季五十二上爲　天皇天后敬造觀
世音像一區普爲法界衆生見存眷屬七代先亡有識
含靈俱出蓋纏咸登正覺

以十五日景辰合之壬上所缺是寅字通鑑目錄
云本志十一月壬申朔食尾十六度正合

□貞□爲陳七娘等造象記 刻作碑式額有花紋高六寸廣三寸五分五行行字不等字徑三分正書

□貞□爲陳七娘及十方施主敬造地藏菩薩二區願
万劫千生不捨道心常逢善知識出家脩道　大唐
永隆元年十二月卅日成

補訪碑錄作□爲陳七□及子造地藏象誤十爲
子也

沙門智運題字 高一尺四寸廣一尺五寸四行行六字字徑二寸許正書

沙門智運奉爲天皇天后太子諸王敬造一万五千尊
像一龕

劉氏所錄有內道場運禪師一万五千尊像龕一

刻系永隆元年十一月卅日造成運禪師即智運
也此刻無年月附永隆元年之末

崔懷儉題記 高六寸廣二寸三行行字不齊字徑五分正書

大唐永隆二年正月廿日恒州房山縣人崔懷儉在軍
之日願造觀世音佛一區

恒州於元和十五年改名鎮州房山於天寶十五
載改名平山此尚未改也區又變作匾

尼觀法題字 高二寸廣七寸五分九行行二字三字字徑六分正書

大唐永隆二年三月廿四日比邱尼觀法敬造弥陁像
一鋪供養

尼眞晤題字 高一寸六分廣九寸十行 行二字字徑六分正書

大唐永隆二年三月廿四日比邱尼眞晤敬造供養

侯元熾題字 高五寸廣一寸七分二行 行字不等字徑六分正書

侯元熾敬造弥陁像十區永隆二年四月八日成

尼智隱題字 高廣行字未計正書

比邱尼智隱敬造釋迦像□□永隆二年四月八日畢功

儀鳳寺尼眞智題字 高廣行字未計正書

許州儀鳳寺比邱尼眞智敬造觀世音菩薩一區 永隆二年五月八日成

年月字較小雙行夾註於區字之下劉氏所錄有永隆二年四月許州比邱尼造像一刻疑即此像鳳寺尼

公孫神欽等題記 高廣行字未計正書

大唐開耀二年二月八日公孫神欽石知古敬造觀世音菩薩一區上爲天皇天后下爲師僧神欽爲亡父見存母知古爲見存父母家門眷屬七世先亡法界蒼生共履法門咸登正覺

是年二月改元永湻此刻在二月八日倘稱開耀殆未奉詔也

僧王寶明題記 高廣行字未計正書

大唐永湻二年歲次□□二月乙卯朔廿六日庚辰僧王寶明敬造當來弥勒尊佛一鋪上爲天皇天后師僧父母內外眷屬大地法界一切衆生並得度灾離難共發菩提俱登佛道

通鑑目錄是年四月戊午朔以此逆推之二月朔不得值乙卯是年七月丙戌朔九月乙酉朔則乙卯朔當是八月也

共城蘇銷省父題記 高一尺二寸廣七寸三分九行 行十七字至廿三字不等字徑六分正書

大唐永湻元年歲次庚午十一月十一日衛州共城縣人蘇銷父任唐州比陽令言將覲省漢池背河翔而征途經龍門而極目翠巖千刃尊儀万龕靚淨域以歸心仰靈相而誠懇遂發第一願敬造 釋迦牟尼像一龕奉願 天皇天后聖□延昌天下太平百姓安樂見存父母眷屬知識一切見在一切過去上方下地法界衆生受氣之形罪鄣消滅斷一切惡生一切善發菩提心行菩薩道共趍彼岸齊登正覺 二年九月八日造成

訪碑錄作□□爲父任州北陽令造象云年月泐

審之未細也案永淳元年歲直壬午此書作庚午者誤共城舊隸殷州武德六年改隸衛州唐州本昌州武德五年以唐城山更名唐州徙治比陽唐末天祐三年徙治泌陽又更名泌州比陽本淮安郡武德四年曰顯州領比陽等五縣九年州廢縣屬唐州此稱衛州共城唐州比陽正合千仞作刃古通威滅之本字末一行字較大是年十二月改元宏道

蘇銷爲弟造像題字 高三寸廣五寸六行行三字四字字徑六分正書

蘇銷爲亡弟越 金 永淳二年九月八日造訖

前刻書法腴秀此却艸艸殆即匠人所爲也補訪碑錄載有蘇銷爲乳母造象年月日與此兩刻悉同未見拓本

覺意寺尼好因題字 高三寸廣六寸四行行三字字徑六分年月二行行四字字較小正書

唐州覺意寺尼 好因發心造 永淳二年九月八日

明唐趙奴子題字 高四寸廣五寸五分五行行四字五字字徑七分正書

文明元年四月八日 雍州明唐縣人趙奴子功德造訖

中宗嗣聖元年二月廢爲廬陵王立豫王旦改元文明是年九月武后改元爲光宅矣雍州無明唐縣案萬年縣本大興總章元年析置明堂縣長安二年省此刻在長安未省之前明唐蓋即明堂也唐古通

佛弟子張題記 高六寸廣二寸二分三行行字不齊字徑四分正書

文明缺 佛弟子張缺 敬造阿弥像一鋪願見存家口□安上爲 皇帝下及倉生缺

阿弥下脫一陁字劉氏錄此未審出文明二字餘亦多闕

下桂縣駱思忠題名 高一寸三分廣五寸六行行一字二字字徑六分正書

同州 下桂 縣駱 思忠 敬造

下桂當即下邽下邽本隸同州垂拱元年始改屬華州此稱同州是垂拱以前所刻也附光宅末或云北魏道武帝名珪嘗改上邽爲上封此疑魏刻然桂亦嫌名何獨不避邪

八瓊室金石補正卷三十一終

八瓊室金石補正卷三十二

太倉陸增祥撰　男　繼煇校錄

吳興劉承幹覆校

唐四

龍門山造象九十段

張師滿題名 高一尺廣一寸六分二行行字不齊字徑五分正書

大唐垂拱二年二月八日張師滿爲見在師僧父母及
亡弟敬賓敬造阿弥陁像一鋪二月十日成就

又 高二寸七分廣五寸七分六行行三字字徑六分正書

張師滿爲見在師敬造救苦觀音菩薩三區□

夏侯□題記 垂拱二年五月五日 萃編載卷六十

五月五日 作十五日誤 業道像 字缺 業

龍豊倫題記 高四寸四分廣三寸五分五行行六字至八字不一字徑六分正書

垂拱二年五月八日龍豊倫爲亡父母及所生父母并
諸眷屬願離苦解脫並往生西方

宋州司士魏壯題記 高三寸一分廣一尺一寸十三行行四字首行五字字徑六分正書

前宋州司士魏壯妻□□□男賈兒夫妻及男頠平安
敬造阿弥陁像一鋪供養垂拱二年七月十五日造訖
一切衆生共同斯福

養作儀涉上供字加亻旁

張行忠題記 高三寸廣五寸六分七行行四字字徑五分餘末行六字正書

弟子張行忠今爲病得離身發願敬造救苦觀音一區
垂拱二年十月十六日

劉氏作三年

薛國公史題字 高七寸廣二寸六分四行行字不一字徑七分正書有直格

左玉鈐衛將軍薛國公史　夫人李氏垂拱二年十
二月八日敬造

光宅元年改左右領軍衛曰左右玉鈐衛薛國公
不書名阿史那忠封薛國公單姓史則别一人也

僧思亮等題記 高八寸八分廣四寸五行行十一字字徑五分正書有界格

比丘僧思亮弟子陳天養妻魏男恭兒女迦葉奉爲
□皇天后七代父母法界衆生一切業道得兔三塗共
同此福垂拱三年正月十五日造

逕陽蘇伏寶題記 高三寸五分廣五寸記六行行五字至八字不等年月三行在佛象下行三字四字字徑五分正書

雍州逕陽縣衆善鄉蘇伏寶爲七世父見存父母合家
大小及一切衆生造一佛二菩薩花生供養
垂拱三年二月十六日成

逕陽當即涇陽之誤七世父下脫一字三年訪碑

錄作二年

三原戴婆等題記 高三寸三分廣六寸七分十行行五字至七字不等字徑四分正書

雍州三原縣古敭鄉高池里弟子戴婆周循福妻趙慈
善男周元静普爲法界衆生七世父母見存父母合家
大小願平安　垂拱三年二月十六日造一佛

三原薛福等題記 高三寸三分廣七寸六分十一行行字不一字徑四分正書

雍州三原縣古敭鄉高池里弟子薛福妻韓什柱男□
子右爲七世父母□□□合家大□願平安造一佛□
垂拱三年二月十六成

敭前刻作敭要不可識疑即歇字劉氏作鼎一佛

下劉氏有二菩二字

涇陽宋思忠題記 高三寸五分廣三寸三分五行行字不一字徑五分正書

雍州涇陽縣慈〻鄉宋思忠造□佛　垂拱三年三月
□□日

涇陽作涇陽與蘇伏寶造象同垂字半涉旲患劉
氏未審出紀年列無年月諸刻之中

□孝節題記 高四寸八分廣四寸六行行九字十字字徑四分正書

□拱三年四月八日弟子□孝節敬造阿弥陁像一區
并救苦觀世音菩薩一區又造大蕭菩薩一區願以此
福因法界蒼生咸同妙果

蕭當是廣之俗省廣古廣字或慧之譌

徐節題記 高七寸廣存三寸二分四行行八字至十字不等字徑五分正書

垂拱三年六月廿五日弟子徐節奉爲亡母周氏敬造
阿弥陁□□像救苦觀世音菩薩□□後缺

禮泉王君意題記 高六寸廣三寸二分四行行八字末行十字字徑六分正書

爲　天皇天后爲父母造阿弥陁像一龕雍州禮泉縣
人王君意垂拱三年七月十三日

醴泉作禮古通禮内則世子生宰醴負子賜之束
帛註醴當爲禮武德元年析置温秀縣後省醴泉
貞觀十年析雲陽咸陽復置補訪碑錄及劉氏載

此均作二年審之實是三

又 高二寸一分廣七寸九行行二三字字徑六分正書

雍州禮泉王君意爲父母造弥陁像一鋪了訖

訪碑錄列此於東魏末非補訪碑錄載前刻而未
見此種

台州□□劉志榮像龕 高三寸四分廣九寸九行行二三字字徑八分正書

□唐垂拱三年九月廿三日朝□大夫行台州□□劉
志榮像龕

台州本海州武德四年以永嘉郡之臨海置朝下
劉氏作議

劉孝光題記（高四寸廣一尺一寸八分十一行行四字至六字字徑九分正書）

弟子劉孝光今敬造阿弥陁像一龕上爲　天皇天后
所生父母及以業道衆生一切含靈俱免蓋纏同證巨
覺　垂拱三年□月八日成就

以證爲登與漢蔡湛頌功證王府同集韻云登或作證然說文無證字新附始收之

秦宏等題記（高四寸五分前段廣五寸五分七行後段廣三寸八分三行行均七字字徑四分正書中列佛龕）

秦□□□道子張□師衛善度張□表藏□元政梅□
表王伯子成保保□阿毛李保藏□禮涓于信趙□□

揩缺

秦宏等奉爲　皇太后皇帝皇后
七世父母敬造　垂拱四年三月十一日造了

拓者分爲二段据劉氏併列之十一劉作廿一

萬年張元福題記（高五寸廣一寸五分二行行十字十一字字徑四分正書）

萬年縣張元福爲患得□願敬造像一龕垂拱四年造

張元福造象凡三種各有年月分系於後

安多富題名（高四寸廣二寸二分三行行五字字徑五分正書）

永昌元年三月七日安多富敬造

比邱惠□□寂題記（高三寸四分廣四寸二分十行行五字至七字不等字徑四分正書）

永昌元□□□十五日比邱惠〻□寂敬造釋迦像一
鋪普爲法界衆生師僧父母末及自身并門人等常願
童子出家不□捨離伏願　□基永祚仏□長流

劉氏載永昌元年五月皇甫□仁造象用武后新製字此刻未改用當在五月以前也

張元福再題（高三寸五分廣五寸七行行四字至六字不一字徑七分正書）

雍州萬𠡦縣張元福爲患得差敬造阿弥陁像一并二
菩薩鳳凰元𠡦五𠥱一𡆠成

曲沃胡元慶題記（高四寸五分廣五寸五行行七字八字字徑五分正書）

佛弟子降州曲沃縣平望鄉胡元慶爲一切法界衆□

敬造千佛一軀鳳凰元𠡦五𠥱十五𡆠

据劉氏補降沃二字絳作降古通

劉大弊妻姚題記（高三寸廣六寸五分九行行字大小均不一正書）

弟子劉大弊妻姚爲亡姑及身患願造阿弥陁像一龕
願法界衆生共同此福鳳凰元𠡦六𠥱三𡆠畢功

僧元杲題記（高三寸廣二寸三分四行行字不一字徑六分正書）

而穪二𠡦二𠥱廿𡆠比邱僧元杲爲兄元憬敬業道像

敬下脫造字劉氏末有七軀二字

張元福三題（高五寸八分廣二寸六分三行行字不一字徑七分正書）

雍州萬𠡦縣張元福爲身患德差𠡦〻造像一龕而穪

二𠦚二𠥱卅𡆠

患作意縣字添註於旁

梧義尉楊行則題記 高五寸五分廣八寸三分十行行六字至八字字徑五分正書

同州韓城縣前豪梧義縣尉楊行則并妻王敬造盧舍那像一龕爲先亡七世父母兄弟姉妹見存眷屬造此功德並願得無上菩提道

大周𠀑𥠢二𠦚三𠥱五𡆠

豪州元和三年改作濠造象時未改也豪州有招義縣無梧義梧當是招字之譌抑曾改梧義而史未及詳歟招義本化明武德三年更名劉氏作梧義審之實作梧

張乾勗妻題記 高四寸廣五寸三分六行行字不一字徑六七分許正書左行

𠀑𥠢二𠦚三𠥱十二𡆠張乾勗妻王五娘□□□□□得□敬造可弥陁□像一亘

此刻極恅悼阿作可區作亘第四行第二字劉氏作睞審之似輮

蔡大娘生存願題記 高三寸廣四寸六行行字不等字徑四分正書

蔡大娘生存𡆠願造像一龕爲七代父母法界衆生咸同其福　𠀑𥠢二𠦚四𠥱十四𡆠功畢

又 高二寸五分廣三寸六分六行行字不一字徑四分正書

蔡大娘生存𡆠願造藥師像一龕今德成　𠀑二𠦚四𠥱十四𡆠畢功咸同彼岸

天下脫授字

姜須達等題名 高五寸八分廣二寸二分四行行十字末行十一字徑四分正書

佛弟姜須達敬造千佛并菩薩一軀佛弟石大娘敬造千佛菩薩一軀

𠀑𥠢二𠦚五𠥱廿八日功訖

補訪碑錄有姜□達丁大娘造象云隆緒二年正月廿八日造此刻稍字頗似緒疑即此刻之誤蕭寶貪於孝昌三年僭號隆緒次年正月即敗走渡渭未必有以僞號刊石者也

考功主事成仁威題記 高四寸五分廣五寸八分七行行五字字徑五分正書

陝州陝縣通直郎行文昌考功主事成仁威爲亡考姚敬造觀音像𠀑𥠢二𠦚□𠥱十五𡆠

陝州武德元年更名通直郎文散階從六品下光宅元年改尚書省曰文昌臺俄曰文昌都省考功主事從八品下吏職也

周行者題記 高八寸廣二寸二行行十一字字徑七分正書

周行者造觀音像願法界衆生供同斯福𠀑𥠢二𠦚造

以供爲共劉氏作周行有非

丁君義題記高下不齊廣四寸五分七行行字不等字徑四五分正書

丁君義上爲　𠑺皇𠑺后師僧父母及善知識蠢動衆
生願斷五欲共登正覺　如意元秊圀五𠥱五囸敬造
阿弥陁一軀

時武后已號聖神皇帝此猶稱天皇天后何也然
快非僞作是年九月改元長壽訪碑錄作丁君舜
造象

達奚靜題記高二寸五分廣五寸九行行五六字第五行三字刻佛象下字徑三分正書

佛弟子達奚靜造像一鋪上爲越古金輪聖神皇帝下
爲法界衆生內外六親共同斯福延𢘑元秊五𠥱十五

囸

是年五月武后加越古號𨲢不作壂

登封殘刻高三寸廣存三寸五分五行行五字字徑四分正書有界格

前缺父母敬造阿弥陁仏一龕法界衆生共同斯福萬歲
登封元秊造

萬歲登封元年即天冊萬歲元年舊唐書禮儀志
天冊萬歲元年臘月甲申親行登封之禮禮畢改
元萬歲登封此刻無月日葢在臘月甲申後也其
明年又改萬歲通天矣

孔思義題記高三寸七分廣八分十五行行六字至九字不等字徑五分正書

大周萬歲通𠑺元秊五𠥱廿三囸弟子孔思義爲法界
倉生及合家眷屬敬造弥勒尊像一鋪願末離苦者願
令離苦未得樂者願令得樂病患者願得早差業道受
苦及怨家債主悉願布施歡喜速得神生淨土不具足
者並願具足衆生普願安樂同發菩提一時作佛

孔思義劉氏作比邱思義誤此刻六七八行下方
劉氏有大娘敬造觀音菩薩字

河陽馬神貴題記高二寸七分廣二寸三分六行行六字七字字徑三分正書

洛州河陽縣仏弟子馬神貴爲父母及身并亡妻莊嚴
□弥陁仏□□𨲢麻二秊正𠥱貳拾叄囸

洛州無河陽縣河陽屬孟州建中二年以河南府
之河陽河清濟源温租賦入河陽三城使又以汜
水租賦益之會昌三年遂以五縣爲孟州又榮河
陽本隸懷州武德四年析懷州之河陽集城温於
河陽宮置盟州八年州廢省集城入河陽温隸懷
州顯慶二年隸洛州故此稱洛州河陽也劉氏正
月作四月弥陁仏上有阿字下有一龕字

王知□王思嶷等題名高下不齊廣五寸五分八行行字不一字徑四分正書

佛弟子王知□下缺
佛弟子王思嶷下缺

□弟□孫愛　□□缺下
□弟□左玉鈐□兵曺缺下
亡父阿師　亡祖□般並缺下
佛弟子王䓪珪　佛□子缺下
佛弟子劉帝㭬　佛□子王缺下
塋麻二䄵缺下
闞門冬題記高三寸五分廣一尺七寸十九行行四字字徑五分正書有界格
佛弟子闞門冬䄵爲塋神皇帝陛下及太子諸王師僧
父母七世先亡法界一切衆生敬造菩提像□龕及諸
菩薩以此造像功德普及法界倉生俱出愛河咸昇佛

果大足元䄵三𠥱八〇莊嚴成就
後九行失拓據筠淸館補足之
兵曹田□忠題記高二寸五分廣八寸四分十三行行四字字徑四分正書
□州都□府兵曺田□忠敬造□弥陁像一軀并□□
□□爲合家大小□乞平安及先亡父母法界蒼生普
同霑□　大足□□□𠥱□□〇□
防思忠題記高三寸三分廣四寸五行行字不一字徑四分正書
防思忠為亡妻造像一補一心供養長安二䄵七𠥱十
五〇必功
一補葢卽一鋪也

水衡都尉□越客題記高四寸五分廣四寸六行行六七字正書
水衡□都尉□越客妻㕓三娘同发願爲塋神皇帝普
為法界衆生居登𠙺覺長安三䄵臈𠥱𠙺〇造
塋又作塋俱作居𠙺日卽朔臈卽臘
長安殘刻高二寸五分廣存四寸六行行三字四字字徑五分
上缺□□佛慈恩長安三䄵十二𠥱十二〇功訖
魏懷穎題記高三寸七分廣二寸三行行字大小不一行書
魏懷穎爲亡□□造千佛一區供□長安四䄵二𠥱廿
四〇
訪碑錄誤穎爲靜劉氏作張懷□非此刻之右有

楊□姿亡女造像四區一段未見
宋婆題記高四寸八分廣一寸四分三行行十二字字徑三分行書
淸信弟子宋婆䄵六十五敬造一佛二卄一鋪長安四
䄵二𠥱廿四〇銘記悳
末云銘記悳者言記此功德也
陳暉題記高五寸五分廣二寸一分三行行字不一字徑五分正書
長安四䄵二𠥱廿四〇造弟子陳暉爲七世父造像一
軀一心供養
紀年曼患僅存形似武后朝惟長安有四年故可
定也七世父下當有脫字象右及下方尚有字蹟

不可辨矣此刻在象左

高建昌題記 高四寸五分廣二寸八分四行行字不一字徑五分正書

長安四季二匝廿四(乙)造　佛弟子高建昌爲七世父母造釋迦牟尼像□□一心供養

姓氏曼患惟昌字濤斷弟二字似業据劉氏作高建昌訪碑錄有長安四年匽季昌造象疑即此

韓寄生題名 高二寸廣一寸五分三行行字不一字徑三分正書

長安四季二匝廿七(乙)韓寄生造

韓韓之誤前隔一行許有延昌二字是別一刻之殘泐僅存者

中山郡王隆業石像銘 高九寸五分廣一尺二寸十三行行十一字字徑六分正書有界格

觀世音石像銘

夫法王降跡大開拯溺之權梵帝居尊廣通微妙之力至壂幽邈其道難思弟子中山郡王隆業奉爲　四哥孃六親眷屬敬造觀世音石像一鋪勤誠彫刻匝面光舒淨盧症嚴金容相潲以斯勝果資奉　四哥孃六親眷屬伏願壽比崇山固同盤石傍周庶品俱潤良緣

長安四季三匝廿七(乙)中山郡王隆業造功畢

銘前記弟子中山郡王隆業奉爲四哥孃六親眷屬敬造觀世音石像一鋪舊唐書列傳惠宣太子業睿宗第五子也本名隆業後單名業垂拱三年封趙王開府置官屬長壽二年隨例却入閤改封中山郡王與此題合其稱四哥者睿宗也日知錄云唐時人稱父爲哥舊唐書王琚傳元宗泣曰四哥仁孝同氣惟有太平睿宗行四故也元宗子棣王琰傳惟三哥辨其罪元宗行三故也有父之親有君之尊而稱之爲四哥三哥亦可謂之名不正也已案此實不起於元宗令銘當長安四年已先施諸石刻又淳化閣帖有唐太宗與高宗書想汝深情惟吾是念自非孝情深

結孰能以此爲懷云云下書哥哥勅三字此太宗以父對其子而自名己稱哥哥宜其繼世羣相沿習不知易也北史南陽王綽傳兄弟皆呼父爲兄兄蓋在唐以前又有爲此謬稱者矣隆業爲王德妃生傳言母早終從母賢妃親鞠養之是記稱孃者蓋賢妃也記爲從來箸錄家所未尋拓李于岸游伊闕始摹出之其他諸小石記凡百餘種皆以禆予擴異聞搜奇之勤信能過我故用以志喜如此 授堂金石續跋

造彌陀地藏象殘刻 高下不齊廣約九寸存十行行字不一字徑七分正書

□下

見存
弥陁
坐藏
伏頒
心供
□
長安四
秊□匝□
□成

芮城陳昌宗題記 高一尺六行前四行在象上後二行在象左行字不一字徑六分正書

□安□秊□匝廿三(乙)莊嚴成就陝州芮城縣清信士
弟子陳昌宗爲七代□母造阿弥陁一軀永充供養

武德二年以芮城河北永樂置芮州貞觀元年州廢芮城屬陝州陝字下空三寸許造象時石已剝泐也

霍二娘題記 高三寸廣一尺十行行四字末行五字字徑七分正書

霍二娘爲疾患得差發願敬造業道像六軀今並成就
普爲師僧父母法界蒼生俱登𤯔覺七(卍)十五(乙)

訪碑錄作崔二娘造象非說文瘮㬰瘍也又同疢熱病也𤯔作𤯔弟六七八行下方劉氏有師□妻楊蒲州數字郎程禮造象見後

清信女賈題記 高二寸廣三寸五分五行行三字四字字徑五分正書

清信女賈爲亡夫造七佛又造坐藏菩薩一區

甘大娘題記 高廣各四寸六行行六字七字字徑五分正書

弟子甘大娘奉爲二親及以自身敬造觀世音菩薩坐
藏菩薩二軀此功德普及法界衆生俱登仏果入下泐

普光師題名 高三寸廣一寸三分二行行五字六字字徑四分正書

普光師敬造坐藏菩薩一區

區又作匝

王仁則題記 高四寸二分廣五寸六行行六七字字徑七分許正書

仏弟子王仁則爲妻杜頒合家平安敬造業道像七區
今並成就普爲師僧父母共登𤯔覺

正作𤯔與霍二娘造象同郎武后所製之𤯔字而小變之此刻與天授二年張乾最妻造象及慶山縣姚□蒲州程禮造象疑出一人手筆

以上五刻均用武后所製字附僞周末

慶山姚□題記 高五寸廣四寸二分五行行六字七字字徑八分正書

雍州慶山縣姚思敬奉爲亡過七代及亡父母敬造阿
弥陁佛藥師佛業道像救苦菩薩

慶山縣即昭應縣昭應本新豐垂拱二年曰慶山神龍元年復故名天寳七載省新豐更會昌縣及山曰昭應此稱慶山蓋在神龍元年之前也此刻之左劉氏有成大娘爲父母敬造菩薩業道像二行未見此右爲蒲州□四海造象錄後

太州王思業題記 高二寸六分廣九寸十四行行五字末行四字字徑四分正書

大唐太州鄭縣王思業爲太后皇帝一切衆生及七世父母今爲亡女妙法造藥師像一區并觀音像一區以思業患□得可故造今並成就願亡□者託生西方見存者無諸苦鄣

新唐書華州垂拱二年避武氏諱曰太州神龍元年復故名上元二年又更名太州寳應元年復故名此稱太州宜在肅宗時矣然文内有太后字肅宗朝並無太后葢垂拱所改之大州本讀如泰境有太華山因以名州故碑刻作太耳元和郡縣志云垂拱元年改爲太州其字正作太又案首稱大唐則在神龍復國號之後也附神龍元年末復故名之前

辛六娘題記 高二寸廣七寸十二行行三字字徑五分正書

神龍二年三月八日弟子辛六娘爲先□及□病在床枕敬造菩薩兩區□切苦□□得□□

劉氏作元年

王才賓浮圖頌并心經 高九寸五分上廣八寸五分下廣一尺一寸十一行行十四字字徑四分有方界格年月一行十三字較大又心經兩石高廣略同各十一行前石行十三字後石行十四字字徑四分均正書

大唐□□□□氏浮圖頌并序

竊聞□□曜彩流法教於大千敞電揚暉散惠雲於十地曉色身之非我知性相之爲空盡愿三乘虔誠二諦真容儼睟如臨百億之宫毫相摛光似暎三千之界丹霞競吐紫氣爭流記嬪則於龍龕覲母儀於鷲嶺乃爲頌曰

爰開鴈塔式樹螺宫雙林隱霧獨菀迎風嬪儀永固母訓長終黃泉有去白日無窮

大唐神龍二年王才賓爲亡母造

般若波羅蜜多心經

經文不錄

詞采秀麗書法酷似化度造象中之佳品也慧雲作恵古字通競作竸恒見之咒語內般囉揭諦與他處作婆羅波羅者不同

尼思思題記 高四寸廣五寸三分九行行字不齊字徑三分許正書有直格

缺造地藏菩薩一軀缺
缺屋思恩爲亡比忌缺
七月廿日成
缺造地藏菩薩一軀女缺
邱屋思恩爲亡考忌日缺
月七日造成
敬造業道像七軀女比缺
屋思恩爲七世父母先亡缺
神龍三年七月十四日造成

神龍無三年訪碑錄作神龍元年尼思恩造象然

石本實係三年劉氏又有魏奴子造象亦神龍三
年刊亡比之比是妣之省

景龍殘刻高二寸廣四寸二分七行行五字四字字徑三分正書

前二行憂患不知幾字□□至菩□功德一鋪成景龍三年九月
卅日必功一心供養

必畢古通年上劉氏作三從之

王雅藏題記高一寸八分廣六寸二分十一行行三字至五字末行六字字徑三分正書

政信王雅藏爲父母師僧天王地王仁王一切善知識
幽現官神領同此福願身託四生除三障去五濁達彼
岸景龍四年三月

首稱政信他處未見人作仁古字通

姚夫人殘刻存七行行十一字

□能仁拯拔運慈舟於苦海
都督長沙□公姚意之妻也
南之別業也夫人時入洛□
男女長大□預班秩郎於□
二尚書同□臺鳳閣三品□
幸早亡女八娘吳興縣君□
縣令□十娘□泉郡君夫□

右姚夫人殘刻存七行行存十一字疑拓未全文

似述捨宅爲寺之事或亦造象之刻也姚意當即
姚懿姚崇之父也懿碑云懿字善意宰相世系表
同舊書以善懿爲名新書作懿字善懿姚彝碑以
善意爲名蓋當時意懿兩用彼此歧異故此刻又
作意也都督者當是嶲州都督其封長沙則在太
宗時所稱同□臺鳳閣三品者姚崇之銜也聖麻
年曾任此職所稱早亡者疑是姚元素也据姚懿
碑夫人劉氏以神龍二年正月殁於洛陽景龍二
年九月葬於萬安山之南陽萬安距龍門不遠碑
刻當在其時附景龍末

吐火羅僧寶隆釋迦讚 高廣行字未計正書
盖聞百空者諸佛 缺 旋資糧所以慈觀窮於二邊 缺 破
其四德今有北天竺三藏弟子 缺 寶隆上奉諸佛中報
四恩下 缺 敬造釋迦牟尼一鋪 缺 爲讚曰
大悲大願　是救是依　滅□生善　不枉不欺
景雲元年玖月一日吐火羅僧寶隆造

吐火羅西域國名或曰土豁羅或曰覩貨邏其王
號葉護

張庭之題字 高一尺七分廣二寸一行十九字字徑六分正書
先天二年七月十五日張庭之爲父母造仏一區

密縣姜万慈題記 高六寸五分廣二寸七分三行行字不一字徑六分正書
洛□密縣姜万慈今造功德爲一切法界衆生益顧平
安無諸烖鄣

烖障作烖鄣洛下所缺當是州字開元元年十二
月改洛州爲河南府此稱洛州則在開元未改之
前

萬年張賓殘刻 高一寸七分廣存三寸四行行二三字字徑六分正書
雍州萬年縣人張賓 缺下

段法智題記 高三寸廣二寸五分四行行五字字徑四分正書
雍州□□縣段法智爲父造菩薩一鋪□合家□養

雍州司士題名 高二寸廣二寸五分三行行三字字徑四分正書
雍州司士男小鬻敬造

長安縣弟子劉解脫題記 高五寸五分廣三寸八分五行行字不一字徑五分正書
雍州長安縣 缺 敬造阿弥像一龕上爲　皇帝下及七
世父母弟子劉解脫一心供養
上缺 □元年正月廿五日造

開元元年十二月改雍州爲京兆府以上四刻皆
稱雍州附開元元年十二月之前

杜濬輝題記 高四寸五分廣三寸四行行八字字徑五分正書
杜濬輝普爲一切發心作仏者敬造一仏二菩薩一鋪

金石補正卷三十二　　　　吳興劉氏希古樓刊

開元二年二月九日秀琟記

造地藏像題記 高二寸三分廣六寸八行行四字至六字字徑四分正書
□州□□□敬造地藏菩薩一軀以開元二年四月一
十五日建功斯畢仍刻石爲記

祕書少監韋利器等弥陁贊 高二尺九寸廣一尺四寸五分十二行行廿五字字徑一寸正書
大弥陁等身像一鋪　銀青光祿大夫昭文館學士
邱悅贊　前祕書少監韋利器　前遂州刺史利賓
前藍田尉利涉奉爲亡妣故扶陽郡太夫人天水趙氏

所造　夫人故司列少常伯仁本之女今左威衛將軍東都副留守諫之姊　夫人幼柔婉長賢明詩禮天然圖史暗合家君之爲相也特見奇異常謂女師輔佐君子能循法度是稱婦德從宅垂訓多著才名斯爲母儀年七十七薨合祔京兆終天永奪泣血無追唯託能仁用資冥果坎巖壁現真容因高鑿龕即空號座東臨伊水百億津梁北走鼎門大千方便所領上昇忉利功德證明晏坐耆闍神通无导斯石不朽茲山永固窮佛刧以長存拂天衣而無盡銘曰

弥陁得道四刧前莊嚴幽路百福先法身不朽山石堅昊天罔極佛日懸　大唐開元三年歲次乙卯八月十日小子利涉書

案此韋利器等爲亡母造象以資冥福其友邱悅爲之銘贊也舊唐書文苑傳邱悅河南陸渾人有學業景龍中爲相王掾與文學韋利器俱爲王府直學士睿宗在藩甚重之官至岐王傳譔三國典要三十卷唐書裴耀卿傳耀卿擢祕書省正字相王府典籤與掾邱悅文學韋利器更直備顧問府中號學直景利器邱悅皆相邸舊僚交相得也元和姓纂杜陵韋氏逍遙公從父弟義遠周雍州刺史號大雍州房義遠

生祖齊齊生傑傑生思敬思敬孫利器諫議大夫利賓戶部郎中利涉主爵郎中而不著利器之父或疑孫乃生字之誤思敬即夫人配也唐書宰相世系表覺字敬遠後周逍遙公而雍州房不著姓纂又稱趙氏陝郡河北縣後漢大鴻臚趙融後七代孫瑤後魏河北太守因居焉瑤六代孫仁本同三品左丞生諫羽林將軍唐書高宗紀乾封二年六月司列少常伯趙仁本同東西臺三品咸亨元年九月趙仁本罷宰相表同世系表趙氏仁本相高宗子諫左羽林將軍夫人之父若弟可以互證不稱陝郡而稱天水從本望也其稱家君爲相殆即相攸之義 金石續編

韋利器見昇仙太子廟碑陰署銜稱朝議郎行安國相□府文學唐書龍朔二年改吏部曰司列二年改尚書曰太常伯侍郎曰少常伯司列少常伯即吏部侍郎也姓纂邱峻居吳興七代孫悅岐王傳昭文學右常侍昭文學即碑所稱昭文館學士也神龍元年改宏文館曰昭文二年曰修文景雲中復爲昭文開元七年復爲宏文撰此文時尚未復宏文也五品以上曰學士六品以上曰直學士家君爲相當是夫人之家君故下云特見奇異常

謂女師續編以相爲相攸之義恐非撰文者邱悦
不得稱利器之父爲家君也訪碑録以邱悦爲倡
云倡邱悦贊大誤

倡真性題記高四寸五分廣四寸六行行七字字徑四分正書

比邱倡真性爲父母及一切衆生皆得解悦爲七世父
母皆得解悦下空敬造阿弥陁仏下空開元三年九月日
脱作悦通借後解字作解俗誤訪碑錄作開元二
年

吳藏師題字高二寸五分廣二寸二分三行行四字字徑五分年月一行九字較小正書

吳藏師為亡女造觀世卄一軀開元七年ㄹ月二日了

裴惟諝題字高三寸廣一寸三分二行行字不一字徑四五分正書

開元七年三月日裴惟諝供養

陸渾程奉題名高二寸四分廣二寸四行行字不一字徑四分正書

河南府陸渾縣弟子程奉供養開元九年

安邑□四海題字高三寸五分廣三寸四行行五字六字字徑五分正書

蒲州安邑縣□四海奉為父母敬造阿弥陁佛一區供
養

蒲州程禮題字高四寸廣二寸三分三行行五字字徑七分正書左行

蒲州程禮爲妻楊敬造藥師仏一區

開元九年正月改蒲州爲河中府置中都此二刻
均稱蒲州當列於開元九年以前

臨涣尉左中孚弥陁龕銘高一尺五寸五分廣存八寸十行行廿二字字徑五分行書

龍門阿弥陁像龕銘并序　石龕阿弥陁像者亳州臨
涣縣尉左中孚爲　亡妻之所造也夫人薛氏河東汾
陰人也　皇朝度支郎中昉之孫冬官員外郎□之女
也淑質閑華柔情婉嫛率由女教事脩婦道從隨風靡
賓敬日躋明月窻中笑孤娥而調瑟落花簷下偶雙鶼
而搴□既而露往霜来風飛電滅逝川不息無復□波
之□□兎易□空想照梁之暉左君覽遺挂□載傷□

殘□□□慟□□調御敢□□□□□夫賒因□永眙獨
□□業□□而□□□□□□□□□□□□□□□□
塵□□□□□□□□□□□□□□□□□□□□□
□□□□□□□長□□缺

殘缺不見年月案光宅元年改工部爲冬官此稱
冬官員外郎是夫人之父仕於武氏之朝者而文
內不避華字照字當在中宗復辟後矣武德四年
以臨涣永城山桑蘄置北譙州貞觀十七年州廢
臨涣隸亳州元和後隸宿州宿州置於元和四年
此稱亳州臨涣縣則在元和四年以前可知也又

案開元十年改汾陰爲寳鼎此稱河南汾陰人則
在開元十年以前又可知也
奉先寺像龕記開元十年十二月十二日萃編載卷七十三
龍門山之陽脫山字大龕缺大字尉負押失載此三字在碑尾史樊宗滕四字
之右潁昌舞水沈隱道鐫失載此在首行之下
右大盧舍那像龕記在洛陽龍門碑記佛身通光座
高八十五尺二菩薩七十尺迦葉阿難金剛神王各
高五十尺以咸亨二年勑大使司農寺卿韋機副使
東面監上柱國樊元則等至上元二年乙亥十二月
卅日畢功舊唐書韋機傳上元中遷司農卿檢校園

苑造上陽宮并移中橋從立德坊曲徙於長夏門街
時人稱其省功便事機之奉勑造像亦當在此時平津
讀碑記
記末有進士都仲容記六字是後人所題者中州
金石記讀都爲殷遂以爲殷仲容書誤矣碑無書
人姓名也鐫款一行之下爲政和六年四月一日
題字萃編遂以鐫款爲宋人書不復載入審其字
蹟非出一手
虢國公造像銘開元十三年後萃編載卷七十七
上缺兼左驍尉大將軍知內侍上柱國虢國缺像銘并序

上缺之師□□□來亞如來之聖以上全缺莫不心□□寂果
示人緣缺心寂果人緣五字拂六□□除三有窺法門缺拂三門三字眷
□庭□盡會參之餐缺眷盡二字忠孝□矣缺矣字覺五蘊之
□空□□非實知三世之□法□相何□缺五之空之法相何七字
雖迹混朝倫缺雖字涉歲月而先朽缺涉字八日奉爲缺八日二
字先　妣□□夫人缺夫人二字先字下空三格□好□就真
容儀然□□□幻缺就真容幻四字城聳蓮□以承□□光照
□□□神是周于塵缺城聳蓮光照五字並誤周爲同名而□□□□
柃戚俗□□□□□忽向非抗迹崇高宗□□滕昌
能成就丕業缺名柃俗忽向抗迹宗滕能成就十二字實以敷德缺實以敷三字柃

惟寂滕缺柃惟二字臻解□缺解字妙身無㝵缺身無㝵三字說□□
爲存像□缺說爲存三字峩峩缺上峩字逶迤行路迹會峯缺行字並誤峯
爲參迴向□相從缺向從二字純孝深芳缺深芳二字□□郎□□
□驕都尉直集賢院張此行小字全缺
右虢國公造像記虢國公爲宦者楊思勗已見前花
臺銘此碑虢國公下尙有勗字下半可辨碑末題開
元□□□□四月廿三日又有□□郎□□□驕都
尉直集賢院張□□□未詳何人平津讀碑記
据石本及筠清館所錄補正之
牛氏像龕碑開元中萃編載卷八十一

唐贈隴西縣君橫額脫唐贈二字張九齡文缺文字常在三世缺世
字有宅極之□缺宅之二字生未悟之佀缺佀字以湏達之圖
缺以字寂念□其□□缺念其二字則　天王之建缺王字
金十一世而□□□□□□□□剌史缺世而剌史四字始冀
缺冀字次曰冬□缺冬字曰彙貞□□諱缺諱字汾陰華□缺華
字于酷吏缺酷吏二字道心惟徽缺惟徽二字遺氏家世尙□夫□
□導缺氏家世尙夫導六字蘭玉竝秀龍唐□□缺龍唐二字階九層
而不遠□□□□而□□缺階九層及下而字何期風樹忽驚缺何期二
字□業載宏不朽□□□□□子罔缺業不朽子罔五字與佛是
圖與誠作興并缺圖字

碑有云晉將軍□金者案元和姓纂牛氏五望一
曰隴西漢牛邯爲護羌校尉居隴西又有牛崇牛
嘉魏有牛金此即夫人之先世其稱晉將軍者殆
金生於魏後事司馬氏而位列將軍也一曰安定
牛金之後逃難改牢氏又改爲遼氏裔孫後周工
部尙書遼允復姓牛氏允生宏宏生方大方裕方
智方智爲牛僧孺之先世宰相世系表以爲安定
牛崇之後與姓纂不符一曰富平春官侍郎牛鳳
及肰云牛金之後是碑追敘及金而夫人贈隴西
縣則郡望當出隴西安定富平皆後來支分派別
耳張九齡署銜稱禮石存亓旁謚禮字也部貟外郎史傳不
詳

都景福寺靈覺龕銘高一尺四寸廣一尺五寸廿四行行約廿三字字徑四分行書有方界格

大唐都景福寺□□和上像龕銘
和上諱靈覺俗姓武氏　贈□泐約八字□□之次女也
外□父泗□刺史泐約九字□□國太上長公主□□□□
補□泐約九字□之尊燕魯館之□□□□□□□廉泐約七字歸
一□□令稀□瞿□□□□□□泐約九字懇誠至到天
后嘉尙□□爲□配□□泐約六字□當禮李之年遂能捨

□□珠玉之根玩鍾鼎泐約五字□□辭榮出塵離染□□
□空□也□乃持□□行□□□探賾幽妙三藏□
□□□福□聞□戒行□脩□□□□□以弊例迭衆
也於□因□□山普□禪師□□□□□授以禪法砥□
真幾頓悟□拔獲□生忍至□泐約四字去來湛入真際色
相都泜契□如□以開□廿□泐約四字日忽謂門人令具
湯水澡浴換衣焚香端□泐約五字□無常于景福御藍時
春秋五十二也嗚呼生□□泐約三字□弟廉榮貴而能捨
行苦行而能勤自非百劫千□泐約三字□習孰能至此㦤
遂於龍門西龕造龕即以其月□日□□□□亂也季弟

崇正哀友于之義重悲同氣之情深如□□□遂爲銘
曰
練石補天□□□國□□□□鳳樓才極挺生哲女虔
榮不□弃彼躧□歸于宴（泐約四字）親能孝□□虔誠戒行
圓倫風儀肅清六塵無染（泐約二字）明□極樂世□□品上
生（其二）闕塞之北□門之南□（泐約三字）□潭下□（泐三字）石
永閟幽深天長地□耕鑿無□□□
開元廿六（泐約四字）日鐫
石殘泐過半銘題有大唐都景福寺字文稱和上諱
靈覺俗姓下缺又載懇誠至到天后嘉尚及辭榮出

塵字益以世族逃諸空教者後云澡浴換衣焚香端
□時春秋五十二遂於龍門西巖造龕季弟崇正哀
友于之□重悲同氣之情深則是銘龕者爲其弟也

授堂金石續跋

尼稱和上與惡源誌同靈覺姓武文內有太上有
公主字而國上曼患攷武攸暨尙太平公主太平
嘗封鎮國疑靈覺爲武攸暨之女太上長公主即
太平公主國上所缺爲鎮也後有季弟崇正云云
攷攸暨二子一崇敏一崇行而不見崇正之名疑
崇正是攸暨之幼子故曰季弟世系表失載也首

行贈下所缺似是并字

內侍省功德碑（開元末 載卷八十四）萃編

□國子□□□□□庭（缺國庭二字）神過之□□□□無□此
（缺無此二字）普門（普誤晉）現色身而不□（缺現字）無盡象（缺象字）知
□□□事（缺知字）□□□門□□將軍（缺門字）內供奉引（缺引
字）趙思□（缺趙字）□□慶　□□肖　李善□（缺慶肖二字）蘇
仁義（缺仁義二字）趙元志（缺志字）劉義崇（缺崇字）徐仁爽（缺爽字）□
神发　王順景（缺神发二字）湛滿胜　□□辟　□□□
朱□宗（缺胜宗二字）郎武仁（缺仁字）朱崇亮　駱思嚴　黎光
憲（缺朱亮嚴黎四字）劉頭兒　□□葳（缺葳字）高守信（缺守信二字）俱

文喜（缺俱字）宋嘉泰　內侍省內府奚官（缺宋府奚官四字）張□
及（缺及字）給使內供奉任元會（缺使任二字）高元光　高□□
（缺下高字）梁□□　□與慶（缺梁興二字）牟圓靜等一百六人奉
爲（缺牟圓六人奉五字）皇帝□□建□□子等伏以（缺建子等伏以五字）思
蒙　聖主之恩（蒙誤崇并缺聖主恩三字）瞻葡（缺葡字）、剋雕成相皆入
□□綵畫圖形盡歸中道（缺相皆入畫圖形六字并誤畫爲靈）貞石方留
（缺貞留二字）則無盡之福（缺盡之福三字）竊敢共運深心同開淨□
（缺竊共運同開淨六字）來之（缺之字）衆□之善根（缺之字）無量壽佛一
鋪一十九事（缺無量一十九五字）敦牂之次月中林鍾（缺次月中三字）□
功就畢（缺就字）瞻釋□□□幢□□□之□目方冀淨天

貣始缺瞻糅幢之目方冥淨八字聖胎密□□□四生灌頂冥□本
缺密四生灌頂冥本七字□□□寶之□方遇髻珠之賜缺之殘二字爲
徵缺徵字舊緣□□□而□昧乃重宣斯義而□□□缺緣
而昧斯而五字無起即□□□字缺即三鄣缺三字佛德缺德字而爲
光庶齊□□□□□□□□十方缺爲十二字并誤方爲光十日缺十
字□按僧大奉先寺沙門道保　□門文□此行全缺按字在末
行上柱國下第八格又國下似是高字

訪碑録兩載此刻一云明皇御製并正書一云行
書碑書蘑蔔作瞻蔔説文無蘑字讀此知古用瞻
也末行道保劉氏作道深非文上門字又誤作刊

馬隨殘刻高廣行字未計正書
天寶九年二月二日佛弟馬隨王阿滕男子進子暉子
缺

稱年不稱載何也

戶部侍郎盧徵觀音像銘高一尺八寸廣一尺五寸廿行行字不一字徑五分正書

救苦觀世音菩薩石像銘并序　□部侍郎盧徵撰
□□建中□年自御史謫居夜郎貞元二祀自□官貶
□南□皆爲權臣所忌實□不□□□□東□再□
□□□□□苦□人□神行□如夢亦不知其所如往
也夜宿龍門香山寺靈龕天眼億萬相對瞀首悲嘿如
乾降臨因發誠願歸旋之日於此造等身像一軀此乃
夜郎之役也貞元之黜又過於此僕夫在後獨行山側
有白衣路人隨馬先後因唱言曰去日花開來時葉熟
其去也春三月貶信州長史其歸也秋八月遷右司郎
中詳求所言有如昭報復以闔門幼弱萬里泝沿畏途
炎裔鮮克保全賸衣含氣我獨無害即知　慈雄覆護
匪無顯効心形祗惕焉敢輒忘復以小子童非已來常
□持大悲菩薩如意輪陁羅尼即我本師願敢永刼令
所鐫刻常爲依怙其莊嚴相好花鬘瓔珞悉佛經教豈

無感通長兄從時任河南府司録參軍泐五字姪聖善寺
沙門勝常圖終創始選功捨財罔不精竭蕆事已畢泐六字
一燈明傳三界歡喜感躍以倡爲銘銘曰
泐七字告仰訴大悲有如昭報嗟乎大悲隨方救護哀我
數年泐七字□悲如燎原炎炎蒸瘴行看跕鳶惟此身勢
豈期生全惟泐四字不迴旋再昇九天如出九泉　衆靈
在空如日高懸無日不見無泐三字如君如父思報何緣
遂刻全身于此山巔山既不朽像亦常存明發泐三字懷
昌論庶爲依怙子子孫孫豈無操信共仰　丕尊
貞元七年歲次辛未二月八日姪前鄧州南陽縣尉

師嬰□　并列兄弟名字　前汝州葉縣尉師牧
師稷　師益
石像銘戶部侍郎盧徵撰前三行損蝕葢自序初以
劉晏得罪坐貶珍州司戶故云夜宿龍門香山寺□
龕天眼□□相對□首□瞑如暫降臨因發誠願歸
旋之日於此造等身像一軀此乃夜郎之役也夜郎
即珍州與史志合序又云貞元更黜又過於此僕夫
在後獨行在側有白衣路人隨□先後因唱言曰去
日花開來時菓熟其去也春三月貶信州長史其歸
也秋八月還右司郎中詳求所言昭報復以闕門効

弱萬里沿岸畏途炎瘴鮮克保全勝衣含氣我獨無
□郎知慈雄覆護詎無顯効云云舊唐書列傳盧徵
范陽人元琇薦徵爲京兆司錄度支員外琇得罪坐
貶爲信州長史遷州刺史入爲右司郎中驟遷給事
中戶部侍郎並與徵自序合新唐書徵附劉晏傳後
所載琇得罪貶秀州長史誤也徵後書長兄從時任
河南府司祿參軍及姪前鄧州南陽縣師朋　前汝州
葉縣尉師牧師稷師益諸人名堂金石續跋
此盧徵因再貶得還造象酬願而自爲此序銘也
案盧徵新唐書附劉晏傳云徵幽州人晏薦爲殿
中侍御史晏得罪貶珍州司戶參軍元琇判度支
薦爲員原誤作元外郎琇得罪貶秀州長史三遷給事
中戶部侍郎碑云自御史謫居夜郎與史言貶珍
州者相合元和三年珍州廢夜郎屬溱州其再貶
也史云秀州碑云信州案秀州唐曰嘉興屬蘇州
至五代時錢元瓘始奏置秀州唐無秀州葢史誤
也碑云右司郎中史所不詳葢以三遷二字括之
部上所闕据史知是戶字石本僅存上一畫也又
案宏簡錄云復貶秀州長史遷信州刺史入爲石
司郎中則謂自秀遷信亦未得實授堂所載歸旋

之日旋誤作施獨行山側山誤作在萬里沿泝泝
誤作浙司錄參軍錄誤作祿

八瓊室金石補正卷三十二終

八瓊室金石補正卷三十三

太倉陸增祥撰　男　繼煇校錄
吳興劉承幹覆校

唐五

龍門山造象一百八十四段

威并妻馬殘刻 高下不齊廣四寸五分五行行字不一字徑八分正書

大唐□缺
廿二日左缺
威并妻馬缺
像一軀爲缺

合識俱登缺

左下所闕當是威之官爵大唐下劉氏作貞觀審之石已缺損

忠州刺史李素儹題名 高廣各二寸三行行字不一字徑四分正書

忠州刺史李素儹妻曹敬造

忠州本名臨州貞觀八年更名

常選人題名 高二寸廣一寸五分二行行四字字徑四分正書

常選人爲燕客敬造

在前刻之左字蹟不出一手是別一種也唐書有吏部常選兵部常選

陽信令元某釋迦象銘 高一尺九寸五分廣一尺五分十四行行廿六字徑五分正書

竊以宣尼闡法絕究仁義之塗庄叟寓言盛述元虛之
理莫不事□身跡之內未窮生滅之源豈若大睲立規
威神廣運慦火宅居之正燎飛響高驤濟苦海之波瀾
楊艫亘翥昏塗翔其慧炬真際蔭以法雲作人天之福
田爲羣生□良藥自鶴林晦影鷲嶺淪光搆玉臺以日
覽範金容而月蒲咸超歸依□念競申虔仰之心□
□於即虛冥無生於寂滅超出塵累其在茲乎□棣州
陽信縣令元□□□裔所怙具尔孔懷既而藤鼠遄催

隙駒易度□□往躡上柱國□華構而晝零天星爛而
宵墜悲深析羽廣樹勝因以爲玉石無虧丹青有昧遂
於伊闕敬作釋迦石像一龕却背崇山還同雪□□臨
伊水即類聲池似出龍宮如遊鹿菀胷開夏菓將啓振
玉之音目煥秋□□已□横波之睇靈相圓滿侍衛駢羅
天衣舉而風生梵音楊而雷動□塵可化妙色常存劫
茲元石庶傳不朽其詞曰
猗歟正覺皇矣能仁宏宣妙旨廣樹良因光□慧日潤
蔭慈雲每□庶類咸□至真　爰有達人虔心攝想□
□□□雕鐫妙相□□□日曜□□雲□□□□歸依□□

□仰　暉容外□䄂儀內□□力所□□□□□□□□□
□□□□潛通□□八斛永證三空
後二行失拓據劉氏補之此刻不見年月補訪碑
錄系諸東魏未知所據案陽信魏隸滄州隋開皇
二年屬棣州大業二年復屬滄州唐武德四年又
置棣州縣來屬八年州廢復故貞觀元年省陽信
八年復置屬德州十七年復以滄州之厭次德州
之滴河陽信置棣州此稱棣州陽信縣則非大業
以前卽武德八年以前或貞觀十七年以後也隋
煬帝名廣文內三用之則非隋代所刻矣唐太宗

名世民碑書昬字愍字避寫作昬愍亦非武德時
所刻矣蓋在貞觀十七年後焉愍火宅居之正燎
衍一居字

侯□殘刻 高二寸五分廣五寸七行行字大小均不一正書

□□保□
爲□□
蒼生造二
菩薩妻□
及男闍□
道隣□

客子供
養
右刻在顯慶五年趙元慶造象之右劉氏所錄此
刻之左尙有造佛二字似別一刻

安陽尉王承頬題字 高三寸六分廣三寸四行行五六字字徑五分許正書

前相州安陽縣尉王承頬敬造觀世音菩薩一區供養
右刻在永隆二年侯元熾造象上方筆意亦相類

騫思歸題字 高廣行字不計字徑五分行書

□巨女造一區 此行在右
騫思歸 此行在左

右刻在永徽五年造象之兩旁筆意迥異非同時
刻者

造大勢至象記 高廣行字不計如式錄之字徑三分許正書

鈇勠□□
義爲持道𡨋
乃至師僧父母功
匠及路上行者或有
□□
惡墮
恐畏結

悉悪頽斷

悉悪歡喜坍者□□□□□□

大勢至菩薩頋一時作仏

文法書法與萬歲通天元年孔思義造象無異首行見一義字疑即孔思義也持道蓋即治道避高宗諱改

兵曹李德信題名 高二寸六分廣三寸五分四行行字不一字徑六分正書

褫王府兵曹李德信造記

唐高宗弟十一字鳳封虢王號作褫避寫

滕王和題名 高二寸廣二寸二行行三字二字字徑七分正書

滕王和監造

滕當是滕之通借字高祖子元嬰封滕王惟唐書宗室世系表滕王後嗣無名和者劉氏又有滕王府三字一題

梁喜王題名 高二寸三分廣二寸七分三行行三字字徑六分正書

梁喜王造觀世音一軀

高祖弟澄封梁王敬宗弟二子休復亦封梁王

王奇奴題記 高三寸三分廣二寸三行行字不一字徑五分許正書

王奇奴頋身平安敬造觀世音菩薩一區

魏二等三題 高五寸七分上左角石缺廣五寸八行行字不一字徑五分正書

魏二爲亡男造石像一軀頋承此福囙咸登正覺

郭娘造觀世音一軀爲過往師僧父母

□娘造觀世音一軀爲過往師僧父母

楊大福題字 高七寸五分廣二寸二行行九字十字字徑六分正書

佛弟子楊大福敬造觀世音佛一區一心供養仏時

子字添註於旁

張七娘王訓題字 高五寸四分廣四寸五行行字不一字徑七分有直界格正書

南陽郡張七娘爲男岳奴□□釋迦牟尼仏

太原王訓爲母善願敬造觀世音

高義基□慶題字 高一寸一分廣五寸九行行二三字字徑四分正書

弟子高義基□慶造救苦觀世音菩薩像一區供養

音字添註於旁以基字命名當在元宗以前

程□藏題記 高二寸三分廣五寸二分七行行三字字徑五分正書

□□□年程□藏爲七世父母及法界并兄敬造

以上七段世字中缺一筆

尼德相題記 高三寸八分廣五寸二分七行行五字字徑六分正書

比邱尼德相奉爲累劫師僧巳過七世父母敬造觀世音僞眷屬倉生咸同斯福

兩世字均避寫作世

任右藏丞題記 高五寸六分廣二寸三行行八字字徑六分正書

魏州莘縣人任石藏丞頠合家眷屬平安敬造觀音一
軀
右刻無年月補訪碑錄列於東魏之末案魏書地
形志無魏州亦無莘縣後周始置魏州隋書地理
志莘縣舊曰陽平後齊改樂平隋開皇六年復故
名八年改淸邑十六年置莘州大業初州廢始改
縣名爲莘其非魏刻無疑石藏丞當是官名左右
藏令丞始設於晉南北朝至唐皆有此職稱觀音
不加世字唐以前間一見之唐人避太宗諱而觀
音之稱於是盛行殆唐刻也新唐書魏州龍朔二

年更名冀州咸亨三年復曰魏州又武德五年以
莘臨黃武陽博州之武水置莘州貞觀元年州廢
縣還故屬此稱魏州莘縣不在龍朔二年以前即
在咸亨三年以後也

兵曹參軍王艮輔題字 高七寸五分廣二寸五分二行行九字十字字徑七分正書

河南府兵曹參軍王艮輔敬造釋迦牟尼像一□

王艮輔妻韋題字 高八寸二分廣二寸五分二行行十一字八字字徑八分正書

河南府兵曹參軍王艮輔妻韋敬造藥師像一軀

開元初改司兵爲兵曹改洛州爲河南府

王倫妻陳女婆題記 高六寸四分廣四寸五分九行行十二字字徑四分末一行特小有直界格正書

□□□□王倫妻陳女婆□□□□□□出家只爲罪業
九重□□□□脫母子共作左相觀音一□□側各起屋
僧代身出家釋□□頠又小女婆□□思頠造□相觀
音并□波□□一部功□倫成慶訖賽酬往頠遍及群
生證盡果負爲無所得十月一日刊習銘記

訪碑錄以爲在陝西湻化誤

造觀音象題字 高三寸廣一寸六分二行行五字字徑五分正書

爲法界衆生造觀音一軀

任定方題記 高六寸五分廣二寸二行行字不齊字徑五分正書

弟子任宆方爲法界蒼生父母□□敬造救苦觀音一
區

宆劉氏作乏誤

王德仁女小娘題記 高三寸七分廣五寸八行行五字字徑五分正書

王德仁女小娘爲亡父敬造觀音菩薩并造法華經一
部又捨衣作石橋南□回果貧益存亡成□□□

永耀寺善相等五人題記 高二寸六分廣一尺六寸三分廿二行行字不一字徑五分正書

永耀寺主善相供養

弃空普爲四生俱得解脫敬造地藏供養
小光敬造觀音供養
奉爲亡兄侯道乞敬造
淨如敬造觀音供養
深解爲四恩三有法界衆生俱得出家成无上道敬造
地藏菩薩一軀供養

景福寺尼九娘題字 高六寸五分廣三寸四行行字不一字徑六分正書

景福寺比邱尼九娘爲亡母郭敬造弥陁像一鋪供養
又爲身患敬造觀音地藏各一區供養

蔡意娘題字 高五寸廣一寸八分二行行六字字徑七分正書

清信女蔡意娘敬造觀音菩薩

劉大娘題字 高四寸三分廣一寸六分二行行七字字徑六分正書

劉大娘爲亡母敬造觀音菩薩一區

石行果妻王題記 高五寸三分廣二寸五分三行行字不一字徑五分正書

石行果妻王爲男四兒身患今得除預顛造救苦觀音
一區

豫作預通借

侯李五題字 高四寸廣一寸五分二行行字不齊字徑四分許正書

侯李五敬造觀音一區供養

裴羅漢題記 高三寸廣六寸九行行字不一字徑五分有直界格正書

清信仏弟子裴羅漢爲七代父母願身平安敬造地藏
觀音十面菩薩各一軀以斯功德散霑法界衆生咸同
此福

十面未得其解或亦佛號菩作蓓涉下薩字加卩

旁七下所缺是代字

周有意題記 高四寸三分廣三寸四行行字不齊字徑六分正書左行

佛弟子周有意爲亡男敬造救苦觀音菩薩一區一心
供養

劉金仁題字 高四寸廣三寸五分三行行字大小均不一正書

劉金仁爲亡易敬真造觀音一軀

男作易男之變體唐以前諸刻多稱觀世音唐人

避諱去世字以上十三段俱同

清信女劉題記 高四寸二分廣二寸五分三行行五六字字徑七分正書

清信女劉爲七代父母敬造阿弥陁像四軀

李保妻楊題記 高三寸七分廣五寸七行行七字字徑五分正書

佛弟子李保妻楊敬造浮圖一所并造阿弥陁像一鋪
上爲　皇帝七代師僧父母及先亡見存遍及法界衆
生同遵斯福

張大娘等七八題字 高一寸廣一尺三寸五分廿一行行字大小不一正書

張大娘造

大□偕法力一心供養

秦三娘爲七代仙亡造

劉三娘造

張休慶 此三字左行

□舡樓造

尹別寺造

先亡作仙亡後四題另紙分拓据劉氏併入

杜法力題字 高二寸四分廣三寸五分四行行三字字徑六分正書

杜法力爲天仙府君造像一區

又 高二寸四分廣四寸五分七行行字不一字徑五分正書

杜法力爲閻羅大王造像一區及七代先亡并倍業造

唐以前稱七世唐人避諱改用七代以上四段皆然

又 高一寸六分廣四寸八分七行行三字字徑五分正書

杜法力爲五道將軍及夫人□山府□録事□造一□

又 高二寸廣六寸三分九行行二三字字徑六分正隸

杜法力爲天曹地府各造五區牛頭獄卒各一區

獄當是嶽之譌

又 高一寸五分廣四寸七行行三字字徑五分正書

□□□□□□□羅王□問婆□南斗北辰各二區

尼僧暉題記 高三寸廣一尺前後共存十二行又署款四行在中間像龕之下行字均不一

前約闕三行字徑五分許正書

輒竭身資造釋加牟尼佛多寶佛二區 以上刻象右

願天下合迷受苦衆生嶽塵有命普離幽辰上勝妙景

伏願七世父母所生父母下及因緣眷屬世〻之處恒

遇諸佛同生妙洛遊步□華 以上刻象左 比邱尼僧暉爲亡

母惠好敬造

比邱尼□暉造象記行書無年月似是唐人却不諱

世字故附於隋末 潛研堂目

命作命俗樂作洛同音之誤潛研以不避世字附

隋末案唐人造象中不避世者極多愚夫村婦未

可盡以禁令繩之且或有貞觀以前造者

宋九娘題字 高一寸三分廣三寸六行行二三字字徑四分正書

弟子宋九娘爲身造觀世音菩薩一□

身字旁列先刻巨字後改身字

清信女張題記 高四寸八分廣三寸七分五行行六字末行七字字徑六分正書有方界格

清信女張敬造阿弥陁像一鋪上爲 皇帝下及七世

師僧父母法界共同此褔

徫乞德題字 高六寸五分廣四寸三行行字不齊字徑七分正書

徫乞德并妻曹女大娘及七世父母師僧普供養

徫氏不見於姓書疑郎逢字古人从乏之字往往通用彳旁劉氏作徐誤乞亦誤乙

李去泰題記 高四寸廣六寸九行行六字字徑六分正書

□□四年正月□□□日佛弟子李去泰敬造阿弥陁像一救苦觀世音菩薩城藏菩薩爲師僧父母及法衆蒼生見存眷屬俱登正覺

地藏誤城藏法衆猶言僧衆或郎法界之誤

孫英仁題記 高五寸廣二寸五分三行行九字字徑六分正書

佛弟子淸信女孫英仁奉爲七世父母及法界敬造供養

此與龍朔三年淸信女司馬造象筆意無二或同時所刻

淸信女李殘刻 高五寸六分廣六寸七行行六字字徑七分正書

泐 □斯福

此行全曼忠

淸信女李爲身

遇時 患 遂發大

願 救 苦觀

世 薩一軀

功 下泐

第二行行首頗似顯字然惟右旁上半曰字淸晰餘皆僅存形似未敢定也

尼□隆等題記 高一寸六分廣七寸十六行行字不一字徑三分餘行書

泐 三年□□□日比邱尼交隆□爲皇□陛下所生□毋七世父□□累淰衆 缺 □道象□□亂合□□□緑典佛□三會成□□薩□比邱尼僧□造□□下及一切□□□□□□

右刻字蹟悼佬姑就可辨者錄之隆上似是客字

典疑與字之誤

千牛高思儉題記 高七寸廣三寸三行行九字字徑六分正書有方界格

千牛高思儉爲巨妻崔氏造救□觀世音像一軀願□□量生淨土

千牛即千牛備身掌執御刀服花鈿繡衣綠執象笏宿衛侍從開元中千牛備身左右并爲千牛

朱義題名 高五寸廣九分一行九字字徑六分正書

觀世音像弟子朱義造

龐守一題字 高六寸五分廣一寸六分二行行字不一字徑六分正書

龐守一造觀世音菩薩像願平安

守一劉氏作守上誤

岐山寂仁師題記高五寸廣四寸五分七行行八字字徑四分正書

□州岐山縣武都鄉寂仁師上爲亡考□見存內親六
因卷屬敬造石像十世一佛二菩薩並同願往生西方
安樂國一心供空二格養諸佛功訖

李慶衛迴題名高二寸三分廣四寸五分六行行二三字字徑六分正書

李慶造地藏菩薩衛迴造觀世音菩薩

以上十三段均不避世字然的係唐刻

沙門知道題字高二寸五分廣四寸二分四行行二字字徑七分正書

沙門知道爲孃敬造

在前刻之右是一手所書惟大小不同耳

又高四寸廣二寸二行行六字字徑五分正書

僧知道爲入遼見造地藏菩薩

文有入遼字或貞觀年征遼時造

張師政兄弟題記高一尺三寸五分廣五寸五分六行行十八十九字字徑五分餘行書

□□六年三月卅日佛弟子張師政兄弟晉首爲亡父
於龍門西頰優填王像龕內敬造賢劫千石像庄嚴成
就願亡考尊□十方淨土處□往生見佛聞法解脫煩
惱見在慈母願起居□□動止安和所有眷屬無災無
鄣普及一□□道五趣四生同離苦卮供登正覺

以供爲共供上當是厄字刊刻多一筆耳或云危字

周行立題記高二寸四分廣六寸七分八行行四五字字徑五分正書

周行立妻聶男思恭願合家平安敬造阿弥陁像二區
普願常聞鍾磬恒聞法音一心供養□登正覺

鐘作鍾古字磬作磬異文

李仁慈題記高五寸廣四寸前五行行九字至十一字後二行行三字字徑五分正書

清信弟子李仁慈發心治道今割減淨財爲亡遂人關
義□□□無敬造弥陁像二區今得成就以此功德願

拯救蒼生法界有緣同超苦海

不避治字當在高宗以前

衛功參軍裴沿題記高七寸三分廣三寸二分四行行字不齊字徑六分許行書

前衛州可功叅軍事裴沿時年卅三月廿八日生發心
造一區阿弥驉像所有罪業厄雖隋除合家平安

衛作衛司作可陁作驉難作雖隋疑卽消字唐書宰相世系表有兩裴沿一出南來吳裴侍御史大理正歆之孫戶部侍郎腆之子一出東眷裴宰相度之孫權知刑部侍郎諗之子皆不言官職未必卽此造象之裴沿也

清信女王題記 高九寸廣六寸五分前五行行十字末一行無考字徑六分正書

伊闕縣河晏鄉清信女王爲亡女敬造阿弥陁像一鋪
并二菩薩願亡者往生西方見存獲福下及含生共霑
斯善

上泐廿八日畢功

闕縣殘題記 高四寸五分右下方損缺廣存九寸八分十一行行字不一字徑五分正書

闕縣缺敬爲七缺一切法界缺造像一龕在□都之前
伊闕之後既失居雫電之內同寄風燭之間倏忽而如
陳駒須臾而看度鳥謹鐫一字以誡将来

倏倐之俗省電上劉氏作雲石已曼患恐是雷字

⿰阝享于知道題記 高六寸廣一寸七分二行行字不一字徑五分正書

河南縣霹靂鄉⿰阝享于知道願平安敬造弥陁仏龕供養

⿰阝享湻之異文

介休□宏福題記 高二寸三分廣四寸五分八行行四字字徑五分正書

汾州介休縣弟□□宏福妻□爲身患願早差敬造地
藏菩薩一區合家供養

三原史毛等題名 高二寸廣三寸四行行二三字字徑六分正書

三原縣史毛等劉婆等敬造
男百通姓夫妻敬造

毛俗三字後一行在左據劉氏補

梁縣任大娘題字 高四寸廣一寸二行行八九字字徑四分行書

汝州梁縣任大娘爲亡夫造阿弥陁像一鋪

南充縣壯穩定題名 高二寸一分廣三寸四行行三字字徑六分正書

果州南充縣壯穩乏供養

降州懷智題記 高二寸廣四寸二分六行行二三字字徑五分正書

降州人懷智爲父母願合家平安造仏一區

絳州作降州古通

鄭州司功任遒題名 高二寸一分廣二寸五分三行行三字字徑六分正書

鄭州司功任遒敬造

太子典設郎袁仲蔣題記 高五寸六分廣存三寸三行行字不齊字徑七分正

書

前缺母及妹敬□阿弥陁像一龕太子典設郎袁仲蔣
造

龍朔二年改齋帥曰典設太子典設郎四人從六
品下典設局左春坊所總司

許昌令容胡題字 高三寸三分廣一寸八分二行行五字六字字徑五分正書

許昌令容胡造寶勝如来像

劉氏所錄別有許昌令容胡造六字一題

推官董才等題名 高四寸七分廣六寸十行行字不一字徑五分許正書

推官董才錄事李□□三娘張寶儀胡短□有相張靜

蕭齊□□智音辛客子王三乚張玉恥楊𣪊降馬元□
師竭石籠司馬焚□石生凱兒□安王□□生□馬洽
度張□安寵老㝗張後泐
推官字半蝕据筠清館定之前行尙有筆蹟不可辨識恐或不止一行毎行上下亦疑有闕推官之設自李唐始

謁者劉子道題名高四寸二分廣二寸八分二行行三字字徑寸許正書有方界格

謁者劉子道造

唐書內侍省有內謁者十二人都水監有河隄謁者六人王府有謁者二人凡王官署銜必以某王府冠之又有百

司問事謁者一人均不單稱謁者案太常寺條內云大祭祀省牲器則謁者爲之導小祀及公卿嘉禮命謁者贊相此所題謁者殆卽是歟

相里婆題記高三寸五分廣三寸七分五行行五字字徑六分正書

仏弟子相里婆願平安及爲法界衆生敬造阿弥陁仏
一軀

晉大夫里克被戮少子季連逃居相城因爲相里氏

張元德殘刻高不整存廣四寸四行行字不一字徑七分正書有方界格

缺 張元德及 缺 □造弥陁 缺 同斯福 缺 年

五日殘刻存高五寸廣三寸三行行字不一字徑六分餘正書有直界格

倉生歸心三 缺 一鋪空 五日成□

徐大娘題記高廣各三寸四行行四字字徑六分正書

淸信女徐大娘願𡉏生淨度敬造佛一龕

土作度同音假借龕卽龕之俗

□惠殘刻高存三寸三分廣四寸五分六行行四五字字徑六分有方界格

缺 七月六日 缺 □惠爲𢀖父 缺 □陁像一龕 缺 □方離
苦解 缺 界倉生共趍 缺 昇彼岸

王樹興題記高四寸廣三寸四行行字不一字徑五分正書

弟子王樹興妻□並己身故有餘□□敬造弥陁像□
身供養

樹字椎拓未清据劉氏定之身上似是等字

尼法貴等題記高三寸廣五寸七行行字不一字徑五分正書

□□□年五月十□日比邱尼法貴比邱尼僧安賫亾
□比邱尼僧明造□勸像一區願亾勸約六七字□一切□
生德如

前後供養象各二軀文末了疑像左尙有題字未拓也

尼法明題記高七寸五分廣二寸七分三行行九字字徑六分有方界格正書

比邱尼法明造弥陁像并二菩薩福利群生同昇彼岸

尼道進法明題字高一寸三分廣四寸七行行二三字字徑三分餘正書

比邱尼道進法明願父母平安相見造

或即前刻之法明劉氏所錄首行象上右角有一

明字當即法明供養像之題榜也

李四娘題記高四寸五分廣存三寸四行行六字字徑五分餘正書有方界格

佛弟子李四娘爲父母敬造阿弥陁像一鋪願□□□

□共同後缺

沈舍裕題記高二寸二分廣三寸五分四行行六字字徑五分正書

沈舍裕爲亡父母合家大小一切法介倉生怖同善□

界作介古字說文介畫也普作怖譌字善下有一

平字次行有供養二字字體不類當是後人所鑿

非原刻也劉氏錄入平字并以次行爲供養二字

殊非次行之左尙有一觀字特大較原刻倍之

普會題記高二寸七分廣六寸六分存七行行三四字字徑六分正書

□土□□□□□普會現生未来恒值三寶一切含

靈同歸此摩

現劉氏誤作親劉氏別有楊普會造象一種自署

里貫曰蒲州安邑縣或即此造象之人細審拓本

弟二行末隱約有木旁可見

□惣持題記高二寸七分廣四寸六行行四五字字徑五分正書

□□□□□惣持爲亡父□合家大小一切法界倉生

怖同□善

此刻與沈舍裕造象文字相同當是同時所刻

常文才女舍利題記高五寸八分廣三寸七分四行行六字字徑六分正書

弟子常文才女舍利爲家內鬼神不安敬造阿弥陁像

一坩

高善達題記高二寸廣三寸八分七行行三字字徑四分正書有方界格

弟子高善達爲一切法界衆生敬造阿弥陁仏一軀

界作衆俗此刻與登封造象行款字體相同疑同

時造者劉氏又有高善達造象一種自署里貫稱

石州定胡縣當即此人

田文基母李題字高三寸廣五寸六行行三字字徑六分正書

田文基母李爲亡姑造阿弥陁像并二菩薩

以基字爲名當在先天之前

程大娘題字高一寸二分廣三寸三分五行行二字字徑五分正書

程大娘爲嫁子造仏一軀

淸信女官題字高二寸四分廣四寸四分七行行三字末行四字字大小不一正書

淸信女官爲亡夫敬造阿弥陁像一鋪元年功乞及男

女缺

稱元年而不書建號豈在肅宗上元時邪

丁瞿曇妻王題字 高三寸廣一寸八分三行 行字不一字徑三分正書

丁瞿曇妻王晉爲□界衆生造像一軀

郭阿九題字 高一寸二分廣不計十三行 行字不一字徑四分正書

弟子郭阿九男醍漢爲父母及一切□弟子王□造兩區

後七行據劉氏補七行前恐有缺損

盧汞吉題字 高四寸廣二寸二分三行 行五字字徑六分正書

盧汞吉爲身患敬造阿弥陁像一軀

□宜利題字 高二寸廣三寸二分四行 行三字字徑五分正書

弟子□宜利爲妻患得□敬□

弟子下似王字

李相□母題字 高三寸二分廣二寸三行 行六字字徑四分正書

李相木母敬造業道像七軀一心供養仏時記

相下似樹字

淸信弟子王殘刻 高存三寸六分廣二寸一行 行存五字字徑五分正書

淸信弟子王缺存母敬造弥缺

任王二人題字 高五寸七分廣二寸五分三行 行七字字徑五分餘正書

淸信女任王二人爲亡比丘尼靜行敬造像一龕

□二娘爲弟造像題字 高二寸七分廣三寸三分四行 行三四字字徑五分正書

□二娘爲弟亡行造藥師佛供養

李三娘題字 高三寸廣四寸七分四行 行字不齊字徑七分許正書

李三娘爲亡女劉大娘造像一龕

淸信女高題字 高四寸八分廣二寸八分三行 行存六七字字徑五分正書

淸信女高爲亡夫缺敬造阿弥陁一缺并息大師供養

劉氏所錄三行上方有像一龕三字下闕二行阿弥陁下無一字

張慶宗題字 高四寸七分廣四寸四行 行五六字字徑六分正書

弟子張慶宗爲所生父母造地藏菩薩一區合家供養

祝三兒題字 高一寸七分廣二寸一分六行 行四字字徑三分正書

佛弟子祝三兒爲亡父母及見存身敬造業道佛十區

李哲題字 高六寸廣二寸二行 字不計字徑五分正書

李拓爲眷屬及含生敬造像一軀

楊大娘題字 高五寸五分廣一寸七分二行 行字不計字徑六分正書

楊大娘爲夫裴懷義患敬造

嚴三娘題字 高五寸四分廣二寸二行 行字不齊字徑七分正書

淸信女嚴三娘爲□娟〻醜〻敬造

田婆題字 高三寸廣五寸七行 行三四字字徑六分正書

淸信田婆造業道十區田男千區亡新婦十區田爲孫
男造兩區

車万全題字高二寸廣一寸五分三行行四字字徑三分正書

車万全爲父母造佛一區

澤大娘題字高三寸五分廣二寸二行行五字字徑五分正書

澤大娘爲母造一佛供養

田三娘題字高二寸五分廣三寸四行行字不一字徑六分正書

田三娘爲母造一軀爲身造

金文軌妻甑題字高三寸五分廣三寸三行行四字字徑六分正書

金文　軌妻甑爲婆敬　造

上官英俊等題名高一寸五分廣三寸七行行二三字字徑六分正書

上官英俊爲父母造弟子吏元景爲父母造

英當郎英字

高思歸題字高三寸廣二寸二行行四字二字字徑五分正書

高思歸爲身敬造

李元哲題字高四寸三分廣三寸三分三行行五六字字徑六分有直界格正書左行

佛弟子李元拓爲巳考敬造阿弥陁佛一龕

梁持戒題字高三寸六分廣一寸二分二行行六字四字字徑五分正書

梁持戒爲父造一佛供養

尼惠紅題字高五寸五分廣二寸三分二行行七字八字字徑七分正書

比邱尼惠紅爲□靜約敬造像□□

淸信女趙題字高六寸五分廣三寸三行行字不計字徑六分正書左方損缺

淸信女趙爲巳夫□□長造七□并泐見元□

郭九娘題字高一寸二分廣五寸六行行二字字徑六分正書

郭九娘爲娘身敬造佛兩軀

王福昌題字高二寸五分廣二寸三行行四五字字徑四分正書

弟子王福昌爲母造阿弥陁仏一區

昌劉氏作景非

荆須伞題字高二寸七分廣二寸二分三行行字不一字徑四分正書

弟子母所乙女出于李阿福弟荆須伞等敬造

所乙女者所姓乙名所乙之女也所姓出宋大夫華所事之後漢有諫議大夫所忠武帝時人見風俗通後漢有所輔平原人小吏父奉郎中見元和姓纂又春秋時有魯大夫所俠穀梁注云所其氏也出于李阿福者李阿福之女甥也弟下劉氏作荆從之須作頒等作并皆誤

□如海題字高一寸四分廣二寸三分六行行字不一字徑三分正書

□如海令仍衆生普及合家巳者齊□□

令仍二字不可解

段六娘題字高四寸廣二寸三行行六字字徑六分正書

弟子段六娘願身平安敬造弥陁仏一龕供養

夏侯升題字高三寸廣二寸二分三行行五六字字徑四五分行書

夏侯升爲合家口各造像一軀一心供養

清信徐題字高二寸二分廣三寸五分五行行三字字徑五分正書

清信徐爲息居從還京願平安敬造

張承基題字高二寸廣四寸四分五行行字不一字徑五分正書

仏弟子張承基爲七□□母□造井一區一心供養

韓婆奴題字高二寸五分廣二寸三行行字不一字徑五分正書

弟子韓婆奴爲有巨造仏一區

吕思敬題字高三寸廣二寸五分四行行字不一字徑五分正書

弟子吕思敬爲父母及兄弟姉妹等造仏一□供□

王威題字高五寸二分廣一寸一行七字字徑六分正書

王威爲巨妻泉造

泉本姓全吳全琮之孫暉封高陽侯食封白水改爲泉氏南北朝有泉仙李洛州刺史

刄五娘題字高廣各二寸三行行三字字徑五分正書

刄五娘爲亡子造

銘記殘刻高九寸五分廣一寸三分一行十一字字徑六分正書

雜之霧永離衆苦所願從心

離作雜願作願從作從竟似從字此刻頗似唐以

前物姑從類列

禱疾題字在塚龕左右高四寸各廣一寸三分各一行五字字徑八分餘正書

願万病除愈　願万病除愈

韓曳雲司徒端等題字高二尺廣一尺二寸二分四行行七字字徑二寸二三分正書有方界格後姓氏七行行五列列七人

優填王像北龕韓曳雲等共造供養優填王像南龕司徒端等共造供養

韓曳雲　司徒端　劉彦擧　康法藏　董德卧

宗伏寶　劉師刘　攝　道　范明仁　朱行滿

王行敏　房處元　楊神福　田元軌　張元景

沈行琛　段伏擧　尋威仁　徐龍廊　李文素

董師經　緱　則　田　表　房僧榮　劉思儉

張元儉　張思儉　賈元仙　王元肖　史　誠

衛行□　韓　素　陳元儼　戚仁德　陳士經

內有攝姓一人緱姓一人案萬姓統譜攝出周攝叔之後元和姓纂緱見姓苑有兩望一陳留孝子傳陳留緱氏女名玉一河南官氏志渴侯改爲緱氏此刻在洛陽當出河南望

王懐忠等七人題名高七寸五分廣三寸二行行字不計字徑五分正書附題名一人

王懷忠　趙大娘　阮四娘　王大娘　張四娘　荊

十等一心供侍

田思貞此刻在左下方即附於此

趙大娘等六題高廣行字不計如式錄之正書

忠像

趙昱

趙大娘像

竹宏懿書　陳

此龕　娘

成

弟子

貞

造

余所得本僅見趙大娘像四字餘俱失拓据劉氏補之上下兩列凡像五龕題字皆在其旁忠上所缺疑是懷字貞上所缺疑是田思二字

楊二娘等三人題記高三寸五分廣四寸六行行字不一字徑五分許正書

楊二娘張二娘張大娘共造阿弥陁佛三軀願家口平

安一心供養

王元禮題字高二寸廣九寸八行行二字字徑七分許正書

王元禮爲己身敬造阿弥陁像四區供養

楊婆題字高三寸三分廣二寸八分四行行六字字徑五分餘行書

楊婆爲身造佛爲巨女造菩薩　爲外生造菩薩　閆

五月了

孫處德題字高六寸廣二寸四分二行行四字五字字徑八分正書

孫處德爲兄處義敬造

陳恒山題名高三寸廣二寸五分二行行四字三字字徑六七分正書左行

陳恒山造像一軀

右刻在孫處德造象上方

陳儒題名高三寸五分廣二寸二分二行行三字字徑七分正書左行

陳儒造像一軀

此與前刻字蹟無二蓋其族同造而一人所書也

書法娟秀儒即儒

閻處沖題名高四寸八分廣二寸六分二行行五字四字徑八分正書

閻處沖造弥陁像一軀

右刻在任定方造象下方

皇甫文剛題名高五寸五分廣三寸三行行七字字徑六分正書有方界格

佛弟子皇甫文剛并妻敬造　優填王　像一軀供養

陳婆妳題名高廣各二寸三分三行行三字字徑六分正書

陳婆妳造弥陁像一坩

程兇名題名高四寸廣二寸五分三行行字不齊字徑六分正書

程兇名及妻李敬造阿弥陁像一龕

趙伍兒題名高二寸五分廣三寸四行行三四字字徑六分正書

弟子趙伍兒造像七軀共養佛侍

陳荆解題名高一寸五分廣三寸六分四行行一二字字徑五分正書

陳荆解造弥勒一區

何万安題名高二寸廣二寸五分三行行三字字徑五分正書

何万安敬造仏一區

□興書題名高三寸四分廣三寸三行行四五字字徑六分正書

佛弟子□興書敬造像一鋪供養

吳白眉題名高二寸六分廣二寸三分三行行五字字徑六分正書

佛弟子吳白眉敬造阿弥陁像一龕

荆小攸題名高二寸廣一寸六分二行行四字字徑五分正書

弟子荆小攸造一區

攸字不見於字書

趙盤題名高二寸三分廣一寸四分一行五字字徑七分正書

趙盤鐫一尊

李五德題名高二寸五分廣二寸二行行三字字徑六分正書

李五德造七佛

趙元瓌題名高二寸五分廣一寸三分二行行五字字徑四分正書

弟子趙元瓌敬造仏一區

胡僧雜樹殘刻高三寸二分廣二寸二行存四五字字徑五分正書

缺胡僧雜樹缺□一心供養

清信女可敦題名高四寸廣二寸五分三行行四字字徑一寸許正書

清信女可敦敬造弥陁像

唐書突厥傳單于妻曰可敦此非其俗當是以此命名或曰可姓也唐有諫議大夫可中正見正字通

僧敬殘刻高廣不齊二行行存二字六字字徑五分許正書

缺僧敬缺尊像一龕供養

石作張珂題名高二寸三分廣一寸四分三行行字不一字徑四分正書左行另一行在左上方

石作張珂造菩薩一尊

石作郭令逆

蔡宏節題名高廣不齊二行行五字二字字徑七分正書

蔡宏節造井一軀

王大娘題名高二寸廣一寸一分二行行四字三字字徑五分正書

王大娘造像一軀

張賓等題名高二寸廣一寸二分二行行四字字徑三分正書

張賓□賓□楚瓊造

在前刻左上方

社老李懷辟等題名高一尺二寸二分廣一尺六分十一行行姓氏兩列字徑五分許正書下附姓氏八人字較小均正書

社老李懷辟　乇匸巖知慎　□王
錄事張神劍　楊瓊璋　劉崇瓚□
任劉祥　宋楚玉　杜元禮
王思禮　斑元禮　劉文掂
薩奚思九　康元智　徐令斌
喬行毅　董道真　尹懷恪
梁元禮　梁大賓　陳汝眾
毛元昉　皇甫元暕
侯元禮　崔承禮　𠃓客
申文幹　張守質
成思惲

乇郎邑字邑正郎邑中正隋代避諱去中字當是隋刻姑附列於唐劉崇瓚等一列是後來所附刻字體異而且小

王忩兩題高三寸五分廣二寸二分二行行六字字徑四分正書

文林郎王忩造

文林郎王忩造

前行忩字添注於左旁中間隱隱有一覩字較大又有一記字殆古刻之磨賸者歟劉氏所錄此刻之左尚有字數行一行存王字一行存州李二字一行存造字

梁文雄兩題二紙各高三寸二分廣三寸許共四行行三四字徑寸許正書

梁文雄父供養
梁文雄母韋供養

尼政懃殘刻高一寸二分廣三寸前一行存二字後五行行二三字字徑四分正書附下方題名二行行五六字字徑六分許正書

供養
比邱尼
政懃
造比邱　趙懷信敬造
尼□　阿馮敬造田□
頭造

孟二娘等四人題名高六分廣七寸橫列每行一字字徑四分正書

孟二娘　薩唐□　申爽造　任永□

朱武政等四人題名高三寸廣五寸六分四行行三四字字徑五分許正書

朱武政造　劉要娘造　採蓮造　馮元訓造

象洋等四人題名龕右高三寸廣一寸五分二行行存五字龕下高一寸七分廣六寸八分四行行二三字字徑五分正書

象洋　李趙庭　李賓庭　趙令則

□□李趙庭賓庭趙令則

象卽魚之俗右刻在王君意無年月一刻之下列

法惠題名高六寸廣一寸五分一行八字字徑五分正書

淨土寺上坐法惠造

王智泰題名高一寸八分廣二寸二分三行行三字字徑五分正書

弟子王智泰一心敬造

道遠題名高二寸二分廣二寸二行行四字字徑五分正書

比邱道遠一心供養

趙菩提題名高三寸五分廣二寸一行行五字四字字徑五分正書

趙菩提及妻王婆敬造

趙敬福等題名高二寸二分廣五寸五分四行行二字字徑七分正書

趙敬福弟敬本造

盧承母題名高四寸三分廣三寸二行行三字字徑寸餘正書

盧承母崔敬造

祁舉兒題名高二寸二分廣一寸五分二行行三字字徑五分餘正書

祁舉兒娘子盛

弟一字似邳劉氏作祁從之此刻在垂拱年夏侯

□造象之左察其字體非同時造者弟一行下方

有一郭字郭字之前二行有一張字張下一字曼

患是別一刻而失拓者劉氏亦未錄入其筆意郤

與夏侯□造象相似

王乾福題名高四寸廣二寸四分二行行三四字字徑六分正書

王乾福妻母張婆

楊隱妻題名高一寸七分廣三寸三行行二字字徑六分正書

楊隱妻觀音造

阿姜婆題名高一寸廣二寸八分橫列行一二字字徑五分正書

弟子阿姜婆造

李文德妻題名高二寸二分廣二寸二行行三字字徑六分正書

李文德妻張造

嚴景明等二人題名高二寸四分廣五寸五分四行行字大小不計正書

瞉景腦敬造此刻左行　□亭王□母造佛

腦字反作腦

歌扇題名高一寸廣四寸橫列四字字徑七分正書

歌扇敬造

歌氏見姓苑

孔文昌題名高二寸二分廣二寸二行行三字二字字徑六分正書

孔文昌敬造

郢公女姉題名高四寸三分廣一寸五分一行五字字徑八分正書

郢公女姉造

姉即嬭字集韻云乳也或作妳風土歲時記云一作妳博雅云楚人呼母曰嬭此云女姉殆乳母也劉氏所錄有貞觀年豫章公主姉及鄎王阿姉等造象與此正同

張大温題名高四寸廣一寸五分一行四字字徑八分正書

張大温造

房賓子妻題名高四寸廣二寸一行四字字徑六分正書

房賓子妻張

張字失拓据劉氏補

八瓊室金石補正卷三十三終

八瓊室金石補正卷三十四

太倉陸增祥撰　男　繼輝校錄
吳興劉承幹覆校

唐六

美行本紀功碑貞觀十四年六月廿五日四十五額五行行三字萃編載卷以額爲標題

治化所沾缺治字咸暨咸誤成瀰海缺瀰字裹酒裹作衷缺酒字閒屈戎旅竊多榜五缺戎旅竊多榜五字五誤玉磨□至今靡遵聲教磨誤注廟諱缺遵聲教三字玁狁缺玁字蟒蠆之毒缺毒字賊蝦數誤殺但妖氛缺但字百木冰碎缺碎字葬日葬誤葬化齊得一齊誤賚缺一字陣開龍勝缺勝字胡風晝昏缺昏字司馬安□真詞下二字缺

瀰即瀰洒當即洎榜五者旁午之異文磨即歷歷下右旁似局不可強識司馬下關中金石記作太真詞具行五字諦審之真上似是安字具行二字亦未的石泐處碑空不書萃編於前單上作一□非碑無標題萃編以額當之書體多乖殆非文人所爲萃編多以正字錄入不具述未盈旬月字旁注庚子下碑有空格或以爲閏六月按六月丁卯朔與通鑑目錄合是年閏十月非六月也据授堂金石跋碑側可補八字而驍衛將軍授堂作武

衛未知孰是此本失拓碑有翻本字多譌謬

濮陽令于孝顯碑

高五尺五寸廣二尺二寸廿九行行五十八字字徑五分正書有界格篆額四行行四字字長徑二寸陽文題云大唐故騎都尉濮州濮陽縣令于君之碑在三原

大唐故騎都尉濮州濮陽縣令□君之碑

君諱孝顯字犀角河陰河南人也肇自赤雀棲户白魚躍舟時經百代歲逾千祀崇基緬邈輿嵩岱而齊高華胄芬芳共蘭蓀而竝馥廷尉以陰□□□名播漢朝將軍以陷陳揚麾聲流魏室自此琳琅接耀軒冕連陰雖張湯之七葉珥貂郗鑒之四世台鼎方之蔑如也曾祖

提魏孝文以勅勤地居□□氣接幽都陸梁狠望之前掘強龍庭之外遂授公節鉞奉使宣威公喻以存亡示其禍福勅勤犁顙樹領獻馬稱藩主上嘉使乎之功授以佐北將軍隴西太守自魏厤將終周圖已兆先臣舊佐咸加爵賞蒙授使持節太傅柱國大將軍封建平郡開國公從班例也祖瑾周太師三老尚書右僕射柱國燕國公謚曰文巨川舟楫鼐鼎鹽梅燮理陰陽寒燠無愆舒之□弼諧王道□令有清靜之歌父禮周使持節大候正大將軍趙州刺史安平郡開國公周武帝親御六軍問罪東夏躬麾九伐爰愸西師乃以公爲大使摠

知兵馬節度申公居鼎柱之□齊王廣帝弟之親咸皆稟其英謨諮其進退公乃施十計開出六奇或飛書下城或搴旗陷陣獫衝飈之眷寒擁旭日之泮春氷會未浹辰僞都平蕩□武平齊之日總集僞官謂高阿那肱曰平鄴國者由此人也昔吕子牙之佐周号鷹揚而滅紂王士治之翼晉歌龍驤而殄吳隋代相望□無慙德君稟川岳之靈膺星辰之氣角立傑出高翥獨翔括百行之樞機軼九德之軌躅一室不掃陳仲舉之生平万里封侯班仲升之意氣莪巖電於神彩韞荊玉於匈懷騫翥如積風之運鵬昂昂如鶱雲而逝驟開皇十三年

起家任右親衛非其好也阮嗣宗之傲誕屈以步兵馬文子之文詞登之武騎俄而文皇晏駕煬帝嗣興刻刮舊章草刱新政瑤室瑤臺之制邁辛癸之宫車轍馬跡之行越姬劉之幸公乃告歸託疾養素邱園不事王侯鑿坏而已於是親賓斷問慶弔不通保周陂而訪三姜依蔣徑而尋二仲甘樂山藪木石爲隣燕歌唱而白雲凝邱琴奏而元鶴舞讀張衡之賦且悅歸田諷宋玉之詞爾憂失職逮隋風已替率土分崩九服移心三靈改卜天星飛驟落海水□万姓嗷嗷噡烏靡所太上皇龍躍晉野鳳舉秦川揮寶劍而斬素靈擁神兵而齊赤

伏羣雄畢湊衆善咸歸遂杖劒轅門投□獻欵棠補左
武候録事參軍于時義甯元年也皇圖俶落　帝典權
輿王□充叛換洛川竇建德猘陵河朔驤聚蝟扇狼顧
鴟張駈掠我黎元違拒我聲教眘言經略理資英傑乃
授元帥府鎧曺參軍於是破八開堡清城宮□太陽門
陷陣先登獲勳第一蒙授騎都尉武德四年授雍州録
事參軍屬神州之要居輦轂之下五方雜沓四民設早
紏撾姦伏思若有神不待赭汙之權詎勞鉤距之詐貞
觀元年又授朝議郎行濮州濮陽縣令君下車布政除
煩去瘼而移風易俗□□三年俗富刑清穖踰朞月還

牛恕米是表於深仁馴雉移𧕿彌彰於善政豈止沉丕
鄴縣畱神灌壇而已哉水積歸塘竟滔滔□東注日沉
昧谷遂黯黯而西徂辰巳之夢忽鍾膏肓之祟便及以
貞觀十年四月四日寢疾卒于濮陽官舍春秋六十四
陶潛琴酒對彭澤而誰懽言偃絃哥臨武城而莫奏鳴
呼哀哉君器宇淹凝風神秀逸襟懷肅穆与寒松而並
勁志氣蕭條共秋天而競爽履仁為度蹈義成基不以
富貴嫣人常以謙虛待物可謂淑人君子邦家之彥者
歟爰以貞觀十四年歲次庚子十一月壬寅朔十日戊
子遷窆于雍州三原縣洪壽鄉之原夫人李氏平昌縣

主
皇帝堂姑王姬下降作嬪君子四德□□中饋六行愁
于閨儀婉懋馳聲幽閑表德既而于君長逝守志孀居
同穴之義莫從異路之悲奄至撫育遺稚皆遵禮度雖
享家存教斷織貽訓曾何足云嫡子匹則等並學稟箕
裘德齊顏閔竭忠貞以事主極愛敬以安親列鼎切季
路之懷從車軫曾參之歎乃詢諸古老考之前代紀素
譽於元石刻遺範於幽埏庶感風樹之悲以慰寒泉之
思文曰
逖矣洪源遐哉峻趾崇山億丈長河千里陸離英彥森

梢杞梓纓冕適承琳瑯間起其一廼祖英果懍懍申霜廼
父誠績評評勤王碓圖獨運逸氣孤翔東徂獻凱北使
歸壇其二萬生君子風神特達□侍丹墀警巡紫闥腰韃
負羽橫戈戴鶡驥騄既馳湛盧方割其三有隨道喪滄海
橫流知機體命卜築林邸一人御物六合承休翻然
筮仕佐府參州其四參州伊何繩違糾惡佐府伊何繁弓
砥鍔姦慝息訟邊隅靜柝衢路風生戈矛霜落其五一同
出宰百里□風霜威狡猾露惠鰥窮庶期永錫如何不
終武城絃絕彭澤樽空其六人事浮促生靈□□孫楚長
埋韓□永逝朝思餘藻野悲遺惠先秋刈蘭當春剪桂

其七□□□□□□□俄悲谷徙遷欵舟藏松函厲□
□□□□□□□□□□□□□
孝顯之曾祖提魏書與朱長生同列節義傳以使高車不辱命歸拜隴西太守賜爵五等男祖謹字思敬周書有傳保定三年詔以太傅燕國公謹爲三老帝親幸太學以禮食之天和二年授雍州牧三年薨於位贈雍州刺史謚曰文父禮謹之第四子上大將軍安平郡公周書附見謹子實傳唐書宰相世系表誤以禮爲謹之第八子世系表又謂謹從西魏孝武帝入關遂爲京兆長安人周書謹傳則云河南洛陽人

此碑又云河陰河南人也唐書謹曾孫志甯傳亦云京兆高陵人蓋謹子實翼義皆家關中其後爲京兆人孝顯父子則仍居祖籍爲河南八河陰郡東魏所置今孟津縣地河南縣即今洛陽縣地孝顯之祖周書本傳及唐書世系表皆作謹獨此碑作瑾孝顯之窆以壬寅朔十日當是辛亥碑作戊子誤筠清館金石記

按唐書宰相世系表于氏出姬姓周武王子邘叔子孫以國爲氏其後去邑爲于氏自東海郯縣隨拓拔隣徙代改爲万紐于氏後魏孝文時復爲于氏栗磾生洛拔洛拔生天恩天恩生仁仁生子安子安生子提北史于栗磾傳栗磾孫致致弟天恩天恩子仁生位太中大夫仁生子安定平原郡太守高平都都將安定子子提隴西郡守唐書以仁生作仁安定作子安誤子提之子衍此碑與魏書節義傳周書于謹傳並作提提生謹從西魏孝武帝入關爲京兆長安人此碑云河陰河南人者後魏都洛陽洛拔諸子皆徙河南從孝武入關則自謹始而周隋史傳仍以謹爲河南洛陽蓋于氏兩京皆有第宅如兩唐書于志甯傳並云高陵人京兆屬縣據志甯墓碑薨於東都安衆里第而傳亦以爲卒於家也白魚赤雀系溯姬周廷尉名播漢朝謂于公之啟定國將軍聲流魏室謂栗磾以冠軍將軍佐道武平趙魏也魏書節義傳于提與朱

長生使高車阿伏至羅脅之降不從積三歲乃得還高祖以守節同蘇武甚嘉之拜提隴西太守賜爵五等男北史高車傳太和十四年阿伏至羅奉貢孝文使于提往觀虛實阿伏至羅與窮奇遣使隨提朝貢詔員外散騎侍郎可足渾長生復與于提使高車唐書回紇傳其先匈奴元魏時亦稱高車部或曰勑勒碑云奉使勑勤勑勤即勑勒勑勒即高車與魏書北史正合唐書又稱回紇依託高車臣屬特厥近謂之特勒又突厥傳可汗者猶古之單于其子弟謂之特勒通鑑考異特勒諸書或作特勤今從新舊二唐書

予藏涼國公契苾明碑乃武后時婁師德製文殷元
祚正書序云明祖繼莫賀特勤銘云特勤垂裕顧氏
炎武金石文字記載柳公權神策軍碑有大特勤嗢
沒斯並作特勤是碑勑勤地居□□勑勤犂類一見
再見字皆作勤蓋勑之作特以音近而通勤之作勒
以形似而誤顧氏據史而疑石刻錢氏大昕養新錄
則據碑以訂史文得此證之錢說彌允史多傳寫失
真碑乃當時手蹟必以爲書碑筆誤焉有一碑屢誤
諸碑同誤不謀而畫一耶是史誤而碑不誤也□西
闕字當郎隴西北史謂周保定二年以子謹著勳追

贈太保建平郡公據碑則建平之封乃從班例惟太
保爲追贈故碑不之及也于謹史皆作謹碑作瑾以
字思敬推之從謹爲正碑書誤也宰相世系表謹九
子寔翼義智紹禰簡禮廣表詳寔翼義子孫世次餘
皆未列北史謹子寔寔弟翼翼弟義義弟禮禮弟智
智弟紹紹弟禰禰弟蘭蘭弟曠蘭與簡曠與廣字既
小異而序次亦殊寔子仲文獄中上書有云弟二叔
翼弟三叔義弟五叔智則禮次於義較爲有據禮上
將軍趙州刺史安平郡公官爵正與碑合碑文父下
闕字爲禮無疑祥案碑不闕　齊王憲帝弟之尊謂周武弟

憲建德三年以齊公進爵爲王鼎臣句上下闕二字
與齊王句對或指韋孝寬諸人建德六年滅齊碑文
武平齊句上闕一字郎周字高阿那肱齊丞相密召
周師者晉書王濬字士治隔代相望□無慚德以上
皆敘孝顯先世官勛隋書百官志左右衛掌宮掖禁
禦督攝仗衛各統親衛自隋文帝開皇中葉至煬帝
大業季年孝顯隱居觀變迨唐高祖起兵太原克長
安立隋代王侑爲皇帝改元義甯孝顯乃與羣雄投
欵義甯二年高祖受禪武德元年以太宗爲西討元
帥進位雍州牧拜左右武候大將軍二年王世充稱

帝於東都竇建德定都樂壽國號曰夏碑所謂扱換
洛川馮陵河朔也三年太宗討世充敗之於北邙四
年敗建德於虎牢擒之世充降左武候錄事參軍元
帥府鎧曹參軍雍州錄事參軍皆仍隋職而爲太宗
屬官陷陣獲勳即從太宗定亂也隋地理志濮陽縣
屬東郡武德三年杜才榦以濮州降唐蓋新附之地
方資綏輯特以孝顯爲濮陽令也貞觀十年孝顯年
六十四則生於周武帝建德元年是歲陳宣帝太建
四年齊後主武平三年此碑金石家皆未著錄嘉慶
二十年靈石翟桐壁兵備鳳翔宰三原得以拓贈碑

文幾一千六百字剝蝕者止數十字惟末行殘闕撰書者皆無攷耳 金石續編

碑在三原縣淡村無撰書人姓名筆意與衛景武公碑相類時帶隸法孝顯先世前跋已詳惟授征北將軍魏書北史所不載碑言太傅周書北史均作太保瑾爲尙書右僕射周書北史均作尙書左僕射其拜尙書左僕射在大統十二年孝閔踐阼遷太傅太宗伯授雍州牧卒贈太師雍州刺史碑言太師而不及其餘可也何又言尙書右僕射邪禮爲大將軍北史作上將軍周書作上大將軍亦

復岐異碑言大偀正史所不詳大偀正北周官名未詳所屬碑多別字向沿六朝陋習如俗作僟馥作馥楫作楫盬作擅變作燮整作慗稟皆作稾瀋作璿闕作闕樵作樵偃作偃爽作爽𡚱作嫛者不可悉數惟厥作氒胄作㑹不作丕歌作哥疆作壃爲合於古至驕人作嬌鞶窮作盤皆音同假借字

楊州都督裵公段志元碑 貞觀十六年□月十八日 萃編載卷四十五

鷹揚之□□於郏鄏 缺郏鄏二字 雅頌 雅誤群 鏌和柃 缺和柃二字 西周 缺西字 邁中涓功銘 缺中涓銘三字 漢□士初 缺士初二字 平王世充 缺平字 日𢝸 缺𢝸字 雖漢后之痛□孫晉 缺漢后晉四字 痛委

質運始宣力□國 缺委宣力國四字 牆宇 缺牆字 軼寇賈 缺軼字

碑云詔司存圖形於戢武閣金石錄謂河間元王與此碑皆云圖形戢武意淩煙先名戢武後改之耳攷舊唐書本紀貞觀十七年詔圖畫勳臣於淩煙閣河間元王以貞觀十四年薨志元以貞觀十六年薨其時本圖形在戢武閣迨十七年改畫淩煙而戢武之制遂廢玉海引實錄太宗與公卿讌太上皇於戢武殿置酒爲歡乙夜方散明日復置酒於淩煙閣戢武閣其即戢武殿歟 平津讀碑記

長安志戢武殿在大安宮淩煙閣在凝陰殿南淩

煙閣之西又有功臣閣疑戢武閣即功臣閣也

文州總管陸讓碑 貞觀十七年十一月廿六日 萃編載卷四十六

胙土□周 缺胙土二字 六□□職 缺六字 晉世 缺晉字 傳之□策 缺策字 袖寄 寄誤宋 長史 缺長字 因郎 缺因字 有寄 缺有字 雖累葉奄□ 缺葉奄二字 世載 缺世字 兵戎 缺戎字 獻替之道 缺獻替二字 舌信 缺舌字 警□衛 缺衛字 將相 缺相字 千邑 千誤十 懋賞 賞誤貫 大納言 缺大言二字 器□□□識□□□□在□久 缺識在可二字 廣州 缺可字 十乘 缺十字 彼萌黎 缺萌黎二字 政成 缺政字 自越 缺百字 汪□□澄 缺澄字 二月還□京 缺還京二字此下井少空一格 真公之謂矣 缺真公二字 七年 缺七字 □宏獻替 註缺替字又宏字失廟諱他

碑中如此熒官缺官則哲缺則者甚多也熒字哲字

隋陸讓碑在三原縣額題隨文州總管光祿卿陸使君碑十二字正書文凡千二百字磨泐不能成誦就可辨者爲節其略云云銘凡三百二十字全泐末二行一行太子洗馬某人撰一云太原郭儼書隋唐石刻拾遺萃編載葬日存貞觀□七年歲次癸卯十□月□末□□六日壬寅字案癸卯是貞觀十七年隋唐石刻拾遺錄作十九年誤訪碑錄作二十七年尤誤貞觀只廿三年也又案通鑑目錄是年九月丁丑朔十二月丙午朔以此推之則朔日直未當是

十月未上當是丁字十十一兩月有一小盡故十二月朔直丙午惟朔日丁未則是月不得有壬寅且碑於十下月上尚有一格均不相合竊意是十一月丁丑朔則壬寅爲廿六日是月小盡十二月朔直丙午碑已泐萃編誤丑爲未也本紀是年十一月己卯郊壬午賜酺己卯是三日壬午是六日亦無不合碑書氓黎作萠黎氓萠古通又訪碑錄云陳□□撰陳疑陵字之誤□陵爲撰人之里貫與郭儼之署太原同又隋有李安隴西狄道人官大將軍封趙郡公疑卽夫人之父萃編誤安爲晏也石本已泐

經行寺舍利塔題記石方七寸二分四行行十字後空字徑七分正書

大唐貞觀十八年太歲甲辰十月辛丑朔經行寺僧曇
徹共鄉人造塔舍利廿四粒

字畫謹嚴方勁唐刻之佳者

絳溪石佛寺造象七種在簡州

比邱明幹題記高九寸廣八寸記刻象右六行行字不一字徑五分許正書

貞觀廿一年三月廿八日北邱明幹爲□㐂亾父母兄
弟敬造弥勒仏像一龕供養願藉玆勝緣過去亡考生

□兜率天見弥勒仏法界衆生普同供□

比誤刻作北

□□□妻黃題記高五寸廣一尺三寸十三行行字不一字徑六分正書

第一行闕全泐
月十日□□□妻黃□□□大蕬□音啓蔭
四界鄣敱檝缺寫真容敬造缺尊像二龕一龕缺□
□□心一龕考缺□□□高岸爲缺長存海變桒缺□
出四生六道同沾

龍泉里□惠男元幹題記高一尺四寸廣一尺一寸十一行行存十二字字徑七分正書左行

簡州陽安縣析成鄉龍泉里□妙缺惠男元幹報鐏粧

西方憮□世缺弥□□壹龕并广□舍兩閒□□缺
杆□家口平安國土安□　皇帝缺聖化□窮福□万
葉龍□歡□風缺時五穀豐登田□万陪六畜□健缺
衆生同□□□□請七僧表慶謹缺□三缺李□□男
□母□缺□元溢新婦缺元缺□忠□忠□缺上缺□
□□鐫佛
倍書作陪下拓未全約兩字許
丁公器題記高一尺四寸廣八寸八行行存字不一字徑六分正書有直界格
缺□□□弟子簡州□□字缺三騎尉丁公器缺□□□
□□怙恃之恩□缺□□神□□缺□相繼潛耀毀□

□□缺□□□□缺忝承言有懷痛心□缺□□□
□□缺思□耀庶幾□□缺空一行極□□□以酬神□
缺□□□□道□缺
路榮題名高一尺廣二寸一行字徑六分正書
弟子路榮為亡□□父缺
韋行本題字高一尺廣一寸五分一行字徑七八分正書
弟子韋行本敬造供養
比邱行敦題字高八寸廣一寸五分一行字徑六分正書
比邱行敦敬造供養
晉祠銘碑貞觀廿一年七月　萃編載卷四十六有闕譌并未錄碑陰

作輔作化誤石鏡石名誤岫雲膏雨斯起其至仁也缺二字斯起
蜺裳霓蜺作體聖賢之屏仲字缺賢信乃茲泉表異帶仙字
而爲珎缺帶仙字而四字豐桼連箱缺桼字望之而逾顯缺顯字山西通
志作肅是輔非桼稷缺輔字是依豈篚篚之爲惠缺豈篚三字以
祈嘉福爰初鞠旅缺爰初鞠三字洪業實賴神功故知茫茫缺實
賴神功故知六字則有洊枯之害缺洊枯二字無德不報所以巡往
跡缺不報二字明神所歆缺神字地祇仰德缺祇仰二字竹帛降靈
汾晉缺降字出西通志靈誤臨霧缺鑑霽碧字
碑陰七行行字不一字徑八分許前二行較小非一人所書宋人題刻附錄於此字體大小詳後
司徒太子太師上柱國趙國公臣無忌　四明

太子太保上柱國宋國公臣瑀
特進太子詹事兼左衛率上柱國英國公臣勣
光祿大夫刑部尚書上柱國鄖國公臣張亮
禮部尚書上柱國江夏郡王臣道宗
太常卿駙馬都尉柱國安德郡公臣楊師道
正議大夫守中書令太子左庶子兼攝吏部尚書護軍
臣馬周上七行是立碑時所刻
附□禹錫題名二行共十一字字徑五分正書在右方下角
聖宋皇祐辛卯生日□禹錫
辛卯為皇祐三年

邢佐臣等題名三行行六字字徑一寸二分正書左行在碑側呂升卿題名之上

大宋至和二年四月十日邢佐臣余藻同来

范陽盧大雅等題名九行行七字字徑六分正書在左方曾布等題名之下

熙甯戊申歲秋九月十四日范陽盧大雅君美臨川王安禮和甫清源王李安國同謁晉祠會均福富明日如白雲石甕宿明仙又明日遊甘泉開化而歸李題

太原王安脩等題名四行行七字字徑一寸五分正書在盧大雅題名下

太原王安脩世長廣平程易先之安陽蔣䀁渭公熙甯癸丑孟夏同遊

龐京孫等題名二行行八字字徑■分正書在邰壎題名之左

龐京孫同弟公孫男山来元豐三年八月

府判邢平等餞送題名四行行十七字字徑七分行書在唐刻之左

大師王公得請還青社府通判邢平權叔陽曲縣令崔衮規臣從事盧訥仁老喬震伯起袁百之必強主簿江高餞送元豐七年正月八日記

呂升卿還朝題記六行行字不一字徑八分行書左行在王脩題記之上

元豐七年正月予伯兄吉甫帥太原五月升卿被旨来面授所議事入奏六月十七日還朝過晉祠姪雖洵及余中李士亨高陟明餞送至此男洞侍行温陵呂升卿明甫題甥余徹

安撫使曾布等禱雨題名十一行行八字字徑寸許正書在左上方

龍圖閣學士河東經略安撫使曾布提點刑獄朝議大夫范子諒躬率寮吏禱雨祠下通判太原軍府事田盛高復簽書河東節度判官盧訥知陽曲縣馮忱之走馬承受王演檢法官史彝從行元祐丙寅歲七月十三日訥謹題

刊者任覲

丹楊邰壎題名二行行八字十字字徑七分行書在陳知存題名之左

丹楊邰壎伯友恭謁靈祠元祐己巳仲春二日

魯郡侯曾布告遷題記五行行十四字字徑七分正書在碑側上方

魯郡侯曾布以元祐丙寅歲閏二月庚戌出帥河東四月丙辰至太原視事已已四月丙午易守真定五月辛外率僚吏告遷于晉祠之神丙申受代而東子壻興國呉則禮書

王脩脩廟題記六行行十一字字徑六分正書

紹聖三年四月二十一日大帥左轄王公命王脩永之再新廟宇是年七月初二日邱括公度王□元規釆按視弓珣温甫蕭經臣伯鄰偕行王良弓褰之督役同至

轉運使陳知存題名五行行七字字徑寸許行書在唐刻四五六七行之下

紹聖乙亥嘗恭謁晉祠政和乙未再到六月十二日李
路轉運使陳知存謹題姪銑從行

提刑苗仲淵題名三行行字不一字徑寸許行書在王安禮題名之左

開封苗仲淵師顏自湖南提刑移本路政和五年十月
晦祇見　祠下男丕侍

右晉祠銘在太原府西南四十里元和郡縣志晉祠一名王祠周唐叔虞祠也有晉祠銘在乾陽門街貞觀二十年太宗幸并州所置御製并書册府元龜亦云太宗貞觀二十年正月幸晉祠樹碑製文親書之于

石今碑有太宗飛白書貞觀廿年正月廿六日九字題額舊唐書太宗本紀貞觀十九年十二月戊申幸并州二十年正月上在并州三月己巳車駕至京師碑正其在并州時所作金石萃編以碑首題二十一年七月蓋未見此額沿朱竹垞題跋之誤平津讀碑記

桉唐太宗晉祠銘碑陰諸臣題名并太宗飛白題額貞觀廿年正月廿六日九字萃編皆失拓但見碑首有貞觀二十一年七月題字據以編年與孫氏訪碑錄皆沿朱竹垞之誤也元和郡縣志册府元龜唐書太宗本紀云云與前跋同以碑額證之並合題名七人皆從行諸臣新書宰相表長孫無忌蕭瑀李勣張亮馬周結銜皆同史稱十九年十一月吏部尚書楊師道左遷工部尚書此稱太常卿當是十一月後再貶是年十二月勅禮部尚書江夏王道宗發兵鎮朔州中書令馬周攝吏部尚書與碑銜並合二十年三月己丑刑部尚書張亮斬於西市四月甲子太子太保蕭瑀解太保皆車駕還京之後據以證碑陰碑額尤不得系以二十一年七月矣金石續編

萃編跋云化輔當是作輔審諸拓本本係作字王氏偶未細審耳山西通志載有此文碑所闕泐據

以補注於旁志載亦多譌誤不復贅述碑陰題名七人王氏跋內言之而仍復失錄殆誤于繕者之手邪首行下有四明二字確是當時原刻著錄家從未言及無忌洛陽人此二字未知何故宋題名廿九人山西通志職官只列曾布王安禮二人志云曾布元祐元年以龍圖閣學士知太原府王安禮紹聖二年知太原府餘俱失載苗仲淵爲湖南提刑湖南通志亦失載皆可据以補志之闕此題名云河東經略安撫使者蓋即以知太原府充之也王安禮安石之弟河東昔介辟爲幕職除著作

佐郎崇文院校書遷直集賢院歷知潤興湖州為
開封判官俄直舍人院同修起居注尋進知制誥
以翰林學士知開封府元豐初拜中大夫尚書右
丞轉左丞久之以端明殿學士出知江甯元祐中
加資政殿學士歷揚青蔡三州為御史言落學士
移于州紹聖初還職知永興軍二年知太原府此
題名在熙甯元年尙是河東幕僚時也陳知存嘗
為京東路轉運使魯孔夫子廟碑側有其題名時
為政和改元季秋盧大雅題云舍均福堂明日如
白雲石甕宿明仙又明日遊甘泉開化而歸案元

至元間弋轂重修晉祠記云祠南大池西岸有流
盃池池上曰均福堂据此刻則重修時未經更名
尙仍其舊城西十五里有白雲迎福寺在龍山相
傳為唐裴休退隱之所懸甕山在縣西十里古晉
祠即在其麓山腹有巨石象甕因以為名山有懸
甕寺北齊僧離辨緣山鑿石室所建西南十里有
明仙寺亦在龍山金趙可有自白雲石甕至明仙
詩云白雲下明仙巖路縈九折是所謂白雲者即
龍山之白雲迎福寺也石甕者即懸甕也龍山之
南有明仙峪此云宿明仙即明仙寺也又西北十
里有崇山下有甘泉一泓相近有開化峪甘泉寺
在焉後晉蘇禹珪有重修崇山開化莊嚴閣記是
所謂甘泉開化者即其地也碑有飛白書額題立
碑年月金石錄目云二十年七月潛研堂目訪碑
錄曝書亭集金石萃編均作二十一年七月平津
讀碑記金石續編筠清館金石記皆作廿年正月
廿六日未見拓本仍從萃編原次碑側尙有題名
六種亦未見拓本又案文有云襟帶邊亭邊亭二
字難解山西志作邊方而碑刻實係亭字或謂是
亭之誤

文安縣主墓誌

高一尺九寸四分寬一尺九寸五分正書二十九行行二十九字字徑五分有界格正書在乾州

大唐故文安縣主墓誌銘并序

主諱　字　隴西成紀人也夫天靈啓聖跡被崑崙之
墟皇維命氏道光□夷之土至於補元立極之功駕羽
乘雲之業握琁圖於景宿懸寶祚於貞明其唯　大唐
者歟　曾祖元皇帝被風化於墳枚始艱難於邠篇
祖武皇帝升晞晉牧之振汾水襄城之駕卷懷列辟財
成群有父巢剌王勣珪疏奧壤戚茂維城鬱楚澤之雕
雲聚淮南之仙氣遂使茗華孕美結緑開珎景溢星漢

輝聯珠發晨栖阿閣聲調丹穴之禽夕掐瑤池色麗青
田之羽及其笄□蘭掖漸潤椒庭水移銀箭尚敷褵於
師氏燈滅金羊已鏘環於□傳栖志圖史遊心幾律盼
葽葉而興勤聽嚐音而遺誡意匠言泉之旨飛雲吾露
之端桝客庄窓乍起流鸎之賦月含花簟回裁搆衣之
篇採桔藻組之規澄漠紘綖之務靡不思窮妍麗歷歸
閑謚貞觀十五年正月五日封文安縣主脂賦開榮公
宮從訓乃以其月十四日降姻於工部尚書駙馬都尉
紀公之世子段儼華舒穠圖秀發夭蹊迸兩生暉副笄
增飾尸芳牖下既奉宣平之奠思媚諸姑還侍河陽之

箒嬪儀載穆閨饋惟馨循拊性於珩璜韻柔情於琴瑟
瞻霧霓而退翥歌悅懌而長懷朝露溘晞詎留光於瑶
草秋風忽起空滅彩於瓊林弄玉乘煙怨吹蕭之伎巧
常娥飛月痛仙丸之不追以貞觀廿二年二月三日卒
於長安頒政里之第春秋廿六嗚呼哀哉惟主心資淑
慎體茂清明璐霜絳雪不能渝其操秋菊春松有以方
其質香名遠集尚申式於芳禰令言斯屏每含馨於蘭
氣信以黼藻中閨抑楊內範淑人不永傷哉如何怨家
道之無庇痛藿䆮之何託感里無酸　宸襟凝歎即以
其年三月廿二日陪葬于　昭陵竁穸所由　恩旨隨

給周京歸賵寵切於前哀瀰水會盟事踰於昔禮湘川
之下還見舒姑之泉鮒隅之陰方傳貞女之硤採彤管
之遺詠彫芳塵於不朽其詞曰
帝降元圖宸居紫微金柯疊秀琁萼分暉桂輪澄彩星
津結霏誕茲卞淑克嗣音徽延慈丹禁稟訓彤闈綴珠
爲珥雕玉成衣拂景孤唳淩霞獨飛婉娩其性透邃其
質春緒含雲秋情儷日降殯君子来宜家室李侄初華
梅林未實絜資芳錡心調友瑟鳥變祥禖熊慰夢吉願
莬俄掩奔駒遽逸卜遠將及靈驂已巿音儀遂泯禴翟
空陳平原改色清渭迷津埋龍毀劍碎辟侵塵佳城日

黯埏路泉新帷傷奉倩簟恨安仁一生何有萬古銷春
縣主爲駙馬都尉段綸之子婦綸尚高密公主夫婦
陪葬昭陵志云縣主亦陪葬其地唐書載昭陵陪葬
公主十八人而不及縣主從來金石家亦不載此誌
誌中露作䨓禽作禽盼作盻妝作粧鸎作鸎徙作從
帚作箒窈窕作窈窕徒作徒卒作卆戒作戎黼作黼
抑作抑藐作藐徑作徑駒作駒潭淵避高祖諱作潭
水世字直書不避太宗御名終唐之世世字皆缺筆
作廿太宗時尚無是令也古誌石華
唐巢王元吉女文安縣主墓誌見於實刻叢編即此

誌也縣主以貞觀廿二年卒其年廿六則武德九年元吉見殺纔數歲耳夫以元吉之狠戾自禍太宗猶庇育其女以長以嫁既卒且陪葬昭陵不可謂非錫類之厚也 筠清館金石記

右墓志廿九行行廿九字正書字徑五六分縱橫有界格予以史攷之文云高祖元皇帝乃唐高祖之父隋安州總管柱國大將軍昞也曾祖武皇帝即唐高祖也高祖初謚大武後至高宗上元初改謚神堯皇帝墓志作於太宗貞觀時故稱武皇帝惟云父巢剌王劼据新唐書高祖諸子列傳有元霸元吉元霸即

太宗皇帝高祖初受禪立世子建成爲皇太子太宗皇帝世民爲秦王元吉爲齊王至武德九年元吉與太子謀害秦王事泄秦王皆殺之及五子並伏誅貞觀初並改葬元吉追爵海陵郡王及謚改封巢以曹王明嗣故列傳稱巢剌王元吉剌其謚也然則文安縣主之父巢剌王劼即元吉明矣攷傳數高祖諸子多以元字爲排行則其名似本作元吉或亦貞觀追爵改封與謚時改爲劼而史家失攷耳曹王明乃太宗之子蓋太宗登極既追爵改封并爲立嗣故其女亦得封縣主而降姻卒後并陪葬昭陵也文稱降姻於工部尚書駙馬都尉杞公世子段儼者攷唐書諸公主列傳高祖女高密公主下嫁長孫孝政又嫁段綸綸隋兵部尚書文振子爲工部尚書杞國公則段儼即段綸之子傳作杞國公實紀國公之誤字也宋敏求長安志載長安縣六鄉管六里義陽鄉在縣西南二里管布政里而無頒政里畢尚書案裴耀卿撰冀公希球神道碑有葬于長安布政里賜第之文又予見咸亨四年韓寶才墓志云殯於京城西布政之原然長安志言皇城西十三坊有頒政坊又有布政坊疑此言頒政里即頒政坊隋書百官志言仁壽三

年京都諸坊改爲里皆省除里司官以主其事則里本即坊也坊與里可通稱長安志昭陵圖內失載文安縣主墓据此可補其遺漏文於諱字下皆空而不書葢文安縣主本無諱字也其文無撰書人姓名而典麗華美字體亦工整有法當出翰苑名公之手此刻金石家皆未著錄恐亦近年出土者予於紉之葉君處見拓本假錄也 古泉山館金石文編

案唐文安縣屬河北道莫州文安郡李氏舊望隴西故高祖生於長安本紀仍繫以隴西成紀人也元皇帝昞隋封唐公安州總管柱國大將軍謚曰仁高祖

即位追謚曰元皇帝高祖謚曰大武故稱武皇帝巢剌王高祖子太宗母弟兩唐書及通鑑皆作元吉云以元吉字合之其文成唐此誌作劼豈巢剌王名劼字元吉以字行邪元吉死子皆伏誅貞觀初追爵海陵郡王及謚後改封巢以曹王明嗣太宗子曹王明母楊氏本巢王妃帝寵之欲立爲后魏徵諫不可以辰嬴自累乃止駙馬都尉紀公諱愷綸也高祖女高密公主降婚叚綸爲工部尚書杞國公與此誌合惟杞紀小異耳高密以永徽六年薨文安降姻及卒皆高密在堂也頒政里長安志皇城西第一街街西從

北弟三坊巢王諸子被誅文安獨蒙封册且得陪葬昭陵禮同公主葢亦楊氏所生長於宮中爲太宗鍾愛故子以母寵歟高密公主叚綸墓並見昭陵圖而本傳不書陪葬文安陪葬兩唐書及會要通考游師雄李好文圖說皆未載當据此志補之石嘉慶初出於醴泉爲乾州士入所得何知州承薰岳吏目廷鑒各貽拓本書法在歐褚之間可寶也金石續編

古誌石華載此志道光之下以意補入華字而志石已損缺矣貞明作貞閺漸潤缺潤字傳上所缺作內字恐亦以意補者桔作拮从手旁暉作暈恩媚作私媚遐稱作霞稱餔作補鮒隅作鮒魚璲作隧皆誤又志中籥作箭蔓作蔓膈作臞咎作咎是作遐服作服皆黃跋所未及以元吉之女得封縣主陪葬昭陵陸氏謂子以母寵近於羅織以縣主爲楊氏所生殊無確證

司徒鄂公孔穎達碑貞觀廿二年六月十八日萃編載卷四十七

冠□神羊權權上三字缺三任司御馬缺御馬二字騄駬少□遠騄下三字缺末面缺末字百氏年籠曹許孕育毛□缺百氏曹許孕育毛七字巨猾□茲鴟□□熬□□鴟張張上六字均缺秦府缺秦字之危疑缺危字公匡弼缺匡弼二字威□五彩缺威字隨運缺運字蠢□

辟廱缺辟字馬洪缺馬字百段缺段字罕傳缺傳字若晉人缺若字行違缺違字五□□□□□異端公攜缺五攜二字制禮缺禮字恩極缺恩字悠鍾缺悠字里績缺績字築高孫第缺築高二字第謙筆

碑稱貞觀四年加員外散騎常侍□太子中允本傳不載奉勑□撰五經義疏本傳作義訓平津讀碑記

拓本僅得半截先就所見補之

和余米畬題字

高一尺五分廣存五寸七分六行行字不一字徑五分正書在長安出土

貞觀廿三年十二月廿九日大街西從北向南第一院

從北向南第六行從西向東第十三畬納和余米四千

四百石第二頭一千五百石和糴官人右領軍騎曹賈
仁素左衛兵曹杜元逸第二頭二千九百石和糴官人
平准丞蔡逸雍州彔軍□師利左監領挍尉馮武達右
監門挍尉素和陁窖匠張阿劉太倉府步勤監事趙賢
丞宋貿□田强和糴副使左監門長史王元茱大任殿
中丞長孫文則司農卿淸河公楊宏禮

此唐太倉米窖甎亦湯希山拓本攷詳粟窖甎後六
典粟支九年米及雜種三年唐書楊宏禮傳高祖即
位詔襲淸河郡公除太子通事舍人貞觀中累遷中
書舍人拜兵部侍郎掌行在機務還拜中書侍郎遷

司農卿爲崑邱道副大總管下遷涇州刺史永徽初
遷勝州都督改太府卿宰相世系表宏禮中書侍郎
太府少卿甎書司農卿舉專職也素和姓陁名元和
姓纂素和鮮卑檀石槐之支裔後魏有尚書素和跋
右將軍素和突以本白部故號素和孝文改爲和氏
北齊書恩倖傳和士開其先西域商胡本姓素和氏
大麻時有太子左學士素和顔望出河南姓纂有杜
元逸司門郎中餘俟考金石續編

和糴之名始於後魏通鑑梁武中大通六年魏謀遷
都攤諸州和糴粟悉運入鄴城注和糴以充軍食蓋
始於此王應麟亦云後魏定和糴之制馬端臨曰糴
之說仿於齊桓魏文之平糴後世因之和糴則以平
糴藉口者也合攷唐書食貨志通鑑唐紀文獻通考
冊府元龜玉海諸書貞觀時緣邊數十州戍重兵營
田地租不足供軍於是初有和糴甎文爲貞觀十四
年蓋即其時和糴以儲邊餉其後開元中廣關輔之
糴京師糧米益羡天寶中歲以錢六千萬緡賦諸道
和糴米賤則少府加估而糴貴則賤價而糶大麻八
年京師大稔減價糶米加價和糴以利關中興元時
江淮豐稔詔加價和糴米三五十萬石貞元初召諸

道兵戍邊月給粟十七萬斛皆糴於關中三年最爲
豐稔詔所在加糴實强取之遣致京西行營動數百
里車摧馬斃破產不能支入年關輔屢豐江淮水旱
宰相陸贄上言關中歲運東方租米至有斗錢運斗
米之言今關中和糴可至百餘萬斛計諸縣船車至
太倉穀價四十有餘米價七十則一年和糴之數當
轉運之二年一斗轉運之資當和糴之五斗上命度
支增估糴粟三十三萬斛然不能盡用其議元和中
有司以歲熟請畿內和糴府縣配戸督限鞭撻甚於
稅賦寶麻元年詔兩畿及鳳邠涇等道和糴咸通七

年勅曰比爲傷農是開和糴如聞積弊繼有多端善
價不及鄉閭美利皆歸司局戶部擇人深須峻法稍
循前弊必罪所司觀此可知有唐一代和糴之大畧
也號爲和糴其實害民歐陽子之言信有徵矣（金石續編）

（粟窖磚後）

此磚舊在宜興湯希山（景濤）處嗣與粟窖甎同歸
吳氏鈞淸館今不知所在矣文字多平曼後半損
缺據金石續編補注之粂爲糴之省文見集韻莊
子天下篇鳩雜天下之川經典釋文云雜本亦作
粂此則譌字也雜省爲𥻆變爲來遂誤爲粂耳以

爲粂通作雜則一誤再誤矣

左光祿大夫皇甫誕碑（貞觀末　萃編載卷四十四）

於後葉（缺後葉二字）茅社表其（其上三字缺）娟川照關曜奇（奇上五字缺）父璠（缺璠字）驃騎（缺驃字）居貞（缺居字）盡匡救（缺盡匡二字）譽光（光誤加）作鎮（缺鎮字）授公（缺公字）機起（缺起字）千段粟（缺段粟字）其隩隅（缺隩隅二字）性命（缺性字）謂楷模（缺楷模二字）非命之酷（非下三字缺）莫識祭仲（仲上三字缺）平陵（缺平字）隴鍾生禁（禁上三字缺）殷后華宗名卿胄系（后外七字缺）代德衣冠重世（世上五字缺）元輔叅贊機鈞王葉東封貳圖北啓（元下十三字均缺）青蒲（缺蒲字）就職望重府朝譽閶宸極（缺就職望朝譽極六字　宸誤震）橫古樹雲銷喬松敬

銘盛德永播笙鏞（德永外十三字均缺）

據宋拓本校補萃編列貞觀十三年之前金石錄列貞觀末從之

幽州都督牛秀碑

（碑斷缺拓本高二尺九寸二分廣一尺五寸六分存十七行行存卅三字字徑八分正書方界格篆額失拓在醴泉）

大唐故左驍衛大將軍幽州都督上柱國琅邪郡開國公牛公碑銘（幷序）

若夫仰觀成象三辰開上將之星俯察成形九地揔中權之術故洒聞鼓鼙而佇想（感）

社告徵編星坒䁥受天明命光宅域中制軒弧而駕羣材乘夏載而朝萬國其有克（家）

平琅邪公馬（下空）

公諱秀字進達其先隴西狄道人也因官而遷于濮龍首驚雷之澤龜文負卦之濵□之舊（龍）光照於緗篆鴻伐旌於表綴固以龍晃前載軏暎後昆者矣曾祖定後魏韓州顒衙（珠）之瑞□□齊潤仁敷導栢之流父漢隨濮州主薄洺州淸漳縣令蜀客談星（紘）之禮童戲叶□□之容開八陣之圖非究覽於魚復體

三宮之奥焉取鏡於龍韜天
連拒箕亡咸池□三木之華湯谷□一枝之景縱崐墀
之烈火決渤海之衛流三戸□
□□□□□□□命漕□之境□□橘柚之鄉咸造
和門策名麾下白馬之彌徒
□□□□□□□□□□□□□□□□□□□□
王□□□□之□□□□之此後曼威
碑泐下截其上截自十行以後亦磨泐不可辨此亦
昭陵陪葬之一種也其卒葬年月及撰書人姓名均
無可考今編附高宗時　牛秀唐書無傳太宗紀貞

觀十二年九月辛亥闊水道行軍總管牛進達及吐
蕃戰於松州敗之二十一年三月戊子左武衛大將
軍牛進達爲靑邱道行軍大總管七月乙未牛進達
克石城以上三條皆以進達書名而碑云諱秀字進
達蓋以字行也筠清館金石記
宰相世系表漢有牛邯爲護羌校尉因居隴西後徙
安定再徙鶉觚碑言其先隴西狄道人當亦邯之裔
姜行本碑立於貞觀十四年其側題名有交河道行
軍總管左武衛將軍某某縣開國子上柱國牛進達
領兵十五萬時在戰松州之後考唐之武官左右武
衛大將軍各一員正三品將軍各二員從三品進達
蓋自左武衛將軍遷大將軍也徐松
案碑在醴泉縣唐太宗昭陵陪葬功臣墓碑也記昭
陵陪葬者唐書七十四人游師雄昭陵圖百六十五
人文獻通考百五十五人及祁光宗關中陵墓志范
文光昭陵附螯圖皆無秀名記昭陵金石文字者集
古錄目寶刻叢編諸書凡六十三碑明趙崡博加搜
採止得二十有二苟好善醴泉志止二十有一　國
朝林侗昭陵石蹟攷所載十有六碑而已畢中丞沅
撫陝時親陟九嵕窮日搜訪得碑二十六通然皆未

見此碑此碑正書篆額額凡十二字可辨者惟大唐
故左四字而已碑字磨泐惟右方上半段字畫完好
前一行署銜云大唐故左驍衛大將軍幽州都督上
柱國瑯琊郡開國公牛公碑銘其敘履貫云公諱秀
字進達其先隴西狄道人也因官而遷于濮曾祖定
仕後魏曾祖官階及祖名銜俱泐父漢隨濮州主簿
洺州清漳令餘文皆剝落然則上所云因官而遷于
濮者蓋秀隨父刖駕時任遂寄籍其地爲濮人也秀
卒葬年月及撰書此碑人姓名俱無可攷前錄文安
縣主墓志亦陪葬昭陵而爲諸家記錄所遺者因以

秀碑附載其後以見卧麟荒冢斷碣必多留心訪古
當不止畢氏金石記所載已也隋唐石刻拾遺
按牛秀字進達唐書作牛進達蓋當時諸臣多以字
顯金石錄温彥博碑跋尾云唐世諸賢名字可疑者
多封德彝名倫房元齡名喬高士廉名儉顏師古名
籀倫喬儉籀唐無所諱不知何避而行字予考姚思
廉名簡高季輔名馮徐文遠名曠陸德明名元朗尉
遲敬德名恭秦叔寶名瓊殷開山名嶠姜行本名確
許洛仁名濟張道源名河蘇定方名烈論惟貞名瑪
唐林環名瑨徐彥伯名洪薛仁貴名禮王方慶名綝

侯莫陳虔會名肅郎世業名穎張平高名崇王文泊
名泊姚善意名懿崔敦禮名安上盧懷慎名德慎盧
照鄰名子昇韓仲良名良徐有功名宏敏嚴善思名
譔元行沖名澹武平一名甄泉獻誠名實郭元振名
震嚴挺之名浚又段志元獨孤延壽碑同缺其名要
亦皆以字行非必有所諱避也進達之先隴西狄道
人元和姓纂漢牛邯護羌校尉居隴西蓋其後也唐
書無進達專傳而列於忠義傳中太宗紀貞觀十二
年九月闊水道行軍總管牛進達及吐蕃戰於松州
敗之二十一年三月左武衛大將軍牛進達爲青邱

道行軍大總管以伐高麗七月牛進達克石城又貞
觀十四年姜行本高昌紀功碑碑側刻交河道行軍
總管左武衛將軍上柱國□□縣開國公牛進達領
兵十五萬進達官勛可以互證唐會要文獻通考所
載陪陵諸臣不及進達惟宋敏求長安志昭陵陪葬
功臣大將軍以下六十四其第十一爲武衛大將軍
牛進達碑云左驍衛大將軍而志作武衛者本唐書
通鑑仍其前官碑從後衛也唐書忠義傳上載德宗錄武德以來宰相功臣勳名特高者以三等條奏弟二等有左武衛大將軍牛進達按左右驍衛武衛大將軍並正三品幽州大都督從二品
嘉慶二十一年春陝西巡撫靖江朱公勳檄

雒南縣知縣諸城王君森文赴醴泉查勘唐昭陵陪
葬諸王妃主功臣墓道因獲此碑屬爲攷證雖非完
璧已足補正史及諸家志記之缺其文爾皇典則筆
法在歐褚之間與昭仁寺碑相近惜大半殘泐撰書
者皆不傳耳金石續編
右碑下截斷闕左方磨泐殆盡分行錄之得二百
七十八字文云父漢隨濮州主簿洺州清漳縣令
案隋書地理志甄城舊置濮陽郡開皇初郡廢十
六年置濮州大業初廢又清漳開皇十六年置屬
武安郡武安郡後周置洺州又永年舊曰廣平開

皇間改雞澤仁壽初改永年大業初置武安郡是
洺州之改武安郡在大業初年此稱濮州洺州葢
漢爲令簿均在大業前也非究覽於魚復究乃究
之誤

八瓊室金石補正卷三十四終

八瓊室金石補正卷三十五

太倉陸增祥撰　男　繼煇校錄
吳興劉承幹覆校

唐七

益州學館廟堂記幷陰

上缺高四尺三寸廣二尺六寸存廿五行行存字不一字徑七分正書在華陽

首行曼威□□□文翁爲蜀郡守始趍文學□□□□□□□
□□□□□□□聞時逢百六烈火□災堂及□□
並□□□□□□□唯石室獨存至東漢興平元年歲
□□□名堂爲周公禮殿其堂壁上圖畫上古盤古

李老□□歷代帝王之像梁上畫仲尼及七十二□□
□中益州刺史張收所畫令檢□皆□□□□□□□
□軍□□少有□□蜀中□一□□□□□□□□
楹有畫更精妙甚可觀□有能□□□欲□□□□□□
□□□其間□此久□□□□□□□□□益州
刺史劉悛所畫耳東石室北壁有晉義熙九年刺史朱
齡石□□高□□□□□□□□□□□二晉
益州刺史新淦縣侯羅浚所樹其一廿齊永明元年刺
史劉悛□□□□亻□□□□□□□□□前文字
磨滅時代不得而釋夫案廟堂東南柱上鐫會八分書

題□□□□□□□會□□□□□□□□ 鑿度開
建泮宮立堂布觀至壬申年故府梓潼文君增造□寺
二百餘間四百年之□□□□□□□□ 失命烈
火□炎一都之舍官𡰥寺室同朝變為灰燼獨留文翁
石室廟門之內□□□□□□□□□□ 𡰥涫
樂興則國化郡將陳留高□□□□□斯十有三載
□□□□□□塗炭□□□俗□□□□□□□□
文衮古久已訛缺此不備舉其初平即獻帝之年也獻
帝靈帝之子中平六年歲在己巳立□□□□□□□
□
十二月改永隆元年一歲之中三改年号□年歲

在庚午改為初平元年至五年歲在甲戌又改為□□
□□□□ 時火德浸微天下喪亂西蜀僻遠年号不
通故仍取舊名為初平五年也四年歲在癸酉五年歲
在甲戌□□□□ 漢書年麻興平元年歲在甲戌乃
與銘記相符合翁正釋天九月為旻天以此推之即知
此堂□□□□□□□ 分崩海內雲擾 聖
皇膺籙克定中原吳蜀未通聲教尚阻大業十三年冬
十月己□□□□□□□□□ 五年推於初平皆
此例也自興平元年至 大唐永徽元年凡經九
代卌八君□□□十又□□□□□□□ 闕並從炎

燎東漢太守高眹因其舊基重復修立自尒迄今多歷
年所逮西晉至于宋齊之間□□□□□□□ 於
後儀刑禮制法度可觀然其此堂原以竹瓦上棧年代
既深竹瓦漸將摧折今銀青光祿大夫□□□□□□
□ 爰應 綸音述□□漢宣贊 皇猷
鎮茲雅俗敬遵朝典撫綏黎庶導德齊禮崇教興□□
□□□□□ 茲七稔慜斯崇構恐致傾危因率所司
共加修繕粤以永徽元年歲次庚戌二月庚午朔廿日
已亥分□□□□□ 門又更具材瓦以□為像將歸
傾頹並增塗飾其棟梁結構漢時舊制及晉世已□圖

畫一□□校□□□□□□□ □□不墜昔柱史違
周苦縣之祠□泯宣尼□魯闕里之廟□高是知至德
□芳光賢亻□所以□□□□□□□□□ 冊籍紀
其年月以為斯記其在位寮寀爰及部司並題氏族勒
銘於後庶以懸諸日月永永□□者歟
碑陰二列列二十行行字不一字徑七分正書
車都尉西河靳感 善
京兆韋宏敏
國男太原王 宏濟
事天水□抱□

步飛騎尉隴西李□□
都尉宏農□□□
騎都尉河東栁子陽
飛騎尉會稽賀寘□
思
車都尉趙郡李元嗣
郡畢巨義
福壽
君節

吳興劉氏希古樓刊

宏禮
太原郭□□□
禮
郡公□君□以上上列
成都縣令上騎都尉瑯邪顏有意
蜀縣令朝議郎滎陽鄭□晟
綿竹縣令安之張珪
縣令朝議郎□□□□□

縣令吳郡錢昂
江縣令朝議郎蘭陵蕭思仁
新津縣令朝議郎豐城□□國男吳興□□□
晉原縣令朝議郎淳海□□□
新都縣令朝議郎□□單南□□
雙流縣令上騎都□□□□□
雒縣令范陽盧安壽
溫江縣令宣議郎丹陽陶□□
什邡縣令雲騎尉朝散郎宏農□□□
□□縣令承議郎范陽□□□

吳興劉氏希古樓刊

唐隆縣雲騎尉河東栁□□
德陽縣令趙郡李伯符
清城縣令徵事郎隴西李巨□
□□□□西□□□
□□□□□□□□
□□□□□□□盧□□以上下列
此記賀遂亮撰此行在第二列下字徑九分
唐益州學館廟堂記永徽元年顏有意書高朕之名
於義不安頗疑有意得於古碑之訛缺爾存之以俟
博學者集古錄

右唐益州學館廟堂記成都縣令顏有意書撰人題法曹成王文學太子詹事待詔宏文館陵州長史而姓名殘缺不可辨集古錄直以爲有意撰非也碑陰載當時官僚姓名後人題云此記賀遂亮撰未知果是否記文序述前世遺蹟考究異同文詞古雅甚可喜也金石錄

學館廟堂記唐永徽元年賀公亮撰集古錄不著撰人名氏不同輿地碑目

劉燕庭先生輯三巴香古志備載此文距今只三四十年而殘損磨泐又少百七十餘字賴以補之

間有譌闕自以石本爲準趙德甫所見有撰人署銜今無一存碑陰題賀遂亮撰而輿地碑目作賀公亮恐是今本傳刻之誤集古錄文翁石柱記跋尾云據顏有意益州學館廟堂記則以爲顏有意撰也今本集古錄注顏有意書殆据金石錄言之非歐陽原本也碑云文翁爲蜀郡守云云集古錄云按華陽國志文翁爲蜀郡守造講堂作石室一名玉堂安帝永初間烈火爲災堂及寺舍並皆焚燎惟石室獨存至獻帝興平元年太守高朕於玉堂東復造一石室爲周公禮殿碑又云益州刺史劉悛所畫又有齊永明元年刺史劉悛字梭劉悛南齊書北史皆有傳字士操彭城安上里人初名忱宋明帝以反語改爲悛齊永明八年代始興王爲持節監益甯二州諸軍事益州刺史此云永明元年疑史之誤碑又有晉義熙九年刺史朱齡石字金石錄宋武帝檄譙縱文跋引此記云石室北壁有晉義熙九年刺史朱齡石勒宋高祖檄譙縱文其字摩滅不可備識可據以補碑之闕輿地碑目亦云晉朱齡石刻宋高祖檄譙縱文在石室元和姓纂丹陽晉有朱齡石新唐書宰相世系表綽

字祖明西陽太守二子齡石超石皆不詳其官位碑又有晉益州刺史新淦縣侯羅浚字輿地碑目晉益州刺史羅君碑在左右生題名碑陰羅君疑即浚也新淦晉隸揚州豫章郡碑又有廟堂東南柱上鍾會八分書語輿地碑目殿柱記注云先儒謂鍾會書非也鍾會是晉咸熙元年始入蜀距漢興平初禩已七十一年不應追書也今在禮殿碑又有壬申年故府梓潼文君云云金石錄漢周公禮殿記跋云記有云甲午年故府梓潼文君增造吏舍二百餘間按華陽國志有文參字子奇梓潼

八平帝用爲益州太守不從王莽公孫述光武嘉
之疑此記所載即其人也蓋光武建武十年歲在
甲午云此碑所述當即本於禮殿記而甲午壬申
彼此歧異壬申爲新莽始建國五年未知孰是紀
年書干支不書建元似即不從王莽之證恐或以
壬申爲是歟碑又有云十二月改永隆元年一歲
之中三改年号□年歲在庚午改爲初平元年桉
後漢書帝紀中平六年四月帝崩皇子辯即位改
元光熹八月改元昭甯九月帝廢獻帝即位改元
永漢十二月詔除光熹昭甯永漢三號還復中平

六年其明年爲初平元年並無改元永隆之文殤
帝名隆漢人重諱不應以此紀元疑碑之誤也碑
又有云仍取舊名爲初平五年集古錄文翁石柱
記跋尾云記云漢初平五年倉龍甲戌旻天季月
有意謂獻帝無初平五年當是興平元年蓋時天
下喪亂西蜀僻遠年號不通故仍稱舊號今檢范
書本紀初平五年正月改爲興平顧說是也碑陰
顏有意見元和姓纂顏之善之孫官至沔州刺史
章宏敏疑即武后時爲相者柳子陽高祖相柳奭
之從祖昆弟宰相世系表岐州刺史太常卿壽陵
侯柳亨之子姓纂脫州刺二字畢正義亦見姓纂
太原畢諶之後唐滁州刺史畢誠生操操生正表
正則正義正義大理正此畢誠非即相懿宗之畢
諴也盧安壽亦見世系表隋澤州內部長晉州別
駕寶素之子世系表趙郡李氏東祖後有元嗣別
無玄嗣丞相張說之兄有張珪時代稍差當是別
一張珪耳

芮定公豆盧寬碑

高七尺二寸六分廣二尺九寸七分卅二行行六十九字字徑九分正書額題唐故特進芮定公之碑九字在醴泉

首缺

上缺　李義府撰

上缺四十四字若□□□□保□華卿相□膏□之□寓英傑
之□道契興王□缺卅九字奴□□□帝之後今為何南洛
陽人也黃軒之際得姓者為賢業□之郊開□者稱貴
竹□□□遥代捴缺卅四字廣□□命□□魏□周圖史紛
綸可略言矣曾祖萇魏使持節□□□□□□□少保
柱國缺廿四字祖永恩魏使持節車騎大將軍儀同三司侍
中鄀州刺史周鄀利沙文四州刺史□□□□缺卅四字振
芳□□□□父通周使持節車騎大將軍驃騎大將軍

開府儀同三司韻泒野縣公甫□缺四十字洪州総管□
□姿器□前脩藝優往哲榮肅□於魯館□績譽□周
行公尸缺四十四字覽□□之元光慕六韜之術袁楊之資
既重韓白之材無妙朝廿缺廿八字居□□□□心□台
輔之□□□□年授□□公世子仁壽五年以歔□
挽郎授吏部驍騎尉大業九年授河□郡梁泉縣令奉
身清風劉物缺廿字屈□□□□□□時炎□崩離擴□
服蕩妖氛亘地黒□之路未夷大浸稽天□波之勢方
滿公撫全關境咨候　昌期遵卓令之缺十四字率□□新
□投義家授銀青光祿大夫三月授元帥府虞候尋授

越國公府司馬武德元年遷秦王府司馬加授柱國二
年正月授燕擁陝東道行臺缺十三字年□□□檢校行
臺左□四□□南陳縣開國公轉天策上將府從事中
郎既而唐郊纘慶代谷承天□資蒸秉之勢□獨知人
之舉九年授殿中監察御史□□□□□□□□□朝
□□□□於皇撰貞觀二年轉衛府□□□□垣儀□
漢朋掌宮乇於南北總都丞於左右追芳趙□匪懈為
心繼軌辛□忘私□節三年除□郡□□北□□□南
□荆□入□表其聲望萬□由其損益□脫龍泉之劍
棨禮軾於韓稜弗避武賁之司忠勁逖於朱穆六年授

左衛大將軍職冠□□□□優□清□皇流□□叶□□
□□□□□□□□□□□勍□呈□□□□
□太極殿前□守務極殷捴情蕪□諭譽□途於舜戴
請義□於堯儲□　□外式清聲華□遠□榮既総機盈
斯□□□清□□□□□□□□□□諸不許□
三□□□□□□鎮國大将軍芮國公位重黄初德符
清邃揮金逸賞無慙於二賢讓田高志有踰於兩國□
子之遊方叶□□□□□□□□□□□□□□□
□□□□左陽遷南稱之□□西吳之□京里歛其素
譽侯服仰其□塵廿三年表請致事授光祿大夫賜同

□□官榮□特羊旌優行馬膺茲□□□□□□□□
□□□□□□□□□□□□□□□□□□□□□□
揮三□無微百年俄盡永徽元年六月四日薨於京城
之宏德里第春秋六十有九嗚呼哀哉惟□□量□□
□情□□□□□忠義有聞爰□弱齡□□□□□□
□□□□遠言□□□□□委質藩朝□誠竭業綢繆欵
遇契濶旌麾霜雪□零松筠無改叅玉□肅金鉦□沉
汝之奇□□□□□□□□□□□□□□□□徐□
□□劉□□□□□□搴旗陷敵□進□千□賞疇庸
常居第一登□闔陪軒崇歷華寺□名藩莫不循猛兼

□紘章適度故得累彰□□特簡帝心□□□□□□
□□□□□□□適□□□懸□嗟□□□□□
□□悼□佩銜 悲固以事切柳疰情深隨會者矣 詔
曰念功 惟舊前□之令圖悼往飾終有國之通典故光
祿大夫□□□□□□□□始累著勳庸□□□□□
□展□蔥□□□□懃劝於 軒墀□捴華藩洽美化
於謡頌奄然薨謝震 悼良深永書徽烈□□泉地□□
□□使持節都督并汾□□□四州諸軍事并州刺史餘
勳封並如故□□□□□絹布□百□□粟三 百石陪
葬 昭陵賜東園秘器葬事 所須並令官給仍令金紫

光祿大夫行光祿卿□□□水□□□□□□□
使近□梟所往還夫人楊氏周金紫光祿大夫左衛大
將軍 儀城信公 紹 之孫隨京兆尹太子太傅司 空司徒
公諱士雄之女也胄□鍾鼎性禀幽閑七德兼僾四□
□□□□□洪早世清華□□光隆□□□□□□□
□□□□□□□ □故特進并州都督 芮 國公妻楊
氏操擬松筠 志齊氷玉□□零落弗逮朝□將啓□□
殯欲□□□□□□□□旌幽□□□□□□□
□□□□□□□禮□長子□ □□□上柱 國 芮國
公仁業次子右衛將軍上 柱國義吾縣開國公承基等

並夙承家範早□□□□□□□□□□□□□□□陽
□□□□□□□□□□□□□□□鏤鼎刻鍾 □彰
□伐拔□相質載闢嶽風爰樹豊碑貽 芳來葉猥以虛
薄側奉清塵敢課□材乃為銘曰
軒邱錫宇鉅野開疆樹功分帝宰□□□□□□ 峻起慶
緒□長家□□□□□昌浩陵茂蓟望□□□□□□
□誕□光□□南陳諴 慶載 揚風烈 顯允□□克 傳遐
□ 掾植 淹遠□ □蔦□□□元□□□□度義□□□
□□□□□剱□□□□□□□交□□□□□□□
慕□斃□□□翼斃翼可附公侯斯復 藩寓聲馳□□

譽穆叅替機 謀升 降軒陛既列 □□還同□乘曳履明
光□□□□□□□□□□□□□□□□□□□
敭□漁□□□□□風□□□靈櫹猶晦光陰遽盡簪
纓流愴陽□□□ 武 □□□鳴像既□魚軒□ 飾甬櫬
歸岦變驗卝域伽等斯□榮哀無□□□□□□□
□□□□□□□□□□□□□□□□□□□樹
□□□□

唐豆盧寬碑門下侍郎李義甫撰不著書人名氏寬
字缺一字 拯位至光祿大夫封芮國公贈并州都督謚
曰定碑以永徽中立在昭陵 集古錄目

寬欽望祖也高祖改其姓爲盧氏永徽中復姓豆盧氏有子懷讓尚萬春公主又有子仁業即欽望父也史不爲立傳但附見欽望傳中碑已殘泐僅數十字無從攷其始末幸碑額亡恙知爲寬碑正書精健有法而無名氏撰者据金石錄爲李義甫石墨鐫華

碑在醴泉西谷村芮定公者豆盧寬也唐書欽望傳祖寬高祖初擢殿中監子懷讓尚萬春公主貞觀中遷禮部尚書左衛大將軍芮國公卒贈特進并州都督謚曰定此碑額題曰唐故特進芮國公案碑作芮定公與史所稱正合文甚泐趙氏金石目錄以爲李義府所

撰吳氏云碑次行四十七至五十字四格李義府撰四字尚可辨當無誤也關中金石記

桉趙氏石墨鐫華云碑殘泐僅數十字無從考其始末予命工精搨錄其可辨者得二百五十六字較萬秝中拓本轉多數倍唐書宰相世系表豆盧氏本姓慕容氏燕主廆弟西平王運生尚書令臨澤敬侯制制生右衛將軍北地愍王精降後魏北人謂歸義爲豆盧因以爲氏居昌黎棘城二子醜勝醜生萇萇生永恩永恩生通元和姓纂作精生猶醜猶醜曾孫萇永恩永恩生通通生寬禮部尚書芮定公寬生承業懷讓承業領軍將軍生欽望欽望內長史左僕射豆盧欽望傳欽望雍州萬年人祖寬隋文帝外孫爲梁泉令高祖定關中與郡守蕭瑀率豪姓進款擢累殿中監子懷讓尚萬春公主後封長沙高祖女有二長沙公主一下嫁馮少師詔寬用魏太和詔去豆姓著盧姓貞觀中遷禮部尚書左衛大將軍芮國公卒贈特進并州都督陪葬昭陵謚曰定復其舊姓以唐書證碑殘泐處則授梁泉縣令當隋時昌期云云即指進款二年九年皆武德時除禮部尚書則貞觀中也柱國蠡吾縣開國公承基即寬嗣子宰相世系表作承業舊唐書欽望父仁業高宗時爲左衛將軍趙涵

所引本舊唐書疑寬固有四子承業當作承基仁業也立碑年月及撰書人皆泐金石錄作永徽元年六月李義甫撰長安志昭陵陪葬功臣大將軍以下六十四其弟二十一光祿大夫芮國公豆盧寬金石續編

此碑寬祖泐其名唐書宰相世系表名永恩未載其官周書附兄甯傳云其先本姓慕容氏前燕之支庶也祖勝歸魏賜姓豆盧氏或云避難改焉父長當作萇史誤柔元鎭將有威重弟永恩魏大統十六年拜使持節車騎大將軍儀同三司孝閔帝踐阼授鄯州刺史入周還都督利沙文三州諸軍事利川刺史此碑州

刺史上缺一字當是鄀字周下缺一字當是授字寬
父通隋書附兄勣傳在周時授大都督儀同三司封
沃野縣公入隋尙高祖妹昌樂公主遷洪州總管謚
曰安正與碑合宰相世系表載寬子有承業懷讓方
則三人而無仁業承基之名表既以二名合爲一人
仁業爲武后中宗時相欽望之父見舊唐書欽望傳
表乃以承業爲欽望之父皆誤也惟表載後周儀城
信公楊紹及紹子隋雍州牧士雄之名與碑載寬妻
之父祖合筠清館金石記
昭陵諸碑殘泐居多工人每不全拓求一完整之

本卒不可得余得此碑僅見碑額及行末十八字
耳吳氏筠清館載此全碑雖或有譌誤姑據以補
注於旁俟得全本再校續編錄此碑二百五十六
字而余所見四百廿餘字均未錄及然則陸氏所
見亦只行首十餘字所稱命工精搨者其言不實
也碑敘寬之卒年云永徽元年六月四日薨於京
城之宏德里第金石錄所據以定年月者即此卒
年而陸氏跋云立碑年月泐所見未全之確證也
據吳氏碑文三年除□郡□□陸氏作除禮部尙
書案下文云北□□□南□荆□似言是郡之形
勢則所謂禮部尙書者殆據史傳以意揣之耶春
秋六十有九陸氏九作五未知孰是宰相世系表
寬祖名永恩元和姓纂作永思碑已泐不能證定
疑姓纂之譌表載寬子承業懷讓方則三人姓纂
云寬生承業懷讓下又云通孫方則不謂方則爲
寬子與表不符吳陸兩家所見石本均無方則名
知表固有誤也余所見本僅有仁業名而下有次
子右衛將軍語則仁業之爲長子無疑碑與表及
姓纂均不合竊疑承業即承基後避明皇諱追改
與鄭崇基之改爲崇業相同懷讓或即仁業之字

以字行耳表不書仁業名而書其字又於承業懷
讓長幼之序誤相倒置遂致以欽望爲承業之子
矣欽望爲通長子之子此實不誤也碑云周鄖利
沙文四州刺史與周書豆盧甯傳言利沙文三州
者不符吳氏於四州刺史下錄事利州刺史五字
以拓本審之第一字泐不可辨第二第三似是宮
商決非利州殆亦據史傳肊補耶又龍沃野縣公
龍誤作龍吏部驍騎尉尉誤作郎□彰□伐伐誤
作氏知吳氏所錄譌誤實多其書未經校勘也

左監門大將軍樊興碑

高七尺廣三尺卌一行行六十一字字徑八分正書時帶行筆篆額題唐故大樊將軍君之碑九字在三原

大唐故左監門大將軍襄城郡開國公樊府君碑銘并序

若夫軒弧登御威有截而開基嫣戚陳階格遠方而載化是知器之攸假理無癈於五材國之所隆業有階於七德　皇家躍龍而啓千載翦鴻而清九野叱咤而會風雲抑揚而從舟壑其有應銜珠之象縱傑挺生延捧日之徵程材命世繫衆以申其略坐樹以揭其庸唯襄城公為體之矣公諱興字積慶安陸人也將軍感

燕取貴易濵之義舞陽讓楚終高戲下之功學稼問仁暎關里而騰譽推田削契掩湖陽而昒羨自時厥後支分泒流昭被青編可得而略也高祖彌魏武陵太守曾祖叡魏貟外散騎常侍巴州刾史新淦縣開國侯祖文寔隋南陵太守並資忠為德置言成範體三珠而流潤苞六象而揚輝□達從□□□□俗召父延於時謗任子悅於毗心父方　皇朝金紫光祿大夫慶善宮監藏器處室戢景太元偶出震之休期縻賔王之華秩公摯鱗晉野奉靮汾陽霑□露於橤宸燭靈輝於黃道體仁而賈其勇由喪而講其信埒勁心於風草比貞節

於緗筠言表身文慎樞機於自遂行成士則捴枝葉於昌年趍越女之工五校豈傳其術高楚臣之藝七札本謝其能至於営敵制權臨機授律明其可否之筭審其向背之宜聊取鑠金之□□踐蜚鋒之地義旗肇建乃授朝請大夫隨班例也尋破西河授通議大夫又平霍邑加金紫光祿大夫特以戰功踰加勳級殊貸稠疊難用詳言既而剋定京城加左光祿大夫除左監門郎將恩流□□□屬　宸階嘉猷耨於紀明未仁司徒之表茂識逾於安世甯貧博陸之賢未幾以功次除左監門將軍周衛斯俟折衝伊寄宮禁肅清簡在惟穆昆

□循□向結妖氛聽鳴鼙而載懷命寅車而戡罰以破薛舉勳授上柱國西華縣開國公賞物五百段楚班為貴攝昭陽之大功漢指斯永聯潁陰之茂爵劉武周□□絳水肆虐懷生公廼奉旌麾而電邁溺驂驪而風掃乃封襄城郡開國公賞物千段于時三川振蕩群醜交劉□□歲獨預誅干紀王世充竇建德因茲□□□勳餘十二轉廻授其子賜物二千段金卌斤武德五年建德重茲兒聚帶州挺亂於是長驅銳騎封豨滅妓如勳□轉賜物千段并奴婢牛馬劉黑闥跋扈□□陳兵曠歲公克宣智勇殲厥奸渠以趍輩之勳賚物六百段六

年破徐貟朗於徐　兗厥功斯懋賞物千段口廿七年手
詔以公榮名自久立効居多因授□□軍將八年獯
獫犯塞大駭涇陽權烽夕舉胡塵曉望公推鋒轉鬬羣
凶折首九年以公夙昭勤効給封四百戶授營國公貞
觀六年破陵州羣獠賞口六□□□授左驍衛將軍坐
公事削十一年還除右監門將軍望重禁闈誠深貞固
驟掐榮晉亟踐便繁十五年扈從巡□撿挍左驍衛大
將軍領千騎十八年授雲麾將軍守左監門大將軍封
襄城郡開國公食邑二千戶十九年　鑾輿東指
龔行遼隧公於之州奉令乘馹還□副梁國公宮城留

守任寄之重莫或與京辰　駕凱旋特蒙勞喻賜物三百
段撿挍右武候大將軍廿二年從幸玉華宮因而留守
有頃乃嬰風疾
勑遣名醫就療賜告還京政藥亟加閒月而愈廿三年
除左監門大將軍屬　宮車晏出綍翻晨移奉端
闈而限赴望疑山而崩摽從而負茲弥痼惕景推辰有
司以寢療逾時因而奏解爰降　綸汗恩贍尤多
給卜閤祿賜國官府佐帳內一依見職并遣醫賷藥終
始將療又降中使就第慰問賜絹□匹終期不冒為禮
孤標細柳之名鐵石居心獨擅下江之懿如何只波行

閟風駭龍驤之水一葉可悲霜凋馬陵之樹以永徽元
年四月廿三日終于雍州長安縣懷遠里第春秋六十
有三　聖情念切惟舊傷悼者久之贈左武衛大
將軍洪州都督江饒吉袁鄂虔撫八州諸軍事使持節
洪州刺史賻絹布二百匹陪葬　獻陵賜東園秘器喪
事所須隨由資辨給儀仗去還謚曰思公禮也粤以其
年歲次庚戌七月戊戌朔九日景午陪葬于　獻
陵惟公德符先覺利見在田立功立事威稜偹遠信義
行於州里孝友著於家風喜慍不形寵辱惟一歌鍾繼
發無累虛白之心軒蓋交陰詎隔濠梁之想踐三宮之

奧先寘涇流之毒奨萬夫之勇方投越水之醪宜其克
壯風猷永綏多祜俄而丹烏迅景下崦山而靡息白馬
奔濤委歸塘而□□長子護軍濮王府兵曹參軍事脩
義世子上騎都尉荊王府法曹參軍事脩武等下堂斯
慎恭孝之道夙彰趍庭有奉敬悅之風先脩瀝緪手澤
之慕□安心瞿之哀懼□□驟遷坵壑相貿思勝鼎之
餘範懷景鍾之遺鐫翠琬勒其鴻規清芬垂而靡究其
銘曰
卄世道消夷羊在牧乘時啓聖長鯨且糵瑞興碭野祥
開禰谷式寄爪牙允資心腹其山甫姬□□□□□

□巖巖□□瀰瀰祖考昭德騰華紼綺政體山虵業甄
河冢其二禾福潛衍克昌厥嗣賁軓騖冥承羈絕響□□
□□□□□□聚米均聲沉沙比歎其二□□□□□持摃
□益同志如蘭堅心匪石家存衛鄒門趍鄭驊藝優方
鄣道希函席其四得人斯臧多士維甯錺躬文□□□□□
扃擣鐘挺銳括羽操貞功深□□績□□□其五□□□
□□楹貽舋泗水迴瀾武山頹伢九京可作百身靡愾
麗龜輟技飛龍罷引其六遠日告辰如疑戎禮容車夙載
巖闈旦啓烟景空冢風□□□□□□□而□□□□□雖
而揮涕其七

此碑關中金石志及諸家金石書皆不載道光八年
周貞木學使得之獻陵昇置使署字畫完好具褚薛
規模可寶也二十三年六月錢唐沈兆霖記同觀者
吳縣郭鳳翔此跋刻碑末

樊興唐初功臣新舊書皆附裴寂傳新書云安州人
舊書云安陸人唐置安州安陸郡治安陸縣一書其
州一書其縣也新書云以罪爲奴舊書云父犯罪爲
奴碑言父方官慶善宮監未及犯罪事諱之也新書
云從唐公平長安授左監門將軍從秦王積戰多功
封營國公數賜黃金雜物後坐事削爵貞觀六年陵
州獠反命討之爲左驍衛將軍後爲左監門大將軍
襄城郡公檢校右武候將軍卒贈左武候大將軍洪
州都督陪葬獻陵皆與碑合惟傳載從李靖擊吐谷
渾爲赤水道行軍總管後期軍士多死亡失器仗以
勳減死碑乃略而未載傳又云太宗征遼以興忠謹
副房元齡留守京師即碑所謂副梁國公宮城留守
也是碑僅泐百餘字餘文皆完好筆跡絕類褚河南
又陪葬獻陵高祖陵在三原縣東十八里而歷來金石家惟金石
錄及寶刻叢編載之筠清館金石記

右碑三十一行行六十一字正書字徑寸一二分前
八未見有著錄者己亥七月吳門葉君紉之以舊拓
本寄眎碑文幾二千言而漫漶不辨者止九十餘字
無撰書人姓名然文甚詳贍楷法秀勁頗有歐虞褚
薛風度蓋書撰皆出朝廷翰苑名公手也樊府君名
雖不清而字形確是興樊興新舊唐書皆無傳舊史
案頭偶缺檢新史附裴寂傳後寥寥數語其歷官及
卒之年壽歲月多未詳備今以碑攷之云義旗肇建
授朝請大夫破西河授通議大夫平霍邑加金紫光
祿大夫克定京城加左光祿大夫除左監門郎將以
功次除左監門將軍破薛舉勳授上柱國西華縣開

國公伐劉武周封襄城郡開國公從征王世充竇建德勳十二轉武德五年平劉黑闥六年破徐圓朗功授□□軍將八年黨獠犯塞摧鋒轉鬬九年給封四百戸授營國公貞觀六年破陵州羣獠授左驍衛將軍坐公事削十一年還除右監門將軍十五年因扈從授檢校左驍衛大將軍十八年授雲麾將軍守左監門大將軍封襄城郡開國公十九年鑾輿征遼於定州奉令入副梁國公宮城留守檢校右武候大將軍廿二年從幸玉華宮留守廿三年除左監門大將軍永徽元年四月廿三日終于雍州長安縣懷遠里

第春秋六十有三贈左武衛大將軍洪州都督江饒吉袁鄂虔撫八州諸軍事持節洪州刺史謚曰思公七月九日景午陪葬獻陵傳於朝請大夫通議大夫金紫光祿大夫雲麾將軍等皆不錄乃階官也例尙可刪而於左監門郎將勳授上柱國西華縣開國公又封襄城郡開國公檢校左驍衛大將軍檢校右武候大將軍左監門大將軍及卒贈洪州都督下有江饒吉袁鄂虔撫八州諸軍事洪州刺史謚曰思等皆失載其破西河定京城破陵州獠扈從征遼定州奉令副宮城留守從幸玉華宮與討伐薛舉劉武周王世充竇建德劉黑闥徐圓朗等事皆有本紀及各傳可攷而本傳敘坐事削爵於貞觀六年陵州獠反命討之爲左驍衛將軍之前又云又從李靖擊吐谷渾爲赤水道行軍總管後期軍多死亡失器仗以勳滅死而攷本紀貞觀八年夏吐谷渾寇涼州左驍衛大將軍段志元爲西海道行軍總管左驍衛將軍樊興爲赤水道行軍總管以伐之十一月吐谷渾寇涼州執行人鴻臚丞趙德楷十二月特進李靖爲西海道行軍大總管膠東郡公道彥爲赤水道行軍總管則興之從擊吐谷渾乃段志元而非李靖蓋先因段志

元與興失利後乃改李靖及膠東郡公然則武德時坐事削爵恐即貞觀八年伐吐谷渾失利傳所謂以勳滅死乃誤分一事爲二也又其副梁公留守京師檢校右武候大將軍傳脫去大字贈左武衛大將軍又誤衛爲候惟本紀書貞觀六年正月靜州山獠反傳作陵州據碑亦作陵州則本紀之誤也皆當據碑正之又攷房梁公薨於貞觀二十二年七月碑所云廿二年從幸玉華宮□而留守者蓋梁公卒後興即獨爲留守而傳亦未詳又攷竇建德於武德四年七月伏誅而碑有五年建德重兹皃聚帶州挺亂之語

於史皆無攷爲不可解其云獫獯犯塞大駭涇陽即
突厥寇亂也碑文用樊家故事於樊於期樊噲樊遲
下云推田觕契掩湖陽而劭美者乃樊宏之父重也
詳後漢書樊宏傳樊姓因周仲山甫封於樊爲氏亦
見宏傳故銘中有山甫姬□句也碑言興之高祖弼
曾祖歡祖文寔父方累世歷官而皆不見於史慶善
宮武德六年十二月以武功宅改置碑言父方皇朝
金紫光祿大夫慶善宮監則其父官唐已在武德六
年後矣玉華宮作於貞觀二十一年七月並見本紀
文云宮車晏出紼翻晨移奉端闈而限赴望疑山而

崩標者謂高祖崩於含風殿奉大行御馬輿還京師
也疑山當即九嶷山乃用舜崩蒼梧葬九嶷山故事
長安縣懷遠里及興之第宅皆不見於長安志與本
紀書貞觀十四年正月赦雍州長安縣免延康里租
稅之延康里同長安志載唐高祖獻陵於三原縣東
十八里陪葬功臣六注云楚將軍賀蘭公吳興公彭
城公錢巢公邸巢公亦無樊將軍襄城公蓋皆緣代
遠失傳者多矣唐制諸王子封王每開府設官濮王
爲太宗子泰貞觀二十一年封荆王爲高祖子智雲
武德四年封並見本紀及宗室表文中皃聚帶州之

皃疑即完字顏魯公干祿字書列皃完字二字云上
俗下正張參五經文字亦云完俗作皃毛詩邶風燕
燕序戴嬀生子名完釋文云完字又作皃俗音完子
作蜀石經攷異補正中曾辨文又云所須隨由資辦
辦即辦字也辦字見春秋左氏傳然說文無辦字即
辦之隸變篆書从刀隸書以刂爲刀與班作班同後
人又誤以刀爲力耳詳予唐石經攷異補證〔古泉山館金石文編〕

篆額九字題云唐故大樊將軍君之碑蓋樊字本
在將軍下誤書在上耳吳氏跋云歷來金石家惟

金石錄及寶刻叢編載之檢趙德甫書並無是碑
豈別有善本邪

申文獻公高士廉塋兆記〔永徽初萃編載卷四十八〕

樂安〔缺安字〕之義□□韓□之子〔缺韓子二字〕螻屈□〔缺屈字〕梟
鏡〔鏡作鏡〕創麻〔缺麻字〕來蘇〔缺來字〕滅影〔缺影字〕

松資令湯君妻傷氏墓誌

〔高一尺二分廣一尺四分十四行行十五字字徑八分有界格正書在西安〕

大唐故荆州松資縣令湯府君妻傷氏墓誌銘〔并序〕
夫人姓傷氏諱大妃京兆鄠縣人也其先受氏於傷琳
得姓於湯武父薄俱隨懷遠公成州刺史夫人即刺史

之長女也幼而貞潔少而明敏年纔二八即適湯氏之
門卷耳之行早聞晨窀之文先注以大唐永徽二年正
月四日卒於化泉里第春秋八十有二行路悲歎親識
流淚即以其年正月十五日葬於長安縣嚴村之左乃
為銘曰
賢哉𢬵婦孝矣雖同長埋玉體永墜花紅孟母之本令
姬之宗如何元鳥邑此名龍

志無撰書人姓名首行題荆州松資縣令湯府君
妻傷氏唐書地理志荆州無松資縣蓋松滋之誤
也湯府君不詳其名文云其先受氏於傷琳得姓

於湯武上以傷言下以湯言下父薄俱云云又就
夫人追述之敘次無法字多俗體非文人所為顧
以千數百年之物近始出土前人所未及見且傷
氏不見於姓書傷琳傷薄俱可以補其闕而廣希
姓錄之此石與翟夫人志李孫孫記王夫人李氏
志楊夫人韋氏志荷載妻李氏志焦璀志張銳志
韋希損志明覺寺心印記均秦中新出土者呂曼
叔俱孫觀察以拓本寄其猶子慎伯大令懋恆知
余有此癖因以移贈闕中戎事方殷殘碑斷碣且
慮不克永久曼叔於旁午之餘蒐羅而傳播之洵

眞好古矣

太尉梁文昭公房元齡碑永徽三年萃編載卷五十
魏□安太守□□壯武缺魏壯二字政以禮成教由言□缺政
禮教三字早聞□□納□之缺納字機精通缺機字侍郎□孝基
察缺孝察二字藏書咸成□蕳缺藏書咸三字自非缺自字先鳴公以
以缺先鳴二字齊□外□缺齊字隱如缺隱字攘□□□敵缺攘字
人□□丹青公為缺人丹青三字俄而黌□生□缺黌生二字□□
䰟而狗主缺䰟狗二字庶子□三善缺三善二字機務缺機字長泰
□尊缺尊字且揚□化發□春□缺且發春三家尋而有缺有字守
□□□撥亂缺守字遘此沉痾缺遘痾二字色憂缺色字左衛軍

□將將上三字缺賜御□□□一□□加□□鼓吹缺御一加
吹四字襲碑襲誤墓道□神契缺神字從讖缺從字揚德音于□
□音外三字缺□區掩□缺區字地聖賢缺地字聖字應提行必暨
華國□□䳘戎□□□斷□義必䳘外六字缺□義□爵缺義字
調齋缺齋字禮華門門上二字缺卜居缺卜字□崇身約室迩缺身
約室三字

新唐書本傳擢子遺愛為右衛中郎將遺則朝散大
夫碑亦云遺則為朝散大夫舊書作中散者誤也兩
唐書又云子遺直嗣次遺愛尚高陽公主是元齡長
子遺直次遺愛次遺則碑亦云弟三子遺則宰相世

系表作長遺直次遺則次遺愛誤也平津讀碑記
碑多殘泐有可據傳以補之者首行贈字下是太
尉二字篆額亦題太尉人也之生當是齊州臨淄
四字□部侍郎□孝基所缺是吏高二字右衛軍
□軍此敘遺愛官職傳前云右衛中郎將後云右
衛將軍是軍上所缺爲將字□□鼓吹所缺是羽
葆二字至碑云年十有八俯從賓貢言舉進士也
詔徵碩老典技讎文言校讎祕書郎也至哉天性
獨越人靈言其父疾縣時事也記室者秦王府記
室也釁□生□禍胎滋蔓言隱太子事也閏篺裂

土詔從其義言授宋州刺史從國梁也愒覩光陰
益深憂國言諫討高麗也太宗驚其色憂親加察
問傳所謂召許肩輿入殿帝覩流涕也邸照姬車
言其子遺愛尙高陽公主也又元齡下所缺爲喬
字見金石錄石墨鐫華曾祖下所缺是翼字魏□安安上所
缺是宋字壯武下是伯字可據彥謙碑補之宋安
郡北魏屬光州碑云累加上柱國傳所不載漏闕
也封邗國公傳作邢國未知孰是

褚書陰符經序
高五寸六分廣一尺四分廿三行行廿四字字經三分許正書

陰符經序
文不錄錄其尾款於左
大唐永徽五年歲次甲寅正月初五日奉
旨造
尙書右僕射監修國史上柱國河南郡臣褚遂良奉
旨寫一百廿卷
已巳九月於朱和泉齋中見宋搨晉唐小楷冊凡
八種此其一也案杜春生越中金石目據寶刻叢
編載新昌石邦哲所刻名帖內有褚書小字陰符
經此即越刻北宋本也仍從始事之例列此冊首

列蘭亭集序攷曝書亭跋云石熙明本肥此本或
即石氏所刻次曹娥碑末有昇平二年八月十五
日記之一行攷小字曹娥碑宋吳師中嘗刻於曹
娥廟次樂毅論末有永和四年十二月廿四九字
不知誰氏之本次黃庭二本一有永和十二季五
月廿四日在山陰縣寫十五字與元晏齋摹本同
一已殘缺特爲精妙存百七十八字案石氏所刻
有黃庭經遺字此本疑即是也次破邪論不佳次
十三行末有栁誠懸跋兩行與快雪堂本同而精
采勝數倍快雪堂本寶麻寶字完好而此本已蝕

蓋原本也宣和書譜謂是後人硬黃紙所臨後有
柳跋兩行者即此是已冊尾字兩行云明嘉靖四
十一年冬十有二月購於上海顧研山處宋搨晉
唐小楷法帖八種墨林項元汴珍祕原價兩悅是
曾入天籟閣者索直四百金不能得也因錄褚書
而附識之

萬年宮銘 永徽五年五月十五日 萃編載卷五十

蝶無莊 缺莊字

舊唐書高宗本紀永徽五年三月幸萬年宮唐會要
上謂太尉無忌曰此宮非直涼冷且去京不遠朕離

此十年屋宇無多損壞昨者不易一椽一瓦便已可
安乃親製萬年宮銘幷序七百餘字羣臣請刻石于
永光門詔從之是此宮新脩成高宗初幸因有此銘
碑陰有左領軍將軍臣□仁□金石萃編謂即薛仁
貴諦視仁上字有金旁可辨非仁貴明矣仁貴時爲
右領軍郎將正五品例不得書 平津讀碑記

碑陰未見趙王福署銜萃編錄作鄜州刺史而跋
語則稱鄜州不知碑文有誤否新唐書地理志鄧
州臨湍本新城武德二年以縣置鄜州八年州廢
來屬從臣無傳者以宰相世系表攷之李緯戶部
尚書隋高都郡公子雄之孫襲高都公公珽之次
子碑結銜不同而高都縣男襲爵例降可以爲證
郭廣敬左威衛大將軍同州刺史郜國公宏道之
次子碑稱左衛將軍不同而郜國公爲襲爵可以
爲證竇智純蒲州刺史慶之子高祖時相抗之從
子后戚也 姓纂蒲州刺史上脫智純二字 蕭欽貝州刺史後梁明
帝之孫瑑之子時世相符當即碑之竇智純蕭欽
也表以最後官階書之碑以當時書之固自不同
耳又趙元階見於隋書列女傳以妻崔著其父爲
僕射宇文之亂僅以身免元和姓纂晉南蠻校尉

生疑茂隋左僕射蒲州刺史生元恪元愷元叔元
楷兵部郎中殿中監武强公碑不言兵部郎中而
殿中監則相同武强稱公當是後來進爵馮□翻
當即馮仁翻姓纂馮氏有竇州刺史合浦公馮仁
翻與碑結銜合是翻上所缺爲仁字郡上所缺爲
合浦二字竇州武德四年置合浦郡即廉州俱隸
嶺南道辛文陵亦見姓纂辛明狀云慶忌之後曾
孫文陵左武衛大將軍并洛二州長史長山公其
稱公者亦是後來進爵也又豆盧承基即承業也
後避明皇諱改承基官至領軍將軍其封蠡吾縣

公則世系表姓纂均失載趙孝祖見高宗本紀永
徽二年八月白水蠻寇邊左領軍將軍趙孝祖爲
郎州道行軍總管以伐之十一月趙孝祖及白水
蠻戰于羅件候山敗之三年四月趙孝祖及白水
蠻戰敗之事平凱還故在從臣之列王文度見劉
仁軌傳蘇定方既平百濟留郎將劉仁願守其城
左衛中郎將王文度爲熊津都督平百濟在立碑
之後也

潁川定公韓良碑永徽六年三月十四日萃編載卷五十篆額缺大唐二字

史上柱國缺史字

吳興劉氏希古樓刊

成俗□□□右政□□□□傾紐□□□□□齊缺右政傾
紐齊五字茂緒緒誤績曾祖演缺演字司會少保三水少保外四字缺文
昌六官六外三字缺位居八舍舍上三字缺文華□菀似美錦□
濯濯上六字缺開□十□季為同□學生學上五字缺生誤至通事謁
者謁外三字缺七日缺七字牧野缺牧字膺禮□東缺禮東二字麗於
□圂缺圂字口十八口誤作□至鎮首席缺至席二字庶輔缺庶字珠
□豈謂缺珠字云亡晉□內□□令令上四字缺太保褒勳缺褒
勳字二典禮缺典字天行地遊缺天行二字□光貞折缺光折二字雲
開天□缺天字儵□蘭室翻歸儵下四字缺

八瓊室金石補正卷三十五終

八瓊室金石補正卷三十六

太倉陸增祥撰　男　繼煇校錄
吳興劉承幹覆校

唐八

房仁裕母清河太夫人李氏碑并陰

高八尺廣三尺六寸廿三行行四十四字字徑一寸四分篆額題唐隴西李氏清河太夫人之碑十二字在醴泉

第一行僅見左旁半字無可辨錄

上闕八字□孕靈月□闕三字貞蘭郁義徽傾鳳禮茂乘龍齊
禮齊賢宜家宜室下闕九字上闕八字於滅瑟一□□□國清河

一　吳興劉氏希古樓刊

縣開國公仁裕弱冠而孤仍遭□李夫人躬□義方親
□下闕四字上闕八字天平地成功□於補柱河清□□賞尊平
帶礪入居上將出牧名藩　聖恩金紫貢自□□□上闕
七字□於善誘流譽□　天欽□□盛貞觀九年授清河
太夫人若夫稟質明敏樹之以家風率性□上闕六字□窮
名義博聞聖□豈徒動作女師故亦言成士則始光婦
道終擅母儀藉甚朝野流形內外永□上闕六字疾　天慈
哀惜每□　神衷欽膳藥物咸資給御仍令司空公儀
同三司尚書左僕射英國公勣□上闕五字軌門衛其年六
月七日甍於長興坊之第時年八十有二永徽三年二

月歸祔於□□禮也監護賵贈上闕四字□賜之　恩越舊
史之備閫優　聖朝之故事□由儀範冠圖牒□使□
□□今古夫人薨日爰降下空上闕三字大將軍房仁裕母
亡邑事所須竝宜官給仍令東宮五品一人檢□凶事
并賜布絹各二百□珠玉□□□上闕三字時既盛暑日給
氷斝石及歸舊域又降　勑書曰前左領軍府大將軍
房仁裕既還鄉葬母宜□吉□□□上闕三字□人力傳乘
等務使周濟至鄉之日仍賜米粟各二百石多□人力
永徽三年歲次壬子二月□巳朔十五上闕四字□宗親豪
族道俗不遠千里而至者數千餘人荼毒未踰十旬

歿詔特加榮命　詔曰□□都會禁要上闕十字前左領軍
大將軍房仁裕比□□□□淹星律宜奪情禮應茲藩
寄可金紫光祿大夫行上闕四字長史□□□于時再三上
表乞終邑制頻□　□□□□□納仁裕既以孤了一
身終鮮兄第几筵無言方寸云亂詣闕陳□□勳　天
慈爰降　勑書曰前大將軍房仁裕近丁哀疚□□藩
須人奪情從政宜依故事聽於任所為立靈䉿□昏輿
臨以終孝性之任之日僮僕已上數百餘人悉給傳乘
□□□府已歷五年劬勞之恩昊天罔極今於潤州□
甯縣躬自採石造碑羊人獸□運送墳塋限以委寄任

重不獲身□□□□長子先禮安立貞觀年中碑已先
樹□重刊貞石紀述太夫人績行遺訓并敘重疊　天
恩安措年月夫人□□□□□飾□惟□□之
旨式紀□窆之時泰山之表方簡畢而已漏瑯琊之碣
擬實錄而多慙其詞曰
軒臺茂祉元宮綿□□明帝媯陶甄孔聖龜文□簡龍
門孤曠盛祀彌光攸鍾淑令詩史不騫禮章□下闕五字作
嬪鼎族仁孝宜□□恭自牧端操霜明芳猷□郁婦德
光備母儀是彰恭惟徽爵宏宣義方命之□下闕五字□□
□輿□□□□範人傑功成貿亮□□□□□□

淪沈永晻大盡□□□□□□□下闕
碑陰十五行行字不等字徑八分行書八
太夫人八女一男洎乎弱冠位□方岳□□鄜坊秦陝
五州諸軍事□□□史潯□□□□□□七州諸軍
事□州都督左領軍將軍又轉左□□大將軍□授金
紫光祿大夫行揚潤宣常滁和六州諸軍事揚州都督
府長□□太原王氏五女十男長女□鄴王妃年十三
未嫁而薨第二女六歲與妃同友弟六息先貞任國子
生　聰俊絕羣詩書無停晝夜竭思研精遂傷心腑苗而
不秀十八而亡特降　天慈□□醫藥朋友祭奠者

三千餘人自幼及長咸賴　太夫人之慈訓今並陪葬
此域
孫先禮雲騎尉朝請郎密王府户曺㕘軍事奉議郎行
泉州録事㕘軍事
孫先孝雲騎尉左親衛通直郎行相州司士㕘軍承議
郎行并州陽曲縣令
□□□□上騎都尉宣德郎□□州㕘軍奉議郎拜任
□□□□　闕
□先恭通直郎行杞王府兵曺㕘軍事前任朝議郎
□□慎宣德郎守江王府兵曺㕘軍事武騎尉

上闕 年十三任宏文館學生授太子左千牛
上闕 □倫起孫女夫宗師將並躬營樹
上闕 歲次景辰六月甲午朔十五日戊申清河府
記室㕘軍 上闕 軍李義規典藏房神諒等咸承嚴命卜日
而樹
弟六百十六唐房仁裕母李夫人碑八分書無書撰
人姓名永徽三年二月 金石録目
右清河太夫人李氏碑李氏房仁裕之母也葬於
永徽三年二月十五日至顯慶元年六月十五日
乃立是碑趙氏作永徽三年二月葢未見碑陰即
以祔葬之日爲建碑之日也碑陰歲次景辰上字
巳缺泐碑文有□□□府巳歷五年今於潤州□
甯縣躬自採石造碑不獲身□□□□長子先禮
安立等語合諸歲次景辰正符五年之數是歲次
景辰上所缺乃顯慶元年也□甯縣缺上一字唐
書地理志潤州屬縣四無名甯者葢即昇州之上
元也昇州至德二載以潤州之江甯置上元本江
甯隸潤州武德三年以江甯溧水二縣置揚州更
江甯曰歸化八年更金陵九年州廢更金陵曰白

下隸潤州貞觀九年更白下曰江甯是甯上所闕
爲江字碑立於顯慶初年其稱潤州江甯與史正
合房仁裕無傳通鑑載其討陳碩真一事官閥子
嗣略見於此長女爲虢王妃虢王高祖子鳳所封
也先禮任密王府戶曹參軍密王高祖子元曉所
封也□慎守江王府兵曹參軍江王高祖子元祥
所封也又有先恭行杞王府兵曹參軍杞王即澤
王上金始王杞高宗子永徽元年封澤也又先孝
行并州陽曲縣令并州即太原府開元十一年始
更爲府

贈兵部尚書忠公房仁裕碑
缺上截廣三尺二分卌四行字徑六分正書篆額
題大唐故清河房忠公神之碑十二字在禮泉
缺 贈兵部尚書房忠公神道碑并序
缺 崔融撰 孝孫國子監丞絲書
缺 師旅繫以存亡社稷由其輕重隨厤之季喪亂宏多
帝用不咸式 缺 我丕烈巨魚縱壑高鳥候柯其生也榮
與 缺 靈壽漢有甘陵守著族清河子光名在儒林人傳
其學伯武 缺 清忠惠利遺愛存于雅俗祖敬道官至司
空府集曹參軍侍 缺 琳高談且勞於州縣而仲弓令望
自重於□衡德必不孤善 缺 遺□□失馭海內騷動公

時年十八雄略過人出入將 缺 公知充非真□又與裴
仁基等謀背王充將歸 缺 等檢校所須宮□嘗賜坐於
缺 高祖以綏撫爲急攻戰爲勞方與王充割據而化 缺
京至于□□所向風靡賊徒懾怖是以建德受縛王充
請降 缺 毁損從授□麟州刺史及 缺 即褒禰□共理尤
切將遷大□□□朝廷以公族茂 缺 義□□□□□
刑禮□□□有倫遷使持節都督氵道 缺 制葬事官給
尋而奪禮授金紫光祿大夫行 缺 江左制命公杖鉞出
徂賜寶刀七口以 缺 帝用嘉之遷鄭州刺史屬河洛建
都罽漢光宅四方 缺 周衛惟穆公以年過強仕夜行可

□□□闕上 缺 會病□□□中使相望名醫結轍春秋
□十六粤以二年歲 缺 詔贈左驍衛大將軍使持節都
缺 陪葬 缺 宗□從容 缺 人□□□恩□□□□登 缺 皇
□中興乃 缺 州□□□□□□公仁裕 缺 於□□可
贈兵部尚書 缺 州刺史□□先質歷通事 缺 莘 缺 思功
頌德其辭曰
缺 之璋命代非常無忝前良隨運不綱羣黎靡康宇宙
缺 莫□州□□攘□彼□王混壹遐荒俾侯封疆其有
寵章 缺 弈弈□□獻替之地一登其位 缺 忠□奘于□
樹碑勒功壚□□□□

碑凡三十四行拓本闕其上截無名字年月弟廿四行有公仁裕三字弟廿五行可贈兵部尚書六字蓋贈官之詔稱曰忠公仁裕則碑爲房仁裕而立也仁裕之名不見於唐書今有其母李夫人碑立於永徽三年其時仁裕以左領軍大將軍奪情起用此碑所云葬事官給尋而奪禮即其事仁裕之葬碑存粤以二年四字永徽後之二年則顯慶丁巳歲也是碑爲顯慶二年所立矣仁裕初事王世充碑避太宗諱稱王充後歸於唐官至大將軍贈兵部尚書謚曰忠陪葬昭陵撰文之崔融字文成封清河公謚曰文見唐書宰相世

系表筠清館金石記

碑爲仁裕之孫緐所書而緐名亦不見於史傳文云公知充非真□又與裴仁基等謀背王充隋書王充傳光祿大夫裴仁基以武牢降于密唐書王充傳不載李密傳云隋虎牢將裴仁基降以仁基爲上柱國皆不言及仁裕

禮部尚書張肖碑 顯慶三年三月 萃編載卷五十一

爰彰於必復缺必字後大缺後字箱孫戸而遊心缺箱遊心三字

碑云第二子濟子謙以宰相世系表證之當云第二子濟第三子謙書碑者脫第三二字世系表後肖十

一子碑可見者七八長子震左衛雩池府折衝都尉第五子律師表云王府諮議參軍碑作泗州司馬第六子小師表云朱陽令碑云早夭不言官第七子統師表云金部郎中碑作太常丞亦可補史之闕平津讀碑記

張肖宰相世系表作後肖云字嗣宗國子祭酒新野康公與史傳同碑無後字自當從碑其曾祖名顯齊廬江太守祖名紹梁雩陵郡太守與新書傳作僧紹者不符父名沖字叔元隋漢王侍讀舊傳作名中新傳作漢王諒并州博士皆與表不符碑已缺泐無從定其孰是表載肖子長曰震左衛靈池府折衝都尉富陽縣公碑作雩池雩靈古通池下所缺是府折衝都四字次濟謙異皆無官職次律師王府諮議參軍與碑言泗州司馬者異次小師朱陽令碑不言之次統師金部郎中與碑言太常丞者異當是立碑後之官位次豐仁庫部郎中碑僅存一豐字次彥師駕部職方郎中次瑾武德令次道師碑已缺矣新書傳云孫齊邱歷監察御史朔方節度使東都留守謚曰貞獻子鎰別有傳鎰傳云國子祭酒後肖五世孫案表鎰之父府上

朔方節度使東京留守府上蓋齊邱傳寫之誤不載其謚漏也鎰之祖義方邢州刺史鎰之曾祖律師是鎰爲肖之元孫與鎰傳以爲五世孫者不同肖傳以鎰爲齊邱之子亦與表不符金石後錄云邑志有承休爲後肖之孫恆州刺史多惠政而唐書不載案承休亦見於表爲小師之子表作恆州長史萬姓統譜云張承休隋散騎常肖之孫張說撰其墓志歷朝議大夫上柱國恆州刺史與邑志同疑表之誤統譜肖上無後字或是据墓志之文與碑正合以爲隋官則誤矣

信法寺彌陁象碑

高五尺一寸七分廣三尺二分卅行行五十二字字
徑七八分有方界格正書篆額題大唐信法寺弥陁
象碑九字陽
文在元氏縣

大像主雲騎尉李令撫任州市丞 此行在額字右旁

原夫有政滋性之初無明住地之始家犬贏而易遺野
鹿柔而尚馴豎乎結賊締交俄成六十有二愛魔乘便
終爲八万□千生死之業既㲉輪迴之勞詎息攸攸□
趣積骨踰乎嵩華擾擾四生洩淚儗乎溟渤既橫流於
欲水亦奔駭於嗔□般憂期於啓聖拯溺在乎深仁若
乃五眼儼羅知見之功已大三身光被攝受之道斯宏

藹藹元猷禪慧爲其力用堂堂相好慈忍爲其風骨畢
竟清淨識法海之常澈□性貞明知佛日之恒照何則
法本不然非雙林之所能滅空即是色豈千母之所能
生斯乃具相歸無唯識假有示變鵠而非去乘夢爲而
無來故能奄有十方遂荒三界或權或實且俗且真□
智莫之闚睿辯所不測豈與夫緒經演録校其優劣者
哉是以龍爲具瞻釋梵歸仰巍巍蕩蕩無得而稱至如
慧刃霜飛解凝船之愛網智斤風舉摧怖畏之坏餅遂
使闍主蠲疾於身心難陁脫屣於妻子不其然歟信法
寺者比邱尼釋解亡　辶所存也逆川灌其北叢臺跱其
南原野阡眠室宇膠葛士韞斷金之奇意女呈如玉之
華姿有列仙之遺風居全趙之勝地處窮巷而非隘迫
鄙室而非諠不豐不陋不□不野合至道之要妙據方
便之岐劇詵詵法侶俗之水而去猨心濟濟仙儀權虛
舟而昇慧岸清風將梵響爭流芳芷與香雲競馥夜鐸
吟鸞鳳之曲曉幡曳虹蜺之影俳佪四照含日露而揚
輝霹靂九衢掩蘭蕙而矜色於是祁祁士女習習紈素
憧憧不絶□卉相□咸淨七枝俱捐三毒解疑釋累叩
鴻鐘而不窮虛往實歸酌衢樽而靡竭雖目連駭儀而
改服斯郲聞戒而歸虔無以過也　大唐均□造

物神功遐暢德澤共二儀潛運宜化與七曜齊光播五
禮以移風扇六樂而成俗
太宗文皇帝重光御極體睿凝圖始自憂勤甯群飛於
海外賜之仁壽拯塗地於寰中氈裘板屋之酋入堤封
而請吏雕題鏤匌之長欵郊甸以相趍蠢尔三韓不供
貢職肆梟鏡於君主施鴆毒於萌黎士□憂惶道路以
目既軫納隍之慮爰奮赫斯之怒尔乃親宏
廟略問罪遼東義勇爭先水陸齊舉柱國李□微都維
郵飛騎尉杜遺爾合應募一百八等懷忠應募蓄銳俟
□被組練之衣叅熊羆之旅雖以王者之師有征無戰

而饗藍有毒儻或兵凶遂乃同德同心顉造弥陁像一
鋪既而登之枽以電邁跨渤澥而天臨一戰搴旗凡解
氷泮擒鑿菡於華野繖大風於青邱刻琬琰於丸都飲
驊騮於河渚元氏縣一百人等並推鋒於漂杵之地賈
勇於先鳴之晨廁邱山之隆賞預川岦之嘉會名節書
於王府勳庸被於管絃竟免毀於髮膚終不離於霧露
豈非幽明叶贊神功不測者乎於是思報慈恩咸申本
願儵求斑尔嗣彼優填摹寫真容極茲神變負光共□
輪同照□□與菡萏俱青丹脣紺髮之表紫□白珂之
色丈六顯其尊儀一豪摛其勝相瑶池抗瀁既控法流

寶樹枀差還生淨果淒鏘鶴奏含夕吹而方清摇曳蜺
裳亂煙霞而且至皇皇侍衛㛑檀爲貞寶之林弈弈仙
宮瑠璃爲正觀之地莫不覩相增善結顉往生倁頭而
入㔾宊舉手而成佛道趙州剌史李振長史潘祐司馬
韋懲並衣冠肎胄獄瀆英靈希四序之和風贊六條之
善政鈎距既設則下吏不欺驥足風驅則上京馳譽元
氏縣令李守節源流湝遠地望清華標格千刃漪瀾万
頃和如琴瑟節類亭鮮水鏡爲心氷霜成操瑔瑔高致
月旦與瓊珮齊聲亭亭孤竦歲暮將寒松比色不可得
而近不可得而疎寺主比邱尼通達上坐曇徹都維那

負應負意等並渴仰大乘征營小罪合募人等咸冀除
心垢耘耨身田莫不異口贊成同心隨喜惟懽柏薪交
謝舟壑潛移形無常主生亦有崖不□鐫勒輝光曷摛
乃爲銘曰　實相之相爽名之名惟怳惟忽非色
非聲不来不去　誰滅誰生彼宅火宅斯城化城至矣能
仁猗歟善逝救焚拯溺逼幽起滯既達性源還依本際
佛日長明魔軍潛殪名都勝地列真攸託捐提載起飛
甍綺錯更似菴園還同柰閣方傳法鼓恒流聖鐸明明
□帝光宅神洲蠢茲荒卉不率王猷妟摠□豹届于
青邱霜鋒暫舉渤澥安流無言不讎無德不報剏乃先

覺人天善導幽贊之功叶于□到戾求八絕攀茲十號
神威抑抑寶相堂堂日華蓮淨豪流雪光池含瑶碧樹
挺琳琅淒清鶴奏摇曳蜺裳疊疊脩佐彬彬良宰　操勁
松筠□芳蘭茝大功□立勝因□在或□或□同歸法
海一仝虛假四相遷移寒暑遞進日月交馳流芳頌美
文不在斯式刊貞石永樹豐碑　前縣承鄭萬英撰文

顯慶三季四月八日

右碑無書碑人姓名撰文者爲前縣丞鄭萬英兩唐
書無名題額右旁有正書一行云大象主雲騎□李
令撫任州市丞騎下一字泐當是尉字唐六典上州

有市令一人從九品上丞一人中下州市令丞各一
人唐會要垂拱三年二月上州置市令案此碑立於
顯慶三年巳有州市丞之官知會要謂州市令置於
武后時其言不足據碑爲元氏縣一百人等應募從
征高麗事平還鄉申願造象而立太宗征高麗事見
舊唐書本紀及高麗傳又張亮傳云太宗將伐高麗
亮頻諫不納因自請行以亮爲滄海道行軍大總管
帥舟師自東萊渡海襲沙卑城破之虜其男女八千
口所云水陸齊舉當即指此又碑有刻石銘功之語
本紀云六月丁巳高麗別將高延壽等率兵十五萬

來援安市李勣率兵奮擊上自高峯引軍臨之高麗
大潰延壽等以其衆降因名所幸山爲駐蹕刻石紀
功焉又高麗傳命中書侍郎許敬宗爲文勒石以紀
其功又本紀冬十月戊午次漢武臺刻石以紀功德
又碑有趙州刺史李振長史潘祐司馬韋懋新舊唐
書皆無名新唐書宗室世系表渤海王房有名振者
延州別駕爲渤海敬王奉慈孫與此名同當非一人
又元氏縣令李守節新書宰相世系表丹陽房李氏
有守節光化令爲衛景武公靖弟客師孫又東祖李
順房衡水令東王弟二子亦名守節稽其時代皆在

此後常山貞石志
案元氏縣信法寺彌陀像碑鄭萬英文爲柱國李□
徵飛騎尉杜遺並應募百人從征遼東申願造象而
作也通鑑唐太宗貞觀十八年將征高麗十月幸洛
陽以張亮爲平壤道大總管帥江淮嶺峽兵四萬長
安洛陽募士三千戰艦五百艘自萊州泛海趨平壤
以李世勣爲遼東道行軍大總管帥步騎六萬及蘭
河二州胡趨遼東兩軍合勢並進遠近應募不可勝
數皆取願行者募十得百募百得千詔諭天下以高
麗蓋蘇文弒主虐民問罪遼碣所過營頓無爲勞費

十九年二月上將諸軍發洛陽三月至定州謂侍臣
曰遼東本中國之地隋氏四出師而不能得朕今東
征爲中國報子弟之讎高麗雪君父之恥士卒感悅
有不預征名願以私裝從軍者動以千計四月李世
勣自通定濟遼水至元菟拔蓋牟城張亮帥舟師自
東萊渡海襲卑沙城五月世勣攻遼東城上引精兵
助之圍數百重克其城以爲遼州九月班師十一月
至定州碑云肆梟鏡於君主施鴆毒於萌黎指高麗
之弒主虐民也義勇爭先指應募之衆水陸齊舉指
李張兩軍之合進也太宗東征往返皆次定州元氏

屬趙州去定州二百里而近史稱遠近應募元氏百人實與爲元和郡縣志贊皇縣泜水在縣西南三十二里韓信斬陳餘處泜水在贊皇西南而在元氏之北趙州刺史李振長史潘祐司馬韋懃元氏令李守節皆無攷方志職官所宜采也阡眠即芊眠膠葛即膠轕眠因諱省芊阡轕葛同音通字俗定水而去猨心俗乃浴誤標格千刃刃與仞通任州市承前縣承承即丞也萃編載長安三年信法寺真容像碑序云信法寺者隨開皇三年所立蓋即此寺王氏未見弥陁象碑故疑寺在河東[金石續編]

右碑在元氏縣治東北雲起寺即古之信法寺也凝脂作船梟獍作鏡氷泮作泮驊騮作駠擢鋒作推提封作堤柾營作征有涯作崖均前跋所未及去歲校訂金石續編以拓本尙存都中未及對勘僅據常山志參觀互校記其異同耳兹復詳加覆校折衷一是不再瑣述其兩家所並譌者堤封之堤碑作土旁而皆作提煙霞之霞皆作雲爽〻之爽沈作乗陸作無神洲之洲皆作州善導之〻皆作道其兩家所並闕者智斤之斤蓄銳俟□〻俟豈非之非曷摛之曷神威之威又三行愼下一字

沈氏闕陸作𢽾審之不似也鄘下一字沈氏闕陸作里審之上从宀當是室字十錙之十沈氏闕陸誤作一大功之大沈氏闕陸誤作玄廿九行末一字石已殘泐沈作含陸作念今僅存上半仌矣碑有陰及兩側陰入列凡二百廿三行左側六列凡四十二行右側六行有稱寺傍老人者有稱飛騎尉遺將者它碑所未見俟得拓本再補

衛景武公李靖碑[顯慶三年五月 萃編載卷五十一]

皇靈中[缺靈中二字]國誅[誅諒誤諒]擁毙千□[缺毙字]冄鑾跸有鑾[缺冄跸有鑾四字]夜赴[缺赴字]二江□潦暴雨[缺潦暴雨三字]洪計[缺決]字洞澤則遡浦[缺則遡浦三字]勢若飈馳[脫若字]還醇[缺醇字]亟跂言[缺跂言二字]愁留惟楊□佬擒如[缺佬擒二字]雲鶱垂[缺鶱垂二字]

碑下截殘泐靖贈司徒使持節都督并汾箕嵐四州諸軍事并州刺史碑前題贈司徒并州都督舊唐書本傳亦云册贈司徒并州都督當時結銜使持節都督數州者止稱其當州都督餘州可以不書[平津讀碑記]

據舊本校補下截失拓或尙有可辨之字惜不得一見也

太子左衛長史杜延基妻薛氏墓誌

方一尺二寸五分廿三行行廿二字字徑四分正書方界格在長安

大唐太子左衛杜長史故妻薛氏墓誌銘并序
夫人諱瑤華河東人也緜宗貴烈疊照搢紳之林勝躅
殊聲累冠高華之秀並光惇史咸載詵近懿今芳可
得而略曾祖胄大理卿刑部尚書內陽文公祖獻工部
侍郎泉資定隴四州刺史贈洪州都督內陽穆公父元
嘏通事舍人朝散大夫行益州晉源令或材梃國楨或
譽標時彥英明相續琭珩代襲夫人誕靈鴻族育彩瓊
田幼資神穎長而懿淑太子左衛長史上輕車都尉京
兆杜延基藉望清華聲芳寓縣求我令德宜其室家夫
人展禮惟勤薦虔誠於蘋藻承夫思順終克諧於琴瑟

羨柔芳於懿戚溢惠譽於中閨藹藹嘉聲雜紅蘭而灑
馥亭亭絜操鑒皓月以分暉既而朝露易侵悠沉痾之
遄積隙光遄徙愴宵簟之俄空以顯慶二年十一月十
二日遘疾卒時年廿六粤以三年歲躔戊午十二月一
日己酉安措于少陵之南原想音容之未遐歎居諸之
驟易感人神之方曠痛顯晦之悠隔嗟鳳去而聲銷悵
鸞沉而影寂閱殊美於柔翰寄餘哀於貞石其銘曰
烏弈高門蟬聯退祀虹珪交暎文軒疊軌效功垂德飛
芳擅美照灼清猷絲綸細史其一餘慶是襲載誕淑靈溫
儀粹行玉璽蘭馨動容中軌敷銲有經浹華邦族飫美
閨庭其二始暉朝景行悲夜壑月掩娥沈星潛婺落露凋
芳秀霜摧蘭蕚潘悼已深荀傷可庋其三靈軒夙駕素幌
晨空霜塗咽泣曉挽嘶風幽扃杳靄寒野蒙籠千秋巳
矣蓄恨何窮其四

右太子左衛長史杜延基妻薛氏墓誌未見著錄
薛胄隋書北史俱有傳字紹元河東汾陰人據傳
於刑部尚書之後檢校相州事以綦貝事除名配
防嶺南道卒志不言配防者諱之并不言檢校相
州者略之也傳言周明帝時襲爵文城郡公入隋
後並無封爵亦無謚號其子獻史僅附見其名曰

子筠獻知名而已唐書宰相世系表胄隋刑部尚
書獻工部侍郎內陽公元嘏不書官職竊意表所
稱內陽公者子襲父爵而傳與表均不備傳不言
獻官表不言獻爲泉資定隴四州刺史及其贈洪
州都督謚曰穆并不言元嘏官職皆可據志補之
獻有兄筠表亦失載又按隋唐皆無內陽郡縣之
名惟隋書地理志文城郡昌寧縣注云後魏置并
內陽郡開皇初郡廢吉昌縣注云大業初置文城
郡文城郡注云後周改爲汾州平齊置總管府開
皇四年府廢然則志所稱內陽公者即史所稱文

城公也獻之襲爵在大業以前故稱內陽後刪時無文城之名史家以隋代郡名書之未得其實假無此志讀史時亦漫不加察耳金石之有裨史學匪淺鮮也晉源隋唐書皆作晉原原源通用隋屬蜀郡蜀郡舊置益州開皇初廢後周置總管府開皇初置西南道行臺省嗣復總管府大業元年府廢唐屬蜀州蜀州垂拱二年析益州置元𡟹爲令在隋時抑在垂拱前不能定也十二月一日己酉與通鑑目錄合

又桉金石錄目有杜延基造心經總章元年六月

當郎夫人之夫

善興寺舍利函記

高六寸五分廣八寸二分十一行行九字字徑五分後空一行在臨桂

維大唐顯慶二年歲次丁巳十一月乙酉朔十三日丁酉於桂州城南善興寺開發建立此妙塔七級聳高十丈至顯慶四年歲次己未四月丁未朔八日甲寅葵佛舍利貳拾粒東去大□三十餘里舍利鎮寺普共法界一切含識永充供養故立銘記

右舍利函高七寸八分橫九寸八分中空以盛舍利者外四面一刻記其三刻佛像在臨桂縣萬壽寺案桂林風土記褚遂良以顯慶二年貶桂州今開元寺即今萬壽寺舍利塔前有褚公親筆寫金剛經云云或疑此記亦褚筆考顯慶二年遂良再貶愛州明年冬卒此非褚書明甚然筆勢瘦健其亦親炙於河南者歟廣西通志金石略

按唐初善興寺後爲開元寺見莫休符桂林風土記宋爲壽甯寺見李時亮元豐四年雉巖題刻即今臨桂縣雉山之萬壽寺也道光三年龍泉教諭仁和徐君元植出示拓本次年果亭撫部成格自桂管還京多貽石墨以是刻爲秉韋之先且云石函爲人攫去

予購獲之屬友人納諸寺壁庶免負之而趨後二年老友錢唐何夢華元錫遊桂林親訪石函摩挲手搨視爲至寶余曰此賈刻之佳者耳因取撫部本証之則甲寅寅字作貿而後搨作窗四周鑱刻幾可亂真不知何人所易也金石續編

補訪碑錄以此碑爲在安陽何也

鄂忠武公尉遲恭碑　顯慶四年四月十四日　萃編載卷五十二

上□國高陽郡缺上國陽三字

擢授秦府缺擢字

右碑上截全泐下截亦所存無幾文苑英華有此文

以碑證之知今本多譌舛碑曾祖本㒵刊本㒵作貞
屬想傾義想作相浮雲寫陣寫作雁導彼前茅茅作
矛譽光百辟譽作舉摧堅㮚銳摧作推風駈嘯雨駈
作謳以影宋寫本文苑英華校之俱與碑同此書之
所以貴善本也唯雄委孤疑影宋本孤亦作岐陋南
巢之吠犬南巢亦作張角帝曰尒諧尒作僉授襄都
鄧淅唐五州都督都亦作均知其誤久矣平津讀碑記
紀功頌顯慶四年八月十五日 萃編載卷五十二
政殿辛之虐缺辛字鉗口刊口誤榮波榮作榮未泯泯作泯
碑陰

行次成臯詩
高二尺廣一尺四寸五分十行行字不一字徑寸餘行書
五言 行次成臯途經
先聖擒建德之所緬思 功業感而賦詩 御製
有隨政昏虐羣雄已交爭
先聖按劒起叱吒風雲生飲馬河洛竭作氣嵩華驚克
敵睿啚就擒俘帝道亨顧慙嗣寶庥忝□天下平幸過
翦勍地感慕神且英
開元十三年十月十三日東封之歲
前常州江陰縣尉史叙書

後題開元十三年十月十三日東封之歲舊唐書開
元十三年十月辛酉東封泰山發自東都是也史敘
金石錄作艾敘傳寫誤耳中過汜水題詩史蓋以其
事微不具錄 授堂續跋
衛尉少卿息豆盧遜墓誌
高一尺六寸寬一尺六寸半卅二行行卅二字字徑四分有界格正書在咸甯
大唐故駙馬都尉衛尉少卿息豆盧君墓誌銘幷序
君諱遜字貞順河南洛陽人也 太祖武皇帝之外孫
太宗文皇帝之甥也泉夫星街北鎮氣雄高柳之鄉
日域東臨威震扶□□□及祥分玉极運圮金行盛王

業於雀臺肇覇圖於龍塞辞燕入魏既得□□□□
□□遂成功於翼主故得門傳戈鼎業擅緗圖邑宏
散以孤䢔摠□□□□□□史册可得言焉曾祖通
洪州摠管汲野公謚曰安道濟風霊□□□□□
□□□□□□□鹿於朱軿落鳴烏於玉輦百僚既肅
共仰金□□□□□□□□□□□□祖寛禮部尙
書左衛大将軍光禄大夫行岐州刺□□□□國公
贈特進□□□□□海岳擒霊辰象提氣風格沉
謝凝映士林□量宏深罔羅天□□□而□□□□
侍而並馳榮數極於生前縟禮繁於身後□懷讓駙馬

都尉尚輦奉御□□□□太府衛尉少卿地望高華音
容韶令家延帝子室茂王姬同遊𨷆水之龍獨□□□
之鳳君即衛尉第三子也親長沙長公主□珠台於婺
象分玉種於藍田□□□□朝光以動色彩澄飛月
凝夜景以合□故□曰稱奇髫初表𡹎爰從戲馬即□
□□之材肇自□羊方宄河東之羙豈止□烏早歲獨
茂重囸元鳳夙齡亟工柔□及□□集蓼痛□匪莪標
氣就淪慆陰□殞雖年代浸遠風枝之恨罔渝□□外
□□□之情九切至若教成斵緯業就離經華海浮天
鏡琁波於抃岳談叢靡日敷□□於□林加以旗茂燕

垂氣淩河右弓□明月碎密菓於楊堋騎轉浮雲散軿
□於□□故得蔦綽厲望披薜馳心猶決羽之仰丹禽
若消滴之歸滄海豈謂寒風□□□□桂於初華繁霜
夜零剪庭芝於方秀嗚呼哀哉粤以大唐顯慶四年四
月十七日卒於雍州萬年縣之常樂里第春秋一十有
七即以其年大歲己未八月乙巳朔廿八日壬申遷窆
于萬年縣少陵原禮也君以□梁景族懿戚豪家生于
鍾鼎之□□□彝禘之會□天資澹雅性與謙恭無累
煙□之心自得風塵之表惜其英聲□□□□於明時
盛德芳華已淪於厚穸長沙主□□□之□□□□□

之永碎□□□□□記奠薄謝𩿨蔦馬驥開封覔資蠳
蟻故□□□□損□□□□□□□照□烏見
滕公之白日泉飛□鶴芬畦子之□□□□□□□
□□□□□□□□□而嘶馬秋風驚□□□□□来田
□方易懼舟壑□□□□□□□□□□□之永扇
其詞曰
地隔紫□星兮柳塞山川盼響風雲晻曖□□□□
□匪昧上谷辭燕中山入代二公垂績一敷前載就日
標華浮霄引概衛尉含章芳聲間起職移丹棘花飛穠
李門慶斯來蔦生君子玉瑛方潤辟山齊美華海鯨兮

詞林鳳峙日烏空落蕃羊輕𢷬譙茶神授孝友天成煙
霞自重戈鼎攸輕方遊星閣奄悶泉扃捋華落蘂方秀
摧榮百身何贖千祀徒名帳引秋蟲檐飛暗翼畫栁朝
引素騏夕急荒隴沉暉寒郊慘色□□遽送歸魂何極
空餘素𩊄方摽懿植

誌凡九百七十字中有土暈圓大如盤文字剝蝕拔
豆盧爲代北巨姓寬乃隋文帝之外孫入唐歷禮部
尚書封芮國公謚曰定陪葬昭陵有碑存焉其子懷
讓尚高祖女長沙公主遜即公主之子也唐書宰相
世系表載懷讓子名貞松官宗正卿封中山公無遜

名爲懷讓弟三子貞松當是遜之兄遜以早歿故不列於表誌中儀作儀總作總族作旌滴作滴寡作㝡葉太宗世字諱作業終唐之世從枼之字右旁皆作枽泄緤字或作洩絏古誌石華

遜之遷窆以八月巳丑朔則廿八日壬申當是丙辰之誤筠清館金石記

右墓誌三十二行行三十二字正書字徑三四分志言遜爲太祖武皇帝之外孫太宗文皇帝之孫又言東懷讓駙馬都尉衛尉少卿君即衛尉弟三子親長沙公主攷唐書公主傳高祖女長沙公主始封萬春

下嫁豆盧寬子懷讓則遜即懷讓之子也可證石刻東字乃父字之誤志又言曾祖通洪州總管沃野公謚曰安攷豆盧通隋書有傳云字平東勣之兄也在周以父功賜爵臨貞縣侯授大都督遷儀同三司封沃野公加開府歷武賁中大夫北徐州刺史進位大將軍開皇初進爵南陳郡公尋徵入朝又出拜定州刺史遷夏州總管洪州總管卒謚曰安有子寬則通在周封沃野公入隋進爵南陳郡公歷官至洪州總管卒謚曰安志不稱其隋之進爵郡公而稱周之初封縣公未知何故又豆盧勣傳言昌黎徒河人本姓慕容燕北地王精之後中山叛歸魏北人謂歸義爲豆盧因氏焉與周書勣父甯傳略同元和姓纂志云豆盧本姓慕容燕王廆弟西平王慕容運孫精之後又止標其望爲昌黎棘城與勣傳徒河少異據此志云河南洛陽人則豆盧在唐時又有洛陽者爲元和志所遺又攷元和姓纂言精生猶醜猶醜曾孫萇永恩甯甯生勣勣生毓永恩生通通生寬唐禮部尚書芮定公寬生承業懷讓懷讓生貞松宗正卿中山公此志有禮部尚書左衛大將軍光祿大夫行岐州刺史云云其上多摩滅之字蓋皆敘懷讓之父遜之祖

寬之歷官也元和志於懷讓下無一字不獨未知其官衛尉少卿且不知其尚主而爲駙馬都尉又止知懷讓生貞松而不及遜皆可補其闕漏讀志文約略知駙馬懷讓早卒遜係少孤遜之墓志蓋其母長沙公主令詞臣所撰雖不題姓名文頗美麗可觀書法亦不劣惟多摩泐且有如姓之作性古字通而父之誤東及偏而不正之字未知是原刻否豈出土後爲兵人補鑿之誤邪古泉山館金石文編

案豆盧遜墓志銘題曰故駙馬都尉衛尉少卿息豆盧君遜無爵而以父爵統之可爲碑版起例遜爲芮

定公豆盧寬之孫駙馬都尉懷讓之子母曰長沙公
主豆盧氏見唐書宰相世系表元和姓纂已詳芮定
公碑跋尾此誌祖下闕一字即寬字也曾祖通尙隋
高祖妹樂昌公主附見隋書豆盧勣傳唐書公主傳
高祖十九女次六爲長沙公主始封萬春下嫁豆盧
寬子懷讓而不及懷讓官閥可據此補之誌中駙馬
都尉下闕八字衛尉少卿上有太府二字唐百官志
衛尉寺太府寺並卿一人從三品少卿二人從四品
懷讓蓋兼太府衛尉二寺少卿又吏部司封載皇姑
爲大長公主正一品姊爲長公主女爲公主皆視一

品長沙爲太宗之妹高宗之姑石立於高宗顯慶而
但稱長公主何也遜爲衛尉弟三子而姓纂世系表
祇載懷讓子貞松宗正卿中山公其餘皆不著遜字
貞順以例貞松殆以字行而非名也豆盧氏之尙主
者懷讓曾孫建尙元宗女衛國公主始封建平亦稱
建平公主長安志萬年縣勝業坊有駙馬都尉豆盧
建宅建尙建平公主又肅宗女宿國公主下嫁豆盧
湛亦見公主傳與懷讓世系無攷常樂里在萬年縣
朱雀街東弟五街道政坊之南爲常樂坊長安志坊
內有和政公主宅肅宗女降柳潭而不載長沙公主宅此可

補宋氏之遺少陵原在萬年縣南三十里今爲咸甯
大兆社金石續編
曩輯續編僅以吳氏所錄補其闕遺未檢拓本對
校也玆復詳審覆勘凡石本已磨滅者不敢增入
一字與吳陸兩家頗有同異古誌石華亦載此志
闕誤尤多既得下一字瞿氏作性謂古通姓吳氏
作姓審之僅存右旁生字懷讓上一字瞿氏作東
謂是父之誤諸家均作父審之已曼威不可辨八
月下吳氏黃氏均作巳丑吳以壬申爲丙辰之誤
審之上一字是乙字尙清晰下一字雖涉剝蝕而

決非丑字頗似巳字碑本不誤也黃氏下作十八
日亦非餘不備述珠合疑即珠胎方究河東之美
究古通軌族茂燕番番古陋字

蘭陵長公主碑　顯慶四年十月廿九日　萃編載卷五十二

大唐故蘭缺四字
上缺吏部尙缺是弟十五十六十七字
□□□□□□□□□□宜平之□□□子□之缺宜平子之四字
稟棨範於椒庭缺庭字稟誤潤騰潤質於方流缺潤質於三字於□
覗□□□則覗誤魏缺則字上括括誤質水泉泉誤冰皇常懷止足而
彤闈缺闈四字懷止足餘□千尋缺蘇字□高□□籥□宗之五

碑缺高簡二字皆聲廛缺廛字終辭辭作辭宗禋缺禋字易遠□□
賢□缺遠字賢誤費曺碑而見託缺託字曺演慶缺慶字禮□畢案缺禮
字紃組為工缺工字光□□紊缺紊字
世系表懷愁武威郡都督碑作慶州刺史公主傳南
監本作虎州都督虎即慶字之譌平律讀碑記
桉公主傳作兖州都督南監本虎字當是兖之譌
字形較似未必是慶之譌銘云式刊貞筭萃編謂
貞筭疑同石筍浙人言禹陵窆石其狀如筍與華
陽國志所言相符王氏之說良是或云禮孚尹旁
達尹即古筭字之省孚尹一作浮筠貞筭猶言貞
筠也

八瓊室金石補正卷三十六終

八瓊室金石補正卷三十七

太倉陸增祥撰　男　繼輝校録
吳興劉承幹覆校

唐九

六祖墜腰石題字龍朔元年三月萃編載卷五十四
元年三□缺三字血脉缺脉字應知缺知字月長照缺長照二字
訪碑錄載此有兩刻一在黃梅一在曲江此本未
詳其地萃編亦不言之

夫人程氏塔銘
上截斷缺高不計廣九寸七分十五行行十四字字徑五分正書有界格在西安

夫人程氏塔銘并序
果東郡東阿人魏汝
裔也若乃道風門慶
史牍詳之矣夫人貞規
冰融少崇龍女之因長勵
託生應化雖順軌於六塵
竟騰身於百寶以顯慶四
四日終於京第春秋五十有
元年十月五日遷葬於終
祔徵士靈塔安□遵先志也其

意将恐二天地一山川敬勸徽

昭不朽其詞曰

女訓西鄂婦德貝菜囙成蓮花

陟巖巖兮神搆沓杳兮靈闕将畢

而恒存與終峯而罔極

顯慶四年立在西安府城南碑失去一角云夫人程氏塔銘者葢俗家夫婦用浮屠法安厝者也關中金石記

碑已殘損如式録之前云顯慶四□後云元年十月五日葢以龍朔元年十月五日葬也畢氏云顯慶四年者卒年非葬日也書法秀麗較諸磚塔銘

有過無不及余又得一舊搨精本嘗爲高江邨所藏神采煥發倍勝今本惜已破損不全矣碑有翻本存字與此同余於松坪處見之

代州都督許洛仁碑龍朔二年十一月十七日萃編載卷五十四

望古缺古字潁川從□□缺從字外戚缺外字英賢□武缺英賢二字祖彪彪作彪國縣公□□稱缺國稱二字義光分社公□涫分誤公缺社涫二字門多長者之轍長外五字均缺眞野眞誤異典章缺章字繞帳□之尚也缺帳尚也三字擊蒲州缺蒲州字屢摧勍敵缺摧字勍誤就京城績前後勞京下五字均缺叚雄喬軌並奠府缺雄並二字仁杲缺杲字策勳□□□典□□以□缺策典以三字既而□發缺發字

之用缺用字大□方□缺方字戎章缺戎字胡衛鈎陳歷玆缺鈎歷玆三字左監門將軍□遷□缺左遷二字逾切缺切字草搠草誤莫昭陵公於武□□下進□□一匹缺下進二字幷多空一格於北門於下四字並缺寮舊缺寮字□□嗣文追旌功伐功誤以嗣上短二格下緝缺緝字暢七德而拯黎□□□三傑缺暢拯二字傑誤一傑誤餘七百戰百□缺戰百二字茍何茍誤荷俄斬缺斬字茂陵之□壯志勇姿缺壯志勇姿四字宦誄書□缺宦蘇二字降生時□缺時字先知□缺知字爰膺帝籙缺爰膺二字山煇□潔缺煇潔二字

洛仁傳云幷州人碑云博陵安喜人又敘其祖以前云即安樂土權居晉陽是其先世已從博陵遷幷州

也元和姓纂北齊武川鎭將許彪生康康生緒洛仁碑云祖彪齊儀同三司善元郡守武川鎭將襄爵甯□縣公康名與官爵已泐尚有□□都督□州刺史江夏縣開國公可辨亦視姓纂爲詳平津讀碑記

元和姓纂敘洛仁族望爲中山碑稱安喜人安喜北魏隸中山郡非有異也洛仁之兄史名世緒姓纂避諱去世字

左戎衛大將軍襄公杜君綽碑龍朔三年二月十八日篆額題大唐故左戎衛大將軍兼太子左典戎衛率贈荊州都督上柱國懷甯縣開國襄公杜公碑萃編載卷五十四缺下截每行廿字

金之□尙□□□□熚當塗□史尙以下全缺鑒以飛華以外
三字缺功曹□□□□□令摠□□而揚令以下四字缺秀起
□□發□□□藝隱掊□□生前之□既□身後發以
下十字缺昭乎缺昭字仁□□□於義室雖□□□青一経
之業可尙而圖於下十三字缺旬□□□□□□□□□□區□
□□□汲霜區下三字缺忠勤□鳳郎缺忠勤二字摧宋金剛
宋誤末剛字缺而□計缺計字公□□□□著□績既服義勤
弥荷　恩著下九字缺區□□□□□□□□□□
□□□□□□尋□□□□開國侯食邑三百戶□□
□□除全缺禪穡□□石□□□□□□□□□□之□

□□□荨全缺俾侯之缺俾字侯誤僕聰達缺聰字是□得人□□
□一□□奉□明年得下六字缺五十段□□□　陵□
□□□□玉華荨宮十下七字缺中監嚴肅可□擁緹騎□
□術紆監下九字缺其□齊昭妹□□妙齊下四字缺奉　□
□□往東都留往下四字缺都城載缺載字將軍□旅宗室又
撿挍右衛□軍禁衛之重心膂旅下十五字缺締搆締誤帝效官
缺效字陛戟儲宮禁衛勞舊斯伫宜令叅典以申幹周尋
又撿挍右監衛將軍飛階下廿七字缺鬮錡缺錡字警周廬缺警字
賜物一百五十段金帶一□駿馬一匹弭節馳原揚鑣
戎路□奇兵於邊甸六□之賜甸外廿六字缺奇誤等秘節缺秘字戎

不廣同羊祜之周客類陶回之方範其年　□駕□
不外十七字缺□東□□□□木□□留□　駕還京京上
四字缺穆□伫於時英□尔□氣略果英姿沉毅功宣□
□□□穆下十四字缺之策策誤字其□□前烈允□圖□方謂
麦邱貽祉槐路騰□□□□其下十三字缺震悼震誤宸局淹遂
興王在運誠盡局下八字缺覇國缺國字登宸缺宸字代邱缺邱字
茂嶽章□□□□□□持節□□□□□□州□
茂下五字缺庫大缺大字公禮缺禮字從雲驤首爰屬隆竿□風
竦翰翰上十字缺茂軓軓作軌道克彰不謀其□忠亮之規弥
遠雖徂齡弗駐九原□道下十八字缺之□□□□□□□□

□曺叅軍事上上上二字缺彩嗣彩誤移永□懼徽□之將泯
載刊□琬式樹昭亭與山川而□永下十六字缺□□可稱追
崇景命偉扶上拓茂寶蒸華迺善若流競外十八字缺道□□
韜□戢翼道外三字缺俄闘缺闘字鶴先□□鷄缺先鷄二字
是碑絶少流傳己卯春煇兒自都購此剪黏本乃
馬硯珊書奎所舊藏也据校之泯作泯避諱改寫
銘詞迺善若流字書無迺字疑即遷之謬體其黏
帖舛錯之處未可殭爲連綴附記於後安得未剪
全本一校爲快哉
績宣於草昧執玉銜　月思古　雲愁山空當是

銘詞 恩禮綢繆□ 歎金□ 、革瓏公□盡 質

而巖竦捴瓌 □朩東虞之 □□之術待□□

□ □□□□禾運琁 凡三十九字

道因法師碑 龍朔三年十月十日 萃編載卷五十四

稟祐 祐祜訛 砥 砥作砥 弥復 弥作彌下弥 弥融弥闕同 峻 中原 原作原 于成都

于作於 慠尒 尒作爾 竝色 竝作並 法盡 字缺 盡未若鑴勒名山 未缺

若名 囙字 峙作峙 山證譯 譯作譯訛 載譯 再載誤 宿望 宿作夙 粉滯 滯作帶誤 之峙

碑稱道因追赴京邑止大慈恩寺與元奘法師證釋梵本 祥案碑作證譯 續高僧傳元奘以貞觀十九年正月二十四日返迹京師遂召沙門慧明靈明等以爲證義沙門行友元𧶘等以爲綴輯沙門智證辨機等以爲錄文沙門元模以證梵語沙門元應以定字譌其年五月創開翻譯道因之證釋梵本即在此時碑前題翻經大德一切經音義元應撰銜亦稱唐大慈恩寺翻經沙門當時以翻經爲榮故皆入于結銜 平津讀碑記

智旭造象

高三寸六分廣七寸二分十二行行存五字六字字徑四分正書

大唐龍朔三年十二月庚辰□ 知旭奉爲 泐下

子諸王文 泐下 世師僧父 泐下 造阿弥陁 泐下 薩圖遠過 泐下 廿五佛世□ 泐下

弥勒佛□空日月佛地 泐下 具足永□ 泐下 識離音解 泐下

右造象下截未全不知所在是年十一月庚戌朔

此刻庚辰下當是朔字

越州都督于德芳殘碑

高七尺六寸前半失拓存廣一尺七寸十四行行八十字字徑寸許分書在三原

前缺

□□□□□□□□□□□□□□□□□□□□

□□□□□□□□□□□□□□□□□□□□□□□

□□□□□□□□□□□□□□□□□□□□□□□

□□□□□□□□□□□□□□□□□□□□□□□

□□□□□□□□□□□□□□□□□□□郡□□□

□□□□□□□□□□□□□□□□□□□□□□□

□□□□□□□□□□□□□□□□□□□□□□□

□□□□□□□□□□□□□□□□□□□□□□□

□□□□□□□□□□□□□挠乾□□□□□□□□

□□□□□□□□□□□□□□□□□□□□□□□

□□□□□□□□□□□□□□□□□□□□□□□

□□□□□□□□□□□□□□□□□□□□□□□

□□□□□□□□□□蹝能官逾於鄧□顯慶三年授

金紫光祿大夫假節□州□□□州□□□□□□□

□□□□□□□□□□□□□□□□□□□□□□□

之□□□□□□□錫□□ 此下似無筆蹟當是空格

恩詒矜遂庶侍聽政於陽館陪展采於右闈未膺禮於
上庠遂歸全於長夜以龍朔三年歲次癸亥二月乙酉
朔二十□日庚戌遘疾薨於隆慶里之私第春秋卌十
有七其年五月癸丑朔二十日壬申葬于三元縣萬壽
鄉謚曰定公禮也惟公稟榮河之純粹降仙掌之英靈
類邢䫻之堂堂芳齊往慹比周舍之諤諤□冠前脩案
牒披圖以信順而爲本敲詩悅禮用忠孝以成基譬虞
代五臣將稷偰而並鶩若軒朝六佐與風力而競馳意
在恤冤甚張季之折獄情存周悉同魯肅之指囷囊括
五車惠施慙其博物遊□百氏胥臣愧其多聞體物緣

情之篇迺文光於翰菀摛藻□鞭之筆符彩麗於詞林
攝□名藩翻獻於爲詠德式遏寂虐亭鄣於是無虞對
彼安仁時稱連璧偶斯元禮俗号仙舟追電伏蘇縣知
驗骨孫枝入襄便識□音開閤以接名流置驛以招英
彥慕踈廣之解印仰魏舒之抽簪抗表陳情遂蒙昭允
角巾私第杖策邱園或追梓澤之遊時習蘭亭之賞但
四序不止千月難終儵㪷魂於窮泉俄沈照於悲谷嗣
子前荊州大都督府錄事參軍事武州司馬護軍昶居
憂之禮殆不勝喪至孝之情幾將滅性以爲橋元三鼎
騰茂實於祠堂楊震四碑飛英聲於神道庶金生翠碣

長標賈氏之墳劍挂貞松永識徐公之墓乃爲銘曰下空
三山祟搆九水鴻源將軍樹績烝相高門般衮調飪書
社開藩祉襲前蕖慶鍾後昆風雲蘊氣珪璋袁質攄德
依仁衛華佩寶博該金匱學窮石室辯軼談天誠深捧
日束髮肆業彈冠入仕道屬時屯生逢運否黒山霧結
白波浪起戟指望夷兵興新市九五應期千年啓聖弥
此元惡戡兹放命地紐克平天保大定策名委質濯纓
從政秩宗著稱恒岳揚聲漳濵認息晉水□淸□□□
□□□□□昆□□名高郢城榮顯五都光照千里
煕耀金玉芬芳蘭芷譽超四佐德高八士貴盛丹轂聲

傳青史橫海鱗摧磨霄羽戢森沈松檟蒼茫原隰金鉉
未調玉棺奄及東都駐馬南陽下泣搖落宰樹荒涼夜
臺墳脩燕集塋空鳥来鳳簫嘹唳熊軾俳佪玉人不作
泉扃詎開空廿八格大唐麟德元年歲次甲子四月戊寅朔
八日乙酉建此豐碑

唐越州都督于德芳碑從弟志甯撰蘇季子分書麟
德元年四月八日建在三原縣寶刻叢編引復齋碑錄

右定公碑八分書予得之繡谷蔣氏蓋裝潢之本而
失其前半其敘事可見者云恩詒矜遂云云攷唐初
大臣謚定者豆盧寬韓仲良于志甯各有豐碑此定

公未詳何人金石家未有箸録者畢中丞撰關中金石記按羅最富亦未載此碑不審世間尚有全本否文稱稟榮河之純綷綷即粹字柔相高門柔即丞字東髮肆業肆即肄字　予蓄此碑有年後讀陳氏寶刻叢編載有越州都督于德芳碑從弟志甯撰蘇季子分書麟德元年四月八日建在三原計其立碑年月日與此碑正合又係分書而在三原當即德芳碑也唐會要隴州刺史會稽郡公于德方謚曰定亦是一證會要及唐書宰相世系表俱作德方獨陳氏作德芳表不載其子而碑有嗣子叔疑表有脫文潛研堂跋尾

右碑文前半俱已漫漶不能辨止存後半十一行而首行亦止有六字可辨矣後十行郤皆完善止四字漫漶弟九行中晉水下磨去十二字未知何謂八分書每行八十字字徑寸許此碑原來有簽標云祝府君碑子欽明撰在三原縣据趙氏石墨鐫華跋祝府君碑云此祝欽明敍述其父綝之碑書法是習伯施登善而有得者今此碑乃隸書其非祝碑明矣攷少詹外舅跋尾有此碑云右定公碑云云前見中溶案此碑與蔣本仿佛相同据寶刻類編與叢編同方亦作

芳可見碑在宋時其碑題及撰書人名姓尚可見今則碑雖存而前半或多磨滅故拓工遺而未拓歟攷宰相世系表于氏以德字爲名者有德基德威德行及德方其爲即德芳之誤無疑表以德基德威列於德行德方之下一格如依德行德方之格則與志甯之父同行今此碑稱從弟志甯可知表中德行德方乃刻本誤高一格明矣祥案汲古閣本不誤又表於德方下云越州刺史黔昌男而不及其官終越州都督及謚下又無其子昶名及官皆脫也文云薨於隆慶里之私第隆慶里當即京城之隆慶坊宋氏長安志言皇城東弟三街弟一坊爲興慶坊本名隆慶明皇即位改明皇名隆基故改隆爲興此碑立於高宗時故尚稱隆慶也長安志又言萬壽鄉在三原縣北管郵北蘇季子亦見唐書宰相世系表乃魏都亭剽侯則之後與明皇時相蘇頲同宗然未有書名類編亦止載此碑脫注八分書三字觀其所書八分雖不甚佳然燕公之文駢體典贍不可湮沒況雖闕前半而後半尚完好可誦故錄而存之又碑以往悊爲往哲稷偰爲稷契翰菀爲翰苑磨霄爲摩霄古泉山館金石文編

碑泐前三行失其姓名敘官履處又缺六十餘字据

寶刻叢編定爲于德方碑叢編作芳乃傳寫之誤唐書世系表
德方官越州刺史黔昌男與于志甯皆爲周太師謹
之曾孫祖實周司空燕安公父象賢隋驃騎大將軍
黔昌定公皆是碑所未及第表稱謚定者爲其父而
此碑亦云謚曰定則表之誤也筠清館金石記
丁卯夏見此拓本於長沙市上紙墨頗舊亟以萬
錢易之前四行尚辨得廿四字較諸家所見爲多
惜其未拓前半耳假令親至碑下洗刷而精拓之
可辨者當不少也陝西通志三原縣陵墓有于志
甯于大猷而不及德芳可見此碑之磨滅已久無

復知有德芳墓矣据此碑可以補之志甯葬於萬
壽鄉清池里大猷葬於萬壽鄉長坳之先塋德芳
亦葬於萬壽鄉蓋于氏族葬於此者亦是姓于之
旁證又碑書急作悤寇作寇博作愽喪同作俳佪

孫文才合村等造像碑銘

高一尺七寸廣二尺四寸廿六行行十七字字徑六分許行書方界格在河內

夫實機未踐自我之累已深寂境尚遥有待之功斯立
是則大悲廣濟隨方應誘既而鴻林西變像教東流形
相發於丹青容輝□□玉石至寂空湛體圓明以凝照
妙理機□□權實於生滅甘露遍灑潤品物於無邊慈
靈廣覆濟羣生於□□慧炬巳然重昏再朗化城既導
迷徑□□□□有之舟航六道之津涉者矣以麟德□
□歲次甲子九月辛丑朔廿日庚申合村等深窮法性
體悞無生知妙果之易登識□因之寶樹故能追往賢
之勝軌作來際之盛儀遂迺異力同心敬造石碑像一
區金城之所置也東眺長川則有漢陵相望西瞻峻岳
尼父之室巋然南顧湍流沁水間其側北臨波瀆魚鳥
或浮沉彩雲月以交凝對大行而□目其像□眼流滌
湛碧海之清瀾月面浮暉滿金波之淨彩建毫倫於額
上昞萬字於胷衿揔十力以降魔照三明而導物因此

善根資益合村願□□到玉體度劫火而□仁無漏智
燈越□□而壽命上爲　皇帝下及有情七代先靈□
亡眷屬莫不俱會勝因咸登覺路乃作銘云　悠哉叵
覺皇乎齊身筌蹄廓際游泳無津闡揚妙果宏宣勝因
救茲生滅拯彼沉淪感發真俗汲引人天于尊往記八
會來緣城空芥□石滅灰然□澌沙界悠悠大千方憑
妙力□□無邊

碑有額題右相隊主陪戎校尉孫文才合家供養
十五字此本失拓陰刻金城村修功德院記別列
於宋書法河南頗似聖教體悞無生疑悞爲悟之

誤萬字即卍字

功曹參軍梁夫人成氏墓誌

高一尺一寸六分廣一尺六寸四分十七行行十七字字徑五分方界格在長安

大唐功曹參軍梁君故夫人成氏墓誌

夫人諱淋雍州渭南縣主簿第三女成肅公之後也原
夫漱瀾姬水架瑶濊於崇宗分組漢京晰銀章於華棘
曾祖璨隨任濟州東阿縣長祖貴唐任幽州永壽縣令
咸以芳浹五陵飛雲柯以切漢聲雄百里曳花綬以交
軒夫人承姿洛月誕魄巫雲温淋凝懷幽嫺協操室善
中積交百兩而妻高陽宫鏘外昭騰六行而嬪通德熟

謂奄捐潘簟隨寶發而沉星溘謝秦樓伴金娥而上月
春秋廿有二以麟德元年十二月二日卒於隆政里第
嗚呼哀哉即以其月十一日殯於終南山楩梓谷之阿
乃爲銘曰
賢絛吐秀睍路楊聲三綱絢美四德凝貞嬪則凝閫闈
序克明降年不永頹日遽傾秦樓黯昭蔡宇沉形風催
曉翣霧卷晨旌路□□野地沒泉扃斯令勒珍終古芳
名

誌內沉作冗照作昭皆刻者之誤孰作熟則書者誤
也古誌石華

補訪碑錄載此志題云梁□素妻成氏墓志志文
內不見梁君之名當是題於志蓋而余未見也濟
北郡舊置濟州幽州於開元十三年改邠志所稱
悉合漱瀾姬水謂鄜叔武也分組漢京謂南陽太
守成瑨也成肅公未詳何人沉不作冗石華審之
未的照昭執熟古多通碑版中恆見未可遽指爲
誤

法行寺僧曇遇造象記

高一尺二寸廣二尺三寸三十行行十五字字徑五分正書在汝州

夫真法元□□□想之餘詮妙理精微□□論之所及

不生不滅无去无來空已莫□遣己□遷塵□□□
足比其長窮劫□空□能方其廣邈矣洪□可略而言
者也然則行超真亻境□人天望彼法門杳無由漸四
生蠢蠢各□愚迷六趣芒芒共甘沉溺泡形脆速似石
火而難留二鼠四蛇如晝□而催命未識舟航常縈苦
□是以大悲□現慈□□塗假号去來示同生□□宫
載誕□□十方江海□□□□圓光滿足相好□
形既顯六通□□□解二音演法隨類各知應現十方
不思議力照群冥之慧日療一□之□王□□□恭靡
不獲□我大唐　皇帝握符乘拱應□□□道□

百王□□宇內矜□開綱德洽好生封□□於此時禪
社首於斯日廣□元門□宏□教汝州法行寺僧曇遇
宿植德本早悟四□□□□□□□正法領造天宮一
□□於□寺刊石□□□□羅列弥陁□□四衆備嚴
優填釋迦□部無數十方諸佛羅□藥師菩薩聲聞□
□□□□□□□□□丈之清規表□□□□□□而
□□□□□　大唐乾封元年歲在攝提月建沽洗
一日丁□工□□畢伏願
皇帝聖化永安嗣□□□言□□□□□道之□□
㧞千㧞□□慈□□□□□為無□師朋存亡眷屬遍

□□□一時□

訪碑錄有武平六年四月法行寺造象記今未有得姑洗作沽涉下洗字而誤亦見肅文禪房記蠶又蠶之誤即蠶字

燕國公于志甯碑 乾封元年十一月廿二日 萃編載卷五十六

功高缺高字開國子公子公孫缺子公子公四字榮光缺榮字㬎茂
□於□□缺茂於二字已久成□琢缺已久成三字所□□□□□
□□剳雞缺剳雞二字加□□賜以乘馬缺加字懋茲茲誤慈賚
口口誤刊□進中書缺進字迺心缺迺字公□情過礼令開□□
缺情過開三字礼誤札鬳咎咎誤各又以本官□□州別□缺官州二字別

誤列此職缺此字□本□隆缺隆字哀暮缺暮字辭榮缺榮字官給
官誤宮義之□□性缺性字乱政乱作亂居上□□在缺在字之
□□不可缺之字而□□重缺而字類文類誤頗正至缺至字各
賜缺賜字無徵先歸□夜缺無先歸三字遺誡誡誤試贈行禮□缺贈
禮二字

傳云二年同中書門下三品金石錄云以碑攷之未嘗領中書門下三品長孫无忌唐律疏議序進于永徽四年十一月十九日于志甯結銜稱尚書左僕射兼太子少師監修國史上柱國燕國公是亦未領中書門下三品與碑正同碑文云監撰新禮類文新唐

書藝文志大唐儀禮一百卷撰人有于志甯新禮類文當是其初名平津讀碑記

碑云又以本官□□州別□史傳所無據金石錄則兼雍州別駕也

紀國先妃陸氏碑 乾封元年十二月九日 萃編載卷五十六

蓋聞□□□□□□少女之迴風□啓缺少女啓三字洛浦缺浦字
巠臺巠作巫桑珪之缺之字蘋蘩□□中饋缺蘋蘩二字□軒□
□始錫命於中陽缺軒始錫於四字兵部缺部字洛州缺洛字於書
社缺於字更生九流缺更九二字多榮秩□□赤□寔允官賢
賢上七字缺韮璋韮作華非照乘缺非字伏奏丹墀□動□檻之

眷含香粉署含香署外九字缺□崇令範佩□候曉事親之道
逾恭執檖垂宵端巳事親之垂端外十三字缺弥作彌□函秘□□□
即究精微石室石室上六字缺便採字缺便鉛𦰡𦰡作華欣□於□
□缺於字河州之好神聰穎微敏藝聰穎藝外七字缺八體字缺八
六文於缺六於二字銅渾字缺渾紫泥降合姓之恩元□缺降合
恩元五字年十缺十字上□帝子之星八□分區下應天孫之
岳緑車命秩盛德光於建侯璜玉□□鴻勳鴻勳上廿六字缺
妻□和鳴之兆之外四字缺始照缺始字升笄之缺升之二字入□
行庭入誤入缺行庭二字□心□上□誠□下剛柔上誠外四字缺之敬
缺之字漢地缺地字以□□□□□機□桑郊而□□以下四字

缺羃酒缺羃字棗脩缺棗字此妃之順德德上四字缺并多空一格粉澤
圖史缺粉史二字毀譽靡涉靡外三字缺喜愠不形缺喜愠二字淋德
三也缺淋德二字去偽缺去字遠引匪車缺引匪二字妃之缺妃字均
養缺均字蓼莪深恩缺深恩二字於縪縩缺縪縩二字□□較□□
或聯芳彤管疇賢罕能齊躅方賢罕能外八字均缺道邁缺邁字□
壼傾其缺壼傾二字方愛缺方字□□樹之充庭□金芝之煦
室妃所生東平郡王缺樹之充庭芝煦妃所生王十字在歲缺在字鬒鬖
登辰俱臬缺鬒鬖臬三字輝光缺輝字迩作邇家邦缺邦字搢喬梓之
芬芳膏壤分圻雜棠棣之花蕚棠棣之花外十二字缺賓謂浮觴
九獻謂九外四字缺長筵之驪缺長驪二字悊應遘疾弥留金液缺應

遡留金四字弥作彌去三山缺三山二字玉横缺玉字吾之□□□易流
缺吾之易三字以麟德二年六月缺以二六三字久嬰缺嬰字屬斯增慕
缺屬慕二字因而缺因字之□帷扆愴悽空盈襚衣之念缺之帷扆
悽盈襚六字哀纏缺纏字國太妃缺國太二字若此始終不易者也
先妃神情明敏天性純誠屬纊之際先勗供侍□家缺性純
先侍外廿三字缺特念缺念字詔遣□持節弔祭□□布五百段
米粟三百石陪葬陪葬上十五字缺隨由缺由字京官缺官字元年
□□□寅十二月□□朔□九日庚子葬於元年下十字皆缺
粹操犀學圃學外四字缺始□□□□茸□頌七篇七篇上三字缺
偏崇柱下偏下三字缺或稱□□□□□□言缺言字塗山之

歌悅彩山歌外四字缺娥臺之曲缺娥臺二字雲籀缺籀字中天而奄
缺中天二字從紆禮缺從紆二字飾終缺終字鑾輅戒徒戒外三字缺錫
胥之□缺之字銀青光禄大夫行司屬夫外八字缺郡王缺王字
緼作纚而可□式鐫金碣缺而可式字碣誤碣三山門缺門字繁門□
黃閣路□朱□其一錫缺上十字缺象賢缺象字挺立缺立字熏四
行缺熏四二字□規師氏缺規字藝殫□悅學該周史學史外五字缺
□其五五潢垂耀十枝分景缺其五五垂耀十六字書丹缺書字曹園
缺園字貞烈缺貞字悼深缺深字天維缺維字留歎缺留字穹壤缺壤
字

据吳氏校補本錄之年月存十二月□□朔□九

日庚子以通鑑目錄證之是月壬辰朔則九日正是庚子九上所缺當是越字碑三見華字皆缺筆作𦻏攷武后祖名从日从華改華州爲太州碑立於乾封元年不應避武后祖諱豈陸妃之名耶

僧法秤造像二種

一高一尺三寸廣六寸一高一尺一寸廣五寸四分均五行行字不一字徑寸許正書直界格在鞏縣

大唐乹封二年八月十日比邱僧法秤敬造阿弥陁像一龕上爲　皇帝師僧父母東佂行人並願平安又願國土安甯十方施主離鄣解脱咸無上道

是時李勣方率六總管伐高麗故有東征行人並願平安語也咸無上道咸乃成之誤

咸亨元年九月十八日比邱僧法秤爲國王帝主願四方甯静及爲師僧父母十方施主法界含靈敬造尊像一龕願同出苦門離鄣解脱成无上道

右法秤造像二種在鞏縣淨土寺字書無秤亦無秤當即秤之俗耳訪碑錄載石窟寺造像廿三種唐以前十八唐十五今所得者惟此二段

上柱國郭君碑 乾封二年十一月廿八日 萃編載卷五十七

郝昭 校郝誤 岻 避諱改寫原作岷 鎮將字缺鎮 宏立　宏道 廟諱失注 鍼德字缺鍼

拓本殘破姑就所見校之

南陽張對墓銘

高一尺八分廣九寸五分十行行十二字字徑七分許正書在洛陽

大唐故張君之銘

君諱對字懷玉南陽白水人也祖貴朝散大夫父素身有勲官潜居白屋惟君積善餘慶始驗無徵構疾一宵遂殞秝苐㽞以大唐乹封三年歲次戊辰正月乙酉朔十七日辛丑春秋一十有七即以其月二十五日殯於龍門西平原礼也恐陵谷遷變滄海成田勒石泉扃傳芳永久

右張對墓銘在洛陽對爲南陽白水人按新唐書地志鄧州南陽郡領縣六有南陽無白水白水隸關内道同州無由隸鄧州是南陽爲縣而非郡也唐有兩南陽縣一屬鄧州一属莊州此則鄧州之南陽也隋書地理志南陽郡統縣八一曰穰帶郡有白水是白水爲鄉名隋在穰境唐在南陽境即漢光武潛龍之地北魏嘗於此置白水縣誌不言鄉者省文耳宵作霄私作秝私之變是年三月改元總章此在正月尚是乾封三年通鑑目錄乾封二年十二月丙辰朔次年三月乙卯朔此稱正月

乙酉朔十二月爲小盡正二月俱大盡也

田贇暨姬氏合祔誌

方一尺四寸五分廿二行行廿三字字徑五分正書在洛陽

唐故田君墓誌銘□序

公諱贇字相并州太原人也媯鏡長明流五絃而清人
表巢姜啓瑞光四履而轥三賢是知積善資於靈根諒
騰芳於萬葉唯公邱園晦迹隣䃲水之高蹤嚴肆韜英
追下帷之逸軌孤標物外獨秀環中負絶俗之姿包逸
群之量天長地久人□盈虗隟駟難留藏舟易遠音胥
沉痗秦使虗歸齊勝纒痾盧人遠跡公稟壽有期延於

大漸於大唐永徽三年四月二日終於隣德里夫人姬
氏資上德之淯休稟中和之靈粹承八百之餘慶系三
五之元宗闡四德之清風含七隆於丹羽棃萊□而並
与陵母而齊驅宜享遐齡永隆景福豈其遘疾暨乎
大漸西山五色空聞魏后之詞東谷十技終闕楚臣之
術總章元年九月五日終於里苐長女貞夙奉□規矧
承柔訓□單地義孝盡天経覲春露而興□感寒泉而
迴絶粤以其年九月廿八日合祔於芒山平樂鄉之原
礼也丹旐揚颰栢無城而響切靈轜肅駕望蒿里而悽
涼合龍劍於邢嶠掩鸞鏡於滕室慮陵谷之俄遷桑海
田之遷貿式題貞石永讚芳猷其銘曰
千齡挺秀万葉飛榮五絃流化人表騰清唯公稟質疏
照韜形揖之又損緯□式盈一其德超終古光澤無疆兮
榮尺邑積□餘芳夫人貞則閨風自楊四德弥厲六行
克彰其二二一龍邢嶠雙鸞滕室万古留名三千白日鳥思
含悲松□蕩慄勒芳貞石天壤永畢

君姓半蝕似田文云媯鏡長明巢姜啓瑞當是田
氏䃲字不見字書未詳其義環中即寰中古通音
胥音爲晉之形譌

蘭州參軍徐羅母薛氏墓版文

高六寸一分廣四寸三分五行行七字字徑七分正書方界格

總章二年十二月廿五日宛州金鄉縣前蘭州録事叅
軍徐羅母薛氏墓

淄川公李孝同碑咸亨元年五月廿四日 萃編載卷五十七系總章二年

篆額題大唐故左武衛大將軍淄川公李府君碑十六字

大唐故右衛將軍贈左武衛大唐下九字缺君碑并序君下三字缺
聞夫上圖列緯樞星分帝座帝座上九字缺下奠字缺奠憲兩儀
以相成事□本枝□三才而□□□坤之業□峻□□
之兩儀外十五字缺清廟字缺清天地字缺天睿森昭昇撫貞貞上五字缺
缺三大字缺大珠源字缺珠啓平字缺啓固不可字脫不垂景垂缺

岐昌缺昌字舞陽追尊名於始□陽於外五字右衛缺右字衛右

衛大缺右衛二字兀戈缺戈字二南缺二字姑餘缺姑字魏朝缺魏字

羣辟服其羽儀列藩題其摽准公宅慶宅慶上十三字缺艦登

缺登字諸帝缺諸字目開缺目字天河缺河字綱弛而羣凶綱下四字

缺東踵缺踵字兵潛居鄴杜潛外四字缺義旗甫屆義下三字缺聿

豖羂略缺聿羂二字為庫直為下二字缺直誤真踐阼阼作祚異者廾缺異

廾二字特膺俊選缺特膺二字臨名缺臨字蓬山缺山字為公缺公字

擊元海而負缺擊負二字而風枝缺風枝二字再集缺再字千廬累

缺千累二字揚六校缺六校二字蘭錡式清清上三字缺允穆缺允字循

艮缺循字士伍缺伍字撥金缺撥字升壇缺壇字乾封二年二作三

金石補正卷三十七 三四 吳興劉氏希古樓刊

二月十二作一缺十字永安缺永字有二缺二字悼往缺悼字枝戚望

缺枝望二字優游缺游字奉蹕□効社於行珪行作衡餘俱缺遷舟缺遷

字貽灾缺灾字又賜物缺又賜二字喪事所須悉命官給仍遺

梨園樂人人上十三字缺之□基缺基字勇髮缺髮字方□□空善

觀觀誤儐餘俱缺無慙德缺慙德二字直節□□風之韻韶之外五字缺

華識□藝□廣□踵華下三字缺蘭陔缺蘭字締倖缺倖字滿歌

□章缺歌章二字至要所謂風流不替所流外六字缺音可□者乎

零落蹊桄徒結結上九字缺其銘缺銘字既睦缺睦字是張是作乃

靖寔光□屏如珪如璋允屏外七字缺允誤光寄重缺重字志堂缺堂

浚霜缺霜字道廹缺廹字藏氏駭鹿項暴儀□儀上六字缺都

版蕩缺版蕩二字屬歸缺歸字金□効社玉□抽苣缺金効社玉四字抽

誤搖鷹揚武幌鷄視戎場□□□部憬□□康北軍典要

禁□曾□中外□緯鷹武外十八字俱缺臨潁潁誤隸

碑稱祖甯州刺史趙興郡守海州刺史鄭孝王隋書

地理志北地郡後魏置幽州西魏改為甯州大業初

復曰豳州定安縣舊置趙興郡開皇初廢鄭孝王之

為甯州趙興郡守當在開皇前平津讀碑記

据吳氏校補本錄入碑云祖甯州趙興郡守洪氏

已言之矣甯州之名屢見於本紀萃編謂隋無甯

州趙興之名疏矣又案潁川郡潁川舊曰長社置

金石補正卷三十七 三五 吳興劉氏希古樓刊

潁川郡後齊廢潁陰縣入開皇初廢郡改縣大業

初置郡又長葛開皇六年置萃編云長社亦無此

郡名是已其云武定七年縣廢者似未深考齊所

廢者潁陰而非長社又云即其地置長葛者亦未

確實長葛為別置之縣非即長社之地碑無長社

郡公字可無置辨因萃編言并連及之元戈軍將

不見於官志庫直隸親事府貞觀中廢永安坊在

街西長安所領萃編云泐一字當是長安葢朊度

之詞

內侍將軍張阿難碑 咸亨二年九月廿日 萃編載卷五十八

□□□□□故能致其庭下四字缺既往馳缺既往二字門筌
缺門字於汝江□□□□□悅缺汝江悅三字辯遺篋於辯下三字
缺默識缺默字祖緒粱散騎祖下四字缺川嶽缺嶽字之□然缺然
字仁壽二缺仁二二字有隨失德缺有德二字霜戈□□□□雲
旂缺霜戈旂三字卒殄鴈門之寇寇上五字缺寇誤寢授□□尉缺尉字變
洞曉存亡存外四字缺扈龍□而缺扈而二字以清氛缺以清二
字未疢旬俄平兩冦□□叅幕府平外九字缺充建德缺充字
裔未賔兆□肆射□之侵射之外六字缺縱鳴缺縱字止親揔元
戎止誤上止下四字缺以勳□爲缺以勳二字八□而肆虐肆外三字缺種
以挻缺種挻二字遙勞丹浦勞外三字缺律中權缺律中二字茅土缺土

字貞觀□□□□□中中旨□□□詔詔上五字缺歷試□
□□事缺歷試二字銀青光祿大夫內侍如故如外九字缺千列
寄重於嚴扃闥闥九闕任隆於□司列於嚴外十二字缺寄於心
簪□路路上四字缺識周缺周字騎之榮缺騎字一德通謹□□
□恭自□以□□□瑲德以外六字缺光於一代缺光字聲徽缺徽
字二□□□三□□範者缺二三兩字者誤著有慙色所以樹□
貞□以外六字缺才□爲缺爲字七葉缺葉字舃奕珪組缺舃奕二字
千里缺里字兵□紫徽缺兵徽二字克解重圍克下三字缺闕牡缺牡
字惟公椎□缺公椎二字惟應空三格無字上□陳九德缺九德二字廓□
研字缺廓河汾皇極□建茅土遂分河汾外七字缺王度聲馳楙

掖望先槐路迴迹長秋昇暉望路長秋外十二字缺期門寄切公
闥任隆珠韜演□玉寄切任隆外八字缺逸問遐□清飈遠扇
逸扇外五字缺豫□陵遷□□海變缺陵遷海三字僧普□書缺僧普二字

右內侍汝江縣侯張阿難碑碑稱阿難自隨歸唐從征有功爲謁者監尋轉□給事俄遷內侍汝江縣開國縣侯□□監門將軍兼檢校□□銀青光祿大夫

新唐書宦者列傳序太宗詔內侍省不置三品官以內侍爲之長階第四不任以事阿難所授尙是初制也太宗稱文皇帝此碑作文帝平津讀碑記

碑稱祖緒粱散騎侍郎粱書無緒傳惟張充之父

名緒未知即其人否充傳云父緒齊特進金紫光祿大夫武帝嘗欲以充父緒爲尙書僕射以王儉言之而止南史緒附張裕傳官至散騎常侍金紫光祿大夫旣非仕粱又非侍郞殆別一張緒也碑缺某月雍州金石記作九書人名訪碑錄作普昌

王知敬書金剛經上截

咸亨三年十月三日　萃編卷五十八僅載下截行卅四字字徑四分

金剛□若波□密經

大唐咸亨三

左親衛裴可久墓誌

方九寸三分十四行行十五
字字徑五分正書在西安

大唐故左親衛裴君墓誌銘并序
君諱可久字貞遠河東聞喜人也祖勣衛尉少卿邢州
刺史翼城公父居業梁州都督府司馬君擅美藍田虹
光絢彩摽奇渥水龍友呈姿見賞通人知名先達選補
國子生俄轉左親衛既而䰟驚大夢運迫小年夏首西
浮徒切思歸之望邯鄲北走永絕平生之遊咸亨三年
七月廿八日遘疾終于襄陽春秋廿五粤以四年歲次
癸酉二月丁巳朔廿九日乙酉窆于京地之朱坂其銘
曰

卿相舊門公侯子孫荷戈運否離經道存佳城俄寐夜
臺宵曉獨有仙禽空遊華表

右左親衛裴可久墓誌在西安新出土未見箸錄
案新唐書宰相世系表東眷裴氏鏡民次子曰熙
勣洛州長史熙勣子居業此即可久之祖若父也
表名熙勣誌名勣表云洛州長史誌云衛尉少卿
邢州刺史翼城公均不相符表之誤也裴鏡民碑
云弟二子太僕少卿洛州都□□長史上柱□翼
城縣開國公勣是其單名勣與此誌同鏡民碑立
於貞觀十一年前乎此誌者三十餘載是太僕少
卿洛州長史者勣之初官衛尉少卿邢州刺史者
後來遷轉之官也表失實矣居業官階表亦失載
可久早亾故其名不見於表史臣無由知皆可據
此補之

韓寶才墓誌
方一尺七分十二行行十三
字字徑六分方界格正書

大唐故韓君之墓誌
君諱寶才長安人也君德行著於鄉閭物義芳於隣里
不謂天降痾疹漸加困劣名醫頻療曾不見瘳忽以咸
亨四年歲次巳酉十月朔廿九日卒於京城懷德之第

春秋七十有三遂以其年十一月九日殯於京城西布
政之原小嚴村之尼恐年代遷移墳將彫落勒茲玉琬
以記其履乃爲銘曰
然君孝行莫不恭順生前著芳歿後留潤

唐人字多別體此誌唐作𢈔則別體之尤者也咸亨
四年歲次癸酉誌誤作巳酉古誌石華
案韓寶才墓誌不知原石所在此其翻刻本也唐改
作𢈔他碑未見咸亨四年歲次癸酉此誤作巳銘首
然字亦不可解拙工作偶往往敗露惜未得原刻校
正之其云懷德之第布政之原並與宋敏求長安志

合長安志朱雀街西弟五街弟六坊曰懷德又長安縣境六鄉管六里義陽鄉在縣西南二里管布政里蓋寶才居懷德坊第而殯於布政里之小嚴村村名可補舊志之鈌金石續編

八瓊室金石補正卷三十七終

八瓊室金石補正卷三十八

太倉陸增祥撰　男　繼煇校錄
吳興劉承幹覆校

唐十

杞王造無量壽佛經

高七尺二寸廣三尺八寸八分正面及陰各四十一行碑側十行行七十四字字徑七分正書在唐山

□說觀無量壽佛經一卷

碑主邢州刺史上柱國　杞王慎敬造石經一部

上元元年七月六日奉教建　安樂寺在弟一行標題下

經文不錄

右碑在唐山縣宣霧山邢州刺史杞王慎造上元元年七月六日建按唐山在唐曰堯山天寶元年改爲漢柏人縣屬鉅鹿郡後魏改人爲仁隋開皇三年改屬趙州大業三年改屬邢州是碑爲高宗時建固邢州屬也舊唐書杞王慎太宗第十子貞觀十年由申王改封杞十七年由秦州都督遷襄州刺史累除邢州刺史新書不載文明初轉貝州刺史上元元年正任邢州時矣碑無書人名書法與李衛公碑相頡頏經尾在左側剝落僅辨數字末有歐陽詢書云者後世妄人所加也

祕閣厤生劉守忠墓誌

方一尺四寸三分廿二行行廿三字惟弟十五行多一字字徑四分正書在長安

大唐故祕閣厤生劉君墓誌銘并序

君諱守忠字高節楚國彭城人也原夫元珪錫□攘龍
所以命氏金刀發彩斷虵所以握符況乎派別五□□
□□而不測枝分再命播神葉而逾芬其後碓才接武
揚□□□逸氣成章鏡華七子曾祖和秀暎嵇松彩韜
藩辟得粹□□□□靡輟逍遥獵元風於柱下無希寵
辱祖延隨西平郡化隆縣令父捧杞王府記室或馴翟
舞鸞軼恭旱之良政或璘瞀珠履侍楚趙之英蕃君秀
氣資靈元精毓粹纔登□歲即蘊黄中之心才越齠齡
先預元文之賞既而凝神圖史遮思緹油步七耀而測
環迴究六厤而□踈啓精通五緯有薛蜀之高風諾重
百金負季布之竒意雖復□□□儉居㵎誠於宥巵施
而勿念益寘符於易象而福善芒昧□□超忽□湞激
水翻閱逝於黄陂披霧觀天遽闇傾於趙日粵以咸□
□年七月廿一日遘疾終於崇仁里第春秋卅郎以其
年□□甲戌八月壬寅朔十三日庚寅遷窆於高陽原
之舊塋禮也元□志誠□夜舟□□壑□桑田之變海
勒翠珍於元泉俾風徽而斯□其銘曰

上□□□□□靈條分枝炎漢錫眉伊堯白珩紫紱金
螭華貂累□□□代躡清颷其一爰挺若人是稱奇儁雕
礱黼帳瓊敷玉振□□括羽莫窺臨仞水鏡成姿徵商
飛韻其二西景駿驅東川□□潘髮未見滕城奄襲楸壠
月寒松埏露泣儀形可泯徽□靡戢其三

右祕閣厤生劉守忠墓誌案新唐書司天臺注厤
生五十五人司天臺之名改於乾元元年舊名太
史監迭次更易時隸祕書省時而不隸亦經屢改
天寶元年太史局復爲監自是不隸祕書省此循
祕閣則在天寶以前可知化隆縣不避隆字則在
先天以前又可知景雲元年以前不隸祕書省則
非睿宗時刻又可知不用武后所制字則非僞周
時刻又可知神葉字作葉儀形可泯泯字作泯則
在太宗以後又可知龍朔二年改太史局曰祕書
閣武后光宅元年改渾天監碑近乎漫咸□□年
之咸字及甲戌之甲字皆僅存形似其所書干支
又復錯誤壬寅朔則十三日是甲寅不是庚寅十
三日庚寅則是戊寅朔不是壬寅幾於無從推究
所幸戊字尚存猶可因以攷定年月糊自龍朔二
年壬戌至光宅元年以前歳陰值戊者惟上元元

年甲戌耳通鑑目錄龍朔二年八月丁亥朔於壬寅朔十三日庚寅均不相合上元元年七月戊申朔九月丁未朔然則八月爲戊寅朔十三日值庚寅誌蓋誤戊爲壬也是年八月始改上元守忠卒於七月尚是咸亨五年年上所缺當是亨五二字八月以前不得上元也高宗紀是年八月壬辰改偁帝爲天皇后爲天后大赦改元壬辰爲十五日是十三日尚未改元故誌第以干支紀之不書上元元年也守忠父捧爲杞王府記室案杞王卽高宗子㦗王上金也永徽元年始封杞王文明元年

徙王畢又徙王澤旋爲武后所殺此偁杞王益徵誌之刻於高宗時矣

文林郎王君夫人柏氏墓誌

方一尺三寸廿一行行廿字正書在西安

大唐故文林郎王君夫人墓誌銘并序

夫人雍州乾封人也原夫靈根茷茂秀玉樹之青葱耗人態長空珠淵而浩汗由是聲塵朌鬱冠蓋蟬聯僑在方冊可略言矣曾祖等並抽芑星緯毓慶雲枝漸鴻陸而遊天激龍津而運海父義通任秦州上邽縣令牛刀遊刃武城之譽克隆負躍亭鼇萊蕪之芳式序積善餘慶信而有徵夫人則柏明府第三女也驪川孕彩虹浦翹姿藻四德而揚芬劬三從而有裕年甫十五適于王氏粉繪從鄉之訓財成斷織之規欽若張蔵允釐胄誠所謂蘭閨洪慎襲蘅薄而流芳豈圖夜臺去忽掩泉局而禍魄粤以上元元年歲次甲戌八月戊寅朔廿二日已亥寢疾終於醴泉里第春秋七十有一卽以其年八月廿九日權殯于長安城西一十五里高烽原禮也子安仁等風枝結欷寒泉增感青鳥演兆猶未祔於重衾黃壚啓璲輀兮塋於改卜恐丹青歇滅人事推遷爰闡德音式題貞石其詞曰

龍邱錫祚虹姿絢美猗歟令淑克明終始柔婉自天徵猷在已丹桂流馥紫蘭貽祉于嗟婉範倏掩芳蕤鵷機綱織鸞鏡塵昏風悽隴璲月落山門天長地久身緊名存

右墓志首尾廿一行行廿字正書字徑五分許縱橫有界格雖無撰書人姓名而文甚清麗書法亦秀勁頗具歐虞風格惟其首標題但云大唐故文林郎王君夫人而不書夫人之姓幸文中書其父義通任秦州上邽縣令而下有夫人則柏明府第三女也一語知其爲柏姓又言年甫十五適于王氏下以寥寥數

語贊美之並不詳王君之名字事蹟及卒葬年月地名卽書其疾終之年月日等云粤以上元元年歲次甲戌八月戊寅朔廿二日己亥寢疾終于醴泉里第春秋七十有一郎以其年八月廿九日權殯于長安城西一十五里高烽原禮也子安仁等而文首云夫人雍州乾封人也攷唐書地理志京兆府京兆郡本雍州又長安縣總章元年析置乾封縣長安二年省長安志作三年則上元元年長安似正當稱乾封葢因長安本漢縣亦秦以前鄉聚之名漢於其地築未央宮謂大城曰長安城詳長安志故此文稱長安城而不云長安縣西也又以夫人卒年七十一上推則生于隋煬帝之大業六年庚午而其十五歲適王氏時當唐高祖之武德七年是年隋末羣雄皆平天下始一統則王君之生亦必在隋時矣而攷唐六典言品官凡敘階二十九云隋開皇六年始置六品已下散官並以郎爲正階尉爲從階從九品上文林郎下羽騎尉皇朝以郎爲文職尉爲武職遂採其制以爲六品以下散官然則文林郎亦隋之官明矣愚疑王君當是隋官而末季亂離以死或有所忌諱皆不能詳書其名字卒葬等事故於文闕如歟宋敏求長安志載長安縣

六鄉無醴泉鄉而云朱雀街西之第四街卽皇城西之第一街有醴泉坊葢卽醴泉里也高烽原亦不見於長安志道光己亥十月劉吉甫在西安搨寄唐人墓志四種此志之外有元和十四年郤才志墓志大和元年盧士瓊墓志太和四年劉公夫人楊氏墓志皆前人所未箸錄葢新出土者古泉山館金石文編

純人悠長句疑有譌字下云珠流云浩汗則當是就其地之水言也夜臺𡋯忽當是逝忽然已半泐矣瞿氏跋云夫人生於大業六年庚午其適王氏當武德七年均誤上元元年甲戌卒年七十一則當生於隋文帝仁壽四年甲子其適王氏當武德元年也

中書令馬周碑上元元年十月萃編載卷四十七列永徽二年

榮之榮誤榮□□郎五缺郎字趙博□之□□缺博之二字

本傳高宗卽位追贈尚書右僕射高唐縣公碑高唐縣開國公則太宗時贈也碑額題故中書令舊唐書職官志尚書右僕射開國縣公皆從二品中書令正第三品舊班在左相上開元令移在下立碑時中書令尚在左相之上平津讀碑記

拓本不全姑就所見補之萃編以贈爵之文系於

永徽二年案金石錄云許敬宗撰殷仲容八分書
上元元年十月是必有據宜從之

成其善造象記

高連座三寸五分字在佛座背面十行
行字不一字徑三分正書在太倉錢氏

大唐上元二年歲次乙亥三月八日成其善为女吉祥
敬造象一區供養

右軍器使陳君暨東海縣君徐氏合祔誌

高一尺一寸五分廣一尺三寸七分存十四
行行存十二字字徑六分末行無字正書

□□于今稱之□□□
□右軍器使　封平□縣□□

□暉映搢紳公薦未行而□□
元二年夏五月廿二日寢疾□
東海縣君徐氏父司刑卿□□
□二月壬寅祔于故塋禮也長
書司門郎中□侍御史權知
猷克荷高堂肯搆繼潘陽之
□旻以光賛門風□編國史移
厥初嬀滿在昔建都祚土□
□滯申冤絲克壯其猷有造
土闢政被南訛化漸西秋祓

雙棺同穸福鍾令嗣恭守□

右志從松坪借錄之石已殘損首行存右軍器使是其官職而不見姓氏銘詞有厥初嬀滿云云葢陳姓也紀年存元二年三字唐以元紀號者六開元乾元興元貞元前後兩上元今元上一字已不可見矣按龍朔二年改刑部爲司刑咸亨元年復舊下文有云徐氏父司刑卿是夫人之父歷官在咸亨以前以此核之則元上所缺當是上字上元二年高宗即位之廿六年也至其葬日僅存二月壬寅四字姑据卒日系之

王札等造浮圖銘

高一尺八寸五分廣二尺三寸四分卅
三行行廿六字字徑六分正書在長安

大唐上元二年歲次乙亥八月壬申朔十四日乙酉王
札等敬造
闡夫妙理凝寂電舌罕能以言詮元宗邃微玉吻莫之
以論辨揣其滅燬宅之煽妖竭愛河之流毒頁以時嬰
結使俗滯塵勞固灑甘露於書圖艤仁舟於智岸者其
在大雄猛天人師乎於是化城峻堞闢妙門以曉重昏
寶座高臨照天花以悟迷復明至教而清有頂暢元風
以蕩無邊獨步三界之中高視大千之表既而鶴林變

色鹿菀鞹輝鷲巖徒仰尊容龍穴空𦊆耳影玉毫掩照
金□息言而後龍樹茂其高柯馬鳴楊其遐響慈雲靄
而西蔭法雨霏以東馳於是月殿星陳日宮雲布華幢
寶刹交暎於□土□□㯁鍾引颺乎都甸矣禪枝藹而
高秀智蘂韡以香芳至矣哉故可略而言也惟
大唐合瑢玉以撫扆朗連珠而建極闢〻□□□□
乾蓋以燾仁豈唯體叵崇基兼以□元樹業粤□□□
□□□□信大等道俗一百餘人並當代宗英一時
髦傑思與雲霞□奕名□蘭蕙齊芳而以檀度留情昔
提導行釋擔於迷謬之路椎耒於悲敬之田以為樹業

資因因微則業壞維形者福福□則形滅遂能剖愛激
貪歸誠淨域昔西夏之大厥𢀖育王德□天人□□□
□廣施妙力創此仁祠飛宇挂雲根靈基湧水底爰□
□□基□□啚其地也信密邇之鬱驪鄭寄之故國北
則清池□□□□□而冬温南則翠㠊巍峨含霜霰而
夏冷西瞰嵩阜仙鶴凌峯以□□東眺□□神童循崖
而躡步朝絢風霞之彩宵澈星月之華亭亭為遙聳重
雲之表皎皎為上臨蔡日之峯流颸韻寶鐸之聲凝□
□金□之□□□□煥陵陸共輝異相神姿永謂墜安
矣堅誠薦念信為終極矣然而功茂力宣必樹名於啚

㯁矜劳伐善良讚美於宮祊使代逾遠而聲遐年雖往
而名著故鏤銘於片石冀真宗之永紹其詞曰
氣辨二儀流分萬像澆逐時積漓隨代往昧香結愛聲
色纏想競踐畏途爭窺疑網於穆鑒王感時導俗慧眼
開蓮相毫光玉祥雲翼蓋瑞花承足德潤文殊道宏金
粟模範三界栁楊大千情岳頹巘愛水澄漣敷文釋漏
垂訓解纏與時終始隨物推遷慧日韜光元風不競法
源雖墜元津猶泳赫矣　皇唐重懸道鏡甘露再濡
慈雲疊暎惟茲奧壤靈宇是依却臨清淀前對翠微九
衢灌植四照叢輝風霞散煥烟霧依霏偉哉羣彥勝因

是慕精意四禪專情六度搆茲天巧神容敓眉曉暎金
烏宵浮玉菟凌霞皎皎㠊漢亭亭輪輝景色鈴和韻聲
萬祥固護千相禁營冢城可盡此則無傾

按上元二年四月太子宏卒追尊為孝敬皇帝改縣為恒農保靜安化改館為昭文改門為崇教此碑尚作左弓右厶殆葬時始有詔令也丁酉酉字鏤銘銘字皆添注於旁酉字半蝕皇唐上多一上字是後人所妄鑿者補訪碑錄作咸亨四年豈尚有一碑邪恐誤也

孝敬皇帝叡德紀　上元二年八月十九日　萃編載卷五十八

四德之規缺規字源缺源字禎鬱缺禎字
太平寰宇記景山在緱氏縣東北曹子建洛神賦經
通谷陵景山郎此碑平津讀碑記
薛國公阿史那忠碑 上元二年十月十五日萃編載卷五十八
英略缺略字肆四缺肆四二字鐵勤勤作鐵伸思缺伸字黃龍之
巨□缺巨字初改缺初字一隅缺隅字和松缺松字衣服缺服字周
身之智缺周身二字訓子缺訓字
舊唐書本傳忠以擒頡利功拜右屯衛將軍貞觀九
年遷右衛大將軍碑作廿年遷右武衛大將軍傳永
徽初封薛國公碑作貞觀五年詔□□□公食邑而

永徽下不言碑又稱顯慶五年詔為使持節長□道
行軍大總管總章初詔公為青海道行軍大總管尋
又奉詔為西域安撫大使兼行軍大總管又稱其父
蘇為元王傳皆不載平津讀碑記
碑敘葬日存乙亥十月□□朔十□日□酉字以
通鑑目錄證之是年十月辛未朔則是十五日乙
酉也乙亥為上元二年金石錄作咸亨四年當是
辛年
棲霞寺明徵君碑 上元三年四月廿五日萃編載卷五十九
額題明徵君碑四字篆書誤以標題為額

杭迹嶗山杭作抗放論會許放誤投法門落搆落搆誤作搆邃屐步
林亭屐誤履長為壽算算下衍□家承珪組缺承字馬帳宏敷宏誤
作廟諱繡屐缺繡子
碑文以窺臾作窺臾抗迹作杭迹呀作呀層巘作曾
巘三十作叁拾桑作桒罔作冈碑陰刻正書棲霞二
大字又無量殿旁有正書石碣一惜剝蝕太甚莫能
辨作者姓名因中存大唐上元歲數字故附于此江甯金石記
碑稱新舊翻譯一切經一藏房山石浮屠記後云開
元十八年金仙長公主為奏聖上賜大唐新舊譯經

四千餘卷今驛藏有大唐沙門元應一切經音義二
十五卷平津讀碑記
碑書窺作窺阜作皐嚴氏未述碑陰及別一石碣
世無傳本
南溪令孟貞墓銘
方一尺三寸三分十六行行字不齊字徑七分許正書兼涉行筆
君諱貞字君漢河內人也帝顓頊之苗胄周文王之肖
緒望重河內回官晉部先祖晉朝太尉魏室司空敷奏
王言宣揚帝命 祖法齊任邢州司戶 父琛隨任翊
州録事乃祖乃父冠冕相承為質為文俱參職位 君

前任戎州南溪縣令時稱善政製錦未媿其奇代号䑕
賢享魚豈方其術男歌五袴女詠三裳返犢留錢褰帷
問疾誰謂忠誠克著攝疾相侵藥餌不瘳沉痾遂固春
秋七十有九上元三季三月十九日終于私第以其年
十一月廿日葬君于陽邑村東二里左臨傢水湣瀨洪
流右望紆祠清池淥滔前覩鼎嶽峻極嵯峨後眺尹崗
連延萬里悲纏原野痛傷行路鳴呼哀哉乃為銘曰
昂〻拓賢明〻令德動中規矩發言合則廊廟股肱王
庭羽翼淋人君子其儀不忒一其忙〻日月慘〻煙雲荃
蓀歇馥蘭桂停薰俄從物異儵忽沉淪嗟呼悼矣惴慄

泉門

誌無標題文亦不顯著其姓原題為孟君墓誌必
有所據或有蓋石而未拓也其祖若父官齊官隋
貞為戎州南溪令稱前任而不言何代疑亦隋官
晉朝太尉孟嘉也魏室司空孟威也嬭作娘亨作
享碧作湣極作拯煙作煙儵作儵皆俗別唐書高
宗本紀是年十一月壬申改元儀鳳貞以三月卒
故稱上元三年也

淮南公杜君誌陰

穩本行列不計字徑六七分正書在寶豐

曾祖諱行寶周朝任豫州刺史諸軍事淮南公
祖諱洪貴妻李
祖諱洪略妻馬
祖諱洪艷隨犨城府校尉妻陳
祖諱洪癸隨任河山府司士妻郭
祖諱洪達妻董
祖諱洪振妻陳
父諱恒周妻趙
父諱君政妻吕
叔諱君摻妻張

右善達義節等三代尊諱
弟善惠
其墓田東西壹伯伍拾步
南北壹伯伍拾步
碣壹口

此誌兩石相合一底一蓋萃編録其陽面缺杜君之
名而杜君之名及誌中所謂嗣子洪貴六人孫恒周
三人之名俱載於陰面萃編未之見也今補入誌在
寶豐萃編以龍山二字度之謂杜君之居與葬皆在
魯山今之寶豐宋宣和二年置卽魯三郟二縣地也

右淮南公杜君誌陰在寶豐萃編卷五十九載此碑陽其目錄下注云有陰而書內未載此文丁卯春有以此冊本求售者索直頗多因錄其文而還之翌日往詢已售他主矣行實馬三字裝工遺之據筠清館補入洪振妻姓似是曾字玆從筠清館作陳筠清館犨城作雙城隨任作隨仁又缺董趙二字并脫君操之君皆誤案碑陽云合葬于龍山攷隋書地理志襄城郡郏城舊曰龍山東魏置順陽郡及南陽郡南陽縣開皇初改龍山曰汝南三

年二郡並廢杜君葬於開皇元年十月尚稱龍山則猶未改汝南也誌立於唐之儀鳳二年而仍書其初時葬之地名行文得實非漫不攷覈者所可比也洪艷結銜稱犨城府校尉洪粲結銜稱河山府司士攷犨城隋書作犨城舊曰雉陽開皇十八年改湛水大業初改犨城又有後魏置河山縣大業初廢入焉是洪艷洪粲之仕隋皆在大業間已改犨城未廢河山之時又案犨城河山皆縣也以府稱者殆置有鷹揚府耳鷹揚府有校尉二人領步兵正六品司士郎士曹開皇初以曹爲名者並改爲司

英貞武公李勣碑 儀鳳二年十月六日萃編載卷五十九

郡守祖二字缺郡守　柳室抑柳誤　膺海字缺膺　龍醜徒字缺龍

碑陰

尉刁玠刁上多一司字

舊唐書本傳詔授黎陽總管碑作黎州元和郡縣志大業二年省黎州皇朝武德二年重置黎州貞觀十七年黎州廢勣降唐在武德二年閏二月傳作黎陽誤也傳貞觀十八年太宗將親征高麗授遼東道行軍大總管碑作十九年平津讀碑記

李惠妻孫造像記

高四寸六分廣一尺一寸十三行行五字字徑五分餘正書在河內清化鎮

大唐儀鳳三年歲在戊寅七月乙夘朔卅日甲申弟子李惠妻孫敬造阿弥□像一軀奉爲天皇天后及爲亡夫亡男□榖又七代師僧父母法界蒼生□□㠯覺

馬君起造石浮圖頌

拓本二紙一高三尺二寸廣二尺四寸廿四行行卅一字字徑七分方界格一高一尺四寸廣同上方供養像題字兩榜龕右列書人名龕左列撰人名并題名二行正書雜行箄在深州

原夫鷲岳馳靈馬鳴闡三乘之旨雞峯誕粹龍樹彰十地之資是以鴈塔凌空影奭日宮之宇雀離架迥模摽

紺殿之規然則蔗苑疏流導祥河於少海嶠山發妙恒
寶樹於王城聖迹遠而難徵至道幽而頗說酌而不測
其在茲乎爰有石浮圖主馬君起爲亡考妣之所立其
先扶風茂陵人漢伏波將軍隴西郡守新息侯援之後
十一代祖遠字彥道雍州大中正金紫光祿大夫曰官
封武邑郡侯子孫因家焉故今爲縣人也昔門傳兩□
靈圖表於射熊代蘊三神盛績光於錫樂謀深豹略英
聲逸於鑄銅思窮龍吟令問興於紗帳高祖遊後魏大
將軍益州刺史乘軒撫俗降瑞鹿於臨淮置水觀風格
神珠於合浦曾祖和齊四門博士優游萬卷沉思五車

古壇傾魯相之風霧市欃張公之則祖貴隨幽州薊縣
令製錦宣功鳴琴贊務暈屈涵牛道標驥翟父海龍遊
鄉長農夫荷德釃酒相驩田畯銜恩粧祠已罄然則瓊
柯遞映玉蘂相輝擬楊氏之乘輪比袁門之襲鼎君起
夙欽地藏早敬天經歎井藤之易凋愾塘駒之難駐宏
心設福建此浮圖韜鄧已終鼎鎸始畢其地前聆趙瑟
艷曲仍存後聒燕哥悲風尚激觀津在眺蔽日棲霞通
澤石臨歆雲引霧對墳塋而擗踊踣徑含悲俯墜以疏
基蘂心搯痛厥使醍醐廣潤慧炬高懸重昏登夜曉之
□幽□□□船之濟夫法從言顯文由頌作鎮天街而

永安侔□坤而不鑠其詞曰　日宮肇搆月殿
初開雞峯建宇鷲嶽疏臺馬鳴繼出□樹潛來魚燈廣
聳鳫塔虛迴寶相空宗至眞冥廓惠炬燭幽法音生鐸
十地可□三乘不落雀離令設福状攸博猗歟令八羨
乎純孝痛深膝下悲申進教衣錦權心風枝毀貌將酬
罔極恕鎸微効
大唐儀鳳四年歲次己卯三月辛巳朔廿六日景午冀
州武邑縣東昌鄉龍遊里馬君起妻劉　男思靜上柱
國妻楊　男名振乹芝挺振女同姬　男思泰妻國妻
張　男元貞懿貞女齊姬　男思恭妻蘇　男文暕女

郡希　男徵欽　兄妻馮　男義節思慎　弟妻
□　男元昉元贊元攬　弟善師妻劉　男宏漢　缺　生
等合家供養
天皇供養　天后供養　馬孝須書　文林郎馬利徵
文　起女朕兒二朕供養左　此二行

右馬君起造石浮圖頌馬利徵撰馬孝須書友人
自冀州寄貽云是甲戌出土未詳何地後始知石
在深州孝子祠東昌鄉龍遊里不知今尚存其名
否馬君起及其先代無攷撰書人亦無攷末題儀
鳳四年三月辛巳朔儀鳳無四年是年六月改元

誷露立石在三月故應稱儀鳳四年也朔日辛已
與通鑑目錄合字多訛俗其尤者聖作䏧優作儍
斲作斵歕作歊炬作烜貌作貎也翟翟翟爲翟之
誤塘駒駒爲駒之誤合悲含爲含之誤繼史虫爲
出之誤俯挑以跳基句脫一字惟歌作哥懸作縣
囮作冈爲合於古棘作𣞙見集韻

棲霞寺講堂佛鍾經碑

高四尺九寸四分廣二尺六寸九分廿九行行四十九字有界格分書在魚臺

大唐方與縣故棲霞寺講堂佛鍾經碑
□□進士登仕郎朱懷隱撰文

宣德郎騎都尉徐伯興書　太原王客師鐫
蓋聞香山聳搆如来開說法之堂雪嶺䟽基菩薩起安
居之寺槧龍宮於月路架迴舒丹浮鷹塔於雲□橫空
壘翠是知重臺累樹必控圓泉梵宇祇園多連山岳依
而悟道𦂳以知真至如四月王宮六年法樹導三乘之
軌蹈闡八正之□□得其門者則豁尒天開迷其路者
則窅然雲合雖復銀函東度玉字南翻象負之所不勝
龍藏之所未盡莫不絕□問□□□義高□□□揚
煙展止蔭菩提之巨澤盡芥子於方城遊無礙之遐疆
承天衣於礬石欲明常住覺體生光將說真空□□成

□□□□養之國似入祇洹之城遂得夙悟苦空堅持
戒行去妻子如脫屣委象馬若遺塵並託真乘咸登正
覺側聞造像沙門獲□□□緬鏡成龕羅漢取雄黃之
樹敢緣斯義竊景前脩各捨寶財俱爲淨業清信士張
師曠騎都尉王善義御行等敬造□□□□□□置梟
揆日開基擢脩榦於松巒採規模於梓匠梅梁結影望
璇㨾以通光菱井披英泛銀河而蕩色虹櫓霧闘鳳幌
□□□□□臨似度金娥之影霞窻曉儆疑窺玉女之
容諱座衆於燈王聽諱多於方丈開寶函之奧典闡金
字之微言顯證一□□□□意□類各解俱會真如清

信士閻文褒王孩王慈騎都尉司馬感張智靜司馬明
遠等敬造一佛二菩薩洪鍾一口多心經一部□刻浮
檀如彫水玉毫光夕泛愛月凝輝紺彩晨明慈雲結方
洪鍾曉韻風傳浮磬之濱法鼓宵驚聲颺孤桐之嶺停
酸□切拯溺大□聞之者揮慈劒而斷惑繩聽之者揺
智鈎以離魔網洞崩雲之拯體萊字相暉櫬乖露之華
蹤煙文交暎仰□□□處託六念以矜懷望樹階梯
歸依勝業上爲　天皇天后皇太子藉此莊嚴乘斯
法乎神明翊衛幽顯扶持括地開源張□□櫬定□□
於寶恩苞宇宙於神襟恒遊波若之船永蔭菩提之日

況乃□泉隱暎客尒猴泓高木森竦依然龍樹波舍日
□□蕩雙光松□天衣仍佢盖影前臨鄮邑星弩開五
色之疆却背砂邱天孫標九河之鎮迥接獲麟之野俯
抗觀魚之臺孔寘之□□存魯□之望斯在周遊□□
藻月思於煙花登陟永□暢風襟於露葉雲如鵬翼忽
已垂天樹異若華翻能拂日是使廬山□女精舍均芳
台□支□仙都比靈庶憑靈鑒共建豐碑行方輿縣令
通直郎宋元鳳銜命西秦佩銅□□□職出宰□□
墨綬而司官寬猛相循韋弦並□導之以廉恥敎之以
孝慈禮讓風行仁恩雨布縱巨鱗於禹甸局逸翰□□

□敷化一□□□舞鸞之化調風百里風均之蝗之風
絜類冰壺雺脂膏而不潤明齊水鏡照隱狀而猶神靜
訟圓狴騰歌□□丞鄭元□□□□□尉□□操並
冠蓋八州羽儀四海舍輝荆岫出則連城孕彩隨庭生
而照乘五墨究其枝泒九易竭其泉源水溢文□□□
□而□□音霖□□扇泛蛾影而動仙歌六藝蕪濆三
端必備咸以留情慧名降意禪門屢陟雲樓頻依月殿
如來半影之□□□室之末修舍□全身之函恨珠臺
之未就俱抽正俸並起檀心以儀鳳四年歲次己卯四
月庚戌朔八日丁巳畢功小□□□□移河內之灰長

羸戎辰氣改淮南之燧交河合浦元兔朱鳶並入法流
同聞甘露縱使蕭邱永扇毒火不然閶闔長開業□□
□託斯妙力遐栖兜率之宮馭彼勝因達庇淨居之域
曠通賢之綺構偶福地之韶規雖敏愿終虧末擇菁於
義窟思非揚國闕絢藻於詞林然則□物緘丹誠違筌
議因機染素籍會務襟輙扣肅音聊□腐翰式旌盛事
迺緝銘云其詞曰　　星光早落刼燼初開□□□
度白馬西來祇洹有廟波若成臺方逢飛錫乃遇乘柸
其一妙覺是生真如首出德侔造化功苞權實橫流法雨
高浮慧日亠□□魂優塡寘律其二神工構橅淨域開場

日萃蓮井霞照梅梁雕楹玉餝鏤檻金裝應龍若動威
鳳疑翔其三天孫却背星弩前通扣□鼉嶧枕輈龜蒙桐
山清露磬水吟風高平草綠大野花紅其四納衣梵志蓮
花長者望月知虛聞鍾識假並甘蟬蛻咸𢣸喜捨永留
天供長充庶野其五梁岑勒岐燕嶠銘勳矜伊綺構闕紀
餘芬才非擲地志恧臨雲聲騰永刼義屬斯文□□
右碑孫淵如觀察於嘉慶丙辰訪得拓寄文二十九
行行四十九字字徑七分唐武德四年置金州領方
與金鄉二縣五年改金州爲戴州廢爲縣同方與隸
兖州至寶秝初始改方與爲魚臺此碑題曰方與正

興戴縣同隸兖州之時也碑載縣令宋元鳳及縣丞尉政績頗有可傳而縣志皆不載其姓名何邪山左金石志

𤕤雅釋獸豹文鼮鼠郭璞注漢武帝得此鼠孝廉郎終軍知之漢書終軍傳無辨豹鼠事諸書皆言竇攸此碑云敏悳終鼮亦沿用郭璞之說平津讀碑記

右棲霞寺碑張師曠等𠞰建講堂閣文褒等造象鑄鍾并鐫心經方輿縣令宋元鳳等復經添造而朱懷隱記之徐伯興書之詞華麗則隸法遒美歐趙所未錄可寶也碑有額有陰陰刻諸人姓氏八

列弟六列有垂拱二年修造永昌元年七月功訖等字額陰刻碑主□□州方輿縣□□柱國□黄□之等十餘字未得拓本録其碑陽以俟異日攷方輿縣今之魚臺也魯棠邑地秦置方輿縣屬薛郡漢屬山陽郡隋書方輿屬彭城郡後齊廢開皇十六年復唐武德初屬金州尋屬戴州貞觀十七年戴州廢屬兖州寶應元年改名魚臺元和四年徙縣治於黄臺屬徐州十四年仍屬兖州碑立於儀鳳四年時未更名已屬兖州矣唐書地理志注作方與刊刻之譌也後漢志方與有魯侯觀魚臺水經注有高臺二丈許其下臨水昔魯隱公觀魚于棠謂此也在方輿縣故城北十里山東通志縣北有觀魚臺碑所云俯枕觀魚之臺是也蹤巨鱗於禹甸蹤古作縱此又以蹤爲縱是二字可互通枕蓹龜冢以蓹爲倚也山左志儀鳳之鳳誤刊作風

王留墓誌

高廣各一尺一寸八分十五行行十四字末一行十七字正書時帶行筆在山東。

王君諱留字留生墓誌銘并序

君諱留生太原高之裔也斯乃背符誌海記籙懸津飡

五雲於清朝吸三晨於暮景自可駕鶴遊金闕乘鸞𪄀玉京踐遠祖之遺風習家崇之至道何期五芝不効九轉無嶽去咸亨五年正月廿五日卒於里第春秋七十五權窆於劉村西以地多磐石下涌清泉遂以其月五日改墳於伊楊村西一里与夫人張氏合葬禮也恐田改碧濵岸移丹谷敬題元礎永播芳塵其詞曰　猗歟王子允矣㴱人體道高尚味重懸津修福無効奄致傾淪其一名價寂寥風雲蕭索月照孤壠雲愁絶崿一化今古千秋杳漠其二

儀鳳四年歲次己夘五月庚辰朔五日甲申

右王留墓志筠清館云在山東而不詳何縣山左金石志不載葢出土未久也誌書辰作晨效作効徵作嶶窆作窆溟作濵漠作潩或借或俗乘鸞鴟玉京鴟鳥名義不可通疑用爲括標題云王君諱留字留生文首又云君諱留生殊不可解是年六月改元調露五月故稱儀鳳

代州都督許洛仁妻宋氏墓銘

石縱横一尺二分十七行行二十字字徑四分正書在咸甯出土後歸臨海宋氏

大唐故冠軍大將軍代州都督上柱國許洛仁妻襄邑縣君宋氏夫人墓銘并序

夫人諱善主字令儀定州安喜人也原夫元禽翾羽□有商之祚白翰騰驤肇承般之祀洎乎分邦錫社凝茂實於睢陽列國會盟秀芳華於官度祖逸周開府儀同三司江州刺史求甯縣開國公父濤隨左千牛備身求州長史柱國襲爵如故並位光烈宰名參上將褰帷楚甸副軫衛吳夫人名藹蘭闈聲緜閫壼標梅覯止樛木承恩棒案中恭敬深饁野年過蒲柳歲迫桑榆遘疾弥流遊魂岱録春秋九十有九薨于金城坊里苐郎以其年五月廿四日窆于龍首原禮也嗚呼哀哉松風悽慘薤露蒼茫悲夜臺之永暮痛佳城之未光乃爲銘曰

天開寶祚地啓靈源瑶華蔭蔚玉葉便繁偉哉先哲猗與後昆褰帷下邑露冕上藩其一四德標舉三從惠資淑慎居貞聲名屬響□景西傾逝川東往塵玉質兮重泉遂埋魂兮幽壤其二

許洛仁以龍朔二年十一月陪葬昭陵有碑在醴泉縣儀門村洛仁卒年八十有五夫人年九十有九當卒在洛仁之後誌載窆之月日而不書卒葬之年今附編高宗末年誌首誌作銘曝書亭集載唐貞元十五年濮陽卞夫人墓誌書作銘正與此同又督作晳邑作邑儀作儀壼作壼捧作棒蒲作蒱彌留作弥流瘞作瘗石華古誌

右墓志前人未見箸録恐係近時出土者首尾共十七行行廿字徑三分正書首題大唐故冠軍大將軍代州都督上柱國許洛仁妻襄邑縣君攷許洛仁係唐初功臣卒後陪葬昭陵今醴泉縣其碑尚存碑額題大唐故冠軍大將軍代州都督又碑首題全銜末云代州刺史上柱國皆與此合顧文中但敘其父祖之官爵絶不及洛仁之姓名與官階勲爵又無子孫男女等名而銘中有猗與後昆褰帷下邑露冕上藩等語則似有子孫而且有官爵者且記其卒則但云

春秋九十有九以其年五月廿四窆於龍首原又不詳其生卒之紀年月日簡略之至矣志不題撰書人姓名而字頗韶秀有唐初書家風度洛仁新舊唐書附載其兄世緒傳文亦甚略昭陵碑下半截又多磨滅惟没於龍朔二年四月春秋八十有四尚可辨至其妻與子之姓名皆不可攷矣碑稱其爲博陵安喜人唐書地理志安喜屬定州博陵郡此云定州安喜人亦與洛仁碑合洛仁卒於龍朔二年年八十有五此誌中敘其祖與父爲周齊之官則其妻之齒當亦不甚相遠而卒年九十有九則後洛仁當又十數年

計龍朔二年至高宗末永淳二年尚隔廿一二年則宋夫人亦當卒於高宗之世此志倘是唐初之物可寶也功臣陪葬昭陵妻未必能合葬志亦但言薨於金城坊里第窆於龍首原不及郡縣之名攷長安志金城坊在皇城西第二街又龍首鄉在萬年縣東十五里或洛仁賜葬昭陵其家即居長安故其妻卒葬於此亦未可定墓志之志作誌不从言而从金爲他刻所未見睢陽之睢从目不从且隨字有辶第字从艸不从竹皆足資攷据者惟彌留作彌流摽梅之摽从木不从扌蒲柳之蒲从捕不从浦薤露之薤作䪥

靈源之靈作靈露晃之晃上从冈則皆字之俗體古泉山館金石文編

案許洛仁兩唐書並附見許世緒傳世緒并州人弟洛仁亦從起晉陽錄功至冠軍大將軍行左監門將軍永徽初卒贈代州都督謚曰勇陪葬昭陵今昭陵有許洛仁碑額題大唐冠軍大將軍代州都督許公之碑公諱洛仁字子濟博陵安喜人唐書地理志定州博陵郡屬河北道安喜其屬邑此志亦云定州安喜人正與碑合益夫人與公同邑史傳作并州人疑有誤矣洛仁薨年八十有五當龍朔二年碑字可辨

史以爲永徽初卒亦誤此志但云春秋九十有九薨於金城坊里第而不著代年如與洛仁年歲相若則薨於上元儀鳳間矣長安志朱雀街西第四街即皇城西第一街街西從北第三金城坊洛仁碑私第上缺殆即薨於金城坊五字可据此志補之志題備書夫之官閥姓名而誌不及夫之事績可爲婦人銘墓之法不題墓誌墓銘而題墓鋕亦所創見鋕誌音銘義也此石不知何年出土長安民家以作擣衣砧字將平矣咸甯帖賈裴脩甫得之拓本幾不可辨道光元年二月將去西安特過脩甫就石錄之金石續編

石華載此誌首大將軍脫大字烈作列鬪作闘㑹作愴皆誤又㬎西傾上作顈審之其字上从亠非顈也玉質下作兮字志無紀年附儀鳳末補訪碑錄云攷爲儀鳳元年未知其審誌有翻刻本此爲姚伯昂先生故物標題下有臨海宋氏藏字翻本無之

八瓊室金石補正卷三十八終

八瓊室金石補正卷三十九

太倉陸增祥撰　男繼煇校錄

吳興劉承幹覆校

唐十一

萬安令管均墓誌

方一尺四寸五分八行行十字字徑七分正書方界格四周空二寸六分許在長安

大唐故綿州萬安縣令管府君之墓誌

公諱均城陽人也乾封元年正月十二日遘疾薨於私第春秋六十有九以調露元年十月十四日息宏福寺僧嗣泰收骨起塔於終南山鵶鳴埠禪師林左

右萬安令管均墓誌松坪所貽均爲縣令其子爲僧故用釋氏之法收骨起塔也均字中缺一筆當是嗣泰自書避其家諱標題稱綿州萬安縣攷萬安郎羅江也屬綿州天寶元年始名羅江開元元年又嘗析其地爲興聖縣廿七年省復若唐書地志所列之萬安則屬萬安州貞觀五年以前屬瓊州龍朔二年以前屬崖州與綿州無涉又福唐郡城二縣均嘗名萬安則皆調露以後所置亦不屬綿州也均稱城陽人攷唐代郡縣無以城陽命名者管氏郡望有潁上北海平原亦無城陽此所稱

者葢隋縣名也屬豫州汝南郡去潁上不遠或即
管夷吾之後歟宏福寺陝西通志云唐貞觀間太
宗爲穆皇后追福建神龍間改名興福禪師卽信
行也其地名百塔此亦百塔之一也

管真墓誌

高七寸廣六寸七分八行行九字字徑六分餘正書在長安

大□□□□都督上柱國□□郡開國公孫管真墓誌
諱真城陽人也顯慶四年八月廿日終於私苐春秋卅
有二以調露元年十月十四日收骨於鷄鳴埠禪師林
左起塔

右管真墓誌真無官爵以其祖官爵書之而具祖
名字亦復無考管均誌爲其子嗣泰所立此誌與
之同時葢均之族屬亦嗣泰爲之收葬者

辰溪令張仁墓誌

方一尺四寸五分廿五行行廿五字字徑四分正書篆葢題大唐故張府君墓誌銘九字在長安

大唐故辰州辰溪縣令張君墓誌并序
君諱仁字義寶南陽西鄂人也粤若祥禽翊景襄城叅
問道之遊瑞獸披圖天幄馮圯橋之册博通羣籍對亡
書於鼎川識洞幽微辨孽神於璜浦曾祖嵩隋貝州清
河縣令祖生沙州録事叅軍父寬稟性淸虛不希榮祿
無爲戰勝賦潘岳之閑居空觀坐忘訓嗣宗之襟抱遂
使揚雄寂寞不謝卿相之尊梁竦淸高恥從州縣之職
惟君傅鈞龔慶落印開祥龍節孤標韻黃鍾於嶰谷鳳
條危聳韞白雪於朝陽隱隱詞峯滔滔學海孔伋成半
邱之土黃畋爲尺畎之流爰自弱齡光玆筮仕解褐任
太倉丞秩滿遷辰州辰溪縣令涵牛大鼎亨小鮮於一
同舞鶴淸琴播弦歌於三善冰壺湛照水鏡凝淸戒三
惑於幾前銘四知於座右日者南中逆節徼外厲思聚
餘孽於牂牁照明燧於邑□以君□□兼備奉律龔行

師不踰時殄玆兇醜是用授公上護軍特加優錫然則
絳灌矣謀下車甄撫字之術蒲密佳政揚麾之標侮之
功兼而有之實惟君矣鴻漸于陸希叅鶴鼎之榮鯨波
不留遐地夢雞之璺以儀鳳二年八月十日春秋六十
有二卒于辰州辰溪縣官苐以調露元年十月廿三日
葬于高陽原惟君忠孝稟天仁義成性芳流桂岳澤潤
蘭泉滑稽臯朔之辯藻績卿雲之筆既而青蓱塵銹白
玉淪光勒芳徽於元壤将地久兮天長其詞曰
下猶桐彼美之子實代之雄誕秀公族毓粹卿宗延文
孕靈軒系命氏星弓珠胎産月玉浦曜虹龍生瑞渥鳳

廼武出孝入忠丹青國化斡蠱門風敦詩復禮善始令
終蒲容清政仁洽道豊采縟春秀鑒明秋沚學擯乖帷
才優闕市文峯千仞詞瀾萬里繁露畡申談元鳳峙南
鄉金玉西巖杞梓日薄崦峒波鶩地紀與善無實夢祆
斯□風結松郊雲愁隴趾鏤芳徽於泉戸庶無昧於年
祀

丙子冬秦中始出此誌瞿經孳以拓本寄貽桉誌
稱南陽西鄂人新唐書鄧州南陽郡有南陽縣無
西鄂西鄂故縣名漢晉北魏皆有之此蓋從舊稱
也漢張衡爲南陽西鄂人仁或其苗裔歟仁藉於

西鄂卒於辰溪而葬於長安豈以其祖官沙州後
岠家遼遠因轉徙長安邪隋書清河郡後周置貝
州清河縣舊曰武城置清河郡開皇初郡廢改名
新唐書沙州本瓜州武德五年曰西沙州貞觀七
年曰沙州太平寰宇記高陽原渭水西自鄠縣界
流入誌於沙州上不言皇朝皇唐等字於葬地不
言縣名皆文之疏略也鷹作鴈冊作冊壺作壼鏡
作鏡英作英蒲作蒱唯恭行作龔行猶見古本耳

張仁令辰溪可補入湖南通志職官

濟度寺尼法樂墓誌

方一尺一寸十九行行十九
字字徑五分正書方界格

大唐濟度寺故比丘尼法樂法師墓誌銘并序

法師諱法樂俗姓蕭氏蘭陵人也梁武皇帝之五代孫
高祖昭明皇帝曾祖𩇕皇帝祖孝明皇帝父瑀梁新安
王隨金紫光祿大夫行內史侍郎　皇朝中書令尚
書左右僕射特進太子太保上柱國宋國公贈司空赫
弈蟬聯緝諸史諜芳猷盛□可得而詳法師則太保之
長女也懃懇之□爰自幼童元妙之體發於歧嶷年甫
三齡歸誠六度冗屣髙族落髮祇園既而禪□逾精羈
象心而有裕法場探秘蘊龍偈而無遺覺侶攸宗真門

取範而念想云促景落須弥之峯福應斯甄神升兜率
之殿以咸亨三年九月十九日遷化於蒲州相好之伽
藍春秋七十有四攉殯于河東以永隆二年歲次辛巳
三月庚午朔廿三日辛卯歸窆于雍州明堂縣義川鄉
南原禮也恐松垧難固柏椁終虧式鐫貞石用勒芳規
廼爲銘曰
華宗襲慶寶系承仙爰誕柔質歸心福田功登十地業
贊三天神遊法末覺在童先喻筏俄捨慈舟遽掮幽扉
永晦雅譽空傳

永隆無二年其年十月改元開耀誌刻於三月故

稱永隆三月庚午朔與通鑑目錄合辛卯是廿二日誌作廿三日葢書碑之誤也蕭瑀字時文唐書有傳誌敘官爵與史悉合瑀好浮屠法嘗請捨家爲沙門故其女以貴族爲尼三歲出家必瑀之命也瑀之女兄爲后而其女於孩提時即令爲尼異哉陝西通志濟度尼寺永徽中徙

強三娘造心經題記

高一尺五寸廣一尺一寸十七行行廿字字徑四分正書方界格上刻象在陝西乾州中巨寺

般若波羅蜜多心經　文不錄

永隆二年五月四日雍州好時縣佛弟子強三娘爲亡□及父婆男女眷屬敬造弥勒世尊觀□音地藏二菩薩及鐫般若多心經□男張万基弟　後缺

案經在乾州中巨寺末題永隆三年五月四日祥案石刻係二年二上微蝕似三字耳永隆無三年也雍州好時縣佛弟子強三娘云云攷好時縣今乾州地秦置好時後周省入漠西隋開皇十八年復改漠西爲好時大業三年省入上宜唐武德二年復置好時屬雍州　隋唐石刻拾遺

范陽令楊政本妻韋氏墓誌

高一尺二分半廣九寸八分廿二行行廿二字正書時帶行體在陝西

大唐故幽州范陽縣令楊府君夫人韋氏墓誌銘

夫人諱檀特字毗耶黎京兆杜陵人也神臯華實捴陸海之紛敷巨泒靈長控八川之泱漭珠光集乘已闡賢之談金氣衝巖寔重聖人之道貂蟬之美相繼蘭菊之芬不絕夫人魏太傅鄖襄公之曾孫周內史京兆尹河南公之孫隨尚衣奉御舒國公之第二女體少陰之慧苞太和之靈佩張箴以自勗擁曹誡以飛馨神彩嶷然莫姿獨茂莛前白雪淂飛絮之奇情琴裏清風知絕絃之不調年甫十五歸于隨尚書左丞國子祭酒宏農楊汪第五子幽州范陽縣令政本河魴之美乘龍之慶休祉冠於二門榮耀覃于九族旦不妄動用遵珩珮之聲

口無擇言必叶詩書之味然而四即流邁百齡飄忽如賓之敬不居遠客之遊斯盡卅有幾即砥所天惸〻獨處哀〻長疚撫衾幬而歎息望闈闥而洞開仙草十洲反魂之語徒誕梧半死餘生之望幾何粵以永隆二年八月一日終于永甯里春秋七十有四即以其月十八日窆於雍州明堂縣義□鄉禮也恐雙龍有會將申共穴之儀駟馬長鳴無復佳城之記式鐫金石用播蘭茔其銘曰

莫〻之秀灼〻其芳家承鐘鼎德潤珪璋女儀閑淑母範姸詳地宜六氣天迴二光龍孤劒沒鶴寡琴亡長終

唯縞永絶穹蒼餘生可見奄逐徂光薤音悽囀松路扈
涼勒金聲与玉質固地久而天長

右志近始出土無撰書人名已聞賢之談句脫一字薤音悽囀音蕋音之訛檀特毗耶黎皆西域譯言修鮮都督府有檀特州夫人先世不顯其名攷新唐書宰相世系表韋氏鄖公房文惠公旭次子叔裕字孝寬子總字善會後周京兆尹河南貞公子杜成襄鄖國公匡伯隋尚衣奉御舒國懿公子思仁尚衣奉御子巨源相武后中宗是夫人爲匡伯之女巨源之姑也又案隋書韋壽傳云字世齡

父孝寬周上柱國鄖國公新唐書韋巨源傳云後周京兆尹總曾孫祖貞伯襲鄖國公入隋改舒國宏簡錄韋巨源傳云曾祖總後周京兆尹鄖（元作勛誤）國公祖貞伯襲爵入隋改舒國至尚衣奉尉是夫人之曾祖爲孝寬表作叔裕者北史周書傳皆云叔裕字孝寬少以字行也孝寬於周天和五年進爵鄖國公大象二年卒贈太傅謚曰襄誌系之魏撰文者之誤夫人之祖爲總北史傳云追封河南郡公謚曰貞誌不言謚者略之宏簡錄云鄖（元作勛誤）國公與表誌均異誤也夫人之父據隋書及宏簡錄爲貞伯據表爲匡伯表所載襲爵者爲杜成北史傳襲爵者爲國成皆非匡伯元和姓纂總生匡伯圓照匡貞不同或宋人避諱所改杜成當卽國成而姓纂不列其名杜國又復互異圓表又作圓皆疑不能明矣隋書百官志下尚食尚藥尚衣尚舍尚乘尚輦等六局各置奉御二人皆置直長以貳之別無奉尉之名宏簡錄誤矣又攷隋書楊汪傳云字元度本宏農華陰人曾祖順徙居河南此誌云宏農者舉其郡望也汪於高祖時拜尚書左丞煬帝卽位守大理卿歲餘拜國子祭酒大業中

爲銀青光祿大夫嗣出爲梁郡通守後越王侗爲主徵拜吏部尚書誌蓋約舉之耳傳不詳其子姓新唐書宰相世系表云汪字元度隋梁郡通守子令本庫部郎中不及政本據此可補之尚有二子則無從攷矣新唐書地理志幽州范陽郡大都督府本涿郡天寶元年更名領縣九無范陽范陽本涿武德七年更名屬涿州不屬幽州涿州大厯四年析幽州之范陽歸義固安置此誌云幽州范陽縣者時未改置也又案志京兆府京兆郡本雍州開元元年爲府萬年本大興武德元年更名析置

芷陽縣七年省總章元年析置明堂縣長安二年
省天寶七載曰咸甯至德三載復故名此誌云雍
州明堂縣者在總章析置之後尚未省改也均與
史合高宗本紀永隆元年八月乙丑立英王哲爲
皇太子改元開耀此誌云二年者永隆二年十月
始改開耀也

開業寺碑 開耀二年二月八日 萃編載卷五十九

乘八正八誤公 昔我宴居宴作宴 似微言於西竺竺作竺 殊姿
萬計姿誤名 天降異人降誤隆 斯虛主虛作虛 四韋八藏缺韋字
都穀肚穀作紫 薰脩戒範薰誤蓮 榮殊作牧殊誤麻 仕必還鄉

缺必字 傍詢碧礎礎誤殿 淩雲之搆缺搆字 晻彼伽藍晻誤勝 三
乘泯迹泯作泯 四牡標榮缺牡字

碑陰

上截刻像六題名七行行字不一字徑八分正書

沙門曇朗供養 沙門曇寶供養 置寺沙門僧明供
養 建伽藍主陝州刺史司徒公李徽伯 息徐州刺
史北海郡子昱 息豪州刺史兵部尚書子雄 元孫
行本州錄事參軍事崇悊

附宋刻五段

李玫等題名 在碑陰之右兩行行九字字徑一寸二分正書左行

濟南李致至道王亢退之沿檄過此同宿承天佛舍元
祐辛未陽月念五日題

孫明之等題名 在碑陰中右二行行八字字徑一寸正書

孫明之宋道明同來崇甯甲申三月望日

孟川等題名 在碑陰之右五行行八字字徑一寸四分正書

大名孟川至琳東吳錢賓國楊庭訟職事過承天觀蘇
文舉書甚得心畫之妙因留題碑陰太觀庚寅中春七日寺主圓
仙摸刻

劉子野等題名 在李致題名下三行行十字末行十一字字徑二寸三分正書左行

後都劉子野鄴下徐孝先鄭圃曹唐老捡視稿苗仝觀

此碑宣和庚子仲夏辛酉

鄭昂題名 在碑陰右上截像下八行行四字五字字徑一寸四分行書

余宣和三年挈家遊封龍值雨泊承天寺三郎能仁寺
也姪彭年同來元氏鄭昂德彰書

右碑陰上截畫象六題名七行象左右各三左爲李
徽伯父子皆衣冠西向徽伯手執蓮花子旦執笏子
雄右手執一物不可辨銜名四行徽伯稱建伽藍主
末一行爲徽伯元孫崇悊銜名右爲沙門僧明等三
人象手執蓮花東向題名三行皆稱沙門某人供養
惟左一行僧明稱置寺沙門蓋皆後魏孝文時人事

詳碑文中此下題名五段元祐辛未崇甯甲申大觀庚寅宣和庚子三年各一元祐辛未李致等題名稱沿檄過此同宿承天大觀庚寅孟川等題名沿職事過承天觀蘇文舉書宣和三年鄭昂題名稱承天寺即能仁寺據此知開業寺在宋又有能仁承天之稱矣諸人皆無考書史會要有鄭昂字尙明福州人善筆翰嘗撰書史二十五卷與此是兩人又李致等題名末書元祐辛未陽月念五日題亭林謂以廿為念始見於此楊用修謂廿字韻書皆音入惟市井商賈音念而學士大夫亦從其誤者也又宣和庚子仲夏

劉子野等題名稱檢視橋苗仝觀此碑案宋史徽宗本紀宣和二年無真定旱之文當是元氏一縣之災故史不書耳

張懿造象記

象連座高七寸五分廣三寸五分厚一寸五分題字刻左側及佛背四行行八字至十字字徑四五分正書藏子家

永湻元年歲次壬午二月十五日佛弟子張懿為父母
敬造世伽佛一區一心供養等成正覺

右張懿造象記舊在華州古塔內癸酉六月購之於袁裕文釋迦作世伽犯太宗廟諱鄉愚不足責也余收有張懿墓志猜河人葬于永湻二年或即此人

僕寺廄牧令蔺師墓志

高一尺六寸三分廣一尺五寸六分廿五行行廿七字銘詞每行廿四字字徑四分蓋題蔺府君墓四字俱正書在洛陽

唐故僕□□牧下泐
公諱師字光□南陽人也若夫逸□擴□□□瀛□
表高□之□森梢万畝之餘韜暎今古昭彰史諜具皆
聰暉□紫擢穎朝□□□□克隆華搆者郎蔺君而
己矣祖逵周車騎將軍龍□比□蛟□推雄功超光祿
之前名冠將軍之右父義通 皇朝相州叅軍局量
該□詞條□□竟有闘□悲調何以盡□瓌材公幼負
□節孤標□譽覽□墳於□歲拾青紫於 昌辰万頃
洪波溢黃陂而泝日一枝□□淩鄒□以騰芳風霜之
氣凜然岳瀆之靈斯在爰於弱冠郎預簪纓□□右尚
署丞又轉僕寺廄牧署令或官連武庫器寶邦基上下
捴其□□□□□其忠孝洼川上□軟千騏而楊鑾玉
塞霜蹄遊六閑而服皁屢蒙優擢□霰染斑荷日月之
貞暉勵鷹鸇之勁翮方當享□天祇簡在 □□□
□□之遐蹤騁騄驥之逸足不謂東流淼淼龍門之箭

不□西景駿〻烏□之論莫返□以永淳元年歲次壬
午七月壬辰朔十七日戊申卒於□善里之私第春秋
五十有八即以其年八月十四日權殯于邙山之北原
禮也惟君廟堂瑚璉鼎飪鹽梅信義浹於枌榆□□顯
於刀筆遂得培高風而獨運横巨壑以孤□頻趨魏闕
之前載踐□宮之地既而沖霄墜翼摶九万而無回縱
海摧鱗擊三千而不□□□□乎罷奏里閈同悲池臺
宛兮未平竈穸幽兮已閉嗚呼哀哉□□約□崩心聞
於厚地泣血盡於徂暉懼陵谷之□遷紀聲猷於不朽
□詞曰

源流湛□冑緒蟬聯弥綸素謀暉映青編文武不□
□□□□□□弈葉重□忠貞繼踵与朋唯信依仁必
勇並蹈□規□□□□□□遐哉慶緒猗歟哲人風儀
獨秀令問惟新材成□□□□□□□東川水逝□
□遽落萎哲在兹輔仁奚託□□□□□□□□□
邙山舊阜蒿里新塋烟霾拱木日黯佳城九□之上
万古□□□其

右蘭師墓志在洛陽存古閣蘭氏出鄭穆公之後
其祖名逆父名義通均無攷其職稱僕寺廐牧署
令案新唐書百官志東宮官僕寺僕一人從四品
上其屬有廏牧署令一人從八品下丞二人從九
品下誌於廐牧署令之上存右尙署丞四字右尙
署丞四人從八品下

朝請大夫張懿墓誌

方一尺二寸五分十七行行十七字惟弟十三行多一字字徑六分正書在西安

大唐故朝請大夫張君墓誌銘并序

君諱懿字萬壽淸河人也昔王耀南輝抗炎精於翠鳳
金鈎西慶肇昌緒於靈禽或輔翼攀龍創蟠丸於漢日
或飛榮揔秀捧雀環於晉朝父緒隨任汾州戸曹叅軍
質表珪璋心苞松竹堂堂張也未足標其美懔懔志

也秋霜詎得比其威輝禓家授朝請大夫觀國觀光筮
仕之期纔遊夢楹夢奠止隅之釁已丁先罷于迻康斯
里春秋八十即以永淳二年癸未二月已未朔十五日
癸酉遷于長安縣龍首鄉之原禮也五百昌期於斯永
謝三千寘翌即此長歸骼㙲幽坰無復長安之日魂妝
拱木仍蹝京坒之阡嗚呼哀哉乃爲銘曰
寃聯綿投身送欵寔乃良賢不求祿位養性邱園月之
變改年隨逝川其一歡永謝玉質無全誰知積善不復
長迻春秋遷往日月旬還令德不朽歷代流傳其二

右朝請大夫張懿墓誌是西安新出土者刊刻有

舛錯處心苞松竹上空一格堂堂張也下脫二字其一兩字用大字連書與下不一例猷永謝上脫一字悉依原石錄之箕作簊冕作冤皆俗字永湻二年即宏道元年是年十二月改元誌刊於二月故稱永湻銘曰投身送欵寔乃良賢蓋自隋歸唐者永湻二年春秋八十則生於隋仁壽三年也延康里即延康坊在朱雀街西長安所領隋揚素宅亦在其地清河隸河北道貝州懿葬長安則所謂清河人者或舉郡望而言

散騎常侍褚亮碑 高宗末 載卷四十八 萃編

字希明缺希明二字貞臣缺貞字入京謁見缺入字賦樓光炤缺炤字蓬瀛義摽科籒缺瀛摽科籒四字

世系表亮祖彖太子舍人舊唐書本傳祖裳太子中舍人碑亦作裳與舊唐書同傳貞觀九年進授員外郎散騎常侍封陽翟縣男碑封陽翟縣男在貞觀元年亦可正史之誤平津讀碑記

潛研跋云碑之立在高宗朝其時遂良已得罪貶死故祇述襲封陽翟侯遂賢一人萃編跋云玩其語氣自在遂良卒後二歲及宏道元年高祖遺詔放還本部之時案金石錄列於高宗之末今從之

述聖記殘碑

高存三尺四寸至二尺二寸五分不等廣存二尺十六行行存十八字至三十字不等字徑一寸正書在陝西

上缺出潛鱗於紫泉之裏收逸羽於丹霄之上五往三就志切求賢得上以昌上缺於百年矣若夫堯光四表幾臨翔昧之墟禹奠九州止屆蠻要之服未有上缺之滋連寘植而掐倭抽朱草榮而丹芝秀郊呈晧質沼飈黃鱗澤馬遷上缺觀六變楊而地門闢五精降而天庭開興百王之絕典播千祀之高躅上缺之術及　聖謨　天斷獨出羣心違命者則必無功承制者莫不稱上缺鷄岫霧卷碧

於龜林遂使煙息朝烽聲埋夜柝自　聖唐之馭天上缺神人吸風之地每降汾水之遊天師乘日之野屢動茨山之駕永上缺戀徒深曾旻落攀號天之痛逾切奄四瀛而遏密亘上缺皇大帝　廟曰　高宗願以广虛謀承乾蔭竟上缺聖德逾隆百行咸該而孝行彌著每聞義夫節上缺川唯此兇懷必額奉成　先志每言留葬東土上缺儀約缺九字制德弥厚者藏彌薄聖逾重者塋逾輕目珠寶上缺聖道自欽承　顧命奉以周旋藏殮之資一遵遺志斯地則川阜明秀林甸威上缺栢示無凋方隆　七廟之基垂受三靈之眷豈非德動天地慶延無極者乎上缺從

羣公列辟表奏相望以爲闕輔尙虛又頻鍾禍故黎庶
之情猶懼宸極之缺上　元晨位尊丹碑所絕遐觀列代
莫樹豐瓊所以略存傳紀弗存銘頌庶

右殘碑存十六行行存十八字至三十字不等前
尙有一行僅辨士風早等三半字不復錄入碑在
陝西未審其詳文有云廟曰高宗則在高宗以後
可知文內不避隆基則在明皇以前又可知不用
武后所製字則非在載初以前卽在長安以後紬
繹文義在高宗營葬之時當是述聖記後半之下
截也石墨鐫華謂碑存兩段萃編僅載上截其一
段疑卽此石

東城令宋夫人王氏墓誌

方一尺六寸五分廿三行行廿三字弟十七行廿四字字徑六分正書方界格

大唐故瀛州□城縣令宋府君夫人王氏墓誌銘并序
粤若二儀伊始靈坤於是育萬物兩氣聿初太陰以之
調四序降三才之秀人道尊焉含四德之華母儀先矣
上則處胎施教文母之雅範高馳下則從里求仁孟母
之芳猷遠躅其有流譙上善垂母訓於千齡稟慶中和
成母師於一代當仁有屬□在夫人者歟夫人諱　字
本北海劇人上棻從宦徙居宏農湖縣十代祖渚晉
龍驤將軍自運匡瑨璣鳴籥大麓□野功班石弩兮茅
太昊之墟鳳凰于飛建千乘於滄溟□曲鴻鵠聳志懸
三刀於碧落之前國史詳焉可略而述祖□邵州司法
父樸朱陽主薄並珪璋令望廊廟奇才驥伏小藩龍盤
下邑夫人含章挺粹驪川鳳穴之祥稟秀資靈月宇星
津之慶自移天景族對君子而如賓履順中闈奉慈姑
而展孝德音無斁謝閤逾淸慈訓有方曺閭已肅加以
凝神妙有睿想色空劒斲邪山梁通法海金文演說引
花綠而增誠寶塔莊嚴解珠瓔而不倦方期輔仁可怙
永保遐齡而藏壑難留俄悲大夜以永淳二年匡月三

日終于私苐春秋七十六以光宅元年十月廿四日合
葬于衡山偕營禮也子守元守敬等哀深陟岵痛極風
枝叩地無追號天向訴遂乃圖芳紀德勒石鐫金庶存
不朽乃爲銘曰　若水延慶姚墟降祥有嬀之後將育
于姜仁基峻極德泒靈長茂實不墜遺苗克昌其一載誕
溫柔降生儀令玉潤丰質蘭芬比性內範肅恭中規雅
匡韶望允屬德音斯盛其二天道反覆神理虛盈黃泉鄭
隧白日滕城草生馬鬣塵飛鶴塋圖芳篆懿勒此豊銘
其三

右東城令宋夫人王氏墓誌標題城縣上泐一字

改瀛州屬縣有東城有景城景城於貞觀元年改隸滄州大秝七年復舊此誌所缺故知是東城也文云徙居宏農湖縣改湖縣晉屬司州晉以後無湖縣之名此所稱爲晉縣也又云十代祖濬晉龍驤將軍晉書列傳王濬字士治宏農湖人官至鎮軍大將軍加散騎常侍領後軍將軍後又轉撫軍大將軍開府儀同三司加特進未有龍驤之號撫軍龍驤大將軍開府者位皆從公而龍驤在四征四鎮之次且志所敘并不加大字撰文者之誤也兩氣作雨誤展作展懿作懿俗塋作營或同音通借夫人諱字缺而不書

龎德相等爲父造金剛經頌

高六寸八分環三面前後各廣二尺六寸側廣一尺七寸五分前面頌三十四行行十至十三字不等側題名二十二行行七八九字不等後面題名一段十行少空又一段七行行六七八字不等字均徑五分正書在房山

唐故上柱國龎府君金剛般若經頌

公諱懷字伯其先南安郡人也遠祖因宦家於范陽爲曾祖光魏任鴈門郡丞祖安齊任魏州昌樂縣令父諱隨任定州別駕並價重連城光融照乘棲仁杖義履順居貞公璧孕藍田珠生漢水幼不好弄長實多能勳庸冠於朝倫領袖標於士友詎心門稱武宄室擬龍泉而已扰豈其與善無徵云亡奄洎遘以光宅元年十一月遘疾終於私第春秋七十九也有子德相等扣地屠魂號天泣血想津梁之無據思迴向之有因以爲救助莫若於受持施與不及於書寫今敬爲亡父鐫石造金剛般若經一部即以乖拱元年四月八日雕飾畢功無設四部衆齋送經於山寺之頂也重巖萬仞上亘有天幽谷百尋下臨無地繡黃接影□梵連聲同欽祇樹之風共挾恒河之潤而爲頌曰

有爲有著三千大千情塵蔽景業鄣横山驚猨不息縈蠶自纏□珠靡解心火徒燃其一恒河灑潤祇樹搖風即色非色言空不空無來無去甯始甯終□□妙法其唯大雄其二如露垂□恒沙善誘書寫受持□爲法首□□□來天長地久陵谷可傷金石無朽其三

□□□上柱國龎德相□□弟長上果毅上護軍德立弟柱國名立弟左金吾翊衛元表相妻楊立妻張名妻鄭表妻劉相息謹忠妻劉謹泰思謹思忠女二娘十娘立息謹信克儉女五娘名息謹琛克勤謹約女淨心八娘表息鄭賓小賓女眾兒博兒妃兒

姊夫涿城府隊正郭神行亡妻龐妻胡息奉祖奉義女

三娘妹夫何方海妻龐息天僧天廣大保天劒天助女
提希新希□□上柱國史四郎□□□□□護軍承問承
□□□□□□兒九兒當□四兒
上騎都尉郭神恭母胡妻梁
□□朗妻馬
龐懷閏妻孔
龐懷素息義重
龐懷道息小腊
史君昂妻□息僧端
甯仁舊安高息燕□

甯元興亡父仁慶母龐
劉天託妻王息元悊元威元節
飛騎尉劉山副妻唐
劉阿表妻龐
張善登息思謹
上柱國劉□相妻□後有一行泐

此碑趺也在房山小西天其地金剛經刻甚多拓工以額有袁敬銜名一刻謂即此趺之正碑以尺度之彼廣二尺八寸餘此才二尺六寸不應碑寬而趺反狹碑爲龐德相等造不應復爲袁敬之碑殆拓工誤也今姑闕之袁敬金剛經碑分隸書音洞無年月諸刻内按姓纂龐氏本望南安碑云其先南安郡人是已遠祖不載其名無從攷證曾祖祖父名亦不見史册龐公諱懷字伯題名諸人有懷閏懷素懷道者此云諱懷名止一字歟抑下一字諱而不書歟後列題名諸人皆龐氏之戚族頌語整飭有法書字遒逸大有虞褚筆意與法華經諸刻出一人之手惜不著姓名也郭神行署銜涿城府隊正涿城府隸幽州

八都壇神君實録

高七尺七寸六分廣二尺五寸三分卅一行行四十四字字徑五六分有界格正書額兩層上層題大唐二字下層四行行二字題八都壇神君實録七字分書額下有穿圓徑三寸五分在元氏縣

昔唐堯氏作奄有異方晉卿族興裂爲趙國□□羣□□□□□□□□祠宮跨南垂而臨北際業希舊時古木十圍道亞仙公幽靈八座精義而入相兆扵儀形妙物□□□□□□八都壇者都望八山之始壇也此地名山封龍之類有八因壇立廟遂爲号爲親親之道或謂昆季則壇□□□如桂有叢連蜷偃蹇于庭之畔方丈之地八樹星羅閒踈然見同氣長幼之象然而深根固本龍盤武據建殖時代人莫能知驗其磊落

多古殆萬年也蓋棟宇未作靈祇之所彿焉氣色青忿
狀煙霏子霧籠馨香酷烈若藺時亍菜節左車降生之
地休蔭宏多漢明載（誕）之城芳猷允塞豈徒川原之上
秪稱明淨而已栿昔漢光和州將馮氏徹而不愈穀至
兩錢感恩立銘盛績猶在自茲乎後鮮或能繼雖　明
時聖日久（此四字占三格）屬昇平而旬雨谷風頃垂期候或蚩
鳥荐出商羊屢舞顧畢昴之分野同壽春之東西九年
之儲汲汲於餬口萬人之衆敖敖以疢心獨我開亭不
滅平素匪惟神助亦在人宏宏之而誰可得言也時令
蕭倓梁後主之㓜孫陽羨公之愛子金陵地業夙著孟

名玉樹時英少歸雅望禁衛祛寵期黑頭以爲公數奇
不調將白首而作宰安此下人頌聲載路丞薛惟節曾
祖暉列棘周代大父約剖竹　皇家君之降生衆推必
復青雲百遠貳翔鸞於斗城非罪而來（此十字占十一格）助剖
鷄於子邑主薄趙延慶體貞魁梧識度夷曠久而益敬
芬若芝蘭仰之弥高邈如雲漢左尉司馬元同器宇幽
深學術該贍何思何慮運鬼謀於掌握元之又元（此四字占三格）
窮道源於脣吻此苻官屬實曰循良辟人爲龍如鸞
佐鳳聰明叵直道合於神蘋蘩蘊藻感而必應井邑之
地水旱無虞疆里之間稼穡獨茂甫田歲計（右穿）家積于

箱棲畝餘資周給壹郡就家禴祏更表休徵嘉禾白鳩
往往間出殊根會蔕示同心也雪羽霜毛旌絜（上穿空三格）
白也酒食宴樂穆將愉亍未央暉光日新鬱紛紜而何
極隣城以之健羡臺府由其籍甚禋祀相望掃除不（上穿）
（空四格）暇刺史馮義故御史大夫安昌公之子也六藝俱
學于何不長八體論功斯爲特妙褰帷露冕不墜家聲
（上穿空三格）拔滯摧豪以爲己任下車未幾親行禮秩簠簋
始奠雲湍四郊舞詠未終澤洽千里司馬雲暕有請劭
之才貧　邦國之譽非其不可所寄無憂嘗以龍見客
雲逾積暫紆鶴履明德是歆曾不崇朝滂霈而返司法

參軍陳鼎量家保太邱之道宦得于公之名俎豆之間
知其可任其後微旱又令禱謁曲加弊盻顧之爲文不
以人廢言亦應時流溢凡數齋告而屢有年八縣空倉
壹朝重實皆可案覆而敢公言只如呼木扣藤沐蘭薦
藻日有萬計頗無壹違可得而聞不可得而說也神之
隣里鄉黨列於碑陰者叁拾伍人並地望時雄耆年宿
德每有邀福常所與祭荷明神之重施欲古廟之增修
間伺農隙率先人類以垂拱元年十月一日依洪洞故
事而興版築長垣百堵煙雲相連迴廊四注陰陽不測
太虛中起巍然若扶幽邃窈窕不可談悉於是繪事八

山署疊叅面千巖萬壑宛在目前想亶父之名邱思啓
母之爲石琢磨琬琰放象體勢方面列筵斑白有序光
流聲殷之祉從此而歸骨青耳細之奇望之如在巖巖
爲森森爲人莫敢覩豈周訪之能安寢乎事畢功宏既
而骨悅披文相質方議雕鎸忽有得神古碑有額無頌
規矩裁制則光和碑之元偶也嗟乎人懷陵谷之慮兩
地不孤神知條復之期千齡繼出氣衝積雪暫如埋□
光照叢臺終同返辟宰君重其神應嗟玩久之謂余曰
抱璞俟時豈無人之刖玉闕文有待蓋知來之如今其
漢碑之建立也方伯馮公在位左尉樊君撰文此時也

刺史又馮君居右局神意人事佘知之乎元質肆拾無
聞壹命而仕地孤鼎氣家累玉山承乏之末寮名何足數
雄文遺薦有覥於當仁吉事惟先不遑於覃思直書其
事爲敢論文勒爲實錄樹之於右蕭公結構簡貴筆無
妄□崇重明神敬恭繕寫鈎迴電轉金曜星繁庶以發
揮幽明暎徹今古頌八君保乂俾萬代垂此九字占八格光名
之揚兮德之至此六字占五格神之來兮此無愧土之安兮岳
之列若有人兮斯不滅爲榮觀兮□可閟

右八都壇實錄撰人名元質不見其姓又不著書人
名氏其字畫亦可愛碑首題云大唐八都壇神君之
實錄其文云都望八山之始壇也此地名山封龍之
類有八因壇立廟遂爲號焉封龍山在今鎮州其餘
七山不見其名又云漢光和中有碑而今亡此碑垂
拱三年立集古錄跋尾

唐八都壇記碑首題曰八都壇神君實錄八都者蓋
其境內封龍等八山爲壇都望而祭之因壇立廟以
爲名刺史馮義黃本誤作又縣令蕭俠等禱雨有應修其
廟而爲之記因列時人姓名於後撰述者自稱元質
而不著姓亦無書人名氏碑以垂拱三年立集古錄目

右碑歐陽氏集古錄陳氏寶刻叢編皆著錄河朔訪

古記八都神壇在縣西故城西門外天下碑錄有漢
八都神廟碑在鎮州元氏縣西北二十里廟壇下光
和中立寶刻叢編引訪碑錄同漢碑今佚不可得據
此碑知唐時漢碑尚在碑云披文相質方議雕鎸忽
有得神古碑有額無頌規矩裁制則光和碑之元偶
也又云抱璞俟時豈無人之刖玉闕文有待蓋知來
之如今據碑云云似漢碑有額無文今此碑製作甚
古額上銳如圭形有穿在碑額下十五十六十七行
弟五弟四格上碑惟漢刻有穿此刻疑是漢碑故石
當是原石字多漫漶蕭令不察遂謂漢刻無文及元

質文成磨礲漢石刻之並題額亦遭劃毀耳撰文八名元質而不見其姓碑云元質肆拾無聞壹命而仕又云承乏末寮名何足數又云漢碑之建立方伯馮公在位左尉樊君撰文此時也刺史又馮君居右局案唐制諸州上縣有尉二人從九品上元氏在唐隸趙州爲上縣例得置左右二尉碑歷敘元氏令丞左尉而不及右尉知爾時爲右尉者卽元質也君居右局句可證碑云八都壇者都望八山之始壇也此地名山封龍之類有八因壇立廟遂爲號焉案八山之名見於漢碑及地志者五曰三公曰封龍曰無極曰

白石曰靈山又祀三公碑之御語山疑卽六名山之一見白石神君碑跋其餘二山無攷又碑云時令蕭俠梁後主之幼孫陽羨公之愛子後下一字泐當是主字疑卽後梁後主蕭琮也案北史蕭琮傳不言其有子幾人惟云子鉉位襄城通守新唐書宰相世系表齊梁房琮子亦止載鉉集州刺史其餘子孫多不見又後周書蕭詧傳巋子瓛封義興王有傳附後云瓛字欽文巋弟三子位至荆州刺史隋師至瓛奔陳授侍中安東將軍吳州刺史陳亡吳人推爲主戰敗伏法案陽羨在梁陳間爲義興郡附郭縣隋平陳郡

廢改陽羨爲義興縣唐武德七年於義興置南興州並析置臨津陽羨二縣八年州廢省陽羨臨津以義興屬常州所云陽羨公豈武德七年復置陽羨縣邪抑係後梁蕭琮諸子曾爵此土邪其名竟不可攷又碑稱俠有禁鬻秡寵之語知俠以貴主壻出宰元氏攷新唐書公主傳世祖一女高祖十九女太宗二十一女高祖三女下嫁蕭氏者惟太宗女襄城公主爲蕭瑀子銳所尙銳卒更嫁姜簡永徽二年薨武后稱制以前蕭氏自銳外別無尙主者或係郡縣主壻亦未可知碑又云丞薛惟節曾祖暉列棘周代大父約

剖竹皇家後周書後梁有薛暉河南人附蕭詧傳蓋卽其人暉有六子本傳僅見其二皆不名約而兩唐書亦不見薛約之名惟宰相世系表薛氏南祖房平陽郡公嵩庭五世孫名約時代遼隔絕不相蒙特名姓相同耳趙州刺史馮義碑言其爲故御史大夫安昌公之子攷安昌公當是馮長命張說集馮昭泰神道碑大父尙書左丞檢校御史大夫少府監楊州長史安昌公長命以佳吏之名勤勞王室考仁高亮無祿子道不究故公幼而襲安昌公焉義當是仁之弟惟元和姓纂載長命生義宏禮本昭泰碑謂昭泰之

父名仁疑仁亦兩字命名碑或省其一耳若義本名義宏而此碑止稱馮義者當是避孝敬諱而然碑又有司馬雲暕元和姓纂云雲縉雲氏之後望出定興唐有右武衛大將軍歸德公生師德師端師德右威將軍生宏善宏暕宏普駕部郎中宏暕主客郎中暕疑即宏暕亦以避孝敬諱故省宏耳此更可爲馮義即馮義宏之證又碑云蚩鳥□出商羊屢舞案山海經云栒狀之山有鳥焉其狀似雞而鼠尾其名蚩鼠見則其邑大旱案說文篇韻蚩鼠之蚩當從鼠此本山海經從虫蓋假借字耳常山貞石志

右八都壇神君實錄在元氏縣城角兒村碑云漢碑之建立也方伯馮公在位左尉樊君撰文以三公山光和碑證之知即馮巡樊瑋也碑有馮義雲暕名沈氏謂即馮義宏雲宏暕似矣然文內三見宏字並不改避何獨於人名而易之據文碑尙有陰而歐趙皆未言及沈氏於元氏碑刻拔剔靡遺亦不言有陰豈已平曼邪立碑年月歐趙所載不同當是集古錄傳刻之誤抑築壇始於元年至三年而畢功勒石或見於碑陰故歐陽父子均以爲三年歟常山志載此文闕譌不少連蜷之蜷蝕損一筆而誤作土旁則又多一筆矣茱節之茱右旁有一鈎乃即菊字而誤作茱荐出之荐乃即洊之借字而誤作莅辟人爲龍辟誤作辟聞伺農隙間誤作聞土之安亍土誤作士至其所遺如奄有之奄道亞之道手後之手乎即厥字疚心之疚不暇之暇拔滯之拔豈周訪之豈邃禹之邃字皆明顯又梁後下一字沈氏謂當是主審之主字形模具在其言不謬叅拾伍人之伍字亦尙可辨又暫如埋下一字似賓有下半貝字可見筆無妄下一字右旁作㝵左旁似从亻又似从彳而義不可曉仍

當闕之末句爲字已泐據沈氏補　虎據作武避諱改字嶅嶅作敖通用蘊藻作蘊假借藉甚作籍露冕作冤奬晒作昕萬壑作壑皆譌俗

高士王行淹墓誌

方一尺二寸三分廿四行行廿三字字徑四分正書方界格

大唐故高士王府君墓誌銘　并序

君諱行淹字通理太原人也回官從地家於河南故又爲縣人焉尔其仙駕上昇踐緱山而逾遠靈源迴泒等淮流而不竭宦達西京聲齊五尹名雄東國高視八裴歷代英賢詳諸史傳曾祖嵩齊潞州屯留令祖嵩隨汴

州浚儀縣丞父炎　皇朝襄州録事叅軍事並冰清玉
潤人傑地靈潁川陳氏之聦賢宏農楊家之弈葉爲邦
潞國朞月而政成贊牧襄川隨風而嚮應君擢英奇樹
晞幹靈根踐詩禮之幽庭入芝蘭之奥室故得宏材挺
拔秀穎孤生逸調不羣清襟獨邁以乹封二年明經高
第授文林郎非其好也解巾從職雖陪南宮之禮挂冠
辝榮遐躡東都之迹烟霞入賞琴酒攄情談老莊而卒
歲詠圖書而盡日以垂拱二年三月廿日寢疾終於景
行里之第焉春秋六十有二惟君素履貞慶黃中元吉
果行育德資孝惟忠出入於仁義之間周旋於名利之

外優遊天爵方膺五百之期遽寞泉扃奄見三千之日
嗚呼哀犾以其年歲次景戌四月庚午朔四日癸酉窆
於河南縣平樂鄉之原禮也有子懷素等欒棘毀兒荼
蓼居心痛遺澤之仍留仰遠期之有日攀松攬栢璃慕
何階地久天長聲芳未已其詞曰下空一行
白蜺仙術青鸞政道誠感天地功侔化造靈根仙胄弈
代重規衣冠閥閲人物英奇猗歟宰邑彧善毗贊嚮彼
襄陽高情爍燗宏材特邁偉量孤聳千尋木聳萬項川
澄沉研載籍脫□□侯東都美遂南淍艮遊福善無爽
與德何乖泉臺忽掩玉樹長埋

右高士王行淹墓誌文云曾祖整齊潞州屯留令
桉隋書地理志上黨郡注云後周置潞州屯留注
云後齊廢開皇十六年復又長子注云舊有屯留
樂陽二縣後齊廢是齊無潞州亦無屯留周雖有
潞州而無屯留整令屯留當是隋官在開皇十六
年復置之後誌稱齊者隋之誤也又云祖崱隋汴
州浚儀縣丞桉地志浚儀屬豫州滎陽郡滎陽郡
注云舊鄭州開皇十六年置管州大業初復曰鄭
州浚儀注云東魏置梁州陳留郡後齊廢開封郡
入後周改曰汴州開皇初郡廢大業初州廢是崱
爲浚儀丞在大業以前時隸汴州汴州廢乃隸鄭

州也

趙義成造像記

刻佛座高[redacted]廣[redacted]十七行行字不一字徑[redacted]分正書

垂拱二年六月廿二日弟子趙義成願□□平安敬造
官音像一鋪合□大小共□□□

以官爲觀

左衛翊衛王行威墓誌

方一尺四寸廿二行行廿二字字徑四分正書方界
格篆蓋題大唐故王府君墓誌銘九字四周刻十二
生肖形

大唐故左衛翊衛武騎尉王府君墓誌銘并序

君諱行威字國寶其先太原晉陽人也自後因官播越又爲雍州明堂縣人爲若乃輔嗣談元濬沖閑放纂清徽於遠系繼盛德以追蹤者於王府君見之矣

祖金朝議郎益州司兵叅軍事　父師保朝散大夫並志尚老莊屏忽名位優遊天地之際託賞風月之間爰誕異人乃邦之彥叶娟川而藻性夙著温恭稟圓折以資生弱稱岐嶷起家以門蔭補充左衛翊衛提戈玉宇荷戟璇墀既申之以爪牙亦馨之以心膂祅潲不仕從私欲也於是孔座陳莛招携於執友牙琴嵇玉留

連於勝託將謂永貞眉壽天假大年豈期董澤先秋楡關遐落以垂拱二年歲次景戌七月己亥朔十四日壬子遘疾終于領政里第春秋五十有六即以其年九月弋戌朔五日壬寅歸葬於京地西南龍首之原禮也長子武騎尉義方次子麟臺　御書手義端等茹荼集蓼懼平海以成田陟岵循陔慮高舂而徙照敬刋貞琬爲之誌云其銘曰

景胄華宗干霄括地師王友帝懷忠抱義挺生才彥有美珪璋胥連風月優遊老莊入仕登庸提戈荷戟翊奉宸掖馨於心迹邱園養性琴酒怡神方希懸解遽返天真云亡殄瘁人旻殯窆霧黯雲低松高野曠勒方礎于泉之幽紀四序于有迴周庚滕栢于照白日識九原于栢與楸

招福寺上座彥琮撰

右左衛翊衛王行威墓志行威次子官麟臺御書手攷唐書選舉志集賢院御書手百人百官志集賢殿有書直寫御書手九十人又司天臺監隸祕書省有五官楷書手五人掌寫御書垂拱元年改祕書省曰麟臺是誌所稱者司天臺監之御書手隸祕書省時稱麟臺也惟志又云光宅元年不隸

麟臺則又不甚相合祕書省有楷書十人或此十人亦掌御書邪至集賢院則未嘗稱麟臺也誌石爲劉燕庭所得後置於浙之淨慈寺兵後無存甲戌夏借張松坪藏本錄之

八瓊室金石補正卷三十九終

八瓊室金石補正卷四十

太倉陸增祥撰　男　繼煇校錄

吳興劉承幹覆校

唐十二

新太令張文珪造象碑銘

高五尺六寸二分廣二尺七寸六分標首及撰人名一行五十二字銘廿四行行五十五字姓氏二行字不計正書帶行筆在山東

大唐貝□通直郎行沂州新太縣令上護軍張文珪奉爲二親敬造像碑銘并序

登仕郎守紀王府典籤馮翊茹智琛撰

令息懷綺　嘉勣

昔聞金河證果果淨而祿空實地祈真真成而色滅用能隨機誘喻雖異術而同歸汲引乖方亦殊源而共本無相示相廣開方便之門非身現身競託宣遊之軔然則龍宮妙典鷲岳微言莫不宏十力以救焚資四禪而拯溺盪稽天之苦浪蔭之以慈雲廓蔽日之重昏承之以法炬其有誕誠遐感大孝潛該陟屺而想梵宮履寒泉而思彼岸者即新太令張君之謂歟君名文珪字仁友清河人也即常山王敖之後若夫茂緒開宗珥漢貂於七葉靈源析派禪晉袞於三台傅鈞之慶不窮負

璽之榮相襲曾祖恩隨上谷郡遂城縣令庭喧溪□□和自舞之鸞室響鳴琴引狎朝飛之雉祖客隨清河大中正青州司馬莘絲入仕馳令問於時談衣錦棲榮播清徽於雅俗由是聲高海岱□比天齊顯考同操慶襲箕裘孝廉應聘辟少微而曜彩且蘊價以揚名大業末年任高密縣主簿屬炎行失御厲階斯起觸山竣黨鼠竊蜂飛編戶遺毗鳥驚□潰脩虵犯蹕毒被蒼生封豕裂冠矢流黃屋兇徒孔熾懼投迹之未□臣噬挻災瞻故鄉而路絕言歸河翔幾傷羇旅之魂飲恨沂南獨弔飄颻之□永懷桑梓空切慕莪斯顛莫從闕山何極于時竄身之地幸遇通家有泗水縣鷹揚府司馬太山羊君者即襄陽太□祜之後也諱彪字仲武邂逅相遇斷金之契已隆樂莫新交傾蓋之情斯允昔伯通遇士慰梁鴻之五噫田文禮賢荷馮煖之三窟復有族人張道興者即此邑之髦彥行高十室恩合五宗宗子之眷既深本枝之情弥切契闊蹦於三祀艱苦窮於百罹茹蘗啜荼既共戚而均憂撤少分甘聊候時而卒歲君太夫人即琅耶王氏絳郡太平令元顯之長女爲大舅道洽二舅道液並花萼交映芝蘭遞薇非禮勿居非義不取彈冠入仕譽滿金門執贄登朝光流玉潤不以利害宅

心不以夷險易貿君乃追思聖善情切渭陽復以弄璋
之初於此誕育隨珠自潔瑩之以圖流梁玉本奇澄之
以方折貞心逾於鄒桂勁節擬於和木器度温雅風神
散朗洎乎
皇階授木義郎初開再奉欽明全身
仁壽以武德之初擢任舒州懷甯縣丞後遷始州武連
令頳水祥星始應編珠之集扶津愛景倏沉連石之暉
貞觀八年遘疾終于私第春秋卌有二接閈姻朋踐芝
筵而下泣投縣家友味蘭室而餐哀惟君長治克傳家
聲載蔚歆機頴悟敏藝夙彰仁孝之道幼諴友悌之風
潛扇宦成名立漉款輸忠騰懿範於　昌期播清

芬於懋賞以文明元年授沂州新太縣令縣与□裏相
連即慈覲避地之鄉聞問增感志切同心瞻露草而長
號仰風枝而永歎銜哀茹血追遠慎終牋六度之仙舟
轉三乘之妙躅於是發宏□□奉爲二親敬造尊像并
菩薩一十八軀崇勝業也瑞花承足彩映青蓮滿月開
顏色含丹桂冥途資其觧脫法界仰以歸依永潤身田
長濡性□□□□彈究竟施竭劬勞結妙果於閻浮證
□生於兜率識化城之非有悟火宅之無常於是敬從
尊容移居淨域寺爾白雉室照金容法侶亻□名僧閻
出具敖東架忍樹佂陰徂來西峙慈雲吐潤北則宮山

孤聳有漢武之仙蹤南則汶水浮空覽子騫之遺跡瞻
言寶座永固金儀竟手石□長□□恒沙而不朽欲宣
此偈乃作銘云
緬尋妙典詳觀梵文七識馳騖
五陰群兮高懸法鏡瑩此重氛覺花承露忍菓□雲□□
大雄□□能　洎道映弥天德兼初地生成惟一色
空無二方便宏弊抑揚鱗次其二爰屬有隨炎行告否黔
首交囂緑林斯逸猛噬波騰群兇岳峙眷言士庶
桑梓其三　叡唐承厤重光應期聿遵帝道行宣孝慈布
此元德憑乎大悲經啓精舍乃建仁祠其四顯允猗人思
攀靜樹濯心淨海寄□攝慕□　親式光冥路智燈

自朗法流恒注其五蕭然梵域肅穆神儀靈顏若笑寶出
毀移風搖惠草露湛禪枝興言福地艮津在斯其六敬飾
金繩于茲□　漏周倫彫鐫云整菜秀菴園花開蓮
并心力俱罄元功自永其七
垂拱三年歲次丁亥三月乙丑朔八日壬申建立
僧行端　上坐義習　寺主行簡　都維那僧景
僧毛學　僧惠湛　僧法海　僧揔知　僧仁太
僧承寶　僧叵真
儒林郎行丞騎都尉史威仁　登仕郎行尉騎都尉
范承禮　鳳州梁泉縣令荘傅夫人王氏　息許王

執仗務道　嗚砂縣尉務静　濟王隊正務及
石碑完整磨泐無幾銘詞四行行末各闕二字拓本殘損未必石泐也新太新唐書地理志作新泰上有蒙山屬沂州懷甯屬舒州同安郡武德五年析置皖城安樂梅城皖陽四縣是年省安樂七年省皖城梅城武連屬劍州普安郡舊曰始州先天二年更名此稱始州時未更名也梁泉屬鳳州河池郡武德元年析置黃花縣後省嗚沙志作嗚砂屬威州武德二年置會州貞觀六年州廢更置環州九年州廢還隸靈州威州本安樂州徙鄯州又

徙靈州咸亨三年以靈州之故嗚沙縣地置州至德後沒吐蕃大中三年收復更名威州碑立於垂拱三年當隸靈州也清河郡後周置貝州首行缺字當是州字又案清河舊曰武城置清河郡開皇初郡廢改名上谷郡開皇元年置易州大業初置郡遂城縣開皇十八年改此稱上谷郡遂城縣是恩爲縣令在大業置郡後矣高密屬高密郡開皇初郡廢大業初復置郡此不言郡據志則時已復置矣泗水縣開皇十八年置絳郡後魏置東雍州後周改曰絳州太平後魏置後齊省臨汾縣入焉

隋因之又正平舊曰臨汾置正平郡開皇初郡廢十八年縣改名焉大業初置絳郡此稱絳郡太平令是元顥爲令亦在大業置郡後矣煬帝時翊衞府加親侍鷹揚府府各有司馬此稱鷹揚府司馬大業時官也隋百官志上上郡太守上上縣令屬官皆有中正無大中正之稱此云清河大中正者當亦煬帝時所改也常山王敖者漢張耳之子唐書宰相世系表河間張氏漢常山景王耳之後是其一派漢貂七葉卽指張耳而言晉裒三台指司空壯武公張華而言唐百官志王府官典籤二人

從八品下親事府隊正亦從八品下執仗十六人典軍領之宗室世系表太宗子愼封紀王高宗子素節封許王濟王之封不見於表而蜀王房後有爲濟王府戶曹參軍者章懷太子房後有爲濟王諮議參軍者竊意濟王之封當亦高宗之子武氏誅滅唐宗濟王之後蔑如故表亦闕略耳至元宗子環封濟王則後此數十年也諲誠當卽至誠字彙補云諲同禋蓋誤太孝潛誅仁孝之道幼誅誅字不見於字書疑卽該字彪作彪避諱字曾岷曾古層字

上護軍龎德威墓誌

一方一尺七寸四分三十二行行三十
一字正書字徑四分有界格在咸甯

大唐故上護軍龎府君墓誌銘并序

君諱德威字二哥南安人也昔三方鼎峙王道申其爪牙六國權衡覇圖重其謀略泉原濬極遠派靈長擢榦扶疏脩條茷茂公即其後也曾祖隆周任益州司倉叅軍事賛兮符於玉壘佐剖竹於銅梁仁教以之傍融政化因而遠被祖慶隨任潞州上黨縣丞德宇奇廓器量淹深百里仰其成規一同資其善政父師隨任廣州司馬嘉謨自藴妙善非因灑落風煙超攄雲漢輔分珪於

金石補正卷四十 七 吳興劉氏希古樓刊

五嶺道洽泣珠之鄉暢別扇於三湘恩浹落星之境公則器惟瑚璉性乃珪璋岐嶷表其齔年髫岸章其冠歲英姿挺秀天骨標奇立行可模出言成範明明令德莫測其淺深滔滔雅量詎知其遠近神機獨運吞鎮北於胷間智略兼人擀衽南於度內深衷海濬壯志山高學盡五車書工八體控雕弓而屈右落鳫啼猨張空拳而啓行批熊拉武往以三韓未附鯷壑驚波九種猶迷鼇津駭浪公荷霜戈而奮武揮星劍以臨戎勇若鱄諸捷如慶忌遂授公勲官上護軍酬勞効也衿叔敖知履尾之懼不受楚國之封仲連怯觸鱗之威竟謝齊君之祿

公深明㠯足之誡遠識無厭之談乃謝病辭朝自樂馬游之乘迫驪宴友方欣陸賈之田怡怡弟兄恂恂鄉黨不謂輔人虛說天道無徵二豎纏痾兩楹興歎名香何在唯增啓足之悲神竈空傳詎免遊魂之怨以乾封元年十二月十七日寢疾弥留卒乎私第春秋六十有八琴臺月上永息陽春之音金埒風生誰控桃花之騎夫人王氏其先太原人也侍中遊覽晉魏閣以流芳將軍卧病開泰基而演慶祖尚隨任銀青光祿大夫相州長史父暉隨任潞州司倉並珪璋其質松栢其心處涅不緇凌寒轉翠夫人騰姿月魄稟質坤靈道冠三從行該

金石補正卷四十 八 吳興劉氏希古樓刊

四德品搖空之舞雪特妙因風辯絶響之哥綜懸明第次承巾奉食重德輕爲禮逾晉缺之帷義越楚莊之室雖良人應質弥軫畫眉之情而刻己明心以表輕身之詠豈謂百年難續千月易窮倏奄夜臺俄辭白日以垂拱三年歲次丁亥十月六日卒乎私第春秋七十有六單皃獨逝已悽潘子之懷兩劒雙沉遽切丁君之屬即以其年十一月辛酉朔廿二日壬午合塟于四池之側禮也青烏獻兆甯惟千載之墳白鶴占原自應三台之氣孤子行基等仰蒼穹而無色擗黄壤以崩心痛結蓼莪哀纏陟岵恐山迴牝壑海變桑田爰紀芳猷式刊貞

珍其詞曰　惟岳降靈惟天降昴誕茲明哲信
邦之寶式贊　皇基爰扶　帝造功成名遂
身退天道其一昂昂挺秀鏘鏘雅士脫略公卿跌宕文史
盛德推賢謙撝剋己妙閑韜略尤明宮徵廿日琳琅時
稱杞梓其二易美家人詩光女則登機成素之田奉食海
曲和鳴河洲比翼孝該籠水愼深攀棘月孀孀帷舍貞
抱宜其三匣中雙劒先後俱沉泉中瘞玉地下埋金荒郊
引霧寒壟凝陰佳城鬱鬱逝日駸駸一歸窮壤誰明恨
心其四

德威字二哥以下文辯絕響之哥絃證之歌絃通作
哥絃則二哥之字亦二歌所通也非哥弟之哥後漢
書引哥永言唐書注引屈原九哥其見於碑版者如
北周華嶽頌云清哥緩節唐孔子廟堂碑云猶鏞哥
頌張琮碑云哥兩岐于全吳蓋文達碑云仁風表于
弦哥杜夫人誌云而短哥之可作皆哥歌通用也又
誌中拚作拚厲作厲批熊拉武避高祖祖諱改虎作
武尾作尾歔作驪纏痾作纏痾寢作寑涅作涅瘗作
瘞敘德威之父曰揚別扇於三湘恩浹落星之境長
沙布政司治後有落星石湖南通志及府縣志皆未
及載始見於此古誌石華

右墓志三十二行行三十一字正書字徑五六分行
間有棊格麗府君及其父祖皆未至顯官故姓名不
見於正史然此文駢體楚楚可觀文中有往以三韓
未附云云攷唐自高宗初年用兵伐高麗突厥賀魯
契丹鐵勒龜茲吐蕃百濟新羅諸蠻等以迄於乾封
征伐無虛日德威蓋身歷戎行僅得勳官而即退歸
者也世俗於父母之喪父亾稱孤子母亾稱哀子父
母俱亾則稱孤哀子然攷儀禮士喪禮士虞禮及禮
記雜記於親喪皆稱哀子王制少而無父者謂之孤
孟子言幼而無父曰孤則曲禮孤子當室郊特牲孤
子深衣孤子衣純以素皆謂其少而無父者言之矣
此志稱孤子行基等其時係合葬父母而不稱孤哀
子雖當稱哀子而稱孤子於禮亦未盡合然正居母
喪而不稱哀可見唐初尚不以孤哀爲父母異稱也
惟就愚所見如唐貞元六年韋公夫人王氏墓志爲
其子撰書自稱哀子元和十年魏參軍邈墓志亦其
子撰書自稱息孤子皆與今同可見此等俗例已起
于唐季厥後相承行用而不知其非故司馬溫公收
入書儀然孤哀子之稱於唐刻尚未之見也文云批
熊拉武以武爲虎乃避諱改字古泉山館金石文編

案姓纂麗氏本望南安戰國時魏有麗涓趙有麗煥三國蜀有麗統誌所稱三方鼎峙王道申其爪牙六國權衡霸圖重其謀略卽指此也誌云三韓未附九種猶迷奮武臨戎遂酬勞効蓋太宗高宗時既平北荒畺西域用兵高麗龍朔二年定天山九姓德威時在行間也乾封元年年六十有八則生於隋文帝仁壽二年夫人垂拱三年年七十有六則生於煬帝大業八年少德威十歲誌銘雅馴書法整秀惜撰書人不著莌茂見左太沖吳都賦鬱兮莌茂方言曰凡草生而初達謂之莌金石續編

此志未載葬地云合葬於四池之側據景龍四年顏瑶誌云歸葬於雍州萬年縣四池坊之北則四池坊名也萬年今咸甯縣筠清館金石記

案哥古歌字說文哥聲也从二可古文以爲謌字謌卽歌之或字廣韻云哥古歌字此作哥者蓋用古文也以表輕身之詠用以作己舍貞抱直舍乃含字之譌石華載此首行脫并序二字玉壘作五壘淹深作奄深善政作美政挺秀作桂秀往以作任以謝病作謝廟皆誤舍貞作含貞以意改之而石本實作舍

朝請大夫陳護墓誌

高一尺四寸二分廣一尺四寸廿一行行廿一字字徑五分正書方界格在武功

唐故朝請大夫陳府君墓誌銘并序

君諱護潁川人也昔鼇降二女唐堯安洪水之灾運□六奇漢祖免白登之敗其後太邱之長道貫聚星河朔之才文光倚馬地靈相繼時英不絕曾祖並絕幹千尋嶄山萬仞一邁發黛金之彩五車覽群玉之書君姿稟秀氣誕粹沖和澄雅操以霜明照清規而月舉踐義爲勇履孝成忠漸禮義之膏腴嗣箕裘之聲訓藏器而逢乱代進德以及明時爰屬義師暫披誠欸拒鋒後殿擐

甲先登雕弓挂滿月之輝碓劍耿長天之色蒙授朝請大夫賞有功也既而輕忽簪組踞傲泉石魚山騁望懷子建終焉之心鵬海驚濤養孟軻晧然之氣惜乎浮生易及七百之壽未階飄忽難留千月之期行盡以上元元年終于私第春秋一百有一夫人蔡氏卽以垂拱四年正月廿三日合葬於　三　時鄉禮也子文德仰高天而垂弔蹐厚地以纏哀恐舟壑潜移莫辯藤公之室海田斯變不曉原氏之阡式誌隂溝迺爲銘曰

至矣夫君超然不羣事君以敬在家必聞信著明執義□仁恩早霑舜雨夙奉堯雲提戈杖劍掃祲除氛謀□

□略功横大勲脩路𬇿阻昭代俄昏落徂光之□□□長夜之歸魂起寒烟㭘櫝隧下白露㭘松門□□□□□百代後脩知埋玉此邱墳

志言陳府君卒於上元元年春秋一百有一以時代上推生於陳宣帝太建六年歷隋而至唐高祖武德元年纔四十五歲耳又七年而唐始一統纔踰五旬文云爰屬義師𨗳披誠欵葢於唐初投軍立功而得官者然其後云嘗授朝請大夫賞有功也攷唐制朝請大夫乃文職從五品之散階不爲小矣然既屬文職又係散階而非實除之官皆不可解志不載父祖之名以曾祖二字籠統括之可見其出身單寒並非名家子弟矣而美其先則云一簣發纂金之彩五車覽群玉之書稱其才則云漸禮義之膏腴嗣箕裘之聲訓可謂浮泛不切但知諛墓者矣其書浩然爲皓然滕公爲藤公於假借之義可通而誤易天爲昜犮提戈爲提弋皆别字又以遷作䙴以蹐作躋皆繆體也其志墓而曰隂溝亦宅刻所未見文但言葬三時鄉而不言縣名攷五時四時之名起於秦漢而無三時據漢書地理志五時等皆當在右扶風雍縣唐時設雍州以武功好時等隷雍又攷宋長安志云武功縣西南二十里有三時原西入扶風縣界武功亦漢縣而隷右扶風者三時原恐即此志之三時鄉也第不知所謂三時者何所指耳志言其頴川人當是舉陳之舊望此志想亦近出關中未審於何縣掘得五時之名予已於漢好時鼎攷内詳之矣又攷廣韻言陳姓周武王封舜後胡公滿於陳子孫以國爲氏出頴川唐書宰相世系表亦云陳氏出自嬀姓虞帝舜之後故此碑首用𧖴降二女事古泉山館金石文編

按陳護志石道光十二年出於武功十三年米脂知縣及門顧鶴寄到拓本僅闕十餘字三時鄉之三字尚存末畫元和郡縣志關内道京兆府武功縣有三時原在縣西南二十里高五十丈西入扶風縣界郎此志所稱三時鄉也高宗上元元年甲戌護年一百有一則生於陳宣帝大建六年甲午夫人蔡氏以武后垂拱四年戊子合葬距護殁時十有四載葢亦同享大年者倨傲作踞浩然作皓滕公作藤並借字遷僊别文纂作纂易作昜天作犮戈作弋皆誤筆非借也金石續編

慧賾塔記

蹐厚地以纒哀蹐即蹐字瞿氏釋爲躋殆非

高一尺四寸廣二尺五寸十八
行行字不一字徑寸許正書
維大唐垂拱四年歲次戊子四月戊子朔八日乙未昔
有慧賾禪師在此山門住持五十餘載精勤勇猛志操
嚴凝感應靈奇通明異絕英聲外播道□遠聞禪文與
七覺俱清戒品共六根同淨研精二諦覃思一乘爲世
福田信堪依怙抽資什物謹捨淨財敬造斯塔一所奉
爲　皇帝陛下師僧父母普及含靈存亡眷屬盡顯超
踰俱登覺道
童子順貞　普超　智曇　智□　同秀　智通　如
光　崇烈

石慧賾塔記在山東未見著錄

左領軍衛將軍乙速孤神慶碑載初二年二月十九日萃編載卷六十一
篆額題檢校左領軍衛將軍上柱國乙速孤府君碑十七字
侯有道缺侯字寄待有德缺寄待二字掫極剖天缺極天二字闢寓
大君缺寓大二字譬涉海而乘雲多士聿興仰而雲外九字缺垂大
名垂誤乘之傑缺傑字房□以天戈耀象缺房天戈三字開鳳舞之
祥缺開鳳舞三字星秩缺星字以光缺光字齊功可遂缺齊功二字其勳
官族著其下四字缺統緒缺統字顯作顯兆誤垂有命承家家上三字缺
居寵缺寵字以周缺以字輅奉春異鐘鼎之門門上七字缺漢殿
缺殿字田秋缺田字之操缺操字儀同三司胄附三司外四字缺隨和
缺隨字右庶子缺右字齊前鋒缺齊字右六府缺右六二字儀同缺同
字咸以缺咸字一心缺心字逾隆缺隆字右武侯右武外三字缺鳳
德缺鳳字河目龜文讖公文外五字缺雷英踣俗英外三字缺駭矚
駭誤駮侯風雲而戢景缺侯景二字開天缺天字翼日騰精缺日騰二
字于時邑居居上三字缺豪俊缺俊字龍田缺田字涇陽郎棠缺涇
郎二字恩命缺命字長州長誤義之資任右資外三字缺阻玉華亂
玉外三字缺津而未津誤聿缺未字奉陪八拔缺奉拔二字叉危缺危字破
武周缺武周二字四舉缺四字英圖百勝缺英圖二字因機缺因字雲
火缺火字以巨猾缺巨猾二字以大盜缺大盜二字連雞缺雞字與國
缺與字太宗缺太字抗誤拔蛩駏缺駏字弱甲相依缺甲相二字元苻

缺元字餘孽缺孽字圖南阻缺圖阻二字之長川缺長川二字因遂缺因
字賜物□段并口并上三字缺口誤作□復著奇勳缺復著二字勞止
缺止字深榮缺深字長上缺長字大袍缺大字鵜侵缺侵字虹竭井
缺虹井二字反氣缺反字殄茲方命命上三字缺十旬不出不外三字缺
代耶乘乾缺耶乾二字去戰缺去字方從缺方字驅禮義以爲禽
禽上五字缺長上缺長字七年賜絹一百疋缺七年疋三字學而時習
缺學而二字衿函丈功成不居居上六字缺坐大樹坐誤至缺大字薄遊
之志每深缺薄遊深三字長春府缺春字仍衿永豐倉留守仍下六字
缺璇極西傾玉極外四字缺皇輿帝阜缺帝阜二字風雲缺風字日
月董司戎禁載佇忠賢忠賢上八字缺十七年以震宮以外五字缺

乾心佇□乃乾下三字缺詔曰缺曰字計畧沉遠缺計畧二字宜加
榮擢周衛儲闈宜下七字缺振景絳地缺振地二字共蔕蒼琅琅上
三字缺比節同柯十九年馬邑比下八字缺踰於驟山缺踰山二字
之陽缺之字碭石洗天兵於海島時碭石下七字缺玉裕缺玉字於
擒縱於下二字缺方主咆方下二字缺監撫缺撫字命公等□奉儲
闈缺命等儲三字遐轂趁巷偏缺遐巷偏三字九畫已摧唐頌之心茹
痛三年九己外十字缺太子缺太字郎將缺將字援琴缺琴字樂風缺風
字改燧缺改字振玉缺振字高宗即位之後授授上六字缺才宦
雙美宦外三字缺率徐邈授經之彥師表攸存率下十字缺西京
缺西字五牛缺牛字東洛缺東字既委缺既字左領軍缺左字駕幸

并州　勑公於并州并州上七字缺勑上空格誤作三□銜珠耀於
□井缺銜井二字惟循秩缺惟循二字以□□建功茂仲以主門
阿上七字缺必壽缺壽字而位未極於釣璜缺而位釣璜四字問望周
之浦缺問之浦三字觀魯魯誤曾廿四缺廿字疾□□薨於缺薨於二字
之私第春秋六十六十上五字缺興悼缺興字時永暦缺時永二字以
從先百禮也惟公降象辰緯誕靈誕靈上十二字缺德光寶璧
缺寶璧二字紫氣氛誤氣殊狀缺狀字吐青山缺吐字克岐岐誤峻行
之靡失趍而有訓則奉以無違行下十二字缺瞻梓無以措其
繖無外六字缺過折夔無以申無以外四字缺洎乎歷丁缺洎歷二字毀
滅缺毀字于時乃有巢鷄乳於倚廬觀聽嗟異古今古今上十

四字缺永慕栖雒翟翟上四字缺虛檐缺檐字鷄皃於池沼若沼外
五字缺以友于成性以下四字缺屢極缺屢字有慰缺有字姜室缺姜
字為其長奉上斯睦撫下惟仁韡韡為下十二字缺自筆缺筆
誼切誼誤訓不干卜式缺干卜二字未給缺未字財逾巨萬一無
所取咸以讓焉遐迩嗟伏財伏外十四字缺教義缺教字蕩遐缺遐
字弥喪缺喪字擲書劍缺擲字戟枝缺戟字取睽缺睽字金遺玉
堂盡殪戎之術所以革車每次大憝大憝上十五字缺慮靡遺
策策上三字缺自伐缺自字然而而誤則積稔缺稔字厚惠缺惠字高
蹤魯連豈唯於蹈海安乎畢位曷蒨遂勞於高下十七字缺大
雅君子缺君子二字或艮弓嗣美誠在孝而斯勇寔致果而

為雄或下十六字缺心無缺心字於必復缺必復二字纏哀缺纏字壼索
索誤橐畫莫克遺芳天祿藏書方成壼簡欲垂不刊刊上十六
字缺旌斯烈斯外二字缺於千齡麓徙缺於麓徙三字名懸日月氣凜
風雲誰其克紹卓矣夫君緒派名下十七字缺望隆缺望字宦族
缺宦字有輝旗章缺有章二字斯謀缺謀字亮狀缺狀字不憸憸誤儉
公山缺山字運屬時屯道象人傑鵬圖鳳舉雲迴風烈濟
水運下十七字缺才高司階司外三字缺未登台室遽奄佳城哀纏
國寶痛結人英樹條王未下十八字缺楊凋楊誤松方蕭烏墳方下
三字缺月冷冷誤思隧路缺隧字徽烈缺徽字
載初二年歲歲上四字缺庚寅缺庚字二月缺月字日景寅缺景

寅二字

碑約三千餘字此舊拓本不可辨者止六十餘字元和姓纂乙速孤氏代人隨魏南徙河南後魏儀同乙速孤明生臺梁郡太守生貴北齊和仁公隋左庶子貴生安晟安晟生神慶以碑證之既誤以貴和仁郡公爲北齊所授又合安晟爲一人并不載其官爵此集古錄所以譏其闕謬也平津讀碑記

据吳氏舊拓本校補孫氏續古文苑載此全文而待有道待作侍譬涉海譬作儵并缺涉海二字犄杖作倚拔長州二見均作萇州元雲入□作入戶

承乹作承祀九晝作九日右衛郎將郎將上多一中字折蔞作折捶奉上作居上惟仁作以仁擲書劒擲作郾彼溢溢作空器表器作氣皆與此不同碑書歔薄作憒薄曼倩作易倩又按隋書地志無和仁郡惟貴平縣注云西魏置又立仁和郡開皇初郡廢疑仁和即和仁之誤倒

金臺觀主馬元貞投龍記

高四尺四寸廣二尺八寸八分共十四行行字大小俱不等在唐縣

亓（巳）稹二季歲次辛卯四（巳）壬寅朔一（乙）壬寅金臺觀主馬元貞奉　勑大周革命爲聖神皇帝五岳四瀆投龍作功德於此淮瀆爲國章醮遂（乙）抱重輪祥雲顯彩五鶴壇上縈繞徘佪天花舞空若素雪而飄颺其時官人道俗八十九人同見

弟子楊景颺　郭希元　內品官楊君尙　歐陽智琮　承議郎行桐栢縣令薛□　唐州錄事安智滿　承議郎行桐栢縣主簿韓元嗣　將仕郎守淮瀆令□禮徵　桐栢縣錄事趙德本　里正樊務安　陳智興　趙文昌　佐史□懷素　向思榮　張玄節　祝史樊思通　樊文綽　田元幹　老人何惠湛　樊武弁　樊九徵　樊貢

鐫匠蕭脩祖

馬元貞題名同時有五一在山東泰安一在曲阜一在河南登封一在濟源此則設醮淮源而題也筠清館金石記

東市署令張君妻田氏墓誌

方一尺九寸廿九行行二十字字徑五分正書方界格

大周朝散大夫上柱國行司府寺東市署令張府君妻田府門縣君墓誌文

錯絡緹緗彝陵縹帙命氏胥庭之表得姓皇軒之胤周漢蔚興曹馬弥盛或封茅土而列子男或剪珪桐而懋

侯伯擊鍾鼎食縱橫於六國之奇動珮鳴珂響亮於二
劉之際衣冠簪紱可略言焉祖德家風則膺門縣君也
曾祖達隨魏州冠陶縣令懸車捨仕灌園自樂祖文政
唐沛王府大農器局宏壯基宇高深鄉黨挹其風規縉
紳椎其道義父什善鄭州三川縣令廊廟其姿瑚璉其
質冰潔其清玉潤其白豈止臨淮朱寄吏敬其威獨郡
張堪八歌其惠固可擬儀嵇幹淮的黃陂鳴弦素翟之
馴製錦朱鸞之儔其縣君即明堂縣人也交川降德龍
嶠誕靈端淑爲姿婉柔成性聰惠明辯廣讀詩書兼善
管絃知音絕代無嫉無忌惟孝惟貞每以雞曙傅音無

不晨而問舅落鵶沉彩會晚拜以桼姑內外所以和安
大小咸其無怨論其婦德實曰成家假若張氏修箴懸
知少伴曹家誡誡之是無廢何煩苦說三從深陳四德
者也頃以儀鳳之歲出歸張氏一經纊絕十有三𠡦當
時洛浦親迎芝田引駕雙輪轉路五馬連珂燭光將扇
𠥱爭朗花影共桃蹊競色與南山比壽北極齊𠡦何
期積善無徵禍殃先至雖越人秘術不救將至之魂秦
媛神方寧駐欲歸之魄痛芳桃之墜臉悲翠柳之凋眉
哀隻影而無依歎孤魂而何託春秋卅有三以而穢二
𠡦五𠥱十六𡆠葬於萬𠡦縣平康坊之私第嗚呼哀哉

哀子承家等悲纏相埊殆莫能興痛貫門而杖而後起
一溢之禮不逾酌飲三𠡦之喪情過泣血其張君遠哂
王生達詩不嘆近嗤莊氏鼓禮盆歌覩明鏡而傷神對
空牀而泣簟以其𠡦六𠥱三𡆠遷窆於城東龍首原長
樂鄉王柴村南一里向南與壽春坊路通也其塋北帶
涇渭南望秦原四塞之固名簪安葬自無殃柩必出公
侯于時晝輀東送侍婁排進風雲隱其郁彩徽𡆠沉其
霞影田歌起嶺行路興少友之悲楚吹傳聲親戚恨上
𠡦之歎恐𡆠𠥱之深遠防馬鬣之荒榛援立斯題紀標
刊石其詞曰

家傳烏弈族茂蟬聯去平五里賓客三千朱邸流盼綠
軿鳴絃霜高白雪𠥱上青煙其一飛皇啓地丹鳳來儀縠
城秘府薛縣多奇道義聯洙芳蘭被涯千金白首一代
清規其二閨門令淑綺帳流芳昔聞秦晉今是潘陽聲同
琴瑟風度筠篁三〇百兩翠久而長其三鳳樓絕響鸞匣
沉輝桂花夕落薤露朝晞白楊風斷翠檟煙歸紅顏掩
兮隴黑翡質秘兮泉扉一朝穿寶万古霏嶽其八字四
還以其𠡦歲次辛卯六𠥱庚子朔二𡆠壬寅

右東市署令張君妻田氏墓誌標題稱司府寺東
市署令龍朔二年改太府寺曰外府寺光宅元年

改曰司府寺此在天授年故稱司府達官魏州冠
陶縣令隋書武陽郡後周置魏州有館陶有冠氏
而無冠陶縣疑是館陶之誤文政官沛王府大農
章懷太子始封潞王徙王沛又徙王雍親王國大
農一人從八品下自無殃柩柩當是咎之誤畫轄
畫當是晝之誤

益功參軍張元弼墓誌

石高一尺七寸三分寬一尺六寸五分
廿五行行廿五字正書在襄陽張公祠

唐故益州大都督府功曹叅軍事張君墓誌銘并序

司元大夫李行廉撰

府君諱元弼字神佐范陽方城人也閥閱遊宦之資詳
之碣文荆傳五歲而孤志學伏膺於大儒谷那律律爲
諫議大夫紬書秘府府君以明經擢第隨律典按墳籍
八儒分晰五墨殊途劉歆析九流之區域鄭黙辯三閣
之同異五十五部卌四家訪甯朔之新書禮窮莊敬覽
南陽之統論易盡精微緘賁秘文委蜚前記並登靈府
一以貫之逸思煙迴瀞飈復舉言同神遇理叶朮成七
從職爲益州府功曹叅軍事以賢良徵辟入甲科未拜
職以龍朔元年五(子)十九(乙)終於洛陽春秋五十有五
夫人吳興丘氏以永昌三年九(丑)三(乙)終於私第春秋
七十有九東之識不遠遠稟質愚昧趍詩禮之訓承顧
復之恩早預微班驅馳賤役自禍萶昊諸弟皆幼夫人
勞斷織之訓深噎掐之慈刻心提耳孜孜不倦令蘭發
玉曜多從化往唯東與噂偟存喘息三復規誠萬古不
追奉夫人遺誨使改卜新塋府君先塋之南山令移與夫
人合葬於安養縣西相城里之平原府君友人司元大
夫李行廉撰銘東之等不敢改易謹刊李銘以存不朽
其銘曰
廷尉名卿東阿良相積慶鍾美清徽遐暢顯允哲人克
摽令望憲章顏冉牢籠舒向氣芳蘭芷價重璵璠望之

逾邈卽之也溫髙情(五)舉逸調霞軒彫章綺合縟藻○
繁爰壓筮仕彈冠奉撒式佐名邦盤根還析乃昇州部
平反著績孰謂蹄涔能申海擊灌纓金狄王吏銅梁善
立惟敬諶道以光白生虛室穎曜錐囊焚林佇秀遠應
明敭縱棹江波觀光洛浦調髙文囿思盈書圃擢第金
門淪軀泉戸未終千日俄成萬古弔賓絮酒貞龜卜筮
風急長原雲低荒隧佳城莫啓幽埏永閟元石圖徽芳
塵不墜

予守襄郡之壬寅春㕑子介石于田塍間得古碑三
石又于臨漢門外得三石剔苔檢讀搨以示予一爲

故唐功曹參軍張公元弼洎夫人邱氏合葬墓誌銘蓋漢陽王柬之父母也一爲處士景之則漢陽王之弟而功曹君之弟二子一爲新定太守𦙍則漢陽王猶子其豫州郾縣丞孚河南府參軍軫二碑一丁鳳譔一呂巖說譔則皆漢陽王孫也字迹完好逼近褚虞攷其地爲樊西之長豐洲即墓志所云安養縣相城里之平原洲屢爲襄水所齧不復辨邱壟矣憶古墓犁爲田松柏摧爲薪之句不禁黯然今六石尚置樊城之跨鶴樓予以王有故宅在城外二里許後改爲衍恩寺康熙間太守尹會一祀王于其中因名張

公祠則此石移置公祠廡下爲是事未舉適有武昌之行爰跋數語識之俾人知數石當與羊叔子墮淚碑同爭不朽矣羊太傅祠前向有石幢宋慶厤七年范文正諸賢題名其上王阮亭過襄尚搨諸賢之姓名而去刓爲漢陽王父母若弟若姪若孫壙中物哉噫古者尚共寶之長白興存跋

樊城郭西三里許今之長豐洲古屬安養縣唐漢陽王張公柬之祖墓在焉而無知者考鄧誌秦漢時爲鄧由以東漢水之南爲襄境萬山以西漢水之北爲鄧爲鄧三縣均隸於鄧襄陽名縣自漢以來至今莫改鄧之爲縣不久即廢西魏中改鄧城爲安養唐天寶元年又改安養爲臨漢貞元二十一年復改爲鄧城宋仍唐制兩縣分境而治南渡後始省鄧城入襄陽安養舊界今雖悉考嘉慶間猶見南濱抵萬山里許洎漢水橫齧十餘年中內圮者十餘里道光元年土人得唐時夏侯夫人梁君嘉運二誌石於水濱觀察吳公移置鹿門書院士林寶之璘每過讀輒興感焉今二月中同伯兄珩掃先祖墓尋視新淤舊地半野兒誌石八片迥非俗物詢之居人十許年前得於頹岸三遷而後至此璘心竊愛之恐其再沒風沙而艱

於移運屢商同志七月望日始踵前約是日以他事過襄又見三石於臨漢門外讀其文皆張氏塋中故物問所自則亦今二月中漁夫得之北岸以待售者亟購之歸安置跨鶴樓誌銘篆蓋共得石十一片其字不名一體皆可臨搨夫疆域有沿革山水有崩淤古人立誌原以防滄桑之變易長豐洲廣袤數十里其中墓石何止千百而先後出諸水者僅此數片又皆張氏一門之物又皆爲璘見而集之是可異也新唐書載王世系與荆襄二誌繁簡不同斯石記事半爲諸書所失載張公功在社稷彪炳史册府誌雖有

藝在穀城涓口之說而徵考實無確據此不能無闕
疑焉道光壬寅七月十七日記　壬寅二月余初見
河南府參軍諱軫一石瞥睹相過寶光煥然如新發
硎次日視之仍如常石此一奇也次獲新定太守朏
暨參軍軫與夫人合葬二石塵沙瀰漫封埋尺餘鄉
人漫指其處一掘即是此二奇也再獲益州功曹參
軍元弼暨處士景之豫州郾城丞孚三石於臨漢門
外天方平旦余行本欲東若有人導之使西而遇斯
石踰日余即有千里遠行倘稍遲誤將恐不果獲矣
此三奇也戊申所獲孝廉慶之秀才諱㸃穀城縣令

諱曛三石展轉購求之艱難更僕數而已酉所獲將
仕郎敬之一石河伯風伯若或為助不先不後不入
他手此四奇也其中篆蓋或先誌銘而出或後誌銘
而出上下十餘年相去十餘里台之若符均為一家
故物則又奇中之奇者焉張氏聚族而葬其後更有
出者不可得知獨惜王之長子著作郎諱漪一石為
廣西臨桂孝廉唐子實購去海豐吳公子苾方伯為
余轉求而不獲此其闕陷之處又余之不幸也然余
有此幸獲不過一時之偶遇竊願後之君子重其人
珍其石登之誌乘相傳不朽則更幸甚咸豐元年正
月八日又記席方璘跋

右張元弼誌今在襄陽張公祠張氏諸誌先後出
土詳席氏跋內曩在京師僅得張軫誌拓本丙寅
冬始得其全戊辰冬又得張漪一誌而席氏所謂
闕陷者乃具備矣合而讀之世系表多闕譌分識
於諸誌之跋而統係於此以資補正元弼曾祖宏
策梁岳陽王諮議參軍祖玠後周宣納上士隋巴
州錄事參軍父則隋比陽灃陽二令元弼六子長
柬之字孟將相武后中宗漢陽王謚文貞贈司徒
次景之字仲陽次慶之字仲遠次失名次敬之字

叔謩將仕郎次晦之左率府兵曹參軍柬之二子
長漪著作郎次嶧漪四子長孚字孟信郾城縣丞
次崧左補闕誌作邠王府掾或非最後之官當仍其舊稱次嚻荊府倉
曹參軍次軫字季心河南府參軍孚子絑軫子緈
紹改名縉絑子廸嶧二子長愿吳郡太守江南東
道採訪使次㸃字子敬愿八子㷌殿中侍御史弟
八子曛字繼明穀城令曛子珣瑀璪璟景之子嶠
嶠子遜晦之子朏字朏新定太守朏子回又表載
柬之之子有晉州刺史琪者以珣瑀等名例之當
是柬之之元孫行又載漪之子有某戸部郎中異

大理評事者亦誤據誌將無是二子也又載有名纁者嘗即曛之誤耳　誌云閬闕遊宦之資詳之碣文荆傳則元蕳固有墓碑此其埋諸土中者也碑碣不存或踣毀於神龍年間趙德甫書載有東之碑系貞元十二年所追立谷那律史有傳魏州昌樂人嘗爲國子博士遷諫議大夫兼宏文館學士卌四家四十作卌黃山谷濟山巖詩二十作廿瞿氏謂詩體七字欠一字便不成句此誌卌四家句與上五十五部爲對偶亦欠一字可見古人不拘拘於是也質即質字箱類與篋同義委豐疑即委宛譔文者李行廉官司元大夫攷龍朔元年改諸司郎中爲大夫二年改戶部爲司元光宅元年改地官此誌尚稱司元者蓋行廉撰元蕳墓銘尚在窆南山之時故無一語及其夫人迨移與夫人合葬仍用前銘而東之自加序文故云東之等不敢改易謹刊李銘也觀此又可知序文爲東之所撰矣誌又云奉夫人遺誨使改卜新塋府君先窆南山今移與夫人合葬於安養縣西相城里之平原而景之誌云以大周天稐之三季𠙺𠥱六𡆠改卜先墳於安養縣之西相城里則此誌之立亦在

天授三年無疑永昌無三年永昌三年即天授二年辛卯夫人卒於辛卯九月葬於十一月時用周正以十一月爲明年正月也武后以天授元年改國號曰周志書永昌不書天授標題稱唐不稱周東之誅武復唐之意已著於此時矣

處士張景之墓誌

高一尺三寸一分寬一尺三寸三分十七行行十七字字徑六分許正書篆蓋題大唐故處士張君之銘九字在襄陽

□處士張君墓誌銘幷序

君諱景之字仲陽功曹府君之第二子也沉默少言博涉史傳每慕於陵仲子之爲人好稼穡樂名教家無擔石之儲晏如也不應州郡之辟專以琴書自娛春秋卌有四以唐之咸亨四季十二𠥱十二𡆠卒於家子嶠志學而孤俯逮成立而不悔禍俄隨怛化嗣孫遜歲在垂齠莫辭攸託孿盧孀藐遂相𢍰附囷乃哀纏中外痛傷心目者焉余與晦之以爲不幸雖遠大暮同歸松城合北蒸蒸有寄乃以大周天稐之三季𠙺𠥱六𡆠改卜先墳於安養縣之西相城里移諸兄弟並窆於新塋之內青烏効吉白楸速朽惟堯典與孝經共而長而埜久乃爲銘曰　念彼生涯遁兹怛化川有閱水𡆠無停

駕共惜小𠦚同歸大夜令範將煙霞俱遠儀形與炎涼
並謝痛萬始之不留獨沉瀾而長嗟

右張景之墓誌在襄陽景之漢陽王柬之之弟誌稱功曹府君者即元弼也云移諸兄弟並窆於新塋之內者謂慶之敬之也景之及其子嶠其孫遜均可補世系表之闕具元弼誌跋中此誌即柬之所撰元弼誌云惟柬與晦僅存喘息此云余與晦之以是知之文云大周天授而蓋題大唐柬之誅武之義已著於此三年正月即二年十一月時用周正也後三誌同

孝廉張慶之墓誌

方一尺三寸一分十五行行十六字正書字徑六分方界格篆蓋題唐孝廉張君墓誌之銘九字陽文有界格

唐孝廉張君墓誌銘并序

君諱慶之字仲遠功曹府君之第三子也儀形儁秀風神峻整引義望於曾懷轉山泉於襟袖泛覽流略尤明左氏州辟孝廉不赴燒金未救夢珠徵禍春秋卌有二以唐之咸亨四𠦚十𠥱廿七𡆠卒於家以大周而穊之三𠦚𠙺𠥱六𡆠與妻京北杜氏同改窆於安養縣西相城里君孝友之行冠絕等夷仁恕之情超邁群輩而伯

道不嗣仲宣無後彼蒼者而孰云報施拔翰雪泣用銘幽礎其詞曰　山以玉暉水因珠媚我有明哲慕蒸匪僞彼美仲子其心貞慤贈瓊化泣甓舟遂遠漢流東注驪岫西盤棣野風急鴒原𡆠寒扣櫬遣車惟兄惟弟誰云不痛永絕遺體

右張慶之墓誌慶之亦柬之之弟世系表亦不載慶之辟孝廉不赴而誌蓋仍題孝廉字非實也

將仕郎張敬之墓誌

方一尺五寸七分十九行行十九字字徑六分正書有界格篆蓋題唐將仕郎張君墓之誌九字陽文有界格在襄陽

唐將仕郎張君墓誌銘并序

君諱敬之字対響功曹府君之第五子也耿介不群文藻貫世𠦚十一中書舍人王德本聞其俊材當時有制舉而下奇佚召與相見賦城上烏勒歸飛二字仍遣七步成篇君借書於手不盈跬息其詩曰靈臺自可依爰止竟何歸秪由城上冷故向曰輪飛王公嗟味乃推爲舉首文昌以其𠦚幼第不入科以門蔭補成均生高第稱將仕郎非□好也遂與諸兄紬披經史專以述作爲務唐咸亨四𠦚七𠥱十六𡆠卒於家春秋廿五大周而穊之三𠦚𠙺𠥱六𡆠改窆於安養縣西相城里君

未及晉娶允嗣永絶著書無荷戟之童刻石覬鸞環之女執奠惟弟紀德乃兄撫擲操觚絺哦擴集其辞曰

楊童不秀顏子未實妙跡絫徵神機入室嗟尔貞懿才高漢佚夢蛟翻紙雕龍散筆一其陳車夜動馬悵晨開議深白觀言窮紫臺禍徵斷石悲纏贈懷道存金素書留玉杯二其漾池東騖驕山南拒燭乘埋隨連城碎楚蕭颼風隧蒼泄㊄緒仲亍尌亍胡甯忍予三其

右張敬之墓誌敬之亦東之弟表亦不載又案元弼誌云惟東與晦僅存喘息此誌云執奠惟弟紀德乃兄則晦之乃敬之之弟而敬之之弟四兄其名無從攷矣云紀德云操觚則此亦東之所撰也竊謂慶之誌當亦東之所撰可意會而得之誌述城上烏一詩可供早慧之典故

八瓊室金石補正卷四十終

八瓊室金石補正卷四十一

太倉陸增祥撰　　男　繼煇校録

　　　　　　　　吴興劉承幹覆校

唐十三

開元寺三門樓題刻二十二段

中大三門主支君才等題名高一尺二寸五分廣八尺七寸題名四十九行行字不一字徑八九分許中一行八字略大右端二字字徑一寸六分俱正書

大周在右端

中大三門主合一百在中閒

支君才妻周息文立妻馬立息長卿妻高息客子妻彭

劉師道妻彭息慈順妻王息思元思泰順妻父王蕎妻郝

趙

晉府帳内劉公衡妻靳息思誨妻周誨息阿七十一女六娘

王敬賓妻范弟騎都尉敬山妻高息陪戎尉念思謹思

晦

飛騎尉張元應妻解息貴德〻妻彭德息總章嘉艮

劉德感　妻趙　息霧卽　妻徐　息思慎

齊甯遠將軍聂子祥妻聂息道相妻謝息神策神劒

縣録事彭金鋸妻趙息楚璋妻房璋息武騎尉思貞思

均
版授滑州刺史王懐寶妻劉息上柱國宏顏
馬師武妻元息知元妻李息仵仁女二娘金兒
周師行妻楊息法起法濟義節燕客義宏女毛奴
徐名儁妻劉息義賔思運思讓思敬思悊賔息隨書待待
貢獻
劉阿感妻鄭息同基妻彭義則妻彭義宏妻彭
高義新妻嚴息雲騎尉幼興雲騎尉仁敬飛騎尉崇敬
女四娘
靳後嗣妻袁息元道元藝々妻張藝息行迣行收行贊

蘇君言妻劉息縣録事善通妻趙女娘子
壽州霍山縣丞倪基妻趙息將仕郎若冲麟臺丞字若
水
舒州汰湖縣丞上騎都尉倪公淹妻張息令則
趙仁遇妻靳息元撖元吉雲騎尉元志姊二王妹阿素
本縣博士上騎都尉王神劒妻彭息獻忠獻可
登仕郎彭山泰　妻蘇　息文林郎丞節
息將仕郎丞藻　郈息忠諫　藻息忠誠此二行左行以上廿二行在右
縣録事張文友妻彭息仁詥女比邱尼五娘小姑

縣録事柱國靳躬楚妻張息飛騎尉隆福
皇甫文舉妻馬息遠息縣録事元濟濟息處靜
彭君廓妻張息行宜行德倉督行謹柱國行簡柱國行
均
謝文遠妻彭　息上騎都尉智友上柱國元通々息宣
禮
上柱國謝崇基母彭妻馬息光慶光泰光昭光輔
閻士安妻侯息客師妻劉師息上柱國嘉慶元恪嘉禮
宋相仁妻張息大安志覽妻閻覽息脩隱脩泰女法瓊
雲騎尉趙義才妻宋息仁重仁節仁起節妻梁女仙質

范阿買妻趙息道海惠海之法之意雲騎尉惠德
襄州穀城縣丞王德感妻彭息宋州虞城縣丞素惠妻劉
王阿永妻劉息文幹妻周文悆妻彭悆息孝才上柱國
孝
德騎都尉孝悊上護軍孝謹宏禮宏亮思仁思貴
楊同長妻彭息承徽妻田息元奕妻周下泐
彭知花妻周息輕車都尉萬燕妻靳息景琛
武騎尉宋之安妻章息雲騎尉元幹護軍元儁
上騎都尉楊善相妻張息騎都尉待封待躬待嶽女大
娘

韓士環妻馬息如意妻李意息欽賢妻衛息思柬
韓繼𠦜妻衛息君客妻徐客男守義〻妻張女三妃
馮君衛妻李息文藝妻劉文質妻支騎都尉文諗妻王
文
宏妻綦女尼寶素藝息元贍妻周元恪宏息元圓元靜
高胡子妻劉息行矜妻趙行通董息懷惲懷慶
吳仁感妻和息元智妻綦息嘉祥嘉及業義
吳元爽母和妻馬息嘉遂嘉祚嘉履歸仁
趙彥通妻李息上騎都尉知恭妻張息雲騎尉憲貝妻蘇
縣錄事周法濟妻劉息平州白侯戍主子邕息陪戎挍尉

騎都尉元瓌
右承相妻康息知禮妻靳禮息惠舉女惠果惠明以上廿七行在左

右中大三門橫梁題名以烏絲闌爲界每書一行或空一二三行不等橫梁中間題大字一行云中大三門主合一百今就題名計之多至二百數十人與一百之數不合案題名中有齊甯遠將軍聶子祥妻段三門樓造於如意年間上距北齊已百餘年意其子若孫爲之追書其祖父之名於上耳即此可證題名中凡高曾祖父牽連而書者不必其人之皆存也所云合一百殆就其見存者大數言之耳隋百官志載齊制有鎮遠安遠將軍而無甯遠將軍後魏後周及隋皆有之案北齊書王紘傳天保初加甯遠將軍是北齊亦有甯遠將軍知隋志爲漏略矣題名中有官職者凡五十三人除麟臺正字倪若水外他多兩唐書不載舊書武后本紀光宅元年九月甲寅改尚書省及諸司官名唐會要祕書省龍朔二年二月四日改爲蘭臺其監爲蘭臺太史少監爲蘭臺侍郎丞爲蘭臺大夫咸亨元年十月二十三日各復舊額光宅元年九月五日改爲麟臺監等並隨名改神龍元年

復爲祕書省唐六典祕書省正字四人注云掌詳定典籍正其文字倪若水新舊唐書並在良吏傳案舊書本傳稱若水恒州稾城人開元初歷官中書舍人計其登第入仕時當在武后初年正與題名相合其即一人無疑惟兩書本傳不詳其父兄名並不言其爲麟臺正字此可補史之缺又若水父倪基列銜書州霍山縣丞息將仕郎若冲新書地理志淮南道壽州領縣五舊領縣四三曰盛唐本霍山漢灊城縣武德四年以霍山應城灊城三縣置霍州貞觀元年州廢省應城灊城以霍山來屬神功元年曰武昌神龍

元年復故名開元二十七年更名又五日霍山上天寶初析盛唐別置案倪基之爲霍山縣丞當在如意以前非天寶別置之霍山也又題名中有支君才舊唐書孝友傳有支叔才定州人隋末荒饑夜丐食野中還進母爲賊執欲殺之告以情賊閔其孝爲觧縛母病癰叔才吮瘡注藥及亡廬墓有白鵲止廬傍高宗時表異其家君才未知是其兄弟否又列銜有曰舒州汰湖縣丞平州白候戍主案汰湖即太湖屬舒州見唐書地理志太作汰別體字又新書志河北道平州有温溝白望西狹石東狹石緑疇米磚長楊黄

花紫蒙白狼昌黎遼西等十二戍而無白候戍蓋地志之疏也唐六典云上戍主一人正八品下中戍主一人從八品下下戍主一人正九品下新書志云每五十人爲上戍三十人爲中戍不及者爲下戍又云戍主戍副掌捍防守禦白候戍之爲上爲中下不可攷矣其他列銜有曰晉府帳內案唐書皇子及宗室封晉王者高宗而外惟敬宗長子悼懷太子曾寶歷元年封案悼懷封晉之事上距如意已百數十年此當是高宗爲晉王時之帳內然高宗以貞觀五年封晉王十七年立爲皇太子下距武后如意中亦有五十一年之久劉公銜爲其帳內此時如在年亦將七八十矣要之門樓柱主題名一人助緣率皆高曾祖父牽連書之不必其人之皆存也唐六典親王府官屬有帳內府帳內六百六十七人掌儀衛又云凡王公以下皆有親事帳內限年十八已上舉諸州率萬人以上充之題名中別體字如支作支劉作劉戎作我段作叚鋼作鋼鄭作鄭聘作聘戎作戎之類甚多其他如兼郎載舌郎正恧郎臣皆武后所製字　以上題名在中大三門中間大門柱上横梁南面其北面無字横梁右端與柱鬬筍處刻大周兩大字題名

凡五十行常山貞石志

常山志載此有譌處皇甫文舉妻馬沈氏作馮審之左旁石微泐非字蹟也行哀誤作行裒周法濟誤作法齊題名四十九行沈氏謂五十行者合中題中大三門主一行計之耳

大門柱主張君相等題名共高一丈四尺二寸五分廣一尺五寸弟一截三列共十七行行字不等行書

大門柱主在柱端居中正書字徑四寸許

版穪滄州塩山縣令張君相妻劉

版穪徐州彭城縣令弟孝恉妻李二行一列字徑二寸許

息花成寺僧文道
息州録事文宏妻(周)(此二行在君相下字徑九分下同)
息登仕郎濮亳二縣主簿文通妻(趙)
息騎都尉縣録事文犮妻(彭)(此二行在孝愔下以上四行爲弟二列)
宏息西王母觀道士仁則
昭武挍尉揄城戍主仁法妻(劉)
騎都尉成均舘學生仁瓚妻(王)
通息左豹韜衛長上陪戎尉藝妻(李)
友息陪戎副尉仁詮妻(賈)
仁簡妻(趙)

仁朋妻(劉)
仁禮妻(劉)
友息陪戎副尉仁節妻(劉)
息昭武挍尉上柱國仁芳妻(□)(此十行爲弟三以上弟一截)

右題名列銜有版稱滄州塩山縣令版稱徐州彭城縣令稱郎授武后所製字塩即鹽集韻鹽𥂁塩字下注云或省亦從土此作塩乃從土又省鹵作肉爾又列銜有揄城戍主唐書地理志無此成名又有成均舘學生唐會要國子監武德初爲國子學隸大常寺貞觀元年改爲監龍朔二年改爲司成舘咸亨元年復爲國子監光宅元年改爲成均監神龍元年復爲國子監新唐書選舉志云國子學生三百人以文武官三品已上及國公子孫從二品已上曾孫及勳官二品縣公京官四品帶三品勳封之子爲之太學生五百人以五品已上子孫職事官五品朞親若三品曾孫及勳官三品已上有封之子爲之四門學生千三百人其五百人以勳官三品已上無封四品有封及文武七品以上子爲之八百人以庶人之俊異者爲之諸學生通二經俊士通三經已及第而願留者四門學生補太學太學生補國子學國子監改爲成

均監在武后時至神龍初始復故名三門樓道於如意中正國子改爲成均之後此稱成均正相符合惟仁瓚之祖係縣令父爲州録事兄僅昭武校尉戍主於唐制不應充國子學生豈其曾祖位亦顯達援從二品已上曾孫之例得入成均歟或始以俊士充四門學生通三經已及第願留習業由四門而薦補成均歟是皆不可知矣又列銜左豹韜衛長上唐六典左右威衛注云隋初置領軍府煬帝改爲左右屯衛皇朝因之龍朔二年改爲左右威衛别置左右屯衛光宅元年改爲左右豹韜衛神龍元年復爲左右威

衞舊唐書職官志諸衞長上各二十五人從九品下

又題名稱文宏息仁則爲西王母觀道士元和郡縣

圖志恆州平山縣有房山一名王母山在縣西北五

十里漢武帝於此山上立祠今王母觀是也太平寰

宇記鎮州平山縣有房山引隋圖經云嶺上有王母

祠甚靈俗號爲王母山後漢章帝元和三年幸趙祠

房山即此在縣西北五十里新唐書王鎔傳云房山

有西王母祠鎔數遊覽踰月不還新五代史王鎔傳

云鎔與道士王若訥留遊西山登王母祠每出踰月

忘歸漢書地理志蒲吾縣有鐵山即房山亦曰西山

胡三省通鑑注云鎮州西山謂之房山上有西王母

祠王母祠蓋即王母觀也常山貞石志

三門主路待賓等題名弟二截上刻佛象無題字此在右方二行行字不一字徑六分行書

三門主路待賓妻范息佃仙之暉之妻王　暉妻張　之息希

昭　希良　希逸　女什七娘　暉息希光　希嵩

女什□娘

之息希昭常山志脫之字

象主成難及等題弟二截佛象下共六列上三列每列象四題名四行在路待賓題名之左下三列每列象五題名四行文在右棱題名二行左行行字均不一字徑五分許並正書

女女比邱尼法滿侚

感女比邱尼阿作侚

忠女比邱尼淨心侚比邱尼淨愛侚

文女比邱尼仙妃侚　以上四行弟一列

感息文徵息三兒

清信士成行感

順女比邱尼觀音侚

順女比邱尼八珎侚　以上四行弟二列

忠息成難及騎都尉

三兒息信信息阿忠妻張

感妻彭

行妻王　三兒妻彭　以上四行弟三列

貞息希逸

貞息希□

忠息思貞妻張

難及妻張　以上四行弟四列

及息進玉　玉息如林

外事崔休壯妻成

貞女五娘七娘

進玉妻徐　以上四行弟五列

阿大女大娘
文徵外事董阿大妻成
外事王進芬妻成
外事張同邱妻成 以上四行第六列
宜安鄉摽德村象主成難及姊妹兄弟同造釋迦迭屋
佛
救苦觀世音經一卷　合家普同供養 此二行左行刻柱右棱在下三列之右

右題名佛象在弟二層所云救苦觀世音經一卷此柱無之蓋此柱唯南向一面有字豈年深剝落經文

從而遺佚邪宜安鄉已見前摽德村之名稾城縣志不載成行感之息文祇祇字字書無玉篇有㐲字與從同疑郎此又成氏女爲尼者凡七人其名皆稱某某尙說詳後晉州修寺造鐘樓碑跋又有成氏之墒四人皆稱外事未詳何義常山貞石志

法消尙消當郎滿字常山志誤作消文祇祇誤作祇要亦字書所無大娘娘誤作姐迮郎牟誤作牟其下并•誤空一格尙者和尙之省文沈氏所言良是

解慧寺三門樓讃弟三截十八行行五十五十一字字徑五分行書

解慧寺三門樓讃并序　朝請郎行稾城縣主簿李肴撰

後魏興和二年置寺名之靜觀大隨開皇十一載也改創解慧爲文北近滹沲大川西負井陘巨鎮山勢邐迤依依目前河流瀠湲繚繞金刹寶殿昔立長廊舊成門之不修梵宮未脩去如意年中有高僧日寶弃世從道秉心安禪悟真如達無生白日雨天花爲香清夜擁毒龍爲衛頒修佛事隨喜興功大聖啓心羣生響應乃親自仗錫詣乎山林尋高松求巨石良工度木剡之爲棟山神指石石化爲柱旣人神乎勠力乃何往乎不濟然後雕朱粉鏤文彩基上爲門門上爲樓三門之義其

大矣哉是將化羣俗崇善因悲火宅之將焚引凡愚於淨界雙林之地寶樓化域有千般蕙草明娟於前列百丈喬林鬱盤於後淸心一陟如登刀利之天梵宇徧遊悉獲菩提善果頃北虜南侵河朔驚震城郭宮室列火而焚父子兄弟揮刃而死大師樓上隕身而下毫髮無傷口誦佛頂神經刀仗乃向身而斷壞心持救苦之念寶樓乃火不能燒胡驍□羣啓顙而□北有鷹塔建乎齊朝香刹上凌青雲登陟迥超三界爲蒼生大𣏌合迷津自達彼岸鎮滹池巨水乃河龍不敢南侵此乃寶公前生所造人傳聖跡悉有明徵寺內耆德璟海童子出

家清心入道為梵宮之主繼前聖之心上坐崇俊小年
披衣□立大功建寶堂於常住精持般若開釋教於蒼
生同力禪宮俱成佛事維那法廣性明了智通恵為僧
衆之領袖秉伽藍之紀綱合寺僧徒悉皆清淨少長有
礼威儀不忒持鉢同歸想祇園而目覩洗足圓坐如釋
迦乎斯在余一尉於此又簿於是向五稔焉春秋廿有
四也性狂簡非佛法忽經戎傲三寶出入以漁獵為樂
饍食以酒肉為味〻逸其性三塗業成有大法師曰珠
言余之義兄也身長七尺江目海口心明玉鏡色淨蓮
花演大乘經救蒼生於此邑至四月初結夏茲寺招余

往來初言禍福之門再指吉凶之道悲我如是令歸善
因余知昔非稽首從命謂余曰聖跡如是大功無紀千
歲之末誰人共傳子其誌之請不辭也敢不承命書詞
浚焉其詞曰
大師實公能安禪　至今日乎一百年　造門樓乎金
刹前　念救苦兮賊不害　力禪通兮火不然　成大
功而反三天　故有為以入無為　結有緣乎福無邊
大厤十二年六月六日記　周嬴金書　尚獻鐫
右解慧寺三門樓讚朝請郎行槁城縣主簿李宥撰

周嬴金書寺名解慧而金石錄作慧解蓋轉寫之訛
漢書韋賢傳黃金滿籯如淳注籯竹器說文籯與笭
互相訓而無籯字廣韻籯字注兼采說文笭義又云
亦作𥳍則籯籯𥳍三字皆可通矣嬴金署名本不從
竹近人刻金石錄者輒改為籯字雖若于義無害然
人名不宜用假借字由未見石刻而以臆決之爾碑
書稽顙之稽為啓恂利天之忉為刀皆假借也潛研堂跋
尾
右讚李宥撰周嬴金書宋以來金石家皆見著錄宥
嬴金兩唐書無攷正定府志云開元寺在府治南一

名解慧寺魏興和二年建唐乾甯五年重修唐昭宗
乾甯止四年志云五年者蓋改元光化在元年八月
修寺之舉想在八月以前故猶稱乾甯也據讚序所
云寺創後魏始名靜觀至隋改名解慧但不知開元
之名起於何時攷唐會要天授元年十月二十九日
兩京及天下諸州各置大雲寺一所至開元二十六
年六月一日並改為開元寺則開元寺乃大雲寺改
名何以解慧寺亦改開元而大厤時仍稱解慧皆不
可解竊意此本北朝舊刹天授時改為大雲開元時
又改開元而解慧之名並稱不廢作讚時仍書舊號

耳寺中有塔九級高一十六丈餘府志所謂開元之磚塔是也序云北有鴈塔建平齊朝據此知志稱塔始於唐之誤解慧金石錄作慧解蓋傳刻之誤此柱爲中大三門樓中間大門東首一柱惟南向一面有字及造象餘皆無此面有柱主題名一層佛象一層供養象題名一層三門樓讚一層凡四層常山貞石志

常山志所載有譌闕去如意年中鈌去字度木度誤庶胡驍驍誤曉耆德耆誤者業俊俊誤後小年鈌小字余一尉又簿五稔鈌余又稔三字造門樓造誤過反三天反誤百叉毒龍之毒依石本摹錄而鈌其兩點幾不可識珠言之言與下初言之言無二亦依石本摹錄遂無此字矣茲悉正之又立大功上似能字逸其性上似寵字故有爲之故似設字

大門柱主彭龑威等題名

大門柱主 在柱端居中正書

彭龑威妻馬

版授懷州長史李伏奴妻彭 以上二行爲弟一列

息守義妻高

息義卽妻衛

息慈言妻周

息慈愛妻馬

息慈訓妻靳 此五行在龑威下

息義感妻劉

息義宏妻劉 此二行在伏奴下以上七行爲弟二列

義息元琛妻耿

卽息元寂妻靳

言息南山妻馬

愛息重古 此四行在守義等下

感息如意妻趙

宏息師質妻賈

息師叡妻趙

息仁明妻靳妻魏

息花成寺僧思忠 此五行在義感等下以上九行爲弟三列

愛息奴子

愛息阿沖

訓息師子 此三行在元琛等下

息思安妻張安息元纂

貿息阿璋安息元伯

叡息貞旭貞滿

明息貞廣貞則

負興（此五行在如意等下以上八行爲弟四列　以上弟一截）

王吳八造經象題名（弟二截三列弟一列佛象弟二列心經十七行行十七字弟三列供養象象右題字一行十六字均正書）

佛說般若波羅蜜多心經

經文不錄（以上弟二列）

王吳八爲亡息瑑芝造蜜多心經一卷（此弟三列以上弟二截）

吳難過女造經象題名（弟三截三列弟一列心經十六行行十九二十字不等弟二列佛象弟三列刻象五題字七行均正書）

佛說般若波羅蜜多心經

經文不錄（以上弟一列）

過息騎都尉崇晟　武騎都尉思□

清信士吳難過

過女爲亡過父母敬造釋迦牟尼佛一鋪

過妹比邱尼普賢尙志　下及師僧

□□□□

過女比邱尼法真供養晟女比邱尼二禪（此七行爲弟三列）

（以上弟三截）

右柱主題名一層佛象二層心經二卷二層供養象題名二層凡七層在中大三門中間大門西首大門

柱上南面餘三面均無字（常山貞石志）

此柱未得拓本據常山志錄入

柱主翟長義等題名（共高八尺七寸廣一尺五寸兩截弟一截五列共十三行字數不一下刻佛象均正書）

主（柱端居中字四寸計）

版稜瀛州清苑縣令翟長義妻劉

版稜冀州南宮縣令弟長堪妻王　堪息仕剾妻張（以上弟一弟二列）

息元測妻龐

女恭姜

息元爽妻賀（此三行在仕剾下爲弟三列）

息思貞妻張

息思齊

女妙相（此三行在元測下）

息思閩

女妙姬

女貞果（此三行在元爽下以上六行爲弟四列）

貞息武慶（此行在思貞下爲弟五列）

右題銜版授瀛州清苑縣令翟長義舊唐書地理志瀛州上隋河間郡武德四年平竇建德改爲瀛州領

河間樂壽景城文安東城豐利六縣景雲二年割鄚任邱文安清苑四縣置鄚州是景雲以前清苑本屬瀛州此題在武后時稱瀛州清苑縣令正與志合苑作苑古通用字常山貞石志

諸葛知微造經象題名弟三截刻經十二行行字不計正書經右題名一行廿一字行書字均徑五分許下刻供養象九再下刻佛象均無題字

諸葛知微妻張息暹之妻孫男彥暉二奴孫女進妃

經文不錄經上半磨泐僅存行末數字經左似尚有題字亦已泐

右柱主題名一層佛象二層供養象并題名刻經一層凡四層在中大三門東弟二柱上南面餘三面無

字　以上三柱并橫梁一爲中間一層三門樓石柱現存四柱其最東一柱無字常山貞石志

大柱主杜世傳等題名共高一丈一尺三寸連棱廣二尺一寸五分三截弟一截三列共十行正書下刻佛象無題字

大柱主杜世傳　妻胡此行大字居中字徑三寸許以上弟一列

妻劉智息思誨

息才智　妻周智女大娘

女阿二　女三娘

女五娘

女七娘

女八娘

智息解慧寺僧普明此九行爲弟二弟三列字徑寸二分以上弟一截

大功德主劉神縱題名弟二截題名八行分刻左右兩棱中刻心經十六行行十九字均徑五分正書下刻佛象無字

大功德主中

山劉神縱合

家供養此三行在上佛象右旁柱棱上左行下刻供養象一

縱妻龐西

李氏供養

宗妻李氏

供養此四行在上佛象左旁柱棱上下刻供養象二

息歸宗歸眞供養此行在柱右棱劉神縱題名之下右刻供養象一

佛說般若波羅蜜多心經

經文不錄下刻佛象以上弟二截

功德主李龍題名弟三截心經十六行行十八至廿二字不等字徑四分下刻佛象題名五行在佛象左右柱棱上字徑六七分均正書

般若波羅蜜多心經

經文不錄此下刻佛象

功德主

李龍

男太子 此三行左行在佛象右柱棱上下刻供養象二

龍妻安陵

吴 此二行在佛象右柱棱上下刻供養象一 以上弟三截

右佛象右旁柱棱題名三行右讀男名太子女名某妃唐以前石刻多有之安陵縣隸河北道德州見唐書地理志 以上大柱主題名一層佛象三層一層無題字多心經二卷二層凡六層在迤南門樓中間大門東首柱上向南一面 常山貞石志

三門主劉承恩等題名 共高九尺八寸五分廣一尺二寸六分四截弟一截十行 行列參差不齊約以三列計之正行兩體

三門主 柱端居中字徑二寸二分正書

汾州崇儒府左果毅劉承恩妻段息兩軍

前版授彭州九隴縣令後授金州司馬馬師言妻周妻馮息

思惲任原州牧□□義□

劉神縱妻李息歸宗息歸真女滕兒

張太甯妻李女大娘

郭買奴妻梁息嘉貞嘉賔

侯仁亮妻范女二娘

孫思暕妻王妻母呂息歡喜

郭鳳祥妻武女光兒

安謹節妻曹息嘉祥息嘉順女娘子女寶兒

甄思貞妻侯姪男明惠 以上弟一列正書字徑寸許

邢相子妻王□□威妻張威息□太妻□息阿誨 女嚴淨

□思旭妻藺旭息遊彥

王受仙妻彭息嗣宗宗息重古

靳迴照妻周息洪則息元誨則息承仙

周九郎妻□息元忠息洪揩〻息仲仙

李義哲妻劉 徐文貴妻高侯義礼妻呂

彭山受妻馬妻呂息洪攬妻張息

洪顗妻劉攬息崇太妻劉太

息福郱攬女四娘

女六娘 以上十行行書爲第二列

張顆妻楊息阿遥妻劉遥息 此在弟三行重古下

雲騎尉進慶妻王息小曲 女七娘

進士李思盛妻彭進士文禕

妻鄭禕息子孚息子固女四

娘五娘 李伏寶妻耿息

行感妻劉感息思益息僧

道深息元過感女阿婁

女惠藏女光兒 此八行行書爲第三列 以上弟一截

右題名有汾州崇儒府左果毅劉承恩案新書地理志汾州府十二有崇德而無崇儒新書地志於軍府之名漏略者甚多此其一也舊書職官志云諸府有左右果毅都尉各一人又兵志云太宗貞觀十年更號統軍爲折衝都尉別將爲果毅都尉諸府總曰折衝府凡分天下十道置府六百三十四新書作六百三十三文獻通攷作五百七十四皆有名號而關內二百六十有一皆以隸諸衛凡府有三等兵千二百人爲上千人爲中八百人爲下府置折衝都尉一人左右果毅都尉各一人又弟三行題名有劉神縱其名已見前其他字體之

別如偁從彳猶沿北朝之習常山貞石志

常山志所載原州下缺牧字義上作思審之似是息字姑缺之義下作□□審之是一大字非二小字也邢相子下缺妻字思旭上作息連綴於義□□之下審之字已磨泐下半有一長橫決非息字疑別一姓並非馬氏之息也上係正書此係行書字蹟亦不類息仲仙上缺ミ自息元忠至仲仙三人疑是靳迴照之子若孫而緊接周九郎□妻之下仍依石本錄之崇太之崇誤作⿱絲示

史威武等題名第二截六行行字不一字徑七分行書

史威武妻溫息守一妻趙一息行
賓妻田一息澄虛觀道士至寂
版授冀州長史彭冡信妻周
息阿毛妻高息士應妻劉應息
奉景毛女樹兒□上騎都尉
□□

右題版授冀州長史彭處信唐六典云長史掌貳府州之事以紀綱衆務通判列曹歲終則入奏計又處信息名阿毛案毛即三字海篇云蠻人呼參爲毛轉聲爲三今山東沂州府費縣有毛陽鎮行唐縣西有

毛趙村皆呼作三澄虛觀無攷常山貞石志

末一字似文

張暠等題名第三截六行行字不一正書

故安州安陸縣主簿張暠息釀母邢前定州安平縣令
女
周毛郎田妻息阿伏趙妻伏息懷礼馬妻息待封劉妻伏女法滿
礼息阿琛　封女阿觀二娘
邢仁贇馬妻息雲騎尉崇寂張妻息雲騎尉崇眞常妻息雲騎
尉崇福　女娘子　孫男思訓　師子
彭大通趙妻息文暹呂妻暹息都督　達拏　女貴勝　不

弱
郎毛道宋妻息守懿荊妻女他兒　懿女羅兒
徐德表□妻息元應何妻應息仁靜張妻息仁愛趙妻息仁重張妻
息仁誨　女王妃　智慧
右題名張屬母邢爲前定州安平令女案元和郡縣志定州屬河北道管縣十無安平縣安平屬深州新書地理志云深州武德四年以定州之安平瀛州之饒陽置尋徙治饒陽貞觀十七年州廢縣還改屬先天二年以瀛州之饒陽冀州之鹿城下博之武強定州之安平復置據此知貞觀十七年已後先天二年

以前安平爲定州屬縣至乾元元年重置深州安平始還故屬題名在武后時安平正屬定州適相符合益信三門樓之造於如意年中其言爲不誣也常山貞石志

常山志缺宋字靜上仁字尚有偏旁可辨

暉妻鄭等題名弟四截六行行三字四字字徑八分左行正書每行下各刻象一
暉妻鄭
融妻馮
太女□三
女六娘
女四娘
女二娘　以上弟四截

右題名下各刻婦女象一北向曰暉曰融者即此柱東面末層之李敬暉兄弟也此其妻女姓名耳　以上三門主題名三層供養象題名一層凡四層在柱西面常山貞石志

三門主李師利等題名共高一丈一尺廣一尺一寸分三截弟一截九行行列不齊共十九行字徑七分許行書柱端居中字徑三寸許正書
三門主
版授懷州長史李師利駱妻息前朝鮮郡王府參軍文晟

趙妻息雲騎尉伏道張妻息騎都尉任重劉妻
上柱國版授陝州硤石縣令後授陵州司馬趙行端妻
陳周息右翊衛遠拓田妻息左翊衛遠慶張妻劉妻拓息楚珪慶
息楚珪末三字在後一行成陳下
鄧州魯山縣承靳孝虔□妻息楚客□妻息魯客□妻楚息成
旦息成發息成基客息成慶成陳
彭懷惠馬妻李妻息仝保馬妻保息方朔
賈客生妻和息神威
路仁惠妻高息守貞
妻賈息守忠妻郭

貞息嘉祥忠息元暕
貞女大娘二娘三娘四娘 此九行為一列
韓仁德妻彭息待賓妻張息待封息珪瓚妻彭
息楚王息楚威賓息守廉瓚息守務 此二行在方朔與神威下行首
後行都字齊
上騎都尉劉文徹
妻周息清太息帶
劉太息知悌息
知誨劉息毛兒 此四行在守貞等下
鄭法護妻彭息知礼妻馮礼息淨

眼息知權　李道買妻王息生子
妻何生息元珪元鳳女大娘二娘三
娘四娘五娘六娘 此四行在文徹等下
右題名有版授懷州長史李師利上柱國版授陝州
硤石縣令後授陵州司馬趙行滿舊唐書武后紀云
嗣聖元年二月戊午廢皇帝為廬陵王立豫王旦為
皇帝大赦天下改元文明新書云賜文武官五品已
上爵一等九品已上勳再轉老人版授官賜粟帛三
門樓造於如意中李趙二人疑即此時版授趙之上
柱國是其本有之官故其子得選充翊衛所云後授

陵州司馬者蓋武后自文明稱制嵩嶽登封每遇改
元及國家大典內外官必轉階賜爵此當是文明後
遇恩進授之虛號三門樓讚謂三門樓造於如意年
中則趙之加授司馬亦當在如意以前又列銜有鄧
州魯山縣丞靳孝虔據元和志新書地理志皆言武
德四年於魯山縣置魯州貞觀元年州廢以縣屬伊
州八年改伊州為汝州縣仍屬焉無割隸鄧州事蓋
地志之漏略矣又師利息文晟列銜前朝鮮郡王府
叅軍唐六典王府參軍事二人正八品下掌出使及
雜檢校事案唐封朝鮮郡王者惟高麗國王高藏祖

孫二人舊唐書高麗傳云總章元年十一月李勣拔
平壤城虜高藏等十二月至京師獻俘授藏司平太
常伯儀鳳二年授高藏開府儀同三司遼東都督封
朝鮮王居安東鎮藏至安東潛與靺鞨相通謀叛事
覺召還配流邛州永淳初卒垂拱三年又封藏孫寶
元為朝鮮郡王此稱前朝鮮郡王府叅軍為其祖孫
府僚無可疑議為藏為寶元未知孰是又列銜有左
翊衛右翊衛案唐六典左右衛有親府勳一府勳二
府翊一府翊二府等五府中郎將各一人掌領其府
校尉旅帥親衛勳衛之屬以宿衛而總其府事又左

右驍衛左右武衛左右威衛左右領軍衛左右金吾衛左右羽林軍皆有左右翊中郎將府各設中郎將一人領其府事人數品秩如左右衛又太子左右衛率亦有親勳翊三府又六典云凡左右衛親衛勳衛翊衛通謂之三衛擇其資蔭高者爲親衛取三品已上子二品已上孫爲之其次者爲勳衛及率府之親衛四品子三品孫二品已上曾孫爲之又次者爲翊衛及率府之勳衛四品孫職事五品子孫三品曾孫若勳官三品有封者及國公之子爲之又次者爲諸衛及率府之翊衛五品已上並柱國若有封爵兼帶職事官爲之又次者爲親王府執仗執乘散官五品已上子孫爲之凡三衛皆限年二十已上云云趙行滿

列銜爲上柱國比正二品故其子得爲左右翊衛耳常山貞石志

硤石新唐書地理志作峽硤峽通常山志圭瓚妻下脫彭字楚威上脫息字

米山德題名第二截右方二行行十三字字徑七分行書

梁州盤秋縣上輕車都尉米山德
妻安息羊兒妻李女大娘羊女淨光

右米山德列銜稱梁州盤秋縣上輕車都尉秋字即和字兩唐書地理志山南道梁州無盤和縣案元和郡縣圖志隴右道涼州天寶縣本漢番禾縣屬張掖郡北涼沮渠蒙遜立爲番禾郡後魏太武帝平涼罷郡置鎮開皇三年改爲縣皇朝因之天寶中改爲天寶縣亦見兩書地理志番禾前後漢後魏隋志太平寰宇記皆作番和則知作禾字者誤又漢書地理志如淳曰番音盤則番盤乃同聲相假字盤和即番禾無疑又新書志云涼州天寶縣本番禾咸亨元年以縣置雄州調露元年州廢來屬天寶三載更名三門樓創於武后時正在州廢屬涼之後天寶改名之前縣稱盤和正相符合惟番和係屬涼州其地與梁州相距遼遠斷難割隸豈操管者因梁涼音同率

爾誤筆耶常山貞石志

常山志缺德字

宗息希倩等題名第二截左方刻供養象三象上題字五行字徑五分左行行書

宗息希倩、
供養
弟希莊供
養
弟希玉

右此層與南向一面劉神縱所刻心經相並云神縱息歸宗此云宗息又歸宗之子也題名下刻唐衣冠

者三人皆手持蓮花拱手南向猶香花供養之意凡柱上刻有經文佛象者其上下層或兩旁皆刻已象以狀供養雖婦孺亦然向南一面第二三六層皆如此一代衣冠於斯略見誰謂金石無補典章哉 常山貞石志

常山志缺倩字

聶行感題名 第三截右方二行 字徑七分正書

聶行感妻趙息思元妻李息洪益妻謝女海藏 元息季子 寶
眞
彭德琮妻李息花成寺僧法虔

男敬顒等題名 第四截刻象五叉童子象二題名七行字徑八分許左行正書

男敬顒
男敬宗
男敬□
男法融
男敬暉
孫重寗 合家供養
孫協合

右題名稱男某而無其父姓名似與南面末層佛象相屬蓋即李龍之子也此柱西面末層有暉融二人妻女題名可證題名下各刻本人供養象皆手持蓮花南向迤北童子二即題名所云孫重寗協合也此面凡三門主題名一層題名三層內二層有刻象在迤南門樓中間大門東首柱上東向一面 以上三面爲一柱北面無字迤南門樓中間大門東首大門柱也 常山貞石志

八瓊室金石補正卷四十一終